서울교통공사

3개년 기출 + NCS + 전공 + 모의고사 3회

시대에듀

2024 하반기 시대에듀 All-New 서울교통공사
3개년 기출 + NCS + 전공 + 모의고사 3회 + 무료서교공특강

Always **with you**

사람의 인연은 길에서 우연하게 만나거나 함께 살아가는 것만을 의미하지는 않습니다.
책을 펴내는 출판사와 그 책을 읽는 독자의 만남도 소중한 인연입니다.
시대에듀는 항상 독자의 마음을 헤아리기 위해 노력하고 있습니다. 늘 독자와 함께하겠습니다.

머리말 PREFACE

서울지하철 1～8호선, 9호선 2 · 3단계 구간(288역, 311.7km)을 운영하는 세계적 수준의 도시철도 운영기관인 서울교통공사는 2024년에 신입사원을 채용할 예정이다. 누구나 행복하고 안전하게 이용할 수 있는 서울교통공사의 채용절차는 「원서 접수 ➡ 서류전형 ➡ 필기시험 ➡ 인성검사 ➡ 체력검정 ➡ 면접시험 ➡ 신체검사 결격조회 ➡ 정규직원 임용」 순서로 이루어진다. 필기시험은 직업기초능력평가와 직무수행능력평가로 진행되는데, 직업기초능력평가의 경우 의사소통능력, 수리능력, 문제해결능력, 조직이해능력, 정보능력, 자원관리능력, 기술능력, 자기개발능력, 대인관계능력, 직업윤리 총 10개의 영역을 평가하며 2023년 하반기에는 피듈형으로 출제되었다. 직무수행능력평가는 직종별로 상이하므로 반드시 확정된 채용공고를 확인해야 한다. 필기시험에서 고득점을 받기 위해서는 다양한 유형에 대한 폭넓은 학습과 문제풀이능력을 높이는 등 철저한 준비가 필요하다.

서울교통공사 합격을 위해 시대에듀에서는 기업별 NCS 시리즈 누적 판매량 1위의 출간 경험을 토대로 다음과 같은 특징을 가진 도서를 출간하였다.

도서의 특징

❶ **기출복원문제를 통한 출제 유형 확인!**

- 서울교통공사 3개년(2023～2021년) 기출복원문제를 통해 서울교통공사 필기시험 출제경향을 파악할 수 있도록 하였다.

❷ **출제 영역 맞춤 문제를 통한 실력 상승!**

- 서울교통공사 직업기초능력평가 대표기출유형&기출응용문제를 수록하여 유형별로 꼼꼼히 NCS에 대비할 수 있도록 하였다.
- 사무직 및 기술직(기계일반, 전기일반, 전자일반) 적중예상문제를 수록하여 전공에도 완벽히 대비할 수 있도록 하였다.

❸ **최종점검 모의고사를 통한 완벽한 실전 대비!**

- 철저한 분석을 통해 실제 유형과 유사한 최종점검 모의고사를 수록하여 자신의 실력을 점검할 수 있도록 하였다.

❹ **다양한 콘텐츠로 최종 합격까지!**

- 서울교통공사 채용 가이드와 면접 기출질문을 수록하여 채용 전반에 대비할 수 있도록 하였다.
- 온라인 모의고사 2회분을 무료로 제공하여 필기시험을 준비하는 데 부족함이 없도록 하였다.

끝으로 본 도서를 통해 서울교통공사 채용을 준비하는 모든 수험생 여러분이 합격의 기쁨을 누리기를 진심으로 기원한다.

SDC(Sidae Data Center) 씀

서울교통공사 이야기 INTRODUCE

◇ 미션

안전한 도시철도, 편리한 교통 서비스

◇ 비전

사람과 도시를 연결하는 종합교통기업 서울교통공사

◇ 핵심가치

◇ 경영목표

시스템 기반 최고 수준의 안전 운행

미래 성장동력 발굴 및 조직 경쟁력 강화

더 나은 서비스를 통한 고객만족도 제고

지속가능한 경영관리 체계 구축

◇ 전략과제

1	• 선제적인 차량 및 시설 현대화 • 공사 고유의 안전관리 시스템 고도화
2	• 사업 영역 확장을 통한 신규 수익 창출 • 경영합리화를 통한 비용 절감 및 효율성 제고
3	• 고객 맞춤형 고품질 서비스 제공 • 도시철도 이용환경 개선 및 편리성 강화
4	• 친환경 · 상생 · 투명의 ESG 경영 실천 • 소통 · 협업 기반 창의적 조직역량 확보

◇ 성과지표

철도사고 · 재난 ZERO 운행장애 ZERO	매출액 2조 1,295억 원 영업수지 0.69
고객만족도 85.42점 초미세먼지 34㎍/㎥	종합청렴도 1등급 온실가스 감축 100%

◇ 인재상

안전분야 최고를 지향하는 인재	혁신을 주도하는 인재	열린 마음으로 협력하는 인재

신입 채용 안내 INFORMATION

◇ 지원자격(공통)

❶ **연령** : 만 18세 이상자(단, 공사 정년 범위 내)

❷ **학력사항** : 제한 없음

❸ **병역사항** : 병역법 제76조에서 정한 병역의무 불이행 사실이 없는 자

※ 복무 중인 경우 최종합격자 발표일 전일까지 전역이 가능한 자

❹ **근무조건** : 주 · 야간 교대(교번)근무가 가능한 자

※ 여성의 경우 주 · 야간 교대(교번)근무가 가능한 자로서 야간근로(22:00～06:00) 및 휴일근로 동의서를 제출하여야 임용 가능

❺ **기타** : 공사 인사규정 제17조(결격사유)에 해당하지 않는 자

◇ 필기시험

대상	공통과목	문항(배점)	직무수행능력평가(전공)	문항(배점)
사무	NCS 직업기초능력평가	40문항 (50%)	행정학, 경영학, 법학, 경제학 택1	각 40문항 (50%)
승무			기계일반, 전기일반, 전자일반 택1	
차량			기계일반, 전기일반, 전자일반 택1	
전기			전기일반	
기계			기계일반, 전기일반 택1	
전자			전자일반, 통신일반 택1	
승강장안전문			전기일반, 전자일반, 통신일반 택1	

※ 일부 직렬은 생략하였습니다.

◇ 면접시험

구분	평가내용
상황(PT)면접	직종별 질문 1문제(분야별 직무 연계)
집단면접	공통질문 10문제(평정요소별 2문제)

❖ 위 채용 안내는 2023년 하반기 채용공고와 2024년 채용계획을 기준으로 작성하였으므로 세부사항은 확정된 채용공고를 확인하기 바랍니다.

2023년 하반기 기출분석 ANALYSIS

총평

2023년 하반기 서울교통공사 필기시험은 모듈형에 가까운 피듈형으로 출제되었다. 채용대행사는 휴스테이션이었고, 직업기초능력평가는 총 10개 영역이 각 4문항씩 구성되었으며 난이도가 높지 않았다는 후기가 많았다. 그러나 모듈형의 비중이 높았으므로 평상시 모듈이론을 익히는 훈련이 필요해 보인다. 또한 직무수행능력평가가 변별력 있게 출제되었으므로 지원하는 직렬의 전공을 심층적으로 학습하는 것이 좋겠다.

◇ 영역별 출제 비중

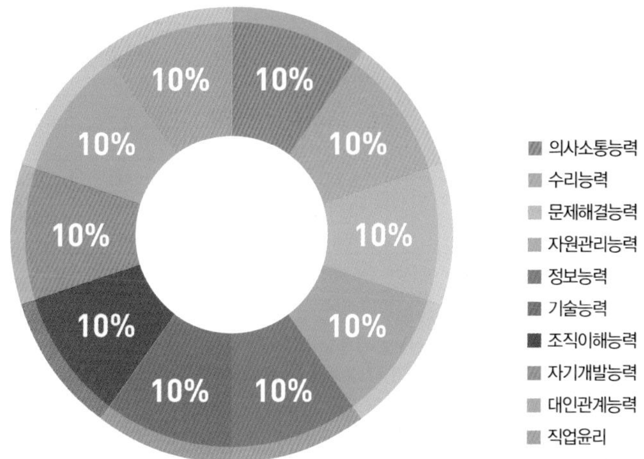

구분	출제 특징
의사소통능력	• 서울교통공사 관련 내용이 지문으로 다수 출제됨 • 문단 순서, 글의 제목 및 주제 찾기, 내용 일치 문제가 출제됨
수리능력	• 등차수열 문제가 출제됨 • 일률 문제가 출제됨
조직이해능력	• 네트워크 조직, 매트릭스 조직 관련 문제가 출제됨 • ESG의 정의를 묻는 문제가 출제됨 • 조직화의 개념 관련 문제가 출제됨 • 벤치마킹 유형을 고르는 문제가 출제됨
정보능력	• 코딩 문제가 출제됨 • 알고리즘 문제가 출제됨
자기개발능력	• 자기관리 순서 관련 문제가 출제됨 • 자기 정보 부족 관련 문제가 출제됨
대인관계능력	• 서번트 리더십 관련 문제가 출제됨
직업윤리	• 직장 내 성희롱 관련 문제가 출제됨 • 봉사성, 성실성에 대하여 묻는 문제가 출제됨

PSAT형

| 수리능력

04 다음은 신용등급에 따른 아파트 보증률에 대한 사항이다. 자료와 상황에 근거할 때, 갑(甲)과 을(乙)의 보증료의 차이는 얼마인가?(단, 두 명 모두 대지비 보증금액은 5억 원, 건축비 보증금액은 3억 원이며, 보증서 발급일로부터 입주자 모집공고 안에 기재된 입주 예정 월의 다음 달 말일까지의 해당 일수는 365일이다)

• (신용등급별 보증료)=(대지비 부분 보증료)+(건축비 부분 보증료)
• 신용평가 등급별 보증료율

구분	대지비 부분	건축비 부분				
		1등급	2등급	3등급	4등급	5등급
AAA, AA	0.138%	0.178%	0.185%	0.192%	0.203%	0.221%
A^{+}		0.194%	0.208%	0.215%	0.226%	0.236%
A^{-}, BBB^{+}		0.216%	0.225%	0.231%	0.242%	0.261%
BBB^{-}		0.232%	0.247%	0.255%	0.267%	0.301%
BB^{+} ~ CC		0.254%	0.276%	0.296%	0.314%	0.335%
C, D		0.404%	0.427%	0.461%	0.495%	0.531%

※ (대지비 부분 보증료)=(대지비 부분 보증금액)×(대지비 부분 보증료율)×(보증서 발급일로부터 입주자 모집공고 안에 기재된 입주 예정 월의 다음 달 말일까지의 해당 일수)÷365
※ (건축비 부분 보증료)=(건축비 부분 보증금액)×(건축비 부분 보증료율)×(보증서 발급일로부터 입주자 모집공고 안에 기재된 입주 예정 월의 다음 달 말일까지의 해당 일수)÷365

• 기여고객 할인율 : 보증료, 거래기간 등을 기준으로 기여도에 따라 6개 군으로 분류하며, 건축비 부분 요율에서 할인 가능

구분	1군	2군	3군	4군	5군	6군
차감률	0.058%	0.050%	0.042%	0.033%	0.025%	0.017%

〈상황〉

• 갑 : 신용등급은 A^{+}이며, 3등급 아파트 보증금을 내야 한다. 기여고객 할인율에서는 2군으로 선정되었다.
• 을 : 신용등급은 C이며, 1등급 아파트 보증금을 내야 한다. 기여고객 할인율은 3군으로 선정되었다.

① 554,000원
② 566,000원
③ 582,000원
④ 591,000원
⑤ 623,000원

특징
▸ 대부분 의사소통능력, 수리능력, 문제해결능력을 중심으로 출제(일부 기업의 경우 자원관리능력, 조직이해능력을 출제)
▸ 자료에 대한 추론 및 해석 능력을 요구

대행사
▸ 엑스퍼트컨설팅, 커리어넷, 태드솔루션, 한국행동과학연구소(행과연), 휴노 등

모듈형

| 문제해결능력

41 문제해결절차의 문제 도출 단계는 (가)와 (나)의 절차를 거쳐 수행된다. 다음 중 (가)에 대한 설명으로 적절하지 않은 것은?

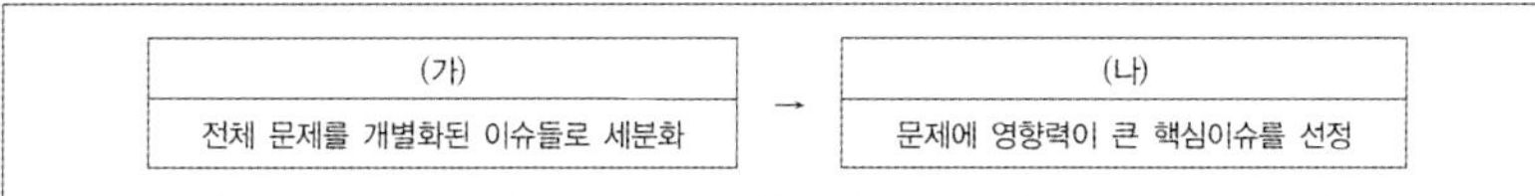

① 문제의 내용 및 영향 등을 파악하여 문제의 구조를 도출한다.
② 본래 문제가 발생한 배경이나 문제를 일으키는 메커니즘을 분명히 해야 한다.
③ 현상에 얽매이지 말고 문제의 본질과 실제를 봐야 한다.
④ 눈앞의 결과를 중심으로 문제를 바라봐야 한다.
⑤ 문제 구조 파악을 위해서 Logic Tree 방법이 주로 사용된다.

특징
- 이론 및 개념을 활용하여 푸는 유형
- 채용 기업 및 직무에 따라 NCS 직업기초능력평가 10개 영역 중 선발하여 출제
- 기업의 특성을 고려한 직무 관련 문제를 출제
- 주어진 상황에 대한 판단 및 이론 적용을 요구

대행사
- 인트로맨, 휴스테이션, ORP연구소 등

피듈형(PSAT형 + 모듈형)

| 자원관리능력

07 다음 자료를 근거로 판단할 때, 연구모임 A ~ E 중 세 번째로 많은 지원금을 받는 모임은?

〈지원계획〉

- 지원을 받기 위해서는 한 모임당 5명 이상 9명 미만으로 구성되어야 한다.
- 기본지원금은 모임당 1,500천 원을 기본으로 지원한다. 단, 상품개발을 위한 모임의 경우는 2,000천 원을 지원한다.
- 추가지원금

등급	상	중	하
추가지원금(천 원/명)	120	100	70

※ 추가지원금은 연구 계획 사전평가결과에 따라 달라진다.

- 협업 장려를 위해 협업이 인정되는 모임에는 위의 두 지원금을 합한 금액의 30%를 별도로 지원한다.

〈연구모임 현황 및 평가결과〉

특징
- 기초 및 응용 모듈을 구분하여 푸는 유형
- 기초인지모듈과 응용업무모듈로 구분하여 출제
- PSAT형보다 난도가 낮은 편
- 유형이 정형화되어 있고, 유사한 유형의 문제를 세트로 출제

대행사
- 사람인, 스카우트, 인크루트, 커리어케어, 트리피, 한국사회능력개발원 등

서울교통공사

보고서 작성 방법 ▸ 유형

27 다음 중 A대리가 메일에서 언급하지 않았을 내용은?

> A대리 : ○○○씨, 보고서 잘 받아봤습니다.
> B사원 : 아, 네. 대리님. 미흡한 점이 많았을 텐데…… 죄송합니다.
> A대리 : 아닙니다. 처음인데도 잘했습니다. 그런데, 얘기해 줄 것이 있어요. 문서는 '내용'이 물론 가장 중요하긴 하지만 '표현'과 '형식'도 중요합니다. 앞으로 참고할 수 있게 메일로 유의사항을 보냈으니까 읽어보세요.
> B사원 : 감사합니다. 확인하겠습니다.

① 의미를 전달하는 데 문제가 없다면 문장은 가능한 한 짧게 만드는 것이 좋다.
② 우회적인 표현은 오해의 소지가 있으므로 가능하면 쓰지 않는 것이 좋다.
③ 한자의 사용을 자제하되, 만약 사용할 경우 상용한자의 범위 내에서 사용한다.
④ 중요한 내용은 미괄식으로 작성하는 것이 그 의미가 강조되어 효과적이다.
⑤ 핵심을 담은 문장을 앞에 적어준다면 이해가 더 잘 될 것이다.

참 거짓 논증 ▸ 유형

39 다음의 마지막 명제가 참일 때, 빈칸에 들어갈 명제로 가장 적절한 것은?

> • 허리통증이 심하면 나쁜 자세로 공부했다는 것이다.
> • 공부를 오래 하면 성적이 올라간다.
> • ____________________
> • 성적이 떨어졌다는 것은 나쁜 자세로 공부했다는 것이다.

① 성적이 올라갔다는 것은 좋은 자세로 공부했다는 것이다.
② 좋은 자세로 공부한다고 해도 허리의 통증은 그대로이다.
③ 성적이 떨어졌다는 것은 공부를 별로 하지 않았다는 증거다.
④ 좋은 자세로 공부한다고 해도 공부를 오래 하긴 힘들다.
⑤ 허리통증이 심하지 않으면 공부를 오래 할 수 있다.

서울교통공사 9호선

원탁 배치 ▶ 유형

23 남자 2명과 여자 2명이 다음 〈조건〉과 같이 원탁에 앉아 있다. 이를 참고할 때, 옳은 것은?

조건

- 네 사람의 직업은 각각 교사, 변호사, 자영업자, 의사이다.
- 네 사람은 각각 검은색 원피스, 파란색 재킷, 하얀색 니트, 밤색 티셔츠를 입고 있으며, 이 중 검은색 원피스는 여성용, 파란색 재킷은 남성용이다.
- 남자는 남자끼리, 여자는 여자끼리 인접해서 앉아 있다.
- 변호사는 하얀색 니트를 입고 있다.
- 자영업자는 남자이다.
- 의사의 왼쪽 자리에 앉은 사람은 검은색 원피스를 입었다.
- 교사는 밤색 니트를 입은 사람과 원탁을 사이에 두고 마주 보고 있다.

① 교사와 의사는 원탁을 사이에 두고 마주 보고 있다.
② 변호사는 남자이다.
③ 밤색 티셔츠를 입은 사람은 여자이다.
④ 의사는 파란색 재킷을 입고 있다.
⑤ 검은색 원피스를 입은 여자는 자영업자의 옆에 앉아 있다.

지하철 ▶ 키워드

01 경기도의 S지점에 다니는 U대리는 중요한 서류를 전달하기 위해 서울에 위치한 본사에 방문하려고 한다. U대리는 오전 9시에 출발해서 오전 11시에 있는 행사가 시작하기 전까지 본사에 도착해야 할 때, 다음 중 시간 안에 가장 빨리 도착할 수 있는 방법은 무엇인가?(단, 환승 시간은 무시한다)

〈이동 시 이용가능 교통편 현황〉

경기도 S지점 – 고속터미널			고속터미널 – 본사		
교통편	운행시간	소요시간	교통편	운행시간	소요시간
버스	매시 5분 출발 후 10분 간격	1시간	지하철	매시 10분, 50분	15분
지하철	매시 10분 출발 후 20분 간격	45분	택시	제한 없음	30분
자가용	제한 없음	1시간 20분	버스	매시 20분, 40분	25분

① 버스 – 택시
② 지하철 – 버스
③ 자가용 – 지하철
④ 버스 – 버스
⑤ 지하철 – 택시

부산교통공사

휴가 ▶ 키워드

06 A대리는 다가오는 9월에 결혼을 앞두고 있다. 다음 〈조건〉을 참고할 때, A대리의 결혼날짜로 가능한 날은?

조건
- 9월은 1일부터 30일까지이며, 9월 1일은 금요일이다.
- 9월 30일부터 추석연휴가 시작되고 추석연휴 이틀 전엔 A대리가 주관하는 회의가 있다.
- A대리는 결혼식을 한 다음날 8박 9일간 신혼여행을 간다.
- 회사에서 신혼여행으로 주는 휴가는 5일이다.
- A대리는 신혼여행과 겹치지 않도록 수요일 3주 연속 치과 진료가 예약되어 있다.
- 신혼여행에서 돌아오는 날 부모님 댁에서 하루 자고, 그 다음날 출근할 예정이다.

① 1일　　② 2일
③ 22일　　④ 23일

청렴 ▶ 키워드

※ 부산교통공사 인사팀에 근무하고 있는 E대리는 다른 부서의 D대리와 B과장의 승진심사를 위해 다음과 같이 표를 작성하였다. 이어지는 질문에 답하시오. **[17~18]**

〈승진심사 점수〉

(단위 : 점)

구분	기획력	업무실적	조직 성과업적	청렴도	승진심사 평점
B과장	80	72	78	70	
D대리	60	70	48		63.6

※ 승진심사 평점은 기획력 30%, 업무실적 30%, 조직 성과업적 25%, 청렴도 15%를 반영하여 합산한다.
※ 부문별 만점 기준점수는 100점이다.

17 다음 중 D대리의 청렴도 점수로 옳은 것은?

① 81점　　② 82점
③ 83점　　④ 84점

인천교통공사

글의 주제 ▸ 유형

08 다음은 삼계탕을 소개하는 기사이다. (가) ~ (마) 문단의 핵심 주제로 적절하지 않은 것은?

(가) 사육한 닭에 대한 기록은 청동기 시대부터이지만, 삼계탕에 대한 기록은 조선 시대 문헌에서조차 찾기 힘들다. 조선 시대의 닭 요리는 닭백숙이 일반적이었으며, 일제강점기에 들어서면서 부잣집에서 닭백숙, 닭국에 가루 형태의 인삼을 넣는 삼계탕이 만들어졌다. 지금의 삼계탕 형태는 1960년대 이후부터 시작되었으며, 대중화된 것은 1970년대 이후부터이다. 삼계탕은 주재료가 닭이고 부재료가 인삼이었기에 본래 '계삼탕'으로 불렸다. 그러다가 닭보다 인삼이 귀하다는 인식이 생기면서부터 지금의 이름인 '삼계탕'으로 불리기 시작했다.

(나) 삼계탕은 보통 삼복에 즐겨 먹는데 삼복은 일 년 중 가장 더운 기간으로, 땀을 많이 흘리고 체력 소모가 큰 여름에 몸 밖이 덥고 안이 차가우면 위장 기능이 약해져 기력을 잃고 병을 얻기 쉽다. 이러한 여름철에 닭과 인삼은 열을 내는 음식으로 따뜻한 기운을 내장 안으로 불어넣고 더위에 지친 몸을 회복하는 효과가 있다.

(다) 삼계탕과 닭백숙은 조리법에 큰 차이는 없지만, 사용되는 닭이 다르다. 백숙은 육계(고기용 닭)나 10주령 이상의 2kg 정도인 토종닭을 사용한다. 반면, 삼계탕용 닭은 28 ~ 30일 키운 800g 정도의 영계(어린 닭)를 사용한다.

(라) 삼계탕에 대한 속설 중 잘못 알려진 속설에는 '대추는 삼계탕 재료의 독을 빨아들이기 때문에 먹으면 안 된다.'는 것이 있는데, 대추는 삼계탕 재료의 독이 아닌 국물을 빨아들이는 것에 불과하므로 대추를 피할 필요는 없다.

(마) 이처럼 삼계탕에 들어가는 닭과 인삼은 따뜻한 성질을 가진 식품이지만 체질적으로 몸에 열이 많은 사람은 인삼보다 황기를 넣거나 차가운 성질인 녹두를 더해 몸 속의 열을 다스리는 것도 좋다. 또한 여성의 경우 수족냉증, 생리불순, 빈혈, 변비에 효과가 있는 당귀를 삼계탕에 넣는 것도 좋은 방법이다.

① (가) : 삼계탕의 유래
② (나) : 삼계탕과 삼복의 의미
③ (다) : 삼계탕과 닭백숙의 차이
④ (라) : 삼계탕의 잘못된 속설
⑤ (마) : 삼계탕과 어울리는 재료

요금 계산 ▸ 유형

04 A공사에서 워크숍을 위해 강당 대여요금을 알아보고 있다. 강당의 대여요금은 기본요금의 경우 30분까지 동일하며, 그 후에는 1분마다 추가요금이 발생한다. 1시간 대여료는 50,000원, 2시간 대여료는 110,000원일 때, 3시간 동안 대여 시 요금은 얼마인가?

① 170,000원　② 180,000원
③ 190,000원　④ 200,000원
⑤ 210,000원

도서 200% 활용하기 STRUCTURES

1 기출복원문제로 출제경향 파악

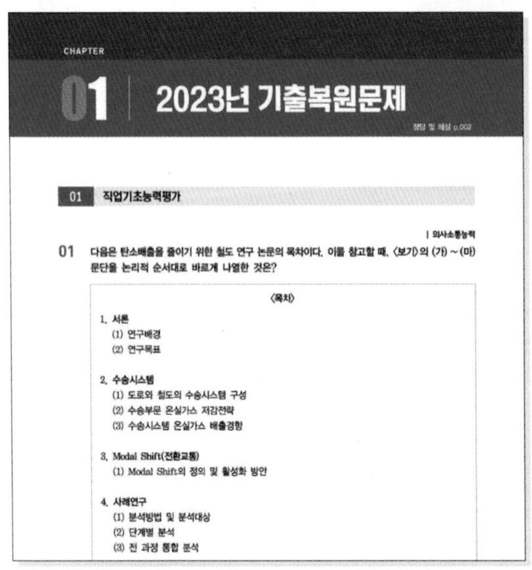

CHAPTER 01 2023년 기출복원문제

정답 및 해설 p.002

01 직업기초능력평가

| 의사소통능력

01 다음은 탄소배출을 줄이기 위한 철도 연구 논문의 목차이다. 이를 참고할 때, 〈보기〉의 (가) ~ (마) 문단을 논리적 순서대로 바르게 나열한 것은?

〈목차〉

1. 서론
  (1) 연구배경
  (2) 연구목표

2. 수송시스템
  (1) 도로와 철도의 수송시스템 구성
  (2) 수송부문 온실가스 저감전략
  (3) 수송시스템 온실가스 배출경향

3. Modal Shift(전환교통)
  (1) Modal Shift의 정의 및 활성화 방안

4. 사례연구
  (1) 분석방법 및 분석대상
  (2) 단계별 분석
  (3) 전 과정 통합 분석

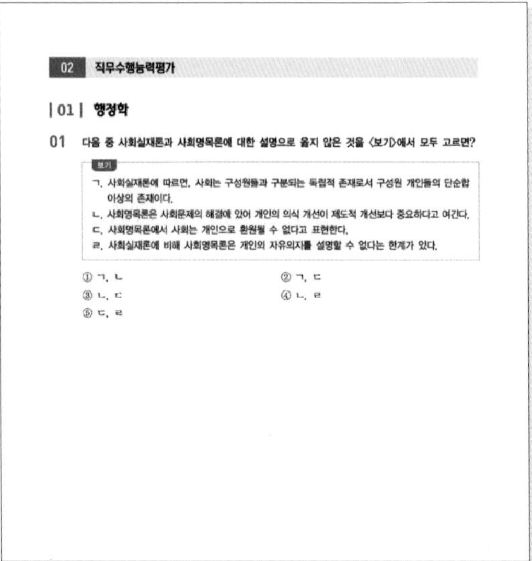

02 직무수행능력평가

| 01 | 행정학

01 다음 중 사회실재론과 사회명목론에 대한 설명으로 옳지 않은 것을 〈보기〉에서 모두 고르면?

보기

ㄱ. 사회실재론에 따르면, 사회는 구성원들과 구분되는 독립적 존재로서 구성원 개인들의 단순합 이상의 존재이다.
ㄴ. 사회명목론은 사회문제의 해결에 있어 개인의 의식 개선이 제도적 개선보다 중요하다고 여긴다.
ㄷ. 사회명목론에서 사회는 개인으로 환원될 수 없다고 표현한다.
ㄹ. 사회실재론에 비해 사회명목론은 개인의 자유의지를 설명할 수 없다는 한계가 있다.

① ㄱ, ㄴ ② ㄱ, ㄷ
③ ㄴ, ㄷ ④ ㄴ, ㄹ
⑤ ㄷ, ㄹ

▸ 서울교통공사 3개년(2023～2021년) 기출복원문제를 통해 서교공 필기시험 출제경향을 파악할 수 있도록 하였다.

2 출제 영역 맞춤 문제로 필기시험 완벽 대비

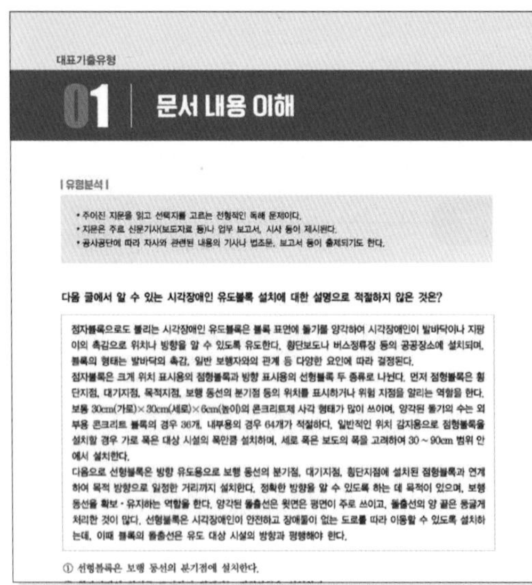

대표기출유형 01 문서 내용 이해

| 유형분석 |

- 주어진 지문을 읽고 선택지를 고르는 전형적인 독해 문제이다.
- 지문은 주로 신문기사(보도자료 등)나 업무 보고서, 시사 등이 제시된다.
- 공사공단에 따라 자사와 관련된 내용의 기사나 법조문, 보고서 등이 출제되기도 한다.

다음 글에서 알 수 있는 시각장애인 유도블록 설치에 대한 설명으로 적절하지 않은 것은?

점자블록으로도 불리는 시각장애인 유도블록은 블록 표면에 돌기를 양각하여 시각장애인이 발바닥이나 지팡이의 촉감으로 위치나 방향을 알 수 있도록 유도한다. 횡단보도나 버스정류장 등의 공공장소에 설치되며, 블록의 형태는 발바닥의 촉감, 일반 보행자와의 관계 등 다양한 요인에 따라 결정된다.
점자블록은 크게 위치 표시용의 점형블록과 방향 표시용의 선형블록 두 종류로 나뉜다. 먼저 점형블록은 횡단지점, 대기지점, 목적지점, 보행 동선의 분기점 등의 위치를 표시하거나 위험 지점을 알리는 역할을 한다. 보통 30cm(가로)×30cm(세로)×6cm(높이)의 콘크리트제 사각 형태가 많이 쓰이며, 양각된 돌기의 수는 외부용 콘크리트 블록의 경우 36개, 내부용의 경우 64개가 적절하다. 일반적인 위치 감지용으로 점형블록을 설치할 경우 가로 폭은 대상 시설의 폭만큼 설치하며, 세로 폭은 보도의 폭을 고려하여 30 ~ 90cm 범위 안에서 설치한다.
다음으로 선형블록은 방향 유도용으로 보행 동선의 분기점, 대기지점, 횡단지점에 설치된 점형블록과 연계하여 목적 방향으로 일정한 거리까지 설치한다. 정확한 방향을 알 수 있도록 하는 데 목적이 있으며, 보행 동선을 확보·유지하는 역할을 한다. 양각된 돌출선은 윗면은 평면이 주로 쓰이고, 돌출선의 양 끝은 둥글게 처리한 것이 많다. 선형블록은 시각장애인이 안전하고 장애물이 없는 도로를 따라 이동할 수 있도록 설치하는데, 이때 블록의 돌출선은 유도 대상 시설의 방향과 평행해야 한다.

① 선형블록은 보행 동선의 분기점에 설치한다.

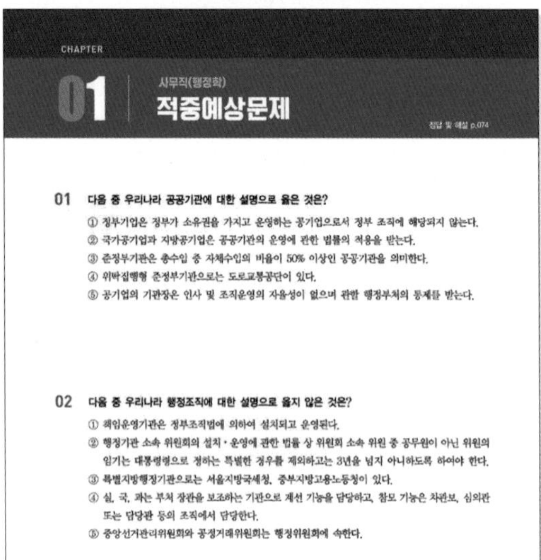

CHAPTER 01 사무직(행정학) 적중예상문제

정답 및 해설 p.074

01 다음 중 우리나라 공공기관에 대한 설명으로 옳은 것은?

① 정부기업은 정부가 소유권을 가지고 운영하는 공기업으로서 정부 조직에 해당되지 않는다.
② 국가공기업과 지방공기업은 공공기관의 운영에 관한 법률의 적용을 받는다.
③ 준정부기관은 총수입 중 자체수입의 비율이 50% 이상인 공공기관을 의미한다.
④ 위탁집행형 준정부기관으로는 도로교통공단이 있다.
⑤ 공기업의 기관장은 인사 및 조직운영의 자율성이 없으며 관할 행정부처의 통제를 받는다.

02 다음 중 우리나라 행정조직에 대한 설명으로 옳지 않은 것은?

① 책임운영기관은 정부조직법에 의하여 설치되고 운영된다.
② 행정기관 소속 위원회의 설치·운영에 관한 법률 상 위원회 소속 위원 중 공무원이 아닌 위원의 임기는 대통령령으로 정하는 특별한 경우를 제외하고는 3년을 넘지 아니하도록 하여야 한다.
③ 특별지방행정기관으로는 서울지방국세청, 중부지방고용노동청이 있다.
④ 실, 국, 과는 부처 장관을 보조하는 기관으로 계선 기능을 담당하고, 참모 기능은 차관보, 심의관 또는 담당관 등의 조직에서 담당한다.
⑤ 중앙선거관리위원회와 공정거래위원회는 행정위원회에 속한다.

▸ 서울교통공사 직업기초능력평가 대표기출유형&기출응용문제를 수록하여 유형별로 꼼꼼히 NCS에 대비할 수 있도록 하였다.

▸ 사무직 및 기술직(기계일반, 전기일반, 전자일반) 적중예상문제를 수록하여 전공에도 완벽히 대비할 수 있도록 하였다.

3 최종점검 모의고사 + OMR을 활용한 실전 연습

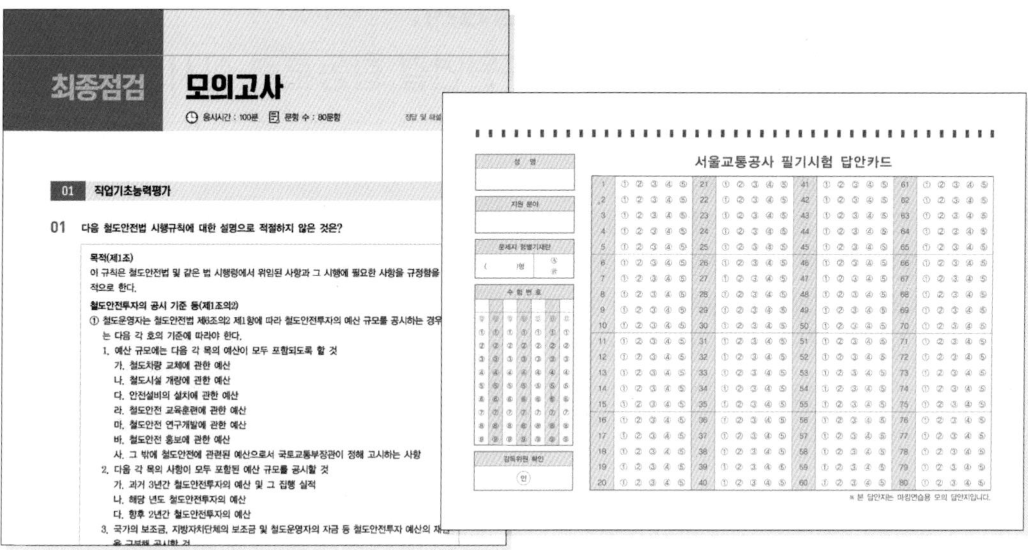

최종점검 모의고사

응시시간 : 100분 문항 수 : 80문항

01 직업기초능력평가

01 다음 철도안전법 시행규칙에 대한 설명으로 적절하지 않은 것은?

목적(제1조)
이 규칙은 철도안전법 및 같은 법 시행령에서 위임된 사항과 그 시행에 필요한 사항을 규정함을 목적으로 한다.

철도안전투자의 공시 기준 등(제1조의2)
① 철도운영자는 철도안전법 제6조의2 제1항에 따라 철도안전투자의 예산 규모를 공시하는 경우에는 다음 각 호의 기준에 따라야 한다.
1. 예산 규모에는 다음 각 목의 예산이 모두 포함되도록 할 것
가. 철도차량 교체에 관한 예산
나. 철도시설 개량에 관한 예산
다. 안전설비의 설치에 관한 예산
라. 철도안전 교육훈련에 관한 예산
마. 철도안전 연구개발에 관한 예산
바. 철도안전 홍보에 관한 예산
사. 그 밖에 철도안전에 관련된 예산으로서 국토교통부장관이 정해 고시하는 사항
2. 다음 각 목의 사항이 모두 포함된 예산 규모를 공시할 것
가. 과거 3년간 철도안전투자의 예산 및 그 집행 실적
나. 해당 년도 철도안전투자의 예산
다. 향후 2년간 철도안전투자의 예산
3. 국가의 보조금, 지방자치단체의 보조금 및 철도운영자의 자금 등 철도안전투자 예산의 재원을 구분해 공시할 것

서울교통공사 필기시험 답안카드

※ 본 답안지는 마킹연습용 모의 답안지입니다.

- 철저한 분석을 통해 실제 유형과 유사한 최종점검 모의고사를 수록하여 자신의 실력을 점검할 수 있도록 하였다.
- 모바일 OMR 답안채점/성적분석 서비스를 통해 필기시험에 대비할 수 있도록 하였다.

4 인성검사부터 면접까지 한 권으로 최종 마무리

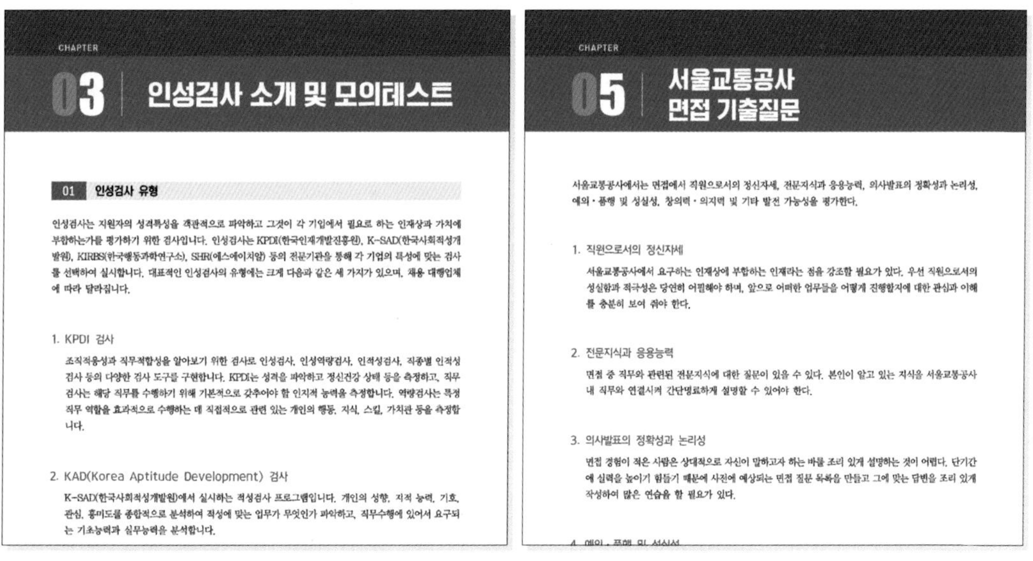

CHAPTER 03 인성검사 소개 및 모의테스트

01 인성검사 유형

인성검사는 지원자의 성격특성을 객관적으로 파악하고 그것이 각 기업에서 필요로 하는 인재상과 가치에 부합하는가를 평가하기 위한 검사입니다. 인성검사는 KPDI(한국인재개발진흥원), K-SAD(한국사회적성개발원), KIRBS(한국행동과학연구소), SHR(에스에이치알) 등의 전문기관을 통해 각 기업의 특성에 맞는 검사를 선택하여 실시합니다. 대표적인 인성검사의 유형에는 크게 다음과 같은 세 가지가 있으며, 채용 대행업체에 따라 달라집니다.

1. KPDI 검사
조직적응성과 직무적합성을 알아보기 위한 검사로 인성검사, 인성역량검사, 인적성검사, 직종별 인적성검사 등의 다양한 검사 도구를 구현합니다. KPDI는 성격을 파악하고 정신건강 상태 등을 측정하고, 직무검사는 해당 직무를 수행하기 위해 기본적으로 갖추어야 할 인지적 능력을 측정합니다. 역량검사는 특정 직무 역할을 효과적으로 수행하는 데 직접적으로 관련 있는 개인의 행동, 지식, 스킬, 가치관 등을 측정합니다.

2. KAD(Korea Aptitude Development) 검사
K-SAD(한국사회적성개발원)에서 실시하는 적성검사 프로그램입니다. 개인의 성향, 지적 능력, 기호, 관심, 흥미도를 종합적으로 분석하여 적성에 맞는 업무가 무엇인가 파악하고, 직무수행에 있어서 요구되는 기초능력과 실무능력을 분석합니다.

CHAPTER 05 서울교통공사 면접 기출질문

서울교통공사에서는 면접에서 직원으로서의 정신자세, 전문지식과 응용능력, 의사발표의 정확성과 논리성, 예의·품행 및 성실성, 창의력·의지력 및 기타 발전 가능성을 평가한다.

1. 직원으로서의 정신자세
서울교통공사에서 요구하는 인재상에 부합하는 인재라는 점을 강조할 필요가 있다. 우선 직원으로서의 성실함과 적극성은 당연히 어필해야 하며, 앞으로 어떠한 업무들을 어떻게 진행할지에 대한 관심과 이해를 충분히 보여 줘야 한다.

2. 전문지식과 응용능력
면접 중 직무와 관련된 전문지식에 대한 질문이 있을 수 있다. 본인이 알고 있는 지식을 서울교통공사 내 직무와 연결시켜 간단명료하게 설명할 수 있어야 한다.

3. 의사발표의 정확성과 논리성
면접 경험이 적은 사람은 상대적으로 자신이 말하고자 하는 바를 조리 있게 설명하는 것이 어렵다. 단기간에 실력을 높이기 힘들기 때문에 사전에 예상되는 면접 질문 목록을 만들고 그에 맞는 답변을 조리 있게 작성하여 많은 연습을 할 필요가 있다.

4. 예의·품행 및 성실성

- 인성검사 모의테스트를 수록하여 인성검사 유형 및 문항을 확인할 수 있도록 하였다.
- 서울교통공사 면접 기출질문을 수록하여 면접에서 나오는 질문을 미리 파악하고 면접에 대비할 수 있도록 하였다.

2024.05.13.(월)

서울교통공사,
한국철도공사와 열차 구원연결 합동훈련 실시

서울교통공사는 열차 비상 상황 발생 시 대응 역량강화를 위해 9일 창동차량 기지에서 한국철도공사와 구원연결 합동훈련을 진행했다고 밝혔다. 서울교통공사와 한국철도공사는 직통 운행에 관한 협약서에 따라 1 · 3 · 4호선을 공동 운행하며, 열차에 장애가 발생하여 운행하지 못할 경우 양 기관의 공조로 승객의 안전과 신속한 본선 개통을 위해 구원연결한다.

이번 훈련은 서울교통공사 열차가 쌍문역~창동역 간을 운행하던 중 장애가 발생하여 운행이 불가능한 상황을 가정했다. 해당 차량을 한국철도공사 차량으로 구원연결한 후 합병 운전으로 창동차량기지로 회송 및 입고하고 열차를 분리하는 연습이었다. 훈련은 기관사 차량고장 상황 보고, 객실 안내방송 실시, 관제운전정리 및 구원연결 지시, 승객 하차 후 합병 운전 준비, 구원열차와 고장 열차 합병 운전으로 창동차량기지 회송, 입고 후 열차 분리 순으로 진행됐다. 훈련에 투입된 열차들은 최근 도입된 신형 열차들로 구성해 상황 발생 시 신속한 대처가 가능하게 했다. 특히 승객 안전을 최우선으로 양 공사의 공통 매뉴얼에 따른 조치가 원활하게 이뤄지도록 했다.

서울교통공사 승무본부장은 "서울교통공사와 한국철도공사 합동훈련으로 양 공사 간 긴밀한 협조체계가 구축되어 시민 안전이 더욱 더 견고해질 것으로 기대한다."라며, "훈련을 통해 실제 응급상황 발생 시 더욱 안전하고 신속하게 조치할 수 있는 역량을 강화해 나가겠다."라고 밝혔다.

Keyword

▸ 구원연결 : 장애 복구에 있어 본선 개통을 위한 수단으로, 고장 열차를 가장 가까운 유치선 또는 차량기지로 안전하게 이동시키는 훈련이다.

예상 면접 질문

▸ 최근 서울교통공사가 한국철도공사와 협력하여 진행한 구원연결 훈련에 대해 설명해 보시오.

2024.04.22.(월)

서울교통공사, 제2기 ESG 경영위원회 출범 도시철도 분야 ESG 경영 선도한다

서울교통공사(이하 "공사")는 제2기 ESG 경영위원회를 출범하고 '시민과 함께하는 안전하고 쾌적한 도시철도'라는 ESG 비전을 달성하기 위한 첫 회의를 18일 개최했다고 밝혔다. 제2기 ESG 경영위원회에는 학계, 시민단체 등 다양한 분야의 인사로 구성된 E(환경), S(사회), G(지배구조) 분야별 전문가 6인이 위원으로 위촉되어 ESG 경영 전반에 대한 검토 및 자문 역할을 수행한다.

공사는 올해 ESG 경영 관리체계를 보완하기 위해 ESG 전담조직을 설치하여 ESG 관련 신기술과 제도를 적극적으로 업무에 적용하고, ESG 경영지수를 활용해 성과평가를 강화하는 등 지속적이고 자발적인 ESG 경영을 추진해 나갈 예정이다. 특히, ESG 관점에서 4대 추진전략(친환경 경영, 안전 · 고객 경영, 인재 · 상생 경영, 윤리 · 소통 경영)과 16개 전략과제 및 실행과제를 설정하고 이를 중점적으로 추진 · 점검하여 관리한다.

공사는 투명한 ESG 경영을 위해 도시철도기관 최초로 글로벌 표준기준에 따른 지속가능경영보고서를 발간하고, 강화된 ESG 공시기준에 경쟁우위를 확보하여 도시철도 분야 ESG 경영을 선도해 나간다는 방침이다. 공사는 우수기관 벤치마킹 및 외부전문가 초빙 역량 강화 교육을 통해 ESG 경영에 대한 전사적인 이해를 높여왔으며 이후로도 꾸준한 임직원 교육 및 타 기관 우수 사례 공유를 통해 조직의 ESG 역량을 키워나갈 예정이다.

서울교통공사 사장은 "지하철은 탄소중립에 부합하는 녹색교통수단으로서 기후 위기 시대에 공사의 역할과 책임이 매우 크다."라며 "공사는 지속가능경영을 위해 앞으로도 도시철도의 특성을 반영한 경영전략을 마련하는 등 ESG 경영 선도기업이 되겠다."라고 말했다.

Keyword

▸ 탄소중립 : 대기 중 온실가스 농도 증가를 막기 위해 인간 활동에 의한 배출량을 감소시키고, 흡수량을 증대하여 순배출량이 '0'이 되는 것을 말한다.

예상 면접 질문

▸ 탄소중립을 위한 서울교통공사의 ESG 관점 4대 추진전략에 대하여 말해 보시오.

2024.04.09.(화)

서울교통공사, 2023년 재난대응 안전한국훈련 우수기관 선정 국무총리상 수상

서울교통공사(이하 "공사")가 지난 3월 행정안전부 주관 '2023년 재난대응 안전한국훈련' 전국 평가에서 우수기관으로 선정돼 국무총리상을 수상했다고 밝혔다. 공사는 작년 10월 강남구청, 서울경제진흥원 등 21개 유관기관 700여 명과 합동으로 재난대응 안전한국훈련을 실시했다. 훈련은 다중이용시설에서 발생할 수 있는 대형화재와 무동기 범죄 상황을 가정하여 실제 상황을 방불케 했다.

공사는 이번 평가에서 행정안전부의 훈련 중점사항인 '불시 훈련체계 정립'과 '골든타임 내 초기 대응역량 강화' 등 현장 중심의 재난대응 실전능력에 대해 높은 평가를 받았다. 임의 시간에 훈련을 진행하여 초기 대응 활동과 유관기관과의 합동대응체계를 점검하였으며, 대본 없는 훈련을 통해 사고수습본부의 지휘능력과 사고복구절차의 실효성을 검증했다. 또한 국민체험단 · 시민참여단 · 민간단체 참여로 다수 시민이 직접 역할을 담당하는 체험형 훈련을 실시하여 시민의 안전의식을 강화하고 위기 시 행동요령 체득의 기회를 마련한 점이 높게 평가됐다.

서울교통공사 안전관리본부장은 "이번 국무총리상 수상을 계기로 관계기관과의 협력체계와 공사 직원들의 우수한 재난대응 역량을 다시 한번 검증받게 되었다."라며 "불시에 발생할 수 있는 재난에 대비한 선제 대응체계를 갖추어 시민들이 안전하게 이용할 수 있는 지하철이 되도록 더욱 노력하겠다."라고 말했다.

Keyword

▸ 재난대응 안전한국훈련 : 2005년부터 매해 중앙부처, 지자체 및 공공기관 등 355개 기관이 각종 재난 발생에 대비하고 대응 역량을 강화하기 위해 실시하는 행정안전부 주관 국가재난 대비 종합훈련이다.

예상 면접 질문

▸ 서울교통공사가 현장 중심의 재난대응을 위하여 개선하거나 도입해야 할 점에 대해 말해 보시오.

2024.03.14.(목)

13개 외국어로 역 직원과 마주보고 대화…
서울지하철, AI 통역 11개 역사로 확대

AI 통역 시스템이 서울교통공사(이하 "공사")가 운영하는 11개 지하철역에 확대 설치된다. 서울교통공사는 외국인 관광객들의 지하철 이용 편의를 높이기 위해 '외국어 동시 대화 시스템'을 명동역 · 홍대입구역 · 김포공항역 등 외국인 이용이 많은 11개 역에서 확대 운영한다고 밝혔다. 외국인 관광객 3,000만 명 유치를 위한 인프라 개선의 일환이다.

공사는 지난해 12월 4일부터 3개월간 명동역 시범운영을 통해 관광객 이용 현황과 만족도 등을 모니터링하고 개선사항을 발굴 · 보완했다. 특히 지하철 역명과 철도용어 등에 대한 AI 학습을 통해 기술력을 높였고 역사 내 소음으로 인한 인식 · 번역 장애 해결을 위한 노이즈 캔슬링 기술을 적용하는 등 시스템도 고도화했다. AI 통역 시스템은 외국인과 역 직원이 디스플레이를 마주보고 대화하면 자동 통역 후 디스플레이에 텍스트로 표출되는 방식이다. 동시 대화가 가능한 언어는 영어, 일본어, 중국어, 베트남어, 태국어, 말레이시아어, 인도네시아어, 스페인어, 프랑스어, 독일어, 아랍어, 러시아어, 한국어 총 13개다. 동시 대화 외에도 지하철 노선도 기반의 경로 검색, 환승 및 소요시간정보와 요금안내, 유인 물품 보관함(T-Luggage) 현황 등 부가서비스도 터치스크린에서 13개 언어로 확인 가능하다.

서울교통공사 사장은 "국내 최초 '외국어 동시 대화 시스템'이 한국을 방문하는 다양한 국적의 외국인에게 쉽고 편리한 지하철 이용을 다양한 언어로 안내할 것"이라며 "AI 기술을 적극적으로 활용해 동시 대화 서비스 외에도 다양한 부가서비스 제공으로 편의성과 활용성을 더욱 높일 계획이다."라고 말했다.

Keyword

▸ AI 통역 시스템 : 외국인 관광객과 지하철역 직원이 투명한 스크린을 가운데 두고 자국어로 대화를 하면 상대방의 언어로 자동 통역돼 스크린에 표출되는 시스템이다.

예상 면접 질문

▸ 글로벌 시대에 발 맞춰 서울교통공사가 도입했으면 하는 것에 대하여 아이디어를 제시해 보시오.

이 책의 차례 CONTENTS

PART 1 서울교통공사 3개년 기출복원문제

CHAPTER 01 2023년 기출복원문제 2
CHAPTER 02 2022년 기출복원문제 40
CHAPTER 03 2021년 기출복원문제 62

PART 2 직업기초능력평가

CHAPTER 01 의사소통능력 78
대표기출유형 01 문서 내용 이해
대표기출유형 02 글의 주제 · 제목
대표기출유형 03 문단 나열
대표기출유형 04 내용 추론
대표기출유형 05 맞춤법 · 어휘

CHAPTER 02 수리능력 96
대표기출유형 01 응용 수리
대표기출유형 02 수열 규칙
대표기출유형 03 자료 계산
대표기출유형 04 자료 이해

CHAPTER 03 문제해결능력 112
대표기출유형 01 명제 추론
대표기출유형 02 규칙 적용
대표기출유형 03 자료 해석

CHAPTER 04 자원관리능력 126
대표기출유형 01 시간 계획
대표기출유형 02 비용 계산
대표기출유형 03 품목 확정
대표기출유형 04 인원 선발

CHAPTER 05 정보능력 144
대표기출유형 01 정보 이해
대표기출유형 02 엑셀 함수
대표기출유형 03 프로그램 언어(코딩)

CHAPTER 06 기술능력 154
대표기출유형 01 기술 이해
대표기출유형 02 기술 적용

CHAPTER 07 조직이해능력 166
대표기출유형 01 경영 전략
대표기출유형 02 조직 구조
대표기출유형 03 업무 종류

CHAPTER 08 자기개발능력 176
대표기출유형 01 자기 관리
대표기출유형 02 경력 관리

CHAPTER 09 대인관계능력 182
대표기출유형 01 팀워크
대표기출유형 02 리더십
대표기출유형 03 갈등 관리
대표기출유형 04 고객 서비스

CHAPTER 10 직업윤리 192
대표기출유형 01 윤리 · 근면
대표기출유형 02 봉사 · 책임 의식

PART 3 직무수행능력평가

CHAPTER 01 사무직(행정학) 198
CHAPTER 02 사무직(경영학) 205
CHAPTER 03 사무직(법학) 211
CHAPTER 04 사무직(경제학) 218
CHAPTER 05 기술직(기계일반) 225
CHAPTER 06 기술직(전기일반) 230
CHAPTER 07 기술직(전자일반) 235

PART 4 최종점검 모의고사 246

PART 5 채용 가이드

CHAPTER 01 블라인드 채용 소개 368
CHAPTER 02 서류전형 가이드 370
CHAPTER 03 인성검사 소개 및 모의테스트 377
CHAPTER 04 면접전형 가이드 384
CHAPTER 05 서울교통공사 면접 기출질문 394

별 책 정답 및 해설

PART 1 서울교통공사 3개년 기출복원문제 2
PART 2 직업기초능력평가 42
PART 3 직무수행능력평가 74
PART 4 최종점검 모의고사 102
OMR 답안카드

PART 1

서울교통공사 3개년 기출복원문제

CHAPTER 01 2023년 기출복원문제

CHAPTER 02 2022년 기출복원문제

CHAPTER 03 2021년 기출복원문제

CHAPTER

01 2023년 기출복원문제

정답 및 해설 p.002

01 직업기초능력평가

| 의사소통능력

01 다음은 탄소배출을 줄이기 위한 철도 연구 논문의 목차이다. 이를 참고할 때, 〈보기〉의 (가) ~ (마) 문단을 논리적 순서대로 바르게 나열한 것은?

〈목차〉

1. **서론**
   (1) 연구배경
   (2) 연구목표

2. **수송시스템**
   (1) 도로와 철도의 수송시스템 구성
   (2) 수송부문 온실가스 저감전략
   (3) 수송시스템 온실가스 배출경향

3. Modal Shift(**전환교통**)
   (1) Modal Shift의 정의 및 활성화 방안

4. **사례연구**
   (1) 분석방법 및 분석대상
   (2) 단계별 분석
   (3) 전 과정 통합 분석

5. **결론 및 향후 연구방향**

보기

(가) 도로와 철도의 수송시스템은 크게 차량, 노선, 정류장, 운영, 연료사용으로 구분되며, 수송부분의 환경영향을 저감시키는 방법으로는 전체 수송요구량을 줄이는 '회피', 전체수송량은 유지하되 저탄소 수송모드로 수송수단을 전환시키는 '전환', 수송수단과 시스템의 환경성을 개선하는 '개선'으로 나눌 수 있다.

(나) 2022년 OECD 통계에 따르면 우리나라의 온실가스 배출량은 13위이다. 특히 우리나라의 수송부문의 이산화탄소 배출량은 도로부문에서 51%, 철도부문에서 5%, 수상 및 항공 부문에서 22%를 차지하고 있어 도로부문에서의 온실가스 저감노력이 필요할 것으로 판단된다. 이에 본 연구에서는 도로에서 철도로의 교통수요 전환에 따른 온실가스 저감효과를 수송시스템의 제작부터 폐기까지 모든 단계를 고려하여 예측하고자 한다.

(다) 이에 본 연구에서는 Modal Shift의 효과를 예측하기 위해 단계별로 나누어 연구를 진행하였으며, 특히 운행단계에서 온실가스 저감량을 분석해 본 결과 철도로의 승객이 증가하자 온실가스 저감효과가 나타나는 것이 확인되었고, 제작 단계, 건설 단계, 폐기 단계의 각 과정에서도 모두 온실가스 저감효과가 확인되었다.

(라) 이때, 각 수송시스템의 단계별 온실가스 배출 기여도를 살펴보면, 두 시스템 모두 초기건설 단계에서 가장 높았으며, 운영 및 유지보수 단계, 해체폐기 단계 순으로 높았다. 또한 실제 배출량은 여객수송(1인/km당)에서는 도로가 105.6gCO_2e로 철도의 배출량인 29.8gCO_2e보다 약 3.5배 높았고, 화물수송(톤/km당)에서는 도로가 299.6gCO_2e로 철도의 35.9gCO_2e보다 약 8배 높았다.

(마) 이에 여객 또는 화물의 장거리 운송에 있어 도로에서 철도로의 수송모드 전환인 Modal Shift가 환경적인 측면에서 부각되고 있다. 하지만 낮은 접근성과 이동성 등 비효율적인 요소가 많아 쉽지 않은 상황이다. 따라서 교통시설을 체계적으로 구축하고 신규노선 및 신규차량을 도입하는 등의 전략적 추진방안이 필요할 것으로 보인다.

① (가) – (나) – (다) – (라) – (마)
② (가) – (나) – (라) – (마) – (다)
③ (나) – (가) – (다) – (라) – (마)
④ (나) – (가) – (라) – (마) – (다)
⑤ (나) – (다) – (가) – (라) – (마)

02 다음 글에서 언급되지 않은 내용은?

전 세계적인 과제로 탄소중립이 대두되자 친환경적 운송수단인 철도가 주목받고 있다. 특히 국제에너지기구는 철도를 에너지 효율이 가장 높은 운송 수단으로 꼽으며, 철도 수송을 확대하면 세계 수송부문에서 온실가스 배출량이 그렇지 않을 때보다 약 6억 톤이 줄어들 수 있다고 하였다.

게다가 철도의 에너지 소비량은 도로의 22분의 1이고 온실가스 배출량은 9분의 1에 불과해, 탄소배출이 높은 도로 운행의 수요를 친환경 수단인 철도로 전환한다면 수송부문 총배출량이 획기적으로 감소될 것이라 전망하고 있다.

이와 같은 전망에 발맞춰 우리나라의 S철도공단도 '녹색교통'인 철도 중심 교통체계를 구축하기 위해 박차를 가하고 있으며, 정부 역시 '2050 탄소중립 실현' 목표에 발맞춰 저탄소 철도 인프라 건설·관리로 탄소를 지속적으로 감축하고자 노력하고 있다.

S철도공단은 철도 인프라 생애주기 관점에서 탄소를 감축하기 위해 먼저 철도 건설 단계에서부터 친환경·저탄소 자재를 적용해 탄소 배출을 줄이고 있다. 실제로 중앙선 안동～영천 간 궤도 설계 당시 철근 대신에 저탄소 자재인 유리섬유 보강근을 콘크리트 궤도에 적용했으며, 이를 통한 탄소 감축효과는 약 6,000톤으로 추정된다. 이 밖에도 저탄소 철도 건축물 구축을 위해 2025년부터 모든 철도건축물을 에너지 자립률 60% 이상(3등급)으로 설계하기로 결정했으며, 도심의 철도 용지는 지자체와 협업을 통해 도심 속 철길 숲 등 탄소 흡수원이자 지역민의 휴식처로 철도부지 특성에 맞게 조성되고 있다.

S철도공단은 이와 같은 철도로의 수송 전환으로 약 20%의 탄소 감축 목표를 내세웠으며, 이를 위해서는 정부의 노력도 필요하다고 강조하였다. 특히 수송 수단 간 공정한 가격 경쟁이 이루어질 수 있도록 도로 차량에 집중된 보조금 제도를 화물차의 탄소배출을 줄이기 위한 철도 전환교통 보조금으로 확대하는 등 실질적인 방안의 필요성을 제기하고 있다.

① 녹색교통으로 철도 수송이 대두된 배경
② 철도 수송 확대를 통해 기대할 수 있는 효과
③ 국내의 탄소 감축 방안이 적용된 건축물 사례
④ 정부의 철도 중심 교통체계 구축을 위해 시행된 조치
⑤ S철도공단의 철도 중심 교통체계 구축을 위한 방안

03 다음 글을 이해한 내용으로 가장 적절한 것은?

도심항공교통, UAM은 Urban Air Mobility의 약자로 전기 수직 이착륙기(eVTOL)를 활용해 지상에서 450m 정도 상공인 저고도 공중에서 사람이나 물건 등을 운송하는 항공 교통 수단 시스템을 지칭하는 용어이다. 기체 개발부터 운항, 인프라 구축, 플랫폼 서비스 그리고 유지보수에 이르기까지 이와 관련된 모든 사업을 통틀어 일컫는 말이기도 하다.
도심항공교통은 전 세계적인 인구 증가와 대도시 인구 과밀화로 인해 도심의 지상교통수단이 교통체증 한계에 맞닥뜨리면서 이를 해결하고자 등장한 대안책이다. 특히 이 교통수단은 활주로가 필요한 비행기와 달리 로켓처럼 동체를 세운 상태로 이착륙이 가능한 수직이착륙 기술, 또 배터리와 모터로 운행되는 친환경적인 방식과 저소음 기술로 인해 탄소중립 시대에 새로운 교통수단으로 주목받고 있다.
이 때문에 많은 국가와 기업에서 도심항공교통 상용화 추진에 박차를 가하고 있으며 우리나라 역시 예외는 아니다. 현대자동차 등 국내기업들은 상용화를 목표로 기체 개발 중에 있으며, 핵심 인프라 중 하나인 플라잉카 공항 에어원을 건설 중이다. 다수의 공기업 역시 미래모빌리티 토탈솔루션 구축 등의 UAM 생태계 조성 및 활성화를 추진 중에 있다.
실제로 강릉시는 강릉역 '미래형 복합환승센터'에 기차, 버스, 철도, 자율주행차뿐만 아니라 도심항공교통 UAM까지 한곳에서 승하차가 가능하도록 개발사업 기본 계획을 수립해 사업 추진에 나섰으며, 경기 고양시 역시 항공교통 상용화를 위한 UAM 이착륙장을 내년 완공을 목표로 진행 중에 있다.
이와 같은 여러 단체와 시의 노력으로 도심항공교통이 상용화된다면 많은 기대효과를 가져올 수 있을 것이라 전망되는데, 특히 친환경적인 기술로 탄소배출 절감에 큰 역할을 할 것으로 판단된다. 이뿐만 아니라 도시권역 간 이동시간을 단축해 출퇴근 교통체증을 해소할 수 있고, 또 획기적인 운송 서비스의 제공으로 사회적 비용을 감소시킬 수 있을 것으로 보인다.

① 도심항공교통 UAM은 상공을 통해 사람이나 물품 등의 이동이 가능하게 하는 모든 항공교통수단 시스템을 지칭한다.
② 도심항공교통수단은 지상교통수단의 이용이 불가능해짐에 따라 대체 방안으로 등장한 기술이다.
③ 도심항공교통은 수직이착륙 기술을 가지고 있어 별도의 활주로와 공항이 없이도 어디서든 운행이 가능하다.
④ 국내 공기업과 사기업, 그리고 정부와 각 시는 도심항공교통의 상용화를 위해 역할을 분담하여 추진 중에 있다.
⑤ 도심항공교통이 상용화된다면, 도심지상교통이 이전보다 원활하게 운행이 가능해질 것으로 예측된다.

04 다음 글의 주제로 가장 적절한 것은?

지난 5월 아이슬란드에 각종 파이프와 열교환기, 화학물질 저장탱크, 압축기로 이루어져 있는 '조지 올라 재생가능 메탄올 공장'이 등장했다. 이곳은 이산화탄소로 메탄올을 만드는 첨단 시설로, 과거 2011년 아이슬란드 기업 '카본리사이클링인터내셔널(CRI)'이 탄소 포집 · 활용(CCU) 기술의 실험을 위해서 지은 곳이다.

이곳에서는 인근 지열발전소에서 발생하는 적은 양의 이산화탄소(CO_2)를 포집한 뒤 물을 분해해 조달한 수소(H)와 결합시켜 재생 메탄올(CH_3OH)을 제조하였으며, 이때 필요한 열과 냉각수 역시 지역발전소의 부산물을 이용했다. 이렇게 만들어진 메탄올은 자동차, 선박, 항공 연료는 물론 플라스틱 제조 원료로 활용되는 등 여러 곳에서 활용이 되었다.

하지만 이렇게 메탄올을 만드는 것이 미래 원료 문제의 근본적인 해결책이 될 수는 없었다. 왜냐하면 메탄올이 만드는 에너지보다 메탄올을 만드는 데 들어가는 에너지가 더 필요하다는 문제점에 더하여 액화천연가스 LNG를 메탄올로 변환할 경우 이전보다 오히려 탄소배출량이 증가하고, 탄소배출량을 감소시키기 위해서는 태양광과 에너지 저장장치를 활용해 메탄올 제조에 필요한 에너지를 모두 조달해야만 하기 때문이다.

또한 탄소를 포집해 지하에 영구 저장하는 탄소포집 저장방식과 달리, 탄소를 포집해 만든 연료나 제품은 사용 중에 탄소를 다시 배출할 가능성이 있어 이에 대한 논의가 분분한 상황이다.

① 탄소 재활용의 득과 실
② 재생 에너지 메탄올의 다양한 활용
③ 지열발전소에서 탄생한 재활용 원료
④ 탄소 재활용을 통한 미래 원료의 개발
⑤ 미래의 에너지 원료로 주목받는 재활용 원료, 메탄올

05 다음 글과 같이 한자어 및 외래어를 순화한 내용으로 적절하지 않은 것은?

> 열차를 타다 보면 한 번쯤은 다음과 같은 안내방송을 들어 봤을 것이다.
> "○○역 인근 '공중사상사고' 발생으로 KTX 열차가 지연되고 있습니다."
> 이때 들리는 안내방송 중 한자어인 '공중사상사고'를 한 번에 알아듣기란 일반적으로 쉽지 않다. 실제로 코레일 관계자는 승객들로부터 안내방송 문구가 적절하지 않다는 지적을 받아 왔다고 밝혔으며, 이에 코레일은 국토교통부와 협의를 거쳐 보다 이해하기 쉬운 안내방송을 전달하기 위해 문구를 바꾸는 작업에 착수하기로 결정하였다고 전했다.
> 가장 먼저 수정하기로 한 것은 한자어 및 외래어로 표기된 철도 용어이다. 그중 대표적인 것이 '공중사상사고'이다. 코레일 관계자는 '일반인의 사상사고'나 '열차 운행 중 인명사고' 등과 같이 이해하기 쉬운 말로 바꿀 예정이라고 밝혔다. 이 외에도 열차 지연 예상 시간, 사고복구 현황 등 열차 내 안내 방송을 승객에게 좀 더 알기 쉽고 상세하게 전달할 것이라고 전했다.

① 열차시격 → 배차간격
② 전차선 단전 → 선로 전기 공급 중단
③ 우회수송 → 우측 선로로의 변경
④ 핸드레일(Handrail) → 안전손잡이
⑤ 키스 앤 라이드(Kiss and Ride) → 환승정차구역

※ 다음은 2023년 승차권 정기권의 거리비례용 종별 운임에 대한 자료이다. 이어지는 질문에 답하시오. **[6~8]**

〈거리비례용 종별 운임〉

종별	정기권 운임(원)	교통카드 기준 운임(원)	이용구간 초과 시 추가차감 기준	이용구간 14회 초과 시 추가비용 차감 후 정기권 잔액(원)
1단계	–	1,450	20km마다 1회	34,700
2단계	–	1,550	25km마다 1회	36,300
3단계	–	1,650	30km마다 1회	38,600
4단계	–	1,750	35km마다 1회	41,000
5단계	–	1,850	40km마다 1회	43,300
6단계	–	1,950	45km마다 1회	45,600
7단계	–	2,050	50km마다 1회	48,000
8단계	–	2,150	58km마다 1회	50,300
9단계	–	2,250	66km마다 1회	52,700
10단계	–	2,350	74km마다 1회	55,000
11단계	–	2,450	82km마다 1회	57,300
12단계	–	2,550	90km마다 1회	59,700
13단계	–	2,650	98km마다 1회	62,000
14단계	–	2,750	106km마다 1회	64,400
15단계	–	2,850	114km마다 1회	66,700
16단계	–	2,950	122km마다 1회	69,000
17단계	–	3,050	130km마다 1회	71,400
18단계	117,800	3,150	추가차감 없음	117,800

※ 원하는 종류의 정기권 운임을 충전하여 사용할 수 있으며, 사용 기간은 충전일로부터 30일 이내 60회이다.
※ 정기권 운임 가격에서 이용구간을 초과할 때마다 종별에 해당하는 교통카드 기준 운임이 차감된다.
※ 정기권 운임은 (교통카드 기준 운임)×44에 15%를 할인 후 10원 단위에서 반올림한다.
※ 승차권 사용 불가 구간 및 추가 차감 구간은 별도의 기준에 따른다.

| 수리능력

06 다음 중 종별 정기권 운임 비용과 전 단계와의 정기권 운임 비용의 차이가 3,800원인 경우는 모두 몇 가지인가?

① 4가지 ② 5가지
③ 6가지 ④ 7가지
⑤ 8가지

07 서울에 사는 강대리는 지방에 있는 회사로 출퇴근하고자 4월 3일 월요일에 3단계 거리비례용 정기권을 구매하여 충전 후 바로 사용하였다. 다음 〈조건〉에 따를 때, 4월 말 강대리의 정기권 잔액은?

조건

- 강대리의 이용 거리는 편도 25km이다.
- 강대리가 근무하는 회사는 평일에만 근무하며, 강대리는 4월에 연차를 신청하지 않았다.
- 강대리는 출퇴근 모두 정기권을 사용하였으며, 출퇴근 외에는 정기권을 사용하지 않았다.
- 승차권 사용 불가 구간 및 추가 차감 구간은 없었다.

① 7,250원　② 7,600원
③ 7,950원　④ 8,300원
⑤ 8,650원

08 지방에서 서울에 있는 학교로 통학하는 대학생 S군은 교통비를 절약하고자 거리비례용 정기권을 구매하려 한다. 다음 〈조건〉에 따를 때, S군이 충전할 수 있는 정기권으로 옳은 것은?(단, 교통카드 기준 운임에 대한 종별 정기권 운임의 비는 모두 37이다)

조건

- S군의 이용거리는 편도 45km이다.
- S군은 교내 일정으로 한 달에 25일은 학교에 가는 것으로 계산한다.
- S군은 통학할 때에만 정기권을 사용하였으며, 통학 외에는 정기권을 사용하지 않았다.
- 승차권 사용 불가 구간 및 추가 차감 구간은 없었다.
- 정기권은 월 1회만 충전하는 것으로 가정한다.

① 7단계　② 9단계
③ 11단계　④ 13단계
⑤ 15단계

※ 일정한 규칙에 따라 수를 나열할 때, 빈칸에 들어갈 수로 가장 적절한 수를 고르시오. [9~10]

| 수리능력

09

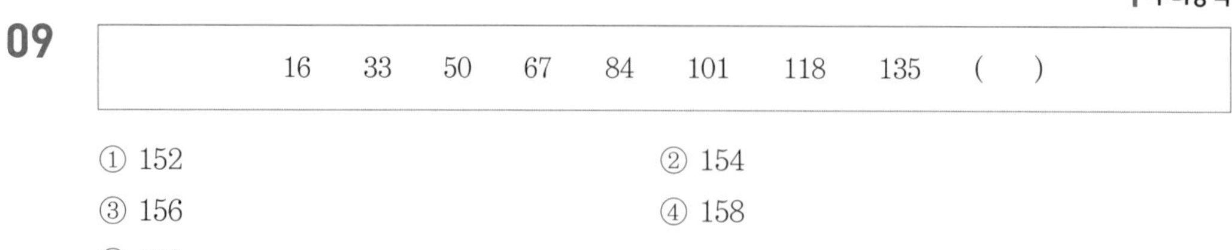

① 152　② 154
③ 156　④ 158
⑤ 160

| 수리능력

10

2 5 11 20 32 ( ) 65 86

① 41　② 44
③ 47　④ 50
⑤ 53

| 수리능력

11 다음 수열의 20번째 항의 값은?

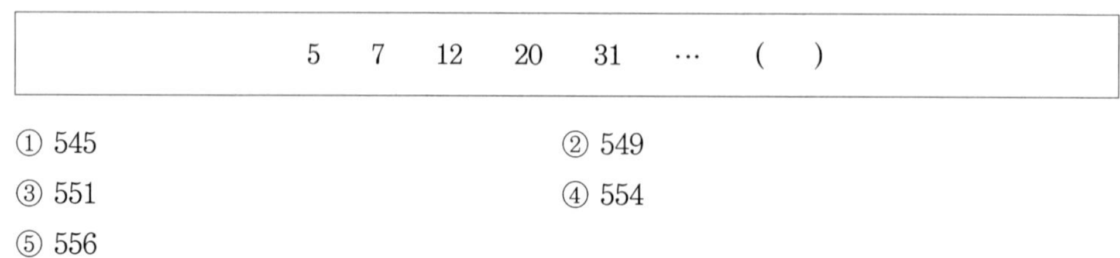

① 545　② 549
③ 551　④ 554
⑤ 556

12 **다음은 A～C철도사의 2020～2022년 차량 수 및 연간 승차인원에 대한 자료이다. 이에 대한 설명으로 옳지 않은 것은?**

〈3개년 간 철도사별 차량 수 및 승차 인원〉

구분	2020년			2021년			2022년		
철도사	A	B	C	A	B	C	A	B	C
차량 수(량)	2,751	103	185	2,731	111	185	2,710	113	185
승차인원(천 명/년)	775,386	26,350	35,650	768,776	24,736	33,130	755,376	23,686	34,179

① C철도사가 운영하는 차량 수는 변동이 없다.

② 3년간 전체 승차인원 중 A철도사의 철도를 이용하는 승차인원의 비율이 가장 높다.

③ A～C철도사 철도를 이용하는 연간 전체 승차인원 수는 매년 감소하였다.

④ 3년간 차량 1량당 평균 승차인원 수는 B철도사가 가장 적다.

⑤ C철도사의 차량 1량당 승차인원 수는 200천 명 미만이다.

13 **다음 〈조건〉에 따라 성우, 희성, 지영, 유진, 혜인, 재호가 근무할 때, 반드시 참인 명제는?**

조건

- 성우, 희성, 지영, 유진, 혜인, 재호는 각자 다른 곳에서 근무하고 있다.
- 근무할 수 있는 곳은 감사팀, 대외협력부, 마케팅부, 비서실, 기획팀, 회계부이다.
- 성우가 비서실에서 근무하면, 희성이는 기획팀에서 근무하지 않는다.
- 유진이와 재호 중 한 명은 감사팀에서 근무하고, 나머지 한 명은 마케팅부에서 근무한다.
- 유진이가 감사팀에서 근무하지 않으면, 지영이는 대외협력부에서 근무하지 않는다.
- 혜인이가 회계부에서 근무하지 않을 때에만 재호는 마케팅부에서 근무한다.
- 지영이는 대외협력부에서 근무한다.

① 재호는 감사팀에서 근무한다.

② 희성이는 기획팀에서 근무한다.

③ 성우는 비서실에서 근무하지 않는다.

④ 혜인이는 회계팀에서 근무하지 않는다.

⑤ 유진이는 감사팀에서 근무하지 않는다.

| 문제해결능력

14 A씨는 6월 중 부서 주요업무가 있는 날을 제외한 날에 1일 휴가를 신청하고자 한다. 부서 주요업무가 다음과 같을 때, A씨가 휴가를 신청하기에 적절한 날은?(단, 6월 1일은 목요일이고 6월 6일은 공휴일이며, 주말 및 공휴일에는 휴가를 사용하지 않는다)

- 매주 수요일과 금요일에 회의를 진행한다.
- 6월 22 ~ 26일에 내부품질검증 TF에 참여한다.
- 매월 두 번째, 네 번째 주 월요일에 회식을 진행한다.
- 매주 금요일 오전에 본부장님 대상 주간보고를 진행한다.
- 6월 13 ~ 16일에 본부에서 주관하는 세미나에 참석한다.

① 6월 2일
② 6월 12일
③ 6월 15일
④ 6월 22일
⑤ 6월 29일

| 문제해결능력

15 다음 문장에서 범하고 있는 논리적 오류로 가장 적절한 것은?

공부를 잘하는 사람은 무엇이든 잘할 것이다.

① 근접효과
② 초두효과
③ 최신효과
④ 후광효과
⑤ 현저성 효과

16 다음은 S사의 신입사원 선발 조건이다. 〈보기〉의 지원자 중 최고득점자와 최저득점자를 바르게 연결한 것은?

〈S사 신입사원 선발 조건〉

- 다음과 같은 항목에 따른 점수를 합산하여 최종점수(100점 만점)을 산정해, 점수가 가장 높은 지원자 2명을 신입사원으로 선발한다.
  - 학위점수(30점 만점)

학위	학사	석사	박사
점수(점)	18	25	30

  - 어학능력점수(20점 만점)

어학시험점수(300점 만점)	0점 이상 50점 미만	50점 이상 150점 미만	150점 이상 220점 미만	220점 이상
점수(점)	8	14	17	20

  - 면접점수(20점 만점)

총 인턴근무 기간	미흡	보통	우수
점수(점)	18	24	30

  - 실무경험점수(20점 만점)

총 인턴근무 기간	4개월 미만	4개월 이상 8개월 미만	8개월 이상 12개월 미만	12개월 이상
점수(점)	12	16	18	20

보기

지원자	학위점수	어학시험점수	면접점수	총 인턴근무 기간
A	학사	228	우수	8개월
B	석사	204	보통	11개월
C	학사	198	보통	9개월
D	박사	124	미흡	3개월

	최고득점자	최저득점자
①	A	B
②	A	D
③	B	C
④	B	D
⑤	C	D

17 A과장이 모스크바로 출장을 가기 위해 인천에서 출발하는 항공편을 찾아보았는데, 모든 항공사가 1개의 경유지를 거쳐 모스크바로 갈 수 있다고 한다. 이용하려는 항공사별 정보가 다음과 같을 때, 각 도시와의 시차에 대한 설명으로 옳지 않은 것은?

〈항공사별 인천 – 모스크바 항공편〉

• C사

출발 시각 (인천 기준)	경유지	경유지 도착 시각 (경유지 기준)	환승 대기시간	도착 시각 (모스크바 기준)
00:30	베이징	01:30	19시간	00:30*
23:30	상하이	00:30*	15시간	21:00*
이동시간	인천 – 베이징, 상하이 : 2시간 베이징 – 모스크바 : 9시간 상하이 – 모스크바 : 10시간 30분			

• E사

출발 시각 (인천 기준)	경유지	경유지 도착 시각 (경유지 기준)	환승 대기시간	도착 시각 (모스크바 기준)
06:00	아부다비	11:00	2시간 30분	18:30
이동시간	인천 – 아부다비 : 10시간 아부다비 – 모스크바 : 6시간			

• Q사

출발 시각 (인천 기준)	경유지	경유지 도착 시각 (경유지 기준)	환승 대기시간	도착 시각 (모스크바 기준)
01:30	도하	05:30	3시간	14:00
이동시간	인천 – 도하 : 10시간 도하 – 모스크바 : 5시간 30분			

* : 출발일 기준 익일 도착 시각

① 모스크바와 도하의 시차는 없다.
② 모스크바는 인천보다 6시간 늦다.
③ 모스크바는 아부다비보다 1시간 늦다.
④ 도하는 베이징보다 1시간 늦다.
⑤ 아부다비는 상하이보다 5시간 늦다.

※ S대학교에 근무하는 K씨는 전자교탁 340개를 강의실에 설치하고자 한다. 다음 자료를 보고 이어지는 질문에 답하시오. [18~19]

- K씨는 전자교탁 340개를 2월 1일 수요일에 주문할 예정이다.
- 모든 업체는 주문을 확인한 다음날부터 전자교탁을 제작하기 시작한다.
- 2월 20일에 설치가 가능하도록 모든 업체가 2월 18일까지 전자교탁을 제작하여야 한다.
- 전자교탁 제작을 의뢰할 업체는 모두 5곳이며 각 업체에 대한 정보는 다음과 같다.

업체	1인 1개 제작 시간(시간)	제작 직원 수(명)	개당 가격(만 원)
A	4	7	50
B	5	10	50
C	4	3	40
D	2	5	40
E	6	6	30

- A, B, C업체는 월 ~ 토요일에 근무하고 D, E업체는 월 ~ 금요일에 근무하며, 모든 업체는 1일 8시간 근무를 시행한다.
- 모든 업체는 연장근무를 시행하지 않는다.

| 자원관리능력

18 비용을 최소로 하여 각 업체에 전자교탁 제작을 의뢰한다고 할 때, 다음 중 E업체에 의뢰한 전자교탁의 수는?(단, 소수점 아래는 버린다)

① 48개　② 72개
③ 96개　④ 144개
⑤ 192개

| 자원관리능력

19 교내 내부 일정이 촉박해져 전자교탁 제작이 기존 예정 완료일보다 이른 2월 9일까지 완료되어야 한다고 한다. 이에 따라 비용을 최소로 하여 제작을 다시 의뢰하고자 할 때, 필요한 비용은?(단, 소수점 아래는 버린다)

① 1억 2,460만 원　② 1억 4,420만 원
③ 1억 6,480만 원　④ 1억 8,820만 원
⑤ 1억 9,860만 원

20 다음 〈조건〉에 따라 A～F팀 중 회의실 대관료를 가장 적게 지불한 사람과 가장 많이 지불한 사람을 순서대로 바르게 나열한 것은?

조건

- 회의실은 평일 월요일부터 금요일까지 9:00～19:00에 개방한다.
- 주말에는 토요일 9:00～12:00에 개방하며 그 외 시간 및 일요일, 공휴일에는 개방하지 않는다.
- 회의실은 90분 단위로 대관할 수 있다.
- 12:00～13:00은 점심시간으로, 회의실을 잠시 폐쇄한다.
- 월요일 9:00～10:30, 금요일 17:30～19:00는 회의실 청소 일정으로 대관할 수 없다.
- 회의실 대관료는 15,000원이며 평일 17:30～19:00 및 토요일에는 5,000원을 추가로 지불해야 한다.
- 회의실은 두 팀 이상이 함께 사용할 수 없다.
- A팀은 수요일, 금요일, 토요일 9:00～10:30에 대관하고자 하며, 금요일에는 12:00까지 대관한다.
- B팀은 월요일, 수요일, 토요일 10:30～12:00에 대관하고자 하며, 어느 하루는 17:30～19:00에 대관하고자 한다.
- C팀은 수요일 13:00～17:30에 대관하고자 하며, 어느 하루는 17:30～19:00에 대관하고자 한다.
- D팀은 평일에 어느 하루는 종일 대관하려 한다.
- E팀은 2일 연속으로 13:00～16:00에 대관하고자 한다.
- F팀은 평일에 어느 하루는 9:00～12:00에 대관하고자 하며, 또 다른 어느 하루는 17:30～19:00에 대관하고자 한다.

① A팀, F팀 ② B팀, A팀
③ C팀, B팀 ④ D팀, C팀
⑤ D팀, F팀

21 다음 중 자기관리 계획의 수립 단계별 활동의 연결이 적절하지 않은 것은?

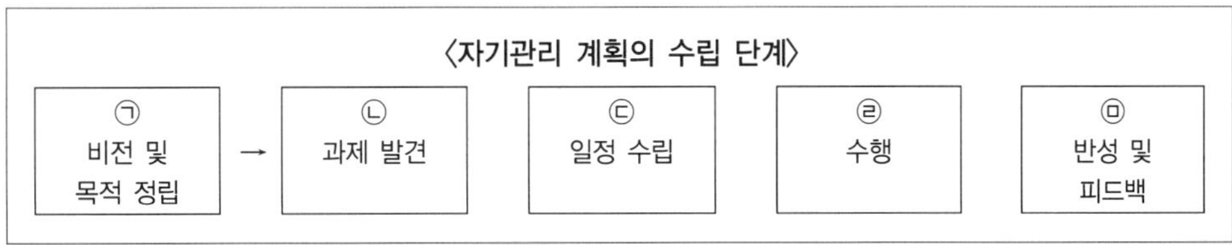

① ㉠ – 우선순위 결정
② ㉡ – 역할에 따른 활동목표 설정
③ ㉢ – 하루, 주간, 월간 계획의 수립
④ ㉣ – 수행과 관련된 요소 분석
⑤ ㉤ – 수행결과 분석

22 다음 중 A사원의 자기개발 계획 수립이 어려운 이유로 가장 적절한 것은?

> A사원은 퇴근 후 남는 시간에 좋아하는 스포츠를 골라 운동을 하는 자기개발 계획을 설계하려 한다. 그러나 A사원은 스포츠에 대한 관심이 전혀 없었기 때문에 어떤 운동을 고를지, 몇 시간 동안 운동을 할지 등 구체적으로 계획을 설계하는 데 어려움을 겪고 있다.

① 주변상황의 제약
② 자기정보의 부족
③ 내부 작업정보 부족
④ 일상생활의 요구사항
⑤ 의사결정 시 자신감의 부족

23 다음 중 제시된 글에서 S사원에게 필요한 능력으로 가장 적절한 것은?

> 신입사원인 S사원은 최근 고민이 생겼다. 충분히 해낼 수 있을 것으로 예상한 업무를 익숙하지 않은 업무조건 탓에 제시간에 완료하지 못했고, 이로 인해 A과장으로부터 문책을 당했기 때문이다. 이 사건 이후 S사원은 크게 위축되어 자신의 능력에 회의감을 가지게 되었고, 주어진 업무를 완수할 수 없을 것 같다는 불안감에 더욱 업무효율이 떨어지게 되었다.

① 자기관리
② 자아존중감
③ 경력개발
④ 강인성
⑤ 낙관주의

24 다음 〈보기〉 중 분배적 협상과 통합적 협상에 대한 설명이 바르게 연결된 것은?

보기

구분	분배적 협상	통합적 협상
㉠ 협상전략	협력적 문제해결전략	강압적 경쟁전략
㉡ 승패방식	Win – Win 방식	Win – Lose 방식
㉢ 이득증식	파이 자체의 증대	고정된 파이 분배
㉣ 정보공유	은밀한 정보	공개적 정보공유
㉤ 토론성격	실질적 이해관계 토론	입장 토론

① ㉠
② ㉡
③ ㉢
④ ㉣
⑤ ㉤

| 대인관계능력

25 다음 중 빈칸 ㉠~㉢에 들어갈 용어를 순서대로 바르게 나열한 것은?

- ___㉠___ : 인간관계를 지향하게 하고 사회적 행동을 유발하는 욕구
- ___㉡___ : 개인이 인간과 인간관계에 대해 가지고 있는 지적인 이해, 믿음
- ___㉢___ : 인간관계를 성공적으로 이끌어 갈 수 있는 사교적 능력

	㉠	㉡	㉢
①	대인신념	대인기술	대인동기
②	대인신념	대인동기	대인기술
③	대인동기	대인신념	대인기술
④	대인동기	대인기술	대인신념
⑤	대인기술	대인동기	대인신념

PART 1

| 직업윤리

26 다음 중 기업의 사회적 책임(CSR; Corporate Social Responsibility)의 등장 배경으로 적절하지 않은 것은?

① 기업 영향력의 확대
② 지속가능성 이슈의 대두
③ 정보통신 기술의 발전
④ 사회의 획일화
⑤ 국제기구 및 비정부기구의 활동

| 직업윤리

27 다음 중 도덕적 해이(Moral Hazard)의 특징으로 적절하지 않은 것은?

① 결정을 내리고 책임지기보다 상급기관에 결정을 미루는 행동방식을 취한다.
② 법률 위반과 차이가 있어 적발과 입증이 어렵다.
③ 사익을 추구하지 않는 방만한 경영 행태는 도덕적 해이에 포함되지 않는다.
④ 조직의 틀에 어긋나는 개인의 이익실현 행위이다.
⑤ 신규업무에 관심을 갖지 않는 등 소극적인 모습을 보인다.

| 직업윤리

28 다음 중 직장 내 성희롱에 대한 설명으로 옳지 않은 것은?

① 성적 언동 등을 조건으로 고용 상 불이익을 주는 행위를 뜻한다.
② 성희롱 자체는 형사처벌 대상이 아니다.
③ 성희롱의 판단기준은 피해자의 관점에 따른다.
④ 모든 남녀 근로자는 직장 내 성희롱의 피해자가 될 수 있다.
⑤ 직장 내 성희롱은 직장 내부에서 일어나야 성립한다.

| 조직이해능력

29 다음 중 서번트 리더십에 대한 설명으로 옳지 않은 것은?

① 구성원 간의 과도한 경쟁을 경계한다.
② 구성원의 성과를 최종 결과물 중심으로 평가한다.
③ 조직 구성원은 조직의 목적을 달성하는 가장 중요한 자원이다.
④ 전통적 리더십에 비해 성과를 발휘하기까지 비교적 많은 시간이 걸린다.
⑤ 봉사와 희생의 정신으로부터 생기는 권위를 통해 구성원이 리더를 따르게 한다.

30 다음 〈보기〉의 맥킨지 7S 모델을 소프트웨어적 요소와 하드웨어적 요소로 바르게 구분한 것은?

보기

㉠ 스타일(Style)	㉡ 구성원(Staff)
㉢ 전략(Strategy)	㉣ 스킬(Skills)
㉤ 구조(Structure)	㉥ 공유가치(Shared Values)
㉦ 시스템(Systems)	

	소프트웨어	하드웨어
①	㉠, ㉡, ㉢, ㉥	㉣, ㉤, ㉦
②	㉠, ㉡, ㉣, ㉥	㉢, ㉤, ㉦
③	㉡, ㉢, ㉥, ㉦	㉠, ㉣, ㉤
④	㉡, ㉣, ㉤, ㉦	㉠, ㉢, ㉥
⑤	㉢, ㉤, ㉥, ㉦	㉠, ㉡, ㉣

31 다음 C언어 프로그램을 실행하였을 때 출력되는 값은?

```
#include <stdio.h>
int power(int x, int y);
int main(void)
{    int a, b;
    a=6;
    b=4;
    printf("%d",power(a,b));
    return 0;
}int power(int x, int y)
{    if(y==0)
    return 1;
    return x*power(x,y-1);
}
```

① 24　② 64
③ 1,296　④ 6,543
⑤ 6,666

32 다음 중 음이 아닌 정수 n에 대하여 〈보기〉의 순서도의 출력값과 같은 것은?

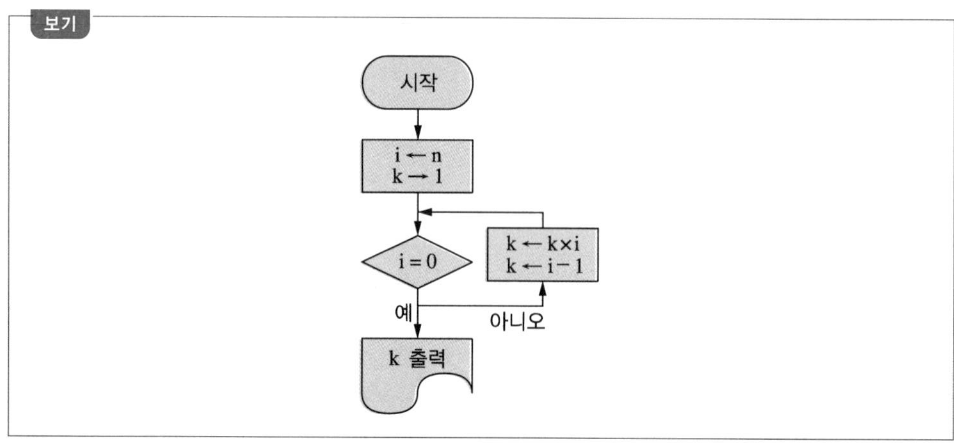

① 0

② $\dfrac{n(n+1)}{2}$

③ $n!$

④ n

⑤ 1

33 다음은 임의의 수 8개를 퀵 정렬 알고리즘을 통해 오름차순으로 나열하는 과정이다. 이 과정에서 나타난 퀵 정렬 과정으로 옳지 않은 것은?

	3	15	8	27	36	45	10	7
①	3	15	8	27	36	7	10	45
②	3	15	8	27	10	7	36	45
③	3	15	8	7	10	27	36	45
④	3	7	8	15	10	27	36	45
⑤	3	7	8	10	15	27	36	45

34 다음은 임의의 수 8개에 대한 배열을 오름차순으로 나열하는 C언어 프로그램이다. 이를 내림차순으로 나열하고자 할 때 수정해야 하는 행과 그 내용으로 옳은 것은?

```
#include <stdio.h>
int main(){
        int arr[8] = {7, 59, 30, 1, 26, 40, 5, 39};
        int i, j, temp, index, min;
        for(i=0; i<8;++i){
                min = arr[i];
                index = i;
                for(j=i+1;j<8;++j){
                        if(min>arr[j]){
                                min = arr[j];
                                index = j;
                        }
                }
                temp = arr[i];
                arr[i] = arr[index];
                arr[index] = temp;
    }
    for(i=0;i<8;++i){
            printf("%d ", arr[i]);
    }
    return 0;
}
```

① 3번째 행의 ‘arr[8]’을 ‘arr[−8]’으로 수정한다.

② 8번째 행의 ‘for(j=i+1;j<8;++j);’을 ‘for(j=8−i;j<8;++j);’로 수정한다.

③ 9번째 행의 ‘if(min>arr[j])’를 ‘if(min<arr[j])’로 수정한다.

④ 19번째 행의 ‘printf("%d ", arr[i]);’를 ‘printf("%d", arr[8−i]);’로 수정한다.

⑤ 21번째 행의 ‘return 0;’을 제거한다.

35 **다음 글의 빈칸 ㉠~㉢에 들어갈 말을 순서대로 바르게 나열한 것은?**

> 4차 산업혁명이란 인공지능, 클라우드 컴퓨터 등의 고도화된 정보통신기술이 사회, 산업 등 다양한 분야에 융합되어 기존과는 다른 혁신적인 변화를 이뤄 낸 21세기 산업혁명을 말한다.
> 무인항공기로도 불리는 ___㉠___은 원격 조종을 통해 기기를 제어하며 지정된 경로를 자율적으로 비행하거나 반자동으로 비행하곤 한다. 군사용으로 사용된 이것은 점차 민간 분야로 확대되어 농업, 수송 등 다양한 분야에서 쓰이고 있다. ___㉡___은 기기에 인터넷을 적용하여 사용자와의 커뮤니케이션은 물론 센서를 통해 환경 등을 감지하여 물체가 물체를 자동으로 제어하는 등 다양한 방식으로 적용되고 있다. ___㉢___는 이름 그대로 방대한 데이터이다. 크기(Volume), 속도(Velocity), 다양성(Variety)을 3대 중요요소로 꼽는다. 하지만 단순 방대한 데이터 자체만으로는 의미가 없고 이 방대한 데이터를 분석하여 원하는 정보를 추출하고 가공하여 결론을 도출하는 과정에서 의미가 있다.

	㉠	㉡	㉢
①	인공위성	광케이블	빅데이터
②	드론	광케이블	데이터베이스
③	인공위성	사물인터넷	데이터베이스
④	드론	사물인터넷	빅데이터
⑤	인공위성	사물인터넷	빅데이디

36 **다음 중 중대재해 처벌 등에 관한 법률상 사업주의 안전 및 보건 책임의무로 옳지 않은 것은?**

① 재해 발생 시 재발방지 대책의 수립 및 그 이행에 관한 조치
② 안전·보건 관계 법령에 따른 의무이행에 필요한 관리상의 조치
③ 산업 안전 및 보건에 관한 기술의 연구·개발 및 시설의 설치·운영에 관한 조치
④ 재해예방에 필요한 인력 및 예산 등 안전보건관리체계의 구축 및 그 이행에 관한 조치
⑤ 중앙행정기관·지방자치단체가 관계 법령에 따라 개선, 시정 등을 명한 사항의 이행에 관한 조치

37 다음 글과 〈보기〉의 사례를 바탕으로 할 때, 결함의 종류가 바르게 연결된 것은?

중대재해 처벌 등에 관한 법률(중대재해처벌법)에서 '중대시민재해'란 특정 원료 또는 제조물, 공중이용시설 또는 공중교통수단의 설계, 제조, 설치, 관리상의 결함을 원인으로 하여 발생한 재해로서 다음 항목 중 하나에 해당하는 재해를 뜻한다.

- 사망자가 1명 이상 발생
- 동일한 사고로 2개월 이상 치료가 필요한 부상자가 10명 이상 발생
- 동일한 원인으로 3개월 이상 치료가 필요한 질병자가 10명 이상 발생

중대재해처벌법에서 제조물의 정의가 제조물 책임법상의 제조물과 동일하므로 설계, 제조상의 결함은 다음 제조물 책임법에서의 정의를 참고할 수 있다.

〈제조물 책임법상 결함의 정의〉

- '제조상의 결함'이란 제조업자가 제조물에 대하여 제조상·가공상의 주의의무를 이행하였는지에 관계없이 제조물이 원래 의도한 설계와 다르게 제조·가공됨으로써 안전하지 못하게 된 경우를 말한다.
- '설계상의 결함'이란 제조업자가 합리적인 대체설계(代替設計)를 채용하였더라면 피해나 위험을 줄이거나 피할 수 있었음에도 대체설계를 채용하지 아니하여 해당 제조물이 안전하지 못하게 된 경우를 말한다.

보기

ㄱ. 해상전망대의 투명데크를 설계보다 넓게 건축하여 데크가 하중을 견디지 못하고 붕괴되어 시민 2명이 사망한 사건
ㄴ. 터널 방음벽이 화재에 취약한 PMMA 소재로 되어있어 차량에서 시작된 불이 방음벽에 옮겨 붙어 차량 17대가 고립되어 시민 8명이 사망한 사건
ㄷ. 자연적 여건 측량을 잘못하여 지나치게 낮게 건설된 방조설비로 인해 너울성 파도에 시민 2명이 휩쓸려 1명이 사망한 사건
ㄹ. 제약회사에서 밀폐 포장을 해야 하는 주사약이 출고 시 밀봉되지 않아 변질되어 해당 주사약을 투여 받은 환자 1명이 패혈성 쇼크로 사망한 사건

	제조상의 결함	설계상의 결함
①	ㄱ	ㄴ, ㄷ, ㄹ
②	ㄱ, ㄴ	ㄷ, ㄹ
③	ㄱ, ㄹ	ㄴ, ㄷ
④	ㄱ, ㄴ, ㄹ	ㄷ
⑤	ㄴ, ㄷ, ㄹ	ㄱ

| 01 | 행정학

01 **다음 중 사회실재론과 사회명목론에 대한 설명으로 옳지 않은 것을 〈보기〉에서 모두 고르면?**

> 보기
>
> ㄱ. 사회실재론에 따르면, 사회는 구성원들과 구분되는 독립적 존재로서 구성원 개인들의 단순합 이상의 존재이다.
> ㄴ. 사회명목론은 사회문제의 해결에 있어 개인의 의식 개선이 제도적 개선보다 중요하다고 여긴다.
> ㄷ. 사회명목론에서 사회는 개인으로 환원될 수 없다고 표현한다.
> ㄹ. 사회실재론에 비해 사회명목론은 개인의 자유의지를 설명할 수 없다는 한계가 있다.

① ㄱ, ㄴ
② ㄱ, ㄷ
③ ㄴ, ㄷ
④ ㄴ, ㄹ
⑤ ㄷ, ㄹ

02 **다음 중 과정이론에 대한 설명으로 옳지 않은 것은?**

① 기대이론은 개인의 행위를 유발하는 동기부여의 과정을 설명하는 이론이다.
② 기대이론에 따르면, 보상이 개인에게 유의미한 정도가 클수록 동기가 강해진다.
③ 브룸은 인간은 기대와 유의성에 의해서만 동기부여가 이루어진다고 설명하였다.
④ 기대이론에서 설명하는 기대란, 노력이 성과를 유발하는 확신의 정도를 의미한다.
⑤ 공정성이론은 개인이 인지하는 노력과 보상 간의 차이에 따라 동기가 유발된다고 본다.

03 **다음 글이 설명하는 개념과 가장 가까운 경력의 닻의 유형은?**

> '워라밸'이란 개인의 일과 생활간의 조화가 이루어진 상태로서, '일-가정 양립'이라는 용어로도 사용되지만 의미적으로 개인의 삶 전체를 포괄하지 못하며 일과 가정간의 갈등 해소에 초점을 둔다는 점에서 최근에는 '일과 개인생활의 균형'이라는 의미로 사용된다.

① 전문성 추구형
② 총괄관리 추구형
③ 삶의 균형 추구형
④ 안전 / 안정 추구형
⑤ 사업가적 창의성 추구형

PART 1

04 **다음 중 매슬로의 욕구이론에 대한 설명으로 옳은 것은?**

① 종족 번식 본능은 생리적 욕구이면서, 안전의 욕구로 해석할 수 있다.
② 자아실현의 욕구는 타인에게 인정받고 존중받고자 하는 욕구를 의미한다.
③ 매슬로의 욕구이론에 따르면, 인간의 욕구는 6가지 단계로 구분할 수 있다.
④ 화재보험 가입은 안전에 대한 욕구를 충족시키기 위한 장치로 해석할 수 있다.
⑤ 상위 욕구에 대한 열망이 강할 경우, 하위 욕구가 충족되지 않은 상태에서 상위 욕구를 추구할 수 있다.

05 **적대적 M&A 혹은 경영권에 대한 침해 시도가 있을 때, 기존 주주들에게 현재 시가보다 더욱 낮은 가격에 지분을 매입할 수 있는 권리를 부여하는 제도는?**

① 차입매수
② 포이즌 필
③ 언더라이팅
④ 차등의결권
⑤ 황금주 제도

06 다음 중 사이먼의 제한된 합리성에 대한 설명으로 옳은 것을 〈보기〉에서 모두 고르면?

보기

ㄱ. 사이먼은 모든 정보를 고려한 의사결정은 비현실적이라고 설명한다.
ㄴ. 제한된 합리성에 따르더라도 반드시 최선의 대안을 선택할 수 있다.
ㄷ. 제한된 합리성을 토대로 한 정책결정모형은 점증모형이다.
ㄹ. 모든 대안을 검토하는 것은 중복을 발생시킨다고 본다.

① ㄱ
② ㄷ
③ ㄱ, ㄷ
④ ㄱ, ㄷ, ㄹ
⑤ ㄴ, ㄷ, ㄹ

07 다음 정책과정의 참여자 중 공식적 참여자에 해당하지 않는 것은?

① 입법부
② 사법부
③ 정당
④ 행정기관
⑤ 사법부

| 02 | 경영학

01 다음 〈조건〉을 참고할 때, S회사의 적정주가는?

> **조건**
> - S회사 유통주식 수 : 1,000만 주
> - S회사 당기순이익 : 300억 원
> - S회사 주가수익비율 : 8배

① 18,000원 ② 20,000원
③ 24,000원 ④ 30,000원
⑤ 32,000원

02 다음 중 공매도가 미치는 영향으로 옳지 않은 것은?

① 주가가 고평가되어 있다고 생각하는 투자자의 의견도 반영할 수 있어 효율성이 증대된다.
② 시장에 매도물량이 공급됨에 따라 시장 유동성이 증대된다.
③ 공매도에 따른 채무불이행 리스크가 발생할 수 있다.
④ 하락장에서도 수익을 낼 수 있어 수익의 변동성을 조정할 수 있다.
⑤ 공매도를 통해 기대수익과 기대손실을 자산 가격 내에서 운용할 수 있다.

03 다음 중 적대적 M&A에 대한 사전 방어 전략으로 옳지 않은 것은?

① 포이즌 필 ② 포이즌 풋
③ 그린메일 ④ 황금낙하산
⑤ 황금주

04 다음 중 기업 결합 형태에 대한 설명으로 옳지 않은 것은?

① 콘체른(Konzern) : 대기업이 자본지배를 목적으로 여러 산업에 속한 중소기업의 주식을 보유하거나 자금을 대여하여 금융적으로 결합한 형태를 말한다.
② 카르텔(Cartel) : 생산 및 판매에 있어 경쟁을 방지하고 수익을 확보하기 위해 동종 상품을 생산하는 기업 간 수평적으로 결합한 형태를 말한다.
③ 트러스트(Trust) : 시장을 지배할 목적으로 동종 혹은 이종 기업이 자본적 결합에 의해 완전히 하나의 기업으로 결합한 형태를 말한다.
④ 콤비나트(Kombinat) : 기술적으로 연관성이 높은 여러 생산부문을 근거리에 위치시켜 형성된 지역적 결합 형태를 말한다.
⑤ 콩글로머리트(Conglomerate) : 사업내용이 같은 기업을 최대한 많이 흡수 또는 합병해서 지배하는 결합 형태를 말한다.

05 다음 중 대차대조표 항목상 성격이 다른 하나는?

① 선수금
② 현금
③ 유가증권
④ 현금성자산
⑤ 미수금

06 다음 중 소품종 대량생산에 적합한 제품으로 옳은 것은?

① 차량용 충전기
② 메모리 반도체
③ 생활용품
④ 지하철 광고물
⑤ 발전기 부품

07 다음 글에 해당하는 마케팅 STP 단계로 옳은 것은?

> • 서로 다른 욕구를 가지고 있는 다양한 고객들을 하나의 동질적인 고객집단으로 나눈다.
> • 인구, 지역, 사회, 심리 등을 기준으로 활용한다.
> • 전체시장을 동질적인 몇 개의 하위시장으로 구분하여 시장별 차별화된 마케팅을 실행한다.

① 시장 세분화 단계
② 시장 매력도 평가 단계
③ 표적시장 선정 단계
④ 포지셔닝 단계
⑤ 재포지셔닝 단계

08 다음 중 각 인사와 관련된 이론에 대한 설명으로 옳지 않은 것은?

① 허즈버그는 욕구를 동기요인과 위생요인으로 나누었으며, 동기요인에서는 인정감, 성취, 성장 가능성, 승진, 책임감, 직무 자체를 하위요인으로 정의하고, 위생요인에서는 보수, 대인관계, 감독, 직무안정성, 근무환경, 회사의 정책 및 관리를 하위요인으로 정의하였다.
② 블룸은 동기 부여에 관해 기대이론을 적용하여, 기대감, 적합성, 신뢰성을 통해 구성원의 직무에 대한 동기 부여를 결정한다고 주장하였다.
③ 매슬로는 욕구의 위계를 생리적 욕구, 안전의 욕구, 애정과 공감의 욕구, 존경의 욕구, 자아실현의 욕구로 나누어 단계별로 욕구가 작용한다고 설명하였다.
④ 맥그리거는 인간의 본성을 부정적으로 바라보는 X이론과 긍정적으로 바라보는 Y이론이 있으며, 경영자는 조직목표 달성을 위해 근로자의 본성(X, Y)을 파악해야 한다고 주장하였다.
⑤ 로크는 인간이 합리적으로 행동한다는 가정하에 개인이 의식적으로 얻으려고 설정한 목표가 동기와 행동에 영향을 미친다고 주장하였다.

09 다음 중 벤치마킹 시 지켜야 하는 원칙으로 옳지 않은 것은?

① 교환의 원칙
② 적법성의 원칙
③ 당사자 접촉의 원칙
④ 공개의 원칙
⑤ 사전준비의 원칙

10 다음 중 창업 시 기능별로 기업내부를 분석하려고 할 때 필요하지 않은 정보로 옳은 것은?

① 우선순위
② 기술개발
③ 인적자원
④ 마케팅
⑤ 재무/회계

11 다음 사례의 S씨가 얻게 되는 이익과 손실의 합은?

- S씨는 땅을 빌려 배추 농사를 짓고 있으며, 1월 1일 10,000평에 해당하는 땅에 대해 1년간 농사를 짓기로 계약하고 평당 1,500원의 계약금을 주었다.
- 계약금을 제외한 잔금은 배추의 시장가격에 따라 지급하기로 하였는데 계약일 기준 6개월 이후 배추가격이 10% 이상 오를 경우 계약금과 동일한 평당 1,500원을 잔금으로 지급하며, 0 ~ 10% 미만 오를 경우 1,200원, 하락한 경우에는 평당 800원을 잔금으로 지급한다.
- 1월 1일 기준 평당 배추가격은 6,000원이며, 7월 1일 기준 평당 배추가격은 5,500원이다.

① 200만 원
② 600만 원
③ 1,000만 원
④ 2,400만 원
⑤ 3,200만 원

| 03 | 경제학

01 **다음 중 수요의 가격탄력성에 대한 설명으로 옳지 않은 것은?**

① 수요의 가격탄력성은 가격의 변화에 따른 수요의 변화를 의미한다.
② 분모는 상품가격의 변화량을 상품가격으로 나눈 값이다.
③ 수요의 가격탄력성은 대체재가 많을수록 탄력적이다.
④ 가격이 1% 상승할 때 수요가 2% 감소하였으면 수요의 가격탄력성은 2이다.
⑤ 가격탄력성이 0보다 크면 탄력적이라고 할 수 있다.

02 **다음 중 GDP 디플레이터를 구하는 계산식으로 옳은 것은?**

① (실질 GDP)÷(명목 GDP)×100
② (명목 GDP)÷(실질 GDP)×100
③ (실질 GDP)+(명목 GDP)÷2
④ (명목 GDP)−(실질 GDP)÷2
⑤ (실질 GDP)÷(명목 GDP)×2

03 다음 〈조건〉을 참고할 때, 한계소비성향(MPC) 변화에 따른 현재 소비자들의 소비 변화 폭은?

조건

- 기존 소비자들의 연간 소득은 3,000만 원이며, 한계소비성향은 0.6을 나타내었다.
- 현재 소비자들의 연간 소득은 4,000만 원이며, 한계소비성향은 0.7을 나타내었다.

① 700만 원
② 1,100만 원
③ 1,800만 원
④ 2,500만 원
⑤ 3,700만 원

04 다음 〈조건〉을 토대로 계산할 때의 엥겔지수로 옳은 것은?

조건

- 독립적인 소비지출 : 100만 원
- 한계소비성향 : 0.6
- 가처분소득 : 300만 원
- 식비지출 : 70만 원

① 0.2
② 0.25
③ 0.3
④ 0.35
⑤ 0.4

| 04 | 기계

01 다음 중 길이가 a인 단위격자에 반지름이 R인 원자가 면심입방격자(FCC)를 이룰 때, 원자의 충진율(APF)과 a와 R의 관계를 바르게 짝지은 것은?

① $\dfrac{4\times\dfrac{4\pi}{3}R^3}{a^3}$, $\sqrt{2}\,a=4R$

② $\dfrac{4\times\dfrac{4\pi}{3}R^3}{a^3}$, $\sqrt{3}\,a=4R$

③ $\dfrac{4\times\dfrac{4\pi}{3}R^3}{(2a)^3}$, $\sqrt{2}\,a=4R$

④ $\dfrac{4\times\dfrac{4\pi}{3}R^3}{(2a)^3}$, $\sqrt{3}\,a=4R$

⑤ $\dfrac{5\times\dfrac{4\pi}{3}R^3}{a^3}$, $\sqrt{2}\,a=4R$

02 다음 중 냉간가공에 대한 특징으로 옳지 않은 것은?

① 재결정온도 이하에서 가공하는 소성가공이다.
② 제품의 치수를 정확하게 가공할 수 있다.
③ 가공방향에 따른 강도 변화가 거의 없다.
④ 가공면이 아름답다.
⑤ 재결정온도 이상으로 어닐링하여 변형응력을 제거하는 과정을 거쳐야 한다.

03 다음 중 대류 현상의 규모를 가장 작은 것부터 순서대로 바르게 나열한 것은?

ㄱ. 밤에 해안가 지방에서는 육지에서 바다 쪽으로 바람이 분다. ㄴ. 북극에서 빙하가 녹은 물이 바다 밑으로 흘러 들어간다. ㄷ. 물을 끓이면 수증기가 위로 올라간다.

① ㄱ－ㄷ－ㄴ
② ㄴ－ㄱ－ㄷ
③ ㄴ－ㄷ－ㄱ
④ ㄷ－ㄱ－ㄴ
⑤ ㄷ－ㄴ－ㄱ

04 다음 그림과 같이 길이가 $2R$인 보 위에 반지름이 R인 반원 모양인 물체가 있다. 이 물체의 단위하중이 w_0일 때 A로부터 R만큼 떨어진 곳과 $\frac{R}{2}$만큼 떨어진 곳에서의 전단력의 크기를 바르게 짝지은 것은?(단, 물체는 모든 곳이 동일한 재질로 고르게 이루어져 있다)

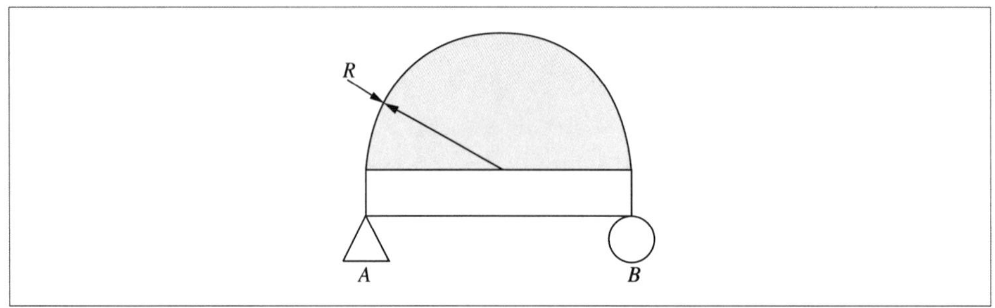

	R	$\frac{R}{2}$
①	0	$w_0R^2\left(-\frac{\pi}{12}+\frac{\sqrt{3}}{8}\right)$
②	0	$w_0R^2\left(\frac{\pi}{12}+\frac{\sqrt{3}}{8}\right)$
③	0	$w_0R^2\left(\frac{\pi}{6}+\frac{\sqrt{3}}{8}\right)$
④	$\frac{\pi R^2}{3}$	$w_0R^2\left(-\frac{\pi}{6}+\frac{\sqrt{3}}{8}\right)$
⑤	$\frac{\pi R^2}{3}$	$w_0R^2\left(\frac{\pi}{3}+\frac{\sqrt{3}}{8}\right)$

05 다음 중 스프링 상수와 비례관계인 것은?

① 권선 수
② 횡탄성계수
③ 소선 지름
④ 스프링 평균 지름
⑤ 푸아송 비

| 05 | 전기

01 다음 중 리액터 기동에 대한 설명으로 옳지 않은 것은?

① 기동 시 기동 전류를 작게 하는 만큼 기동 토크도 현저히 저하된다.
② 리액터는 병렬로 연결한다.
③ Y－△기동에서 가속이 불가능하거나 기동 시 쇼트를 방지할 때에도 리액터 기동을 사용한다.
④ 모터에 비해 기동 시 토크의 부족이 지속되면 모터에 무리가 갈 수 있다.
⑤ 기동 전류는 전압 강하 비율로 감소하며, 기동 토크는 전압 강하의 제곱 비율로 감소한다.

02 다음 중 단상유도전압조정기에서 단락권선의 역할로 옳은 것은?

① 철손 경감
② 절연 보호
③ 전압조정 용이
④ 전압강하 감소
⑤ 동손 경감

03 다음 중 단권변압기의 특징으로 옳지 않은 것은?

① 전압변동률이 높다.
② 동손이 감소하여 효율이 높다.
③ 3상에서는 사용할 수 없다.
④ 권선의 수가 1이므로 동량을 줄일 수 있어 경제적이다.
⑤ 공통권선을 가진다.

04 다음 중 단락비가 큰 기기의 특성으로 옳지 않은 것은?

① 동기 임피던스가 크다.
② $\%Z$가 작다.
③ 전압강하가 작다.
④ 전압변동률이 작다.
⑤ 안정도가 좋다.

05 **다음 중 원자로 제어재의 구비조건으로 옳지 않은 것은?**

① 중성자 흡수율이 작아야 한다.

② 열과 방사능에 대해 안정적이어야 한다.

③ 기계적 강도가 커야 한다.

④ 냉각제에 대하여 내식성이 있어야 한다.

⑤ 방사선 조사 및 방사능 열에 강해야 한다.

06 **직류기에서 사용하는 단중파권의 병렬회로의 수로 옳은 것은?**

① 극수와 같다.

② 2개

③ 4개

④ 6개

⑤ 8개

07 **다음 중 비례추이의 특징에 대한 설명으로 옳지 않은 것은?**

① 슬립은 2차 저항에 비례한다.

② 저항이 클수록 기동토크는 커지고 기동전류는 감소한다.

③ 권선형 유도전동기에서만 사용한다.

④ 슬립이 증가하면 최대토크도 변화한다.

⑤ 1, 2차 전류는 비례추이가 가능하다.

08 **다음 중 SF_6에 대한 설명으로 옳은 것은?**

① 소호능력이 작다.

② 가스가 누출될 수 있다.

③ 열적 안정성이 불안정하다.

④ 아크가 불안정하다.

⑤ 열전달선이 공기보다 불량하다.

09 **다음 중 GIS에 대한 설명으로 옳지 않은 것은?**

① 설치 면적을 소형화할 수 있다.
② 부싱 이외의 금속제 탱크는 대지와 접지되어 있으므로 안정성 확보가 가능하다.
③ 고도의 신뢰성을 가진다.
④ 설치비용이 고가이고 설치기간이 길다.
⑤ 염해 등 외부 환경에 의한 사고가 없다.

10 **다음 중 직렬 콘덴서의 특징으로 옳지 않은 것은?**

① 선로의 전압강하를 감소시킨다.
② 수전단 전압변동을 감소시킨다.
③ 송전전력을 증가시킨다.
④ 부하역률이 불량한 선로일수록 효과적이다.
⑤ 선로개폐기 고장이 발생하여도 이상현상을 발생시키지 않는다.

11 **다음 중 제3고조파를 제거할 수 없는 결선으로 옳은 것은?**

① Y－Y결선
② Y－V결선
③ △－Y결선
④ △－V결선
⑤ △－△결선

CHAPTER

02 2022년 기출복원문제

정답 및 해설 p.023

01 직업기초능력평가

❙ 의사소통능력

01 다음 글의 제목으로 가장 적절한 것은?

> 서울교통공사가 유관기관과 손을 잡고 지하철역과 열차 내에서 임산부 배려문화 조성을 위한 캠페인을 펼쳤다.
> 서울교통공사는 5호선 여의도역과 열차에서 보건복지부・인구보건복지협회・KBS아나운서협회와 함께 '임산부 배려 캠페인'을 진행했다. 서울교통공사 및 유관기관 관계자를 비롯해 KBS아나운서협회장 등 20여 명의 인사가 참여하여 임산부 배려문화 인식개선에 나섰다.
> 이번 캠페인은 임산부 체험, 퀴즈 이벤트, 임산부 배려석 및 엠블럼 인지 설문조사, 또타와 함께하는 포토존 등 시민들이 직접 참여할 수 있는 다채로운 내용으로 진행됐다. 행사에서는 서울교통공사 공식 캐릭터인 또타가 함께해 시민들과 사진 촬영을 진행했으며, 퀴즈 등 이벤트 경품으로 또타 피규어가 제공됐다.
> 서울교통공사는 매년 인구보건복지협회와 함께 임산부를 배려하는 문화 조성에 힘쓰고 있다. 임산부가 지하철을 이용할 시 먼저 배려 받을 수 있는 사회적 분위기 확산을 위해 30개 역사에서 자체 캠페인을 진행하는 등 홍보를 지속하고 있다.
> 서울교통공사는 캠페인 이외에도 임산부 배려 웹툰 공모전, 차내 안내방송 시행, 시인성 강화 홍보물 부착 등 임산부 배려문화 조성을 위해 노력 중이다.
> 지하철 내 임산부 배려석은 열차 중앙좌석 양 끝에 1칸당 2석씩 설치되어 있다. 임산부 배려석은 객실 의자가 분홍색이고, 의자 뒤쪽과 바닥에 엠블럼 및 배려 요청 표지가 부착되어 있어 이용객들이 임산부 배려석임을 쉽게 알아볼 수 있다.
> 서울교통공사 영업지원처장은 "지하철 및 대중교통에서 교통약자인 임산부를 배려하는 사회적 분위기가 무르익길 바란다."라며, "공사는 임산부 배려문화 인식개선을 위한 지속적인 홍보를 펼치는 등 교통약자 지하철 이용 편의 증진을 위해 힘쓰겠다."라고 밝혔다.

① 서울교통공사, 임산부 배려석 이용 실태 조사
② 서울교통공사, 임산부 배려 캠페인 진행
③ 서울교통공사, 또타와 함께하는 사진 촬영 이벤트 실시
④ 서울교통공사, 배려문화 정착 위해 웹툰 공모전 주최
⑤ 서울교통공사, 인구보건복지협회와 협약 체결

02 다음 글을 읽고 추론한 내용으로 적절하지 않은 것은?

미세먼지가 피부의 염증 반응을 악화시키고, 재생을 둔화시키는 등 피부에 해를 끼친다는 연구 결과가 지속적으로 발표되고 있다. 최근 한 연구 결과에 따르면 초미세먼지 농도가 짙은 지역에 거주하는 사람은 공기가 가장 깨끗한 지역에 사는 사람보다 잡티나 주름이 생길 확률이 높았고, 고령일수록 그 확률은 증가했다.
그렇다면 미세먼지 차단 화장품은 과연 효과가 있을까? 정답은 '제대로 된 제품을 고른다면 어느 정도 효과가 있다.'이다. 그러나 식품의약품안전처에서 발표한 내용에 따르면 미세먼지에 효과가 있다고 광고하는 제품 중 절반 이상이 효과가 없는 것으로 드러났다. 무엇보다 미세먼지 차단지수가 표준화되어 있지 않고, 나라와 회사별로 다른 지수를 제시하고 있어서 이를 검증하고 표준화시키는 데는 좀 더 시간이 걸릴 것으로 보고 있다.
미세먼지로부터 피부를 보호하는 방법은 애초에 건강한 피부를 유지하는 것이다. 미세먼지가 가장 많이 침투하는 부위를 살펴보면 피부가 얇거나 자주 갈라지는 눈 근처, 코 옆, 입술 등이다. 평소 세안을 깨끗이 하고, 보습제와 자외선 차단제를 잘 바르는 생활습관만으로도 피부를 보호할 수 있다. 특히, 메이크업을 즐겨하는 사람들은 색조 제품의 특성상 노폐물이 더 잘 붙을 수밖에 없으므로 주의해야 한다.
다음으로 체내 면역력을 높이는 것이다. 미세먼지는 체내의 면역체계를 약하게 만들어서 비염, 편도선염, 폐질환, 피부염 등을 유발할 수 있다. 이를 예방하기 위해서는 건강한 음식과 꾸준한 운동으로 체내의 면역력을 높여 미세먼지를 방어해야 한다.

① 나이가 많은 사람일수록 미세먼지에 취약하다.
② 국가별로 표준화된 미세먼지 차단지수를 발표했지만, 자리를 잡는 데는 시간이 걸릴 것이다.
③ 미세먼지는 피부가 약한 부위일수록 침투하기 쉽다.
④ 메이크업을 즐겨하는 사람은 그렇지 않은 사람보다 미세먼지에 더 많이 노출되어 있다.
⑤ 미세먼지는 피부질환뿐 아니라 폐질환의 원인도 된다.

03 다음 빈칸에 들어갈 접속어로 가장 적절한 것은?

문학이 보여 주는 세상은 실제의 세상 그 자체가 아니며, 실제의 세상을 잘 반영하여 작품으로 빚어 놓은 것이다. ________ 문학 작품 안에 있는 세상이나 실제로 존재하는 세상이나 그 본질에 있어서는 다를 바가 없다.

① 그러나
② 그렇게
③ 그리고
④ 더구나
⑤ 게다가

04 다음 글을 이해한 내용으로 가장 적절한 것은?

2020년 11월 서울교통공사가 처음 선보인 지하철역 개인 창고 장기대여 서비스 '또타스토리지'가 9월 15일부터 서울 지하철 20개역 24개소로 확대 운영된다.
'또타스토리지'는 캠핑용품, 계절의류처럼 당장 사용하지 않는 물건부터 소형가전·가구까지 기간 제한 없이 이용자가 직접 물건을 보관하고 찾아갈 수 있는 일종의 '개인 창고(셀프 – 스토리지)' 서비스이다. 수요가 커지는 개인 창고를 지하철역에 조성해 시민 편의를 높이고자 서울교통공사는 2020년 11월, 또타스토리지 3개소를 개설했다. 서울교통공사는 생활물류 사업이 역사의 공간 효율성을 높이고, 신규 수익도 창출할 수 있을 것으로 기대하며 2021년에 10개소를 증설했다. 그리고 이번 11개역 11개소를 확장하며 또타스토리지는 총 20개역 24개소로 운영된다.
신규 조성되는 '또타스토리지'는 군자역(5호선), 안암역, 봉화산역, 마들역, 중계역, 하계역, 어린이대공원역, 논현역, 이수역, 남성역, 가락시장역 등 11개역 11개소이다. 서울교통공사는 기조성된 '또타스토리지'와 마찬가지로 1인·4인 가구의 주거 비율이 높은 지역을 우선 사업대상지로 선정했다.
9월 15일 또타스토리지 서비스를 확장하며 서울교통공사는 한층 더 넓은 선택의 폭을 제공하고자 0.15평형을 신규 모델로 추가했다. 0.15평형은 1인 가구 등 작은 짐 정도만 보관할 필요가 있는 이용층을 대상으로, 적당한 크기를 합리적인 가격에 제공하는 맞춤 상품이다. 특히 안암역·어린이대공원역 등 대학교 근처의 역에 조성돼, 자취하는 대학생들의 관심을 끌 수 있을 것으로 기대된다.
또타스토리지는 100% 비대면 무인시스템으로 운영되기에 지하철 물품보관함 전용 앱인 '또타라커'를 설치해야 한다. 앱을 통해 창고 접수부터 결제, 출입까지 원스톱으로 이용할 수 있다. 'T – locker 또타라커'는 서울교통공사가 자체 개발한 지하철역 물품보관·전달함 전용 앱이다. 앱에서 원하는 역사·창고·이용기간을 선택해 요금을 결제할 수 있고, 사용자 인증을 통해 출입도 가능하다. 또타스토리지 이용은 서울 지하철 운영시간인 평일(05:00 ~ 25:00), 주말 및 공휴일(05:00 ~ 24:00)에 가능하다. 보관은 1개월부터 가능하며, 6개월 이상 이용 시 추가 할인이 제공된다.
또타라커 앱 내에는 또타스토리지 정기구독 결제 서비스가 구축되어 있다. 이 기능을 통해 1년 이상 장기 보관을 원하는 이용객은 매월 직접 결제하지 않아도 구독이 자동 연장돼 편리하게 이용할 수 있다. 서울교통공사는 또타스토리지 이용 활성화를 위해 정기구독 서비스로 결제하는 이용자들에게 첫 달 7일의 추가 이용 기간을 주는 이벤트를 진행한다. 신규 오픈 개소에는 30일 무료 체험 서비스를 제공하는 이벤트도 진행할 예정이다.
창고 내부는 보온·보습 시설이 완비돼 최적의 상태로 짐을 보관할 수 있으며, 내부를 실시간으로 녹화하는 CCTV도 설치되어 있다. 보관물품에 문제가 생겼을 경우 보상해 줄 수 있는 영업배상책임보험에도 가입되어 있어, 이용객들은 안전하게 짐을 맡길 수 있다. 서울교통공사는 2024년까지 최대 50개소의 생활물류센터(또타스토리지, 또타러기지)를 조성할 계획이다. 지하철역의 인식을 바꾸고 새로운 변화에 대응할 수 있도록 운영 서비스 구조를 개선하겠다는 목표다.
서울교통공사 본부장은 "서울교통공사의 사업 다각화를 위해 '또타스토리지'와 같은 비운수사업을 추진하면서도, 시민 편의나 지역경제 활성화, 일자리 창출과 같은 공익적인 효과를 놓치지 않겠다."라며, "지하철 중심의 생활편의 서비스를 계속 확대해 나가겠다."라고 말했다.

① 또타스토리지 서비스가 확장되면서 1평형 신규 모델이 추가되었다.
② 보관은 3개월부터 가능하며, 6개월 이상 이용 시에는 추가 할인된다.
③ 또타스토리지는 연중무휴 24시간 내내 이용 가능하다.
④ 'T – locker 또타라커' 어플 정기구독 결제 서비스는 매월 직접 결제하지 않아도 구독이 자동 연장된다.
⑤ 서울교통공사는 또타스토리지를 정기구독하는 이용자들에게 첫 달 3일의 추가 이용 기간을 제공한다.

05 서울교통공사 기관사 체험안내문을 보고 다섯 사람이 대화를 나누었다. 다음 중 잘못 말한 사람은?

〈서울교통공사 기관사 체험안내문〉

1. 기관사 체험일정

2022년 8월 24일(금) 13:00 ~ 16:40

2. 신청기간 및 방법

- 신청기간 : 2022년 8월 1일(수) ~ 8월 5일(일)
- 신청방법 : 서울교통공사 홈페이지에서 신청

3. 신청대상

- 초등학생 및 청소년, 일반인

4. 체험인원 및 선정방법

- 체험인원 : 30명
- 선정방법 : 신청인원이 체험인원보다 많을 경우 신청자 중에서 전산 추첨

5. 선정자 발표 : 8월 7일(화) ~ 8월 10일(금)

※ 개인정보 제공 미동의 시 선정자에서 배제되며, 동의하신 개인정보는 여행자보험 가입 시 이용된 후 체험 행사 종료 시 파기됩니다.

※ 개별적으로 전화연락은 드리지 않으니 홈페이지에서 꼭 확인해주세요.

6. 체험프로그램 구성

진행시간	프로그램	장소
13:00 ~ 13:30	• 환영인사 • 행사일정 소개 및 안전교육 • 조별 담당자 소개	승무사업소 교양실
13:30 ~ 15:00	• 승무보고, 종료보고 체험 • 운전연습기 체험 • VR 체험	승무사업소 운용실 및 운전연습기실
15:00 ~ 15:08	• 임시열차 승차를 위해 이동	대림역 내선 승강장
15:08 ~ 16:40	• 기관사 및 차장 칸 운전실 조별 승차 – 전부운전실 및 터널 체험 – 후부운전실 방송 체험 • 기념품 증정 및 기념촬영 • 종료인사	2호선 임시열차

① 정혁 : 유치원에 다니는 조카가 지하철을 참 좋아하는데, 신청하지 못할 것 같아서 아쉽네요.

② 민우 : 신청자가 40명이면 전산 추첨 후 10명이 떨어지겠네요.

③ 동진 : 체험프로그램은 총 3시간 40분 동안 진행되네요.

④ 혜성 : 선정자는 문자로 개별 연락이 온다고 하니 발표기간에 잘 체크해야겠어요.

⑤ 선호 : 가장 궁금했던 지하철 방송을 체험할 수 있는 시간도 있으니 꼭 신청해야겠어요.

06 다음 글의 핵심 내용으로 가장 적절한 것은?

BMO 금속 및 광업 관련 연구 보고서에 따르면 최근 가격 강세를 지속해 온 알루미늄, 구리, 니켈 등 산업금속들의 4분기 중 공급부족 심화와 가격 상승세가 전망된다. 산업금속이란 산업에 필수적으로 사용되는 금속들을 말하는데, 앞서 제시한 알루미늄, 구리, 니켈뿐만 아니라 비교적 단단한 금속에 속하는 은이나 금 등도 모두 산업에 많이 사용될 수 있는 금속이므로 산업금속의 카테고리에 속한다고 할 수 있다. 이러한 산업금속은 물품을 생산하는 기계의 부품으로서 필요하기도 하고, 전자제품 등의 소재로 쓰이기도 하기 때문에 특정 분야의 산업이 활성화되면 특정 금속의 가격이 뛰거나 심각한 공급난을 겪기도 한다.
금융투자업계에 따르면 최근 전 세계적인 경제 회복 조짐과 함께 탈탄소 트렌드, 즉 '그린 열풍'에 따른 수요 증가로 산업금속 가격이 초강세이다. 런던금속거래소에서 발표한 자료에 따르면 올해 들어 지난달까지 알루미늄은 20.7%, 구리는 47.8%, 니켈은 15.9% 가격이 상승했다. 구리 수요를 필두로 알루미늄, 니켈 등 전반적인 산업금속 섹터의 수요량이 증가한 것이다.
이는 전기자동차 산업의 확충과 관련이 있다. 전기자동차의 핵심적인 부품인 배터리를 만드는 데 구리와 니켈이 사용되기 때문이다. 배터리 소재 중 니켈의 비중을 높이면 배터리의 용량을 키울 수 있으나 배터리의 안정성이 저하된다. 기존의 전기자동차 배터리는 니켈의 사용량이 높았기 때문에 계속해서 안정성 문제가 제기되어 왔다. 그래서 연구 끝에 적정량의 구리를 배합하는 것이 배터리 성능과 안정성을 모두 향상시키기 위해서 중요하다는 것을 밝혀내었다. 즉, 구리가 전기자동차 산업의 핵심 금속인 셈이다.
이처럼 전기자동차와 배터리 등 친환경 산업에 필수적인 금속들의 수요는 증가하는 반면, 세계 각국의 환경 규제 강화로 인해 금속의 생산은 오히려 감소하고 있기 때문에 산업금속에 대한 공급난과 가격 인상이 우려되고 있다.

① 전기자동차의 배터리 성능을 향상시키는 기술
② 세계적인 '그린 열풍' 현상 발생의 원인
③ 필수적인 산업금속 공급난으로 인한 문제
④ 전기자동차 산업 확충에 따른 산업금속 수요의 증가
⑤ 탈탄소 산업의 대표 주자인 전기자동차 산업

07 S공사에 근무하는 C계장은 내일 오전 10시에 목포로 출장을 갈 예정이다. 출장 당일 오후 1시에 미팅이 예정되어 있어 늦지 않게 도착하고자 한다. 다음 제시된 교통편을 고려하였을 때, C계장이 선택할 경로로 가장 적절한 것은?(단, 1인당 출장지원 교통비 한도는 5만 원이며, 도보이동에 따른 소요시간은 고려하지 않는다)

• S공사에서 대전역까지의 비용

구분	소요시간	비용	비고
버스	30분	2,000원	–
택시	15분	6,000원	–

• 대전역에서 목포역까지 교통수단별 이용정보

구분	열차	출발시각	소요시간	비용	비고
직통	새마을호	10:00 / 10:50	2시간 10분	28,000원	–
직통	무궁화	10:20 / 10:40 10:50 / 11:00	2시간 40분	16,000원	–
환승	KTX	10:10 / 10:50	20분	6,000원	환승 10분 소요
	KTX	–	1시간 20분	34,000원	
환승	KTX	10:00 / 10:30	1시간	20,000원	환승 10분 소요
	새마을호	–	1시간	14,000원	

• 목포역에서 목포의 미팅장소까지의 비용

구분	소요시간	비용	비고
버스	40분	2,000원	–
택시	20분	9,000원	–

① 버스 – 새마을호(직통) – 버스
② 택시 – 무궁화(직통) – 택시
③ 버스 – KTX / KTX(환승) – 택시
④ 택시 – KTX / 새마을호(환승) – 택시
⑤ 택시 – KTX / KTX(환승) – 택시

※ 다음 자료를 참고하여 이어지는 질문에 답하시오. [8~9]

S과장 : A대리, 이번 주 수요일에 각 지역본부에서 정기회의가 잡혀 있어요. 이번에는 중요한 업무가 있어 직접 가기 어려우니 대신 참여해 주길 바랍니다. 아직 지역본부별 회의시간이 정해지지 않았다고 하는데, 본사에서 제안하는 시간에 맞춰 정한다고 하더군요. 구체적인 일정은 A대리가 공유해 주세요. 참! 이번에 새로 들어온 B사원도 함께 다녀와요. 본사 앞에 있는 버스 정류장에서 버스를 타면, 서울역까지는 15분이면 도착해요. 우선 본사에 들러서 준비한 다음, 근무시작 시간인 오전 09:00에 출발하면 됩니다. 그리고 서울에 도착하면 회사에 올 필요 없이 바로 퇴근하세요. 시간 외 근무수당은 서울역에 도착하는 시간까지 계산됩니다. 영수증은 반드시 챙겨야 해요.

〈KTX 소요시간〉

구분	서울역 ↔ 대전역	대전역 ↔ 울산역	울산역 ↔ 부산역
소요시간	1시간	1시간 20분	30분

※ KTX는 각 역에서 매시 정각부터 20분 간격으로 출발한다(정각, 20분, 40분 출발).
※ 여러 역을 거칠 경우 총소요시간은 해당 구간별 소요시간을 합산한 시간으로 한다.

〈직위별 시간 외 근무수당〉

구분	사원	주임	대리	과장
수당	15,000원/시간		20,000원/시간	30,000원/시간

※ 시간 외 근무수당 : 정규 근무시간을 초과하여 근로한 사람에게 지급하는 수당이다(정규 근무시간 : 주 40시간, 일 8시간, 점심시간 제외).
※ 수당은 시간 기준으로 정산하고, 잔여 근로시간이 30분을 초과할 경우 근무수당의 50%를 지급한다.

| 문제해결능력

08 A대리는 S과장의 업무 지시에 따라 각 지역본부에 회의일정을 공유하려고 한다. 다음 〈조건〉에 따라 시간 외 근무수당이 가장 적게 드는 방법으로 다녀오고자 할 때, A대리와 B사원의 수당을 더하면?

조건

- 지역본부는 대전본부, 울산본부, 부산본부가 있으며, 회의는 모든 지역본부에서 진행된다.
- 각 역에서 지역본부까지 거리는 모두 10분이 걸린다.
- 회의는 매시 정각이나 30분에 시작하며, 90분 동안 진행된다.
- 지역별 회의는 정규 근무시간 내에 이뤄진다.
- 점심 및 저녁식사에 대한 시간은 고려하지 않는다.

① 105,000원
② 120,000원
③ 145,000원
④ 150,000원
⑤ 215,000원

09 A대리는 08번 문제에서 도출한 회의일정을 지역본부에 모두 공유하였다. 또한 지역별로 출장을 가는 김에 거래처도 함께 방문하고자 한다. 다음 〈조건〉에 따라 최대한 많은 거래처를 다녀오려고 할 때, 몇 곳을 다녀올 수 있는가?

조건

- 거래처는 지역별(대전 · 울산 · 부산)로 3곳이 있다.
- 지역별로 거래처 1곳 이상은 반드시 방문해야 한다.
- 역과 지역본부 및 거래처 간의 거리는 모두 10분이 걸린다.
- 거래처에 방문하여 업무를 보는 시간은 고려하지 않는다.
- 시간 외 근무수당은 앞 문제에서 도출한 금액으로 고정한다.
- 기타 조건은 앞에서 제시된 것과 동일하다.

① 2곳
② 3곳
③ 4곳
④ 5곳
⑤ 6곳

10 다음은 S공사에 근무하는 M사원이 지난달의 초과근무일과 시간을 기록한 다이어리와 S공사의 초과근무수당 지급 규정이다. M사원의 월 통상임금이 4,493,500원이라고 할 때, 지난달 초과근무 수당은?

〈M사원의 다이어리〉

일	월	화	수	목	금	토
	1	2	3	4	5 어린이날 9:00～18:00 (점심시간 1시간 포함)	6
7	8	9	10	11 18:00～ 20:00	12 18:00～ 20:00	13
14 10:00～ 15:00	15	16	17	18	19 18:00～ 20:00	20
21	22	23 18:00～ 22:00	24	25	26	27 10:00～ 19:00 (점심시간 1시간 포함)
28	29	30	31			

〈S공사 초과근무수당 지급 규정〉

1. 다음의 경우 초과근무를 한 것으로 인정한다.
   - 주중(월～금) 저녁 6시 이후 근무한 경우
   - 주말(토～일) 및 공휴일에 근무한 경우

2. 초과근무 시간의 계산
   - 주중은 '(시간당 통상임금)×1.5×(근무시간)'으로 계산한다.
   - 주말 및 공휴일은 '일당 통상임금×1.5'로 계산한다.
   - 주중 초과근무는 최대 3시간까지 1시간 단위로 인정한다.
   - 주말과 공휴일은 휴게시간을 제외하고 8시간을 근무해야 인정한다.
   - 통상임금의 계산은 다음과 같다.
     - (시간당 통상임금)=(직위별 월 통상임금)÷209시간
     - (일당 통상임금)=(시간당 통상임금)×8

① 725,750원
② 806,250원
③ 836,750원
④ 852,750원
⑤ 915,250원

11 다음 〈보기〉는 도덕적 해이와 역선택에 대한 사례이다. 역선택에 해당하는 사례를 모두 고르면?

보기

㉠ A사장으로부터 능력을 인정받아 대리인으로 고용된 B씨는 A사장이 운영에 대해 세밀한 보고를 받지 않는다는 것을 알게 되었고, 이후 보고서에 올려야 하는 중요한 사업만 신경을 쓰고 나머지 회사 업무는 신경을 쓰지 않았다.

㉡ C회사가 모든 사원에게 평균적으로 책정한 임금을 지급하기로 결정하자, 회사의 임금 정책에 만족하지 못한 우수 사원들이 퇴사하게 되었다. 결국 능력이 뛰어나지 않은 사람들만 C회사에 지원하게 되었고, 실제로 고용된 사원들이 우수 사원이 될 가능성은 낮아졌다.

㉢ 중고차를 구입하는 D업체는 판매되는 중고차의 상태를 확신할 수 없다고 판단하여 획일화된 가격으로 차를 구입하기로 하였다. 그러자 상태가 좋은 중고차를 가진 사람은 D업체에 차를 팔지 않게 되었고, 결국 D업체는 상태가 좋지 않은 중고차만 구입하게 되었다.

㉣ 공동생산체제의 E농장에서는 여러 명의 대리인이 함께 일하고, 그 성과도 함께 나누어 갖는다. E농장의 주인은 최종 결과물에만 관심을 갖고, 대리인 개개인이 얼마나 노력하였는지는 관심을 갖지 않았다. 시간이 지나자 열심히 일하지 않는 대리인이 나타났고, E농장의 주인은 최종 성과물의 분배에만 참여하기 시작하였다.

① ㉠
② ㉡
③ ㉠, ㉣
④ ㉡, ㉢
⑤ ㉢, ㉣

PART 1

12 다음 〈보기〉의 ㉠~㉣을 비윤리적 행위 유형에 따라 순서대로 바르게 나열한 것은?

보기

㉠ 제약회사에서 근무하는 A사원은 자신의 매출실적을 올리기 위하여 계속해서 병원에 금품을 제공하고 있다.
㉡ B건설회사는 완공일자를 맞추기에 급급하여 안전수칙을 제대로 지키지 않았고, 결국 커다란 인명사고가 발생하였다.
㉢ C가구업체는 제품 설계 시 안전상의 고려를 충분히 하지 않아, 제품을 구매한 소비자들에게 안전사고를 유발시켰다.
㉣ IT회사의 D팀장은 관련 업계의 회사 간 가격담합이 이루어지고 있음을 발견하였으나, 별다른 조치를 취하지 않았다.

	도덕적 타성	도덕적 태만
①	㉠, ㉡	㉢, ㉣
②	㉠, ㉢	㉡, ㉣
③	㉠, ㉣	㉡, ㉢
④	㉡, ㉢	㉠, ㉣
⑤	㉡, ㉣	㉠, ㉢

※ 다음 글을 읽고 이어지는 질문에 답하시오. [13~14]

〈더글러스와 보잉의 대결〉

항공기 제작회사인 더글러스사와 보잉사는 최초의 대형 제트 여객기를 이스턴 항공사에 팔기 위해 경합을 벌이고 있었다.
이스턴 항공사의 사장인 에디 레켄베커는 더글러스 사의 도날드 더글러스 사장에게 편지를 하여 더글러스사가 DC－8 항공기에 대해 작성한 설계 명세서나 요구 조건은 보잉사와 매우 흡사한 반면 소음방지 장치에 대한 부분은 미흡하다고 전했다. 그러고 나서 레켄베커는 더글러스사가 보잉사보다 더 우수한 소음방지 장치를 달아 주겠다는 약속을 할 수가 있는지 물어보았다.
이에 대해 더글러스는 다음과 같은 편지를 보냈다.

To. 이스턴 항공사의 에디 레켄베커님
우리 회사의 기술자들에게 조회해 본 결과, 소음방지 장치에 대한 약속은 할 수 없음을 알려드립니다.
From. 더글러스사의 도날드 더글러스

이에 레켄베커는 다음과 같은 내용의 답신을 보냈다.

To. 더글러스사의 도날드 더글러스님
나는 당신이 그 약속을 할 수 없다는 것을 알고 있었습니다.
나는 당신이 얼마나 정직한지를 알고 싶었을 뿐입니다.
이제 1억 3천5백만 달러 상당의 항공기를 주문하겠습니다.
마음 놓고 소음을 최대한 줄일 수 있도록 노력해 주십시오.

| 직업윤리

13 더글러스가 만약 레켄베커의 요청에 대해 기술적으로 불가능함을 알고도 할 수 있다고 답장을 보냈다면, 직업윤리 덕목 중 어떤 덕목에 어긋난 행동인가?

① 책임의식, 전문가의식
② 소명의식, 전문가의식
③ 직분의식, 천직의식
④ 천직의식, 소명의식
⑤ 봉사의식, 직분의식

| 직업윤리

14 다음 중 더글러스가 윗글처럼 답장을 함으로써 얻을 수 있는 가치는?

① 눈앞의 단기적 이익
② 명예로움과 양심
③ 매출 커미션
④ 주위의 부러움
⑤ 승리감

15 **다음은 직장생활에서 나타나는 근면의 사례이다. A ~ E씨의 사례 중 근면의 성격이 다른 것은?**

① A씨는 자기 계발을 위해 퇴근 후 컴퓨터 학원에 다니고 있다.
② B씨는 아침 일찍 출근하여 업무 계획을 세우는 것을 좋아한다.
③ C씨는 같은 부서 사원들의 업무 경감을 위해 적극적으로 프로그램을 개발하고 있다.
④ D씨는 다가오는 휴가를 대비하여 프로젝트 마무리에 최선을 다하고 있다.
⑤ E씨는 상사의 지시로 신제품 출시를 위한 설문조사를 계획하고 있다.

16 **다음은 고객 불만처리 프로세스 8단계를 나타낸 것이다. 밑줄 친 (가) ~ (마)에 대한 설명으로 옳지 않은 것은?**

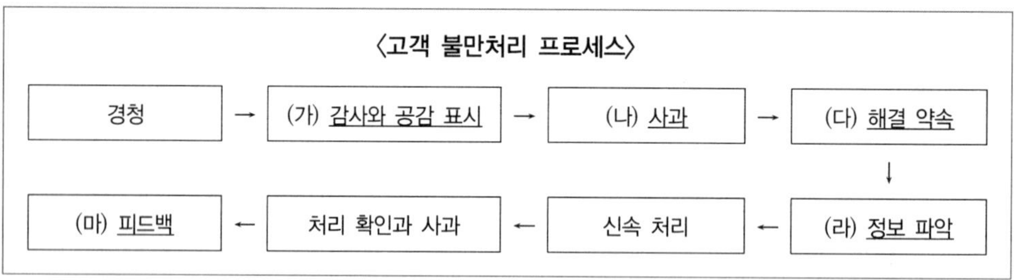

① (가)의 경우 고객이 일부러 시간을 내서 해결의 기회를 준 것에 대한 감사를 표시한다.
② (나)의 경우 고객의 이야기를 듣고 문제점에 대한 인정과 잘못된 부분에 대해 사과한다.
③ (다)의 경우 고객이 납득할 수 있도록 신중하고 천천히 문제를 해결할 것임을 약속한다.
④ (라)의 경우 문제해결을 위해 꼭 필요한 질문만 하여 정보를 얻는다.
⑤ (마)의 경우 고객 불만 사례를 회사 및 전 직원에게 알려 다시는 동일한 문제가 발생하지 않도록 한다.

17 다음은 S공사의 성과급 지급 기준에 대한 자료이다. K대리가 받은 성과평가 등급이 아래와 같을 때, K대리가 받게 될 성과급은?

〈S공사 성과급 지급 기준〉

■ 개인 성과평가 점수

(단위 : 점)

실적	난이도평가	중요도평가	신속성	합계
30	20	30	20	100

■ 각 성과평가 항목에 대한 등급별 가중치

구분	실적	난이도평가	중요도평가	신속성
A등급(매우 우수)	1	1	1	1
B등급(우수)	0.8	0.8	0.8	0.8
C등급(보통)	0.6	0.6	0.6	0.6
D등급(미흡)	0.4	0.4	0.4	0.4

■ 성과평가 결과에 따른 성과급 지급액

구분	성과급 지급액
85점 이상	120만 원
75점 이상 85점 미만	100만 원
65점 이상 75점 미만	80만 원
55점 이상 65점 미만	60만 원
55점 미만	40만 원

〈K대리 성과평가 등급〉

실적	난이도평가	중요도평가	신속성
A등급	B등급	D등급	B등급

① 40만 원
② 60만 원
③ 80만 원
④ 100만 원
⑤ 120만 원

18 S공사의 K대리는 지사 4곳을 방문하여 재무건전성을 조사하려고 한다. 다음 〈조건〉에 따라 이동한다고 할 때, K대리가 방문할 지사를 순서대로 바르게 나열한 것은?

조건

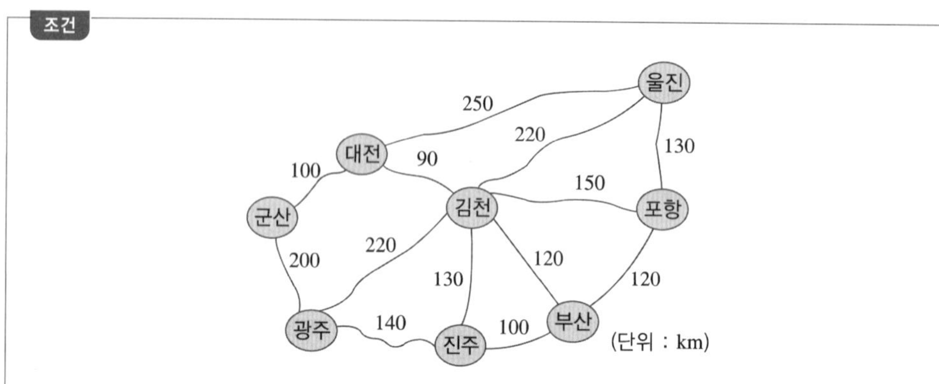

- K대리는 방금 대전 지사에서 재무조사를 마쳤다.
- 대전을 포함하여 이미 방문한 도시는 재방문하지 않는다.
- 이동 방법은 디스크 스케줄링 기법인 SSTF(Shortest Seek Time First)를 활용한다.

※ SSTF : 현 위치에서 가장 짧은 거리를 우선 탐색하는 기법

① 군산 – 광주 – 김천
② 군산 – 광주 – 진주
③ 김천 – 부산 – 진주
④ 김천 – 부산 – 포항
⑤ 울진 – 김천 – 광주

19 S공사는 유럽의 P회사와 체결한 수출계약 건으로 물품을 20ft 컨테이너의 내부에 가득 채워 보내려고 한다. 물품은 A와 B로 구성되어 있으며, A와 B는 개별 포장된다. 물품 A 2박스와 물품 B 1박스가 결합했을 때 완제품이 되는데, 이를 정확히 파악하기 위해서 컨테이너에는 한 세트를 이루도록 넣고자 한다. 20ft 컨테이너 내부규격과 물품 A와 B의 포장규격이 다음과 같다면, 총 몇 박스의 제품이 실리겠는가?

- 20ft 컨테이너 내부규격 : (L) 6,000mm×(W) 2,400mm×(H) 2,400mm
- 물품 A의 포장규격 : (L) 200mm×(W) 200mm×(H) 400mm
- 물품 B의 포장규격 : (L) 400mm×(W) 200mm×(H) 400mm

① 1,440박스
② 1,470박스
③ 1,530박스
④ 1,580박스
⑤ 1,620박스

20 다음은 연령계층별 경제활동 인구를 보여 주는 자료이다. 경제활동 참가율이 가장 높은 연령대와 가장 낮은 연령대의 차이는?(단, 경제활동 참가율은 소수점 둘째 자리에서 반올림한다)

〈연령계층별 경제활동 인구〉

(단위 : 천 명)

구분	전체 인구	경제활동 인구	취업자	실업자	비경제활동 인구	실업률(%)
15 ~ 19세	2,944	265	242	23	2,679	8.7
20 ~ 29세	6,435	4,066	3,724	342	2,369	8.3
30 ~ 39세	7,519	5,831	5,655	176	1,688	3
40 ~ 49세	8,351	6,749	6,619	130	1,602	1.9
50 ~ 59세	8,220	6,238	6,124	114	1,982	1.8
60세 이상	10,093	3,885	3,804	81	6,208	2.1
합계	43,562	27,034	26,168	866	16,528	25.8

※ [경제활동 참가율(%)] $=\frac{\text{(경제활동 인구)}}{\text{(전체 인구)}}\times 100$

① 54.2%p
② 66.9%p
③ 68.6%p
④ 71.8%p
⑤ 80.8%p

PART 1

※ 다음은 S공사 직원 250명을 대상으로 조사한 자료이다. 이어지는 질문에 답하시오. [21~22]

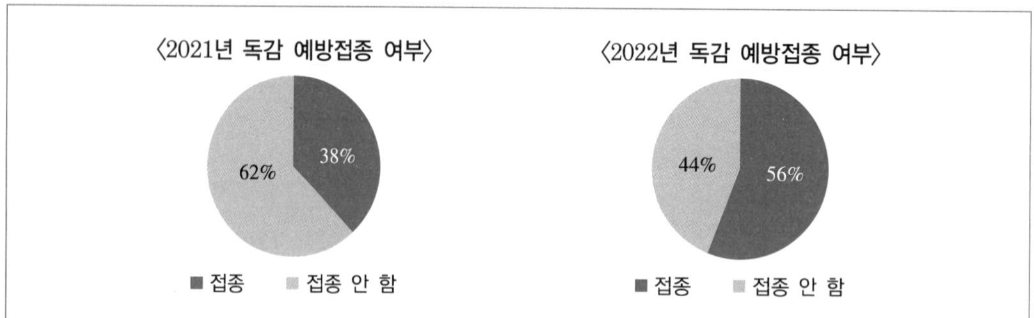

〈부서별 직원 현황〉

구분	총무부서	회계부서	영업부서	제조부서	합계
비율	16%	12%	28%	44%	100%

※ 제시된 것 외의 부서는 없다.

※ 2021년과 2022년 부서별 직원 현황은 변동이 없다.

| 수리능력

21 **다음 중 자료에 대한 설명으로 옳은 것은?(단, 소수점 첫째 자리에서 버림한다)**

① 2021년의 독감 예방접종자가 2022년에도 예방접종했다면, 2021년에는 예방접종을 하지 않았지만 2022년에는 예방접종을 한 직원은 총 54명이다.

② 2021년 대비 2022년에 예방접종을 한 직원의 수는 49%p 이상 증가했다.

③ 2021년에 예방접종을 하지 않은 직원들을 대상으로 2022년의 독감 예방접종 여부를 조사한 자료라고 한다면, 2021년과 2022년 모두 예방접종을 하지 않은 직원은 총 65명이다.

④ 2022년에 제조부서를 제외한 모든 부서 직원들이 예방접종을 했다고 할 때, 제조부서 중 예방접종을 한 직원의 비율은 2%이다.

⑤ 2021년과 2022년의 독감 예방접종 여부가 총무부서에 대한 자료라고 할 때, 총무부서 직원 중 예방접종을 한 직원은 2021년 대비 2022년에 7명 증가했다.

| 수리능력

22 **제조부서를 제외한 모든 부서 직원들의 절반이 2021년에 예방접종을 했다고 할 때, 제조부서 직원 중 2021년에 예방접종을 한 직원의 비율은?(단, 소수점 첫째 자리에서 버림한다)**

① 18%
② 20%
③ 22%
④ 24%
⑤ 26%

23 다음 사례에 나타난 K씨의 현재 경력개발 단계는?

> K씨는 33세에 건축회사에 취업하여 20년 가까이 직장생활을 하다가 문득 직장생활을 되돌아보고 창업을 결심하였고 지난달 퇴사하였다. 현재는 창업 관련 서적을 구입하기도 하고, 관련 박람회를 찾아가기도 하며 많은 노력을 기울이고 있다.

① 경력 초기 단계
② 경력 말기 단계
③ 경력 중기 단계
④ 직업 선택 단계
⑤ 조직 입사 단계

| 대인관계능력

24 다음 중 리더와 관리자를 비교한 내용으로 적절하지 않은 것은?

	리더	관리자
①	계산된 리스크(위험)를 수용한다.	리스크(위험)를 최대한 피한다.
②	'어떻게 할까'를 생각한다.	'무엇을 할까'를 생각한다.
③	사람을 중시한다.	체제・기구를 중시한다.
④	새로운 상황을 만든다.	현재 상황에 집중한다.
⑤	내일에 초점을 둔다.	오늘에 초점을 둔다.

| 대인관계능력

25 다음 중 임파워먼트의 장애요인과 그에 대한 내용으로 적절하지 않은 것은?

① 개인 차원 : 주어진 일을 해내는 역량의 결여, 대응성, 동기 결여, 결의 부족, 책임감 부족 등
② 대인 차원 : 다른 사람과의 성실성 결여, 약속 불이행, 성과를 제한하는 조직의 규범(Norm) 등
③ 관리 차원 : 효과적 리더십 발휘능력 결여, 경험 부족, 정책 및 기획의 실행능력 결여 등
④ 조직 차원 : 공감대 형성이 없는 구조와 시스템, 제한된 정책과 절차 등
⑤ 업무 차원 : 새로운 동기부여에 도움이 되는 시스템, 환경 변화에 따라 변화하는 업무 실적 등

| 01 | 기계

01 구름접촉에 의해 마찰을 적게 하여 고속운전을 돕는 베어링으로, 마찰에 의한 에너지 손실을 줄이므로 마찰 저항이 작아 가벼운 하중에 유용한 베어링으로 옳은 것은?

① 니들 롤러 베어링(Needle Roller Bearing)
② 슬라이드 베어링 (Sliding Bearing)
③ 볼 베어링(Ball Bearing)
④ 슬리브 베어링(Sleeve Bearing)
⑤ 스러스트 베어링 (Thrust Bearing)

02 다음 중 철(Fe)에 니켈(Ni) 35%, 코발트(Co) 0.1 ~ 0.3%, 망간(Mn) 0.4%가 합금된 불변강의 일종으로, 상온 부근에서 열팽창계수가 매우 작아서 길이 변화가 거의 없는 재료로 옳은 것은?

① 인바
② 인코넬
③ 두랄루민
④ 하이드로날륨
⑤ 퍼멀로이

03 열전달 이론에서 사용되는 무차원 파라미터로, 자유대류 내 유체에 작용하는 점성력에 대한 부력의 비로 정의되는 무차원 수로 옳은 것은?

① 레일리 수
② 그라쇼프 수
③ 넛셀 수
④ 레이놀즈 수
⑤ 프란틀 수

04 다음 〈보기〉 중 피복 아크 용접봉에서의 피복제의 역할은 모두 몇 개인가?

> 보기
>
> ㉠ 아크를 안정하게 한다.
> ㉡ 융착 금속의 유동성을 좋게 한다.
> ㉢ 융착 금속에 필요한 합금 원소를 보충한다.
> ㉣ 용적을 미세화하고, 융착 효율을 높인다.
> ㉤ 모재 표면의 산화물을 제거한다.

① 1개 ② 2개
③ 3개 ④ 4개
⑤ 5개

PART 1

05 다음 〈보기〉 중 이상기체의 교축과정에 대한 설명으로 옳지 않은 것을 모두 고르면?

> 보기
>
> ㉠ 비가역 단열과정이다.
> ㉡ 온도의 변화가 없다.
> ㉢ 엔탈피 변화가 없다.
> ㉣ 엔트로피 변화가 없다.

① ㉠ ② ㉣
③ ㉠, ㉡ ④ ㉡, ㉣
⑤ ㉢, ㉣

06 다음 밑줄 친 이것은 무엇인가?

> 열전달률과 열전도율의 비로, 유체 흐름 속에 있는 물체의 표면을 통해 열이 출입하는 비율을 나타낸다. 이것이 크다는 것은 유체로 열전달이 잘된다는 것을 의미한다.

① 리처드슨 수 ② 레이놀즈 수
③ 프란틀 수 ④ 스탠턴 수
⑤ 넛셀 수

| 02 | 전기

01 **다음 중 변압기유의 구비조건으로 옳지 않은 것은?**

① 냉각효과가 커야 한다.
② 응고점이 높아야 한다.
③ 절연내력이 커야 한다.
④ 고온에서 화학반응이 없어야 한다.
⑤ 발화점이 높아야 한다.

02 $R-C$ **직렬회로에 직류전압 100V를 연결하였다. 이때, 커패시터의 정전용량이** $1\mu F$ **이라면 시정수를 1초로 만들기 위한 저항값은?**

① 0.1MΩ
② 1MΩ
③ 10MΩ
④ 100MΩ
⑤ 1,000MΩ

03 **3,300/200V, 10kVA인 단상 변압기의 2차를 단락하여 1차 측에 300V를 가하니 2차에 120A가 흘렀다. 이 변압기의 임피던스 전압과 백분율 임피던스 강하를 바르게 짝지은 것은?(단, 소수점 둘째 자리에서 반올림한다)**

① 125V, 3.8%
② 200V, 4%
③ 125V, 3.5%
④ 200V, 4.2%
⑤ 125V, 3.2%

04 전부하로 운전 중인 출력 4kW, 전압 100V, 회전수 1,500rpm인 분권 발전기의 여자 전류를 일정하게 유지하고 회전수를 1,200rpm으로 할 때, 단자 전압과 부하 전류를 바르게 짝지은 것은?(단, 전기자 저항은 0.15Ω 이며, 전기자 반작용은 무시한다)

① 80V, 32A
② 85V, 32A
③ 80V, 30A
④ 106V, 40A
⑤ 85V, 40A

05 정격 용량 100kVA인 변압기에서 지상 역률 60%의 부하에 100kVA를 공급역률 90%로 개선하여 변압기의 전용량까지 부하에 공급하고자 할 때, 소요되는 전력용 콘덴서의 용량은?(단, 소수점 둘째 자리에서 버림한다)

① 34.8kVA
② 36.2kVA
③ 36.4kVA
④ 37.4kVA
⑤ 38.2kVA

06 다음 중 전선의 구비조건으로 옳지 않은 것은?

① 저렴한 가격
② 도전율이 커야 한다.
③ 내식성과 내열성이 커야 한다.
④ 기계적 강도 및 인장강도가 작아야 한다.
⑤ 전압강하 및 전력손실이 작아야 한다.

CHAPTER

03 2021년 기출복원문제

정답 및 해설 p.032

01 직업기초능력평가

※ S대리는 봄을 맞아 가족들과 1박 2일로 가평 펜션에 여행을 가기로 하였다. 다음은 가평에 가기 위한 대중교통수단별 운행요금 및 소요시간과 자가용 이용 시 현황에 대한 자료이다. 이어지는 질문에 답하시오. [1~3]

〈대중교통수단별 운행요금 및 소요시간〉

구분	운행요금			소요시간		
	수원역 ~ 서울역	서울역 ~ 청량리역	청량리역 ~ 가평역	수원역 ~ 서울역	서울역 ~ 청량리역	청량리역 ~ 가평역
기차	2,700원	-	4,800원	32분	-	38분
버스	2,500원	1,200원	3,000원	1시간 16분	40분	2시간 44분
지하철	1,850원	1,250원	2,150원	1시간 03분	18분	1시간 17분

※ 운행요금은 어른 기준이다.

〈자가용 이용 시 현황〉

구분	통행료	소요시간	거리
A길	4,500원	1시간 49분	98.28km
B길	4,400원	1시간 50분	97.08km
C길	6,600원	1시간 49분	102.35km

※ 거리에 따른 주유비는 124원/km이다.

조건

- H대리 가족은 어른 2명, 아이 2명이다.
- 아이 2명은 각각 만 12세, 만 4세이다.
- 어린이 기차 요금(만 13세 미만)은 어른 요금의 50%로 할인 적용하고, 만 4세 미만은 무료이다.
- 어린이 버스 요금(만 13세 미만)은 어른 요금의 20%로 할인 적용하고, 만 5세 미만은 무료이다.
- 어린이 지하철 요금(만 6세 ~ 만 12세)은 어른 요금의 40%로 할인 적용하고, 만 6세 미만은 무료이다.

| 수리능력

01 수원역 가까이에 사는 S대리는 가족과 함께 가평 펜션에 가기 위한 대중교통편을 여러 방면으로 생각해 보고 있다. 수원역에서 가평까지 가는 데 걸리는 소요시간은 고려하지 않으며, 반드시 세 구간 중 한 구간만 기차를 탑승한다고 할 때, 다음 중 최소비용으로 가는 방법과 그 비용을 순서대로 바르게 나열한 것은?

	교통수단	비용
①	지하철 → 지하철 → 기차	15,850원
②	버스 → 지하철 → 기차	15,800원
③	지하철 → 버스 → 기차	16,060원
④	기차 → 버스 → 지하철	15,900원
⑤	기차 → 지하철 → 버스	17,700원

| 수리능력

02 S대리는 수원역에서 가평역까지 기차를 반드시 한 번만 탑승하기로 결정했다. 가평역까지 총소요시간을 2시간 20분 이내로 잡을 때, 다음 중 최소비용으로 가는 교통수단 순서로 옳은 것은?(단, 환승시간은 무시한다)

① 지하철 → 지하철 → 기차
② 버스 → 지하철 → 기차
③ 지하철 → 버스 → 기차
④ 기차 → 버스 → 지하철
⑤ 기차 → 지하철 → 버스

| 수리능력

03 S대리는 가족과 상의한 후 자가용으로 편하게 가평까지 가기로 하였다. 가평까지 가는 방법이 A~C길 세 가지가 있을 때, 최대비용과 최소비용의 차이는?(단, 자가용 이용 시 비용은 통행료 및 총주유비이며 비용은 일의 자리에서 반올림한다)

① 2,750원
② 2,800원
③ 2,850원
④ 2,900원
⑤ 3,000원

※ S공사에 근무하고 있는 L사원은 구매관리를 위해 서울로 외근을 나가 지하철을 타고 A ~ E업체를 모두 방문해야 한다. 이어지는 질문에 답하시오. **[4~5]**

〈지하철 노선도〉

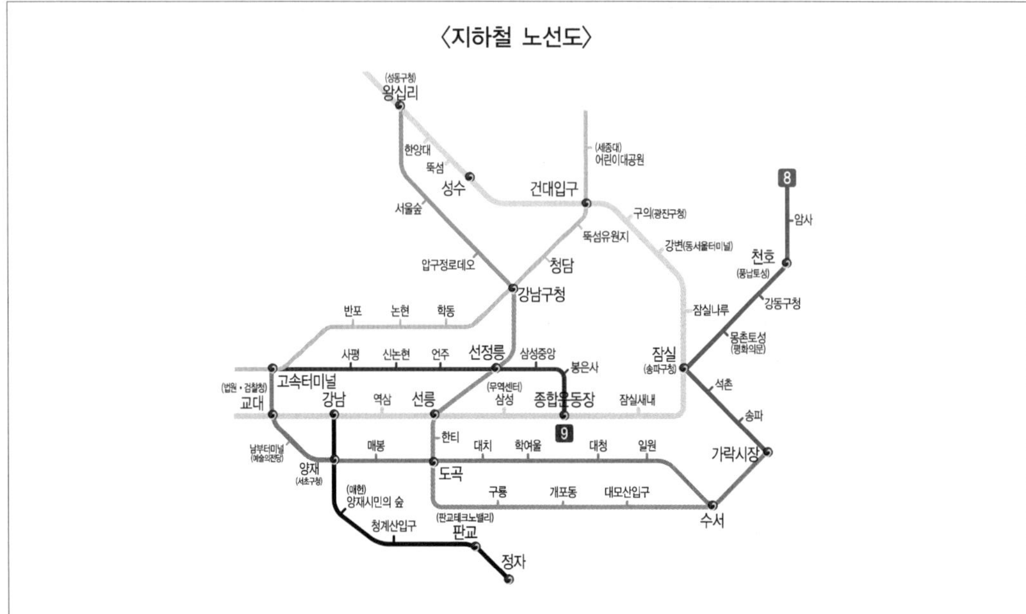

〈L사원의 방문 업체 목록〉

방문 업체	지하철역
A전선	강남역
B방재	삼성역
C전기모터	양재역
D화학	천호역
E상사	건대입구역

※ 지하철 한 정거장을 이동할 때 3분이 소요되며, 환승 시 6분이 소요된다.

※ 업체와 역 간 이동시간은 고려하지 않는다.

※ 업체에 들러 업무를 보는 시간은 고려하지 않는다.

| 문제해결능력

04 L사원이 E상사에서 업무를 마치고 출발했을 때, 나머지 A~D업체에 가장 효율적으로 방문할 수 있는 순서로 옳은 것은?

① E상사 – C전기모터 – A전선 – B방재 – D화학
② E상사 – D화학 – B방재 – A전선 – C전기모터
③ E상사 – B방재 – A전선 – C전기모터 – D화학
④ E상사 – A전선 – C전기모터 – B방재 – D화학
⑤ E상사 – D화학 – C전기모터 – B방재 – A전선

| 문제해결능력

05 04번 문제에서 구한 순서로 이동할 때 최소 몇 분이 소요되는가?

① 56분 ② 60분
③ 62분 ④ 68분
⑤ 72분

| 직업윤리

06 다음 〈보기〉 중 일터에서의 예절에 대한 내용으로 적절하지 않은 것을 모두 고르면?

보기

㉠ 업무적인 만남에서 가장 일반적인 인사법은 악수이며, 악수 시에는 상대방에게 예의를 표하기 위해 가벼운 목례를 하여야 한다.
㉡ 상대방과의 만남에 있어 가장 기본적인 인사법 중 하나인 악수는 상대방에게 예의를 표하는 방법 중 하나이므로, 아랫사람이 윗사람에게 청하는 것이 일반적이다.
㉢ 직장 내에서의 예의는 서로 간의 관계에 영향을 미칠 뿐 아니라 업무 성과에까지 영향을 미치게 된다.
㉣ 이메일·SNS 등과 같이 상대방의 표정 및 음성 등의 비언어적인 요소를 확인할 수 없는 통신상에서의 대화에서는 상대방에게 혼란 또는 오해를 일으키게 할 수 있는 내용을 자제하여야 한다.

① ㉠, ㉡ ② ㉠, ㉢
③ ㉡, ㉢ ④ ㉡, ㉣
⑤ ㉢, ㉣

07 **다음 사례에서 S씨가 자신의 목표를 달성하지 못한 이유로 가장 적절한 것은?**

> 극장에서 미소지기로 근무하는 S씨는 친절 사원으로 선발된 다른 직원들을 보면서 자신도 이달의 '친절왕'이 되겠다는 목표를 설정하고, 여러 정보들을 수집하여 구체적인 계획을 세웠다. 그러나 S씨의 무뚝뚝한 표정과 말투로 인해 '친절왕'은커녕 고객들의 불평·불만만 쌓여 갔다. 사실 S씨는 오래전부터 사람을 대하는 서비스업이 자신에게 적합하지 않다고 생각하고 있었다.

① 자신감이 부족하여 자기개발과 관련된 결정을 제대로 하지 못하였다.
② 회사 내의 경력기회 및 직무 가능성 등에 대해 충분히 알아보지 않았다.
③ 다른 직업이나 회사 밖의 기회에 대해 충분히 알아보지 않았다.
④ 자신의 흥미, 적성 등을 제대로 파악하지 못하였다.
⑤ 자신을 둘러싼 주변상황의 제약으로 인해 어려움을 겪었다.

08 **다음 〈보기〉 중 성찰에 대해 잘못 알고 있는 사람을 모두 고르면?**

보기

㉠ 준석 : 우리는 성찰을 통해 자신이 잘하는 일과 못하는 일을 구분할 수 있는 변별력을 기를 수 있어. 이를 통해 우리가 추후에 직장을 선택할 때도, 자신이 못하는 업무를 수행하는 회사는 배제하고, 자신이 잘하는 업무를 수행하는 회사로의 취직을 결정할 수 있도록 도움을 받을 수 있어.

㉡ 유안 : 우리는 성찰이라는 과정을 통해 현재 내가 가진 부족한 부분을 찾아내어 개선할 수 있어. 이를 통해 우리는 현재 내가 가진 부족한 부분으로 인해 미래에 발생할 수 있는 실수의 가능성을 줄일 수 있어.

㉢ 하정 : 사람은 누구나 실수를 할 수 있어. 하지만 자신이 실수를 했음에도 불구하고 이러한 부분들에 대해 개선하지 않아 동일한 실수를 저지르는 사람에 대해서는 신뢰감이 생기지 않아. 따라서 우리는 성찰의 과정을 통해 타인에게 신뢰감을 줄 수 있도록 해야 해.

㉣ 시후 : 사람마다 가지고 태어난 창의성의 정도는 차이가 있기 때문에, 우리는 끊임없이 생각하고 도전하여야 해. 이와 같은 도전들로 인해 우리는 여러 실수를 일으킬 수도 있을 거야. 하지만 그런 때에도 생각을 멈추지 말고 이러한 실수들에 대해 성찰의 과정을 가져 같은 실수가 반복되지 않도록 해야 해.

① ㉠, ㉡
② ㉠, ㉢
③ ㉠, ㉣
④ ㉡, ㉢
⑤ ㉡, ㉣

09 **다음 중 업무수행 성과를 향상시키기 위한 전략으로 적절하지 않은 것은?**

① 가장 긴급한 일을 먼저 수행하도록 한다.
② 유사한 성격의 업무는 함께 처리하도록 한다.
③ 업무수행은 독자적으로 하되, 자신이 소속된 공동체의 규율은 지킨다.
④ 기존 업무방식에 얽매이지 않고 독창적인 방식으로 업무를 수행한다.
⑤ 자신보다 뛰어난 업무처리 능력을 가진 사람을 역할 모델로 선정하여 업무를 수행한다.

| 자기개발능력

10 **다음은 각 경력개발 단계에서의 질문이다. 단계별로 분류했을 때 질문의 시기가 적절하지 않은 것은?**

① 직업 선택 단계 : 당신이 선택하고 준비하는 이 직업에 대해 어느 정도 만족하고 있는가?
② 조직 입사 단계 : 당신이 이 조직에 입사하기까지 겪은 경험에 대해 어떻게 생각하는가?
③ 경력 초기 단계 : 당신의 이 조직에 대한 이해도와 업무 숙달도는 어떻게 평가할 수 있는가?
④ 경력 중기 단계 : 당신이 업무에 숙달한 이후 계획은 무엇이고 이를 위해 무엇을 준비하는가?
⑤ 경력 말기 단계 : 당신이 계획 중인 퇴직 이후의 삶에 대해 얼마만큼 준비하고 있는가?

| 대인관계능력

11 **S공사 총무부에 근무하는 A팀장은 최근 몇 년 동안 반복되는 업무로 지루함을 느끼는 팀원들 때문에 고민에 빠져 있다. 팀원들은 반복되는 업무로 인해 업무에 대한 흥미를 잃어 가고 있으며, 이는 업무의 효율성에 막대한 손해를 가져올 것으로 예상된다. 이러한 상황에서 귀하가 A팀장에게 할 수 있는 조언으로 가장 적절한 것은?**

① 팀원들을 책임감으로 철저히 무장시켜야 한다.
② 팀원들의 업무에 대해 코칭해야 한다.
③ 팀원들을 지속적으로 교육해야 한다.
④ 팀원들에게 새로운 업무의 기회를 부여해야 한다.
⑤ 팀원들을 칭찬하고 격려해야 한다.

12 **다음 글에서 설명하는 멤버십 유형은?**

- 자아상 – 사건을 균형 잡힌 시각으로 봄
- 동료 / 리더의 시각 – 적당한 열의와 평범한 수완으로 업무 수행
- 조직에 대한 자신의 느낌 – 리더와 부하 간의 비인간적 풍토

① 소외형
② 순응형
③ 실무형
④ 수동형
⑤ 통합형

13 **다음은 고객 불만처리 프로세스를 도식화한 것이다. 각 단계에 대한 설명으로 가장 적절한 것은?**

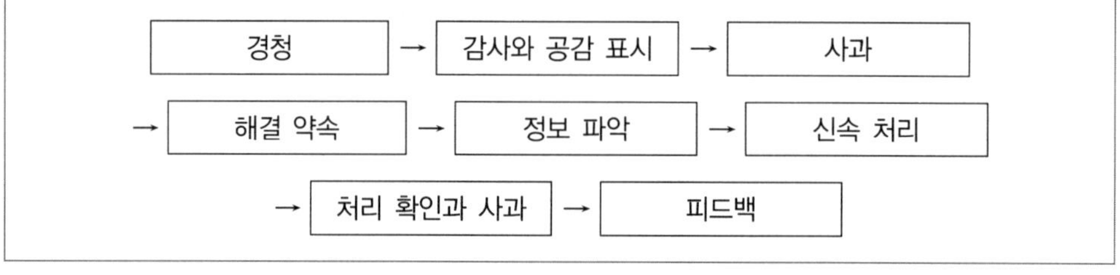

① 경청 : 고객이 항의를 할 경우 이에 대해 직접 대응하지 말고 담당부서로 즉각 연결하도록 하며, 기존에도 빈번하게 항의를 한 고객에 대해서는 대응하지 않는다.
② 감사와 공감 표시 : 고객이 항의를 할 경우 이에 자신도 공감하고 있음을 표현하고, 고객이 항의하지 않을 경우 이에 자신이 감사하고 있음을 표현한다.
③ 정보 파악 : 고객의 항의를 해결하기 위해 자사가 알아야 할 정보를 수집하여 최선의 방법으로 해결하되, 방법이 마땅치 않다면 직접 해당 고객에게 해결방법을 제시받는다.
④ 처리 확인과 사과 : 고객항의에 대한 처리내역을 상급자에게 보고하여 확인받고, 해당 문제가 발생한 데에 대한 사과와 함께 동일한 문제가 재발되지 않도록 주의할 것을 약속한다.
⑤ 피드백 : 고객의 항의에 대해 자사가 어떠한 방식으로 처리했는지 그 내역을 해당 고객에게 알리고, 자사 홈페이지에도 이와 관련된 처리내역을 게시한다.

| 01 | 기계

01 **다음 중 분자량이 30인 에탄의 기체상수는 몇 kJ/kg·K인가?(단, 소수점 아래는 버린다)**

① 0.027kJ/kg·K
② 0.277kJ/kg·K
③ 2.771kJ/kg·K
④ 27.713kJ/kg·K
⑤ 277.1kJ/kg·K

02 **어떤 물리적인 계에서는 관성력, 점성력, 중력, 표면장력이 중요하다. 다음 중 이 시스템과 관련된 무차원 수로 옳지 않은 것은?**

① 오일러 수
② 레이놀즈 수
③ 프루드 수
④ 웨버 수
⑤ 리처드슨 수

03 **다음 중 황 성분이 적은 선철을 용해로 및 전기로에서 용해한 후 주형에 주입 전 마그네슘, 세륨, 칼슘 등을 첨가시켜 흑연을 구상화한 것은?**

① 합금 주철
② 구상 흑연 주철
③ 칠드 주철
④ 가단 주철
⑤ 백주철

04 **다음 중 각종 기계의 회전이나 동력을 전달하는 부분에 사용되는 기어(Gear)에 대한 설명으로 옳은 것은?**

① 모듈 $m=4$이고, 잇수 $Z_1=30$, $Z_2=45$인 한 쌍의 평 기어(Spur Gear)에서 두 축 사이의 중심 거리는 300mm이다.

② 전위 기어(Profile Shifted Gear)는 표준 기어에 비해 최소 잇수를 적게 할 수 있다.

③ 간섭이 일어나는 한 쌍의 기어를 회전시킬 때 발생하는 기어의 언더컷(Under-cut)은 압력각이 클 때 발생하기 쉽다.

④ 페이스 기어(Face Gear)는 베벨기어의 축을 엇갈리게 한 것으로서, 자동차의 차동 기어장치의 감속기어로 사용된다.

⑤ 전위 기어(Profile Shifted Gear)는 래크공구의 기준 피치선이 기어의 기준 피치원에 접하는 기어이다.

05 **수면에 떠 있는 선체의 저항 측정시험과 풍동실험을 통해 자동차 공기저항 측정시험을 하고자 한다. 이때 모형과 원형 사이에 서로 역학적 상사를 이루려면 두 시험에서 공통적으로 고려해야 하는 무차원 수는?**

① 마하 수(Ma)

② 레이놀즈 수(Re)

③ 오일러 수(Eu)

④ 프루드 수(Fr)

⑤ 웨버 수(We)

06 **다음 중 헬리컬 기어(Helical Gear)의 특징으로 옳지 않은 것은?**

① 원통 기어의 하나이다.

② 스퍼 기어(평 기어)보다 큰 힘을 전달한다.

③ 기어 제작이 쉽다.

④ 주로 동력 전달 장치나 감속기에 사용한다.

⑤ 2중 헬리컬 기어는 서로 방향이 다른 기어를 조합한 것을 말한다.

07 안지름이 d_1, 바깥지름이 d_2, 지름비가 $x=\frac{d_1}{d_2}$인 중공축이 정하중을 받아 굽힘모멘트(Bending Moment) M이 발생하였다. 허용굽힘응력을 σ_a라 할 때, 바깥지름 d_2를 구하는 식은?

① $d_2=\sqrt[3]{\frac{64M}{\pi(1-x^4)\sigma_a}}$

② $d_2=\sqrt[3]{\frac{32M}{\pi(1-x^4)\sigma_a}}$

③ $d_2=\sqrt[3]{\frac{64M}{\pi(1-x^3)\sigma_a}}$

④ $d_2=\sqrt[3]{\frac{32M}{\pi(1-x^3)\sigma_a}}$

⑤ $d_2=\sqrt[3]{\frac{64M}{\pi(1-x^2)\sigma_a}}$

08 다음 중 재료 시험방법에 대한 설명으로 옳지 않은 것은?

① 인장 시험은 축 방향으로 잡아당기는 힘에 대한 재료의 저항성을 측정하는 시험이다.
② 경도 시험은 일정한 온도에서 하중을 가하여 시간에 따른 변형을 측정하는 시험이다.
③ 충격 시험은 고속으로 가해지는 하중에 대한 재료의 저항성을 측정하는 시험이다.
④ 굽힘 시험은 시험편에 굽힘하중을 가하여 재료의 손상이나 저항성 등을 측정하는 시험이다.
⑤ 굽힘 시험은 금속 재료의 변형 성능을 조사하기 위한 시험의 하나이다.

| 02 | 전기

01 R $=90\Omega$, L $=32$mH, C $=5\mu$F의 직렬회로에 전원전압 $v(t)=750\cos(5{,}000-30°)$V를 인가했을 때 회로의 리액턴스는?

① 40Ω
② 90Ω
③ 120Ω
④ 160Ω
⑤ 180Ω

02 1차 전압이 2,200V, 무부하 전류가 0.088A, 철손이 110W인 단상 변압기의 자화 전류는?

① 0.05A
② 0.038A
③ 0.072A
④ 0.088A
⑤ 0.092A

03 다음 중 부흐홀츠 계전기의 설치 위치로 옳은 곳은?

① 콘서베이터 내부
② 변압기 고압측 부싱
③ 변압기 주 탱크 내부
④ 변압기 주 탱크와 콘서베이터 사이
⑤ 변압기 저압측 부싱

04 비유전율 2.5의 유전체 내부의 전속밀도가 2×10^{-6}C/m^{2}인 점의 전기장의 세기는 약 몇 V/m인가?

① 18×10^4V/m
② 9×10^4V/m
③ 6×10^4V/m
④ 3.6×10^4V/m
⑤ 4×10^4V/m

05 다음 평판 커패시터의 극판 사이에 서로 다른 유전체를 평판과 평행하게 각각 d_1, d_2의 두께로 채웠다. 각각의 정전용량을 C_1과 C_2라 할 때, $C_1 \div C_2$의 값은?(단, $V_1 = V_2$이고, $d_1 = 2d_2$이다)

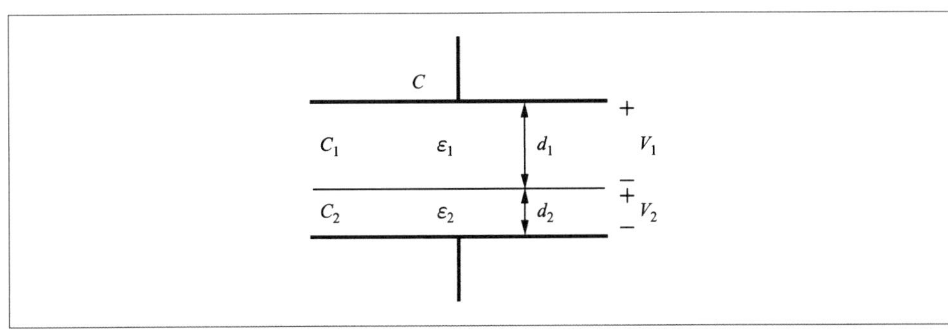

① 0.5
② 1
③ 2
④ 4
⑤ 6

06 다음 중 교류 전기철도 급전시스템의 접촉전압을 감소시키기 위해 고려해야 하는 방법으로 옳지 않은 것은?

① 귀선도체의 보강
② 등전위본딩
③ 전자기적 커플링을 고려한 귀선로의 강화
④ 전압제한소자 적용
⑤ 보행 표면의 절연

07 사용전압 66kV 가공전선과 6kV 가공전선을 동일 지지물에 시설하는 경우, 특고압 가공전선은 케이블인 경우를 제외하고는 단면적이 몇 mm^2인 경동연선 또는 이와 동등하거나 그 이상의 세기 및 굵기의 연선이어야 하는가?

① $22mm^2$
② $38mm^2$
③ $50mm^2$
④ $100mm^2$
⑤ $126mm^2$

08 전위 함수가 $V = 3x + 2y^2$[V]로 주어질 때, 점(2, -1, 3)에서 전계의 세기는?

① 5V/m
② 6V/m
③ 8V/m
④ 12V/m
⑤ 14V/m

아이들이 답이 있는 질문을 하기 시작하면 그들이 성장하고 있음을 알 수 있다.

– 존 J. 플롬프 –

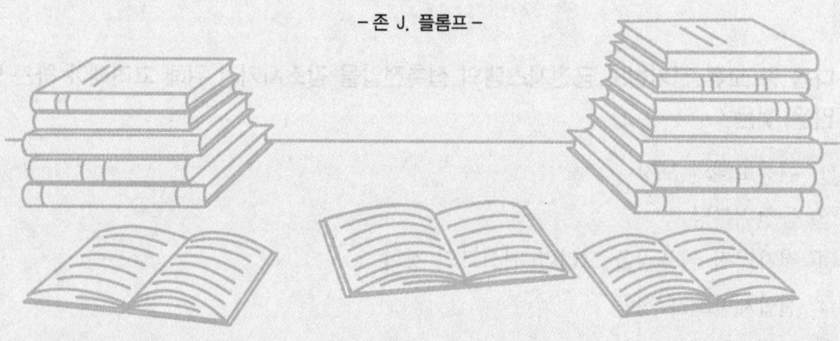

PART 2

직업기초능력평가

CHAPTER 01 의사소통능력
CHAPTER 02 수리능력
CHAPTER 03 문제해결능력
CHAPTER 04 자원관리능력
CHAPTER 05 정보능력
CHAPTER 06 기술능력
CHAPTER 07 조직이해능력
CHAPTER 08 자기개발능력
CHAPTER 09 대인관계능력
CHAPTER 10 직업윤리

CHAPTER 01

의사소통능력

합격 Cheat Key

의사소통능력은 평가하지 않는 공사·공단이 없을 만큼 필기시험에서 중요도가 높은 영역으로, 세부 유형은 문서 이해, 문서 작성, 의사 표현, 경청, 기초 외국어로 나눌 수 있다. 문서 이해·문서 작성과 같은 지문에 대한 주제 찾기, 내용 일치 문제의 출제 비중이 높으며, 문서의 특성을 파악하는 문제도 출제되고 있다.

1 문제에서 요구하는 바를 먼저 파악하라!

의사소통능력에서 가장 중요한 것은 제한된 시간 안에 빠르고 정확하게 답을 찾아내는 것이다. 의사소통능력에서는 지문이 아니라 문제가 주인공이므로 지문을 보기 전에 문제를 먼저 파악해야 하며, 문제에 따라 전략적으로 빠르게 풀어내는 연습을 해야 한다.

2 잠재되어 있는 언어 능력을 발휘하라!

세상에 글은 많고 우리가 학습할 수 있는 시간은 한정적이다. 이를 극복할 수 있는 방법은 다양한 글을 접하는 것이다. 실제 시험장에서 어떤 내용의 지문이 나올지 아무도 예측할 수 없으므로 평소에 신문, 소설, 보고서 등 여러 글을 접하는 것이 필요하다.

3 상황을 가정하라!

업무 수행에 있어 상황에 따른 언어 표현은 중요하다. 같은 말이라도 상황에 따라 다르게 해석될 수 있기 때문이다. 그런 의미에서 자신의 의견을 효과적으로 전달할 수 있는 능력을 평가하는 것이다. 업무를 수행하면서 발생할 수 있는 여러 상황을 가정하고 그에 따른 올바른 언어표현을 정리하는 것이 필요하다.

4 말하는 이의 입장에서 생각하라!

잘 듣는 것 또한 하나의 능력이다. 상대방의 이야기에 귀 기울이고 공감하는 태도는 업무를 수행하는 관계 속에서 필요한 요소이다. 그런 의미에서 다양한 상황에서 듣는 능력을 평가하는 것이다. 말하는 이가 요구하는 듣는 이의 태도를 파악하고, 이에 따른 판단을 할 수 있도록 언제나 말하는 사람의 입장이 되는 연습이 필요하다.

대표기출유형

01 | 문서 내용 이해

| 유형분석 |

- 주어진 지문을 읽고 선택지를 고르는 전형적인 독해 문제이다.
- 지문은 주로 신문기사(보도자료 등)나 업무 보고서, 시사 등이 제시된다.
- 공사공단에 따라 자사와 관련된 내용의 기사나 법조문, 보고서 등이 출제되기도 한다.

다음 글에서 알 수 있는 시각장애인 유도블록 설치에 대한 설명으로 적절하지 않은 것은?

점자블록으로도 불리는 시각장애인 유도블록은 블록 표면에 돌기를 양각하여 시각장애인이 발바닥이나 지팡이의 촉감으로 위치나 방향을 알 수 있도록 유도한다. 횡단보도나 버스정류장 등의 공공장소에 설치되며, 블록의 형태는 발바닥의 촉감, 일반 보행자와의 관계 등 다양한 요인에 따라 결정된다.

점자블록은 크게 위치 표시용의 점형블록과 방향 표시용의 선형블록 두 종류로 나뉜다. 먼저 점형블록은 횡단지점, 대기지점, 목적지점, 보행 동선의 분기점 등의 위치를 표시하거나 위험 지점을 알리는 역할을 한다. 보통 30cm(가로)×30cm(세로)×6cm(높이)의 콘크리트제 사각 형태가 많이 쓰이며, 양각된 돌기의 수는 외부용 콘크리트 블록의 경우 36개, 내부용의 경우 64개가 적절하다. 일반적인 위치 감지용으로 점형블록을 설치할 경우 가로 폭은 대상 시설의 폭만큼 설치하며, 세로 폭은 보도의 폭을 고려하여 30 ~ 90cm 범위 안에서 설치한다.

다음으로 선형블록은 방향 유도용으로 보행 동선의 분기점, 대기지점, 횡단지점에 설치된 점형블록과 연계하여 목적 방향으로 일정한 거리까지 설치한다. 정확한 방향을 알 수 있도록 하는 데 목적이 있으며, 보행 동선을 확보・유지하는 역할을 한다. 양각된 돌출선은 윗면은 평면이 주로 쓰이고, 돌출선의 양 끝은 둥글게 처리한 것이 많다. 선형블록은 시각장애인이 안전하고 장애물이 없는 도로를 따라 이동할 수 있도록 설치하는데, 이때 블록의 돌출선은 유도 대상 시설의 방향과 평행해야 한다.

① 선형블록은 보행 동선의 분기점에 설치한다.
② 횡단지점의 위치를 표시하기 위해서는 점형블록을 설치한다.
③ 외부에는 양각된 돌기의 수가 36개인 점형블록을 설치한다.
④ 선형블록은 돌출선의 방향이 유도 대상 시설과 평행하도록 설치한다.
⑤ 점형블록을 횡단보도 앞에 설치하는 경우 세로 방향으로 4개 이상 설치하지 않는다.

정답 ①

보행 동선의 분기점에 설치하는 것은 점형블록이며, 선형블록은 보행 동선의 분기점에 설치된 점형블록과 연계하여 목적 방향으로 설치한다.

풀이 전략!

주어진 선택지에서 키워드를 체크한 후, 지문의 내용과 비교해 가면서 내용의 일치 유무를 빠르게 판단한다.

대표기출유형 01 기출응용문제

01 다음 글의 내용으로 가장 적절한 것은?

> 선물환거래란 계약일로부터 일정시간이 지난 뒤 특정일에 외환의 거래가 이루어지는 것이다. 현재 약정한 금액으로 미래에 결제하게 되기 때문에, 선물환계약을 체결하게 되면 약정된 결제일까지 매매 쌍방 모두 결제가 이연된다. 선물환거래는 보통 환리스크를 헤지(Hedge)하기 위한 목적으로 이용된다. 예를 들어 1개월 이후 달러로 거래 대금을 수령할 예정인 수출한 기업은 1개월 후 달러를 매각하는 대신 원화를 수령하는 선물환계약을 통해 원/달러 환율변동에 따른 환리스크를 헤지할 수 있다.
> 이외에도 선물환거래는 금리차익을 얻는 것과 투기적 목적 등을 가지고 있다. 선물환거래에는 일방적으로 선물환을 매입하는 것 또는 매도 거래만 발생하는 Outright Forward 거래가 있으며, 선물환거래가 스왑거래의 일부분으로써 현물환거래와 같이 발생하는 Swap Forward 거래가 있다. Outright Forward 거래는 만기 때 실물 인수도가 일어나는 일반 선물환거래와 만기 때 실물의 인수 없이 차액만을 정산하는 차액결제선물환(NDF; Non－Deliverable Forward) 거래로 구분된다.
> 옵션(Option)이란 거래당사자들이 미리 가격을 정하고, 그 가격으로 미래의 특정시점이나 그 이전에 자산을 사고파는 권리를 매매하는 계약으로, 선도 및 선물, 스왑거래 등과 같은 파생금융상품이다. 옵션은 매입권리가 있는 콜옵션(Call Option)과 매도권리가 있는 풋옵션(Put Option)으로 구분된다. 옵션거래로 매입이나 매도할 수 있는 권리를 가지게 되는 옵션매입자는 시장가격의 변동에 따라 자기에게 유리하거나 불리한 경우를 판단하여, 옵션을 행사하거나 포기할 수도 있다. 옵션매입자는 선택할 권리에 대한 대가로 옵션매도자에게 프리미엄을 지급하고, 옵션매도자는 프리미엄을 받는 대신 옵션매입자가 행사하는 옵션에 따라 발생하는 것에 대해 이해하는 책임을 가진다. 옵션거래의 손해와 이익은 행사가격, 현재가격 및 프리미엄에 의해 결정된다.

① 선물환거래는 투기를 목적으로 사용되기도 한다.
② 옵션은 미래에 조건이 바뀌어도 계약한 금액을 지불해야 한다.
③ 선물환거래는 권리를 행사하거나 포기할 수 있다.
④ 옵션은 환율변동 리스크를 해결하는 데 좋은 선택이다.
⑤ 선물환거래는 행사가격, 현재가격, 프리미엄가에 따라 손해와 이익이 발생한다.

PART 2

02 다음 글의 내용으로 적절하지 않은 것은?

경제학에서는 가격이 한계 비용과 일치할 때를 가장 이상적인 상태라고 본다. 한계 비용이란 재화의 생산량을 한 단위 증가시킬 때 추가되는 비용을 말한다. 한계 비용 곡선과 수요 곡선이 만나는 점에서 가격이 정해지면 재화의 생산 과정에 들어가는 자원이 낭비 없이 효율적으로 배분되며, 이때 사회 전체의 만족도가 가장 커진다. 가격이 한계 비용보다 높아지면 상대적으로 높은 가격으로 인해 수요량이 줄면서 거래량이 따라 줄고, 결과적으로 생산량도 감소한다. 이는 사회 전체의 관점에서 볼 때 자원이 효율적으로 배분되지 못하는 상황이므로 사회 전체의 만족도가 떨어지는 결과를 낳는다.
위에서 설명한 일반 재화와 마찬가지로 수도, 전기, 철도와 같은 공익 서비스도 자원배분의 효율성을 생각하면 한계 비용 수준으로 가격, 즉 공공요금을 결정하는 것이 바람직하다. 대부분의 공익 서비스는 초기 시설 투자비용은 막대한 반면 한계 비용은 매우 적다. 이러한 경우, 한계 비용으로 공공요금을 결정하면 공익 서비스를 제공하는 기업은 손실을 볼 수 있다.
예컨대 초기 시설 투자비용이 6억 달러이고, 톤당 1달러의 한계 비용으로 수돗물을 생산하는 상수도 서비스를 가정해 보자. 이때 수돗물 생산량을 '1톤, 2톤, 3톤, …'으로 늘리면 총비용은 '6억 1달러, 6억 2달러, 6억 3달러, …'로 늘어나고, 톤당 평균 비용은 '6억 1달러, 3억 1달러, 2억 1달러, …'로 지속적으로 줄어든다. 그렇지만 평균 비용이 계속 줄어들더라도 한계 비용 아래로는 결코 내려가지 않는다. 따라서 한계 비용으로 수도 요금을 결정하면 총비용보다 총수입이 적으므로 수도 사업자는 손실을 보게 된다.
이를 해결하는 방법에는 크게 두 가지가 있다. 하나는 정부가 공익 서비스 제공 기업에 손실분만큼 보조금을 주는 것이고, 다른 하나는 공공요금을 평균 비용 수준으로 정하는 것이다. 전자의 경우 보조금을 세금으로 충당한다면 다른 부문에 들어갈 재원이 줄어드는 문제가 있다. 평균 비용 곡선과 수요 곡선이 교차하는 점에서 요금을 정하는 후자의 경우에는 총수입과 총비용이 같아져 기업이 손실을 보지는 않는다. 그러나 요금이 한계 비용보다 높기 때문에 사회 전체의 관점에서 자원의 효율적 배분에 문제가 생긴다.

① 자원이 효율적으로 배분될 때 사회 전체의 만족도가 극대화된다.
② 정부는 공공요금을 한계 비용 수준으로 유지하기 위하여 보조금 정책을 펼 수 있다.
③ 공익 서비스와 일반 재화의 생산 과정에서 자원을 효율적으로 배분하기 위한 조건은 서로 같다.
④ 가격이 한계 비용보다 높은 경우에는 한계 비용과 같은 경우에 비해 결국 그 재화의 생산량이 줄어든다.
⑤ 평균 비용이 한계 비용보다 큰 경우, 공공요금을 평균 비용 수준에서 결정하면 자원의 낭비를 방지할 수 있다.

03 다음 글을 읽고 이에 대한 내용으로 적절한 것을 〈보기〉에서 모두 고르면?

과거에는 일반 시민들이 사회 문제에 관한 정보를 얻을 수 있는 수단이 거의 없었다. 따라서 일반 시민들은 신문과 같은 전통적 언론을 통해 정보를 얻었고 전통적 언론은 주요 사회 문제에 대한 여론을 형성하는 데 강한 영향을 끼쳤다. 지금도 신문에서 물가 상승 문제를 반복해서 보도하면 일반 시민들은 이를 중요하다고 생각하고, 그와 관련된 여론도 활성화된다.

이처럼 전통적 언론이 여론을 형성하는 것을 '의제설정기능'이라고 한다. 하지만 막강한 정보원으로 인터넷이 등장한 이후 전통적 언론의 영향력은 약화되고 있다. 그리고 인터넷을 통한 상호작용매체인 소셜 네트워크 서비스(이하 SNS)가 등장한 이후에는 그러한 경향이 더욱 강화되고 있다. 일반 시민들이 SNS를 통해 문제를 제기하고, 많은 사람들이 그 문제에 대해 중요하다고 생각하면 역으로 전통적 언론에서 뒤늦게 그 문제에 대해 보도하는 현상이 생기게 된 것이다. 이러한 현상을 일반 시민이 의제설정을 주도한다는 점에서 '역의제설정 현상'이라고 한다.

보기

㉠ 현대의 전통적 언론은 의제설정기능을 전혀 수행하지 못하고 있다.
㉡ SNS는 일반 시민이 의제설정을 주도하는 것을 가능하게 했다.
㉢ 현대 언론은 과거 언론에 비해 의제설정기능의 역할이 강하다.
㉣ SNS로 인해 의제설정 현상이 강해지고 있다.

① ㉡
② ㉢
③ ㉠, ㉡
④ ㉠, ㉣
⑤ ㉢, ㉣

02 글의 주제 · 제목

| 유형분석 |

- 주어진 지문을 파악하여 전달하고자 하는 핵심 주제를 고르는 문제이다.
- 정보를 종합하고 중요한 내용을 구별하는 능력이 필요하다.
- 설명문부터 주장, 반박문까지 다양한 성격의 지문이 제시되므로 글의 성격별 특징을 알아두는 것이 좋다.

다음 글의 주제문으로 가장 적절한 것은?

80대 20 법칙, 2대 8 법칙으로 불리기도 하는 파레토 법칙은 전체 결과의 80%가 전체 원인의 20%에서 일어나는 현상을 가리킨다. 결국 크게 수익이 되는 것은 20%의 상품군, 그리고 20%의 구매자이기에 이들에게 많은 역량을 집중할 필요가 있다는 것으로, 이른바 선택과 집중이라는 경영학의 기본 개념으로 자리 잡아 왔다.
하지만 파레토 법칙은 현상에 붙은 이름일 뿐 법칙의 필연성을 설명하진 않으며, 그 적용이 쉬운 만큼 내부의 개연성을 명확하게 파악하지 않으면 오용될 여지가 다분하다는 문제점을 지니고 있다. 예컨대 상위권 성적을 지닌 20%의 학생을 한 그룹으로 모아놓는다고 해서 그들의 80%가 갑작스레 공부를 중단하진 않을 것이며, 20%의 고객이 80%의 매출에 기여하므로 백화점 찾는 80%의 고객들을 홀대해도 된다는 비약으로 이어질 수 있기 때문이다.

① 파레토 법칙은 80%의 고객을 경원시하는 법칙이다.
② 파레토 법칙을 함부로 여러 사례에 적용해서는 안 된다.
③ 파레토 법칙은 20%의 주요 구매자를 찾아내는 데 유효한 법칙이다.
④ 파레토 법칙은 보다 효율적인 판매 전략을 세우는 데 도움을 준다.
⑤ 파레토 법칙을 제외하면 전반적인 사례를 분석하는 데 용이해진다.

정답 ②

제시문에서는 파레토 법칙의 개념과 적용사례를 설명한 후, 파레토 법칙이 잘못 적용된 사례를 통해 함부로 다양한 사례에 적용하는 것이 잘못된 해석을 낳을 수 있음을 지적하고 있다.

풀이 전략!

'결국', '즉', '그런데', '그러나', '그러므로' 등의 접속어 뒤에 주제가 드러나는 경우가 많다는 것에 주의하면서 지문을 읽는다.

대표기출유형 02 기출응용문제

01 다음 글을 읽고 '한국인의 수면 시간'과 관련된 글을 쓴다고 할 때, 주제로 적절하지 않은 것은?

> 인간은 평생 3분의 1 정도를 잠으로 보낸다. 잠은 낮에 사용한 에너지를 보충하고, 피로를 회복하는 중요한 과정이다. 하지만 한국인은 잠이 부족하다. 한국인의 수면 시간은 7시간 41분밖에 되지 않으며, 2023년 기준 경제협력개발기구(OECD) 회원국 가운데 꼴찌를 차지했다. 한 조사에 따르면, 전 국민의 17% 정도가 주 3회 이상 불면 증상을 갖고 있으며, 이는 연령이 높아짐에 따라 늘어났다. 이에 따라 불면증, 기면증, 수면무호흡증 등 수면장애로 병원을 찾는 사람은 2023년 기준 291만 8,976명으로 5년 새 13% 증가했다. 수면장애를 방치하면 삶의 질 저하는 물론 만성 두통, 심혈관계질환 등이 발생할 수 있다. 불면증은 수면 질환의 대명사로, 가장 흔하고 복합적인 질환이다. 불면증은 면역기능 저하, 인지감퇴뿐만 아니라 일상생활에 장애를 초래할 수 있으며, 우울증, 인지장애 등을 유발할 수 있다.
> 코를 골며 자다가 몇 초에서 몇 분 동안 호흡을 멈추는 수면무호흡증도 있다. 이 역시 인지기능 저하와 심혈관계질환 등 합병증을 일으킨다. 특히 수면무호흡증은 비만과 관계가 깊고, 졸음운전의 원인이 되기도 한다.
> 최근 고령 인구 증가로 뇌 퇴행성 질환인 렘수면 행동장애(RBD; Rem-sleep Behavior Disorder)도 늘고 있다. 이 병은 잠자는 동안 악몽을 꾸면서 소리를 지르고, 팔다리를 움직이고, 벽을 치고, 침대에서 뛰어내리는 등 난폭한 행동을 한다. 이 병을 앓는 상당수는 파킨슨병, 치매 환자로 이어진다. 또한 잠들기 전에 다리에 이상 감각이나 통증이 생기는 하지불안증후군도 수면의 질을 떨어뜨리는 병이다. 낮 시간에 과도하게 졸리는 기면증(嗜眠症) 역시 일상생활에 심각한 장애를 초래한다. 한 정신건강의학과 교수는 "수면 문제는 결국 심혈관계질환, 치매와 파킨슨병 등의 퇴행성 질환, 우울증, 졸음운전의 원인이 되므로 전문적인 치료를 받아야 한다."라고 했다.

① 한국인의 부족한 수면 시간
② 수면 마취제의 부작용
③ 수면장애의 종류
④ 수면장애의 심각성
⑤ 전문 치료가 필요한 수면장애

02 다음 글의 제목으로 가장 적절한 것은?

일반적으로 소비자들은 합리적인 경제 행위를 추구하기 때문에 최소 비용으로 최대 효과를 얻으려 한다는 것이 소비의 기본 원칙이다. 그들은 '보이지 않는 손'이라고 일컬어지는 시장 원리 아래에서 생산자와 만난다. 그러나 이러한 일차적 의미의 합리적 소비가 언제나 유효한 것은 아니다. 생산보다는 소비가 화두가 된 소비 자본주의 시대에서 소비는 단순히 필요한 재화, 그리고 경제학적으로 유리한 재화를 구매하는 행위에 머물지 않는다. 최대 효과 자체에 정서적이고 사회 심리학적인 요인이 개입하면서, 이제 소비는 개인이 세계와 만나는 다분히 심리적인 방법이 되어버린 것이다. 즉, 인간의 기본적인 생존 욕구를 충족시켜 주는 합리적 소비 수준에 머물지 않고, 자신을 표현하는 상징적 행위가 된 것이다. 이처럼 오늘날의 소비문화는 물질적 소비 차원이 아닌 심리적 소비 형태를 띠게 된다.

소비 자본주의의 화두는 과소비가 아니라 '과시 소비'로 넘어가게 된 것이다. 과시 소비의 중심에는 신분의 논리가 있다. 신분의 논리는 유용성의 논리, 나아가 시장의 논리로 설명되지 않는 것들을 설명해 준다. 혈통으로 이어지던 폐쇄적 계층 사회는 소비 행위에 대해 계급에 근거한 제한을 부여했다. 먼 옛날 부족 사회에서 수장들만이 걸칠 수 있었던 장신구에서부터 제아무리 권문세가의 정승이라도 아흔아홉 칸을 넘을 수 없던 집이 좋은 예이다. 권력을 가진 자는 힘을 통해 자기의 취향을 주위 사람들과 분리시킴으로써 경외감을 강요하고, 그렇게 자기 취향을 과시함으로써 잠재적 경쟁자들을 통제한 것이다.

가시적 신분 제도가 사라진 현대 사회에서도 이러한 신분의 논리는 여전히 유효하다. 이제 개인은 소비를 통해 자신의 물질적 부를 표현함으로써 신분을 과시하려 한다.

① '보이지 않는 손'에 의한 합리적 소비의 필요성
② 소득을 고려하지 않은 무분별한 과소비의 폐해
③ 계층별 소비 규제의 필요성
④ 신분 사회에서 의복 소비와 계층의 관계
⑤ 소비가 곧 신분이 되는 과시 소비의 원리

03 다음 글의 중심 내용으로 가장 적절한 것은?

통계는 다양한 분야에서 사용되며 막강한 위력을 발휘하고 있다. 그러나 모든 도구나 방법이 그렇듯이, 통계 수치에도 함정이 있다. 함정에 빠지지 않으려면 통계 수치의 의미를 정확히 이해하고, 도구와 방법을 올바르게 사용해야 한다. 친구 5명이 만나서 이야기를 나누다가 연봉이 화제가 되었다. 2천만 원이 4명, 7천만 원이 1명이었는데, 평균을 내면 3천만 원이다. 이 숫자에 대해 4명은 "나는 봉급이 왜 이렇게 적을까?" 하며 한숨을 내쉬었다. 그러나 이 평균값 3천만 원이 5명의 집단을 대표하는 데에 아무 문제가 없을까? 물론 계산 과정에는 하자가 없지만, 평균을 집단의 대푯값으로 사용하는 데에 어떤 한계가 있을 수 있는지 깊이 생각해 보지 않는다면, 우리는 잘못된 생각에 빠질 수도 있다. 평균은 극단적으로 아웃라이어(비정상적인 수치)에 민감하다. 집단 내에 아웃라이어가 하나만 있어도 평균이 크게 바뀐다는 것이다. 위의 예에서 1명의 연봉이 7천만 원이 아니라 100억 원이었다고 하자. 그러면 평균은 20억 원이 넘게 된다.
나머지 4명은 자신의 연봉이 평균치의 100분의 1밖에 안 된다며 슬퍼해야 할까? 연봉 100억 원인 사람이 아웃라이어이듯이 처음의 예에서 연봉 7천만 원인 사람도 아웃라이어인 것이다. 두드러진 아웃라이어가 있는 경우에는 평균보다는 최빈값이나 중앙값이 대푯값으로서 더 나을 수 있다.

① 평균은 집단을 대표하는 수치로서는 매우 부적당하다.
② 통계는 숫자 놀음에 불과하므로 통계 수치에 일희일비할 필요가 없다.
③ 평균보다는 최빈값이나 중앙값을 대푯값으로 사용해야 한다.
④ 통계 수치의 의미와 한계를 정확히 인식하고 사용할 필요가 있다.
⑤ 통계는 올바르게 활용하면 다양한 분야에서 사용할 수 있는 도구이다.

PART 2

대표기출유형

03 문단 나열

| 유형분석 |

- 각 문단의 내용을 파악하고 논리적 순서에 맞게 배열하는 복합적인 문제이다.
- 전체적인 글의 흐름을 이해하는 것이 중요하며, 각 문장의 지시어나 접속어에 주의한다.

다음 문단을 논리적 순서대로 바르게 나열한 것은?

(가) 오류가 발견된 교과서들은 편향적 내용을 검증 없이 인용하거나 부실한 통계를 일반화하는 등의 문제점을 보였다. 대표적으로 교과서 대부분이 대도시의 온도 상승 평균값만을 보고 한반도의 기온 상승이 세계 평균보다 2배 높다고 과장한 것으로 나타났다.

(나) 환경 관련 교과서 대부분이 표면적으로 드러나는 사실을 검증하지 않고 그대로 싣는 문제점을 보였다. 고등학생들이 보는 교과서인 만큼 객관적 사실에 기반을 둬 균형 있는 내용을 실어야 한다.

(다) 고등학교 환경 관련 교과서 대부분이 특정 주장을 검증 없이 게재하는 등 많은 오류가 존재한다는 보수 환경・시민단체의 지적이 제기됐다. 환경정보평가원이 고등학교 환경 관련 교과서 23종을 분석한 결과 총 1,175개의 오류가 발견됐다.

(라) 또한 우리나라 전력 생산의 상당 부분을 차지하는 원자력 발전의 경우 단점만을 자세히 기술하고 경제성과 효율성이 낮은 신재생 에너지는 장점만 언급한 교과서도 있었다.

① (가) – (라) – (나) – (다)
② (나) – (가) – (라) – (다)
③ (나) – (다) – (가) – (라)
④ (다) – (가) – (라) – (나)
⑤ (다) – (라) – (나) – (가)

정답 ④

제시문은 교과서에서 많은 오류가 발견된 사실을 제시하고 오류의 유형과 예시를 차례로 언급하며 문제 해결에 대한 요구를 제시하고 있는 글이다. 따라서 (다) 교과서에서 많은 오류가 발견 → (가) 교과서에서 나타나는 오류의 유형과 예시 → (라) 편향된 내용을 담은 교과서의 또 다른 예시 → (나) 교과서의 문제 지적과 해결 촉구로 연결되어야 한다.

풀이 전략!

상대적으로 시간이 부족하다고 느낄 때는 선택지를 참고하여 문장의 순서를 생각해 본다.

대표기출유형 03 기출응용문제

※ 다음 문단을 논리적 순서대로 바르게 나열한 것을 고르시오. [1~2]

01

(가) 상품의 가격은 기본적으로 수요와 공급의 힘으로 결정된다. 시장에 참여하고 있는 경제 주체들은 자신이 가진 정보를 기초로 하여 수요와 공급을 결정한다.
(나) 이런 경우에는 상품의 가격이 우리의 상식으로는 도저히 이해하기 힘든 수준까지 일시적으로 뛰어오르는 현상이 나타날 가능성이 있다. 이런 현상은 특히 투기의 대상이 되는 자산의 경우 자주 나타나는데, 이를 '거품 현상'이라고 부른다.
(다) 그러나 현실에서는 사람들이 서로 다른 정보를 갖고 시장에 참여하는 경우가 많다. 어떤 사람은 특정한 정보를 갖고 있는데 거래 상대방은 그 정보를 갖고 있지 못한 경우도 있다.
(라) 일반적으로 거품 현상이란 것은 어떤 상품, 자산의 가격이 지속해서 급격히 상승하는 현상을 가리킨다. 이와 같은 지속적인 가격 상승이 일어나는 이유는 애초에 발생한 가격 상승이 추가적인 가격 상승의 기대로 이어져 투기 바람이 형성되기 때문이다.
(마) 이들이 똑같은 정보를 함께 갖고 있으며, 이 정보가 아주 틀린 것이 아닌 이상 상품의 가격은 어떤 기본적인 수준에서 크게 벗어나지 않을 것이라고 예상할 수 있다.

① (가) – (다) – (나) – (라) – (마)
② (가) – (마) – (다) – (나) – (라)
③ (라) – (가) – (다) – (나) – (마)
④ (라) – (다) – (가) – (나) – (마)
⑤ (마) – (가) – (다) – (라) – (나)

02

(가) 그뿐 아니라 자신을 알아주는 이, 즉 지기자(知己者)를 위해서라면 기꺼이 자신의 전부를 버릴 수 있어야 하며, 더불어 은혜는 은혜대로, 원수는 원수대로 자신이 받은 만큼 되갚기 위해 진력하여야 한다.
(나) 무공이 높다고 하여 반드시 협객으로 인정되지 않는 이유는 바로 이런 원칙에 위배되는 경우가 심심치 않게 발생하기 때문이다. 요컨대 협이란 사생취의(捨生取義)의 정신에 입각하여 살신성명(殺身成名)의 의지를 실천하는 것, 또는 그러한 실천을 기꺼이 감수할 준비가 되어 있는 상태를 뜻한다고 할 수 있다.
(다) 협으로 인정받기 위해서는 무엇보다도 절개와 의리를 숭상하여야 하며, 개인의 존엄을 중시하고 간악함을 제거하기 위해 노력해야만 한다. 신의(信義)를 목숨보다 중히 여길 것도 강조되는데, 여기서의 신의란 상대방을 향한 것인 동시에 스스로에게 해당되는 것이기도 하다.
(라) 무(武)와 더불어 보다 신중하게 다루어야 할 것이 '협(俠)'의 개념이다. 무협 소설에서 문제가 되는 협이란 무덕(武德), 즉 무인으로서의 덕망이나 인격과 관계가 되는 것으로, 이는 곧 무공 사용의 전제가 되는 기준 내지는 원칙이라고 할 수 있다.

① (나) – (다) – (가) – (라)
② (나) – (다) – (라) – (가)
③ (다) – (라) – (나) – (가)
④ (라) – (가) – (다) – (나)
⑤ (라) – (다) – (가) – (나)

04 내용 추론

| 유형분석 |

- 주어진 지문을 바탕으로 도출할 수 있는 내용을 찾는 문제이다.
- 선택지의 내용을 정확하게 확인하고 지문의 정보와 비교하여 추론하는 능력이 필요하다.

다음 글을 읽고 추론한 내용으로 적절하지 않은 것은?

1977년 개관한 퐁피두 센터의 정식명칭은 국립 조르주 퐁피두 예술문화 센터로, 공공정보기관(BPI), 공업창작센터(CCI), 음악·음향의 탐구와 조정연구소(IRCAM), 파리 국립 근현대 미술관(MNAM) 등이 있는 종합 문화예술 공간이다. 퐁피두라는 이름은 이 센터의 창설에 힘을 기울인 조르주 퐁피두 대통령의 이름을 딴 것이다.

1969년 당시 대통령이었던 퐁피두는 파리의 중심지에 미술관이면서 동시에 조형예술과 음악, 영화, 서적 그리고 모든 창조적 활동의 중심이 될 수 있는 문화 복합센터를 지어 프랑스 미술을 더욱 발전시키고자 했다. 요즘 미술관들은 미술관의 이러한 복합적인 기능과 역할을 인식하고 변화를 시도하는 곳이 많다. 미술관은 더 이상 전시만 보는 곳이 아니라 식사도 하고 영화도 보고 강연도 들을 수 있는 곳으로, 대중과의 거리 좁히기를 시도하고 있는 것도 그리 특별한 일은 아니다. 그러나 이미 40년 전에 21세기 미술관의 기능과 역할을 미리 내다볼 줄 아는 혜안을 가지고 설립된 퐁피두 미술관은 프랑스가 왜 문화강국이라 불리는지를 알 수 있게 해준다.

① 퐁피두 미술관의 모습은 기존 미술관의 모습과 다를 것이다.
② 퐁피두 미술관을 찾는 사람들의 목적은 다양할 것이다.
③ 퐁피두 미술관은 전통적인 예술작품들을 선호할 것이다.
④ 퐁피두 미술관은 파격적인 예술작품들을 배척하지 않을 것이다.
⑤ 퐁피두 미술관은 현대 미술관의 선구자라는 자긍심을 가지고 있을 것이다.

정답 ③

제시문에 따르면 퐁피두 미술관은 모든 창조적 활동을 위한 공간이므로, 퐁피두가 전통적인 예술작품을 선호할 것이라는 내용은 추론할 수 없다.

풀이 전략!

주어진 지문이 어떠한 내용을 다루고 있는지 파악한 후 선택지의 키워드를 확실하게 체크하고, 지문의 정보에서 도출할 수 있는 내용을 찾는다.

대표기출유형 04 기출응용문제

01 다음 글을 읽고 추론한 내용으로 적절하지 않은 것은?

태양의 빛은 흰색으로 보이지만 실제로는 다양한 파장의 가시광선이 혼합되어 나타난 것이다. 프리즘을 통과시키면 흰색 가시광선은 파장에 따라 붉은빛부터 보랏빛까지의 무지갯빛으로 분해된다. 가시광선의 파장 범위는 390 ~ 780nm* 정도인데 보랏빛이 가장 짧고 붉은빛이 가장 길다. 빛의 진동수는 파장과 반비례하므로 진동수는 보랏빛이 가장 크고 붉은빛이 가장 작다. 태양의 빛이 대기층에 입사하여 산소나 질소 분자와 같은 공기 입자(직경 0.1 ~ 1nm 정도), 먼지 미립자, 에어로졸**(직경 1 ~ 100,000nm 정도) 등과 부딪치면 여러 방향으로 흩어지는데 이러한 현상을 산란이라 한다. 산란은 입자의 직경과 빛의 파장에 따라 '레일리(Rayleigh) 산란'과 '미(Mie) 산란'으로 구분된다. 레일리 산란은 입자의 직경이 파장의 1/10보다 작을 경우에 일어나는 산란을 말하는데 그 세기는 파장의 네제곱에 반비례한다. 대기의 공기 입자는 직경이 매우 작아 가시광선 중 파장이 짧은 빛을 주로 산란시키며, 파장이 짧을수록 산란의 세기가 강하다. 따라서 맑은 날에는 주로 공기 입자에 의한 레일리 산란이 일어나서 보랏빛이나 파란빛이 강하게 산란되는 반면 붉은빛이나 노란빛은 약하게 산란된다. 산란되는 세기로는 보랏빛이 가장 강하겠지만, 우리 눈은 보랏빛보다 파란빛을 더 잘 감지하기 때문에 하늘은 파랗게 보이는 것이다. 만약 태양의 빛이 공기 입자보다 큰 입자에 의해 레일리 산란이 일어나면 공기 입자만으로는 산란이 잘되지 않던 긴 파장의 빛까지 산란되어 하늘의 파란빛은 상대적으로 엷어진다.
미 산란은 입자의 직경이 파장의 1/10보다 큰 경우에 일어나는 산란을 말하는데 주로 에어로졸이나 구름 입자 등에 의해 일어난다. 이때 산란의 세기는 파장이나 입자 크기에 따른 차이가 거의 없다. 구름이 흰색으로 보이는 것은 미 산란으로 설명된다. 구름 입자(직경 20,000nm 정도)처럼 입자의 직경이 가시광선의 파장보다 매우 큰 경우에는 모든 파장의 빛이 고루 산란된다. 이 산란된 빛이 동시에 우리 눈에 들어오면 모든 무지갯빛이 혼합되어 구름이 하얗게 보인다. 이처럼 대기가 없는 달과 달리 지구는 산란 효과에 의해 파란 하늘과 흰 구름을 볼 수 있다.

*나노미터 : 물리학적 계량 단위($1nm=10^{-9}m$)
**에어로졸 : 대기에 분산된 고체 또는 액체 입자

① 가시광선의 파란빛은 보랏빛보다 진동수가 작다.
② 프리즘으로 분해한 태양 빛을 다시 모으면 흰색이 된다.
③ 파란빛은 가시광선 중에서 레일리 산란의 세기가 가장 크다.
④ 빛의 진동수가 2배가 되면 레일리 산란의 세기는 16배가 된다.
⑤ 달의 하늘에서는 공기 입자에 의한 태양 빛의 산란이 일어나지 않는다.

PART 2

02 다음 중 밑줄 친 ㉠에 해당하는 사례로 적절하지 않은 것은?

> 지금까지 산업혁명들은 주로 제조업과 서비스업에서 혁신이 일어나 경제 시스템을 변화시켜 왔다. 이에 반해 4차 산업혁명은 제조와 서비스의 혁신뿐만 아니라 경제, 사회, 문화, 고용, 노동 시스템 등 인류 삶의 전반에 걸친 ㉠ <u>변혁</u>을 초래할 것이다.
> 4차 산업혁명이 삶과 일하는 방식에 어떠한 변화를 줄 것인가. 무엇보다 4차 산업혁명 시대에 인류의 삶의 편의성은 더욱 향상될 것이라는 전망이다. 우선 의료 분야에서 빅데이터 활용과 인공지능의 분석력, 예측력이 높아지면서 질병 진단 및 치료 정확도를 향상시켜 궁극적으로 의료비용 절감과 의료품질 및 의료접근성 향상 등의 긍정적인 영향을 미칠 것이다. 또한 고도화된 언어 인지와 자동번역 기술의 발달로 국내 외 서비스 이용이 편리해지고, 그 덕택에 많은 사람들이 언어 장벽으로 인해 느끼는 불편이 크게 감소할 것이다.
> 인류의 생활환경도 한층 안전해질 것으로 전망된다. 경계 감시, 위험임무 수행에 무인 시스템과 로봇·드론 기술이 도입되고, 빅데이터를 활용한 범죄예측 모델이 활용됨으로써, 안전한 생활을 보장하는 시스템이 확산될 것이다. 아울러 각종 센서와 사물인터넷 기술을 이용해 실시간으로 교통정보를 획득하고, 인공지능 기술로 교통 빅데이터를 분석·예측하면 교통정보의 실시간 공유와 교통흐름의 지능적 제어를 통해 교통 혼잡을 줄여 교통사고 발생도 획기적으로 줄일 것으로 보인다.
> 교육 분야에서는 개인 맞춤형 서비스 제공이 늘어나 학원, 과외 등 사교육 부담이 줄어들게 되고, 보다 효율적·창의적인 교육환경이 구축될 것이다. 최근 들어 점차 증가하는 복지 수요에 대한 효율적 대응도 가능해질 것이다. 노인, 장애인, 아동 등 취약계층과 저숙련, 저임금 노동자 등의 빈곤계층에 대한 복지 사각지대의 예측을 강화해 복지 행정을 내실화하고, 복지 예산의 효율적 지출을 가능하게 한다.

① 해외여행을 떠난 A는 인공지능이 탑재된 번역 앱을 통해 현지인과 자유롭게 의사소통을 한다.

② B국에서는 신종 바이러스로 인해 감염증이 확산되자 사람과의 직접적인 접촉을 피하기 위해 체온을 측정하는 무인 로봇을 도입하였다.

③ C사가 개발한 전자알약은 내장된 인공지능 칩을 통해 환자의 복약 순응도를 객관적으로 추적할 수 있다.

④ D사는 인공지능 기술로 교통 빅데이터를 분석하여 설 연휴 귀성·귀경길 교통상황을 예측하고, 최적의 교통정보를 제공하였다.

⑤ 공부방을 운영 중인 E는 다양한 연령대의 아동들을 혼합반으로 구성하여 관찰과 모방의 효율적 교육 경험을 제공한다.

03 다음 글의 바로 뒤에 이어질 내용으로 가장 적절한 것은?

> 나노선과 나노점을 만들기 위해 하향식과 상향식의 두 가지 방법이 시도되고 있다. 하향식 방법은 원료 물질을 전자빔 등을 이용하여 작게 쪼개는 방법인데, 현재 7나노미터 수준까지 제조가 가능하지만 생산성과 경제적 효용성이 문제가 되고 있다. 이러한 문제점을 해결하기 위해 시도되고 있는 상향식 방법에서는 물질을 작게 쪼개는 대신 원자나 분자의 결합력에 따른 자기 조립 현상을 이용하여 나노 입자를 제조하려 한다.

① 나노 기술 구현의 최대 난제는 나노 물질의 인위적 제조이다. 나노 물질은 나노점, 나노선, 나노박막의 형태로 구분된다.

② 하향식 방법의 기술적인 문제만 해결된다면 상향식 방법은 효용성이 없다.

③ 상향식 방법은 경제적 측면에서는 하향식에 비해 훨씬 유리하나, 기술적으로 해결해야 할 난점들이 많다는 데 문제가 있다.

④ 나노 기술은 여러 가지 분야에서 활용되고 있다.

⑤ 경제적 문제로 인해 상향식 방법보다는 하향식 방법이 선호되고 있다.

PART 2

04 다음 글을 읽고 합리주의적인 이론에서 추론할 수 없는 것은?

> 어린이의 언어 습득을 설명하려는 이론으로는 두 가지가 있다. 하나는 경험주의적인 혹은 행동주의적인 이론이요, 다른 하나는 합리주의적인 이론이다.
> 경험주의 이론에 의하면 어린이가 언어를 습득하는 것은 어떤 선천적인 능력에 의한 것이 아니라 경험적인 훈련에 의해서 오로지 후천적으로만 이루어진다.
> 한편, 합리주의적인 언어 습득의 이론에서 어린이가 언어를 습득하는 것은 거의 전적으로 타고난 특수한 언어 학습 능력, 일반 언어 구조에 대한 추상적인 선험적 지식에 의한 것이다.

① 어린이는 완전히 백지상태에서 출발하여 반복 연습과 시행착오, 그리고 교정에 의해서 언어라는 습관을 형성한다.

② 일정한 나이가 되면 모든 어린이가 예외 없이 언어를 통달하게 된다.

③ 많은 현실적 악조건에도 불구하고 어린이가 완전한 언어 능력을 갖출 수 있게 된다.

④ 인간은 언어 습득 능력을 가지고 태어난다.

⑤ 언어가 극도로 추상적이고 고도로 복잡한데도 불구하고 어린이들이 짧은 시일 안에 언어를 습득한다.

05 맞춤법 · 어휘

| 유형분석 |

- 맞춤법에 맞는 단어를 찾거나 주어진 지문의 내용에 어울리는 단어를 찾는 문제가 주로 출제된다.
- 단어 사이의 관계에 대한 문제가 출제되므로 뜻이 비슷하거나 반대되는 단어를 함께 학습하는 것이 좋다.
- 자주 출제되는 단어나 헷갈리는 단어에 대한 학습을 꾸준히 하는 것이 좋다.

다음 중 밑줄 친 단어와 바꿔 사용할 수 있는 것은?

최저임금법 시행령 제5조 제1항 제2호 및 제3호는 주 단위 또는 월 단위로 지급된 임금에 대해 1주 또는 월의 소정근로시간 수로 나눈 금액을 시간에 대한 임금으로 규정하고 있다. 그러나 최저임금 산정을 위한 소정근로시간 수에 대해 고용노동부와 대법원의 해석이 어긋나 눈길을 끈다. 고용노동부는 소정근로시간에 유급주휴시간을 포함하여 계산하여 통상임금 산정기준 근로시간 수와 동일하게 본 반면, 대법원은 최저임금 산정을 위한 소정근로시간 수에 유급주휴시간을 제외하고 산정하였다.

① 배치되어
② 도치되어
③ 대두되어
④ 전도되어
⑤ 발생되어

정답 ①

- 어긋나다 : 방향이 비껴서 서로 만나지 못하다.
- 배치하다 : 서로 반대로 되어 어그러지거나 어긋나다.

오답분석

② 도치하다 : 차례나 위치 따위를 서로 뒤바꾸다.
③ 대두하다 : 어떤 세력이나 현상이 새롭게 나타나다.
④ 전도하다 : 거꾸로 되거나 거꾸로 하다.
⑤ 발생하다 : 어떤 일이나 사물이 생겨나다.

풀이 전략!

문제에서 물어보는 단어를 정확히 확인해야 하고, 문제에서 다루고 있는 단어의 앞뒤 내용을 읽고 글의 전체적 흐름을 생각하며 문제에 접근해야 한다.

대표기출유형 05 기출응용문제

01 다음 중 밑줄 친 부분의 맞춤법이 옳지 않은 것은?

① 바리스타로서 자부심을 가지고 커피를 내렸다.
② 어제는 왠지 피곤한 하루였다.
③ 용감한 시민의 제보로 진실이 드러났다.
④ 점심을 먹은 뒤 바로 설겆이를 했다.
⑤ 그 나무는 밑동만 남아 있었다.

PART 2

02 다음 중 밑줄 친 부분의 맞춤법이 옳은 것은?

① 그는 손가락으로 북쪽을 가르켰다.
② 뚝배기에 담겨 나와서 시간이 지나도 식지 않았다.
③ 열심히 하는 것은 좋은데 촛점이 틀렸다.
④ 몸이 너무 약해서 보약을 다려 먹어야겠다.
⑤ 벽을 가득 덮고 있는 덩쿨 덕에 여름 분위기가 난다.

03 다음 빈칸 ㉠~㉢에 들어갈 단어를 순서대로 바르게 나열한 것은?

> • A씨는 작년에 이어 올해에도 사장직을 ___㉠___ 하였다.
> • 수입품에 대한 고율의 관세를 ___㉡___ 할 방침이다.
> • 은행 돈을 빌려 사무실을 ___㉢___ 하였다.

	㉠	㉡	㉢
①	역임	부여	임대
②	역임	부과	임차
③	연임	부과	임차
④	역임	부여	임대
⑤	연임	부과	임대

CHAPTER 02

수리능력

합격 Cheat Key

수리능력은 사칙 연산・통계・확률의 의미를 정확하게 이해하고 이를 업무에 적용하는 능력으로, 기초 연산과 기초 통계, 도표 분석 및 작성의 문제 유형으로 출제된다. 수리능력 역시 채택하지 않는 공사・공단이 거의 없을 만큼 필기시험에서 중요도가 높은 영역이다.

특히, 난이도가 높은 공사・공단의 시험에서는 도표 분석, 즉 자료 해석 유형의 문제가 많이 출제되고 있고, 응용 수리 역시 꾸준히 출제하는 공사・공단이 많기 때문에 기초 연산과 기초 통계에 대한 공식의 암기와 자료 해석 능력을 기를 수 있는 꾸준한 연습이 필요하다.

1 응용 수리의 공식은 반드시 암기하라!

응용 수리는 공사・공단마다 출제되는 문제는 다르지만, 사용되는 공식은 비슷한 경우가 많으므로 자주 출제되는 공식을 반드시 암기하여야 한다. 문제에서 묻는 것을 정확하게 파악하여 그에 맞는 공식을 적절하게 적용하는 꾸준한 노력과 공식을 암기하는 연습이 필요하다.

2 자료의 해석은 자료에서 즉시 확인할 수 있는 지문부터 확인하라!

수리능력 중 도표 분석, 즉 자료 해석 능력은 많은 시간을 필요로 하는 문제가 출제되므로, 증가·감소 추이와 같이 눈으로 확인이 가능한 지문을 먼저 확인한 후 복잡한 계산이 필요한 지문을 확인하는 방법으로 문제를 풀이한다면 시간을 조금이라도 아낄 수 있다. 또한, 여러 가지 보기가 주어진 문제 역시 지문을 잘 확인하고 문제를 풀이한다면 불필요한 계산을 생략할 수 있으므로 항상 지문부터 확인하는 습관을 들여야 한다.

3 도표 작성에서 지문에 작성된 도표의 제목을 반드시 확인하라!

도표 작성은 하나의 자료 혹은 보고서와 같은 수치가 표현된 자료를 도표로 작성하는 형식으로 출제되는데, 대체로 표보다는 그래프를 작성하는 형태로 많이 출제된다. 지문을 살펴보면 각 지문에서 주어진 도표에도 소제목이 있는 경우가 대부분이다. 이때, 자료의 수치와 도표의 제목이 일치하지 않는 경우 함정이 존재하는 문제일 가능성이 높으므로 도표의 제목을 반드시 확인하는 것이 중요하다.

01 | 응용 수리

| 유형분석 |

- 문제에서 제공하는 정보를 파악한 뒤, 사칙연산을 활용하여 계산하는 전형적인 수리문제이다.
- 문제를 풀기 위한 정보가 산재되어 있는 경우가 많으므로 주어진 조건 등을 꼼꼼히 확인해야 한다.

세희네 가족의 올해 휴가비용은 작년 대비 교통비는 15%, 숙박비는 24% 증가하였고, 전체 휴가비용은 20% 증가하였다. 작년 전체 휴가비용이 36만 원일 때, 올해 숙박비는?(단, 전체 휴가비는 교통비와 숙박비의 합이다)

① 160,000원
② 184,000원
③ 200,000원
④ 248,000원
⑤ 268,000원

정답 ④

작년 교통비를 x원, 숙박비를 y원이라 하자.

$1.15x+1.24y=1.2(x+y)$ ⋯ ㉠

$x+y=36$ ⋯ ㉡

㉠과 ㉡을 연립하면 $x=16$, $y=20$이다.

따라서 올해 숙박비는 $20\times1.24=24.8$만 원이다.

풀이 전략!

문제에서 묻는 바를 정확하게 확인한 후, 필요한 조건 또는 정보를 구분하여 신속하게 풀어 나간다. 단, 계산에 착오가 생기지 않도록 유의한다.

01 S공사 신입사원 채용시험의 응시자는 100명이다. 시험 점수 전체 평균이 64점이고, 합격자 평균과 불합격자 평균이 각각 80점, 60점일 때, 합격률은 얼마인가?

① 15%
② 18%
③ 20%
④ 22%
⑤ 25%

02 민석이는 25,000원짜리 피자 두 판과 8,000원짜리 샐러드 세 그릇을 주문했다. 통신사 멤버십 혜택으로 피자는 15%, 샐러드는 25% 할인받고, 깜짝 이벤트로 할인받은 전체 금액의 10%를 추가 할인받았을 때, 할인된 총금액은 얼마인가?

① 12,150원
② 13,500원
③ 18,600원
④ 19,550원
⑤ 20,850원

03 수학시험에서 동일이는 101점, 나정이는 105점, 윤진이는 108점을 받았다. 천희의 점수까지 합한 네 명의 수학시험 점수 평균이 105점일 때, 천희의 수학시험 점수는?

① 105점
② 106점
③ 107점
④ 108점
⑤ 109점

04 어느 공장에서 작년에 A제품과 B제품을 합하여 1,000개를 생산하였다. 올해는 작년에 비하여 A제품의 생산이 10% 증가하였고, B제품의 생산은 10% 감소하였으며, 전체 생산량은 4% 증가하였다. 올해에 생산된 A제품의 수는?

① 550개
② 600개
③ 660개
④ 700개
⑤ 770개

05 Y시에는 세계 4대 테마파크로 꼽히는 K랜드가 있다. K랜드는 회원제 시스템을 운영 중인데, 비회원은 매표소에서 자유이용권 1장을 20,000원에 구매할 수 있고, 회원은 자유이용권 1장을 20% 할인된 가격에 구매할 수 있다. 회원 가입비가 50,000원이라 할 때, K랜드를 최소 몇 번 이용해야 회원 가입한 것이 이익인가?(단, 회원 1인당 1회 방문 시 자유이용권 1장을 구매할 수 있다)

① 11회
② 12회
③ 13회
④ 14회
⑤ 15회

06 어떤 공원의 트랙 모양의 산책로를 걷는데 시작 지점에서 민주는 분속 40m의 속력으로, 세희는 분속 45m의 속력으로 서로 반대 방향으로 걷고 있다. 출발한 지 40분 후에 두 사람이 두 번째로 마주치게 된다고 할 때, 산책로의 길이는?

① 1,350m
② 1,400m
③ 1,550m
④ 1,700m
⑤ 1,750m

07 S고등학교 운동장은 다음과 같이 양 끝이 반원 모양이다. 한 학생이 운동장 가장자리를 따라 한 바퀴를 달린다고 할 때, 학생이 달린 거리는 몇 m인가?(단, 원주율 $\pi \fallingdotseq 3$으로 계산한다)

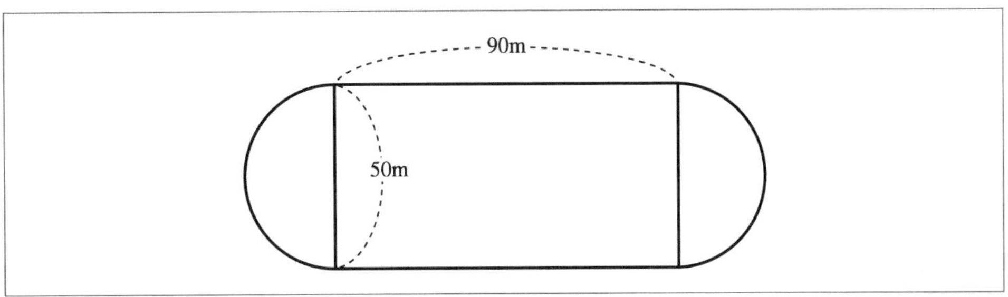

① 300m
② 310m
③ 320m
④ 330m
⑤ 340m

08 진영이는 이번 출장을 위해 KTX 표를 미리 구매하여 40% 할인된 가격에 구매하였다. 하지만 출장 일정이 바뀌어서 하루 전날 표를 취소하였다. 환불 규정에 따라 16,800원을 돌려받았을 때, 할인되지 않은 KTX 표의 가격은 얼마인가?

〈환불 규정〉

- 2일 전 : 구매 가격의 100%
- 1일 전부터 열차 출발 전 : 구매 가격의 70%
- 열차 출발 후 : 구매 가격의 50%

① 40,000원
② 48,000원
③ 56,000원
④ 67,200원
⑤ 70,000원

PART 2

02 수열 규칙

| 유형분석 |

- 나열된 수의 규칙을 찾아 해결하는 문제이다.
- 등차·등비수열 등 다양한 수열 규칙에 대한 사전 학습이 요구된다.

다음과 같이 일정한 규칙으로 수를 나열할 때, 빈칸에 들어갈 수는?

0 3 5 10 17 29 48 ( )

① 55 ② 60
③ 71 ④ 79
⑤ 81

정답 ④

n을 자연수라 하면 $(n+1)$항에서 n항을 더하고 $+2$를 한 값인 $(n+2)$항이 되는 수열이다.
따라서 ( )$=48+29+2=79$이다.

풀이 전략!

- 수열을 풀이할 때는 다음과 같은 규칙이 적용되는지를 순차적으로 판단한다.
  1) 각 항에 일정한 수를 사칙연산(+, −, ×, ÷)하는 규칙
  2) 홀수 항, 짝수 항 규칙
  3) 피보나치 수열과 같은 계차를 이용한 규칙
  4) 군수열을 활용한 규칙
  5) 항끼리 사칙연산을 하는 규칙

주요 수열 규칙

구분	내용
등차수열	앞의 항에 일정한 수를 더해 이루어지는 수열
등비수열	앞의 항에 일정한 수를 곱해 이루어지는 수열
피보나치 수열	앞의 두 항의 합이 그 다음 항의 수가 되는 수열
건너뛰기 수열	두 개 이상의 수열 또는 규칙이 일정한 간격을 두고 번갈아가며 적용되는 수열
계차수열	앞의 항과 차가 일정하게 증가하는 수열
군수열	일정한 규칙성으로 몇 항씩 묶어 나눈 수열

대표기출유형 02 기출응용문제

※ 다음과 같이 일정한 규칙으로 수를 나열할 때, 빈칸에 들어갈 수를 고르시오. [1~9]

01

$\frac{6}{15}$ $\frac{18}{15}$ $\frac{18}{45}$ ( ) $\frac{54}{135}$

① $\frac{36}{135}$
② $\frac{54}{135}$
③ $\frac{54}{45}$
④ $\frac{36}{54}$
⑤ $\frac{45}{54}$

02

2 12 32 72 152 312 632 ( )

① 1,254
② 1,262
③ 1,264
④ 1,272
⑤ 1,284

03

5 6 1 $\frac{3}{2}$ $\frac{3}{2}$ 3 12 ( ) -1

① $\frac{10}{3}$
② $\frac{11}{3}$
③ $\frac{13}{3}$
④ 3
⑤ 7

04

−81 −30 −27 −21 −9 −12 ( )

① −3
② −1
③ 0
④ 1
⑤ 2

05

0.7 0.9 1.15 1.45 1.8 ( )

① 2.05
② 2.1
③ 2.15
④ 2.2
⑤ 2.25

06

0.5 1.4 1.2 4.1 2.8 12.2 6.2 ( )

① 36.5
② 36.6
③ 37.5
④ 37.6
⑤ 38.5

07

(　) 15 35 50 85 135

① 20
② 15
③ 10
④ 5
⑤ 1

08

4 10 17 25 34 (　)

① 42
② 43
③ 44
④ 45
⑤ 46

09

4 −1 2 −3 6 1 −2 −7 14 (　)

① 2
② 9
③ 19
④ −28
⑤ −36

대표기출유형

03 자료 계산

| 유형분석 |

- 문제에 주어진 자료를 분석하여 각 선택지의 값을 계산해 정답 유무를 판단하는 문제이다.
- 주로 그래프와 표로 제시되며, 경영·경제·산업 등과 관련된 최신 이슈를 많이 다룬다.
- 자료 간의 증감률·비율·추세 등을 자주 묻는다.

다음은 K국의 부양인구비를 나타낸 자료이다. 2023년 15세 미만 인구 대비 65세 이상 인구의 비율은 얼마인가?(단, 비율은 소수점 둘째 자리에서 반올림한다)

〈부양인구비〉

구분	2019년	2020년	2021년	2022년	2023년
부양비	37.3	36.9	36.8	36.8	36.9
유소년부양비	22.2	21.4	20.7	20.1	19.5
노년부양비	15.2	15.6	16.1	16.7	17.3

※ (유소년부양비)$=\frac{(15세\ 미만\ 인구)}{(15\sim 64세\ 인구)}\times 100$

※ (노년부양비)$=\frac{(65세\ 이상\ 인구)}{(15\sim 64세\ 인구)}\times 100$

① 72.4%　　② 77.6%

③ 81.5%　　④ 88.7%

③ 91.5%

정답 ④

2023년 15세 미만 인구를 x명, 65세 이상 인구를 y명, 15~64세 인구를 a명이라 하면, 15세 미만 인구 대비 65세 이상 인구 비율은 $\frac{y}{x}\times 100$이므로

(2023년 유소년부양비)$=\frac{x}{a}\times 100=19.5 \rightarrow a=\frac{x}{19.5}\times 100 \cdots$ ㉠

(2023년 노년부양비)$=\frac{y}{a}\times 100=17.3 \rightarrow a=\frac{y}{17.3}\times 100 \cdots$ ㉡

㉠, ㉡을 연립하면 $\frac{x}{19.5}=\frac{y}{17.3} \rightarrow \frac{y}{x}=\frac{17.3}{19.5}$이므로, 15세 미만 인구 대비 65세 이상 인구의 비율은 $\frac{17.3}{19.5}\times 100 \fallingdotseq 88.7\%$이다.

풀이 전략!

선택지를 먼저 읽고 필요한 정보를 도표에서 확인하도록 하며, 계산이 필요한 경우에는 실제 수치를 사용하여 복잡한 계산을 하는 대신, 대소 관계의 비교나 선택지의 옳고 그름만을 판단할 수 있을 정도로 간소화하여 계산해 풀이시간을 단축할 수 있도록 한다.

대표기출유형 03 기출응용문제

01 다음은 2018년부터 2023년까지 자원봉사 참여 현황에 대한 자료이다. 6년 동안 참여율이 4번째로 높은 해의 전년 대비 참여율의 증가율은?(단, 증가율은 소수점 첫째 자리에서 반올림한다)

〈자원봉사 참여 현황〉

(단위 : 명, %)

구분	2018년	2019년	2020년	2021년	2022년	2023년
총 성인 인구수	35,744	36,786	37,188	37,618	38,038	38,931
자원봉사 참여 성인 인구수	1,621	2,103	2,548	3,294	3,879	4,634
참여율	4.5	5.7	6.9	8.8	10.2	11.9

① 17% ② 19%
③ 21% ④ 23%
⑤ 25%

PART 2

02 서울에 위치한 A회사는 거래처인 B, C회사에 소포를 보냈다. 서울에 위치한 B회사에는 800g의 소포를, 인천에 위치한 C회사에는 2.4kg의 소포를 보냈다. 두 회사로 보낸 소포의 총중량은 16kg 이하이고, 택배요금의 합계는 6만 원이다. S택배회사의 요금표가 다음과 같을 때, A회사는 800g 소포와 2.4kg 소포를 각각 몇 개씩 보냈는가?(단, 소포는 각 회사로 1개 이상 보낸다)

〈S택배회사 요금표〉

구분	~ 2kg	~ 4kg	~ 6kg	~ 8kg	~ 10kg
동일지역	4,000원	5,000원	6,500원	8,000원	9,500원
타지역	5,000원	6,000원	7,500원	9,000원	10,500원

	800g	2.4kg
①	12개	2개
②	12개	4개
③	9개	2개
④	9개	4개
⑤	6개	6개

대표기출유형

04 자료 이해

| 유형분석 |

- 제시된 자료를 분석하여 선택지의 정답 유무를 판단하는 문제이다.
- 자료의 수치 등을 통해 변화량이나 증감률, 비중 등을 비교하여 판단하는 문제가 자주 출제된다.
- 지원하고자 하는 기업이나 산업과 관련된 자료 등이 문제의 자료로 많이 다뤄진다.

다음은 도시폐기물량 상위 10개국의 도시폐기물량지수와 한국의 도시폐기물량을 나타낸 자료이다. 이에 대한 〈보기〉 중 옳은 것을 모두 고르면?

〈도시폐기물량 상위 10개국의 도시폐기물량지수〉

순위	2020년		2021년		2022년		2023년	
	국가	지수	국가	지수	국가	지수	국가	지수
1	미국	12.05	미국	11.94	미국	12.72	미국	12.73
2	러시아	3.40	러시아	3.60	러시아	3.87	러시아	4.51
3	독일	2.54	브라질	2.85	브라질	2.97	브라질	3.24
4	일본	2.53	독일	2.61	독일	2.81	독일	2.78
5	멕시코	1.98	일본	2.49	일본	2.54	일본	2.53
6	프랑스	1.83	멕시코	2.06	멕시코	2.30	멕시코	2.35
7	영국	1.76	프랑스	1.86	프랑스	1.96	프랑스	1.91
8	이탈리아	1.71	영국	1.75	이탈리아	1.76	터키	1.72
9	터키	1.50	이탈리아	1.73	영국	1.74	영국	1.70
10	스페인	1.33	터키	1.63	터키	1.73	이탈리아	1.40

※ $(\text{도시폐기물량지수})=\frac{(\text{해당 연도 해당 국가의 도시폐기물량})}{(\text{해당 연도 한국의 도시폐기물량})}$

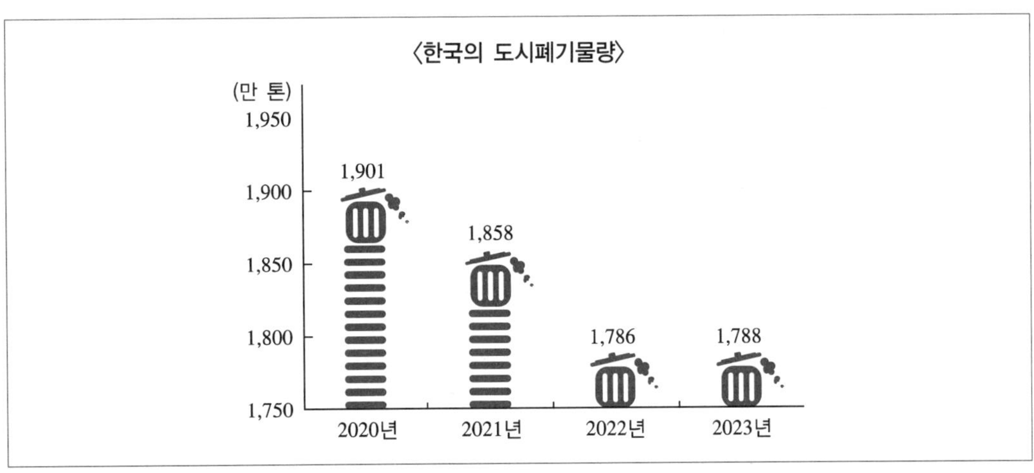

보기

㉠ 2023년 도시폐기물량은 미국이 일본의 4배 이상이다.
㉡ 2022년 러시아의 도시폐기물량은 8,000만 톤 이상이다.
㉢ 2023년 스페인의 도시폐기물량은 2020년에 비해 감소하였다.
㉣ 영국의 도시폐기물량은 터키의 도시폐기물량보다 매년 많다.

① ㉠, ㉢
② ㉠, ㉣
③ ㉡, ㉢
④ ㉡, ㉣
④ ㉢, ㉣

정답 ①

㉠ 제시된 자료의 각주에 의해 같은 해의 각국의 도시폐기물량지수는 그 해 한국의 도시폐기물량을 기준해 도출된다. 즉, 같은 해의 여러 국가의 도시폐기물량을 비교할 때 도시폐기물량지수로도 비교가 가능하다. 2023년 미국과 일본의 도시폐기물량지수는 각각 12.73, 2.53이며, 2.53×4=10.12<12.73이므로 옳은 설명이다.

㉢ 2020년 한국의 도시폐기물량은 1,901만 톤이므로 2020년 스페인의 도시폐기물량은 1,901×1.33=2,528.33만 톤이다. 도시폐기물량 상위 10개국의 도시폐기물량지수 자료를 보면 2023년 스페인의 도시폐기물량지수는 상위 10개국에 포함되지 않았음을 확인할 수 있다. 즉, 스페인의 도시폐기물량은 도시폐기물량지수 10위인 이탈리아의 도시폐기물량보다 적다. 2023년 한국의 도시폐기물량은 1,788만 톤이므로 이탈리아의 도시폐기물량은 1,788×1.40=2,503.2만 톤이다. 즉, 2023년 이탈리아의 도시폐기물량은 2020년 스페인의 도시폐기물량보다 적다. 따라서 2023년 스페인의 도시폐기물량은 2020년에 비해 감소했다.

오답분석

㉡ 2022년 한국의 도시폐기물량은 1,786만 톤이므로 2022년 러시아의 도시폐기물량은 1,786×3.87=6,911.82만 톤이다.

㉣ 2023년의 경우 터키의 도시폐기물량지수는 영국보다 높다. 따라서 2023년 영국의 도시폐기물량은 터키의 도시폐기물량보다 적다.

풀이 전략!

평소 변화량이나 증감률, 비중 등을 구하는 공식을 알아두고 있어야 하며, 지원하는 기업이나 산업에 관한 자료 등을 확인하여 비교하는 연습 등을 한다.

01 다음은 S공사의 신입사원 채용에 지원한 남성·여성 입사지원자 수와 합격자 수에 대한 자료이다. 이에 대한 설명으로 옳지 않은 것은?(단, 합격률 및 성별 비율은 소수점 둘째 자리에서 반올림한다)

〈신입사원 채용 현황〉

(단위 : 명)

구분	입사지원자 수	합격자 수
남성	10,891	1,699
여성	3,984	624

① 입사지원자의 합격률은 15% 이상이다.
② 여성 입사지원자 대비 여성 합격자의 비중은 20% 미만이다.
③ 총입사지원자 중에서 여성의 비중은 30% 미만이다.
④ 합격자 중 남성의 비율은 80% 이상이다.
⑤ 남성 입사지원자의 합격률은 여성 입사지원자의 합격률보다 낮다.

02 다음은 주요 온실가스의 연평균 농도 변화 추이를 나타낸 자료이다. 이에 대한 설명으로 옳지 않은 것은?

〈주요 온실가스 연평균 농도 변화 추이〉

구분	2017년	2018년	2019년	2020년	2021년	2022년	2023년
이산화탄소 농도(ppm)	387.2	388.7	389.9	391.4	392.5	394.5	395.7
오존전량(DU)	331	330	328	325	329	343	335

① 이산화탄소의 농도는 계속해서 증가하고 있다.
② 오존전량은 계속해서 증가하고 있다.
③ 2023년 오존전량은 2017년 대비 4DU 증가했다.
④ 2023년 이산화탄소의 농도는 2018년 대비 7ppm 증가했다.
⑤ 전년 대비 2023년 오존전량의 감소율은 2.5% 미만이다.

03 다음은 2023년 경제자유구역 입주 사업체 투자재원조달 실태조사 결과이다. 이에 대한 설명으로 옳은 것을 〈보기〉에서 모두 고르면?

〈2023년 경제자유구역 입주 사업체 투자재원조달 실태조사 결과〉

(단위 : 백만 원, %)

구분		전체		국내투자		해외투자	
		금액	비중	금액	비중	금액	비중
국내재원	자체	4,025	57.2	2,682	52.6	1,343	69.3
	정부	2,288	32.5	2,138	42.0	150	7.7
	기타	356	5.0	276	5.4	80	4.2
	소계	6,669	94.7	5,096	100.0	1,573	81.2
해외재원	소계	365	5.3	–	–	365	18.8
합계		7,034	100.0	5,096	100.0	1,938	100.0

보기

ㄱ. 자체 재원조달금액 중 국내투자에 사용되는 금액이 차지하는 비중은 60%를 초과한다.
ㄴ. 해외재원은 모두 해외투자에 사용되고 있다.
ㄷ. 국내재원 중 정부조달금액이 차지하는 비중은 40%를 초과한다.
ㄹ. 국내재원 중 국내투자금액은 해외투자금액의 3배 미만이다.

① ㄱ, ㄴ
② ㄱ, ㄷ
③ ㄴ, ㄷ
④ ㄴ, ㄹ
⑤ ㄷ, ㄹ

CHAPTER 03

문제해결능력

합격 Cheat Key

문제해결능력은 업무를 수행하면서 여러 가지 문제 상황이 발생하였을 때, 창의적이고 논리적인 사고를 통하여 이를 올바르게 인식하고 적절히 해결하는 능력으로, 하위 능력에는 사고력과 문제처리능력이 있다.

문제해결능력은 NCS 기반 채용을 진행하는 대다수의 공사·공단에서 채택하고 있으며, 다양한 자료와 함께 출제되는 경우가 많아 어렵게 느껴질 수 있다. 특히, 난이도가 높은 문제로 자주 출제되기 때문에 다른 영역보다 더 많은 노력이 필요할 수는 있지만 그렇기에 차별화를 할 수 있는 득점 영역이므로 포기하지 말고 꾸준하게 노력해야 한다.

1 질문의 의도를 정확하게 파악하라!

문제해결능력은 문제에서 무엇을 묻고 있는지 정확하게 파악하여 먼저 풀이 방향을 설정하는 것이 가장 효율적인 방법이다. 특히, 조건이 주어지고 답을 찾는 창의적·분석적인 문제가 주로 출제되고 있기 때문에 처음에 정확한 풀이 방향이 설정되지 않는다면 문제를 제대로 풀지 못하게 되므로 첫 번째로 출제 의도 파악에 집중해야 한다.

2 중요한 정보는 반드시 표시하라!

출제 의도를 정확히 파악하기 위해서는 문제의 중요한 정보를 반드시 표시하거나 메모하여 하나의 조건, 단서도 잊고 넘어가는 일이 없도록 해야 한다. 실제 시험에서는 시간의 압박과 긴장감으로 정보를 잘못 적용하거나 잊어버리는 실수가 많이 발생하므로 사전에 충분한 연습이 필요하다.

3 반복 풀이를 통해 취약 유형을 파악하라!

문제해결능력은 특히 시간관리가 중요한 영역이다. 따라서 정해진 시간 안에 고득점을 할 수 있는 효율적인 문제 풀이 방법을 찾아야 한다. 이때, 반복적인 문제 풀이를 통해 자신이 취약한 유형을 파악하는 것이 중요하다. 정확하게 풀 수 있는 문제부터 빠르게 풀고 취약한 유형은 나중에 푸는 효율적인 문제 풀이를 통해 최대한 고득점을 맞는 것이 중요하다.

01 명제 추론

| 유형분석 |

- 주어진 문장을 토대로 논리적으로 추론하여 참 또는 거짓을 구분하는 문제이다.
- 대체로 연역추론을 활용한 명제 문제가 출제된다.
- 자료를 제시하고 새로운 결과나 자료에 주어지지 않은 내용을 추론해 가는 형식의 문제가 출제된다.

K공사는 공휴일 당일에 진행되는 세미나에 필요한 물품을 인근 가게 A ~ F에서 구매하고자 한다. 다음 〈조건〉을 참고할 때, 공휴일에 영업하는 가게의 수는?

조건

- C는 공휴일에 영업하지 않는다.
- B가 공휴일에 영업하지 않으면, C와 E는 공휴일에 영업한다.
- E 또는 F가 영업하지 않는 날이면, D는 영업한다.
- B가 공휴일에 영업하면, A와 E는 공휴일에 영업하지 않는다.
- B와 F 중 한 곳만 공휴일에 영업한다.

① 2곳
② 3곳
③ 4곳
④ 5곳
⑤ 6곳

정답 ①

주어진 조건을 순서대로 논리 기호화하면 다음과 같다.

- 첫 번째 조건 : ~C
- 두 번째 조건 : ~B → (C ∧ E)
- 세 번째 조건 : (~E ∨ ~F) → D
- 네 번째 조건 : B → (~A ∧ ~E)

첫 번째 조건이 참이므로 두 번째 조건의 대우[(~C ∨ ~E) → B]에 따라 B는 공휴일에 영업한다. 이때 네 번째 조건에 따라 A와 E는 영업하지 않고, 다섯 번째 조건에 따라 F도 영업하지 않는다. 마지막으로 세 번째 조건에 따라 D는 영업한다. 따라서 공휴일에 영업하는 가게는 B와 D 2곳이다.

풀이 전략!

명제와 관련한 기본적인 논법에 대해서는 미리 학습해 두며, 이를 바탕으로 각 문장에 있는 핵심단어 또는 문구를 기호화하여 정리한 후, 선택지와 비교하여 참 또는 거짓을 판단한다.

대표기출유형 01 기출응용문제

01 **서로 다른 직업을 가진 남자 2명과 여자 2명이 〈조건〉대로 원탁에 앉아 있을 때, 다음 중 옳은 것은?**

> 조건
>
> - 네 사람의 직업은 각각 교사, 변호사, 자영업자, 의사이다.
> - 네 사람은 각각 검은색 원피스, 파란색 재킷, 흰색 니트, 밤색 티셔츠를 입고 있으며, 이 중 검은색 원피스는 여성용, 파란색 재킷은 남성용이다.
> - 남자는 남자끼리, 여자는 여자끼리 인접해서 앉아 있다.
> - 변호사는 흰색 니트를 입고 있다.
> - 자영업자는 남자이다.
> - 의사의 왼쪽 자리에 앉은 사람은 검은색 원피스를 입었다.
> - 교사는 밤색 니트를 입은 사람과 원탁을 사이에 두고 마주 보고 있다.

① 교사와 의사는 원탁을 사이에 두고 마주 보고 있다.

② 변호사는 남자이다.

③ 밤색 티셔츠를 입은 사람은 여자이다.

④ 의사는 파란색 재킷을 입고 있다.

⑤ 검은 원피스를 입은 여자는 자영업자의 옆에 앉아 있다.

02 **다음 〈조건〉에 따라 오피스텔 입주민들이 쓰레기를 배출한다고 할 때, 옳지 않은 것은?**

> 조건
>
> - 5개 동 주민들은 모두 다른 날에 쓰레기를 버린다.
> - 쓰레기 배출은 격일로 이루어진다.
> - 5개 동 주민들은 A동, B동, C동, D동, E동 순서대로 쓰레기를 배출한다.
> - 규칙은 A동이 첫째 주 일요일에 쓰레기를 배출하는 것으로 시작한다.

① A와 E는 같은 주에 쓰레기를 배출할 수 있다.

② 10주 차 일요일에는 A동이 쓰레기를 배출한다.

③ A동은 모든 요일에 쓰레기를 배출한다.

④ 2주에 걸쳐 쓰레기를 2회 배출할 수 있는 동은 두 개 동이다.

⑤ B동이 처음으로 수요일에 쓰레기를 버리는 주는 8주 차이다.

03 **자선 축구대회에 한국, 일본, 중국, 미국 대표팀이 초청되었다. 각 팀이 〈조건〉에 따라 월요일부터 금요일까지 서울, 수원, 인천, 대전 경기장을 돌아가며 사용한다고 할 때, 다음 중 옳지 않은 것은?**

조건

- 각 경기장에는 한 팀씩 연습하며 연습을 쉬는 팀은 없다.
- 모든 팀은 모든 구장에서 적어도 한 번 이상 연습을 해야 한다.
- 외국에서 온 팀의 첫 훈련은 공항에서 가까운 수도권 지역에 배정한다.
- 이동거리 최소화를 위해 각 팀은 한 번씩 경기장 한 곳을 두 번 연속해서 사용해야 한다.
- 미국은 월요일, 화요일에 수원에서 연습을 한다.
- 목요일에 인천에서는 아시아 팀이 연습을 할 수 없다.
- 금요일에 중국은 서울에서, 미국은 대전에서 연습을 한다.
- 한국은 인천에서 연속으로 연습을 한다.

① 목요일, 금요일에 연속으로 같은 지역에서 연습하는 팀은 없다.
② 수요일에 대전에서는 일본이 연습을 한다.
③ 대전에서는 한국, 중국, 일본, 미국의 순서로 연습을 한다.
④ 한국은 화요일, 수요일에 같은 지역에서 연습을 한다.
⑤ 미국과 일본은 한 곳을 연속해서 사용하는 날이 같다.

04 **S공사 전략기획처 직원 A ~ G 7명은 신입사원 입사 기념으로 단체로 영화관에 갔다. 〈조건〉에 따라 자리에 앉는다고 할 때, 다음 중 항상 옳은 것은?(단, 가장 왼쪽부터 첫 번째 자리로 한다)**

조건

- 7명은 한 열에 나란히 앉는다.
- 한 열에는 7개의 좌석이 있다.
- 양 끝자리 옆에는 비상구가 있다.
- D와 F는 나란히 앉는다.
- A와 B 사이에는 한 명이 앉아 있다.
- G는 왼쪽에 사람이 있는 것을 싫어한다.
- C와 G 사이에는 한 명이 앉아 있다.
- G는 비상구와 붙어 있는 자리를 좋아한다.

① E는 D와 F 사이에 앉는다.
② G와 가장 멀리 떨어진 자리에 앉는 사람은 D이다.
③ C의 양옆에는 A와 B가 앉는다.
④ D는 비상구와 붙어 있는 자리에 앉는다.
⑤ 두 번째 자리에는 B가 앉는다.

05 이웃해 있는 10개의 건물에 초밥가게, 옷가게, 신발가게, 편의점, 약국, 카페가 있다. 카페가 3번째 건물에 있을 때, 다음 〈조건〉을 토대로 항상 옳은 것은?(단, 한 건물에 한 가지 업종만 들어갈 수 있다)

조건

- 초밥가게는 카페보다 앞에 있다.
- 초밥가게와 신발가게 사이에 건물이 6개 있다.
- 옷가게와 편의점은 인접할 수 없으며, 옷가게와 신발가게는 인접해 있다.
- 신발가게 뒤에 아무것도 없는 건물이 2개 있다.
- 2번째와 4번째 건물은 아무것도 없는 건물이다.
- 편의점과 약국은 인접해 있다.

① 카페와 옷가게는 인접해 있다.
② 초밥가게와 약국 사이에 2개의 건물이 있다.
③ 편의점은 6번째 건물에 있다.
④ 신발가게는 8번째 건물에 있다.
⑤ 옷가게는 5번째 건물에 있다.

PART 2

06 S회사에서는 자사의 세 상품 A ~ C에 대한 선호도 조사를 실시했다. 조사에 응한 사람들이 가장 좋아하는 상품부터 1 ~ 3순위를 부여했다. 조사의 결과가 다음 〈조건〉과 같을 때, C에 3순위를 부여한 사람의 수는?(단, 두 상품에 같은 순위를 표시할 수는 없다)

조건

- 조사에 응한 사람은 20명이다.
- A를 B보다 선호한 사람은 11명이다.
- B를 C보다 선호한 사람은 14명이다.
- C를 A보다 선호한 사람은 6명이다.
- C에 1순위를 부여한 사람은 없다.

① 4명
② 5명
③ 6명
④ 7명
⑤ 8명

02 규칙 적용

| 유형분석 |

- 주어진 상황과 규칙을 종합적으로 활용하여 풀어 가는 문제이다.
- 일정, 비용, 순서 등 다양한 내용을 다루고 있어 유형을 한 가지로 단일화하기 어렵다.

갑은 다음 규칙을 참고하여 알파벳 단어를 숫자로 변환하고자 한다. 〈보기〉의 ㉠~㉣에서 알파벳 Z에 해당하는 자연수들을 모두 더한 값은?

〈규칙〉

① 알파벳 'A'부터 'Z'까지 순서대로 자연수를 부여한다.
  예 A=2라고 하면 B=3, C=4, D=5이다.
② 단어의 음절에 같은 알파벳이 연속되는 경우 ①에서 부여한 숫자를 알파벳이 연속되는 횟수만큼 거듭제곱한다.
  예 A=2이고 단어가 'AABB'이면 AA는 '2^2'이고, BB는 '3^2'이므로 '49'로 적는다.

보기

㉠ AAABBCC는 10000001020110404로 변환된다.
㉡ CDFE는 3465로 변환된다.
㉢ PJJYZZ는 1712126729로 변환된다.
㉣ QQTSR은 625282726으로 변환된다.

① 154
② 176
③ 199
④ 212
⑤ 234

정답 ④

㉠ A=100, B=101, C=102이다. 따라서 Z=125이다.
㉡ C=3, D=4, E=5, F=6이다. 따라서 Z=26이다.
㉢ P가 17임을 볼 때, J=11, Y=26, Z=27이다.
㉣ Q=25, R=26, S=27, T=28이다. 따라서 Z=34이다.
따라서 해당하는 Z값을 모두 더하면 125+26+27+34=212이다.

풀이 전략!

문제에 제시된 조건이나 규칙을 정확히 파악한 후, 선택지나 상황에 적용하여 문제를 풀어 나간다.

01 귀하는 자동차도로 고유번호 부여 규정을 근거로 하여 도로에 노선번호를 부여할 계획이다. 다음 그림에서 점선은 '영토'를, 실선은 '고속국도'를 표시한 것이며, (가) ~ (라)는 '간선노선'을, (마), (바)는 '보조간선노선'을 나타낼 때, 도로와 노선번호가 바르게 연결된 것은?

〈자동차도로 고유번호 부여 규정〉

자동차도로는 관리상 고속국도, 일반국도, 특별광역시도, 지방도, 시도, 군도, 구도의 일곱 가지로 구분된다. 이들 각 도로에는 고유번호가 부여되어 있고, 이는 지형도 상의 특정 표지판 모양 안에 표시되어 있다. 그러나 군도와 구도는 구간이 짧고 노선 수가 많아 노선번호가 중복될 우려가 있어 표지 상에 번호를 표기하지 않는다.

고속국도 가운데 간선노선의 경우 두 자리 숫자를 사용하며, 남북을 연결하는 경우는 서에서 동으로 가면서 숫자가 증가하는데 끝자리에 5를 부여하고, 동서를 연결하는 경우는 남에서 북으로 가면서 숫자가 증가하는데 끝자리에 0을 부여한다.

보조간선노선은 간선노선 사이를 연결하는 고속국도로서 이 역시 두 자리 숫자로 표기한다. 그런데 보조간선노선이 남북을 연결하는 모양에 가까우면 첫자리는 남쪽 시작점의 간선노선 첫자리를 부여하고 끝자리는 5를 제외한 홀수를 부여한다. 한편 동서를 연결하는 모양에 가까우면 첫자리는 동서를 연결하는 간선노선 가운데 해당 보조간선노선의 바로 아래쪽에 있는 간선노선의 첫자리를 부여하며, 이때 끝자리에는 0을 제외한 짝수를 부여한다.

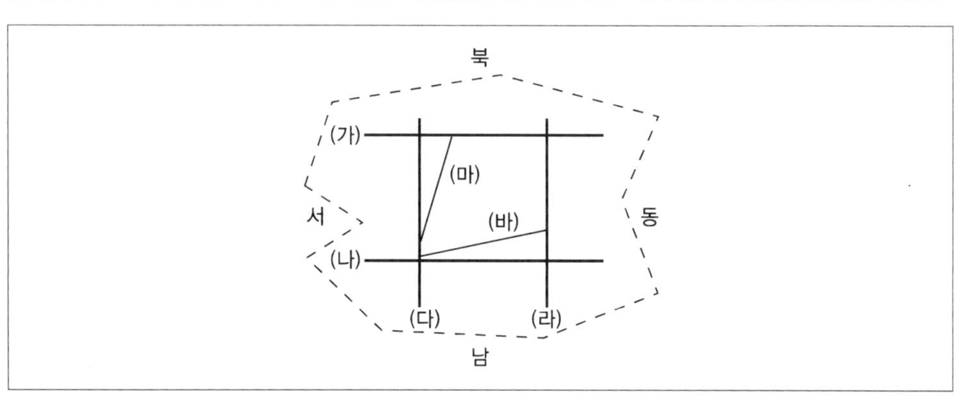

	(가)	(나)	(다)	(라)	(마)	(바)
①	25	15	10	20	19	12
②	20	10	15	25	18	14
③	25	15	20	10	17	12
④	20	10	15	25	17	12
⑤	20	15	15	25	17	14

02 S사는 신제품의 품번을 다음과 같은 규칙에 따라 정한다고 한다. 제품에 설정된 임의의 영단어가 'INTELLECTUAL'이라면 이 제품의 품번으로 옳은 것은?

〈규칙〉

1단계 : 알파벳 A~Z를 숫자 1, 2, 3, …으로 변환하여 계산한다.
2단계 : 제품에 설정된 임의의 영단어를 숫자로 변환한 값의 합을 구한다.
3단계 : 임의의 영단어 속 자음의 합에서 모음의 합을 뺀 값의 절댓값을 구한다.
4단계 : 2단계와 3단계의 값을 더한 다음 4로 나누어 2단계의 값에 더한다.
5단계 : 4단계의 값이 정수가 아닐 경우에는 소수점 첫째 자리에서 버림한다.

① 120
② 140
③ 160
④ 180
⑤ 200

03 A팀과 B팀은 보안등급 상에 해당하는 문서를 나누어 보관하고 있다. 이에 따라 두 팀은 보안을 위해 아래와 같은 규칙에 따라 각 팀의 비밀번호를 지정하였다. 다음 중 A팀과 B팀에 들어갈 수 있는 암호배열은?

〈규칙〉

• 1~9까지의 숫자로 (한 자리 수)×(두 자리 수)=(세 자리 수)=(두 자리 수)×(한 자리 수) 형식의 비밀번호로 구성한다.
• 가운데에 들어갈 세 자리 수의 숫자는 156이며 숫자는 중복 사용할 수 없다. 즉, 각 팀의 비밀번호에 1, 5, 6이란 숫자가 들어가지 않는다.

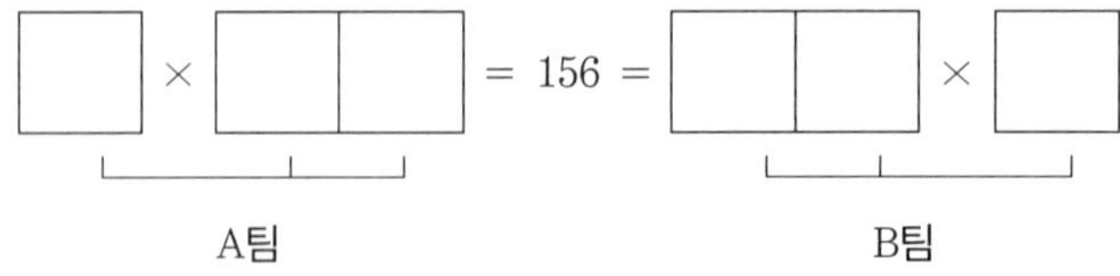

① 23
② 27
③ 29
④ 37
⑤ 39

04 A씨는 영업비밀 보호를 위해 자신의 컴퓨터 속 각 문서의 암호를 다음 규칙에 따라 만들었다. 파일 이름이 아래와 같을 때, 이 파일의 암호는 무엇인가?

〈규칙〉

1. 비밀번호 중 첫 번째 자리에는 파일 이름의 첫 문자가 한글일 경우 @, 영어일 경우 #, 숫자일 경우 *로 특수문자를 입력한다.
   → 고습Dochi=@, haRAMY801=#, 1app루=*
2. 두 번째 자리에는 파일 이름의 총 자리 개수를 입력한다.
   → 고습Dochi=@7, haRAMY801=#9, 1app루=*5
3. 세 번째 자리부터는 파일 이름 내에 숫자를 순서대로 입력한다. 숫자가 없을 경우 0을 두 번 입력한다.
   → 고습Dochi=@700, haRAMY801=#9801, 1app루=*51
4. 그 다음 자리에는 파일 이름 중 한글이 있을 경우 초성만 순서대로 입력한다. 없다면 입력하지 않는다.
   → 고습Dochi=@700ㄱㅅ, haRAMY801=#9801, 1app루=*51ㄹ
5. 그 다음 자리에는 파일 이름 중 영어가 있다면 뒤에 덧붙여 순서대로 입력하되, a, e, i, o, u만 'a=1, e=2, i=3, o=4, u=5'로 변형하여 입력한다(대문자 · 소문자 구분 없이 모두 소문자로 입력한다).
   → 고습Dochi=@700ㄱㅅd4ch3, haRAMY801=#9801h1r1my, 1app루=*51ㄹ1pp

2022매운전골Cset3인기준recipe8

① @23202238ㅁㅇㅈㄱㅇㄱㅈcs2trecipe
② @23202238ㅁㅇㅈㄱㅇㄱㅈcs2tr2c3p2
③ *23202238ㅁㅇㅈㄱㅇㄱㅈcs2trecipe
④ *23202238ㅁㅇㅈㄱㅇㄱㅈcs2tr2c3p2
⑤ *23202238ㅁㅇㅈㄱㅇㄱㅈcsetrecipe

PART 2

03 자료 해석

| 유형분석 |

- 주어진 자료를 해석하고 활용하여 풀어가는 문제이다.
- 꼼꼼하고 분석적인 접근이 필요한 다양한 자료들이 출제된다.

다음 중 정수장 수질검사 현황에 대해 바르게 설명한 사람은?

〈정수장 수질검사 현황〉

급수 지역	항목						검사결과	
	일반세균 100 이하 (CFU/mL)	대장균 불검출 (수/100mL)	NH3-N 0.5 이하 (mg/L)	잔류염소 4.0 이하 (mg/L)	구리 1 이하 (mg/L)	망간 0.05 이하 (mg/L)	적합	기준 초과
함평읍	0	불검출	불검출	0.14	0.045	불검출	적합	없음
이삼읍	0	불검출	불검출	0.27	불검출	불검출	적합	없음
학교면	0	불검출	불검출	0.13	0.028	불검출	적합	없음
엄다면	0	불검출	불검출	0.16	0.011	불검출	적합	없음
나산면	0	불검출	불검출	0.12	불검출	불검출	적합	없음

① A사원 : 함평읍의 잔류염소는 가장 낮은 수치를 보였고, 기준치에 적합하네.

② B사원 : 모든 급수지역에서 일반세균이 나오지 않았어.

③ C사원 : 기준치를 초과한 곳은 없었지만 적합하지 않은 지역은 있어.

④ D사원 : 대장균과 구리가 검출되면 부적합 판정을 받는구나.

⑤ E사원 : 구리가 검출되지 않은 지역은 세 곳이야.

정답 ②

오답분석

① 잔류염소에서 가장 낮은 수치를 보인 지역은 나산면(0.12)이고, 함평읍(0.14)은 세 번째로 낮다.

③ 기준치를 초과한 곳도 없고, 모두 적합 판정을 받았다.

④ 함평읍과 학교면, 엄다면은 구리가 검출되었지만 적합 판정을 받았다.

⑤ 구리가 검출되지 않은 지역은 이삼읍과 나산면으로 두 곳이다.

풀이 전략!

문제 해결을 위해 필요한 정보가 무엇인지 먼저 파악한 후, 제시된 자료를 분석적으로 읽고 해석한다.

대표기출유형 03 기출응용문제

01 갑돌이는 해외에서 1개당 1,000달러인 시계를 2개를 구매하여 세관신고 없이 밀반입하려고 하였으나 결국 걸리고 말았다. 다음은 이와 같이 밀반입하려는 사람들을 방지하기 위해 마련된 정책 변경 기사이다. 이에 대해 적절하지 않은 설명을 한 사람은?

> 올해부터 해외에서 600달러 이상 신용카드로 물건을 사거나 현금을 인출하면 그 내역이 세관에 실시간으로 통보된다. 여행객 등이 600달러 이상의 구매 한도를 넘기게 되면 국내 입국 시 세관에 자진 신고를 해야 한다.
> 기존의 관세청은 분기별로 5,000달러 이상 물품을 해외에서 구매한 경우, 여신전문금융업법에 따라 신용카드업자·여신전문금융업협회가 매년 1월 31일, 4월 30일, 7월 31일, 10월 31일 국세청에 그 내역을 제출해 왔다.
> 그러나 올해부터는 관세청이 분기마다 통보를 받지 않고, 실시간으로 구매 내역을 넘겨 받을 수 있다. 신용카드 결제뿐 아니라 해외에 머물며 600달러 이상 현금을 인출하는 것도 마찬가지로 통보 대상에 해당한다. 관세청은 이러한 제도를 오는 4월부터 적용할 계획이다.

① A : 갑돌이가 인출하지 않고 가져간 현금으로만 물건을 결제하였다면, 세관에 신고하지 않아도 되는군.
② B : 해외에서 구매한 총금액이 600달러보다 낮으면 세관에 신고할 필요가 없겠군.
③ C : 갑돌이가 5월에 해외에 체류하며 신용카드로 같은 소비를 했다면 관세청에 실시간으로 통보되겠군.
④ D : 3월에 해외에서 5,000달러 이상을 신용카드로 사용한다면 4월에 국세청에 내역이 넘어가겠군.
⑤ E : 가족들끼리 여행하고 있을 때 여러 사람이 나누어 카드를 사용한다면 관세청에 내역이 들어가지 않을 수도 있겠군.

02 본사 이전으로 인해 사무실 배치를 새롭게 바꾸기로 하였다. 다음 고려사항을 참고할 때, (가로) 3,000mm×(세로) 3,400mm인 직사각형의 사무실에 가능한 가구 배치는?

〈배치 시 고려사항〉

- 사무실 문을 여닫는 데 1,000mm의 간격이 필요함
- 서랍장의 서랍(•로 표시하며, 가로면 전체에 위치)을 열려면 400mm의 간격이 필요(회의 탁자, 책상, 캐비닛은 서랍 없음)하며, 반드시 여닫을 수 있어야 함
- 붙박이 수납장 문을 열려면 앞면 전체에 550mm의 간격이 필요하며, 반드시 여닫을 수 있어야 함
- 가구들은 쌓을 수 없음
- 각각의 가구는 사무실에 넣을 수 있는 것으로 가정함
  - 회의 탁자 : (가로) 1,500mm×(세로) 2,110mm
  - 책상 : (가로) 450mm×(세로) 450mm
  - 서랍장 : (가로) 1,100mm×(세로) 500mm
  - 캐비닛 : (가로) 1,000mm×(세로) 300mm
  - 붙박이 수납장은 벽 한 면 전체를 남김없이 차지함 (깊이 650mm)

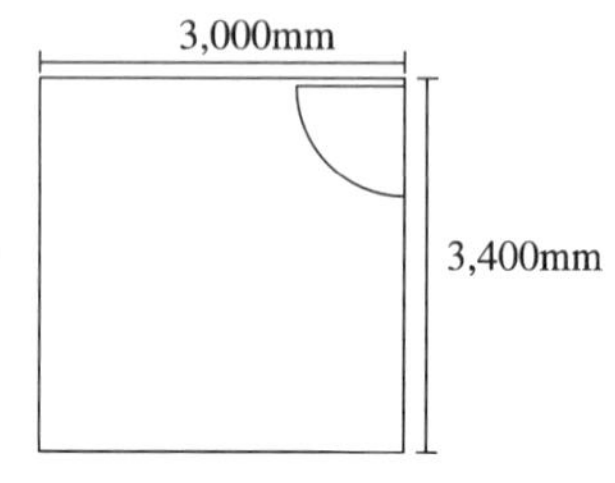

①

②

③
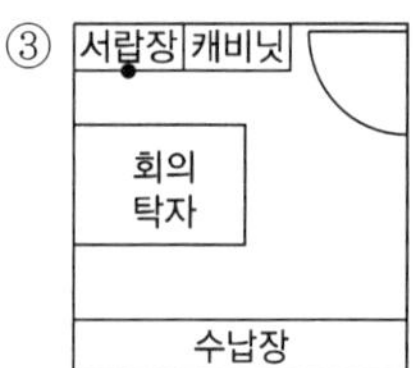

④
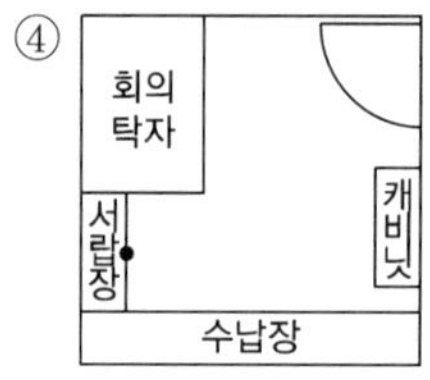

⑤

※ 다음은 하수처리시설 평가 기준 및 결과에 대한 자료이다. 이어지는 질문에 답하시오. [3~4]

〈하수처리시설 평가 기준〉

구분	정상	주의	심각
생물화학적 산소요구량	5 미만	5 이상	15 이상
화학적 산소요구량	20 미만	20 이상	30 이상
부유물질	10 미만	10 이상	20 이상
질소 총량	20 미만	20 이상	40 이상
인 총량	0.2 미만	0.2 이상	1.0 이상

〈A ~ C처리시설의 평가 결과〉

구분	생물화학적 산소요구량	화학적 산소요구량	부유물질	질소 총량	인 총량
A처리시설	4	10	15	10	0.1
B처리시설	9	25	25	22	0.5
C처리시설	18	33	15	41	1.2

※ '정상' 지표 4개 이상 : 우수
※ '주의' 지표 2개 이상 또는 '심각' 지표 2개 이하 : 보통
※ '심각' 지표 3개 이상 : 개선필요

03 하수처리시설 평가 기준을 근거로 할 때, 하수처리시설에 대한 평가가 바르게 연결된 것은?

	A처리시설	B처리시설	C처리시설
①	우수	보통	개선필요
②	보통	보통	보통
③	보통	개선필요	개선필요
④	우수	보통	보통
⑤	우수	우수	개선필요

04 다음 글을 읽고 B처리시설의 문제점과 개선방향을 바르게 지적한 것은?

B처리시설은 C처리시설에 비해 좋은 평가를 받았지만, '정상' 지표는 없었다. 그렇기 때문에 관련된 시설분야에 대한 조사와 개선이 필요하다. 지적사항으로 '심각' 지표를 가장 우선으로 개선하고, 최종적으로 '우수' 단계로 개선해야 한다.

① 생물화학적 산소요구량은 4로 '정상' 지표이기 때문에 개선할 필요가 없다.
② 화학적 산소요구량은 25로 '주의' 지표이기 때문에 가장 먼저 개선해야 한다.
③ 질소 총량과 인 총량을 개선한다면, 평가결과 '우수' 지표를 받을 수 있다.
④ 부유물질은 가장 먼저 개선해야 하는 '심각' 지표이다.
⑤ '우수' 단계로 개선하기 위해서 부유물질을 포함한 3가지 지표를 '정상' 지표로 개선해야 한다.

PART 2

CHAPTER 04

자원관리능력

합격 Cheat Key

자원관리능력은 현재 NCS 기반 채용을 진행하는 많은 공사·공단에서 핵심영역으로 자리 잡아, 대부분의 시험에서 출제되고 있다.

세부 유형은 비용 계산, 해외파견 지원금 계산, 주문 제작 단가 계산, 일정 조율, 일정 선정, 행사 대여 장소 선정, 최단거리 구하기, 시차 계산, 소요시간 구하기, 해외파견 근무 기준에 부합하는 또는 부합하지 않는 직원 고르기 등으로 나눌 수 있다.

1 시차를 먼저 계산하라!

시간 자원 관리의 대표유형 중 시차를 계산하여 일정에 맞는 항공권을 구입하거나 회의시간을 구하는 문제에서는 각각의 나라 시간을 한국 시간으로 전부 바꾸어 계산하는 것이 편리하다. 조건에 맞는 나라들의 시간을 전부 한국 시간으로 바꾸고 한국 시간과의 시차만 더하거나 빼면 시간을 단축하여 풀 수 있다.

2 선택지를 잘 활용하라!

계산을 해서 값을 요구하는 문제 유형에서는 선택지를 먼저 본 후 자리 수가 몇 단위로 끝나는지 확인해야 한다. 예를 들어 412,300원, 426,700원, 434,100원인 선택지가 있다고 할 때, 제시된 조건에서 100원 단위로 나올 수 있는 항목을 찾아 그 항목만 계산하는 방법이 있다. 또한, 일일이 계산하는 문제가 많다. 예를 들어 640,000원, 720,000원, 810,000원 등의 수를 이용해 푸는 문제가 있다고 할 때, 만 원 단위를 절사하고 계산하여 64, 72, 81처럼 요약하는 방법이 있다.

3 최적의 값을 구하는 문제인지 파악하라!

물적 자원 관리의 대표유형에서는 제한된 자원 내에서 최대의 만족 또는 이익을 얻을 수 있는 방법을 강구하는 문제가 출제된다. 이때, 구하고자 하는 값을 x, y로 정하고 연립방정식을 이용해 x, y 값을 구한다. 최소 비용으로 목표생산량을 달성하기 위한 업무 및 인력 할당, 정해진 시간 내에 최대 이윤을 낼 수 있는 업체 선정, 정해진 인력으로 효율적 업무 배치 등을 구하는 문제에서 사용되는 방법이다.

4 각 평가항목을 비교하라!

인적 자원 관리의 대표유형에서는 각 평가항목을 비교하여 기준에 적합한 인물을 고르거나, 저렴한 업체를 선정하거나, 총점이 높은 업체를 선정하는 문제가 출제된다. 이런 유형은 평가항목에서 가격이나 점수 차이에 영향을 많이 미치는 항목을 찾아 $1\sim2$개의 선택지를 삭제하고, 남은 $3\sim4$개의 선택지만 계산하여 시간을 단축할 수 있다.

01 | 시간 계획

| 유형분석 |

- 시간 자원과 관련된 다양한 정보를 활용하여 풀어 가는 유형이다.
- 대체로 교통편 정보나 국가별 시차 정보가 제공되며, 이를 근거로 '현지 도착시간 또는 약속된 시간 내에 도착하기 위한 방안'을 고르는 문제가 출제된다.

모스크바 지사에서 일하고 있는 A대리는 밴쿠버 지사와의 업무협조를 위해 4월 22일 오전 10시 15분에 밴쿠버 지사로 업무협조 메일을 보냈다. 〈조건〉에 따라 밴쿠버 지사에서 가장 빨리 메일을 읽었을 때, 모스크바의 시각은?

조건

- 밴쿠버는 모스크바보다 10시간이 늦다.
- 밴쿠버 지사의 업무시간은 오전 10시부터 오후 6시까지다.
- 밴쿠버 지사에서는 4월 22일 오전 10시부터 15분간 전력 점검이 있었다.

① 4월 22일 오전 10시 15분
② 4월 23일 오전 10시 15분
③ 4월 22일 오후 8시 15분
④ 4월 23일 오후 8시 15분
⑤ 4월 23일 오후 10시 15분

정답 ③

밴쿠버 지사에 메일이 도착한 밴쿠버 현지 시각은 4월 22일 오전 12시 15분이지만, 업무 시간이 아니므로 메일을 읽을 수 없다. 또한 오전 10시부터 15분간 전력 점검이 있으므로 밴쿠버 지사에서 가장 빠르게 메일을 읽을 수 있는 시각은 전력 점검이 끝난 4월 22일 오전 10시 15분이다. 모스크바는 밴쿠버와 10시간의 시차가 있으므로 이때의 모스크바 현지 시각은 4월 22일 오후 8시 15분이다.

풀이 전략!

문제에서 묻는 것을 정확히 파악한다. 특히 제한사항에 대해서는 빠짐없이 확인해 두어야 한다. 이후 제시된 정보(시차 등)에서 필요한 것을 선별하여 문제를 풀어 간다.

대표기출유형 01 기출응용문제

01 다음은 S회사 신제품 개발1팀의 하루 업무 스케줄에 대한 자료이다. 신입사원 A씨는 스케줄을 바탕으로 금일 회의 시간을 정하려고 한다. 1시간 동안 진행될 팀 회의의 가장 적절한 시간대는 언제인가?

〈S회사 신제품 개발1팀 스케줄〉

시간	직위별 스케줄				
	부장	차장	과장	대리	사원
09:00 ~ 10:00	업무회의				
10:00 ~ 11:00					비품요청
11:00 ~ 12:00			시장조사	시장조사	시장조사
12:00 ~ 13:00	점심식사				
13:00 ~ 14:00	개발전략수립		시장조사	시장조사	시장조사
14:00 ~ 15:00		샘플검수	제품구상	제품구상	제품구상
15:00 ~ 16:00			제품개발	제품개발	제품개발
16:00 ~ 17:00					
17:00 ~ 18:00			결과보고	결과보고	

① 09:00 ~ 10:00
② 10:00 ~ 11:00
③ 14:00 ~ 15:00
④ 16:00 ~ 17:00
⑤ 17:00 ~ 18:00

PART 2

02 다음은 S공사의 9월 일정이다. S공사 직원들은 본사에서 주관하는 윤리교육 8시간을 이번 달 안에 모두 이수해야 한다. 이 윤리교육은 일주일에 2회씩 같은 요일 오전에 1시간 동안 진행되고, 각 지사의 일정에 맞춰 요일을 지정할 수 있다. S공사 직원들은 어떤 요일에 윤리교육을 수강해야 하는가?

〈9월 일정표〉

월	화	수	목	금	토	일
	1	2	3	4	5	6
7	8	9	10	11	12	13
14 최과장 연차	15	16	17	18	19	20
21	22	23	24	25 오후 김대리 반차	26	27
28	29 오전 성대리 외근	30				

〈S공사 행사일정〉

- 9월 3일 오전 : 본사 회장 방문
- 9월 7～8일 오전 : 1박 2일 전사 워크숍
- 9월 30일 오전 : 임원진 간담회 개최

① 월, 수
② 화, 목
③ 수, 목
④ 수, 금
⑤ 목, 금

※ S공사 신성장기술본부에서 근무하는 K부장은 적도기니로 출장을 다녀와 보고서를 작성하려고 한다. 다음 자료를 참고하여 이어지는 질문에 답하시오. **[3~4]**

〈경유지, 도착지 현지 시각〉

국가(도시)	현지 시각
한국(인천)	2024. 03. 05 AM 08:40
중국(광저우)	2024. 03. 05 AM 07:40
에티오피아(아디스아바바)	2024. 03. 05 AM 02:40
적도기니(말라보)	2024. 03. 05 AM 00:40

〈경로별 비행 시간〉

비행경로	비행 시간
인천 → 광저우	3시간 50분
광저우 → 아디스아바바	11시간 10분
아디스아바바 → 말라보	5시간 55분

〈경유지별 경유 시간〉

경유지	경유 시간
광저우	4시간 55분
아디스아바바	6시간 10분

03 K부장은 2024년 3월 5일 오전 8시 40분 인천에서 비행기를 타고 적도기니로 출장을 다녀왔다. K부장이 두 번째 경유지인 아디스아바바에 도착한 현지 날짜 및 시각으로 옳은 것은?

① 2024. 03. 05 PM 10:35
② 2024. 03. 05 PM 11:35
③ 2024. 03. 06 AM 00:35
④ 2024. 03. 06 AM 01:35
⑤ 2024. 03. 06 AM 02:40

04 기상악화로 인하여 광저우에서 출발하는 아디스아바바행 비행기가 2시간 지연 출발하였다고 한다. 이때, 총소요시간과 적도기니에 도착하는 현지 날짜 및 시각으로 옳은 것은?

	총소요시간	현지 날짜 및 시각
①	31시간	2024. 03. 06 AM 07:40
②	32시간	2024. 03. 06 AM 08:40
③	33시간	2024. 03. 06 AM 09:40
④	34시간	2024. 03. 06 AM 10:40
⑤	36시간	2024. 03. 06 AM 10:50

02 | 비용 계산

| 유형분석 |

- 예산 자원과 관련된 다양한 정보를 활용하여 풀어 가는 문제이다.
- 대체로 한정된 예산 내에서 수행할 수 있는 업무 및 예산 가격을 묻는 문제가 출제된다.

연봉 실수령액을 구하는 식이 〈보기〉와 같을 때, 연봉이 3,480만 원인 A씨의 연간 실수령액은?(단, 원 단위는 절사한다)

보기

- (연봉 실수령액)=(월 실수령액)×12
- (월 실수령액)=(월 급여)−[(국민연금)+(건강보험료)+(고용보험료)+(장기요양보험료)+(소득세)+(지방세)]
- (국민연금)=(월 급여)×4.5%
- (건강보험료)=(월 급여)×3.12%
- (고용보험료)=(월 급여)×0.65%
- (장기요양보험료)=(건강보험료)×7.38%
- (소득세)=68,000원
- (지방세)=(소득세)×10%

① 30,944,400원
② 31,078,000원
③ 31,203,200원
④ 32,150,800원
⑤ 32,497,600원

정답 ①

A씨의 월 급여는 3,480÷12=290만 원이다.
국민연금, 건강보험료, 고용보험료를 제외한 금액을 계산하면
290만 원−[290만 원×(0.045+0.0312+0.0065)]
→ 290만 원−(290만 원×0.0827) → 290만 원−239,830=2,660,170원
- 장기요양보험료 : (290만 원×0.0312)×0.0738≒6,670원(∵ 원 단위 이하 절사)
- 지방세 : 68,000×0.1=6,800원

따라서 A씨의 월 실수령액은 2,660,170−(6,670+68,000+6,800)=2,578,700원이고,
연 실수령액은 2,578,700×12=30,944,400원이다.

풀이 전략!

문제에서 제공되는 식이나 제한 조건 등을 정확히 파악한 후, 제시된 정보에서 필요한 것을 선별해 문제를 풀어 간다.

대표기출유형 02 기출응용문제

01 A팀장은 6월부터 10월까지 매월 부산에서 열리는 세미나에 참석하기 위해 숙소를 예약해야 한다. A팀장이 다음 〈조건〉에 따라 예약 사이트 M투어, H트립, S닷컴, T호텔스 중 한 곳을 통해 숙소를 예약하고자 할 때, A팀장이 이용할 예약 사이트와 6월부터 10월까지의 총숙박비용이 바르게 연결된 것은?

〈예약 사이트별 예약 정보〉

예약 사이트	가격(원/1박)	할인행사
M투어	120,500	3박 이용 시(연박 아니어도 3박 기록 있으면 유효) 다음 달에 30% 할인 쿠폰 1매 제공
H트립	111,000	6월부터 8월 사이 1박 이상 숙박 이용내역이 있을 시 10% 할인
S닷컴	105,500	2박 이상 연박 시 10,000원 할인
T호텔스	105,000	멤버십 가입 시 1박당 10% 할인(멤버십 가입비 20,000원)

조건

- 세미나를 위해 6월부터 10월까지 매월 1박 2일로 숙소를 예약한다.
- 숙소는 항상 K호텔을 이용한다.
- A팀장은 6월부터 10월까지 총 5번의 숙박비용의 합을 최소화하고자 한다.

	예약 사이트	총숙박비용
①	M투어	566,350원
②	H트립	492,500원
③	H트립	532,800원
④	S닷컴	527,500원
⑤	T호텔스	492,500원

02 서울에 사는 A씨는 결혼기념일을 맞이하여 가족과 함께 KTX를 타고 부산으로 여행을 다녀왔다. A씨의 가족이 이번 여행에서 지불한 총교통비는 얼마인가?

- A씨 부부에게는 만 6세인 아들, 만 3세인 딸이 있다.
- 갈 때는 딸을 무릎에 앉혀 갔고, 돌아올 때는 좌석을 구입했다.
- A씨의 가족은 일반석을 이용하였다.

〈KTX 좌석별 요금〉

구분	일반석	특실
가격	59,800원	87,500원

※ 만 4세 이상 13세 미만 어린이는 운임의 50%를 할인합니다.
※ 만 4세 미만의 유아는 보호자 1명당 2명까지 운임의 75%를 할인합니다.
(단, 유아의 좌석을 지정하지 않을 시 보호자 1명당 유아 1명의 운임을 받지 않습니다)

① 299,000원
② 301,050원
③ 307,000원
④ 313,850원
⑤ 313,950원

03 다음은 개발부에서 근무하는 K사원의 4월 근태기록이다. 규정을 참고했을 때 K사원이 받을 시간외근무수당은 얼마인가?(단, 정규근로시간은 09:00 ~ 18:00이다)

〈시간외근무규정〉

- 시간외근무(조기출근 포함)는 1일 4시간, 월 57시간을 초과할 수 없다.
- 시간외근무수당은 1일 1시간 이상 시간외근무를 한 경우에 발생하며, 1시간을 공제한 후 매분 단위까지 합산하여 계산한다(단, 월 단위 계산 시 1시간 미만은 절사한다).
- 시간외근무수당 지급단가 : 사원(7,000원), 대리(8,000원), 과장(10,000원)

〈K사원의 4월 근태기록(출근시각 / 퇴근시각)〉

- 4월 1일부터 4월 15일까지의 시간외근무시간은 12시간 50분(1일 1시간 공제 적용)이다.

18일(월)	19일(화)	20일(수)	21일(목)	22일(금)
09:00 / 19:10	09:00 / 18:00	08:00 / 18:20	08:30 / 19:10	09:00 / 18:00
25일(월)	26일(화)	27일(수)	28일(목)	29일(금)
08:00 / 19:30	08:30 / 20:40	08:30 / 19:40	09:00 / 18:00	09:00 / 18:00

※ 주말 특근은 고려하지 않는다.

① 112,000원
② 119,000원
③ 126,000원
④ 133,000원
⑤ 140,000원

04 S공사는 직원들에게 매월 25일 월급을 지급하고 있다. A대리는 이번 달 급여명세서를 보고 자신의 월급이 잘못 나왔음을 알았다. 다음 〈조건〉을 참고하여, 다음 달 A대리가 상여금과 다른 수당들이 없다고 할 때, 소급된 금액과 함께 받을 월급은 총 얼마인가?(단, 4대 보험은 국민연금, 건강보험, 장기요양, 고용보험이며 금액의 10원 미만은 절사한다)

〈급여명세서〉

(단위 : 원)

성명 : A	직위 : 대리	지급일 : 2024-6-25	
지급항목	지급액	공제항목	공제액
기본급	2,000,000	소득세	17,000
야근수당(2일)	80,000	주민세	1,950
휴일수당	-	고용보험	13,000
상여금	50,000	국민연금	90,000
기타	-	장기요양	4,360
식대	100,000	건강보험	67,400
교통비	-	연말정산	-
복지후생	-		
		공제합계	193,710
지급총액	2,230,000	차감수령액	2,036,290

조건

- 국민연금은 9만 원이고, 건강보험은 기본급의 6.24%이며 회사와 50%씩 부담한다.
- 장기요양은 건강보험 총금액의 7.0% 중 50%만 내고 고용보험은 13,000원이다.
- 잘못 계산된 금액은 다음 달에 소급한다.
- 야근수당은 하루당 기본급의 2%이며, 상여금은 5%이다.
- 다른 항목들의 금액은 급여명세서에 명시된 것과 같으며 매달 같은 조건이다.

① 1,865,290원
② 1,866,290원
③ 1,924,290원
④ 1,966,290원
⑤ 1,986,290원

PART 2

03 품목 확정

| 유형분석 |

- 물적 자원과 관련된 다양한 정보를 활용하여 풀어 가는 문제이다.
- 주로 공정도 · 제품 · 시설 등에 대한 가격 · 특징 · 시간 정보가 제시되며, 이를 종합적으로 고려하는 문제가 출제된다.

다음 중 물적자원관리의 과정에 대한 설명으로 옳지 않은 것은?

① 물품의 정리 및 보관 시 물품을 앞으로 계속 사용할 것인지 아닌지를 구분해야 한다.

② 유사성의 원칙은 유사품을 같은 장소에 보관하는 것을 말하며, 이는 보관한 물품을 보다 쉽고 빠르게 찾을 수 있도록 하기 위해서 필요하다.

③ 물품이 특성에 맞는 보관장소를 선정해야 하므로, 종이류와 유리 등은 그 재질의 차이로 인해서 보관장소의 차이를 두는 것이 바람직하다.

④ 물품의 정리 시 회전대응 보관의 원칙은 입출하의 빈도가 높은 품목은 출입구 가까운 곳에 보관하는 것을 말한다.

⑤ 물품의 무게와 부피에 따라서 보관 장소를 달리해야 하므로, 무게가 무겁거나 부피가 큰 것은 별도로 취급하여 개별 물품의 훼손이 생기지 않게 보관한다.

정답 ②

유사성의 원칙은 유사품은 인접한 장소에 보관한다는 것을 말한다. 같은 장소에 보관하는 것은 동일한 물품이다.

오답분석

① 물적자원관리 과정에서 첫 번째로 해야 할 일은 사용 물품과 보관 물품의 구분이며, 물품 활용의 편리성과 반복 작업 방지를 위해 필요한 작업이다.

③ 물품 분류가 끝났으면 적절하게 보관장소를 선정해야 하는데, 물품의 특성에 맞게 분류하여 보관하는 것이 바람직하다. 재질의 차이로 분류하는 방법도 옳은 방법이다.

④ 회전대응 보관 원칙에 대한 옳은 정의이다. 물품 보관 장소까지 선정이 끝나면 차례로 정리하면 된다. 여기서 회전대응 보관 원칙을 지켜야 물품 활용도가 높아질 수 있다.

⑤ 물품 보관 장소를 선정할 때 무게와 부피에 따라 분류하는 방법도 중요하다. 만약 다른 약한 물품들과 같이 놓게 되면 무게 또는 부피가 큰 물품에 의해 다른 물품이 파손될 가능성이 크기 때문이다.

풀이 전략!

문제에서 묻고자 하는 바를 정확히 파악하는 것이 중요하다. 문제에서 제시한 물적 자원의 정보를 문제의 의도에 맞게 선별하면서 풀어 간다.

대표기출유형 03 기출응용문제

01 S공사 인재개발원에 근무하고 있는 A대리는 〈조건〉에 따라 신입사원 교육을 위한 스크린을 구매하려고 한다. 다음 중 가장 적절한 제품은 무엇인가?

조건
- 조명도는 5,000lx 이상이어야 한다.
- 예산은 150만 원이다.
- 제품에 이상이 생겼을 때 A/S가 신속해야 한다.
- 위 조건을 모두 충족할 시 가격이 저렴한 제품을 가장 우선으로 선정한다.

※ lux(럭스) : 조명이 밝은 정도를 말하는 조명도에 대한 실용단위로 기호는 lx이다.

	제품	가격(만 원)	조명도(lx)	특이사항
①	A	180	8,000	2년 무상 A/S 가능
②	B	120	6,000	해외직구(해외 A/S)
③	C	100	3,500	미사용 전시 제품
④	D	150	5,000	미사용 전시 제품
⑤	E	130	7,000	2년 무상 A/S 가능

02 S공사에서 근무하는 A사원은 새로 도입되는 철도 관련 정책 홍보자료를 만들어서 배포하려고 한다. 다음 중 가장 저렴한 비용으로 인쇄할 수 있는 업체는?

〈인쇄업체별 비용 견적〉

(단위 : 원)

업체명	페이지당 비용	표지 가격		권당 제본 비용	할인
		유광	무광		
A인쇄소	50	500	400	1,500	-
B인쇄소	70	300	250	1,300	-
C인쇄소	70	500	450	1,000	100부 초과 시 초과 부수만 총비용에서 5% 할인
D인쇄소	60	300	200	1,000	-
E인쇄소	100	200	150	1,000	총 인쇄 페이지 5,000페이지 초과 시 총비용에서 20% 할인

※ 홍보자료는 관내 20개 지점에 배포하고, 지점마다 10부씩 배포한다.

※ 홍보자료는 30페이지 분량으로 제본하며, 표지는 유광표지로 한다.

① A인쇄소 ② B인쇄소

③ C인쇄소 ④ D인쇄소

⑤ E인쇄소

03 **다음 중 물적자원에 대한 설명으로 옳지 않은 것은?**

① 세상에 존재하는 모든 물체가 물적자원에 포함되는 것은 아니다.
② 물적자원은 자연자원과 인공자원으로 나눌 수 있다.
③ 자연자원은 석유, 석탄, 나무 등을 가리킨다.
④ 인공자원은 사람들이 인위적으로 가공하여 만든 것이다.
⑤ 물적자원을 얼마나 확보하고 활용할 수 있느냐가 큰 경쟁력이 된다.

04 **다음 중 물품의 특성에 맞는 보관 장소를 선정할 때 고려해야 할 요소로 적절하지 않은 것은?**

물품은 개별 물품의 특성을 고려하여 적절하게 보관할 수 있는 장소를 선정해야 한다. 예를 들어 종이류와 유리, 플라스틱 등은 그 재질의 차이로 인해서 보관 장소를 다르게 하는 것이 적당하다. 특히 유리의 경우 쉽게 파손될 우려가 있기 때문에 따로 보관하는 것이 중요하다.

① 재질
② 무게
③ 부피
④ 모양
⑤ 사용빈도

05 S회사 마케팅 팀장은 팀원 50명에게 연말 선물을 하기 위해 물품을 구매하려고 한다. 다음은 업체별 품목 가격과 팀원들의 품목 선호도를 나타낸 자료이다. 〈조건〉에 따라 팀장이 구매하는 물품과 업체를 순서대로 바르게 나열한 것은?

〈업체별 품목 금액〉

구분		한 벌당 가격(원)
A업체	티셔츠	6,000
	카라 티셔츠	8,000
B업체	티셔츠	7,000
	후드 집업	10,000
	맨투맨	9,000

〈구성원 품목 선호도〉

순위	품목
1	카라 티셔츠
2	티셔츠
3	후드 집업
4	맨투맨

조건

- 구성원의 선호도를 우선으로 품목을 선택한다.
- 총구매 금액이 30만 원 이상이면 총금액에서 5% 할인을 해준다.
- 차순위 품목이 1순위 품목보다 총금액이 20% 이상 저렴하면 차순위를 선택한다.

① 티셔츠, A업체
② 카라 티셔츠, A업체
③ 티셔츠, B업체
④ 후드 집업, B업체
⑤ 맨투맨, B업체

04 인원 선발

| 유형분석 |

- 인적 자원과 관련된 다양한 정보를 활용하여 풀어 가는 문제이다.
- 주로 근무명단, 휴무일, 업무할당 등의 주제로 다양한 정보를 활용하여 종합적으로 풀어 가는 문제가 출제된다.

어느 버스회사에서 A시에서 B시를 연결하는 버스 노선을 개통하기 위해 새로운 버스를 구매하려고 한다. 다음 〈조건〉과 같이 노선을 운행하려고 할 때, 최소 몇 대의 버스를 구매해야 하며 이때 필요한 운전사는 최소 몇 명인가?

조건

1) 새 노선의 왕복 시간 평균은 2시간이다(승하차 시간을 포함).
2) 배차시간은 15분 간격이다.
3) 운전사의 휴식시간은 매 왕복 후 30분씩이다.
4) 첫차는 05시 정각에, 막차는 23시에 A시를 출발한다.
5) 모든 차는 A시에 도착하자마자 B시로 곧바로 출발하는 것을 원칙으로 한다.
   즉, A시에 도착하는 시간이 바로 B시로 출발하는 시간이다.
6) 모든 차는 A시에서 출발해서 A시로 복귀한다.

	버스	운전사
①	6대	8명
②	8대	10명
③	10대	12명
④	12대	14명
⑤	14대	16명

정답 ②

왕복 시간이 2시간, 배차 간격이 15분이라면 첫차가 재투입되는 데 필요한 앞차의 수는 첫차를 포함해서 8대이다(∵ 15분×8대=2시간이므로 8대 버스가 운행된 이후 9번째에 첫차 재투입 가능).
운전사는 왕복 후 30분의 휴식을 취해야 하므로 첫차를 운전했던 운전사는 2시간 30분 뒤에 운전을 시작할 수 있다. 따라서 8대의 버스로 운행하더라도 운전자는 150분 동안 운행되는 버스 150÷15=10대를 운전하기 위해서는 10명의 운전사가 필요하다.

풀이 전략!

문제에서 신입사원 채용이나 인력배치 등의 주제가 출제될 경우에는 주어진 규정 혹은 규칙을 꼼꼼히 확인하여야 한다. 이를 근거로 각 선택지가 어긋나지 않는지 검토하며 문제를 풀어 간다.

대표기출유형 04 기출응용문제

01 S구청은 주민들의 정보화 교육을 위해 정보화 교실을 동별로 시행하고 있고, 주민들은 각자 일정에 맞춰 정보화 교육을 수강하려고 한다. 다음 중 개인 일정상 신청과목을 수강할 수 없는 사람은?(단, 하루라도 수강을 빠진다면 수강이 불가능하다)

〈정보화 교육 일정표〉

교육날짜	교육시간	장소	과정명	장소	과정명
화, 목	09:30 ~ 12:00	A동	인터넷 활용하기	C동	스마트한 클라우드 활용
	13:00 ~ 15:30		그래픽 초급 픽슬러 에디터		스마트폰 SNS 활용
	15:40 ~ 18:10		ITQ한글2020(실전반)		-
수, 금	09:30 ~ 12:00		한글 문서 활용하기		Windows10 활용하기
	13:00 ~ 15:30		스마트폰 / 탭 / 패드(기본앱)		스마트한 클라우드 활용
	15:40 ~ 18:10		컴퓨터 기초(윈도우 및 인터넷)		-
월	09:30 ~ 15:30		포토샵 기초		사진 편집하기
화 ~ 금	09:30 ~ 12:00	B동	그래픽 편집 달인 되기	D동	한글 시작하기
	13:00 ~ 15:30		한글 활용 작품 만들기		사진 편집하기
	15:40 ~ 18:10		-		엑셀 시작하기
월	09:30 ~ 15:30		Windows10 활용하기		스마트폰 사진 편집& 앱 배우기

〈개인 일정 및 신청과목〉

구분	개인 일정	신청과목
D동의 홍길동	• 매주 월 ~ 금 08:00 ~ 15:00 편의점 아르바이트 • 매주 월요일 16:00 ~ 18:00 음악학원 수강	엑셀 시작하기
A동의 이몽룡	• 매주 화, 수, 목 09:00 ~ 18:00 학원 강의 • 매주 월 16:00 ~ 20:00 배드민턴 동호회 활동	포토샵 기초
C동의 성춘향	• 매주 수, 금 17:00 ~ 22:00 호프집 아르바이트 • 매주 월 10:00 ~ 12:00 과외	스마트한 클라우드 활용
B동의 변학도	• 매주 월, 화 08:00 ~ 15:00 카페 아르바이트 • 매주 수, 목 18:00 ~ 20:00 요리학원 수강	그래픽 편집 달인되기
A동의 김월매	• 매주 월, 수, 금 10:00 ~ 13:00 필라테스 수강 • 매주 화 14:00 ~ 17:00 제빵학원 수강	인터넷 활용하기

① 홍길동
② 이몽룡
③ 성춘향
④ 변학도
⑤ 김월매

02 다음은 부서별로 핵심역량가치 중요도를 정리한 자료와 신입사원들의 핵심역량평가 결과표이다. 이를 바탕으로 한 C사원과 E사원의 부서배치로 적절한 것은?(단, '–'는 중요도가 상관없다는 표시이다)

〈핵심역량가치 중요도〉

구분	창의성	혁신성	친화력	책임감	윤리성
영업팀	–	중	상	중	–
개발팀	상	상	하	중	상
지원팀	–	중	–	상	하

〈핵심역량평가 결과표〉

구분	창의성	혁신성	친화력	책임감	윤리성
A사원	상	하	중	상	상
B사원	중	중	하	중	상
C사원	하	상	상	중	하
D사원	하	하	상	하	중
E사원	상	중	중	상	하

	C사원	E사원
①	개발팀	지원팀
②	영업팀	지원팀
③	개발팀	영업팀
④	지원팀	개발팀
⑤	지원팀	영업팀

03 다음 중 4차 산업혁명 시대의 인적자원관리 변화에 대한 설명으로 적절하지 않은 것은?

① 인간을 모방한 감각기능과 지능이 탑재되어 진보한 로봇이 다양한 수작업을 하고, 이는 산업에 영향을 주어 근로의 유형을 변화시킨다.

② 신기술의 등장과 기존 산업 간의 융합으로 새로운 산업의 생태계를 만들고, 직업에도 많은 변화가 발생한다.

③ 일자리의 양극화가 더욱 심화되며 대기업을 중심으로 우수인재 영입 및 유지를 위한 데이터 기반 인적자원관리가 강화된다.

④ 영리기반 공유경제 플랫폼은 노동자의 고용안정성을 더욱 향상시킨다.

⑤ 기술진보에 따라 새로운 직무에 적응할 수 있도록 지속적인 능력개발이 뒷받침되어야 한다.

04 **다음은 팀원들을 적절한 위치에 효과적으로 배치하기 위한 3가지 원칙에 대한 글이다. ㉠～㉣에 들어갈 말을 바르게 연결한 것은?**

> ___㉠___는 개인에게 능력을 발휘할 수 있는 기회와 장소를 부여하고, 그 성과를 바르게 평가한 뒤 평가된 실적에 대해 그에 상응하는 보상을 주는 원칙을 말한다. 이때, 미래에 개발 가능한 능력까지도 함께 고려해야 한다. 반면, ___㉡___는 팀의 효율성을 높이기 위해 팀원을 그의 능력이나 성격 등과 가장 적합한 위치에 배치하여 팀원 개개인의 능력을 최대로 발휘해 줄 것을 기대하는 것이다. 즉, 작업이나 직무가 요구하는 요건과 개인이 보유하고 있는 조건이 서로 균형 있고 적합하게 대응되어야 한다. 결국 ___㉢___는 ___㉣___의 하위개념이라고 할 수 있다.

	㉠	㉡	㉢	㉣
①	능력주의	적재적소주의	적재적소주의	능력주의
②	능력주의	적재적소주의	능력주의	적재적소주의
③	적재적소주의	능력주의	능력주의	적재적소주의
④	적재적소주의	능력주의	적재적소주의	능력주의
⑤	능력주의	균형주의	균형주의	능력주의

PART 2

CHAPTER 05

정보능력

합격 Cheat Key

정보능력은 업무를 수행함에 있어 기본적인 컴퓨터를 활용하여 필요한 정보를 수집·분석·활용하는 능력으로, 업무와 관련된 정보를 수집하고, 이를 분석하여 의미 있는 정보를 얻는 능력을 의미한다. 세부 유형은 컴퓨터 활용, 정보 처리로 나눌 수 있다.

1 평소에 컴퓨터 활용 스킬을 틈틈이 익혀라!

윈도우(OS)에서 어떠한 설정을 할 수 있는지, 응용프로그램(엑셀 등)에서 어떠한 기능을 활용할 수 있는지를 평소에 직접 사용해 본다면 문제를 보다 수월하게 해결할 수 있다. 여건이 된다면 컴퓨터 활용 능력에 관련된 자격증 공부를 하는 것도 이론과 실무를 익히는 데 도움이 될 것이다.

2 문제의 규칙을 찾는 연습을 하라!

일반적으로 코드체계나 시스템 논리체계를 제공하고 이를 분석하여 문제를 해결하는 유형이 출제된다. 이러한 문제는 문제해결능력과 같은 맥락으로 규칙을 파악하여 접근하는 방식으로 연습이 필요하다.

3 현재 보고 있는 그 문제에 집중하라!

정보능력의 모든 것을 공부하려고 한다면 양이 너무나 방대하다. 그렇기 때문에 수험서에서 본인이 현재 보고 있는 문제들을 집중적으로 공부하고 기억하려고 해야 한다. 그러나 엑셀의 함수 수식, 연산자 등 암기를 필요로 하는 부분들은 필수적으로 암기를 해서 출제가 되었을 때 오답률을 낮출 수 있도록 한다.

4 사진 · 그림을 기억하라!

컴퓨터 활용 능력을 파악하는 영역이다 보니 컴퓨터 속 옵션, 기능, 설정 등의 사진 · 그림이 문제에 같이 나오는 경우들이 있다. 그런 부분들은 직접 컴퓨터를 통해서 하나하나 확인을 하면서 공부한다면 더 기억에 잘 남게 된다. 조금 귀찮더라도 한 번씩 클릭하면서 확인해 보도록 한다.

대표기출유형

01 정보 이해

| 유형분석 |

- 정보능력 전반에 대한 이해를 확인하는 문제이다.
- 정보능력 이론이나 새로운 정보 기술에 대한 문제가 자주 출제된다.

다음 중 정보의 가공 및 활용에 대한 설명으로 옳지 않은 것은?

① 정보는 원형태 그대로 혹은 가공하여 활용할 수 있다.

② 수집된 정보를 가공하여 다른 형태로 재표현하는 방법도 가능하다.

③ 정적정보의 경우, 이용한 이후에도 장래활용을 위해 정리하여 보존한다.

④ 비디오테이프에 저장된 영상정보는 동적정보에 해당한다.

⑤ 동적정보는 입수하여 처리 후에는 해당 정보를 즉시 폐기해도 된다.

정답 ④

저장매체에 저장된 자료는 시간이 지나도 언제든지 동일한 형태로 재생이 가능하므로 정적정보에 해당한다.

오답분석

① 정보는 원래 형태 그대로 활용하거나, 분석, 정리 등 가공하여 활용할 수 있다.

② 정보를 가공하는 것뿐 아니라 일정한 형태로 재표현하는 것도 가능하다.

③ 시의성이 사라지면 정보의 가치가 떨어지는 동적정보와 달리 정적정보의 경우, 이용 후에도 장래에 활용을 하기 위해 정리하여 보존하는 것이 좋다.

⑤ 동적정보의 특징은 입수 후 처리한 경우에는 폐기하여도 된다는 것이다. 오히려 시간의 경과에 따라 시의성이 점점 떨어지는 동적정보를 축적하는 것은 비효율적이다.

풀이 전략!

자주 출제되는 정보능력 이론을 확인하고, 확실하게 암기해야 한다. 특히 새로운 정보 기술이나 컴퓨터활용능력 등에 관심을 가지는 것이 좋다.

대표기출유형 01 기출응용문제

01 **다음 글을 읽고 정보관리의 3원칙 중 ㉠~㉢에 해당하는 내용을 바르게 나열한 것은?**

> '구슬이 서말이라도 꿰어야 보배'라는 속담처럼 여러 가지 채널과 갖은 노력 끝에 입수한 정보가 우리가 필요한 시점에 즉시 활용되기 위해서는 모든 정보가 차곡차곡 정리되어 있어야 한다. 이처럼 정보의 관리란 수집된 다양한 형태의 정보를 어떤 문제해결이나 결론도출에 사용하기 쉬운 형태로 바꾸는 일이다. 정보를 관리할 때에는 특히 ㉠ 정보에 대한 사용목표가 명확해야 하며, ㉡ 정보를 쉽게 작업할 수 있어야 하고, ㉢ 즉시 사용할 수 있어야 한다.

	㉠	㉡	㉢
①	목적성	용이성	유용성
②	다양성	용이성	통일성
③	용이성	통일성	다양성
④	통일성	목적성	유용성
⑤	통일성	목적성	용이성

02 **다음은 데이터베이스에 대한 설명이다. 데이터베이스의 특징으로 적절하지 않은 것은?**

> 데이터베이스란 대량의 자료를 관리하고 내용을 구조화하여 검색이나 자료 관리 작업을 효과적으로 실행하는 프로그램으로, 삽입, 삭제, 수정, 갱신 등을 통하여 항상 최신의 데이터를 유동적으로 유지할 수 있으며, 이와 같은 다량의 데이터는 사용자의 질의에 대한 신속한 응답 처리를 가능하게 한다. 또한 이러한 데이터를 여러 명의 사용자가 동시에 공유할 수 있고, 각 데이터를 참조할 때는 사용자가 요구하는 내용에 따라 참조가 가능함은 물론 응용프로그램과 데이터베이스를 독립시킴으로써 데이터를 변경시키더라도 응용프로그램은 변경되지 않는다.

① 실시간 접근성
② 계속적인 진화
③ 동시 공유
④ 내용에 의한 참조
⑤ 데이터의 논리적 의존성

03 **귀하는 거래처의 컴퓨터를 빌려서 쓰게 되었는데, 해당 컴퓨터를 부팅하고 바탕화면에 저장된 엑셀 파일을 열자 어디에 사용될지 모르는 고객의 상세한 신상정보가 담겨 있었다. 다음 중 귀하가 취해야 할 태도로 가장 적절한 것은?**

① 고객 신상 정보를 즉시 지우고 빌린 컴퓨터를 사용한다.
② 고객 신상 정보의 훼손을 방지하고자 자신의 USB에 백업해두고 보관해준다.
③ 고객 신상 정보를 저장장치에 복사해서 빌린 거래처 담당자에게 되돌려준다.
④ 거래처에 고객 신상 정보 삭제를 요청한다.
⑤ 고객 신상 정보에 나와 있는 고객에게 연락하여 알려준다.

02 엑셀 함수

| 유형분석 |

- 컴퓨터 활용과 관련된 상황에서 문제를 해결하기 위한 행동이 무엇인지 묻는 문제이다.
- 주로 업무수행 중에 많이 활용되는 대표적인 엑셀 함수(COUNTIF, ROUND, MAX, SUM, COUNT, AVERAGE …)가 출제된다.
- 종종 엑셀시트를 제시하여 각 셀에 들어갈 함수식이 무엇인지 고르는 문제가 출제되기도 한다.

다음 시트에서 판매수량과 추가판매의 합계를 구하기 위해서 [B6] 셀에 들어갈 수식으로 옳은 것은?

	A	B	C
1	일자	판매수량	추가판매
2	06월19일	30	8
3	06월20일	48	
4	06월21일	44	
5	06월22일	42	12
6	합계	184	

① =SUM(B2,C2,C5)
② =LEN(B2:B5, 3)
③ =COUNTIF(B2:B5,">=12")
④ =SUM(B2:B5)
⑤ =SUM(B2:B5,C2,C5)

정답 ⑤

「=SUM(합계를 구할 처음 셀:합계를 구할 마지막 셀)」으로 표시해야 한다. 판매수량과 추가판매를 더하는 것은 비연속적인 셀을 더하는 것이므로 연속하는 영역을 입력하고 ','로 구분해 준 다음 영역을 다시 지정해야 한다. 따라서 [B6] 셀에 작성해야 할 수식으로는 「=SUM(B2:B5,C2,C5)」이 옳다.

풀이 전략!

제시된 상황에서 사용할 엑셀 함수가 무엇인지 파악한 후, 선택지에서 적절한 함수식을 골라 식을 만들어야 한다. 평소 대표적으로 문제에 자주 출제되는 몇몇 엑셀 함수를 익혀두면 풀이시간을 단축할 수 있다.

대표기출유형 02 기출응용문제

※ 귀하는 지점별 매출 및 매입 현황을 정리하고 있다. 다음 자료를 보고 이어지는 질문에 답하시오. [1~2]

	A	B	C	D	E	F
1	지점명	매출	매입			
2	주안점	2,500,000	1,700,000			
3	동암점	3,500,000	2,500,000		최대 매출액	
4	간석점	7,500,000	5,700,000		최소 매출액	
5	구로점	3,000,000	1,900,000			
6	강남점	4,700,000	3,100,000			
7	압구정점	3,000,000	1,500,000			
8	선학점	2,500,000	1,200,000			
9	선릉점	2,700,000	2,100,000			
10	교대점	5,000,000	3,900,000			
11	서초점	3,000,000	1,900,000			
12	합계					

01 다음 중 매출과 매입의 합계를 구할 때 사용할 함수는?

① REPT ② CHOOSE
③ SUM ④ AVERAGE
⑤ DSUM

02 다음 중 [F3] 셀을 구하는 함수식으로 옳은 것은?

① =MIN(B2:B11) ② =MAX(B2:C11)
③ =MIN(C2:C11) ④ =MAX(C2:C11)
⑤ =MAX(B2:B11)

03 S중학교에서 근무하는 P교사는 반 학생들의 과목별 수행평가 제출 여부를 확인하기 위해 다음과 같이 자료를 정리하였다. P교사가 [D11] ~ [D13] 셀에 〈보기〉와 같이 함수를 입력하였을 때, [D11] ~ [D13] 셀에 나타날 결괏값이 바르게 연결된 것은?

	A	B	C	D
1			(제출했을 경우 '1'로 표시)	
2	이름	A과목	B과목	C과목
3	김혜진	1	1	1
4	이방숙	1		
5	정영교	재제출 요망	1	
6	정혜운		재제출 요망	1
7	이승준		1	
8	이혜진			1
9	정영남	1		1
10				
11				
12				
13				

보기

[D11] 셀에 입력한 함수 → =COUNTA(B3:D9)
[D12] 셀에 입력한 함수 → =COUNT(B3:D9)
[D13] 셀에 입력한 함수 → =COUNTBLANK(B3:D9)

	[D11]	[D12]	[D13]
①	12	10	11
②	12	10	9
③	10	12	11
④	10	12	9
⑤	10	10	9

※ 병원에서 근무하는 S씨는 건강검진 관리 현황을 정리하고 있다. 이어지는 질문에 답하시오. **[4~5]**

	A	B	C	D	E	F
1	〈건강검진 관리 현황〉					
2	이름	검사구분	주민등록번호	검진일	검사항목 수	성별
3	강민희	종합검진	960809-2******	2023-11-12	18	
4	김범민	종합검진	010323-3******	2023-03-13	17	
5	조현진	기본검진	020519-3******	2023-09-07	10	
6	최진석	추가검진	871205-1******	2023-11-06	6	
7	한기욱	추가검진	980227-1******	2023-04-22	3	
8	정소희	종합검진	001015-4******	2023-02-19	17	
9	김은정	기본검진	891025-2******	2023-10-14	10	
10	박미옥	추가검진	011002-4******	2023-07-21	5	

PART 2

04 다음 중 2023년 하반기에 검진 받은 사람의 수를 확인하고자 할 때 사용해야 할 함수는?

① COUNT
② COUNTA
③ SUMIF
④ MATCH
⑤ COUNTIF

05 다음 중 주민등록번호를 통해 성별을 구분하려고 할 때, 각 셀에 필요한 함수식으로 옳은 것은?

① F3 : =IF(AND(MID(C3,8,1)="2",MID(C3,8,1)="4"),"여자","남자")
② F4 : =IF(AND(MID(C4,8,1)="2",MID(C4,8,1)="4"),"여자","남자")
③ F7 : =IF(OR(MID(C7,8,1)="2",MID(C7,8,1)="4"),"여자","남자")
④ F9 : =IF(OR(MID(C9,8,1)="1",MID(C9,8,1)="3"),"여자","남자")
⑤ F6 : =IF(OR(MID(C6,8,1)="2",MID(C6,8,1)="3"),"남자","여자")

03 프로그램 언어(코딩)

| 유형분석 |

- 프로그램의 실행 결과를 코딩을 통해 파악하여 이를 풀이하는 문제이다.
- 대체로 문제에서 규칙을 제공하고 있으며, 해당 규칙을 적용하여 새로운 코드번호를 만들거나 혹은 만들어진 코드번호를 해석하는 등의 문제가 출제된다.

다음 C 프로그램의 실행 결과에서 p의 값으로 옳은 것은?

```
#include <stdio.h>
int main()
{
   int x, y, p;
   x = 3;
   y = x ++;
   printf("x = %d y = %d\n", x, y);
   x = 10;
   y = ++x;
   printf("x = %d y = %d\n", x, y);
   y++;
   p=x+y;
   printf("x = %d y = %d\n", x, y);
   printf("p = %d\n", p);
   return 0;
 }
```

① p=22　　② p=23

③ p=24　　④ p=25

정답 ②

x값을 1 증가하여 x에 저장하고, 변경된 x값을 y값에 저장한 후 y값을 1 증가하여 y값에 저장한다. 이후 x값과 y값을 더하여 p에 저장한다. 따라서 x=10+1=11, y=x+1=12 → p=x+y=23이다.

풀이 전략!

문제에서 실행 프로그램 내용이 주어지면 핵심 키워드를 확인한다. 코딩 프로그램을 통해 요구되는 내용을 알아맞혀 정답 유무를 판단한다.

대표기출유형 03 기출응용문제

※ 다음 프로그램의 실행 결과로 옳은 것을 고르시오. [1~2]

01

```
#include <stdio.h>
void main() {
    int temp = 0;
    int i = 10;

    temp = i++;
    temp = i--;

    printf("%d, %d", temp, i);
}
```

① 10, 10
② 11, 10
③ 11, 11
④ 10, 11
⑤ 0, 10

02

```
#include <stdio.h>
void main(){
    char *arr[] = {"AAA","BBB","CCC"};
    printf("%s", *(arr+1));
}
```

① AAA
② AAB
③ BBB
④ CCC
⑤ AAABBBCCC

CHAPTER 06

기술능력

합격 Cheat Key

기술능력은 업무를 수행함에 있어 도구, 장치 등을 포함하여 필요한 기술에 어떠한 것들이 있는지 이해하고, 실제 업무를 수행함에 있어 적절한 기술을 선택하여 적용하는 능력이다.

세부 유형은 기술 이해 · 기술 선택 · 기술 적용으로 나눌 수 있다. 제품설명서나 상황별 매뉴얼을 제시하는 문제 또는 명령어를 제시하고 규칙을 대입할 수 있는지 묻는 문제가 출제되기 때문에 이런 유형들을 공략할 수 있는 전략을 세워야 한다.

1 긴 지문이 출제될 때는 보기의 내용을 미리 보라!

기술능력에서 자주 출제되는 제품설명서나 상황별 매뉴얼을 제시하는 문제에서는 기술을 이해하고, 상황에 알맞은 원인 및 해결방안을 고르는 문제가 출제된다. 실제 시험장에서 문제를 풀 때는 시간적 여유가 없기 때문에 보기를 먼저 읽고, 그 다음 긴 지문을 보면서 동시에 보기와 일치하는 내용이 나오면 확인해 가면서 푸는 것이 좋다.

2 모듈형에도 대비하라!

모듈형 문제의 비중이 늘어나는 추세이므로 공기업을 준비하는 취업준비생이라면 모듈형 문제에 대비해야 한다. 기술능력의 모듈형 이론 부분을 학습하고 모듈형 문제를 풀어보고 여러 번 읽으며 이론을 확실히 익혀두면 실제 시험장에서 이론을 묻는 문제가 나왔을 때 단번에 답을 고를 수 있다.

3 전공 이론도 익혀 두어라!

지원하는 직렬의 전공 이론이 기술능력으로 출제되는 경우가 많기 때문에 전공 이론을 익혀두는 것이 좋다. 깊이 있는 지식을 묻는 문제가 아니더라도 출제되는 문제의 소재가 전공과 관련된 내용일 가능성이 크기 때문에 최소한 지원하는 직렬의 전공 용어는 확실히 익혀 두어야 한다.

4 쉽게 포기하지 말라!

직업기초능력평가에서 주요 영역이 아니면 소홀한 경우가 많다. 시험장에서 기술능력을 읽어보지도 않고 포기하는 경우가 많은데 차근차근 읽어보면 지문만 잘 읽어도 풀 수 있는 문제들이 출제되는 경우가 있다. 이론을 모르더라도 풀 수 있는 문제인지 파악해보자.

대표기출유형

01 기술 이해

| 유형분석 |

- 업무수행에 필요한 기술의 개념 및 원리, 관련 용어에 대한 문제가 자주 출제된다.
- 기술 시스템의 개념과 발전 단계에 대한 문제가 출제되므로 각 단계의 순서와 그에 따른 특징을 숙지하여야 하며, 단계별로 요구되는 핵심 역할이 다름에 유의한다.

다음 중 기술선택에 대한 설명으로 옳지 않은 것을 〈보기〉에서 모두 고르면?

보기

ㄱ. 상향식 기술선택은 기술경영진과 기술기획자들의 분석을 통해 기업이 필요한 기술 및 기술수준을 결정하는 방식이다.
ㄴ. 하향식 기술선택은 전적으로 기술자들의 흥미 위주로 기술을 선택하여 고객의 요구사항과는 거리가 먼 제품이 개발될 수 있다.
ㄷ. 수요자 및 경쟁자의 변화와 기술 변화 등을 분석해야 한다.
ㄹ. 기술능력과 생산능력, 재무능력 등의 내부 역량을 고려하여 기술을 선택한다.
ㅁ. 기술선택 시 최신 기술로 진부화될 가능성이 적은 기술을 최우선순위로 결정한다.

① ㄱ, ㄴ, ㄹ
② ㄱ, ㄴ, ㅁ
③ ㄴ, ㄷ, ㄹ
④ ㄴ, ㄹ, ㅁ
⑤ ㄷ, ㄹ, ㅁ

정답 ②

ㄱ. 하향식 기술선택에 대한 설명이다.
ㄴ. 상향식 기술선택에 대한 설명이다.
ㅁ. 기술선택을 위한 우선순위는 다음과 같다.
① 제품의 성능이나 원가에 미치는 영향력이 큰 가술
② 기술을 활용한 제품의 매출과 이익 창출 잠재력이 큰 기술
③ 쉽게 구할 수 없는 기술
④ 기업 간 모방이 어려운 기술
⑤ 기업이 생산하는 제품 및 서비스에 보다 광범위하게 활용할 수 있는 기술
⑥ 최신 기술로 진부화될 가능성이 적은 기술

풀이 전략!

문제에 제시된 내용만으로는 풀이가 어려울 수 있으므로, 사전에 관련 기술 이론을 숙지하고 있어야 한다. 자주 출제되는 개념을 확실하게 암기하여 빠르게 문제를 풀 수 있도록 하는 것이 좋다.

기출응용문제 01 기출응용문제

01 **다음 글을 미루어 보아 기술경영자의 역할로 옳지 않은 것은?**

기술경영자에게는 리더십, 기술적인 능력, 행정능력 외에도 다양한 도전을 해결하기 위한 여러 능력들이 요구된다. 기술개발이 결과 지향적으로 수행되도록 유도하는 능력, 기술개발 과제의 세부 사항까지도 파악할 수 있는 능력, 기술개발 과제의 전 과정을 전체적으로 조망할 수 있는 능력이 그것이다. 또한 기술개발은 기계적인 관리보다는 조직 및 인간 행동상의 요인들이 더 중요하게 작용되는 사람 중심의 진행이기 때문에 이 밖에도, 기술의 성격 및 이와 관련된 동향・사업 환경 등을 이해할 수 있는 능력과 기술적인 전문성을 갖춰 팀원들의 대화를 효과적으로 이끌어낼 수 있는 능력 등 다양한 능력을 필요로 하고 있다. 이와는 달리 중간급 매니저라 할 수 있는 기술관리자에게는 기술경영자와는 조금 다른 능력이 필요한데, 이에는 기술적 능력에 대한 것과 계획서 작성, 인력관리, 예산관리, 일정 관리 등 행정능력에 대한 것이다.

① 시스템적인 관점에서 인식하는 능력
② 기술을 효과적으로 평가할 수 있는 능력
③ 조직 내의 기술 이용을 수행할 수 있는 능력
④ 새로운 제품개발 시간을 단축할 수 있는 능력
⑤ 기술을 기업의 전반적인 전략 목표에 통합시키는 능력

PART 2

02 **다음 중 기술 시스템의 발전 단계에 따라 ㉠～㉣에 들어갈 내용을 바르게 나열한 것은?**

발전 단계	특징	Key Man
발명・개발・혁신의 단계	기술 시스템이 탄생하고 성장	기술자
↓		
㉠	성공적인 기술이 다른 지역으로 이동	기술자
↓		
㉡	기술 시스템 사이의 경쟁	㉢
↓		
기술 공고화 단계	경쟁에서 승리한 기술 시스템의 관성화	㉣

	㉠	㉡	㉢	㉣
①	기술 이전의 단계	기술 경쟁의 단계	기업가	자문 엔지니어
②	기술 경쟁의 단계	기술 이전의 단계	금융전문가	자문 엔지니어
③	기술 이전의 단계	기술 경쟁의 단계	기업가	기술자
④	기술 경쟁의 단계	기술 이전의 단계	금융전문가	기업가
⑤	기술 이전의 단계	기술 경쟁의 단계	금융전문가	기술자

03 다음 사례의 D씨가 하고 있는 것을 무엇이라 하는가?

> D씨는 하이베드 딸기 재배 기법을 배우기 위해 네덜란드 PTC+에서 교육을 받았다. 한국에 돌아온 D씨는 네덜란드 PTC+에서 배워온 딸기 재배 기법을 단순 적용한 것이 아니라 우리나라 실정에 맞게 변형한 재배 기법을 실시함으로써 고수익을 올릴 수 있었다. D씨는 수개월간의 시행착오 끝에 네덜란드의 기후, 토양의 질 등과는 다른 우리나라 환경에 적합한 딸기를 재배하기 위해 배양액의 농도, 토질, 조도시간, 생육기간과 당도까지 최적의 기술을 연구함으로써 국내 최고의 질을 자랑하는 딸기를 출하할 수 있게 되었다.

① 벤치마크
② 벤치마킹
③ 표절
④ 모방
⑤ 차용

04 다음은 벤치마킹을 수행 방식에 따라 분류한 자료이다. (A) ~ (E)에 들어갈 내용으로 적절하지 않은 것은?

〈벤치마킹의 수행 방식에 따른 분류〉

구분	직접적 벤치마킹	간접적 벤치마킹
정의	• 벤치마킹 대상을 직접 방문하여 조사·분석하는 방법	• 벤치마킹 대상을 인터넷 및 문서형태의 자료 등을 통해서 간접적으로 조사·분석하는 방법
장점	• 필요로 하는 정확한 자료의 입수 및 조사가 가능하다. • (A)	• 벤치마킹 대상의 수에 제한이 없고 다양하다. • (C)
단점	• 벤치마킹 수행과 관련된 비용 및 시간이 많이 소요된다. • (B)	• (D) • (E)

① (A) : 벤치마킹의 이후에도 계속적으로 자료의 입수 및 조사가 가능하다.
② (B) : 벤치마킹 결과가 피상적일 수 있다.
③ (C) : 비용과 시간을 상대적으로 많이 절감할 수 있다.
④ (D) : 핵심자료의 수집이 상대적으로 어렵다.
⑤ (E) : 정확한 자료 확보가 어렵다.

05 다음은 기술선택을 위한 절차를 나타낸 자료이다. (A) ~ (E)에 대한 행동으로 옳은 것은?

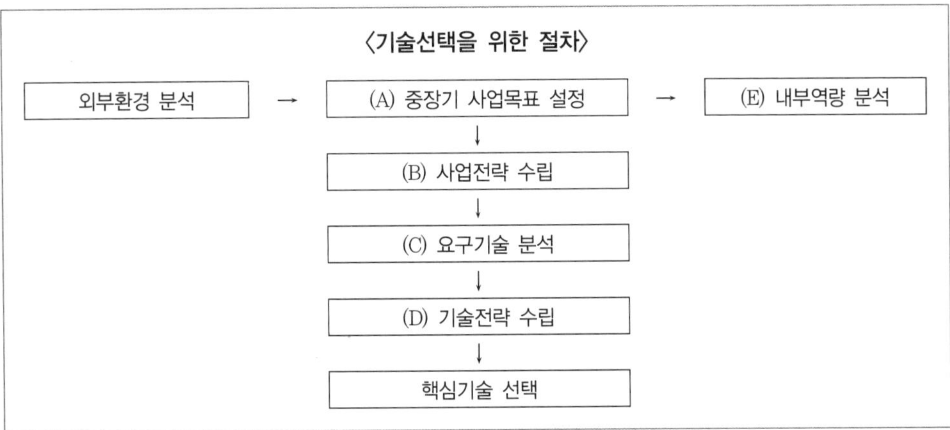

① (A) : 기술획득 방법 결정

② (B) : 사업 영역 결정, 경쟁 우위 확보 방안 수립

③ (C) : 기업의 장기비전, 매출목표 및 이익목표 설정

④ (D) : 기술능력, 생산능력, 마케팅 / 영업능력, 재무능력 등 분석

⑤ (E) : 제품 설계 / 디자인 기술, 제품 생산 공정, 원재료 / 부품 제조기술 분석

02 기술 적용

| 유형분석 |

- 주어진 자료를 해석하고 기술을 적용하여 풀어가는 문제이다.
- 자료 등을 읽고 제시된 문제 상황에 적절한 해결방법을 찾는 문제가 자주 출제된다.
- 지문의 길이가 길고 복잡하므로, 문제에서 요구하는 정보를 놓치지 않도록 주의해야 한다.

K사는 생산팀 직원들을 위해 작업장에 의료 건조기를 설치했다. 이에 비품 담당자인 B사원은 다음 제품 설명서의 내용을 토대로 직원들을 위해 '건조기 사용 전 필독 유의사항'을 작성하려고 한다. 이때, 유의사항에 들어갈 내용으로 적절하지 않은 것은?

[사용 전 알아두어야 할 사항]

1. 물통 또는 제품 내부에 절대 의류 외에 다른 물건을 넣지 마십시오.
2. 제품을 작동시키기 전 문이 제대로 닫혔는지 확인하십시오.
3. 필터는 제품 사용 전후로 반드시 청소해 주십시오.
4. 제품의 성능유지를 위해서 물통을 자주 비워 주십시오.
5. 겨울철이거나 건조기가 설치된 곳의 기온이 낮을 경우 건조시간이 길어질 수 있습니다.
6. 과도한 건조물을 넣고 기계를 작동시키면 완벽하게 건조되지 않거나 의류에 구김이 생길 수 있습니다. 최대용량 5kg 이내로 의류를 넣어 주십시오.
7. 가죽, 슬립, 전기담요, 마이크로 화이바 소재 의류, 이불, 동·식물성 충전재 사용 제품은 사용을 피해 주십시오.

[동결 시 조치방법]

1. 온도가 낮아지게 되면 물통이나 호스가 얼 수 있습니다.
2. 동결 시 작동 화면에 'ER' 표시가 나타납니다. 이 경우 일시정지 버튼을 눌러 작동을 멈춰 주세요.
3. 물통이 얼었다면, 물통을 꺼내 따뜻한 물에 20분 이상 담가 주세요.
4. 호스가 얼었다면, 호스 안의 이물질을 모두 꺼내고, 호스를 따뜻한 물 또는 따뜻한 수건으로 20분 이상 녹여 주세요.

① 사용 전후로 필터는 꼭 청소해 주세요.

② 건조기에 넣은 의류는 5kg 이내로 해 주세요.

③ 사용이 불가한 의류 제품 목록을 꼭 확인해 주세요.

④ 화면에 ER 표시가 떴을 때는 전원을 끄고 작동을 멈춰 주세요.

⑤ 호스가 얼었다면, 호스를 따뜻한 물 또는 따뜻한 수건으로 20분 이상 녹여 주세요.

정답 ④

제시문의 동결 시 조치방법에서는 화면에 'ER' 표시가 나타나면 전원 버튼이 아닌 일시정지 버튼을 눌러 작동을 멈추라고 설명하고 있다.

오답분석

① 필터는 제품 사용 전후로 반드시 청소해 주라고 설명하고 있다.
② 과도한 건조물을 넣고 기계를 작동시키면 완벽하게 건조되지 않거나 의류에 구김이 생길 수 있으니 최대용량 5kg 이내로 의류를 넣어 주라고 설명하고 있다.
③ 건조기 사용이 불가한 제품 목록이 설명되어 있다.
⑤ 호스가 얼었다면, 호스 안의 이물질을 모두 꺼내고, 호스를 따뜻한 물 또는 따뜻한 수건으로 20분 이상 녹여 주라고 설명하고 있다.

풀이 전략!

문제에 제시된 자료 중 필요한 정보를 빠르게 파악하는 것이 중요하다. 질문을 먼저 읽고 문제 상황을 파악한 뒤 제시된 선택지를 하나씩 소거하며 문제를 푸는 것이 좋다.

대표기출유형 02 기출응용문제

※ 다음은 제습기 사용과 보증기간에 대한 사용 설명서이다. 이어지는 질문에 답하시오. [1~2]

〈사용 전 알아두기〉

- 제습기의 적정 사용온도는 18 ~ 35°C입니다.
  - 18°C 미만에서는 냉각기에 결빙이 시작되어 제습량이 줄어들 수 있습니다.
- 제습 운전 중에는 컴프레서 작동으로 실내 온도가 올라갈 수 있습니다.
- 설정한 희망 습도에 도달하면 운전을 멈추고 실내 습도가 높아지면 자동 운전을 다시 시작합니다.
- 물통이 가득 찰 경우 제습기 작동이 멈춥니다.
- 안전을 위하여 제습기 물통에 다른 물건을 넣지 마십시오.
- 제습기가 작동하지 않거나 아무 이유 없이 작동을 멈추는 경우 다음 사항을 확인하세요.
  - 전원플러그가 제대로 끼워져 있는지 확인하십시오.
  - 위의 사항이 정상인 경우, 전원을 끄고 10분 정도 경과 후 다시 전원을 켜세요.
  - 여전히 작동이 안 되는 경우, 판매점 또는 서비스 센터에 연락하시기 바랍니다.
- 현재 온도 / 습도는 설치장소 및 주위 환경에 따라 실제와 차이가 있을 수 있습니다.

〈보증기간 안내〉

- 품목별 소비자 피해 보상규정에 의거 아래와 같이 제품에 대한 보증을 실시합니다.
- 보증기간 산정 기준
  - 제품 보증기간은 제조사 또는 제품 판매자가 소비자에게 정상적인 상태에서 자연 발생한 품질 성능 기능 하자에 대하여 무료 수리해 주겠다고 약속한 기간을 말합니다.
  - 제품 보증기간은 구입일자를 기준으로 산정하며 구입일자의 확인은 제품보증서를 기준으로 합니다. 단, 보증서가 없는 경우는 제조일(제조번호, 검사필증)로부터 3개월이 경과한 날부터 보증기간을 계산합니다.
  - 중고품(전파상 구입, 모조품) 구입 시 보증기간은 적용되지 않으며 수리 불가의 경우 피해보상을 책임지지 않습니다.
- 당사와의 계약을 통해 납품되는 제품의 보증은 그 계약내용을 기준으로 합니다.
- 제습기 보증기간은 일반제품으로 1년으로 합니다.
  - 2022년 1월 이전 구입분은 2년 적용합니다.

〈제습기 부품 보증기간〉

- 인버터 컴프레서(2021년 1월 이후 생산 제품)는 10년입니다.
- 컴프레서(2023년 1월 이후 생산 제품)는 4년입니다.
- 인버터 컴프레서에 한해서 5년 차부터 부품대만 무상 적용합니다.

01 **제습기 구매자가 사용 전 알아두기에 대한 설명서를 읽고 나서 제습기를 사용했다. 다음 중 구매자가 서비스센터에 연락해야 할 작동 이상으로 가장 적절한 것은?**

① 실내 온도가 17°C일 때 제습량이 줄어들었다.

② 제습기 사용 후 실내 온도가 올라갔다.

③ 물통에 물이 $\frac{1}{2}$ 정도 들어있을 때 작동이 멈췄다.

④ 제습기가 갑자기 작동되지 않아 잠시 10분 꺼두었다가 다시 켰더니 작동하였다.

⑤ 희망 습도에 도달하니 운전을 멈추었다.

02 **보증기간 안내 및 제습기 부품 보증기간을 참고할 때, 제습기 사용자가 잘못 이해한 내용은?**

① 제품 보증서가 없는 경우, 영수증에 찍힌 구입한 날짜부터 보증기간을 계산한다.

② 보증기간 무료 수리는 정상적인 상태에서 자연 발생한 품질 성능 기능 하자가 있을 때이다.

③ 제습기 보증기간은 일반제품을 기준으로 구입일로부터 1년이다.

④ 2022년도 이전에 구입한 제습기는 보증기간이 2년 적용된다.

⑤ 2021년도에 생산된 인버터 컴프레서는 10년이 보증기간이다.

※ S유치원에서는 유아 교육자료 제작을 위해 코팅기를 구입하였다. 다음 설명서를 참고하여 이어지는 질문에 답하시오. [3~5]

■ 사용방법

1) 앞면에 있는 스위치를 'ON'으로 돌리면 파란불이 들어오며 예열을 시작합니다.
2) 3 ~ 5분 정도의 예열이 끝나면 예열표시등이 빨간불로 바뀌고 코팅을 할 수 있습니다.
3) 코팅할 서류를 코팅지에 넣어 주시고, 봉합된 변까지 밀어 넣습니다.
   - 각 변에 최소 3 ~ 5mm 여유 공간을 남겨 주십시오.
   - 두께가 160micron 이상이거나 100micron 이하인 코팅지를 사용하지 마십시오.
4) 서류를 넣은 코팅지는 봉합된 부분부터 평행으로 코팅 투입구에 넣어 주십시오.
5) 코팅지는 코팅기를 통과하며 기기 뒷면 코팅 배출구에서 나옵니다.
   - 임의로 코팅지를 잡아당기면 안 됩니다.
6) 코팅지가 전부 나온 후 기기에서 분리해 주십시오.
7) 사용 완료 후 스위치를 'OFF'로 돌려 주십시오.
   - 사용 후 1 ~ 2시간 정도 열을 식혀 주십시오.

■ 코팅지 걸림 발생 시

1) 코팅지가 기기에 걸렸을 경우 앞면의 스위치를 'OFF'로 돌린 다음 기기 전원을 차단시킵니다.
2) 기기 뒷면에 있는 'REMOVE' 스위치를 화살표 방향으로 밀면서 코팅 서류를 조심스럽게 당겨 뽑아 주십시오.

■ 주의사항

- 기기가 작동 중일 때 표면이 매우 뜨거우므로 손으로 만지지 마십시오.
- 기기를 사용한 후, 기계 플러그를 뽑고 열이 충분히 식은 후에 이동 및 보관을 합니다.
- 기기 위에 무겁거나 날카로운 물건을 두지 마십시오.
- 기기의 내부에 물을 떨어뜨리지 마십시오.
- 기기에 다른 물질을 넣지 마십시오.
- 전문가의 도움 없이 절대 분해하거나 재조립 또는 수리하지 마십시오.
- 기기를 장시간 사용하지 않을 경우 전원 코드를 뽑아 주십시오.
- 사용 중 기기가 과열되거나 이상한 냄새가 나거나 종이 걸림이 있을 경우 신속히 전원을 끕니다.

■ 문제해결

고장	원인	해결
코팅 중에 코팅물이 나오지 않을 때	• 필름을 잘라서 사용했을 경우 • 두께를 초과하는 용지로 코팅했을 경우 • 과도하게 용지를 투입했을 경우 • 코팅지가 롤러에 말린 경우	• 전원을 끄고 'REMOVE' 스위치를 화살표 방향으로 밀면서 말린 필름을 제거합니다.
필름을 투입했지만, 필름이 들어가지 않고 멈춰있을 때	• 투입 불량으로 접착액이 다량으로 붙어 있는 경우	• 전원을 끄고 냉각시킨 다음 다시 시도해 봅니다.
전원 지시등이 켜지지 않을 때	• 기기 전원 스위치가 접속되어 있지 않은 경우	• 전원코드 및 기기 스위치가 'ON'으로 되어 있는지 확인합니다.

03 **A교사는 연구수업에 쓰일 교육자료 제작을 위해 코팅기를 사용하였다. 다음 중 A교사의 행동으로 가장 적절한 것은?**

① 코팅기 앞면의 스위치를 'ON'으로 놓자마자 코팅지를 투입하였다.
② 코팅지를 평행으로 놓고, 봉합된 부분의 반대 방향부터 투입구에 넣었다.
③ 120micron 코팅지에 코팅할 서류를 넣었다.
④ 코팅기를 통과하면서 나오는 코팅지를 뒷면에서 잡아당겼다.
⑤ 사용 완료 후 기기 전원을 끄고 바로 보관함 상자에 넣었다.

04 **B원장은 기기 관리를 위해 교사들에게 코팅기 사용 시 주의사항에 대해 안내하고자 한다. 다음 중 코팅기 사용 시 주의해야 할 사항으로 적절하지 않은 것은?**

① 기기 사용 중에는 표면이 많이 뜨거우므로 아이들의 손이 닿지 않도록 주의하세요.
② 기기 위에 무거운 물건이나 날카로운 물건을 올리지 마세요.
③ 사용 후에는 스위치를 'OFF'로 돌려놓고, 퇴근 시에는 전원코드를 뽑아 주세요.
④ 사용 중 이상한 냄새가 날 경우 신속히 전원을 끄도록 합니다.
⑤ 사용 중 기기에 코팅지가 걸릴 경우 기기 앞면에서 코팅 서류를 조심스럽게 꺼냅니다.

05 **C교사가 코팅기를 사용하는데 코팅물이 나오지 않았다. 다음 중 문제의 원인으로 적절하지 않은 것은?**

① 코팅 필름을 잘라서 코팅기에 넣었다.
② 두꺼운 코팅 필름을 사용해 코팅기에 넣었다.
③ 코팅물이 빠져나오지 않은 상태에서 새로운 코팅물을 넣었다.
④ 코팅지가 롤러 사이에 말려 있었다.
⑤ 코팅지 주변에 접착액이 다량으로 붙어 있었다.

CHAPTER 07

조직이해능력

합격 Cheat Key

조직이해능력은 업무를 원활하게 수행하기 위해 조직의 체제와 경영을 이해하고 국제적인 추세를 이해하는 능력이다. 현재 많은 공사·공단에서 출제 비중을 높이고 있는 영역이기 때문에 미리 대비하는 것이 중요하다. 실제 업무 능력에서 조직이해능력을 요구하기 때문에 중요도는 점점 높아질 것이다.

세부 유형은 조직 체제 이해, 경영 이해, 업무 이해, 국제 감각으로 나눌 수 있다. 조직도를 제시하는 문제가 출제되거나 조직의 체계를 파악해 경영의 방향성을 예측하고, 업무의 우선순위를 파악하는 문제가 출제된다.

1 문제 속에 정답이 있다!

경력이 없는 경우 조직에 대한 이해가 낮을 수밖에 없다. 그러나 문제 자체가 실무적인 내용을 담고 있어도 문제 안에는 해결의 단서가 주어진다. 부담을 갖지 않고 접근하는 것이 중요하다.

2 경영·경제학원론 정도의 수준은 갖추도록 하라!

지원한 직군마다 차이는 있을 수 있으나, 경영·경제이론을 접목시킨 문제가 꾸준히 출제되고 있다. 따라서 기본적인 경영·경제이론은 익혀 둘 필요가 있다.

3 지원하는 공사 · 공단의 조직도를 파악하라!

출제되는 문제는 각 공사 · 공단의 세부내용일 경우가 많기 때문에 지원하는 공사 · 공단의 조직도를 파악해 두어야 한다. 조직이 운영되는 방법과 전략을 이해하고, 조직을 구성하는 체제를 파악하고 간다면 조직이해능력에서 조직도가 나올 때 단기간에 문제를 풀 수 있을 것이다.

4 실제 업무에서도 요구되므로 이론을 익혀라!

각 공사 · 공단의 직무 특성상 일부 영역에 중요도가 가중되는 경우가 있어서 많은 취업준비생들이 일부 영역에만 집중하지만, 실제 업무 능력에서 직업기초능력평가 10개 영역이 골고루 요구되는 경우가 많고, 현재는 필기시험에서도 조직이해능력을 출제하는 기관의 비중이 늘어나고 있기 때문에 미리 이론을 익혀 둔다면 모듈형 문제에서 고득점을 노릴 수 있다.

01 경영 전략

| 유형분석 |

- 경영 전략에서 대표적으로 출제되는 문제는 마이클 포터(Michael Porter)의 본원적 경쟁전략이다.
- 경쟁 전략의 기본적인 이해와 구조를 물어보는 문제가 자주 출제되므로 전략별 특징 및 개념에 대한 이론 학습이 요구된다.

다음 사례에서 나타난 마이클 포터의 본원적 경쟁전략으로 가장 적절한 것은?

> 전자제품 시장에서 경쟁회사가 가격을 낮추는 저가 전략을 사용하여 점유율을 높이려 하자, 이에 맞서 오히려 고급 기술을 적용한 고품질 프리미엄 제품을 선보이고 서비스를 강화해 시장의 점유율을 높였다.

① 차별화 전략
② 원가우위 전략
③ 집중화 전략
④ 마케팅 전략
⑤ 비교우위 전략

정답 ①

마이클 포터의 본원적 경쟁전략

- 차별화 전략 : 조직이 생산품이나 서비스를 차별화하여 고객에게 가치가 있고 독특하게 인식되도록 하는 전략으로, 이를 활용하기 위해서는 연구개발이나 광고를 통하여 술, 품질, 서비스, 브랜드 이미지를 개선할 필요가 있다.
- 원가우위 전략 : 원가절감을 통해 해당 산업에서 우위를 점하는 전략으로, 이를 위해서는 대량생산을 통해 단위 원가를 낮추거나 새로운 생산기술을 개발할 필요가 있다.
- 집중화 전략 : 특정 시장이나 고객에게 한정된 전략으로, 특정 산업을 대상으로 한다. 즉, 경쟁 조직들이 소홀히 하고 있는 한정된 시장을 원가우위나 차별화 전략을 써서 집중 공략하는 방법이다.

풀이 전략!

대부분의 기업들은 마이클 포터의 본원적 경쟁전략을 사용하고 있다. 각 전략에 해당하는 대표적인 기업을 연결하고, 그들의 경영 전략을 상기하며 문제를 풀어보도록 한다.

대표기출유형 01 기출응용문제

01 A는 취업스터디에서 마이클 포터의 본원적 경쟁전략을 토대로 기업의 경영전략을 정리하고자 한다. 다음 중 〈보기〉의 내용이 바르게 분류된 것은?

- 차별화 전략 : 가격 이상의 가치로 브랜드 충성심을 이끌어 내는 전략
- 원가우위 전략 : 업계에서 가장 낮은 원가로 우위를 확보하는 전략
- 집중화 전략 : 특정 세분시장만 집중공략하는 전략

보기

㉠ I기업은 S/W에 집중하기 위해 H/W의 한글전용 PC분야를 한국계기업과 전략적으로 제휴하고 회사를 설립해 조직체에 위양하였으며 이후 고유분야였던 S/W에 자원을 집중하였다.
㉡ B마트는 재고 네트워크를 전산화하여 원가를 절감하고 양질의 제품을 최저가격에 판매하고 있다.
㉢ A호텔은 5성급 호텔로 하루 숙박비용이 상당히 비싸지만, 환상적인 풍경과 더불어 친절한 서비스를 제공하고 객실 내 제품이 모두 최고급으로 비치되어 있어 이용객들에게 높은 만족도를 준다.

	차별화 전략	원가우위 전략	집중화 전략
①	㉠	㉡	㉢
②	㉠	㉢	㉡
③	㉡	㉠	㉢
④	㉢	㉡	㉠
⑤	㉢	㉠	㉡

02 다음은 경영참가제도의 유형에 대한 자료이다. 밑줄 친 ㉠~㉢에 대한 설명으로 옳지 않은 것은?

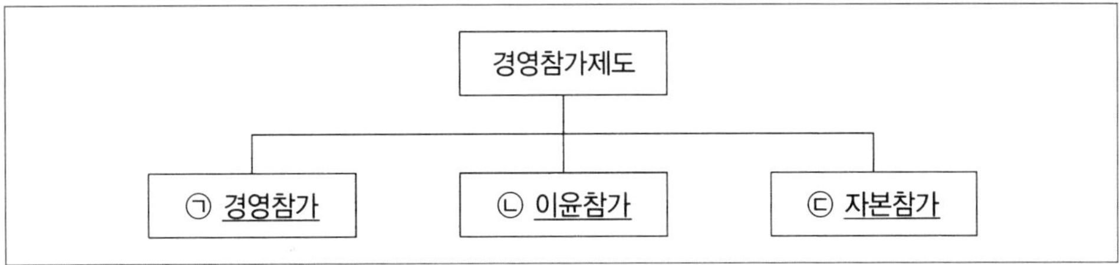

① ㉠의 경우 초기단계에서는 경영자가 경영 관련 정보를 근로자에게 제공한다.
② ㉡은 구성원의 몰입과 관심을 높일 수 있는 방법이다.
③ ㉡은 생산의 판매 가치나 부가가치의 증대를 기준으로 성과배분을 하기도 한다.
④ ㉢은 근로자들이 퇴직 후에 생활자금을 확보할 수 있는 방법이 될 수 있다.
⑤ ㉢의 사례로는 공동의사결정제도와 노사협의회제도를 볼 수 있다.

대표기출유형

02 조직 구조

| 유형분석 |

- 조직 구조 유형에 대한 특징을 물어보는 문제가 자주 출제된다.
- 기계적 조직과 유기적 조직의 차이점과 사례 등을 숙지하고 있어야 한다.
- 조직 구조 형태에 따라 기능적 조직, 사업별 조직으로 구분하여 출제되기도 한다.

다음 〈보기〉 중 조직 구조에 대한 설명으로 옳지 않은 것을 모두 고르면?

보기

ㄱ. 기계적 조직은 구성원들의 업무분장이 명확하게 이루어져 있는 편이다.
ㄴ. 기계적 조직은 조직 내 의사소통이 비공식적 경로를 통해 활발히 이루어진다.
ㄷ. 유기적 조직은 의사결정 권한이 조직 하부 구성원들에게 많이 위임되어 있으며, 업무내용이 명확히 규정되어 있는 것이 특징이다.
ㄹ. 유기적 조직은 기계적 조직에 비해 조직의 형태가 가변적이다.

① ㄱ, ㄴ
② ㄱ, ㄷ
③ ㄴ, ㄷ
④ ㄴ, ㄹ
⑤ ㄷ, ㄹ

정답 ③

ㄴ. 기계적 조직 내 의사소통은 비공식적 경로가 아닌 공식적 경로를 통해 주로 이루어진다.
ㄷ. 유기적 조직은 의사결정 권한이 조직 하부 구성원들에게 많이 위임되어 있으나, 업무내용은 기계적 조직에 비해 가변적이다.

오답분석

ㄱ. 기계적 조직은 위계질서 및 규정, 업무분장이 모두 명확하게 확립되어 있는 조직이다.
ㄹ. 유기적 조직에서는 비공식적인 상호 의사소통이 원활히 이루어지며, 규제나 통제의 정도가 낮아 변화에 따라 쉽게 변할 수 있는 특징을 가진다.

풀이 전략!

조직 구조는 유형에 따라 기계적 조직과 유기적 조직으로 나눌 수 있다. 기계적 조직과 유기적 조직은 서로 상반된 특징을 가지고 있으며, 기계적 조직이 관료제의 특징과 비슷함을 파악하고 있다면, 이와 상반된 유기적 조직의 특징도 수월하게 파악할 수 있다.

대표기출유형 02 기출응용문제

01 다음 조직도에 대한 A～D의 대화 중 옳은 것을 〈보기〉에서 모두 고르면?

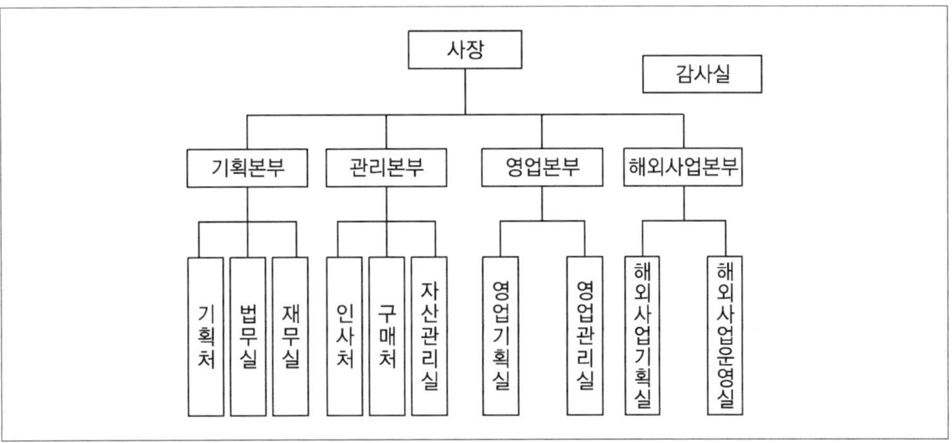

보기

A : 조직도를 보면 4개 본부, 3개의 처, 8개의 실로 구성되어 있어.
B : 사장 직속으로 4개의 본부가 있고, 그 중 한 본부에서는 인사업무만을 전담하고 있네.
C : 감사실은 사장 직속이지만 별도로 분리되어 있구나.
D : 해외사업기획실과 해외사업운영실은 둘 다 해외사업과 관련이 있으니까 해외사업본부에 소속되어 있는 것이 맞아.

① A, B
② A, C
③ A, D
④ B, C
⑤ B, D

02 조직구조의 형태 중 사업별 조직구조는 제품이나 고객별로 부서를 구분하는 것이다. 다음 중 사업별 조직구조의 형태로 적절하지 않은 것은?

03 다음 중 일반적인 조직에서 인사부의 업무로 가장 적절한 것은?

① 주주총회 및 이사회 개최 관련 업무
② 중장기 사업계획의 종합 및 조정업무
③ 재무상태 및 경영실적 보고
④ 조직기구의 개편 및 조정업무
⑤ 판매원가 및 판매가격의 조사 검토

04 귀하는 K중소기획의 영업팀에 채용되어 일주일간의 신입사원 교육을 마친 뒤 오늘부터 본격적인 업무를 시작하게 되었다. 영업팀 팀장은 첫 출근한 귀하를 자리로 불러 "다른 팀장들에게 인사하기 전에 인사기록카드를 작성해서 관련 팀에 제출하도록 하세요. 그리고 우리 팀 비품 신청 건이 어떻게 처리되고 있는지도 좀 부탁해요."라고 지시했다. 팀장의 지시를 모두 처리하기 위한 귀하의 행동으로 가장 적절한 것은?

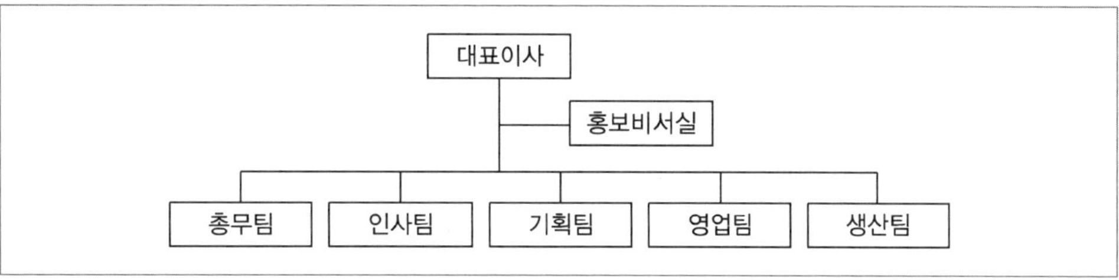

① 비서실에 가서 인사기록카드를 제출하고, 영업팀 비품 신청 상황을 묻는다.
② 인사팀에 가서 인사기록카드를 제출하고, 영업팀 비품 신청 상황을 묻는다.
③ 기획팀에 가서 인사기록카드를 제출하고, 영업팀 비품 신청 상황을 묻는다.
④ 인사팀에 가서 인사기록카드를 제출하고, 총무팀에 가서 영업팀 비품 신청 상황을 묻는다.
⑤ 생산팀에 가서 인사기록카드를 제출하고, 총무팀에 가서 영업팀 비품 신청 상황을 묻는다.

03 업무 종류

| 유형분석 |

- 부서별 주요 업무에 대해 묻는 문제이다.
- 부서별 특징과 담당 업무에 대한 이해가 필요하다.

다음은 기업의 각 부서에서 하는 일이다. 일반적인 상황에서 부서와 그 업무를 바르게 나열한 것은?

ㄱ. 의전 및 비서업무	ㄴ. 업무분장 및 조정
ㄷ. 결산 관련 업무	ㄹ. 임금제도
ㅁ. 소모품의 구입 및 관리	ㅂ. 법인세, 부가가치세
ㅅ. 판매 예산 편성	ㅇ. 보험가입 및 보상 업무
ㅈ. 견적 및 계약	ㅊ. 국내외 출장 업무 협조
ㅋ. 외상매출금 청구	ㅌ. 직원수급 계획 및 관리
ㅍ. 경영계획 수립	ㅎ. 실적 관리 및 분석

① 총무부 : ㄱ, ㅁ, ㅅ
② 영업부 : ㅅ, ㅈ, ㅋ
③ 회계부 : ㄷ, ㅇ, ㅋ
④ 인사부 : ㄱ, ㄴ, ㄹ
⑤ 기획부 : ㅈ, ㅍ, ㅎ

정답 ②

영업부의 업무로는 판매 계획, 판매 예산의 편성(ㅅ), 견적 및 계약(ㅈ), 외상매출금의 청구 및 회수(ㅋ), 시장조사, 판매원가 및 판매가격의 조사 검토 등이 있다.

오답분석

① 총무부 : ㄱ, ㅁ, ㅊ
③ 회계부 : ㄷ, ㅂ, ㅇ
④ 인사부 : ㄴ, ㄹ, ㅌ
⑤ 기획부 : ㅍ, ㅎ

풀이 전략!

조직은 목적의 달성을 위해 업무를 효과적으로 분배하고 처리할 수 있는 구조를 확립해야 한다. 조직의 목적이나 규모에 따라 업무의 종류는 다양하지만, 대부분의 조직에서는 총무, 인사, 기획, 회계, 영업으로 부서를 나누어 업무를 담당하고 있다. 따라서 5가지 업무 종류에 대해서는 미리 숙지해야 한다.

대표기출유형 03 기출응용문제

01 **다음은 최팀장이 김사원에게 남긴 음성메시지이다. 김사원이 가장 먼저 처리해야 할 일로 가장 적절한 것은?**

> 지금 업무 때문에 밖에 나와 있는데, 전화를 안 받아서 음성메시지 남겨요. 내가 중요한 서류를 안 가져왔어요. 미안한데 점심시간에 서류 좀 갖다 줄 수 있어요? 아, 그리고 이팀장한테 퇴근 전에 전화 좀 달라고 해 줘요. 급한 건 아닌데 확인할 게 있어서 그래요. 나는 오늘 여기서 퇴근할 거니까 회사로 연락 오는 거 있으면 정리해서 오후에 알려 주고. 오전에 박과장이 문의사항이 있어서 방문하기로 했으니까 응대 잘 할 수 있도록 해요. 박과장이 문의한 사항은 관련 서류 정리해서 내 책상에 두었으니까 미리 읽어 보고, 궁금한 사항 있으면 연락 주세요.

① 박과장 응대하기
② 최팀장에게 서류 갖다 주기
③ 회사로 온 연락 최팀장에게 알려 주기
④ 이팀장에게 전화달라고 전하기
⑤ 최팀장 책상의 서류 읽어 보기

02 **직무 전결 규정상 전무이사가 전결인 '과장의 국내출장 건'의 결재를 시행하고자 한다. 박기수 전무이사가 해외출장으로 인해 부재중이어서 직무대행자인 최수영 상무이사가 결재하였다. 다음 〈보기〉 중 이에 대한 설명으로 적절하지 않은 것을 모두 고르면?**

> **보기**
> ㄱ. 최수영 상무이사가 결재한 것은 전결이다.
> ㄴ. 공문의 결재표 상에는 '과장 최경옥, 부장 김석호, 상무이사 전결, 전무이사 최수영'이라고 표시되어 있다.
> ㄷ. 박기수 전무이사가 출장에서 돌아와서 해당 공문을 검토하는 것은 후결이다.
> ㄹ. 위임 전결받은 사항에 대해서는 원결재자인 대표이사에게 후결을 받는 것이 원칙이다.

① ㄱ, ㄴ
② ㄱ, ㄹ
③ ㄱ, ㄴ, ㄹ
④ ㄴ, ㄷ, ㄹ
⑤ ㄱ, ㄴ, ㄷ, ㄹ

CHAPTER 08

자기개발능력

합격 Cheat Key

자기개발능력은 직업인으로서 자신의 능력, 적성, 특성 등의 객관적 이해를 기초로 자기 발전 목표를 스스로 수립하고 자기관리를 통하여 성취해 나가는 능력을 의미한다. 또한 직장 생활을 포함한 일상에서 스스로를 관리하고 개발하는 능력을 말한다. 국가직무능력표준에 따르면 세부 유형은 자아 인식·자기 관리·경력 개발로 나눌 수 있다.

1 개념을 정립하라!

자기개발능력의 문제들은 대부분 어렵거나 특별한 지식을 요구하지는 않는다. 그렇기 때문에 따로 시간을 할애해 학습하지 않아도 득점이 가능하다. 다만, 매슬로의 욕구 단계, 조하리의 창 등의 개념이나 키워드들은 정리해서 미리 알아 둘 필요가 있다.

2 개념과 상황에 대비하라!

자신에 대한 이해를 바탕으로 스스로를 관리하고 나아가 개발하는 것에 대한 문제가 대부분인데, 상식으로 풀 수 있는 내용뿐만 아니라 지식을 알아 두지 않으면 틀릴 수밖에 없는 내용도 많다. 그렇기 때문에 자주 출제되는 개념들은 분명히 정리해야 하고, 출제되는 유형이 지식 자체를 묻기보다는 대화나 예시와 함께 제시되기 때문에 상황과 함께 연결해서 정리해 두어야 한다.

3 업무 사례와 연관 지어라!

자기개발의 정의와 구성 요인을 파악하는 기본적인 이론도 중요하지만, 실제 업무 사례와 연관 짓거나 상황에 적용하는 등의 문제를 통해 자기개발 전략에 대해 이해할 필요가 있다. 스스로 자기개발 계획을 수립하여 실제 업무 수행 시 반영할 수 있어야 한다.

4 출제 이유를 생각하라!

이 영역은 굳이 공부를 하지 않아도 되는 영역이라고 생각하는 사람들이 많다. 그럼에도 공사·공단에서 자기개발능력을 시험으로 출제하는 근본적인 이유를 생각해 볼 필요가 있다. 대부분의 수험생들이 자기개발능력에 공부시간을 전혀 할애하지 않고 시험을 보러 간다. 그렇기 때문에 본인이 찍는 정답이 곧 본인의 가치관을 반영하는 것이라고 할 수 있다. 자기개발은 본인 스스로를 위해서 이루어지고, 직장생활에서의 자기개발은 업무의 성과를 향상시키기 위해 이루어진다. 출제자들은 그것을 파악하려고 하는 것이다. 이는 기본적인 개념을 암기해야 할 이유이다.

대표기출유형

01 자기 관리

| 유형분석 |

- 자기개발과 관련된 개념 문제가 자주 출제된다.
- 다양한 상황에 이론을 대입하여 푸는 문제가 출제된다.

다음 사례에서 B사원이 자기개발에 어려움을 겪고 있는 이유로 가장 적절한 것은?

B사원은 국내 제조업체에서 근무하고 있지만 업무에 흥미를 느끼지 못하고 있다. 그래서 외국계 IT회사로 이직하기 위해 계획을 세우고 관련 자격증을 따기 위해서 인터넷 강의도 등록하였다. 그러나 강의를 들어보니 그동안 해왔던 업무와 전혀 다른 새로운 분야인데다가, 현재 근무 중인 회사를 벗어나 자신이 새로운 곳에 잘 적응할 수 있을지 두려움이 생겼다.

① 자기실현에 대한 욕구보다 다른 욕구가 더 강했기 때문에
② 자신을 객관적으로 파악하지 못했기 때문에
③ 자기개발 방법을 정확히 알지 못했기 때문에
④ 현재 익숙한 일과 환경을 지속하려는 습성 때문에
⑤ 시간에 비해 과도한 계획을 세웠기 때문에

정답 ④

B사원은 새로운 분야의 업무와 새로운 직장에 대한 두려움 때문에 자기개발에 어려움을 겪고 있다. 즉, 현재 익숙한 일과 환경을 지속하려는 습성으로 인해 자기개발의 한계에 직면한 것이다.

풀이 전략!

주로 상황과 함께 문제가 출제되기 때문에 제시된 상황을 정확하게 이해하는 것이 중요하다. 또한 자주 출제되는 개념을 반복 학습하여 빠르게 문제를 풀어야 한다.

대표기출유형 01 기출응용문제

01 **S사원은 자기개발을 위해 먼저 자신의 흥미 · 적성 · 특성 등을 파악했다. 다음 중 S사원이 얻을 수 있는 효과로 적절하지 않은 것은?**

① 자아정체감을 형성할 수 있다.

② 성장욕구가 증가하게 된다.

③ 자기개발 방법을 결정할 수 있다.

④ 직업생활에서 회사의 요구를 파악할 수 있다.

⑤ 객관적으로 자신을 인식할 수 있다.

PART 2

02 **인사팀 부장 S씨는 올해 입사한 신입사원을 대상으로 자기개발을 해야 하는 이유에 대하여 이야기 하려고 한다. 다음 중 S씨가 해야 할 말로 적절하지 않은 것은?**

① 자기개발을 통해 자신의 장점을 유지하고, 한 분야에서 오랫동안 업무를 수행할 수 있어요.

② 직장생활에서의 자기개발은 업무의 성과를 향상시키는 데 도움이 됩니다.

③ 자기개발은 자신이 달성하고자 하는 목표를 설정하여 성취하는 데 큰 도움을 줄 수 있습니다.

④ 자기개발을 하게 되면 자신감이 상승하고, 삶의 질이 향상되어 보다 보람된 삶을 살 수 있어요.

⑤ 자기개발은 주변 사람들과 긍정적인 인간관계를 형성하는 데 도움이 됩니다.

03 **관리부에 근무 중인 S과장은 회사 사람들에게 자기개발 계획서를 작성해 제출하도록 하였다. 다음 중 자기개발 계획서를 잘못 작성한 사람은?**

① P사원 : 자신이 맡은 직무를 정확하게 파악하고 앞으로 개발해야 할 능력을 작성했다.

② Q대리 : 자신이 현재 자기개발을 위해 하고 있는 활동을 적고 앞으로 어떤 부분을 보완해야 할지 작성했다.

③ R사원 : 10년 이상의 계획은 모호하기 때문에 1년의 계획과 목표만 작성했다.

④ S인턴 : 자신이 속해 있는 환경과 인간관계를 모두 고려하며 계획서를 작성했다.

⑤ T인턴 : 현재 부족한 점을 파악하고 단기, 장기적 계획을 모두 작성했다.

02 | 경력 관리

| 유형분석 |

- 경력개발의 단계에 대한 문제가 자주 출제된다.
- 직장 내 상황에 경력개발의 단계를 대입하여 푸는 문제가 출제된다.

다음 사례의 L씨가 경력개발 계획을 수립하고 실행하는 과정에서 나타나지 않은 단계는?

자산관리회사에서 근무 중인 L씨는 투자 전문가가 되고자 한다. L씨는 주변의 투자 전문가를 보면서 그들이 높은 보수를 받고 있으며, 직업에 대한 만족도도 높다는 것을 알았다. 또한 얼마 전 실시했던 적성 검사 결과를 보니, 투자 전문가의 업무가 자신의 적성과 적합한 것 같았다. L씨는 투자 전문가가 되기 위해 본격적으로 알아본 결과 많은 경영학 지식과 관련 자격증이 필요하다는 것을 알게 되었다. 이를 위해 퇴근 후 저녁시간을 활용하여 공부를 해야겠다고 다짐하면서 투자 전문가 관련 자격증을 3년 내에 취득하는 것을 목표로 설정하였다.

① 직무정보 탐색
② 자기 탐색
③ 경력목표 설정
④ 경력개발 전략수립
⑤ 환경 탐색

정답 ④

경력개발 전략수립 단계는 경력목표를 수립한 이후 이를 달성하기 위한 구체적인 활동계획을 수립하는 것이다. L씨는 현재 경력목표만 설정한 상태이므로 그 이후 단계인 경력개발 전략수립 단계는 사례에서 찾아볼 수 없다.

오답분석

① 직무정보 탐색 : 투자 전문가의 보수, 종사자의 직무만족도 등을 파악하였다.
② 자기 탐색 : 적성검사를 통해 자신의 적성을 파악하였다.
③ 경력목표 설정 : 3년 내에 투자 전문가 관련 자격증을 취득하는 것을 목표로 설정하였다.
⑤ 환경 탐색 : 자신이 경력개발을 위해 활용할 수 있는 시간을 파악하였다.

풀이 전략!

경력개발의 단계에 대한 암기를 확실하게 해야 하고, 문제에 제시된 상황을 꼼꼼하게 읽고 이론을 대입해야 한다.

대표기출유형 02 기출응용문제

01 **다음은 경력개발의 단계를 나타낸 자료이다. 빈칸 ㉠에 대한 설명으로 적절하지 않은 것은?**

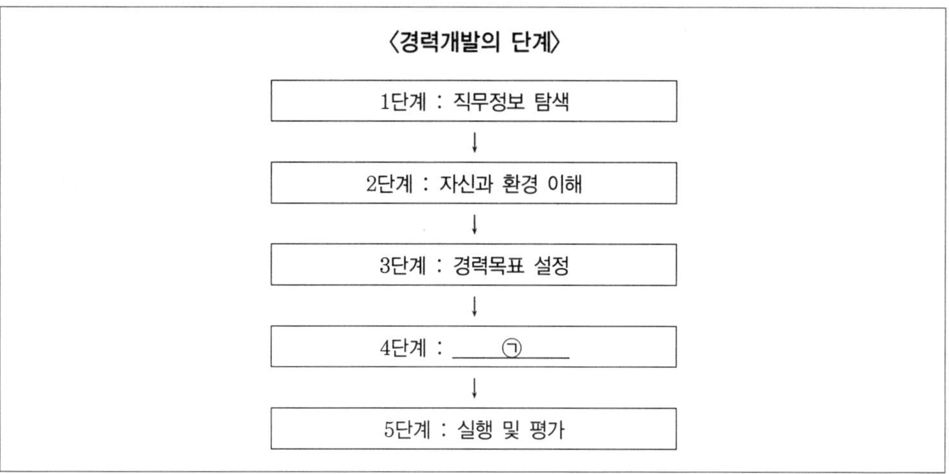

① 자기인식 관련 워크숍에 참여하거나 특정 직무와 직업에 대한 설명 자료를 확인한다.

② 자신의 역량 개발을 위해 대학원, 교육프로그램 등의 활동에 참여한다.

③ 자신을 알리고 다른 사람과 상호작용할 수 있는 기회를 늘린다.

④ 직장에서 업무시간에 경력개발을 한다.

⑤ 현 직무를 기반으로 성장할 수 있도록 성공적으로 직무를 수행한다.

02 **경력단계는 직업선택, 조직 입사, 경력 초기, 경력 중기, 경력 말기의 단계로 구분된다. 다음 중 경력 초기에 해당하는 사원 D의 과제에 대한 설명으로 적절하지 않은 것은?**

① 자신이 맡은 업무의 내용을 파악해야 한다.

② 회사의 규칙이나 규범을 파악해야 한다.

③ 회사의 분위기를 파악하여 적응해 나가야 한다.

④ 자신의 역량을 증대시키고 꿈을 추구해 나가야 한다.

⑤ 자신의 성취를 평가하고, 생산성을 유지해야 한다.

CHAPTER 09

대인관계능력

합격 Cheat Key

대인관계능력은 직장생활에서 접촉하는 사람들과 원만한 관계를 유지하고 조직구성원들에게 도움을 줄 수 있으며 조직 내부 및 외부의 갈등을 원만히 해결하고 고객의 요구를 충족할 수 있는 능력을 의미한다. 또한, 직장생활을 포함한 일상에서 스스로를 관리하고 개발하는 능력을 말한다. 세부 유형은 팀워크, 갈등 관리, 협상, 고객 서비스로 나눌 수 있다.

1 일반적인 수준에서 판단하라!

일상생활에서의 대인관계를 생각하면서 문제에 접근하면 어렵지 않게 풀 수 있다. 그러나 수험생들 입장에서 직장 내에서의 상황, 특히 역할(직위)에 따른 대인관계를 묻는 문제는 까다롭게 느껴질 수 있고 일상과는 차이가 있을 수 있기 때문에 이런 유형에 대해서는 따로 알아둘 필요가 있다.

2 이론을 먼저 익혀라!

대인관계능력 이론을 접목한 문제가 종종 출제된다. 물론 상식 수준에서도 풀 수 있지만 정확하고 신속하게 해결하기 위해서는 이론을 정독한 후 자주 출제되는 부분들은 암기를 필수로 해야 한다. 자주 출제되는 부분은 리더십과 멤버십의 차이, 단계별 협상 과정, 고객 불만 처리 프로세스 등이 있다.

3 실제 업무에 대한 이해를 높여라!

출제되는 문제의 수는 많지 않으나, 고객과의 접점에 있는 서비스직군 시험에 출제될 가능성이 높은 영역이다. 특히 상황 제시형 문제들이 많이 출제되므로 실제 업무에 대한 이해를 높여야 한다.

4 애매한 유형의 빈출 문제, 선택지를 파악하라!

대인관계능력의 출제 문제들을 보면 이것도 맞고, 저것도 맞는 것 같은 선택지가 많다. 하지만 정답은 하나이다. 출제자들은 대인관계능력이란 공부를 통해 얻는 것이 아닌 본인의 독립적인 성품으로부터 자연스럽게 나오는 것이라고 생각한다. 수험생들이 선택하는 보기로 그 수험생들을 파악한다. 그러므로 대인관계능력은 빈출 유형의 문제와 선택지를 파악하고 가는 것이 애매한 문제들의 정답률을 높이는 데 도움이 될 것이다. 내가 맞다고 생각하는 선택지가 답이 아닐 가능성이 있기 때문이다.

01 | 팀워크

| 유형분석 |

- 팀워크에 대한 이해를 묻는 문제가 자주 출제된다.
- 직장 내 상황 중에서 구성원으로서 팀워크를 위해 어떤 행동을 해야 하는지 묻는 문제가 출제되기도 한다.

다음 사례에서 알 수 있는 효과적인 팀의 특징으로 가장 적절한 것은?

A, B, C가 운영 중인 커피전문점은 현재 매출이 꾸준히 상승하고 있다. 매출 상승의 원인을 살펴보면 우선, A, B, C는 각자 자신이 해야 할 일이 무엇인지 정확하게 알고 있다. A는 커피를 제조하고 있으며, B는 디저트를 담당하고 있다. 그리고 C는 계산 및 매장관리를 전반적으로 맡고 있다. A는 고객들이 다시 생각나게 할 수 있는 독창적인 커피 맛을 위해 커피 블렌딩을 연구하고 있으며, B는 커피와 적합하고, 고객들의 연령에 맞는 다양한 디저트를 개발 중이다. 그리고 C는 A와 B가 자신의 업무에 집중할 수 있도록 적극적으로 지원하고 있다. 이처럼 A, B, C는 서로의 업무를 이해하면서 즐겁게 일하고 있으며, 이것이 매출 상승의 원인으로 작용하고 있는 것이다.

① 창조적으로 운영된다.
② 결과에 초점을 맞춘다.
③ 개인의 강점을 활용한다.
④ 역할을 명확하게 규정한다.
⑤ 의견의 불일치를 건설적으로 해결한다.

정답 ④

A, B, C는 각자 자신이 해야 할 일이 무엇인지 정확하게 알고 있으며, 서로의 역할도 이해하는 모습을 볼 수 있다. 이처럼 효과적인 팀은 역할을 명확하게 규정한다.

풀이 전략!

제시된 상황을 자신의 입장이라고 생각해 본 후, 가장 모범적이라고 생각되는 것을 찾아야 한다. 이때, 지나치게 자신의 생각만 가지고 문제를 풀지 않도록 주의하며, 팀워크에 대한 이론과 연관 지어 답을 찾도록 해야 한다.

대표기출유형 01 기출응용문제

01 **다음 중 팀워크에 효과적인 방법으로 적절하지 않은 것은?**

① 사소한 것에도 관심을 가진다.
② 결과보다 과정에 초점을 맞춘다.
③ 기대와 책임 등을 명확하게 한다.
④ 목표를 명확하게 한다.
⑤ 개인의 강점을 활용한다.

PART 2

02 **다음 두 사례를 보고 팀워크에 대해 바르지 않게 분석한 사람은?**

〈A사의 사례〉

A사는 1987년부터 1992년까지 품질과 효율 향상은 물론 생산 기간을 50%나 단축시키는 성과를 내었다. 모든 부서에서 품질 향상의 경쟁이 치열했고, 그 어느 때보다 좋은 팀워크가 만들어졌다고 평가되었다. 가장 성과가 우수하였던 부서는 미국의 권위 있는 볼드리지(Baldrige) 품질대상을 수상하기도 하였다. 그런데 이러한 개별 팀의 성과가 회사 전체의 성과나 주주의 가치로 잘 연결되지 못했던 것으로 분석되었다. 시장의 PC 표준 규격을 반영하지 않은 새로운 규격으로 인해 호환성 문제가 대두되었고, 대중의 외면을 받아야만 했다. 한 임원은 "아무리 빨리, 제품을 잘 만들어도 고객의 가치를 반영하지 못하거나, 시장에서 고객의 접촉이 제대로 이루어지지 않으면 의미가 없다는 점을 배웠다."라고 말했다.

〈S병원의 사례〉

가장 정교하고 효과적인 팀워크가 요구되는 의료 분야에서 S병원은 최고의 의료 수준과 서비스로 명성을 얻고 있다. 이 병원의 조직 운영 기본 원칙에는 '우리 지역과 국가, 세계의 환자들의 니즈에 집중하는 최고의 의사, 연구원 및 의료 전문가의 협력을 기반으로 병원을 운영한다.'라고 명시되어 있다고 한다. 팀 간의 협력은 물론 전 세계의 고객을 지향하는 웅대한 가치를 공유하고 있는 것이다. S병원이 최고의 명성과 함께 노벨상을 수상하는 실력을 갖출 수 있었던 데는 이러한 팀워크가 중요한 역할을 하였다고 볼 수 있다.

① 재영 : 개별 팀의 팀워크가 좋다고 해서 반드시 조직의 성과로 이어지는 것은 아니군.
② 건우 : 팀워크는 공통된 비전을 공유하고 있어야 해.
③ 수정 : 개인의 특성을 이해하고 개인 간의 차이를 중시해야 해.
④ 유주 : 팀워크를 지나치게 강조하다 보면 외부에 배타적인 자세가 될 수 있어.
⑤ 바위 : 역시 팀워크는 성과를 만드는 데 중요한 역할을 하네.

02 리더십

| 유형분석 |

- 리더십의 개념을 비교하는 문제가 자주 출제된다.
- 리더의 역할에 대한 문제가 출제되기도 한다.

다음은 리더와 관리자의 차이점을 설명한 글이다. 리더의 행동을 이해한 내용으로 옳지 않은 것은?

> 리더와 관리자의 가장 큰 차이점은 비전이 있고 없음에 있다. 또한 관리자의 역할이 자원을 관리·분배하고, 당면한 과제를 해결하는 것이라면, 리더는 비전을 선명하게 구축하고, 그 비전이 팀원들의 협력 아래 실현되도록 환경을 만들어 주는 것이다.

① 리더는 자신다움을 소중히 하며, 자신의 브랜드 확립에 적극적으로 임한다.
② 리더는 매일 새로운 것을 익혀 변화하는 세계 속에서 의미를 찾도록 노력한다.
③ 리더는 목표의 실현에 관련된 모든 사람들을 중시하며, 약속을 지켜 신뢰를 쌓는다.
④ 리더는 변화하는 세계 속에서 현재의 현상을 유지함으로써 조직이 안정감을 갖도록 한다.

정답 ④

리더는 혁신을 신조로 가지며, 일이 잘 될 때에도 더 좋아지는 방법이 있다면 변화를 추구한다. 반면, 관리자는 현재의 현상과 지금 잘하고 있는 것을 계속 유지하려하는 모습을 보인다.

리더와 관리자의 차이점

리더	관리자
• 새로운 상황을 창조한다. • 혁신지향적이다. • 내일에 초점을 둔다. • 사람의 마음에 불을 지핀다. • 사람을 중시한다. • 정신적이다. • 계산된 리스크를 취한다. • ‘무엇을 할까?’를 생각한다.	• 상황에 수동적이다. • 유지지향적이다. • 오늘에 초점을 둔다. • 사람을 관리한다. • 체제나 기구를 중시한다. • 기계적이다. • 리스크를 회피한다. • ‘어떻게 할까?’를 생각한다.

풀이 전략!

리더십의 개념을 비교하는 문제가 자주 출제되기 때문에 관련 개념을 정확하게 암기해야 하고, 조직 내에서의 리더의 역할에 대한 이해가 필요하다.

대표기출유형 02 기출응용문제

01 다음은 리더십 유형 중 변혁적 리더에 대한 설명이다. 이를 참고할 때 변혁적 리더의 특징으로 적절하지 않은 것은?

> 변혁적 리더는 전체 조직이나 팀원들에게 변화를 가져오는 원동력이다. 즉, 변혁적 리더는 개개인과 팀이 유지해 온 이제까지의 업무수행 상태를 뛰어넘고자 한다.

① 카리스마
② 정보 독점
③ 풍부한 칭찬
④ 감화(感化)
⑤ 자기 확신

PART 2

02 다음은 멤버십 유형별 특징에 대한 자료이다. 이를 참고하여 각 유형의 멤버십을 가진 사원에 대한 리더의 대처방안으로 가장 적절한 것은?

〈멤버십 유형별 특징〉

소외형	순응형
• 조직에서 자신을 인정해주지 않음 • 적절한 보상이 없음 • 업무 진행에 있어 불공정하고 문제가 있음	• 기존 질서를 따르는 것이 중요하다고 생각함 • 리더의 의견을 거스르는 것은 어려운 일임 • 획일적인 태도와 행동에 익숙함
실무형	**수동형**
• 조직에서 규정준수를 강조함 • 명령과 계획을 빈번하게 변경함	• 조직이 나의 아이디어를 원치 않음 • 노력과 공헌을 해도 아무 소용이 없음 • 리더는 항상 자기 마음대로 함

① 소외형 사원은 팀에 협조하는 경우에 적절한 보상을 주도록 한다.
② 소외형 사원은 팀을 위해 업무에서 배제시킨다.
③ 순응형 사원에 대해서는 조직을 위해 순응적인 모습을 계속 권장한다.
④ 실무형 사원에 대해서는 징계를 통해 규정 준수를 강조한다.
⑤ 수동형 사원에 대해서는 자신의 업무에 대해 자신감을 주도록 한다.

03 갈등 관리

| 유형분석 |

- 갈등의 개념이나 원인, 해결방법을 묻는 문제가 자주 출제된다.
- 실제 사례에 적용할 수 있는지를 확인하는 문제가 출제되기도 한다.
- 일반적인 상식으로 해결할 수 있는 문제가 출제되기도 하지만, 자의적인 판단에 주의해야 한다.

S사에 근무하는 사원 A씨는 최근 자신의 상사인 B대리 때문에 스트레스를 받고 있다. A씨가 공들여 작성한 기획서를 제출하면 B대리가 중간에서 매번 퇴짜를 놓기 때문이다. 이와 동시에 A씨는 자신에 대한 B대리의 감정이 좋지 않은 것 같아 마음이 더 불편하다. A씨가 직장 동료인 C씨에게 이러한 어려움을 토로했을 때, 다음 중 C씨가 A씨에게 해 줄 수 있는 조언으로 적절하지 않은 것은?

① 무엇보다 관계 갈등의 원인을 찾는 것이 중요하다.
② B대리님의 입장을 충분히 고려해 볼 필요가 있다.
③ B대리님과 마음을 열고 대화해 볼 필요가 있다.
④ B대리님과 누가 옳고 그른지 확실히 논쟁해 볼 필요가 있다.
⑤ 걱정되더라도 갈등 해결을 위해 피하지 말고 맞서야 한다.

정답 ④

갈등을 성공적으로 해결하기 위해서는 누가 옳고 그른지 논쟁하는 일은 피하는 것이 좋으며, 상대방의 양 측면을 모두 이해하고 배려하는 것이 중요하다.

풀이 전략!

문제에서 물어보는 내용을 정확하게 파악한 뒤, 갈등 관련 이론과 대조해 본다. 특히 자주 출제되는 갈등 해결방법에 대한 이론을 암기해 두면 문제 푸는 속도를 줄일 수 있다.

대표기출유형 03 기출응용문제

01 **다음은 갈등해결을 위한 6단계 프로세스이다. 3단계에 해당하는 대화의 예로 가장 적절한 것은?**

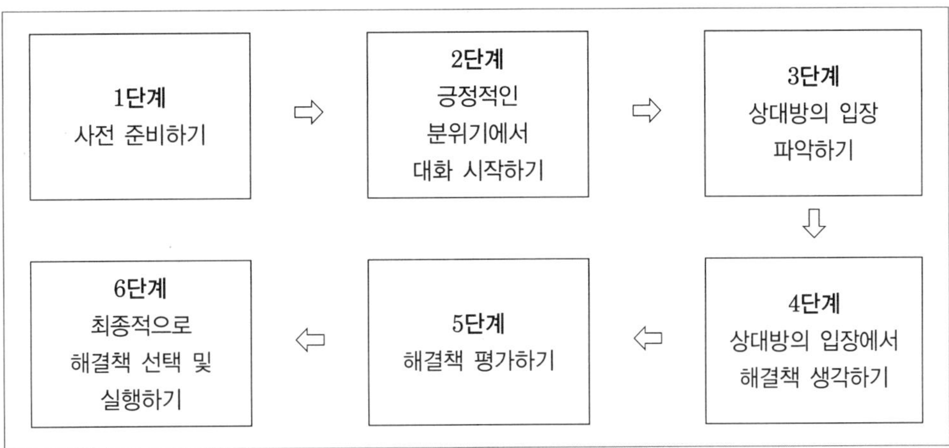

① 그럼 A씨의 생각대로 진행해 보시죠.

② 제 생각은 이런데, A씨의 생각은 어떠신지 말씀해 주시겠어요?

③ 저도 좋아요. 그것으로 결정해요.

④ 저는 모두가 만족하는 해결책을 찾고 싶어요.

⑤ A씨의 말은 아무리 들어도 이해가 안 되는데요.

02 **S사에 근무하는 귀하는 최근 매주 금요일 업무시간이 끝나고 한 번씩 진행해야 하는 바닥 청소 당번 문제를 두고 동료인 A사원과 갈등 중에 있다. 둘 중 한 명은 매주 바닥 청소를 해야 하는데, 금요일에 일찍 퇴근하기를 원하는 귀하와 A사원 모두 청소 당번에서 빠지고 싶어 하기 때문이다. 이러한 상황에서 갈등의 해결방법 중 하나인 '윈 – 윈(Win – Win) 관리법'으로 갈등을 해결하고자 할 때, 다음 중 A사원에게 제시할 수 있는 귀하의 제안으로 가장 적절한 것은?**

① 우리 둘 다 청소 당번을 피할 수는 없으니, 그냥 공평하게 같이 하죠.

② 제가 그냥 A사원 몫까지 매주 청소를 맡아서 할게요.

③ 저와 A사원이 번갈아가면서 청소를 맡도록 하죠.

④ 우선 금요일 업무시간 전에 청소를 할 수 있는지 확인해보도록 하죠.

⑤ 저는 절대 양보할 수 없으니, A사원이 그냥 맡아서 해 주세요.

PART 2

04 고객 서비스

| 유형분석 |

- 고객불만을 효과적으로 처리하기 위한 과정이나 방법에 대한 문제이다.
- 고객불만 처리 프로세스에 대한 숙지가 필요하다.

다음 글에서 알 수 있는 J씨의 잘못된 고객응대 자세는 무엇인가?

직원 J씨는 규모가 큰 대형 마트에서 육류제품의 유통 업무를 담당하고 있다. 전화벨이 울리고 신속하게 인사와 함께 전화를 받았는데 전화는 채소류에 관련된 업무 문의로 직원 J씨는 고객에게 자신은 채소류에 관련된 담당자가 아니라고 설명하고, "지금 거신 전화는 육류에 관련된 부서로 연결되어 있습니다. 채소류 관련 부서로 전화를 연결해드릴 테니 잠시만 기다려 주십시오."라고 말하고 다른 부서로 전화를 돌렸다.

① 신속하게 전화를 받지 않았다.
② 기다려 주신 데 대한 인사를 하지 않았다.
③ 고객의 기다림에 대해 양해를 구하지 않았다.
④ 전화를 다른 부서로 돌려도 괜찮은지 묻지 않았다.
⑤ 자신의 직위를 밝히지 않았다.

정답 ④

전화를 다른 부서로 연결할 때 양해를 구하지 않았으며, 다른 부서의 사람이 전화를 받을 수 있는 상황인지를 사전에 확인하지 않았다.

풀이 전략!

제시된 상황이나 고객 유형을 정확하게 파악해야 하고, 고객불만 처리 프로세스를 토대로 갈등을 해결해야 한다.

대표기출유형 04 기출응용문제

01 A사원은 S공사에서 고객응대 업무를 맡고 있다. 다음과 같이 고객의 민원에 답변하였을 때, 적절하지 않은 것은?

> 고객 : 저기요. 제가 너무 답답해서 이렇게 전화했습니다.
> A사원 : 안녕하세요. 고객님. 상담사 ○○○입니다. 무슨 문제로 전화해주셨나요? … ①
>
> 고객 : 아니, 아직 납부기한이 지나지도 않았는데, 홈페이지에 왜 '납부하지 않은 보험료'로 나오는 건가요? 일 처리를 왜 이렇게 하는 건가요?
> A사원 : 고객님, 이건 저희 실수가 아니라 고객님이 잘못 이해하신 부분 같습니다. … ②
>
> 고객 : 무슨 소리예요? 내가 지금 홈페이지에서 확인하고 왔는데.
> A사원 : 고객님, 홈페이지에서 '납부하지 않은 보험료'로 표시되는 경우는 고객님께서 다음 달 10일까지 납부하셔야 할 당월분 보험료라고 이해하시면 됩니다. … ③
>
> 고객 : 정말이에요? 나 참 왜 이렇게 헷갈리게 만든 건가요?
> A사원 : 죄송합니다, 고객님. 참고로 이미 보험료를 납부했는데도 '납부하지 않은 보험료'로 표시되는 경우에는 보험료 납부내역이 공단 전산에 반영되는 기준일이 '납부 후 최장 4일 경과한 시점'이기 때문임을 유의해 주시기 바랍니다. … ④
>
> 고객 : 알겠습니다. 수고하세요.
> A사원 : 감사합니다. 고객님 좋은 하루 보내세요. 상담사 ○○○이었습니다. … ⑤

02 다음 중 불만족 고객에 대한 설명으로 적절하지 않은 것은?

① 고객의 불평은 서비스를 개선하는 데 중요한 정보를 제공하기도 한다.
② 빨리빨리 유형을 상대할 경우 잠자코 고객의 의견을 경청하고 사과를 한다.
③ 거만형 유형을 상대할 경우 정중하게 대하는 것이 좋다.
④ 의심형 유형을 상대할 경우 분명한 증거나 근거를 제시한다.
⑤ 트집형 유형을 상대할 경우 이야기를 경청하고 맞장구치며 상대를 설득해 간다.

CHAPTER 10

직업윤리

합격 Cheat Key

직업윤리는 업무를 수행함에 있어 원만한 직업생활을 위해 필요한 태도, 매너, 올바른 직업관이다. 직업윤리는 필기시험뿐만 아니라 서류를 제출하면서 자기소개서를 작성할 때와 면접을 시행할 때도 포함되는 항목으로 들어가지 않는 공사·공단이 없을 정도로 필수 능력으로 꼽힌다.

직업윤리의 세부 능력은 근로 윤리·공동체 윤리로 나눌 수 있다. 구체적인 문제 상황을 제시하여 해결하기 위해 어떤 대안을 선택해야 할지에 관한 문제들이 출제된다.

1 오답을 통해 대비하라!

이론을 따로 정리하는 것보다는 문제에서 본인이 생각하는 모범답안을 선택하고 틀렸을 경우 그 이유를 정리하는 방식으로 학습하는 것이 효율적이다. 암기하기보다는 이해에 중점을 두고 자신의 상식으로 문제를 푸는 것이 아니라 해당 문제가 어느 영역 어떤 하위 능력의 문제인지 파악하는 훈련을 한다면 답이 보일 것이다.

2 직업윤리와 일반윤리를 구분하라!

일반윤리와 구분되는 직업윤리의 특징을 이해해야 한다. 통념상 비윤리적이라고 일컬어지는 행동도 특정한 직업에서는 허용되는 경우가 있다. 그러므로 문제에서 주어진 상황을 판단할 때는 우선 직업의 특성을 고려해야 한다.

3 직업윤리의 하위능력을 파악해 두어라!

직업윤리의 경우 직장생활 경험이 없는 수험생들은 조직에서 일어날 수 있는 구체적인 직업윤리와 관련된 내용에 흥미가 없고 이를 이해하는 데 어려움이 있을 수 있다. 그러나 문제에서는 구체적인 상황・사례를 제시하는 문제가 나오기 때문에 직장에서의 예절을 정리하고 문제 상황에서 적절한 대처를 선택하는 연습을 하는 것이 중요하다.

4 면접에서도 유리하다!

많은 공사・공단에서 면접 시 직업윤리에 관련된 질문을 하는 경우가 많다. 직업윤리 이론 학습을 미리 해 두면 본인의 가치관을 세우는 데 도움이 되고 이는 곧 기업의 인재상과도 연결되기 때문에 미리 준비해 두면 필기시험에서 합격하고 면접을 준비할 때도 수월할 것이다.

01 윤리 · 근면

| 유형분석 |

- 주어진 제시문 속의 비윤리적인 상황에 대하여 원인이나 대처법을 고르는 문제가 출제된다.
- 근면한 자세의 사례를 고르는 문제 또한 종종 출제된다.
- 직장생활 내에서 필요한 윤리적이고 근면한 태도에 대한 문제가 자주 출제된다.

다음 중 직업에서 근면의식의 표출로 적절하지 않은 것은?

① 직업의 현장에서는 능동적인 자세로 임해야 한다.
② 강요에 의한 근면은 노동 행위에 즐거움을 주지 못한다.
③ 즐거운 마음으로 시간을 보내면 궁극적으로 우리의 건강이 증진된다.
④ 노동 현장에서 보수나 진급이 보장되지 않으면 일을 적게 하는 것이 중요하다.
⑤ 일에 지장이 없도록 항상 건강관리에 유의하며, 주어진 시간 내에는 최선을 다한다.

정답 ④
노동 현장에서는 보수나 진급이 보장되지 않더라도 적극적인 노동 자세가 필요하다.

풀이 전략!

근로윤리는 우리 사회가 요구하는 도덕상에 기초하고 있다는 점을 유념하고, 다양한 사례를 익혀 문제에 적응한다.

대표기출유형 01 기출응용문제

01 **다음 중 기업 간 거래 관계에서 요구되는 윤리적 기초에 대한 설명으로 적절하지 않은 것은?**

① 힘이 강한 소매상이 힘이 약한 납품업체에 구매가격 인하를 요구하는 것은 거래의 평등성을 위배하는 행위이다.
② 이해할 만한 거래상대방의 설명 등 쌍방 간 의사소통이 원활하면 분배 공정성이 달성된다.
③ 약속의 성실한 이행은 거래를 지속시키며, 갈등을 해소하는 토대가 된다.
④ 의무의 도덕성이란 불가조항을 일일이 열거하는 것을 말한다.
⑤ 배려의 도덕성은 의무이행을 위해 보상과 격려, 관용과 존경을 강조한다.

PART 2

02 **S대리는 B사원 때문에 스트레스를 받고 있다. 빠르게 처리해야 할 업무에 대해 B사원은 항상 꼼꼼하게 검토하고 S대리에게 늦게 보고하기 때문이다. S대리가 B사원의 업무방식에 불만을 표현하자 B사원은 자신의 소심한 성격 때문이라고 대답했다. 이때 S대리에게 가장 필요한 역량은 무엇인가?**

① 통제적 리더십
② 감사한 마음
③ 상호 인정
④ 헌신의 자세
⑤ 책임감

03 **다음 중 (가)의 입장에서 (나)의 문제점을 해결하기 위해 제시할 수 있는 자세를 〈보기〉에서 모두 고르면?**

> (가) 모든 사회구성원이 공정하게 대우받는 정의로운 공동체를 만들기 위해서는 부패 행위를 방지해야 한다. 우리 조상들은 전통적으로 청렴 의식을 중요하게 여겨, 청렴 의식을 강조하는 전통 윤리를 지켜왔다.
> (나) 부패 인식 지수는 공무원과 정치인이 얼마나 부패해 있는지에 대한 정도를 비교하여 국가별로 순위를 매긴 것이다. 100점 만점을 기준으로 점수가 높을수록 청렴하다. 2022년 조사한 결과 우리나라의 부패 인식 지수는 100점 만점에 63점으로, 조사대상국 180개국 중 31위를 기록했다.

보기

㉠ 공동체와 국가의 공사(公事)를 넘어서 개인의 일을 우선하는 정신을 기른다.
㉡ 공직자들은 개인적 이익과 출세만을 추구하지 않고 바른 마음과 정성을 가진다.
㉢ 부당한 방법으로 공익을 추구하려 하지 않고 개인의 이익을 가장 중요하게 여긴다.
㉣ 공직자들은 청빈한 생활 태도를 유지하면서 국가의 일에 충심을 다하려는 정신을 지닌다.

① ㉠, ㉡
② ㉠, ㉢
③ ㉡, ㉢
④ ㉡, ㉣
⑤ ㉢, ㉣

02 봉사 · 책임 의식

| 유형분석 |

- 개인이 가져야 하는 책임 의식과 기업의 사회적 책임으로 양분되는 문제이다.
- 봉사의 의미를 묻는 문제가 종종 출제된다.

다음 중 직업윤리의 덕목에 대한 설명으로 옳지 않은 것은?

① 소명 의식 : 자신이 맡은 일은 하늘에 의해 맡겨진 일이라고 생각하는 태도이다.
② 책임 의식 : 직업에 대한 사회적 역할과 책무를 충실히 수행하고 책임을 다하는 태도이다.
③ 천직 의식 : 자신의 일이 자신의 능력과 적성에 꼭 맞는다 여기고 그 일에 열성을 가지고 성실히 임하는 태도이다.
④ 직분 의식 : 자신이 하고 있는 일이 사회나 기업을 위해 중요한 역할을 하고 있다고 믿고 자신의 활동을 수행하는 태도이다.
⑤ 봉사 의식 : 자신의 일이 누구나 할 수 있는 것이 아니라 해당 분야의 지식과 교육을 밑바탕으로 성실히 수행해야만 가능한 것이라 믿고 수행하는 태도이다.

정답 ⑤
봉사 의식은 직업 활동을 통해 다른 사람과 공동체에 대하여 봉사하는 정신을 갖추고 실천하는 태도를 의미한다.

풀이 전략!

직업인으로서 요구되는 봉사 정신과 책임 의식에 관해 숙지하도록 한다.

대표기출유형 02 기출응용문제

01 다음은 S사 사보에 올라온 영국 처칠 수상의 일화이다. 이에 대한 직장생활의 교훈으로 가장 적절한 것은?

> 어느 날 영국의 처칠 수상은 급한 업무 때문에 그의 운전기사에게 차를 빠르게 몰 것을 지시하였다. 그때 교통 경찰관은 속도를 위반한 처칠 수상의 차량을 발견하고 차를 멈춰 세웠다. 처칠 수상은 경찰관에게 말했다. "이봐. 내가 누군지 알아?" 그러자 경찰관이 대답했다. "얼굴은 우리 수상 각하와 비슷하지만, 법을 지키지 않는 것을 보니 수상 각하가 아닌 것 같습니다." 경찰관의 답변에 부끄러움을 느낀 처칠은 결국 벌금을 지불했고, 교통 경찰관의 근무 자세에 감명을 받았다고 한다.

① 무엇보다 고객의 가치를 최우선으로 생각해야 한다.
② 업무에 대해서는 스스로 자진해서 성실하게 임해야 한다.
③ 모든 결과는 나의 선택으로 일어난 것으로 여긴다.
④ 조직의 운영을 위해서는 지켜야 하는 의무가 있다.
⑤ 직장동료와 신뢰를 형성하고 유지해야 한다.

02 다음 중 직장에서 책임 있는 생활을 하고 있지 않은 사람은?

① A사원은 몸이 아파도 맡은 임무는 다하려고 한다.
② B대리는 자신의 업무뿐만 아니라 자신이 속한 부서의 일은 자신의 일이라고 생각하고 다른 사원들을 적극적으로 돕는다.
③ C대리는 자신과 상황을 최대한 객관적으로 판단한 뒤 책임질 수 있는 범위의 일을 맡는다.
④ D과장은 자신이 맡은 일이라면 개인적인 일을 포기하고 그 일을 먼저 한다.
⑤ E부장은 나쁜 상황이 일어났을 때 왜 그런 일이 일어났는지만 끊임없이 분석한다.

03 다음 중 직업윤리에 따른 직업인의 기본자세로 옳지 않은 것은?

① 대체 불가능한 희소성을 갖추어야 한다.
② 봉사 정신과 협동 정신이 있어야 한다.
③ 소명 의식과 천직 의식을 가져야 한다.
④ 공평무사한 자세가 필요하다.
⑤ 책임 의식과 전문 의식이 있어야 한다.

교육은 우리 자신의 무지를 점차 발견해 가는 과정이다.

- 윌 듀란트 -

PART 3

직무수행능력평가

CHAPTER 01 사무직(행정학)
CHAPTER 02 사무직(경영학)
CHAPTER 03 사무직(법학)
CHAPTER 04 사무직(경제학)
CHAPTER 05 기술직(기계일반)
CHAPTER 06 기술직(전기일반)
CHAPTER 07 기술직(전자일반)

01 사무직(행정학) 적중예상문제

정답 및 해설 p.074

01 **다음 중 우리나라 공공기관에 대한 설명으로 옳은 것은?**

① 정부기업은 정부가 소유권을 가지고 운영하는 공기업으로서 정부 조직에 해당되지 않는다.
② 국가공기업과 지방공기업은 공공기관의 운영에 관한 법률의 적용을 받는다.
③ 준정부기관은 총수입 중 자체수입의 비율이 50% 이상인 공공기관을 의미한다.
④ 위탁집행형 준정부기관은 기금관리형 준정부기관이 아닌 준정부기관을 의미한다.
⑤ 공기업의 기관장은 인사 및 조직운영의 자율성이 없으며 관할 행정부처의 통제를 받는다.

02 **다음 중 우리나라 행정조직에 대한 설명으로 옳지 않은 것은?**

① 책임운영기관은 정부조직법에 의하여 설치되고 운영된다.
② 행정기관 소속 위원회의 설치·운영에 관한 법률 상 위원회 소속 위원 중 공무원이 아닌 위원의 임기는 대통령령으로 정하는 특별한 경우를 제외하고는 3년을 넘지 아니하도록 하여야 한다.
③ 특별지방행정기관으로는 서울지방국세청, 중부지방고용노동청이 있다.
④ 실, 국, 과는 부처 장관을 보조하는 기관으로 계선 기능을 담당하고, 참모 기능은 차관보, 심의관 또는 담당관 등의 조직에서 담당한다.
⑤ 중앙선거관리위원회와 공정거래위원회는 행정위원회에 속한다.

03 **다음 중 규제피라미드에 대한 설명으로 옳은 것은?**

① 새로운 위험만 규제하다 보면 사회의 전체 위험 수준은 증가하는 상황이다.
② 규제가 또 다른 규제를 낳은 결과 피규제자의 비용 부담이 점점 늘어나게 되는 상황이다.
③ 기업체에게 상품 정보에 대한 공개 의무를 강화할수록 소비자들의 실질적인 정보량은 줄어들게 되는 상황이다.
④ 과도한 규제를 무리하게 설정하다 보면 실제로는 규제가 거의 이루어지지 않게 되는 상황이다.
⑤ 소득재분배를 위한 규제가 오히려 사회적으로 가장 어려운 사람들에게 해를 끼치게 되는 상황이다.

04 다음 중 행태주의와 제도주의에 대한 설명으로 옳은 것은?

① 행태주의에서는 인간의 자유와 존엄과 같은 가치를 강조한다.
② 제도주의에서는 사회과학도 엄격한 자연과학의 방법을 따라야 한다고 본다.
③ 행태주의에서는 시대적 상황에 적합한 학문의 실천력을 중시한다.
④ 각국에서 채택된 정책의 상이성과 효과를 역사적으로 형성된 제도에서 찾으려는 것은 제도주의 접근의 한 방식이다.
⑤ 제도의 변화와 개혁을 지향한다는 점에서 행태주의와 제도주의는 같다.

PART 3

05 다음 중 지방자치법 및 주민소환에 관한 법률상 주민소환제도에 대한 설명으로 옳지 않은 것은?

① 시・도지사의 소환청구 요건은 주민투표권자 총수의 100분의 10 이상이다.
② 비례대표의원은 주민소환의 대상이 아니다.
③ 주민소환투표권자의 연령은 주민소환투표일 현재를 기준으로 계산한다.
④ 주민소환투표권자의 4분의 1 이상이 투표에 참여해야 한다.
⑤ 주민소환이 확정된 때에는 주민소환투표대상자는 그 결과가 공표된 시점부터 그 직을 상실한다.

06 다음 중 직위분류제와 관련된 개념들에 대한 설명으로 옳지 않은 것은?

① 직위 : 한 사람의 근무를 요하는 직무와 책임
② 직급 : 직위에 포함된 직무의 성질 및 난이도, 책임의 정도가 유사해 채용과 보수 등에서 동일하게 다룰 수 있는 직위의 집단
③ 직렬 : 직무의 종류는 유사하나 난이도와 책임수준이 다른 직급 계열
④ 직류 : 동일 직렬 내에서 담당 직책이 유사한 직무군
⑤ 직군 : 직무의 종류는 다르지만 직무 수행의 책임도와 자격 요건이 상당히 유사해 동일한 보수를 지급할 수 있는 직위의 횡적군

07 **다음 중 막스 베버(M. Weber)가 제시한 이념형 관료제에 대한 설명으로 옳지 않은 것은?**

① 관료의 충원 및 승진은 전문적인 자격과 능력을 기준으로 이루어진다.
② 조직 내의 모든 결정행위나 작동은 공식적으로 확립된 법규체제에 따른다.
③ 하급자는 상급자의 지시나 명령에 복종하는 계층제의 원리에 따라 조직이 운영된다.
④ 민원인의 만족 극대화를 위해 업무처리 시 관료와 민원인과의 긴밀한 감정교류가 중시된다.
⑤ 조직 내의 모든 업무는 문서로 처리하는 것이 원칙이다.

08 **다음 중 정책평가에서 인과관계의 타당성을 저해하는 여러 가지 요인에 대한 설명으로 옳지 않은 것은?**

① 성숙효과 : 정책으로 인하여 그 결과가 나타난 것이 아니라 그냥 가만히 두어도 시간이 지나면서 자연스럽게 변화가 일어나는 경우이다.
② 회귀인공요소 : 정책대상의 상태가 정책의 영향력과는 관계없이 자연스럽게 평균값으로 되돌아가는 경향이다.
③ 호손효과 : 정책효과가 나타날 가능성이 높은 집단을 의도적으로 실험집단으로 선정함으로써 정책의 영향력이 실제보다 과대평가되는 경우이다.
④ 혼란변수 : 정책 이외에 제3의 변수도 결과에 영향을 미치는 경우 정책의 영향력을 정확히 평가하기 어렵게 만드는 변수이다.
⑤ 허위변수 : 정책과 결과 사이에 아무런 인과관계가 없으나 마치 정책과 결과 사이에 인과관계가 존재하는 것처럼 착각하게 만드는 변수이다.

09 **다음 중 제도화된 부패의 특징으로 옳지 않은 것은?**

① 부패저항자에 대한 보복
② 비현실적 반부패 행동규범의 대외적 발표
③ 부패행위자에 대한 보호
④ 공식적 행동규범의 준수
⑤ 부패의 타성화

10 **다음 중 정책결정 모형에 대한 설명으로 옳지 않은 것은?**

① 사이먼(Simon)은 결정자의 인지능력의 한계, 결정상황의 불확실성 및 시간의 제약 때문에 결정은 제한적 합리성의 조건하에 이루어지게 된다고 주장한다.

② 점증모형은 이상적이고 규범적인 합리모형과는 대조적으로 실제의 결정상황에 기초한 현실적이고 기술적인 모형이다.

③ 혼합모형은 점증모형의 단점을 합리모형과의 통합으로 보완하려는 시도이다.

④ 쓰레기통모형에서 가정하는 결정상황은 불확실성과 혼란이 심한 상태로 정상적인 권위구조와 결정규칙이 작동하지 않는 경우이다.

⑤ 합리모형에서 말하는 합리성은 정치적 합리성을 의미한다.

PART 3

11 **다음 중 우리나라 지방자치단체의 자치권에 대한 설명으로 옳지 않은 것은?**

① 지방자치단체는 자치재정권이 인정되어 조례를 통해서 독립적인 지방 세목을 설치할 수 있다.

② 행정기구의 설치는 대통령령이 정하는 범위 안에서 지방자치단체의 조례로 정한다.

③ 자치사법권이 부여되어 있지 않다.

④ 중앙정부가 분권화시킨 결과가 지방정부의 자치권 확보라고 할 수 있다.

⑤ 중앙과 지방의 기능배분에 있어서 포괄적 예시형 방식을 적용한다.

12 **다음 중 행정학의 접근방법에 대한 설명으로 옳지 않은 것은?**

① 행태론적 접근방법은 현상에서 가치 문제가 많이 개입되어 있을수록 이론의 적합성이 떨어지기 때문에 의도적으로 이러한 문제를 연구 대상이나 범위에서 제외시킬 수 있다.

② 체제론적 접근방법은 자율적으로 목표를 설정하고 그 방향으로 체제를 적극적으로 변화시켜 나가려는 측면보다 환경 변화에 잘 적응하려는 측면을 강조한다.

③ 신제도주의는 행위 주체의 의도적이고 전략적인 행동이 제도에 영향을 미칠 수 있다는 점을 부정하고, 제도설계와 변화보다는 제도의 안정성 차원에 관심을 보이고 있다.

④ 논변적 접근방법의 진정한 가치는 각자 자신들의 주장에 대한 논리성을 점검하고 상호 타협과 합의를 도출하는 민주적 절차에 있다.

⑤ 법적·제도적 접근방법은 연구가 지나치게 기술적(Descriptive) 수준에 머물고 정태적이라는 비판에 부딪혔다.

13 다음 〈보기〉에서 조직이론에 대한 설명으로 옳은 것을 모두 고르면?

보기

ㄱ. 베버(M. Weber)의 관료제론에 따르면 규칙에 의한 규제는 조직에 계속성과 안정성을 제공한다.
ㄴ. 행정관리론에서는 효율적 조직관리를 위한 원리들을 강조한다.
ㄷ. 호손(Hawthorne)실험을 통하여 조직 내 비공식집단의 중요성이 부각되었다.
ㄹ. 조직군 생태이론(Population Ecology Theory)에서는 조직과 환경의 관계를 분석함에 있어 조직의 주도적·능동적 선택과 행동을 강조한다.

① ㄱ, ㄴ
② ㄱ, ㄴ, ㄷ
③ ㄱ, ㄴ, ㄹ
④ ㄱ, ㄷ, ㄹ
⑤ ㄴ, ㄷ, ㄹ

14 다음 중 신공공관리론(NPM)의 오류에 대한 반작용으로 대두된 신공공서비스론(NPS)에서 주장하는 원칙에 해당하는 것은?

① 지출보다는 수익 창출
② 노젓기보다는 방향잡기
③ 서비스 제공보다 권한 부여
④ 고객이 아닌 시민에 대한 봉사
⑤ 시장기구를 통한 변화 촉진

15 다음 중 합리적 정책결정 과정에서 정책문제를 정의할 때의 주요 요인이라고 보기 어려운 것은?

① 관련 요소 파악
② 관련된 사람들이 원하는 가치에 대한 판단
③ 정책대안의 탐색
④ 관련 요소들간의 인과관계 파악
⑤ 관련 요소들간의 역사적 맥락 파악

16 **다음 중 정책의제 설정에 대한 설명으로 옳지 않은 것은?**

① 일반적으로 정책의제는 정치성, 주관성, 동태성 등의 성격을 가진다.

② 정책대안이 아무리 훌륭하더라도 정책문제를 잘못 인지하고 채택하여 정책문제가 여전히 해결되지 않은 상태로 남아있는 현상을 2종 오류라 한다.

③ 킹던(J. Kingdon)의 정책의 창 모형은 정책문제의 흐름, 정책대안의 흐름, 정치의 흐름이 어떤 계기로 서로 결합함으로써 새로운 정책의제로 형성되는 것을 말한다.

④ 콥(R.W. Cobb)과 엘더(C.D. Elder)의 이론에 의하면 정책의제 설정과정은 사회문제 – 사회적 이슈 – 체제의제 – 제도의제의 순서로 정책의제로 선택됨을 설명하고 있다.

⑤ 정책의제의 설정은 목표설정기능 및 적절한 정책수단을 선택하는 기능을 하고 있다.

17 **다음 중 정책집행에 대한 설명으로 옳지 않은 것은?**

① 정책의 희생집단보다 수혜집단의 조직화가 강하면 정책집행이 곤란하다.

② 집행은 명확하고 일관되게 이루어져야 한다.

③ 규제정책의 집행과정에서도 갈등은 존재한다고 본다.

④ 정책집행 유형은 집행자와 결정자와의 관계에 따라 달라진다.

⑤ 정책집행에는 환경적 요인도 작용한다.

18 **다음 중 조직구조에 대한 설명으로 옳은 것은?**

① 매트릭스 조직은 수평적인 팀제와 유사하다.

② 정보통신기술의 발달로 통솔의 범위는 과거보다 좁아졌다고 판단된다.

③ 기계적 조직구조는 직무의 범위가 넓다.

④ 유기적인 조직은 안정적인 행정환경에서 성과가 상대적으로 높다.

⑤ 수평적 전문화 수준이 높을수록 업무는 단순해진다.

19 **다음 중 다면평가제도의 장점에 대한 설명으로 옳지 않은 것은?**

① 평가의 객관성과 공정성 제고에 기여할 수 있다.

② 계층제적 문화가 강한 사회에서 조직간 화합을 제고해준다.

③ 피평가자가 자기의 역량을 강화할 수 있는 기회를 제공해준다.

④ 조직 내 상하간, 동료간, 부서간 의사소통을 촉진할 수 있다.

⑤ 팀워크가 강조되는 현대 사회의 새로운 조직 유형에 부합한다.

20 **다음 〈보기〉 중 국회의 예산심의에 대한 설명으로 옳은 것을 모두 고르면?**

보기

ㄱ. 상임위원회의 예비심사를 거친 예산안은 예산결산특별위원회에 회부된다.

ㄴ. 예산결산특별위원회의 심사를 거친 예산안은 본회의에 부의된다.

ㄷ. 예산결산특별위원회를 구성할 때에는 그 활동기한을 정하여야 한다. 다만, 본회의의 의결로 그 기간을 연장할 수 있다.

ㄹ. 예산결산특별위원회는 소관 상임위원회의 동의없이 새 비목을 설치할 수 있다.

① ㄱ, ㄴ

② ㄴ, ㄹ

③ ㄱ, ㄴ, ㄷ

④ ㄱ, ㄷ, ㄹ

⑤ ㄴ, ㄷ, ㄹ

CHAPTER

02 사무직(경영학) 적중예상문제

정답 및 해설 p.079

01 **다음 중 균형성과표(BSC)에 대한 설명으로 옳지 않은 것은?**

① 균형성과표에서 균형이란 재무적지표와 비재무적지표, 단기적지표와 장기적지표, 후속지표와 선행지표간의 균형을 의미한다.
② 재무적 관점에서 사업조직별 재무 성과지표 설정 시 사업조직의 전략에 대한 고려가 필수적이다.
③ 고객 관점에서 회사는 재무적 목표에서 수익의 원천이 되는 고객 및 시장을 파악해야한 다.
④ 내부프로세스 관점은 고객 관점을 만족시키기 위하여 경영관리 측면에서 필요한 프로세스 의사결정 및 조직을 통한 지표들로 구성되어 있다.
⑤ 학습과 성장 관점에서는 기존의 관점들과 관련 없이 조직의 현재 역량을 파악하고 필요한 역량을 개발하는데 집중하여야 한다.

02 **다음 중 마이클 포터(M. Porter)가 제시한 산업경쟁에 영향을 미치는 5개의 요인에 해당되지 않는 것은?**

① 대체품의 위협
② 진입장벽
③ 구매자의 교섭력
④ 산업 내 경쟁업체들의 경쟁
⑤ 원가구조

03 **다음 중 특정 기업이 자사 제품을 경쟁제품과 비교하여 유리하고 독특한 위치를 차지하도록 하는 마케팅 전략은?**

① 관계마케팅
② 포지셔닝
③ 표적시장 선정
④ 일대일 마케팅
⑤ 시장세분화

04 **다음 중 경영정보시스템 관련 용어에 대한 설명으로 옳은 것은?**

① 데이터베이스관리시스템은 비즈니스 수행에 필요한 일상적인 거래를 처리하는 정보시스템이다.
② 전문가시스템은 일반적인 업무를 지원하는 정보시스템이다.
③ 전사적 자원관리시스템은 공급자와 공급기업을 연계하여 활용하는 정보시스템이다.
④ 의사결정지원시스템은 데이터를 저장하고 관리하는 정보시스템이다.
⑤ 중역정보시스템은 최고경영자층이 전략적인 의사결정을 하도록 도와주는 정보시스템이다.

05 **다음 중 동기부여의 내용이론에 해당하는 것은?**

① 성취동기이론
② 기대이론
③ 공정성이론
④ 목표설정이론
⑤ 인지평가이론

06 **다음 수요예측 기법 중 정성적 기법에 해당되지 않는 것은?**

① 델파이법
② 시계열분석
③ 전문가패널법
④ 자료유추법
⑤ 패널동의법

07 **다음 중 직무분석에 대한 설명으로 옳지 않은 것은?**

① 직무분석은 직무와 관련된 정보를 수집·정리하는 활동이다.
② 직무분석을 통해 얻어진 정보는 전반적인 인적자원관리 활동의 기초자료로 활용된다.
③ 직무분석을 통해 직무기술서와 직무명세서가 작성된다.
④ 직무기술서는 직무를 수행하는 데 필요한 인적요건을 중심으로 작성된다.
⑤ 직무평가는 직무분석을 기초로 이루어진다.

08 **다음 중 자본예산기법과 포트폴리오에 대한 설명으로 옳지 않은 것은?**

① 포트폴리오의 분산은 각 구성주식의 분산을 투자비율로 가중평균하여 산출한다.
② 비체계적 위험은 분산투자를 통해 제거할 수 있는 위험이다.
③ 단일 투자안의 경우 순현가법과 내부수익률법의 경제성 평가 결과는 동일하다.
④ 포트폴리오 기대수익률은 각 구성주식의 기대수익률을 투자비율로 가중평균하여 산출한다.
⑤ 두 투자안 중 하나의 투자안을 선택해야 하는 경우 순현가법과 내부수익률법의 선택 결과가 다를 수 있다.

09 **다음 중 슘페터가 주장한 기업가 정신의 핵심요소가 아닌 것은?**

① 비전의 제시와 실현욕구
② 창의성과 혁신
③ 성취동기
④ 인적 네트워크 구축
⑤ 도전정신

10 **다음 중 BCG 매트릭스에 대한 설명으로 옳은 것은?**

① 횡축은 시장성장률, 종축은 상대적 시장점유율이다.
② 물음표 영역은 시장성장률이 높고, 상대적 시장점유율은 낮아 계속적인 투자가 필요하다.
③ 별 영역은 시장성장률이 낮고, 상대적 시장점유율은 높아 현상유지를 해야 한다.
④ 자금젖소 영역은 현금창출이 많지만, 상대적 시장점유율이 낮아 많은 투자가 필요하다.
⑤ 개 영역은 시장지배적인 위치를 구축하여 성숙기에 접어든 경우이다.

11 **다음 중 투자안 분석기법으로서의 순현가(NPV)법에 대한 설명으로 옳은 것은?**

① 순현가는 투자의 결과 발생하는 현금유입의 현재가치에서 현금유입의 미래가치를 차감한 것이다.
② 순현가법은 모든 개별 투자안들간의 상호관계를 고려한다.
③ 순현가법에서는 투자안의 내용연수 동안 발생할 미래의 모든 현금흐름을 반영한다.
④ 순현가법에서는 현금흐름을 최대한 큰 할인율로 할인한다.
⑤ 순현가법에서는 투자의 결과 발생하는 현금유입이 투자안의 내부수익률로 재투자 될 수 있다고 가정한다.

12 **다음 중 단위당 소요되는 표준작업시간과 실제작업시간을 비교하여, 절약된 작업시간에 대한 생산성 이득을 노사가 각각 50 : 50의 비율로 배분하는 임금제도는?**

① 임프로쉐어 플랜
② 스캘론 플랜
③ 메리크식 복률성과급
④ 테일러식 차별성과급
⑤ 럭커 플랜

13 **다음 중 다각화 전략의 장점으로 옳지 않은 것은?**

① 새로운 성장동력을 찾아 기업 자체의 성장성을 잃지 않을 수 있다.
② 개별 사업부문들의 경기순환에 의한 리스크를 줄일 수 있다.
③ 범위의 경제성 또는 시너지 효과는 실질적으로 기업의 이익을 증대시킬 수 있다.
④ 복합기업들이 여러 시장에 참여하고 있기 때문에 어떤 한 사업분야에서 가격경쟁이 치열하다면, 다른 사업분야에서 나오는 수익으로 가격경쟁을 가져갈 수 있다.
⑤ 글로벌경쟁이 심화될수록 경쟁력이 높아질 수 있다.

14 **다음 중 델파이 기법에 대한 설명으로 옳지 않은 것은?**

① 전문가들을 두 그룹으로 나누어 진행한다.
② 많은 전문가들의 의견을 취합하여 재조정 과정을 거친다.
③ 의사결정 및 의견개진 과정에서 타인의 압력이 배제된다.
④ 전문가들을 공식적으로 소집하여 한 장소에 모이게 할 필요가 없다.
⑤ 미래의 불확실성에 대한 의사결정 및 중장기예측에 좋은 방법이다.

15 **다음 중 마이클 포터가 제시한 경쟁우위전략에 대한 설명으로 옳지 않은 것은?**

① 원가우위전략은 경쟁기업보다 낮은 비용에 생산하여 저렴하게 판매하는 것을 의미한다.
② 차별화전략은 경쟁사들이 모방하기 힘든 독특한 제품을 판매하는 것을 의미한다.
③ 집중화전략은 원가우위에 토대를 두거나 차별화우위에 토대를 둘 수 있다.
④ 원가우위전략과 차별화전략은 일반적으로 대기업에서 많이 수행된다.
⑤ 마이클 포터는 기업이 성공하기 위해서는 한 제품을 통하여 원가우위전략과 차별화전략 두 가지 전략을 동시에 추구해야 한다고 보았다.

16 **다음 〈보기〉 중 리더십이론에 대한 설명으로 옳은 것을 모두 고르면?**

보기

ㄱ. 변혁적 리더십을 발휘하는 리더는 부하에게 이상적인 방향을 제시하고 임파워먼트(Empowerment)를 실시한다.
ㄴ. 거래적 리더십을 발휘하는 리더는 비전을 통해 단결, 비전의 전달과 신뢰의 확보를 강조한다.
ㄷ. 카리스마 리더십을 발휘하는 리더는 부하에게 높은 자신감을 보이며 매력적인 비전을 제시하지만 위압적이고 충성심을 요구하는 측면이 있다.
ㄹ. 슈퍼리더십을 발휘하는 리더는 부하를 강력하게 지도하고 통제하는 데 역점을 둔다.

① ㄱ, ㄷ
② ㄱ, ㄹ
③ ㄴ, ㄷ
④ ㄴ, ㄹ
⑤ ㄷ, ㄹ

17 다음 중 신제품을 가장 먼저 받아들이는 그룹에 이어 두 번째로 신제품의 정보를 수집하여 신중하게 수용하는 그룹은?

① 조기 수용자(Early Adopters)
② 혁신자(Innovators)
③ 조기 다수자(Early Majority)
④ 후기 다수자(Late Majority)
⑤ 최후 수용자(Laggards)

18 다음 〈보기〉 중 자본시장선(CML)에 대한 설명으로 옳은 것을 모두 고르면?

보기

ㄱ. 위험자산과 무위험자산을 둘 다 고려할 경우의 효율적 투자 기회선이다.
ㄴ. 자본시장선 아래에 위치하는 주식은 주가가 과소평가된 주식이다.
ㄷ. 개별주식의 기대수익률과 체계적 위험간의 선형관계를 나타낸다.
ㄹ. 효율적 포트폴리오의 균형가격을 산출하는 데 필요한 할인율을 제공한다.

① ㄱ
② ㄱ, ㄴ
③ ㄱ, ㄹ
④ ㄷ, ㄹ
⑤ ㄴ, ㄷ, ㄹ

19 다음 중 한 사람의 업무담당자가 기능부문과 제품부문의 관리자로부터 동시에 통제를 받도록 이중권한 구조를 형성하는 조직구조는?

① 기능별 조직
② 사업부제 조직
③ 매트릭스 조직
④ 프로젝트 조직
⑤ 팀제 조직

20 다음 중 경영통제의 과정을 바르게 나열한 것은?

① 표준의 설정 → 편차의 수정 → 실제성과의 측정
② 표준의 설정 → 실제성과의 측정 → 편차의 수정
③ 실제성과의 측정 → 편차의 수정 → 표준의 설정
④ 실제성과의 측정 → 표준의 설정 → 편차의 수정
⑤ 편차의 수정 → 실제성과의 측정 → 표준의 설정

03 사무직(법학) 적중예상문제

정답 및 해설 p.084

01 다음 중 법원(法源)에 대한 설명으로 옳지 않은 것은?

① 법관이 재판을 할 때 있어서 적용하여야 할 기준이다.
② 죄형법정주의에 따라 관습형법은 인정되지 않는다.
③ 대통령령은 헌법에 근거를 두고 있다.
④ 민사에 관하여 법률에 규정이 없으면 관습법에 의하고 관습법이 없으면 조리에 의한다.
⑤ 영미법계 국가에서는 판례의 법원성이 부정된다.

02 다음 중 법원(法源)으로서 조례(條例)에 대한 설명으로 옳은 것은?

① 조례는 규칙의 하위규범이다.
② 국제법상의 기관들은 자체적으로 조약을 체결할 수 없다.
③ 시의회가 법률의 위임 범위 안에서 제정한 규범은 조례에 해당한다.
④ 재판의 근거로 사용된 조리(條理)는 조례가 될 수 있다.
⑤ 의원발의의 경우 재적의원 1/3 이상 또는 5인 이상의 의원의 연서가 필요하다.

03 다음 중 관습법에 대한 설명으로 옳지 않은 것은?

① 관습법은 당사자의 주장·입증이 있어야만 법원이 이를 판단할 수 있다.
② 민법 제1조에서는 관습법의 보충적 효력을 인정하고 있다.
③ 형법은 관습형법금지의 원칙이 적용된다.
④ 헌법재판소 다수의견에 의하면 관습헌법도 성문헌법과 동등한 효력이 있다.
⑤ 성문법이 발달하지 않은 국제법에서는 관습법이 중요한 법원이 된다.

04 다음 중 상법의 우선순위를 바르게 나열한 것은?

① 상법 → 민법 → 상관습법 → 민사특별법
② 민법 → 상법 → 민사특별법 → 상관습법
③ 민사특별법 → 상법 → 민법 → 상관습법
④ 상법 → 상관습법 → 민사특별법 → 민법
⑤ 민사특별법 → 민법 → 상관습법 → 상법

05 다음 중 법의 체계에 대한 설명으로 옳은 것은?

① 강행법과 임의법은 실정성 여부에 따른 구분이다.
② 고유법과 계수법은 적용대상에 따른 구분이다.
③ 실체법과 절차법은 법의 제정주체에 따른 구분이다.
④ 공법과 사법으로 분류하는 것은 영미법계의 특징이다.
⑤ 일반법과 특별법은 적용되는 효력 범위에 따른 구분이다.

06 다음 중 법의 분류에 대한 설명으로 옳지 않은 것은?

① 자연법은 시·공간을 초월하여 보편적으로 타당한 법을 의미한다.
② 임의법은 당사자의 의사에 의하여 그 적용이 배제될 수 있는 법을 말한다.
③ 부동산등기법은 사법이며, 실체법이다.
④ 오늘날 국가의 개입이 증대되면서 '사법의 공법화' 경향이 생겼다.
⑤ 민사소송법, 형사소송법, 행정소송법은 절차법에 해당된다.

07 甲은 자신의 X건물을 乙에게 5천만 원에 매도하는 계약을 체결한 후, X건물을 丙에게 8천만 원에 매도·인도하고 소유권이전등기도 해 주었다. 다음 중 옳지 않은 것은?(단, 다툼이 있으면 판례에 의한다)

① 甲과 丙 사이의 매매계약이 유효한 경우, 乙은 채권자취소권을 행사할 수 있다.
② 甲과 丙 사이의 매매계약이 유효한 경우, 乙은 甲에게 채무불이행을 이유로 손해배상을 청구할 수 있다.
③ 甲과 丙 사이의 매매계약이 반사회적 법률행위로 무효인 경우, 乙은 甲을 대위하여 丙에게 X건물에 대한 소유권이전등기의 말소를 청구할 수 있다.
④ 甲과 丙 사이의 매매계약이 반사회적 법률행위로 무효인 경우, 甲은 소유권에 기하여 丙에게 X건물의 반환을 청구할 수 없다.
⑤ 丙이 甲과 乙 사이의 매매사실을 알면서 甲의 배임행위에 적극 가담하여 甲과 계약을 체결한 경우, 甲과 丙 사이의 매매계약은 무효이다.

PART 3

08 다음 중 사회법에 대한 설명으로 옳지 않은 것은?

① 공법영역에 사법적 요소를 가미하는 제3의 법영역이다.
② 노동법, 경제법, 사회보장법은 사회법에 속한다.
③ 자본주의의 부분적 모순을 수정하기 위한 법이다.
④ 사회적·경제적 약자의 이익 보호를 목적으로 한다.
⑤ 사회주의, 단체주의, 적극국가, 실질적 평등을 원리로 한다.

09 다음 중 일반적인 법령공포 후 효력발생의 시기는?

① 20일
② 30일
③ 40일
④ 50일
⑤ 60일

10 **다음 중 재단법인에 대한 설명으로 옳은 것은?(단, 다툼이 있으면 판례에 의한다)**

① 재단법인은 유언으로 설립할 수 없다.
② 재단법인이 기본재산을 처분할 경우 주무관청의 허가를 얻어야 한다.
③ 재단법인의 출연자는 착오를 이유로 출연의 의사표시를 취소할 수 없다.
④ 재단법인의 출연자가 출연재산과 그 목적을 정하지 않고 사망한 때에는 주무관청이 이를 정한다.
⑤ 재단법인의 목적을 달성할 수 없는 경우, 이사는 설립자의 동의가 있으면 주무관청의 허가 없이 그 목적을 변경할 수 있다.

11 **우리나라 헌법은 1948년 이후 몇 차례의 개정이 있었는가?**

① 5차
② 7차
③ 8차
④ 9차
⑤ 10차

12 **다음 중 근대 입헌주의적 의미의 헌법에 해당하는 것은?**

① 권력분립과 기본권 보장이 없는 국가는 헌법이 없다.
② 영국을 제외하고 모든 나라는 헌법을 가지고 있다.
③ 국가라고 하는 법적 단체가 있는 곳에는 헌법이 있다.
④ 공산주의 국가에도 헌법은 있다.
⑤ 헌법을 불문화 할 필요가 있다.

13 **다음 중 헌법 개정에 대한 설명으로 옳지 않은 것은?**

① 헌법에 규정된 개정절차에 따라야 한다.

② 국민투표를 요구하는 방법, 특별헌법회의를 필요로 하는 방법 등을 볼 수 있다.

③ 헌법의 형식이나 내용에 변경을 가하는 것이다.

④ 헌법의 파괴는 개정이 아니다.

⑤ 헌법의 기본적 동일성이 변경되는 것이다.

PART 3

14 **다음 중 근로3권에 대한 설명으로 옳지 않은 것은?(단, 다툼이 있는 경우 대법원 및 헌법재판소 판례에 의한다)**

① 노동조합으로 하여금 행정관청이 요구하는 경우 결산결과와 운영상황을 보고하도록 하고 그 위반 시 과태료에 처하도록 하는 것은 노동조합의 단결권을 침해하는 것이 아니다.

② 근로자에게 보장된 단결권의 내용에는 단결할 자유뿐만 아니라 노동조합을 결성하지 아니할 자유나 노동조합에 가입을 강제당하지 아니할 자유, 그리고 가입한 노동조합을 탈퇴할 자유도 포함된다.

③ 국가비상사태 하에서라도 단체교섭권·단체행동권이 제한되는 근로자의 범위를 구체적으로 제한함이 없이 그 허용 여부를 주무관청의 조정결정에 포괄적으로 위임하고 이에 위반할 경우 형사처벌하도록 규정하는 것은 근로3권의 본질적인 내용을 침해하는 것이다.

④ 노동조합 및 노동관계조정법상의 근로자성이 인정되는 한, 출입국관리 법령에 의하여 취업활동을 할 수 있는 체류자격을 얻지 아니한 외국인 근로자도 노동조합의 결성 및 가입이 허용되는 근로자에 해당된다.

⑤ 하나의 사업 또는 사업장에 두 개 이상의 노동조합이 있는 경우 단체교섭에 있어 그 창구를 단일화하도록 하고 교섭대표가 된 노동조합에게만 단체교섭권을 부여한 교섭창구단일화제도는 교섭대표노동조합이 되지 못한 노동조합의 단체교섭권을 침해하는 것이 아니다.

15 **다음 중 항고소송의 대상이 되는 처분에 대한 대법원 판례의 입장으로 옳지 않은 것은?**

① 조례가 집행행위의 개입 없이도 그 자체로써 국민의 구체적인 권리·의무나 법적 이익에 영향을 미치는 등 법률상 효과를 발생시키는 경우 그 조례는 항고소송의 대상이 되는 처분이다.

② 내부행위나 중간처분이라도 그로써 실질적으로 국민의 권리가 제한되거나 의무가 부과되면 항고소송의 대상이 되는 처분이다. 따라서 개별공시지가결정은 처분이다.

③ 상표권의 말소등록이 이루어져도 법령에 따라 회복등록이 가능하고 회복신청이 거부된 경우에는 그에 대한 항고소송이 가능하므로 상표권의 말소등록행위 자체는 항고소송의 대상이 될 수 없다.

④ 국·공립대학교원 임용지원자가 임용권자로부터 임용거부를 당하였다면 이는 거부처분으로서 항고소송의 대상이 된다.

⑤ 어업면허에 선행하는 우선순위결정은 최종적인 법적 효과를 가져오는 것이 아니므로 처분이 아니지만 어업면허우선순위결정 대상탈락자 결정은 최종적인 법적 효과를 가져오므로 처분이다.

16 **다음 중 우리나라 헌법의 기본원리로 옳지 않은 것은?**

① 국민주권의 원리
② 법치주의
③ 문화국가의 원리
④ 사회적 민주주의
⑤ 국제평화주의

17 **다음 중 자유권적 기본권이 아닌 것은?**

① 신체의 자유
② 종교의 자유
③ 직업선택의 자유
④ 청원권의 보장
⑤ 재산권의 보장

18 다음 중 자유민주적 기본질서의 원리와 거리가 먼 것은?

① 법치주의
② 권력분립주의
③ 의회민주주의
④ 포괄위임입법주의
⑤ 국민주권주의

PART 3

19 다음 중 비례대표제에 대한 설명으로 옳지 않은 것은?

① 사표를 방지하여 소수자의 대표를 보장한다.
② 군소정당의 난립이 방지되어 정국의 안정을 가져온다.
③ 득표수와 정당별 당선의원의 비례관계를 합리화시킨다.
④ 그 국가의 정당사정을 고려하여 채택하여야 한다.
⑤ 명부의 형태에 따라 고정명부식, 가변명부식, 자유명부식으로 구분할 수 있다.

20 다음 중 소선거구제에 대한 설명으로 옳지 않은 것은?

① 소선거구제하에서는 선거 비용을 절약할 수 있다.
② 소선거구제하에서는 군소정당이 난립하여 정국이 불안정하다.
③ 소선거구제하에서는 지연・혈연이 작용할 수 있다.
④ 소선거구제하에서는 후보자 파악이 쉽다.
⑤ 소선거구제하에서는 사표가 많이 발생할 수 있다.

CHAPTER

04 사무직(경제학) 적중예상문제

정답 및 해설 p.087

01 **다음 중 통화승수에 대한 설명으로 옳지 않은 것은?**

① 통화승수는 법정지급준비율을 낮추면 커진다.
② 통화승수는 이자율 상승으로 요구불예금이 증가하면 작아진다.
③ 통화승수는 대출을 받은 개인과 기업들이 더 많은 현금을 보유할수록 작아진다.
④ 통화승수는 은행들이 지급준비금을 더 많이 보유할수록 작아진다.
⑤ 화폐공급에 내생성이 없다면 화폐공급곡선은 수직선의 모양을 갖는다.

02 **다음 중 물가지수에 대한 설명으로 옳지 않은 것은?**

① 소비자물가지수는 소비재를 기준으로 측정하고, 생산자물가지수는 원자재 혹은 자본재 등을 기준으로 측정하기 때문에 두 물가지수는 일치하지 않을 수 있다.
② 소비자물가지수는 상품가격 변화에 대한 소비자의 반응을 고려하지 않는다.
③ GDP 디플레이터는 국내에서 생산된 상품만을 조사 대상으로 하기 때문에 수입상품의 가격동향을 반영하지 못한다.
④ 물가수준 그 자체가 높다는 것과 물가상승률이 높다는 것은 다른 의미를 가진다.
⑤ 물가지수를 구할 때 모든 상품의 가중치를 동일하게 반영한다.

03 **다음 중 인플레이션에 대한 설명으로 옳은 것은?**

① 피셔가설은 '(명목이자율)=(실질이자율)+(물가상승률)'이라는 명제로, 예상된 인플레이션이 금융거래에 미리 반영됨을 의미한다.
② 새 케인스 학파에 의하면 예상된 인플레이션의 경우에는 어떤 형태의 사회적 비용도 발생하지 않는다.
③ 실제 물가상승률이 예상된 물가상승률보다 더 큰 경우, 채권자는 이득을 보고 채무자는 손해를 본다.
④ 실제 물가상승률이 예상된 물가상승률보다 더 큰 경우, 고정된 명목임금을 받는 노동자와 기업 사이의 관계에서 노동자는 이득을 보고 기업은 손해를 보게 된다.
⑤ 예상하지 못한 인플레이션 발생의 불확실성이 커지면 장기계약이 활성화되고 단기계약이 위축된다.

04 다음 중 소득분배를 측정하는 방식에 대한 설명으로 옳지 않은 것은?

① 지니계수 값이 커질수록 더 불균등한 소득분배를 나타낸다.
② 십분위분배율 값이 커질수록 더 균등한 소득분배를 나타낸다.
③ 모든 구성원의 소득이 동일하다면 로렌츠 곡선은 대각선이다.
④ 동일한 지니계수 값을 갖는 두 로렌츠 곡선은 교차할 수 없다.
⑤ 전체 구성원의 소득기준 하위 10% 계층이 전체 소득의 10%를 벌면 로렌츠 곡선은 대각선이다.

PART 3

05 다음 〈보기〉 중 노동시장에 대한 설명으로 옳은 것을 모두 고르면?

보기

ㄱ. 완전경쟁 노동시장이 수요 독점화되면 고용은 줄어든다.
ㄴ. 단기 노동수요곡선은 장기 노동수요곡선보다 임금의 변화에 비탄력적이다.
ㄷ. 채용비용이 존재할 때 숙련 노동수요곡선은 미숙련 노동수요곡선보다 임금의 변화에 더 탄력적이다.

① ㄱ　　② ㄷ
③ ㄱ, ㄴ　　④ ㄴ, ㄷ
⑤ ㄱ, ㄴ, ㄷ

06 다음 〈보기〉 중 총수요곡선을 우측으로 이동시키는 요인으로 옳은 것을 모두 고르면?

보기

ㄱ. 주택담보대출의 이자율 인하
ㄴ. 종합소득세율 인상
ㄷ. 기업에 대한 투자세액공제 확대
ㄹ. 물가수준 하락으로 가계의 실질자산가치 증대
ㅁ. 해외경기 호조로 순수출 증대

① ㄱ, ㄴ, ㄹ　　② ㄱ, ㄷ, ㅁ
③ ㄱ, ㄹ, ㅁ　　④ ㄴ, ㄷ, ㄹ
⑤ ㄴ, ㄷ, ㅁ

07 **다음 중 고전학파의 이자율에 대한 내용으로 옳은 것은?**

① 피셔효과로 인해 화폐의 중립성이 성립된다.
② IS－LM곡선에 의해 균형이자율이 결정된다.
③ 유동성선호가 이자율 결정에 중요한 역할을 한다.
④ 화폐부문과 실물부문의 연결고리 역할을 한다.
⑤ 화폐시장에서 화폐에 대한 수요와 화폐의 공급에 의해 결정된다.

08 **다음 중 케인스 소비함수에 대한 설명으로 옳지 않은 것은?**

① 한계소비성향은 0보다 크고 1보다 작다.
② 소비는 현재 소득의 함수이다.
③ 소득이 없어도 기본적인 소비는 있다.
④ 소득이 증가할수록 평균소비성향은 증가한다.
⑤ 소득과 소비의 장기적 관계를 설명할 수 없다.

09 **제품 A만 생산하는 독점기업의 생산비는 생산량에 관계없이 1단위당 60원이고, 제품 A에 대한 시장수요곡선은 P=100－2Q이다. 다음 중 이 독점기업의 이윤극대화 가격(P)과 생산량(Q)은?**

	P	Q		P	Q
①	40원	30개	②	50원	25개
③	60원	20개	④	70원	15개
⑤	80원	10개			

10 다음 중 여러 형태의 시장 또는 기업에 대한 설명으로 옳지 않은 것은?

① 독점기업이 직면한 수요곡선은 시장수요곡선 그 자체이다.
② 독점시장의 균형에서 가격과 한계수입의 차이가 클수록 독점도는 커진다.
③ 독점적 경쟁시장에서 제품의 차별화가 클수록 수요의 가격탄력성이 커진다.
④ 모든 기업의 이윤극대화 필요조건은 한계수입과 한계비용이 같아지는 것이다.
⑤ 독점기업은 수요의 가격탄력성이 서로 다른 두 소비자 집단이 있을 때 가격차별로 이윤극대화를 꾀할 수 있다.

11 다음은 후생경제학에 대한 내용이다. 빈칸에 들어갈 용어를 바르게 나열한 것은?

> • ___㉮___ 이론에 따르면 일부의 파레토효율성 조건이 추가로 충족된다고 해서 사회후생이 증가한다는 보장은 없다.
> • 파레토효율성을 통해 ___㉯___ 을 평가하고, 사회후생함수(사회무차별곡선)를 통해 ___㉰___ 을 평가한다.
> • 후생경제학 제1정리에 따르면 모든 경제주체가 합리적이고 시장실패 요인이 없으면 ___㉱___ 에서 자원배분은 파레토효율적이다.

① ㉮ : 차선, ㉯ : 효율성, ㉰ : 공평성, ㉱ : 완전경쟁시장
② ㉮ : 코즈, ㉯ : 효율성, ㉰ : 공평성, ㉱ : 완전경쟁시장
③ ㉮ : 차선, ㉯ : 효율성, ㉰ : 공평성, ㉱ : 독점적경쟁시장
④ ㉮ : 코즈, ㉯ : 공평성, ㉰ : 효율성, ㉱ : 독점적경쟁시장
⑤ ㉮ : 차선, ㉯ : 공평성, ㉰ : 효율성, ㉱ : 완전경쟁시장

12 다음 〈보기〉 중 최고가격제에 대한 설명으로 옳은 것을 모두 고르면?

> **보기**
> ㄱ. 암시장을 출현시킬 가능성이 있다.
> ㄴ. 초과수요를 야기한다.
> ㄷ. 사회적 후생을 증대시킨다.
> ㄹ. 최고가격은 시장의 균형가격보다 높은 수준에서 설정되어야 한다.

① ㄱ, ㄴ
② ㄱ, ㄷ
③ ㄱ, ㄹ
④ ㄴ, ㄷ
⑤ ㄷ, ㄹ

13 최근 들어 우리나라에서 자동차 부품 생산이 활발하게 이루어지고 있다. 동일한 자동차 부품을 생산하는 5개 기업의 노동투입량과 자동차 부품 생산량 간의 관계가 다음과 같을 때, 평균노동생산성이 가장 낮은 기업은?

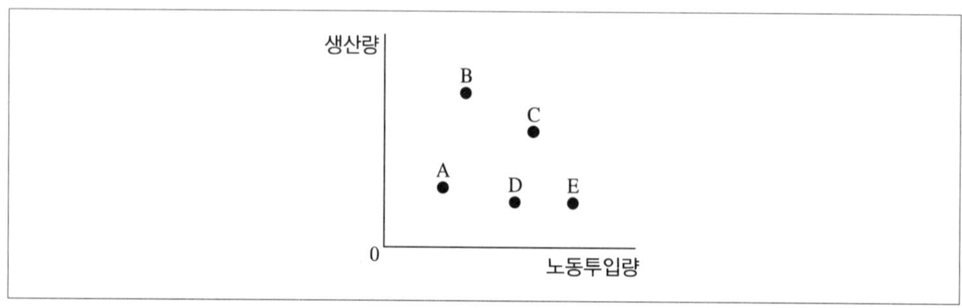

① A
② B
③ C
④ D
⑤ E

14 **다음 중 빈칸에 들어갈 내용이 바르게 연결된 것은?**

> 여가가 정상재인 상황에서 임금이 상승할 경우 ___ㄱ___효과보다 ___ㄴ___효과가 더 크다면 노동공급은 임금상승에도 불구하고 감소하게 된다. 만약 ___ㄷ___의 기회비용 상승에 반응하여 ___ㄷ___의 총사용량을 줄인다면, 노동공급곡선은 정(+)의 기울기를 가지게 된다.

	ㄱ	ㄴ	ㄷ
①	대체	소득	여가
②	대체	소득	노동
③	소득	대체	여가
④	소득	대체	노동
⑤	가격	소득	여가

15 다음 〈보기〉 중 소득분배에 대한 설명으로 옳은 것을 모두 고르면?

보기

가. 생산물시장 및 생산요소시장이 완전경쟁일 때, 기업이 고용하는 노동의 한계생산력 가치는 임금과 일치한다.
나. 생산요소가 노동과 자본뿐이라고 할 때, 요소의 대체탄력도가 1보다 작다면 노동의 상대가격상승은 자본의 분배비율을 크게 만든다.
다. 10분위분배율의 크기가 크면 클수록, 또는 지니계수의 크기가 작을수록 소득은 더욱 균등하게 분배되었다고 본다.
라. 간접세 비중이 높아지면 지니계수가 낮아진다.

① 가, 나
② 가, 다
③ 가, 라
④ 나, 다
⑤ 나, 라

PART 3

16 기업 A가 생산하는 재화에 투입하는 노동의 양을 L이라 하면, 노동의 한계생산은 27−5L이다. 이 재화의 가격이 20이고 임금이 40이라면, 이윤을 극대로 하는 기업 A의 노동수요량은?

① 1
② 2
③ 3
④ 4
⑤ 5

17 다음 중 과점시장의 굴절수요곡선 이론에 대한 설명으로 옳지 않은 것은?

① 한계수입곡선에는 불연속한 부분이 있다.
② 굴절수요곡선은 원점에 대해 볼록한 모양을 갖는다.
③ 한 기업이 가격을 내리면 나머지 기업들도 같이 내리려 한다.
④ 한 기업이 가격을 올리더라도 나머지 기업들은 따라서 올리려 하지 않는다.
⑤ 기업은 한계비용이 일정 범위 내에서 변해도 가격과 수량을 쉽게 바꾸려 하지 않는다.

18 다음 중 수요의 가격탄력성이 0이면서 공급곡선은 우상향하고 있는 재화에 대해 조세가 부과될 경우, 조세부담의 귀착에 대한 설명으로 옳은 것은?

① 조세부담은 모두 소비자에게 귀착된다.
② 조세부담은 모두 판매자에게 귀착된다.
③ 조세부담은 양측에 귀착되지만 소비자에게 더 귀착된다.
④ 조세부담은 양측에 귀착되지만 판매자에게 더 귀착된다.
⑤ 조세부담은 소비자와 판매자에게 똑같이 귀착된다.

19 다음 〈보기〉 중 여러 가지 비용곡선에 대한 설명으로 옳은 것을 모두 고르면?

보기

ㄱ. 평균비용곡선은 평균가변비용곡선의 위에 위치한다.
ㄴ. 평균비용곡선이 상승할 때 한계비용곡선은 평균비용곡선 아래에 있다.
ㄷ. 평균고정비용곡선은 우하향한다.
ㄹ. 총가변비용곡선의 기울기와 총비용곡선의 기울기는 다르다.
ㅁ. 평균비용은 평균고정비용에 평균가변비용을 더한 값이다.

① ㄱ, ㄴ, ㄷ
② ㄱ, ㄷ, ㅁ
③ ㄱ, ㄹ, ㅁ
④ ㄴ, ㄷ, ㄹ
⑤ ㄴ, ㄹ, ㅁ

20 A국의 2022년 명목 GDP는 100억 원이었고, 2023년 명목 GDP는 150억 원이었다. 기준년도인 2022년 GDP 디플레이터가 100이고, 2023년 GDP 디플레이터는 120인 경우, 2023년의 전년 대비 실질 GDP 증가율은?

① 10%
② 15%
③ 20%
④ 25%
⑤ 30%

05 기술직(기계일반) 적중예상문제

정답 및 해설 p.090

01 다음 중 인장강도에 해당하는 것은?

① 최대항복응력
② 최대공칭응력
③ 최대진응력
④ 최대전단응력
⑤ 최대비틀림응력

02 균일 분포하중 $\omega = 10\text{N/mm}$가 전 길이에 작용할 때, 길이가 50cm인 단순지지보에 생기는 최대 전단력은?

① 0.25kN
② 2.5kN
③ 25kN
④ 250kN
⑤ 2,500kN

03 다음 중 재료의 안전율(Safety Factor)에 대한 설명으로 옳은 것은?

① 안전율은 일반적으로 마이너스(−)값을 취한다.
② 기준강도가 100MPa이고, 허용응력이 1,000MPa이면 안전율은 10이다.
③ 안전율이 너무 크면 안전성은 좋지만 경제성이 떨어진다.
④ 안전율이 1보다 작아질 때 안전성이 좋아진다.
⑤ 일반적인 강재 안전율은 1.5 ~ 2 정도이다.

04 다음 중 재결정에 대한 설명으로 옳지 않은 것은?

① 재결정온도는 일반적으로 약 1시간 안에 95% 이상 재결정이 이루어지는 온도로 정의한다.
② 금속의 용융온도를 절대온도 T_m이라 할 때 재결정온도는 대략 $0.3 \sim 0.5T_m$ 범위에 있다.
③ 재결정은 금속의 연성을 증가시키고 강도를 저하시킨다.
④ 냉간가공도가 클수록 재결정온도는 높아진다.
⑤ 결정입자의 크기가 작을수록 재결정온도는 낮아진다.

05 다음 중 전기전도율이 가장 높은 금속은?

① Pb
② Sn
③ Ni
④ Ag
⑤ Fe

06 다음 중 강의 탄소함유량이 증가함에 따라 나타나는 특성으로 옳지 않은 것은?

① 인장강도가 증가한다.
② 항복점이 증가한다.
③ 경도가 증가한다.
④ 충격치가 증가한다.
⑤ 인성이 감소한다.

07 다음 중 관통하는 구멍을 뚫을 수 없는 경우에 사용하는 볼트로 양쪽 모두 수나사로 가공되어 나사 머리가 없는 볼트는?

① 스터드볼트
② 관통볼트
③ 아이볼트
④ 나비볼트
⑤ 탭볼트

08 다음 중 동력 전달용 기계요소가 아닌 것은?

① 축
② 스프링
③ 커플링
④ 베어링
⑤ 벨트

09 다음 중 유압 작동유의 점도 변화가 유압 시스템에 미치는 영향으로 옳지 않은 것은?(단, 정상운전 상태를 기준으로 한다)

① 점도가 낮을수록 작동유의 누설이 증가한다.
② 점도가 낮을수록 운동부의 윤활성이 나빠진다.
③ 점도가 높을수록 유압 펌프의 동력 손실이 증가한다.
④ 점도가 높을수록 밸브나 액추에이터의 응답성이 좋아진다.
⑤ 점도가 높을수록 주어진 부하에서 유체윤활을 이루기 위한 회전속도는 낮아진다.

10 다음 그림과 같이 지름이 d_1에서 d_2로 변하는 축에 인장력 P가 작용하고 있다. 직경비가 $d_1 : d_2 = 1 : 2$일 때 두 단면에서 발생하는 인장응력의 비인 $\sigma_1 : \sigma_2$는?

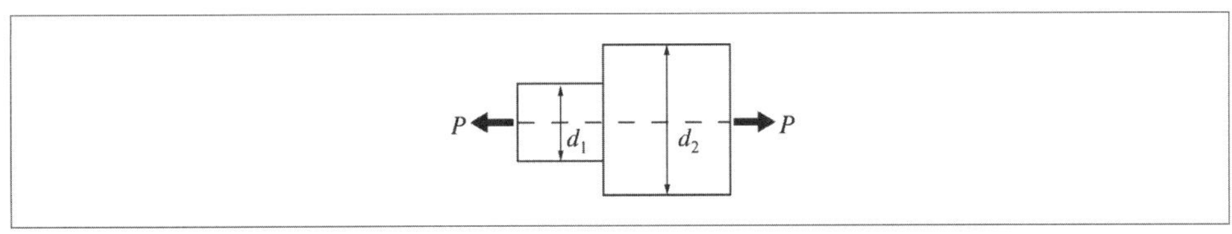

① 1 : 2
② 1 : 4
③ 2 : 1
④ 4 : 1
⑤ 1 : 5

11 다음 중 유체 경계층에 대한 설명으로 옳은 것은?

① 정상 유동과 비정상 유동의 경계를 이루는 층
② 층류영역과 난류영역의 경계를 이루는 층
③ 점성 유동영역과 비점성 유동영역의 경계를 이루는 층
④ 아음속 유동과 초음속 유동 사이의 변화에 의해 발생하는 층
⑤ 유체의 온도변화가 시작되는 층

12 1,000K 고온과 300K 저온 사이에서 작동하는 카르노 사이클이 있다. 이때 한 사이클 동안 고온에서 50kJ의 열을 받고 저온으로 30kJ의 열을 방출하면서 일을 발생시킨다. 한 사이클 동안 이 열기관의 손실일(Lost Work)은?

① 5kJ
② 10kJ
③ 15kJ
④ 20kJ
⑤ 25kJ

13 $V_1 = 4.0\text{m}^3$, $P_1 = 80\text{kPa}$인 공기 5kg가 $V_2 = 1.5\text{m}^3$로 압축되었고, $P_2 = 236\text{kPa}$로 증가하였다. 내부에너지가 68kJ/kg 증가했다면, 엔탈피 변화량은?

① 152kJ
② 252kJ
③ 374kJ
④ 472kJ
⑤ 535kJ

PART 3

14 **다음 중 보일러 효율을 향상시키는 부속장치인 절탄기(Economizer)에 대한 설명으로 옳은 것은?**

① 연도에 흐르는 연소가스의 열을 이용하여 급수를 예열하는 장치이다.
② 석탄을 잘게 부수는 장치이다.
③ 연도에 흐르는 연소가스의 열을 이용하여 연소실에 들어가는 공기를 예열하는 장치이다.
④ 연도에 흐르는 연소가스의 열을 이용하여 고온의 증기를 만드는 장치이다.
⑤ 절탄기를 이용하여 굴뚝에서 배출되는 열량의 대부분을 회수할 수 있다.

15 **다음 중 윤활유의 구비조건이 아닌 것은?**

① 온도에 따른 점도 변화가 적을 것
② 인화점이 높고 발열이나 화염에 인화되지 않을 것
③ 사용 중에 변질되지 않으며 불순물이 잘 혼합되지 않을 것
④ 발생열을 방출하여 열전도율이 낮을 것
⑤ 내열, 내압성이면서 가격이 저렴할 것

16 **다음 중 표준성분이 Al – Cu – Ni – Mg으로 구성되어 있으며, 내열성 주물로서 내연기관의 실린더나 피스톤으로 많이 사용되는 합금은?**

① 실루민
② 하이드로날륨
③ 두랄루민
④ Y합금
⑤ 코비탈륨

17 **다음 금속의 성질 중 고온에서 장시간 외력을 가하면 서서히 변형이 증가하는 현상은?**

① 전성
② 크리프
③ 가단성
④ 연성
⑤ 피로

18 **다음 중 2개의 단열과정과 1개의 정적과정, 1개의 정압과정으로 이루어진 가스터빈 이상 사이클은?**

① 에릭슨 사이클(Ericsson Cycle)
② 사바테 사이클(Sabathé Cycle)
③ 앳킨슨 사이클(Atkinson Cycle)
④ 브레이턴 사이클(Brayton Cycle)
⑤ 카르노 사이클(Carnot Cycle)

PART 3

19 **다음 〈보기〉 중 디젤 기관의 연료 장치와 관계있는 것을 모두 고르면?**

보기
ㄱ. 노즐
ㄴ. 기화기
ㄷ. 점화 플러그
ㄹ. 연료 분사 펌프

① ㄱ, ㄴ
② ㄱ, ㄹ
③ ㄴ, ㄷ
④ ㄴ, ㄹ
⑤ ㄷ, ㄹ

20 **다음 중 공기조화의 4대 요소는?**

① 온도, 기류, 습도, 청정도
② 습도, 조도, 건조도, 청정도
③ 기류, 조도, 습도, 건조도
④ 온도, 기류, 조도, 건조도
⑤ 습도, 기류, 조도, 건조도

CHAPTER

06 기술직(전기일반) 적중예상문제

정답 및 해설 p.093

01 어떤 콘덴서에 1,000V의 전압을 가하였더니 5×10^{-3}C의 전하가 축적되었다. 이 콘덴서의 용량은?

① 2.5μF
② 5μF
③ 25μF
④ 50μF
⑤ 75μF

02 다음 중 도체의 저항값에 대한 설명으로 옳지 않은 것은?

① 저항값은 도체의 고유 저항에 비례한다.
② 저항값은 도체의 단면적에 비례한다.
③ 저항값은 도체의 길이에 비례한다.
④ 저항값은 도체의 단면적에 반비례한다.
⑤ 저항값은 도체의 길이에 반비례한다.

03 다음 중 자성체의 성질에 대한 설명으로 옳지 않은 것은?

① 강자성체의 온도가 높아져서 상자성체와 같은 동작을 하게 되는 온도를 큐리온도라 한다.
② 강자성체에 외부자계가 인가되면 자성체 내부의 자속밀도는 증가한다.
③ 발전기, 모터, 변압기 등에 사용되는 강자성체는 매우 작은 인가자계에도 큰 자화를 가져야 한다.
④ 페라이트는 매우 높은 도전율을 가지므로 고주파수 응용 분야에 널리 사용된다.
⑤ 자기를 띠는 원인은 물질을 이루고 있는 기본 구성 입자들의 자기모멘트들이 한 방향으로 정렬하고 있기 때문이다.

04 0.5Ω의 컨덕턴스를 가진 저항체에 6A의 전류를 흘리려면 몇 V의 전압을 가해야 하는가?

① 3V
② 10V
③ 12V
④ 15V
⑤ 30V

05 **다음 중 자체 인덕턴스에 축적되는 에너지에 대한 설명으로 옳은 것은?**

① 자체 인덕턴스 및 전류의 제곱에 비례한다.
② 자체 인덕턴스 및 전류에 반비례한다.
③ 자체 인덕턴스와 전류의 제곱에 반비례한다.
④ 자체 인덕턴스에 비례하고, 전류의 제곱에 비례한다.
⑤ 자체 인덕턴스에 반비례하고, 전류의 제곱에 반비례한다.

06 **다음 회로에서 저항 R_x에 흐르는 전류는 몇 A인가?**

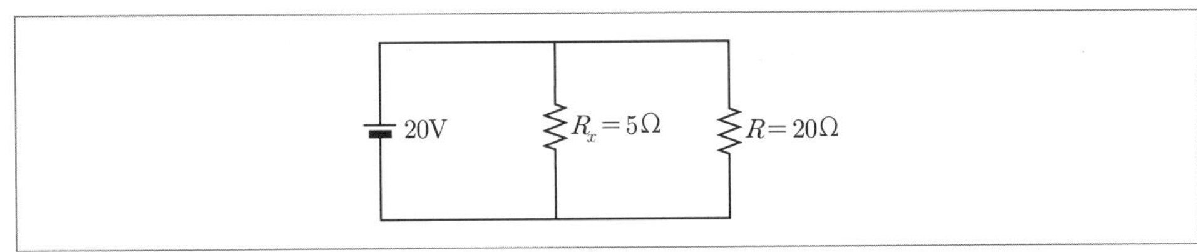

① 4A
② 3A
③ 2A
④ 1A
⑤ 0.5A

07 **다음 중 동기 조상기의 계자를 부족여자로 하여 운전한 결과로 옳은 것은?**

① 콘덴서로 작용
② 뒤진 역률 보상
③ 리액터로 작용
④ 저항손의 보상
⑤ 다이오드로 작용

08 **다음 중 부하의 전압과 전류를 측정하기 위한 전압계와 전류계의 접속방법이 바르게 짝지어진 것은?**

	전압계	전류계
①	직렬	병렬
②	직렬	직렬
③	병렬	직렬
④	병렬	병렬
⑤	접속방법의 제한 없음	

09 **다음 중 ABB의 소호원리로 옳은 것은?**

① 고성능 절연특성을 가진 가스를 이용하여 차단한다.
② 수십기압의 압축공기를 이용하여 차단한다.
③ 진공상태에서 전류 개폐한다.
④ 절연유를 이용하여 차단한다.
⑤ 전자력에 의하여 차단한다.

10 **다음 중 전력 퓨즈는 주로 어떤 전류의 차단을 목적으로 하는가?**

① 충전전류
② 누설전류
③ 부하전류
④ 단락전류
⑤ 지락전류

11 **공진하고 있는 L, R, C 직렬회로에 있어서 저항 R 양단의 전압은 인가 전압의 몇 배인가?**

① 인가 전압의 2배이다.
② 인가 전압과 같다.
③ 인가 전압의 3배이다.
④ 인가 전압의 4배이다.
⑤ 인가 전압의 6배이다.

12 **송전전력, 선간전압, 부하역률, 전력손실 및 송전거리를 동일하게 하였을 때, 단상 2선식에서의 전선량(중량)비에 대한 3상 3선식의 전선량비는?**

① 0.33
② 0.75
③ 0.85
④ 1
⑤ 1.11

13 다음 회로는 저항과 축전기로 구성되어 있다. 직류 전압을 인가하고 충분한 시간이 지난 후 $R=100\Omega$에 흐르는 전류 I[A]는?

1[V]	5[μF]	200[Ω]	100[Ω]	I	R

① 0.0001A
② 0.001A
③ 0.01A
④ 0.1A
⑤ 1A

14 다음 중 직류기에 있어서 불꽃 없는 정류를 얻는 데 가장 유효한 방법은?

① 보극과 탄소브러시
② 탄소브러시와 보상권선
③ 보극과 보상권선
④ 자기포화와 브러시 이동
⑤ 자기포와와 탄소브러시

15 전기자 저항이 각각 $R_A=0.1\Omega$, $R_B=0.2\Omega$인 100V, 10kW의 두 분권 발전기 유기 기전력을 같게 병렬 운전하여 정격 전압으로 135A의 부하 전류를 공급할 때 각기의 분담 전류는?

① $I_A=90\text{A}$, $I_B=45\text{A}$
② $I_A=100\text{A}$, $I_B=35\text{A}$
③ $I_A=80\text{A}$, $I_B=55\text{A}$
④ $I_A=110\text{A}$, $I_B=25\text{A}$
⑤ $I_A=70\text{A}$, $I_B=65\text{A}$

16 접지극을 매설할 때는 지표면으로부터 지하 몇 m 이상에 매설하여야 하는가?

① 0.5m
② 0.75m
③ 1m
④ 1.25m
⑤ 1.5m

17 인하도선으로 구리 사용 시 원형단선 형상인 경우 최소 단면적은 몇 mm^2 이상인가?

① $35mm^2$
② $50mm^2$
③ $70mm^2$
④ $95mm^2$
⑤ $110mm^2$

18 저항 강하가 1.8, 리액턴스 강하가 2.0인 변압기의 전압 변동률의 최댓값과 이때의 역률은 각각 몇 %인가?

① 7.2%, 27%
② 2.7%, 18%
③ 2.7%, 67%
④ 1.8%, 38%
⑤ 1.8%, 45%

19 다음 중 밑줄 친 ㉠과 ㉡에 들어갈 값이 바르게 짝지어진 것은?

> 권수비 2, 2차 전압 100V, 2차 전류 5A, 2차 임피던스 20Ω인 변압기의 ㉠ 1차 환산 전압 및 ㉡ 1차 환산 임피던스

	㉠	㉡
①	200V	80Ω
②	200V	40Ω
③	50V	20Ω
④	50V	10Ω
⑤	50V	5Ω

20 직류 전동기의 회전수를 $\frac{1}{2}$로 하려면, 계자 자속을 몇 배로 해야 하는가?

① $\frac{1}{4}$
② $\frac{1}{2}$
③ 2
④ 4
⑤ 6

07 기술직(전자일반) 적중예상문제

정답 및 해설 p.096

01 무한평면 전하와 무한장 선전하에서 r[m] 떨어진 점의 전위는 각각 몇 V인가?(단, ρ_s = 평면전하 밀도, ρ_L = 선전하밀도이다)

	무한평면도체	무한직선도체
①	$\frac{\rho_s}{\varepsilon}$	$\frac{\rho_L}{2\pi\varepsilon_o}$
②	∞	$\frac{\rho_L}{\varepsilon}$
③	$\frac{\rho_s}{2\pi\varepsilon_o}$	∞
④	$\frac{\rho_s}{\varepsilon}$	$\frac{\rho_L}{4\pi\varepsilon_o r}$
⑤	∞	∞

02 다음 중 외부의 자계 H_0를 자성체에 가했을 경우에 자화의 세기 J와의 관계식으로 옳은 것은?(단, μ는 투자율, N은 감자율이다)

① $J = \frac{H_0\mu_0(\mu_r - 1)}{1 + N(\mu_r - 1)}$[Wb/m^2]

② $J = \frac{H_0(\mu_r - 1)}{1 + N\mu_0(\mu_0 - 1)}$[Wb/m^2]

③ $J = \frac{H_0(\mu_r - 1)}{1 + N}$[Wb/m^2]

④ $J = \frac{H_0}{1 + N(\mu_r - 1)}$[Wb/m^2]

⑤ $J = \frac{H_0\mu_0(\mu_r - 1)}{1 - N(\mu_r + 1)}$[Wb/m^2]

03 환상철심에 감은 코일에 10A의 전류를 흘리면, 1,000AT의 기자력을 발생시킬 경우에 코일의 권수는 몇 회인가?

① 50회
② 100회
③ 200회
④ 250회
⑤ 500회

04 다음 중 변위전류와 가장 관계가 깊은 것은?

① 도체
② 초전도체
③ 반도체
④ 유전체
⑤ 자성체

05 다음 중 비투자율(μ_r)은 1, 비유전율(ε_r) 80인 전자파의 고유임피던스는 몇 Ω 인가?

① 160Ω
② 80Ω
③ 61Ω
④ 42Ω
⑤ 21Ω

06 동심구형 콘덴서의 안쪽과 바깥 반지름이 각각 5배로 증가되면 정전용량은 처음의 몇 배가 되는가?

① 2배
② 5배
③ 10배
④ 20배
⑤ 100배

07 다음 중 물 속에서 전자파의 속도는 몇 m/s인가?(단, $\mu_r=1$, $\varepsilon_r=80$이다)

① 약 9.0×10^9m/s
② 약 5.3×10^8m/s
③ 약 3.35×10^7m/s
④ 약 3.30×10^9m/s
⑤ 약 2.67×10^8m/s

08 다음 중 자기인덕턴스 L의 단위는 무엇인가?

① A
② V
③ H
④ T
⑤ Wb

09 다음 그림과 같은 L－C 회로의 구동점 임피던스로 옳은 것은?

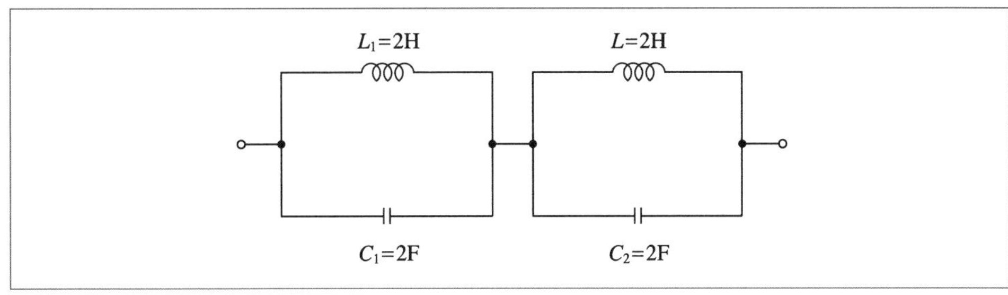

① $\dfrac{4s}{4s^2+1}\,\Omega$
② $\dfrac{4s}{4s^2-1}\,\Omega$
③ $\dfrac{s}{4s^2-1}\,\Omega$
④ $\dfrac{s}{4s^2+1}\,\Omega$
⑤ $\dfrac{1}{4s^2+1}\,\Omega$

PART 3

10 다음 그림과 같은 L형 회로에 대한 영상 임피던스 Z_{01}과 Z_{02}가 바르게 짝지어진 것은?

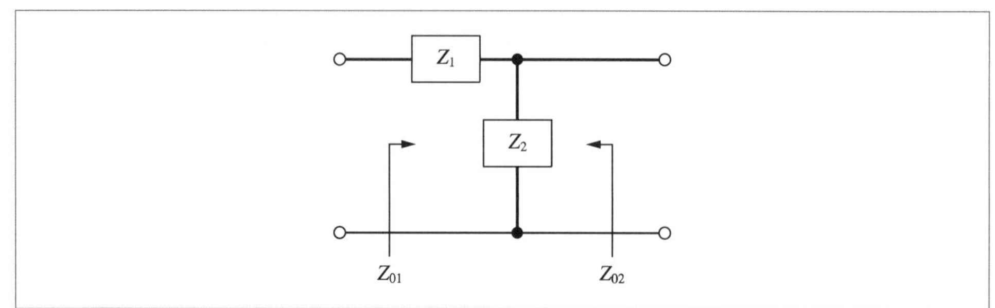

	Z_{01}	Z_{02}
①	$\sqrt{Z_1(Z_1+Z_2)}\ \Omega$	$\sqrt{\left(\frac{Z_1Z_2}{Z_1+Z_2}\right)Z_2}\ \Omega$
②	$\sqrt{Z_1(Z_1+Z_2)}\ \Omega$	$\sqrt{Z_1+Z_2}\ \Omega$
③	$\sqrt{Z_2(Z_1+Z_2)}\ \Omega$	$\sqrt{\left(\frac{Z_1Z_2}{Z_1+Z_2}\right)Z_2}\ \Omega$
④	$\sqrt{Z_1+Z_2}\ \Omega$	$\sqrt{\left(\frac{Z_1Z_2}{Z_1+Z_2}\right)Z_1}\ \Omega$
⑤	$\sqrt{Z_1+Z_2}\ \Omega$	$\sqrt{Z_1(Z_1+Z_2)}\ \Omega$

11 다음 회로에서 10Ω 에 흐르는 전류 I는 얼마인가?

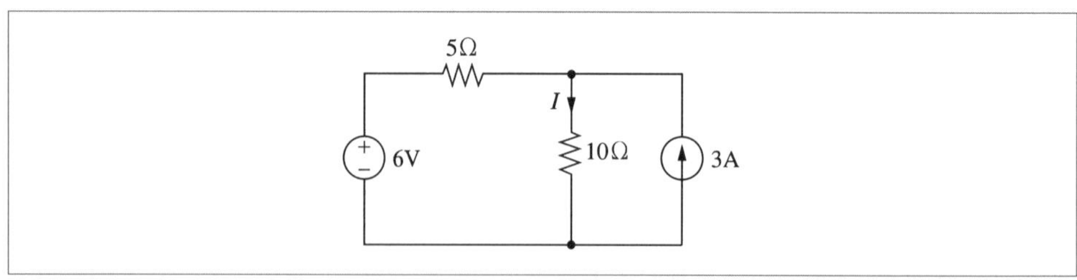

① -1.0A
② $+1.2$A
③ -1.2A
④ $+1.4$A
⑤ -1.4A

12 정격전압에서 2kW의 전력을 소비하는 저항에 70%인 전압을 인가할 때의 전력은 몇 W인가?

① 1,220W ② 980W
③ 890W ④ 680W
⑤ 560W

13 다음 그림의 회로에서 독립적인 전류방정식 N과 독립적인 전압방정식 B는 각각 몇 개인가?

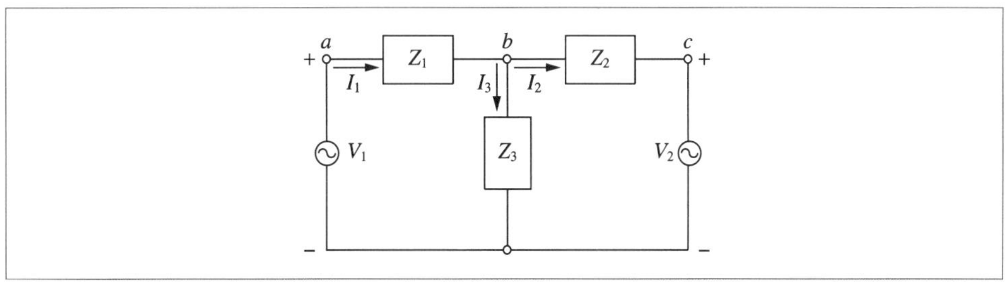

	N	B
①	3개	4개
②	2개	3개
③	2개	2개
④	1개	2개
⑤	1개	1개

14 다음 회로가 정저항 회로가 되기 위한 C의 값은 얼마인가?(단, $L=500\text{mH}$, $R=1,000\Omega$ 이다)

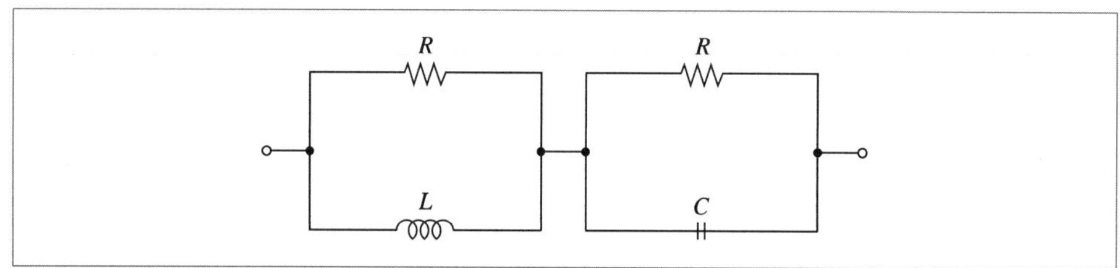

① $0.1\mu\text{F}$
② $0.2\mu\text{F}$
③ $0.5\mu\text{F}$
④ $1\mu\text{F}$
⑤ $2\mu\text{F}$

15 RL 직렬회로에 $v(t)=160\sin(10^4 t+Q_1)$[V]의 전압을 가했더니 $i(t)=4\sin(10^4 t+Q_2)$[A]의 전류가 흘렀다. 이때, $R=10\sqrt{15}\,\Omega$ 이라면 인덕턴스 L은 얼마인가?

① 100mH
② 10mH
③ 1mH
④ 0.1mH
⑤ 0.01mH

16 다음 중 리액턴스 함수가 $Z(s) = \dfrac{3s}{s^2+9}$ 로 표시되는 리액턴스 2단자 회로망은 무엇인가?

①
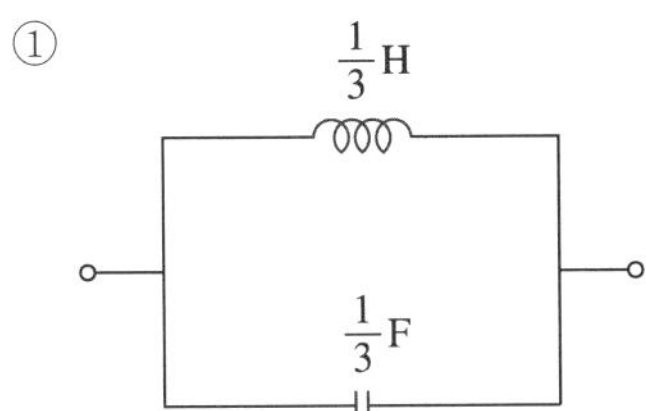

② $\frac{1}{3}$H $\frac{1}{3}$F

③
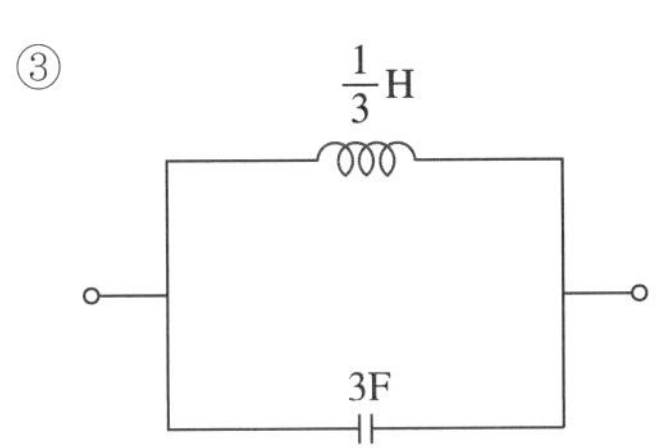

④ 3H $\frac{1}{3}$F

⑤
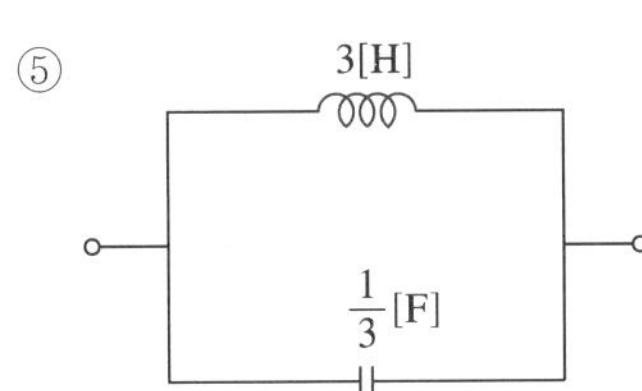

17 다음 중 빈칸에 들어갈 원소로 옳지 않은 것은?

> P형 반도체는 전하 운반자 역할을 하는 양공의 수가 전자의 수에 비해서 훨씬 많이 있는 반도체로 순수한 반도체에서 양공을 증가시키기 위해서는 불순물인 ________, ________, ________, ________ 등의 3가인 원소를 첨가해야 한다.

① Al
② Si
③ B
④ Ga
⑤ In

18 다음 중 프로그램 카운터가 명령의 주소 부분과 더해져서 유효 주소가 결정되는 방법으로, 명령의 주소 부분은 보통 부호를 포함한 수이며, 음수(2의 보수 표현)나 양수 둘 다 될 수 있는 것은?

① 상대 주소 지정 방식
② 절대 주소 지정 방식
③ 간접 주소 지정 방식
④ 직접 주소 지정 방식
⑤ 색인 주소 지정 방식

19 다음 중 저항체 내에서 불규칙한 운동으로 생기는 잡음은?

① 열잡음
② 백색잡음
③ 산탄잡음
④ 분배잡음
⑤ 충격잡음

20 다음 중 증폭기에 대한 설명으로 옳지 않은 것은?

① 직류 증폭기는 직류 및 교류 신호 모두를 증폭한다.
② 플레이트 접지 증폭기는 진공관의 양극을 접지한 증폭기이다.
③ 아날로그인 연산증폭기는 입력저항이 크다.
④ 직류 증폭기는 드리프트 현상이 일어난다.
⑤ 증폭기는 입력신호의 에너지를 감소시켜 출력측에 에너지로 변환시킨다.

PART 4

최종점검 모의고사

최종점검 모의고사

※ 서울교통공사 최종점검 모의고사는 2023년 하반기 채용공고를 기준으로 구성한 것으로, 실제 시험과 다를 수 있습니다.

※ 응시 직렬에 맞추어 해당 영역을 학습하시기 바랍니다.

※ 모바일 OMR 답안분석 서비스

사무직(행정학)

사무직(경영학)

사무직(법학)

사무직(경제학)

기술직(기계일반)

기술직(전기일반)

기술직(전자일반)

■ 취약영역 분석

| 01 | 직업기초능력평가

번호	O/×	영역
01		의사소통능력
02		
03		
04		
05		수리능력
06		
07		
08		
09		문제해결능력
10		
11		
12		
13		자원관리능력
14		
15		
16		자원관리능력
17		정보능력
18		
19		
20		
21		기술능력
22		
23		
24		
25		조직이해능력
26		
27		
28		
29		자기개발능력
30		
31		자기개발능력
32		
33		대인관계능력
34		
35		
36		
37		직업윤리
38		
39		
40		

| 02 | 직무수행능력평가

번호	41	42	43	44	45	46	47	48	49	50	51	52	53	54	55	56	57	58	59	60
O/×	사무직(행정학 / 경영학 / 법학 / 경제학), 기술직(기계일반 / 전기일반 / 전자일반)																			
번호	61	62	63	64	65	66	67	68	69	70	71	72	73	74	75	76	77	78	79	80
O/×	사무직(행정학 / 경영학 / 법학 / 경제학), 기술직(기계일반 / 전기일반 / 전자일반)																			

평가문항	80문항	평가시간	100분
시작시간	:	종료시간	:
취약영역			

최종점검 모의고사

응시시간 : 100분 문항 수 : 80문항 정답 및 해설 p.102

01 직업기초능력평가

01 다음 철도안전법 시행규칙에 대한 설명으로 적절하지 않은 것은?

> **목적(제1조)**
> 이 규칙은 철도안전법 및 같은 법 시행령에서 위임된 사항과 그 시행에 필요한 사항을 규정함을 목적으로 한다.
>
> **철도안전투자의 공시 기준 등(제1조의2)**
> ① 철도운영자는 철도안전법 제6조의2 제1항에 따라 철도안전투자의 예산 규모를 공시하는 경우에는 다음 각 호의 기준에 따라야 한다.
> 1. 예산 규모에는 다음 각 목의 예산이 모두 포함되도록 할 것
>   가. 철도차량 교체에 관한 예산
>   나. 철도시설 개량에 관한 예산
>   다. 안전설비의 설치에 관한 예산
>   라. 철도안전 교육훈련에 관한 예산
>   마. 철도안전 연구개발에 관한 예산
>   바. 철도안전 홍보에 관한 예산
>   사. 그 밖에 철도안전에 관련된 예산으로서 국토교통부장관이 정해 고시하는 사항
> 2. 다음 각 목의 사항이 모두 포함된 예산 규모를 공시할 것
>   가. 과거 3년간 철도안전투자의 예산 및 그 집행 실적
>   나. 해당 년도 철도안전투자의 예산
>   다. 향후 2년간 철도안전투자의 예산
> 3. 국가의 보조금, 지방자치단체의 보조금 및 철도운영자의 자금 등 철도안전투자 예산의 재원을 구분해 공시할 것
> 4. 그 밖에 철도안전투자와 관련된 예산으로서 국토교통부장관이 정해 고시하는 예산을 포함해 공시할 것
>
> ② 철도운영자는 철도안전투자의 예산 규모를 매년 5월 말까지 공시해야 한다.
> ③ 제2항에 따른 공시는 법 제71조 제1항에 따라 구축된 철도안전정보종합관리시스템과 해당 철도운영자의 인터넷 홈페이지에 게시하는 방법으로 한다.
> ④ 제1항부터 제3항까지에서 규정한 사항 외에 철도안전투자의 공시 기준 및 절차 등에 관해 필요한 사항은 국토교통부장관이 정해 고시한다.

① 향후 3년간 예산 규모만 공시하면 된다.
② 국가·지방자치단체의 보조금 등 철도안전투자 예산의 재원을 구분해 공시해야 한다.
③ 철도안전투자 예산 규모는 매년 공시해야 한다.
④ 철도안전투자의 예산 규모에 철도안전 홍보, 연구개발에 관한 예산은 반드시 포함한다.
⑤ 철도안전투자의 예산 규모 공시는 철도운영자의 인터넷 홈페이지에 게시한다.

02 다음 글의 제목으로 가장 적절한 것은?

영양분이 많은 물이 무조건 좋기만 한 것일까? 농업용 비료나 하수 등에서 배출되는 질소와 인 등으로 영양분이 많아진 하천의 수온이 상승하면 식물성 플랑크톤이 대량으로 증식하게 된다. 녹색을 띠는 플랑크톤이 수면을 뒤덮으면 물속으로 햇빛이 닿지 못하고 결국 물속의 산소가 고갈되어 물고기는 숨을 쉬기 어려워진다. 즉, 물속의 과도한 영양분이 오히려 물고기의 생존을 위협하는 것이다.
이처럼 부영양화된 물에서의 플랑크톤 증식으로 인한 녹조 현상은 경제발전과 각종 오염물질 배출량의 증가로 인해 심각한 사회문제가 되고 있다. 녹조는 냄새를 유발하는 물질과 함께 독소를 생성하여 수돗물의 수질을 저하시킨다. 특히 독성물질을 배출하는 녹조를 유해 녹조로 지정하여 관리하고 있는 현실을 고려하면 이제 녹조는 생태계뿐만 아니라 먹는 물의 안전까지도 위협한다.
하천의 생태계를 보호하고 우리가 먹는 물을 보호하기 위해서는 녹조의 발생 원인을 사전에 제거해야 한다. 이를 위해서는 무엇보다 생활 속에서의 작은 실천이 중요하다. 질소나 인이 첨가되지 않은 세제를 사용하고, 농가에서는 화학 비료 사용을 최소화하며 하천에 오염된 물이 흘러 들어가지 않도록 철저히 관리하는 노력을 기울여야 한다.

① 물고기의 생존을 위협하는 하천의 수질 오염
② 녹조를 가속화하는 이상 기온 현상
③ 하천의 부영양화, 물고기와 인간의 안전을 위협하다
④ 녹조 예방을 위한 정부의 철저한 관리 촉구
⑤ 수돗물 수질 향상을 위한 기술 개발의 필요성

03 다음 문단을 논리적 순서대로 바르게 나열한 것은?

(가) 좋은 체력은 하루 이틀 사이에 이루어지지 않으며 이를 위해서는 공부, 식사, 수면, 운동의 개인별 특성에 맞는 규칙적인 생활관리와 알맞은 영양공급이 필수적이다. 또 이 시기는 신체적으로도 급격한 성장과 성숙이 이루어지는 중요한 시기로 좋은 영양상태를 유지하는 것은 수험을 위한 체력의 기반을 다지는 것뿐만 아니라 건강하고 활기찬 장래를 위한 준비가 된다는 점을 간과해서는 안 된다.

(나) 우리나라의 중·고교생들은 많은 수가 입시전쟁을 치러야 하는 입장에 있다. 입시 준비 기간이라는 어려운 기간을 잘 이겨내어 각자가 지닌 목표를 달성하려면 꾸준한 노력과 총명한 두뇌가 중요하지만 마지막 승부수는 체력일 것이다.

(다) 그러나 학생들은 많은 학습량, 수험으로 인한 스트레스, 밤새우기 등 불규칙한 생활을 하기도 하고, 식생활에 있어서도 아침을 거르고, 제한된 도시락 반찬으로 인한 불충분한 영양소 섭취, 잦은 야식, 미용을 위하여 무리하게 식사를 거르거나 절식을 하여 건강을 해치기도 한다. 또한 집 밖에서 보내는 시간이 많아 주로 패스트푸드, 편의식품점, 자동판매기를 통해 식사를 대체하고 있다.

① (가) – (나) – (다)
② (가) – (다) – (나)
③ (나) – (가) – (다)
④ (나) – (다) – (가)
⑤ (다) – (가) – (나)

04 다음 글에서 ㉠～㉤의 수정 방안으로 적절하지 않은 것은?

심리학자들은 학습 이후 망각이 생기는 심리적 이유를 다음과 같이 설명하고 있다. 앞서 배운 내용이 나중에 공부한 내용을 밀어내는 순행 억제, 뒤에 배운 내용이 앞에서 배운 내용을 기억의 저편으로 밀어내는 역행 억제, 또한 공부한 두 내용이 서로 비슷해 간섭이 일어나는 유사 억제 등이 작용해 기억을 방해했기 때문이라는 것이다. 이러한 망각을 뇌 속에서 어떤 기억을 잃어버린 것으로 이해해서는 ㉠ <u>안된다</u>. 기억을 담고 있는 세포들은 내용물을 흘려버리지 않는다. 기억들은 여전히 ㉡ <u>머리속에</u> 있는 것이다. 우리가 뭔가 기억해 내려고 애쓰는데도 찾지 못하는 것은 기억들이 ㉢ <u>혼재</u>해 있기 때문이다. ㉣ <u>그리고</u> 학습한 내용을 일정한 원리에 따라 ㉤ <u>짜임새 있게 체계적으로</u> 잘 정리한다면 학습한 내용을 어렵지 않게 기억해 낼 수 있다.

① ㉠ : 띄어쓰기가 올바르지 않으므로 '안 된다'로 고친다.
② ㉡ : 맞춤법에 어긋나므로 '머릿속에'로 고친다.
③ ㉢ : 문맥에 어울리지 않으므로 '잠재'로 수정한다.
④ ㉣ : 앞 문장과의 관계를 고려하여 '그러므로'로 고친다.
⑤ ㉤ : 의미가 중복되므로 '체계적으로'를 삭제한다.

05 다음 수열의 8번째 항의 값은?

1,538　770　386　194　98　…

① 13　② 14
③ 15　④ 16
⑤ 17

06 농부 A씨는 자신의 논을 모두 경작하는 데 8일이 걸린다. 경작을 시작한 첫날부터 마지막 날까지 항상 전날의 2배 넓이를 경작한다고 할 때, 논 전체의 $\frac{1}{4}$을 완료한 날은 경작을 시작한 지 며칠째 되는 날인가?

① 3일　② 4일
③ 5일　④ 6일
⑤ 7일

PART 4

07 어떤 고등학생이 13살 동생, 40대 부모님, 65세 할머니와 함께 박물관에 가려고 한다. 주말에 입장할 때와 주중에 입장할 때의 요금 차이는?

〈박물관 입장료〉

구분	주말	주중
어른	20,000원	18,000원
중·고등학생	15,000원	13,000원
어린이	11,000원	10,000원

※ 어린이 : 3살 이상 ~ 13살 이하
※ 경로 : 65세 이상은 50% 할인

① 8,000원　② 9,000원
③ 10,000원　④ 11,000원
⑤ 12,000원

08 다음은 1호선 지하역사 공기질 측정결과에 대한 자료이다. 〈보기〉 중 옳지 않은 것을 모두 고르면?

〈1호선 지하역사 공기질 측정결과〉

역사명	측정항목 및 기준								
	PM-10	CO_2	HCHO	CO	NO_2	Rn	석면	O_3	TVOC
	$\mu g/m^3$	ppm	$\mu g/m^3$	ppm	ppm	Bq/m^3	이하/cc	ppm	$\mu g/m^3$
기준치	140	1,000	100	9	0.05	148	0.01	0.06	500
1호선 평균	91.4	562	8.4	0.5	0.026	30.6	0.01 미만	0.017	117.7
서울역	86.9	676	8.5	0.6	0.031	25.7	0.01 미만	0.009	56.9
시청	102.0	535	7.9	0.5	0.019	33.7	0.01 미만	0.022	44.4
종각	79.4	562	9.5	0.6	0.032	35.0	0.01 미만	0.016	154.4
종각3가	87.7	495	6.4	0.6	0.036	32.0	0.01 미만	0.008	65.8
종로5가	90.1	591	10.4	0.4	0.020	29.7	0.01 미만	0.031	158.6
동대문	89.4	566	9.2	0.7	0.033	28.5	0.01 미만	0.016	97.7
동묘앞	93.6	606	8.3	0.5	0.018	32.0	0.01 미만	0.023	180.4
신설동	97.1	564	4.8	0.4	0.015	44.5	0.01 미만	0.010	232.1
제기동	98.7	518	8.0	0.5	0.024	12.0	0.01 미만	0.016	98.7
청량리	89.5	503	11.4	0.6	0.032	32.5	0.01 미만	0.014	87.5

보기

㉠ CO가 1호선 평균보다 낮게 측정된 역사는 종로5가역과 신설동역이다.

㉡ HCHO가 가장 높게 측정된 역과 가장 낮게 측정된 역의 평균은 1호선 평균 HCHO 수치보다 높다.

㉢ 시청역은 PM-10이 가장 높게 측정됐지만, TVOC는 가장 낮게 측정되었다.

㉣ 청량리역은 3가지 항목에서 1호선 평균이 넘는 수치가 측정됐다.

① ㉠, ㉡

② ㉠, ㉢

③ ㉡, ㉢

④ ㉡, ㉣

⑤ ㉢, ㉣

09 연경, 효진, 다솜, 지민, 지현 5명 중에서 1명이 선생님의 책상에 있는 화병에 꽃을 꽂아 두었다. 이들 중 2명의 이야기는 거짓이지만 3명의 이야기는 참이라고 할 때, 선생님 책상에 꽃을 꽂아둔 사람은?

> 연경 : 화병에 꽃을 꽂아두는 것을 나와 지현이만 보았다. 효진이의 말은 모두 맞다.
> 효진 : 화병에 꽃을 꽂아둔 사람은 지민이다. 지민이가 그러는 것을 지현이가 보았다.
> 다솜 : 지민이는 꽃을 꽂아두지 않았다. 지현이의 말은 모두 맞다.
> 지민 : 화병에 꽃을 꽂아두는 것을 세 명이 보았다. 효진이는 꽃을 꽂아두지 않았다.
> 지현 : 나와 연경이는 꽃을 꽂아두지 않았다. 나는 누가 꽃을 꽂는지 보지 못했다.

① 연경
② 효진
③ 다솜
④ 지민
⑤ 지현

10 S은행 A지점에 근무하는 귀하는 한 입주예정자로부터 평일에는 개인사정으로 인해 영업시간 내에 방문하지 못한다고 문의를 받아, 근처 다른 지점에 방문하여 대출신청을 진행할 수 있도록 안내하였다. 〈조건〉이 다음과 같을 때, 입주예정자의 대출신청을 완료하는 데까지 걸리는 최소시간은 얼마인가?(단, 지점 간 숫자는 영업점 간의 거리를 의미한다)

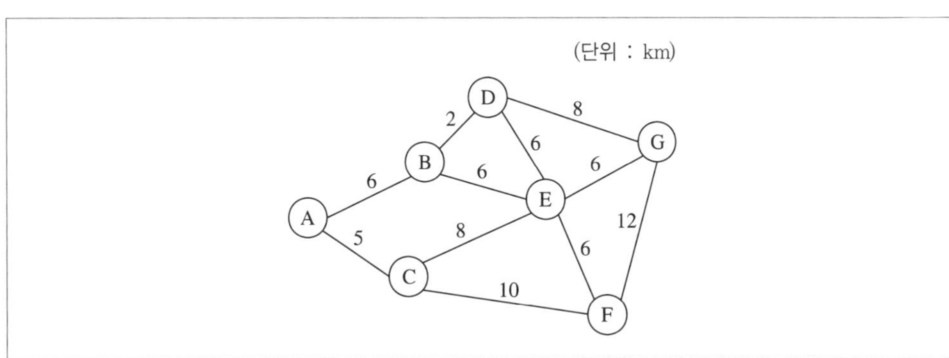

조건

- 입주예정자는 G지점 근처에 거주하고 있어, 영업시간 내에 언제든지 방문 가능하다.
- 대출과 관련한 서류는 A지점에서 G지점까지 행낭을 통해 전달한다.
- 은행 영업점 간 행낭 배송은 시속 60km로 운행하며 요청에 따라 배송지 순서는 변경(생략)할 수 있다(단, 연결된 구간으로만 운행 가능).
- 대출신청서 등 대출 관련 서류는 입주예정자 본인 또는 대리인(대리인증명서 필요)이 작성하여야 한다(작성하는 시간은 총 30분이 소요됨).
- 대출신청 완료는 A지점에 입주예정자가 작성한 신청서류가 도착했을 때를 기준으로 한다.

① 46분
② 49분
③ 57분
④ 1시간 2분
⑤ 1시간 5분

PART 4

11 다음 자료와 〈조건〉을 바탕으로 철수, 영희, 민수, 철호가 상품을 구입한 쇼핑몰을 바르게 연결한 것은?

〈이용약관의 주요내용〉

쇼핑몰	주문 취소	환불	배송비	포인트 적립
A	주문 후 7일 이내 취소 가능	10% 환불수수료+송금수수료 차감	무료	구입 금액의 3%
B	주문 후 10일 이내 취소 가능	환불수수료+송금수수료 차감	20만 원 이상 무료	구입 금액의 5%
C	주문 후 7일 이내 취소 가능	환불수수료+송금수수료 차감	1회 이용 시 1만 원	없음
D	주문 후 당일에만 취소 가능	환불수수료+송금수수료 차감	5만 원 이상 무료	없음
E	취소 불가능	고객 귀책 사유에 의한 환불 시에만 10% 환불수수료	1만 원 이상 무료	구입 금액의 10%
F	취소 불가능	원칙적으로 환불 불가능 (사업자 귀책 사유일 때만 환불 가능)	100g당 2,500원	없음

조건

- 철수는 부모님의 선물로 등산용품을 구입하였는데, 판매자의 업무착오로 배송이 지연되어 판매자에게 전화로 환불을 요구하였다. 판매자는 판매금액 그대로를 통장에 입금해주었고 구입 시 발생한 포인트도 유지하여 주었다.
- 영희는 옷을 구매할 때 배송료를 고려하여 한 가지씩 여러 번에 나누어 구매하기보다는 가능한 한 한꺼번에 주문하곤 하였다.
- 인터넷 사이트에서 영화티켓을 20,000원에 주문한 민수는 다음날 같은 티켓을 18,000원에 파는 가게를 발견하고 전날 주문한 물건을 취소하려 했지만 취소가 되지 않아 곤란을 겪은 적이 있다.
- 가방을 10만 원에 구매한 철호는 도착한 물건의 디자인이 마음에 들지 않아 환불 및 송금수수료와 배송료를 감수하는 손해를 보면서도 환불할 수밖에 없었다.

	철수	영희	민수	철호
①	E	B	C	D
②	F	E	D	B
③	E	D	F	C
④	F	C	E	B
⑤	E	C	B	D

12 S기업에서 다음 면접방식으로 면접을 진행할 때, 심층면접을 할 수 있는 최대 인원수와 마지막 심층면접자의 기본면접 종료 시각을 바르게 연결한 것은?

〈면접방식〉

- 면접은 기본면접과 심층면접으로 구분된다. 기본면접실과 심층면접실은 각 1개이고, 면접대상자는 1명씩 입실한다.
- 기본면접과 심층면접은 모두 개별면접의 방식을 취한다. 기본면접은 심층면접의 진행 상황에 관계없이 10분 단위로 계속되고, 심층면접은 기본면접의 진행 상황에 관계없이 15분 단위로 계속된다.
- 기본면접을 마친 면접대상자는 순서대로 심층면접에 들어간다.
- 첫 번째 기본면접은 오전 9시 정각에 실시되고, 첫 번째 심층면접은 첫 번째 기본면접이 종료된 시각에 시작된다.
- 기본면접과 심층면접 모두 낮 12시부터 오후 1시까지 점심 및 휴식 시간을 가진다.
- 각각의 면접 도중에 점심 및 휴식 시간을 가질 수 없고, 1인을 위한 기본면접 시간이나 심층면접 시간이 확보되지 않으면 새로운 면접을 시작하지 않는다.
- 기본면접과 심층면접 모두 오후 1시에 오후 면접 일정을 시작하고, 기본면접의 일정과 관련 없이 심층면접은 오후 5시 정각에는 종료되어야 한다.

※ 면접대상자의 이동 및 교체 시간 등 다른 조건은 고려하지 않는다.

	인원수	종료 시각
①	27명	오후 2시 30분
②	27명	오후 2시 40분
③	28명	오후 2시 30분
④	28명	오후 2시 40분
⑤	28명	오후 2시 50분

PART 4

13 출발지 O로부터 목적지 D까지의 사이에 다음과 같은 운송망이 주어졌을 때, 최단경로에 대한 설명으로 옳지 않은 것은?(단, 구간별 숫자는 거리를 나타낸다)

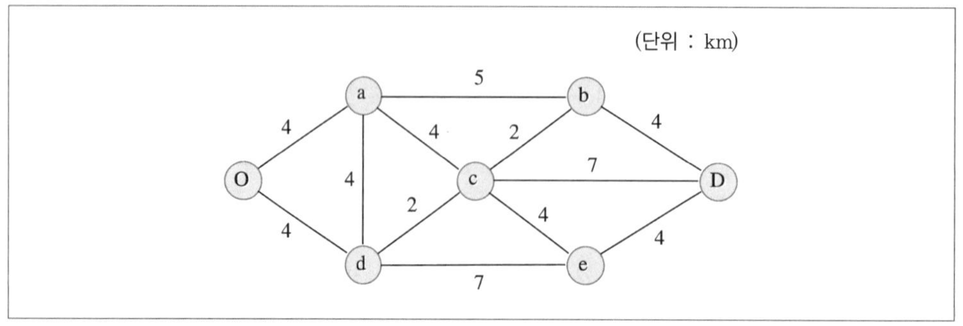

① O에서 b를 경유하여 D까지의 최단거리는 12km이다.
② O에서 c까지 최단거리는 6km이다.
③ O에서 a를 경유하여 D까지의 최단거리는 13km이다.
④ O에서 e를 경유하여 D까지의 최단거리는 15km이다.
⑤ O에서 D까지 최단거리는 12km이다.

14 S건설이 다음 〈조건〉에 따라 자재를 구매하려고 할 때, (가)안과 (나)안의 비용 차이는?

(단위 : 개)

구분	(가)안		(나)안	
	3분기	4분기	3분기	4분기
분기별 소요량	30	50	30	50
분기별 구매량	40	40	60	20
자재구매단가	7,000원	10,000원	7,000원	10,000원

조건

- 2분기 동안 80개의 자재를 구매한다.
- 자재의 분기당 재고 관리비는 개당 1,000원이다.
- 자재는 묶음 단위로만 구매할 수 있고, 한 묶음은 20개이다.

① 1만 원
② 2만 원
③ 3만 원
④ 4만 원
⑤ 5만 원

15 S공사는 2023년 초에 회사 내의 스캐너 15개를 교체하려고 계획하고 있다. 스캐너 구매를 담당하고 있는 귀하는 사내 설문조사를 통해 부서별로 필요한 스캐너 기능을 확인하였다. 다음 자료를 참고하였을 때, 구매할 스캐너의 순위는?

구분	Q스캐너	T스캐너	G스캐너
제조사	미국 B회사	한국 C회사	독일 D회사
가격	180,000원	220,000원	280,000원
스캔 속도	40장/분	60장/분	80장/분
주요 특징	– 양면 스캔 가능 – 50매 연속 스캔 – 소비전력 절약 모드 지원 – 카드 스캔 가능 – 백지 Skip 기능 – 기울기 자동 보정 – A/S 1년 보장	– 양면 스캔 가능 – 타 제품보다 전력소모 60% 절감 – 다양한 소프트웨어 지원 – PDF 문서 활용 가능 – 기울기 자동 보정 – A/S 1년 보장	– 양면 스캔 가능 – 빠른 스캔 속도 – 다양한 크기 스캔 – 100매 연속 스캔 – 이중급지 방지 장치 – 백지 Skip 기능 – 기울기 자동 보정 – A/S 3년 보장

- 양면 스캔 가능 여부
- 50매 이상 연속 스캔 가능 여부
- 예산 4,200,000원까지 가능
- 카드 크기부터 계약서 크기 스캔 지원
- A/S 1년 이상 보장
- 기울기 자동 보정 여부

① T스캐너 – Q스캐너 – G스캐너
② G스캐너 – Q스캐너 – T스캐너
③ G스캐너 – T스캐너 – Q스캐너
④ Q스캐너 – G스캐너 – T스캐너
⑤ Q스캐너 – T스캐너 – G스캐너

16 기획팀 A사원은 6월 21일 금요일에 열릴 세미나 장소를 섭외하라는 부장님의 지시를 받았다. 세미나에 참여할 인원은 총 17명이며, 모든 인원이 앉을 수 있는 테이블과 의자, 발표에 사용할 빔프로젝터 1개가 필요하다. A사원은 모든 회의실의 잔여상황을 살펴보고 가장 적합한 대회의실을 선택하였고, 필요한 비품은 회의실과 창고에서 확보한 후 부족한 물건을 주문하였다. 주문한 비품이 도착한 후 물건을 확인했지만 수량을 착각해 빠트린 것이 있었다. 다시 주문해야 한다고 할 때, A사원이 주문할 물품 목록은?

〈회의실별 비품현황〉

구분	대회의실	1회의실	2회의실	3회의실	4회의실
테이블(2인용)	4	1	2	–	–
의자	9	2	–	–	4
빔프로젝터	–	–	–	–	–
화이트보드	–	–	–	–	–
보드마카	2	3	1	–	2

〈창고 내 비품보유현황〉

구분	테이블(2인용)	의자	빔프로젝터	화이트보드	보드마카
창고	–	2	1	5	2

〈1차 주문서〉

2024년 6월 12일

1. 테이블 4개
2. 의자 1개
3. 화이트보드 1개
4. 보드마카 2개

① 빔프로젝터 : 1개, 의자 : 3개
② 빔프로젝터 : 1개, 테이블 : 1개
③ 테이블 : 1개, 의자 : 5개
④ 테이블 : 9개, 의자 : 6개
⑤ 테이블 : 9개, 의자 : 3개

17 다음 중 Windows에서 32bit 운영체제인지 64bit 운영체제인지 확인하는 방법으로 옳은 것은?

① [시작] 단추의 바로 가기 메뉴 – [속성]
② [시작] 단추 – [컴퓨터]의 바로 가기 메뉴 – [속성]
③ [시작] 단추 – [제어판]의 바로 가기 메뉴 – [관리 센터]
④ [시작] 단추 – [기본 프로그램]의 바로 가기 메뉴 – [열기]
⑤ [시작] 단추 – [컴퓨터]의 바로 가기 메뉴 – [네트워크]

PART 4

18 S사 인사부에 근무하는 김대리는 신입사원들의 교육점수를 다음과 같이 정리한 후 VLOOKUP 함수를 이용해 교육점수별 등급을 입력하려고 한다. [E2:F8]의 데이터 값을 이용해 (가) 셀에 함수식을 입력한 후 자동 채우기 핸들로 사원들의 교육점수별 등급을 입력할 때, (가) 셀에 입력해야 할 함수식으로 옳은 것은?

	A	B	C	D	E	F
1	사원	교육점수	등급		교육점수	등급
2	최○○	100	(가)		100	A
3	이○○	95			95	B
4	김○○	95			90	C
5	장○○	70			85	D
6	정○○	75			80	E
7	소○○	90			75	F
8	신○○	85			70	G
9	구○○	80				

① =VLOOKUP(B2,E2:F8,2,1)
② =VLOOKUP(B2,E2:F8,2,0)
③ =VLOOKUP(B2,$E$2:$F$8,2,0)
④ =VLOOKUP(B2,$E$2:$F$8,1,0)
⑤ =VLOOKUP(B2,$E$2:$F$8,1,1)

19 다음 프로그램의 실행 결과로 옳은 것은?

```
#include <stdio.h>
int main()
{
        for(int i = 0; i < 5; i++) {
                for(int j = 0; j <= i; j++) {
                                printf("*");
                }
                printf("₩n");
        }
}
```

①
```
*
**
***
****
*****
```

②
```
*****
*****
*****
*****
*****
```

③
```
*****
****
***
**
*
```

④
```
*
***
***
*****
*****
```

⑤
```

*
**
***
****
```

20 다음 파이썬 프로그램의 실행 결과로 옳은 것은?

```
>>> print(int(50/5))
```

① 50
② 5
③ 1
④ 10
⑤ 0

PART 4

21 다음 중 OJT에 대한 설명으로 옳은 것은?

① 별도의 외부 기관을 통해 직무 교육을 받으며 기업에 적응할 수 있도록 돕는 시스템이다.
② 지도자는 교육자가 스스로 깨달아야 하므로 지식을 전달하는 능력은 부족하여도 무관하다.
③ OJT는 과거에는 없던 최신식 신입사원 직무 교육 과정이다.
④ 신입사원에게 직무 경험을 쌓을 수 있는 기회를 제공한다.
⑤ 보통 같은 신입사원끼리 짝을 이루어 경쟁하는 과정에서 직무를 익힌다.

※ 기획전략팀에서는 사무실을 간편히 청소할 수 있는 새로운 청소기를 구매하였다. 기획전략팀의 B대리는 새 청소기를 사용하기 전에 사용 설명서를 참고하였다. 이어지는 질문에 답하시오. [22~24]

〈사용 설명서〉

1. 충전

- 충전 시 작동 스위치 2곳을 반드시 꺼주십시오.
- 타 제품의 충전기를 사용할 경우 고장의 원인이 되오니 반드시 전용 충전기를 사용하십시오.
- 충전 시 충전기에 열이 느껴지는 것은 고장이 아닙니다.
- 본 제품에는 배터리 보호를 위하여 과충전 보호회로가 내장되어 있어 적정 충전시간을 초과하여도 배터리는 심한 손상이 없습니다.
- 충전기의 줄을 잡고 뽑을 경우 감전, 쇼트, 발화 및 고장의 원인이 됩니다.
- 충전하지 않을 때는 전원 콘센트에서 충전기를 뽑아 주십시오. 절연 열화에 따른 화재, 감전 및 고장의 원인이 됩니다.

2. 이상 발생 시 점검방법

증상	확인사항	해결방법
스위치를 켜도 청소기가 작동하지 않는다면?	• 청소기가 충전잭에 꽂혀 있나 확인하세요. • 충전이 되어 있나 확인하세요. • 본체에 핸디 청소기가 정확히 결합되었는지 확인하세요. • 접점부(핸디, 본체)를 부드러운 면으로 깨끗이 닦아주세요.	청소기에서 충전잭을 뽑아주세요.
사용 중 갑자기 흡입력이 떨어진다면?	• 흡입구를 커다란 이물질이 막고 있는지 확인하세요. • 먼지 필터가 막혀 있는지 확인하세요. • 먼지통 내에 오물이 가득 차 있는지 확인하세요.	이물질을 없애고 다시 사용하세요.
청소기가 멈추지 않는다면?	• 스틱 손잡이 / 핸디 손잡이 스위치 2곳 모두 꺼져 있는지 확인하세요. • 청소기 본체에서 핸디 청소기를 분리하세요.	–
사용시간이 짧다고 느껴진다면?	10시간 이상 충전하신 후 사용하세요.	–
라이트 불이 켜지지 않는다면?	• 청소기 작동 스위치를 ON으로 하셨는지 확인하세요. • 라이트 스위치를 ON으로 하셨는지 확인하세요.	–
파워브러쉬가 작동하지 않는다면?	머리카락이나 실 등 이물질이 감겨있는지 확인하세요.	청소기 전원을 끄고 이물질 제거 후 전원을 켜면 파워브러쉬가 재작동하며, 평상시에도 파워브러쉬가 멈추었을 때는 전원 스위치를 껐다 켜시면 브러쉬가 재작동합니다.

22 사용 중 충전으로 인한 고장이 발생한 경우, 그 원인에 해당하지 않는 것은?

① 충전 시 작동 스위치 2곳을 모두 끄지 않은 경우
② 충전기를 뽑을 때 줄을 잡고 뽑은 경우
③ 충전하지 않을 때 충전기를 계속 꽂아 둔 경우
④ 적정 충전시간을 초과하여 충전한 경우
⑤ 타 제품의 충전기를 사용한 경우

PART 4

23 B대리는 청소기의 전원을 껐다 켬으로써 청소기의 작동 불량을 해결하였다. 어떤 작동 불량이 발생하였는가?

① 청소기가 멈추지 않았다.
② 사용시간이 짧게 느껴졌다.
③ 파워브러쉬가 작동되지 않았다.
④ 사용 중 흡입력이 떨어졌다.
⑤ 라이트 불이 켜지지 않았다.

24 청소기에 이물질이 많이 들어있을 때 나타날 수 있는 증상은?

① 사용시간이 짧아진다.
② 라이트 불이 켜지지 않는다.
③ 스위치를 켜도 청소기가 작동하지 않는다.
④ 사용 중 갑자기 흡입력이 떨어진다.
⑤ 충전 시 충전기에서 열이 난다.

25 다음은 S편집팀의 새로운 도서분야 시장진입을 위한 신간회의 내용이다. 의사결정 방법 중 하나인 '브레인 스토밍'을 활용했다고 할 때, 이에 적절하지 않은 발언을 한 사람을 모두 고르면?

> A사원 : 신문 기사를 보니, 세분화된 취향을 만족시키는 잡지들이 주목받고 있다고 하던데, 저희 팀에서도 소수의 취향을 주제로 한 잡지를 만들어 보는 건 어떨까요?
> B대리 : 그건 수익성은 생각하지 않은 발언인 것 같네요.
> C과장 : 아이디어는 많으면 많을수록 좋죠, 더 이야기해 봐요.
> D주임 : 요새 직장생활에 관한 이야기를 주제로 독자의 공감을 이끌어 내는 도서들이 많이 출간되고 있습니다.
> '연봉'과 관련한 실용서를 만들어 보는 건 어떨까요? 신선하고 공감을 자아내는 글귀와 제목, 유쾌한 일러스트를 표지에 실어서 눈에 띄게 만들어 보는 것도 좋을 것 같습니다.
> E차장 : 위 두 아이디어 모두 신선하네요. '잡지'의 형식으로 가면서 직장인과 관련된 키워드를 매달 주제로 해 발간해 보면 어떨까요? 창간호 키워드는 '연봉'이 좋겠군요.

① A사원
② B대리
③ B대리, C과장
④ B대리, E차장
⑤ A사원, D주임, E차장

26 다음 〈보기〉 중 비영리조직에 해당하는 것을 모두 고르면?

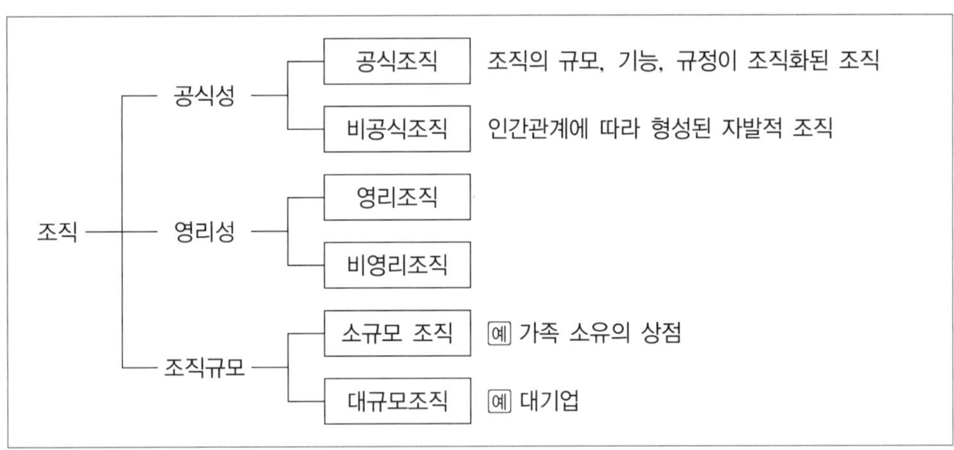

① ㉠, ㉢
② ㉡, ㉤
③ ㉠, ㉢, ㉣
④ ㉡, ㉣, ㉤
⑤ ㉡, ㉢, ㉣, ㉤

27 다음 기사를 읽고 필리핀 EPS 센터에 근무 중인 S대리가 취할 행동으로 적절하지 않은 것은?

> 최근 필리핀에서 한국인을 노린 범죄행위가 기승을 부리고 있다. 외교부 보고에 따르면 최근 5년간 해외에서 우리 국민을 대상으로 벌어진 살인 사건이 가장 많이 발생한 국가가 필리핀인 것으로 나타났다. 따라서 우리나라는 자국민 보호를 위해 한국인 대상 범죄 수사를 지원하는 필리핀 코리안 데스크에 직원을 추가 파견하기로 했다.

① 저녁에 이루어지고 있는 필리핀 문화 교육 시간을 오전으로 당겨야겠군.
② 우리 국민이 늦은 시간에 혼자 다니지 않도록 해야겠어.
③ 주필리핀 한국대사관과 연결하여 자국민 보호 정책을 만들 수 있도록 요청해야겠어.
④ 경찰과 연합해서 우리 국민 보호에 더 신경을 써야겠네.
⑤ 우리나라에 취업하기 위해 들어오는 필리핀 사람들에 대한 규제를 강화해야겠어.

PART 4

28 다음 글을 읽고 근로자가 선택한 행동으로 적절한 것을 〈보기〉에서 모두 고르면?

> 담합은 경제에 미치는 악영향도 크고 워낙 은밀하게 이뤄지는 탓에 경쟁 당국 입장에서는 적발하기 어렵다는 현실적인 문제가 있다. 독과점 사업자는 시장에서 어느 정도 드러나기 때문에 부당행위에 대한 감시·감독을 할 수 있지만, 담합은 그 속성상 증거가 없으면 존재 여부를 가늠하기 힘들기 때문이다.

> **보기**
>
> ㄱ. 신고를 통해 개인의 이익을 얻고 사회적으로 문제 해결을 한다.
> ㄴ. 내부에서 먼저 합리적인 절차에 따라 문제 해결을 하고자 노력한다.
> ㄷ. 근로자 개인이 받는 피해가 클지라도 기업 활동의 해악이 심각하면 이를 신고한다.

① ㄱ　　② ㄴ
③ ㄱ, ㄷ　　④ ㄴ, ㄷ
⑤ ㄱ, ㄴ, ㄷ

29 **다음은 인사팀 직원들이 경력개발을 하는 이유에 대해 나눈 대화 내용이다. 대화 내용에서 같은 이유를 이야기하고 있는 사람끼리 연결한 것은?**

> Q사원 : 경력개발은 좋은 인간관계를 위해 꼭 필요한 것 같아요.
> R대리 : 현대사회는 빠르게 변화하고 있어. 지식정보사회에 적응하려면 경력을 개발해야 해.
> S과장 : 요즘 사회에는 평생직장이라는 개념이 사라졌잖아. 우리 나이 때에도 이직하는 사람들이 늘어났을 정도니까…. 이직을 준비하기 위해서라도 경력개발은 쉬지 않고 이뤄져야 해.
> T사원 : 전 자기 만족을 위해서 경력개발을 해야 한다고 생각해요. 한자리에 서 있지 않고 끊임없이 앞으로 나아간다는 기쁨이 있잖아요.

① R대리, S과장
② Q사원, S과장
③ R대리, T사원
④ Q사원, T사원
⑤ S과장, T사원

30 **H씨는 외국어능력을 키우기 위해서 영어학원에 등록했다. 그런데 몸이 좋지 않거나 다른 약속이 생겨서 뜻대로 참석하지 못하고 있다. H씨의 자기개발을 방해하는 요인과 비슷한 사례는?**

① A씨는 외국계 회사로 이직했다. 이직 후 A씨는 이전과는 다른 회사 분위기에 적응하느라 2주째 동호회에 나가지 못하고 있다.
② 신입사원 B씨는 직장 선배에게 회사 일도 중요하지만 개인적인 능력개발도 중요하다는 이야기를 들었다. 하지만 B씨는 어디서부터 어떤 것을 시작해야 할지 혼란스럽다.
③ C씨는 주말마다 봉사활동을 다니고 있지만 잦은 회식과 과음으로 최근엔 봉사활동에 나가지 못하고 있다.
④ D씨는 입사한 지 5년이 지났지만 아직 자신이 잘하는 일이 무엇인지 알 수 없어 고민이다.
⑤ E씨는 대기업에서 근무하고 있지만 하고 있는 업무가 적성에 맞지 않아 고민이다. 그렇다고 적성에 맞는 일을 찾아가기에는 너무 늦은 것 같다.

31 **직장인 A씨는 그동안 자기개발을 통해 능력을 신장시키고 다른 사람과 차별성을 갖추었다. 그러나 이에 대한 PR을 하지 않아 자신의 가치에 대한 각인이 부족한 상태이다. 다음 중 자신을 PR하는 방법으로 옳지 않은 것은?**

① 소셜 네트워크를 활용한다.
② 인적 네트워크를 활용한다.
③ 자신만의 명함을 만든다.
④ 업무를 더욱 성실하게 수행한다.
⑤ 경력 포트폴리오를 만든다.

32 신입사원 A씨는 회사에 입사한 후 자신의 능력을 높은 업무성과를 통해 발휘하고 싶다는 생각이 들었다. 그래서 A씨는 앞으로 회사생활에서의 행동전략을 세웠다. 〈보기〉 중 A씨가 세운 행동전략으로 옳은 것을 모두 고르면?

보기

㉠ "그날 할 일은 바로바로 처리해야겠다."
㉡ "회사 내 일을 잘한다고 소문이 난 B대리님이 어떻게 일하시는지 살펴보고 참고해야겠다."
㉢ "다른 사람들이 일하는 방법을 보고 그 방법대로 일해야겠다."
㉣ "회사의 업무 지침은 참고만 하고 나에게 맞는 업무 지침을 세워야겠다."

① ㉠
② ㉠, ㉡
③ ㉠, ㉡, ㉢
④ ㉠, ㉡, ㉢, ㉣
⑤ ㉡, ㉢, ㉣

33 프랜차이즈 커피숍에서 바리스타로 근무하고 있는 귀하는 종종 '가격을 깎아달라'는 고객 때문에 고민이 많다. 이를 본 선배가 귀하에게 도움이 될 만한 몇 가지 조언을 해주었다. 다음 중 선배가 귀하에게 한 조언으로 가장 적절한 것은?

① '절대로 안 된다.'고 딱 잘라 거절하는 태도가 필요합니다.
② 이번이 마지막이라고 말하면서 한 번만 깎아주세요.
③ 못 본 체하고 다른 손님의 주문을 받으면 됩니다.
④ 규정상 임의로 깎아줄 수 없다는 점을 상세히 설명해 드리세요.
⑤ 다음에 오실 때 깎아드리겠다고 약속드리고 지키면 됩니다.

34 다음 중 훌륭한 팀워크를 유지하기 위한 기본요소로 적절하지 않은 것은?

① 팀원 간 공동의 목표의식과 강한 도전의식을 가진다.
② 팀원 간에 상호 신뢰하고 존중한다.
③ 서로 협력하면서 각자의 역할에 책임을 다한다.
④ 팀원 개인의 능력이 최대한 발휘되는 것이 핵심이다.
⑤ 강한 자신감으로 상대방의 사기를 드높인다.

35 다음 글을 읽고 리더(Leader)의 입장에서 이해한 내용으로 가장 적절한 것은?

> 존 맥스웰(John Maxwell)의 저서 『121가지 리더십 불변의 법칙』 중 첫 번째 법칙으로 '뚜껑의 법칙'을 살펴볼 수 있다. 뚜껑의 법칙이란 용기(容器)를 키우려면 뚜껑의 크기도 그에 맞게 키워야만 용기로서의 역할을 제대로 할 수 있으며, 그렇지 않으면 병목 현상이 생겨 제 역할을 할 수 없다는 것이다.

① 리더는 자신에 적합한 인재를 등용할 수 있어야 한다.
② 참된 리더는 부하직원에게 기회를 줄 수 있어야 한다.
③ 리더는 부하직원의 실수도 포용할 수 있어야 한다.
④ 크고 작은 조직의 성과는 리더의 역량에 달려 있다.
⑤ 리더의 재능이 용기의 크고 작음을 결정한다.

36 S사에 근무하는 R부장은 현재 자신의 부서에 팀워크가 부족하다는 것을 느끼고 있다. 이를 해결하기 위해 R부장이 아침회의 전에 부서 사원들에게 효과적인 팀워크를 위한 조언을 하고자 할 때, 조언 내용으로 가장 적절한 것은?

① 자기중심적인 개인주의가 필요합니다.
② 사원들 간의 사고방식 차이는 있을 수 없습니다.
③ 강한 자신감보다는 신중함이 필요합니다.
④ 솔직한 대화로 서로를 이해해야 합니다.
⑤ 조직에 대한 이해보다는 나 자신을 이해해야 합니다.

37 다음은 S기업 사원들의 대화 내용이다. 빈칸에 들어갈 내용으로 적절하지 않은 것은?

> 김사원 : 희정씨, 무슨 일 있어요? 표정이 안 좋네요.
> 윤사원 : 이부장님께서 부탁하신 일이 있는데 아무래도 안 될 것 같아서요. 말씀을 어떻게 드려야 할지 난감하네요.
> 김사원 : 하긴, 이유가 충분해도 거절 자체를 말하기가 어렵죠. ______________ 좋을 것 같아요.

① 거절하는 이유를 설명하기 전에 사과를 먼저 하는 것이
② 거절에 따른 대안을 제시하는 것이
③ 거절을 결정할 때는 시간을 충분히 두고 신중해야 하는 것이
④ 왜 거절하는지 분명한 이유를 밝히는 것이
⑤ 단호하게 의사를 표현하는 것이

38 다음 중 직장 내의 성실한 태도에 대한 사례로 적절하지 않은 것은?

① 청결을 위해 아침에 사무실을 청소하는 A씨
② 많은 업무를 차근차근 해결해나가는 B씨
③ 약속 장소에 10분 일찍 나오는 C씨
④ 먼저 나서서 솔선수범하는 D씨
⑤ 단기간에 많은 돈을 벌고자 하는 E씨

39 직장인 D씨는 일을 벌이기는 잘 하는데, 마무리를 잘하지 못하여 주변의 동료들에게 피해를 주고 있다. 자신이 벌인 일에도 불구하고 어려운 상황에 부딪힐 경우 회피하기에 급급하기 때문이다. 이러한 상황에서 D씨에게 해 줄 수 있는 조언으로 가장 적절한 것은?

① 봉사하는 마음을 가지도록 노력해 봐.
② 업무에는 책임감이 필요해.
③ 준법정신은 조직생활의 기본이야.
④ 직장예절은 원만한 조직생활에 있어 꼭 필요하지.
⑤ 정직은 신뢰 형성에 필수적인 규범이야.

40 스마트폰은 일상적인 비즈니스 거래를 유지하고, 도움이 필요한 사람에게 재빨리 연락을 취할 수 있으며, 인터넷에 접속하여 간단한 업무도 처리할 수 있어 직장인의 필수품이 되어가고 있다. 다음 중 직장 내 스마트폰 사용에 대한 유의사항으로 적절하지 않은 것은?

① 사무실에서 벨소리, 메시지와 같은 알림 기능은 무음으로 설정하는 것이 좋다.
② 중요한 대화일 경우 문자보다는 음성 통화를 이용하도록 한다.
③ SNS 사용은 휴식시간에 이용하도록 한다.
④ 타인과 면전에서 대화할 경우 스마트폰 사용을 자제한다.
⑤ 외근으로 인해 운전할 때 스마트폰은 한 손으로 조심히 사용한다.

| 01 | 사무직(행정학)

41 다음 〈보기〉 중 역량평가제에 대한 설명으로 옳은 것을 모두 고르면?

보기

ㄱ. 일종의 사전적 검증장치로 단순한 근무실적 수준을 넘어 공무원에게 요구되는 해당 업무 수행을 위한 충분한 능력을 보유하고 있는지에 대한 평가를 목적으로 한다.
ㄴ. 근무실적과 직무수행능력을 대상으로 정기적으로 이루어지며, 그 결과는 승진과 성과급 지급, 보직관리 등에 활용된다.
ㄷ. 조직 구성원으로 하여금 조직 내외의 모든 사람과 원활한 인간관계를 증진시키려는 강한 동기를 부여함으로써 업무 수행의 효율성을 제고할 수 있다.
ㄹ. 다양한 평가기법을 활용하여 실제 업무와 유사한 모의상황에서 나타나는 평가 대상자의 행동특성을 다수의 평가자가 평가하는 체계이다.
ㅁ. 미래 행동에 대한 잠재력을 측정하는 것이며 성과에 대한 외부변수를 통제함으로써 객관적 평가가 가능하다.

① ㄱ, ㄴ, ㄷ
② ㄱ, ㄹ, ㅁ
③ ㄴ, ㄷ, ㄹ
④ ㄷ, ㄹ, ㅁ
⑤ ㄴ, ㄷ, ㄹ, ㅁ

42 다음 〈보기〉의 설명에 해당하는 공무원 평정제도를 바르게 짝지은 것은?

보기

ㄱ. 고위공무원단제도의 도입에 따라 고위공무원으로서 요구되는 역량을 구비했는지를 사전에 검증하는 제도적 장치로 도입되었다.
ㄴ. 직무분석을 통해 도출된 성과책임을 바탕으로 성과 목표를 설정·관리·평가하고, 그 결과를 보수 혹은 처우 등에 적용하는 일련의 과정을 거친다.
ㄷ. 행정서비스에 관한 다방향적 의사전달을 촉진하며 충성심의 방향을 다원화하는 데 기여할 수 있다.
ㄹ. 공무원의 능력, 근무성적 및 태도 등을 평가해 교육훈련 수요를 파악하고, 승진 및 보수결정등의 인사관리 자료를 얻는 데 활용한다.

	ㄱ	ㄴ	ㄷ	ㄹ
①	역량평가제	직무성과관리제	다면평가제	근무성적평정제
②	다면평가제	역량평가제	근무성적평정제	직무성과관리제
③	역량평가제	근무성적평정제	다면평가제	직무성과관리제
④	다면평가제	직무성과관리제	역량평가제	근무성적평정제
⑤	역량평가제	다면평가제	근무성과관리제	근무성적평정제

43 다음 중 지방자치법상 지방의회의 의결사항에 해당하지 않는 것은?

① 조례의 제정 · 개정 및 폐지
② 재의요구권
③ 기금의 설치 · 운용
④ 대통령령으로 정하는 중요 재산의 취득 · 처분
⑤ 청원의 수리와 처리

PART 4

44 다음 중 공무원의 신분보장의 배제에 대한 설명으로 옳은 것은?

① 직위해제 : 해당 공무원에 대해 직위를 부여하지 않음으로써 공무원의 신분을 박탈하는 임용행위이다.
② 직권면직 : 직제 · 정원의 변경으로 직위의 폐지나 초과정원이 발생한 경우에 임용권자가 직권으로 직무 수행의 의무를 면해 주되 공무원의 신분은 보유하게 하는 임용행위이다.
③ 해임 : 공무원의 신분을 박탈하는 중징계 처분의 하나이며 퇴직급여액의 2분의 1이 삭감되는 임용행위이다.
④ 파면 : 공무원의 신분을 박탈하는 중징계 처분의 하나이며 원칙적으로 퇴직금 감액이 없는 임용행위이다.
⑤ 정직 : 공무원의 신분은 보유하지만, 직무 수행을 일시적으로 정지시키며 보수를 전액 감하는 임용행위이다.

45 다음 중 국회의 승인이나 의결을 얻지 않아도 되는 것은?

① 명시이월
② 예비비 사용
③ 예산의 이용
④ 계속비
⑤ 예산의 이체

46 다음 〈보기〉 중 옳은 것을 모두 고르면?

보기

ㄱ. 인간관계론에서 조직 참여자의 생산성은 육체적 능력보다 사회적 규범에 의해 좌우된다.
ㄴ. 과학적 관리론은 과학적 분석을 통해 업무수행에 적용할 유일 최선의 방법을 발견할 수 있다고 전제한다.
ㄷ. 체제론은 비계서적 관점을 중시한다.
ㄹ. 발전행정론은 정치, 사회, 경제의 균형성장에 크게 기여하였다.

① ㄱ, ㄴ
② ㄱ, ㄹ
③ ㄴ, ㄷ
④ ㄴ, ㄹ
⑤ ㄷ, ㄹ

47 다음 중 탈신공공관리론(Post-NPM)에서 강조하는 행정개혁 전략으로 옳지 않은 것은?

① 분권화와 집권화의 조화
② 민간-공공부문 간 파트너십 강조
③ 규제 완화
④ 인사관리의 공공책임성 중시
⑤ 정치적 통제 강조

48 다음 글의 ㉠에 대한 설명으로 옳은 것은?

> ㉠ 이란 상대적으로 많이 가진 계층 또는 집단으로부터 적게 가진 계층 또는 집단으로 재산·소득·권리 등의 일부를 이전시키는 정책을 말한다. 이를테면 누진세 제도의 실시, 생활보호 대상자에 대한 의료보호, 영세민에 대한 취로사업, 무주택자에 대한 아파트 우선적 분양, 저소득 근로자들에게 적용시키는 근로소득보전세제 등의 정책이 이에 속한다.

① 정책 과정에서 이해당사자들 상호 간 이익이 되는 방향으로 협력하는 로그롤링(Log Rolling) 현상이 나타난다.

② 계층 간 갈등이 심하고 저항이 발생할 수 있어 국민적 공감대를 형성할 때 정책의 변화를 가져오게 된다.

③ 체제 내부를 정비하는 정책으로 대외적 가치배분에는 큰 영향이 없으나 대내적으로는 게임의 법칙이 발생한다.

④ 대체로 국민 다수에게 돌아가지만 사회간접시설과 같이 특정지역에 보다 직접적인 편익이 돌아가는 경우도 많다.

⑤ 법령에서 제시하는 광범위한 기준을 근거로 국민들에게 강제적으로 특정한 부담을 지우는 것이다.

49 다음 중 옴부즈만 제도에 대한 설명으로 옳지 않은 것은?

① 1800년대 초반 스웨덴에서 처음으로 채택되었다.

② 옴부즈만은 입법기관에서 임명하는 옴부즈만이었으나 국회의 제청에 의해 행정수반이 임명하는 옴부즈만도 등장하게 되었다.

③ 우리나라 지방자치단체는 시민고충처리위원회를 둘 수 있는데 이것은 지방자치단체의 옴부즈만이라고 할 수 있다.

④ 국무총리 소속으로 설치한 국민권익위원회는 행정체제 외의 독립통제기관이며, 대통령이 임명하는 옴부즈만의 일종이다.

⑤ 시정조치의 강제권이 없기 때문에 비행의 시정이 비행자의 재량에 달려 있는 경우가 많다.

50 다음 빈칸에 공통으로 해당하는 것은?

- ______은/는 정부업무, 업무수행에 필요한 데이터, 업무를 지원하는 응용서비스 요소, 데이터와 응용시스템의 실행에 필요한 정보기술, 보안 등의 관계를 구조적으로 연계한 체계로서 정보자원관리의 핵심수단이다.
- ______은/는 정부의 정보시스템 간의 상호운용성 강화, 정보자원 중복투자 방지, 정보화 예산의 투자효율성 제고 등에 기여한다.

① 블록체인 네트워크
② 정보기술아키텍처
③ 제3의 플랫폼
④ 클라우드 – 클라이언트 아키텍처
⑤ 스마트워크센터

51 다음 중 신공공관리론에 대한 설명으로 옳은 것을 〈보기〉에서 모두 고르면?

보기

ㄱ. 기업경영의 논리와 기법을 정부에 도입・접목하려는 노력이다.
ㄴ. 정부 내의 관리적 효율성에 초점을 맞추고, 규칙중심의 관리를 강조한다.
ㄷ. 거래비용이론, 공공선택론, 주인 – 대리인이론 등을 이론적 기반으로 한다.
ㄹ. 중앙정부의 감독과 통제의 강화를 통해 일선공무원의 책임성을 강화시킨다.
ㅁ. 효율성을 지나치게 강조하는 과정에서 민주주의의 책임성이 결여될 수 있는 한계가 있다.

① ㄱ, ㄴ, ㄷ
② ㄱ, ㄷ, ㄹ
③ ㄱ, ㄷ, ㅁ
④ ㄴ, ㄷ, ㅁ
⑤ ㄴ, ㄹ, ㅁ

52 다음 중 예산제도에 대한 설명으로 옳지 않은 것은?

① 계획 예산제도(PPBS)는 기획, 사업구조화, 그리고 예산을 연계시킨 시스템적 예산제도이다.
② 계획 예산제도(PPBS)의 단점으로는 의사결정이 지나치게 집권화되고 전문화되어 외부통제가 어렵다는 점과 대중적인 이해가 쉽지 않아 정치적 실현가능성이 낮다는 점이 있다.
③ 품목별 예산제도(LIBS)는 정부의 지출을 체계적으로 구조화한 최초의 예산제도로서 지출대상별 통제를 용이하게 할 뿐 아니라 지출에 대한 근거를 요구하고 확인할 수 있다.
④ 성과 예산제도(PBS)는 사업별, 활동별로 예산을 편성하고, 성과평가를 통하여 행정통제를 합리화할 수 있다.
⑤ 품목별 예산제도(LIBS)는 왜 돈을 지출해야 하는지, 무슨 일을 하는지에 대하여 구체적인 정보를 제공하는 장점이 있다.

53 다음 중 행정지도에 대한 설명으로 옳은 것은?

① 분쟁의 가능성이 낮다는 장점이 있다.
② 행정환경 변화에 대해 신속한 적용이 어렵다.
③ 행정지도는 강제력을 갖는 행위이다.
④ 행정지도를 통한 상대방의 행위에 대해 행정주체는 감독권한을 갖는다.
⑤ 행정지도는 상대방의 임의적 협력 또는 동의하에 일정 행정질서의 형성을 달성하기 위한 권력적 사실행위이다.

54 다음 중 포스트모더니즘 행정이론에 대한 설명으로 옳은 것을 〈보기〉에서 모두 고르면?

보기

ㄱ. 파머는 전통적 관료제의 탈피를 통한 유기적인 조직구조를 강조하였다.
ㄴ. 파머는 시민의 요구를 충족시키기 위해 정부의 권위 강화가 불가피함을 주장하였다.
ㄷ. 담론이론에서는 소수의 이해관계에 따른 의사결정보다 심의 민주주의를 강조한다.

① ㄱ　　② ㄴ
③ ㄱ, ㄷ　　④ ㄴ, ㄷ
⑤ ㄱ, ㄴ, ㄷ

55 다음 중 예산총계주의에 대한 설명으로 옳은 것을 〈보기〉에서 모두 고르면?

보기

ㄱ. 예산총계주의는 수입과 지출 내역, 용도를 명확히 하고 예산을 합리적으로 분류하여 명료하게 관리해야 한다는 원칙이다.
ㄴ. 한 회계연도의 모든 수입을 세입으로 하고, 모든 지출은 세출로 한다.
ㄷ. 지방자치단체가 현물로 출자하는 경우는 예외사항에 해당된다.

① ㄱ
② ㄴ
③ ㄱ, ㄷ
④ ㄴ, ㄷ
⑤ ㄱ, ㄴ, ㄷ

56 다음 행정이론들을 시기 순서대로 바르게 나열한 것은?

(가) 최소의 노동과 비용으로 최대의 능률을 올릴 수 있는 표준적 작업절차를 정하고 이에 따라 예정된 작업량을 달성하기 위한 가장 좋은 방법을 발견하려는 이론이다.
(나) 기존의 거시적인 제도나 구조가 아닌 개인의 표출된 행태를 객관적·실증적으로 분석하는 이론이다.
(다) 조직구성원들의 사회적·심리적 욕구와 조직 내 비공식집단 등을 중시하며, 조직의 목표와 조직구성원들의 목표 간의 균형 유지를 지향하는 민주적·참여적 관리 방식을 처방하는 이론이다.
(라) 시민적 담론과 공익에 기반을 두고 시민에게 봉사하는 정부의 역할을 강조하는 이론이다.

① (가) – (나) – (다) – (라)
② (가) – (다) – (나) – (라)
③ (가) – (다) – (라) – (나)
④ (나) – (다) – (가) – (라)
⑤ (나) – (라) – (다) – (가)

57 **다음 중 우리나라의 지방재정조정제도에 대한 설명으로 옳지 않은 것은?**

① 지방교부세의 재원은 내국세의 19.24%에 해당하는 금액과 종합부동산세 전액으로 구성된다.
② 중앙정부가 지방자치단체별로 지방교부세를 교부할 때 사용하는 기준지표는 지방재정자립도이다.
③ 지방교부세는 용도가 정해져 있지 않다는 점에서 국고보조금과 다르다.
④ 재정자립도를 산정할 때 지방교부세는 지방자치단체의 의존재원에 속한다.
⑤ 국고보조금은 행정서비스의 구역외 확산에 대처할 수 있지만 지역 간 재정력 격차 및 불균형을 심화시키기도 한다.

58 **다음 중 개방형 인사관리에 대한 설명으로 옳지 않은 것은?**

① 충원된 전문가들이 관료집단에서 중요한 역할을 수행하게 한다.
② 개방형은 승진기회의 제약으로, 직무의 폐지는 대개 퇴직으로 이어진다.
③ 정치적 리더십의 요구에 따른 고위층의 조직 장악력 약화를 초래한다.
④ 공직의 침체, 무사안일주의 등 관료제의 병리를 억제한다.
⑤ 민간부문과의 인사교류로 적극적 인사행정이 가능하다.

59 **다음 중 롤스(J. Rawls)의 사회 정의의 원리와 거리가 먼 것은?**

① 원초상태(Original Position)하에서 합의되는 일련의 법칙이 곧 사회정의의 원칙으로서 계약 당사자들의 사회협동체를 규제하게 된다.
② 정의의 제1원리는 기본적 자유의 평등원리로서, 모든 사람은 다른 사람의 유사한 자유와 상충되지 않는 한도 내에서 최대한의 기본적 자유에의 평등한 권리를 인정하는 것이다.
③ 정의의 제2원리의 하나인 '차등원리(Difference Principle)'는 가장 불우한 사람들의 편익을 최대화해야 한다는 원리이다.
④ 정의의 제2원리의 하나인 '기회균등의 원리'는 사회・경제적 불평등은 그 모체가 되는 모든 직무와 지위에 대한 기회 균등이 공정하게 이루어진 조건하에서 직무나 지위에 부수해 존재해야 한다는 원리이다.
⑤ 정의의 제1원리가 제2원리에 우선하고, 제2원리 중에서는 '차등원리'가 '기회균등의 원리'에 우선되어야 한다.

60 **다음 가상 사례에 대한 설명으로 옳은 것은?**

> 요즘 한 지방자치단체 공무원들 사이에는 민원 관련 허가를 미루려는 A국장의 기이한 행동이 입방아에 오르내리고 있다. A국장은 자기 손으로 승인여부에 대한 결정을 해야 하는 상황을 피하기 위해 자치단체장에 대한 업무보고도 과장을 시켜서 하는 등 단체장과 마주치지 않기 위해 피나는 노력을 하고 있다고 한다.
> 최근에는 해외일정을 핑계로 아예 장기간 자리를 뜨기도 했다. A국장이 승인여부에 대한 실무진의 의견을 제대로 올리지 않자 안달이 난 쪽은 다름 아닌 바로 단체장이다. 단체장이 모든 책임을 뒤집어써야 하는 상황이 될 수도 있기 때문이다. A국장과 단체장이 책임을 떠넘기려는 웃지 못할 해프닝이 일어나고 있는 것이다. 한 공무원은 "임기 말에 논란이 될 사안을 결정할 공무원이 누가 있겠느냐."고 말했다.
> 이런 현상은 중앙부처의 정책결정 과정이나 자치단체의 일선행정 현장에서 모두 나타나고 있다. 그 사이에 정부 정책의 신뢰는 저하되고, 신뢰를 잃은 정책은 표류할 수밖에 없다.

① 관료들이 위험회피적이고 변화저항적이며 책임회피적인 보신주의로 빠지는 행태를 말한다.
② 관료제의 구조적 특성인 권위의 계층적 구조에서 상사의 명령까지 절대적으로 추종하는 행태를 말한다.
③ 업무수행지침을 규정한 공식적인 법규정만을 너무 고집하고 상황에 따른 유연한 대응을 하지 않는 행태를 말한다.
④ 관료제에서 공식적인 규칙이나 절차가 본래의 목적을 상실하여 조직과 대상 국민에게 순응의 불편이나 비용을 초래하는 것을 말한다.
⑤ 기관에 대한 정서적 집착과 같은 귀속주의나 기관과 자신을 하나로 보는 심리적 동일시 현상을 말한다.

61 **다음 중 행정의 가치에 대한 설명으로 옳지 않은 것은?**

① 능률성(Efficiency)은 일반적으로 '투입에 대한 산출의 비율'로 정의된다.
② 대응성(Responsiveness)은 행정이 시민의 이익을 반영하고, 그에 반응하는 행정을 수행해야 한다는 것을 뜻한다.
③ 가외성의 특성 중 중첩성(Overlapping)은 동일한 기능을 여러 기관들이 독자적인 상태에서 수행하는 것을 뜻한다.
④ 사이먼(Simon)은 합리성을 목표와 행위를 연결하는 기술적·과정적 개념으로 이해하고, 내용적 합리성(Substantive Rationality)과 절차적 합리성(Procedural Rationality)으로 구분하였다.
⑤ 공익에 대한 과정설은 절차적 합리성을 강조하여 적법절차의 준수에 의해서 공익이 보장된다는 입장이다.

62 다음 중 예산성과금에 대한 설명으로 옳지 않은 것은?

① 각 중앙관서의 장은 예산낭비신고센터를 설치·운영하여야 한다.
② 예산낭비를 신고하거나 예산낭비 방지 방안을 제안한 일반 국민도 성과금을 받을 수 있다.
③ 각 중앙관서의 장은 직권으로 성과금을 지급하거나 절약된 예산을 다른 사업에 사용할 수 있다.
④ 예산낭비신고, 예산절감과 관련된 제안을 받은 중앙관서의 장 또는 기금관리주체는 그 처리결과를 신고 또는 제안을 한 자에게 통지하여야 한다.
⑤ 각 중앙관서의 장은 예산의 집행방법 또는 제도의 개선 등으로 인하여 수입이 증대되거나 지출이 절약된 때에는 이에 기여한 자에게 성과금을 지급할 수 있다.

63 다음 중 현재 행정각부와 그 소속 행정기관으로 옳은 것을 〈보기〉에서 모두 고르면?

보기

ㄱ. 산업통상자원부 – 관세청
ㄴ. 행정안전부 – 경찰청
ㄷ. 중소벤처기업부 – 특허청
ㄹ. 환경부 – 산림청
ㅁ. 기획재정부 – 조달청
ㅂ. 해양수산부 – 해양경찰청

① ㄱ, ㄴ, ㅁ
② ㄱ, ㄷ, ㄹ
③ ㄱ, ㄹ, ㅁ
④ ㄴ, ㄷ, ㅁ
⑤ ㄴ, ㅁ, ㅂ

64 다음 근무성적평정의 오류 중 강제배분법으로 방지할 수 있는 것을 〈보기〉에서 모두 고르면?

보기

ㄱ. 첫머리 효과
ㄴ. 집중화 경향
ㄷ. 엄격화 경향
ㄹ. 선입견에 의한 오류

① ㄱ, ㄴ
② ㄱ, ㄷ
③ ㄴ, ㄷ
④ ㄴ, ㄹ
⑤ ㄷ, ㄹ

65 다음 중 지방공기업에 대한 설명으로 옳지 않은 것은?

① 자동차운송사업은 지방직영기업 대상에 해당된다.
② 지방공사의 자본금은 지방자치단체가 전액 출자한다.
③ 지방공사는 법인으로 한다.
④ 행정안전부장관은 지방공기업에 대한 평가를 실시하고 그 결과에 따라 필요한 조치를 하여야 한다.
⑤ 지방공사는 지방자치단체 외의 자(법인 등)가 출자를 할 수 있지만 지방공사 자본금의 3분의 1을 넘지 못한다.

66 다음 중 정부의 결산 순서를 바르게 나열한 것은?

㉠ 감사원의 결산 확인 ㉡ 중앙예산기관의 결산서 작성·보고 ㉢ 국회의 결산심의 ㉣ 국무회의 심의와 대통령의 승인 ㉤ 해당 행정기관의 출납 정리·보고

① ㉡-㉠-㉣-㉢-㉤
② ㉡-㉤-㉠-㉢-㉣
③ ㉤-㉡-㉠-㉣-㉢
④ ㉤-㉡-㉣-㉢-㉠
⑤ ㉤-㉣-㉠-㉢-㉡

67 다음 중 빈칸에 해당하는 내용으로 옳은 것은?

각 중앙관서의 장은 중기사업계획서를 매년 1월 31일까지 기획재정부 장관에게 제출하여야 하며, 기획재정부 장관은 국무회의 심의를 거쳐 대통령 승인을 얻은 다음 연도의 ______을/를 매년 3월 31일까지 각 중앙관서의 장에게 통보하여야 한다.

① 국가재정 운용계획
② 예산 및 기금운용계획 집행지침
③ 예산안편성지침
④ 총사업비 관리지침
⑤ 예산요구서

68 다음 글에서 설명하는 이론으로 옳은 것은?

> 경제학적인 분석도구를 관료 행태, 투표자 행태, 정당정치, 이익집단 등의 비시장적 분석에 적용함으로써 공공서비스의 효율적 공급을 위한 제도적 장치를 탐색한다.

① 과학적 관리론
② 공공선택론
③ 행태주의
④ 발전행정론
⑤ 현상학

69 다음 중 행정체제 내에서 조직의 임무수행에 필요한 행동규범이 예외적인 것으로 전락되고, 부패가 일상적으로 만연화되어 있는 상황을 지칭하는 부패의 유형은?

① 일탈형 부패
② 제도화된 부패
③ 백색 부패
④ 생계형 부패
⑤ 회색 부패

70 다음 중 사이어트(R. Cyert)와 마치(J. March)가 주장한 회사모형(Firm Model)의 내용이 아닌 것은?

① 조직의 전체적 목표 달성의 극대화를 위하여 장기적 비전과 전략을 수립·집행한다.
② 조직 내 갈등의 완전한 해결은 불가능하며 타협적 준해결에 불과하다.
③ 정책결정능력의 한계로 인하여 관심이 가는 문제 중심으로 대안을 탐색한다.
④ 조직은 반복적인 의사결정의 경험을 통하여 결정의 수준이 개선되고 목표달성도가 높아진다.
⑤ 표준운영절차(SOP ; Standard Operation Procedure)를 적극적으로 활용한다.

71 **다음 중 갈등에 대한 설명으로 옳지 않은 것은?**

① 집단 간 갈등의 해결은 구조적 분화와 전문화를 통해서 찾을 필요가 있다.
② 지위부조화는 행동주체 간의 교호작용을 예측 불가능하게 하여 갈등을 야기한다.
③ 갈등을 해결하기 위해서는 목표수준을 차별화할 필요가 있다.
④ 업무의 상호의존성이 갈등상황을 발생시키는 원인이 될 수 있다.
⑤ 행태주의적 관점은 조직 내 갈등은 필연적이고 완전한 제거가 불가능하기 때문에 갈등을 인정하고 받아들여야 한다는 입장이다.

72 **다음 중 대표관료제에 대한 설명으로 옳지 않은 것은?**

① 대표관료제는 정부관료제가 그 사회의 인적 구성을 반영하도록 구성함으로써 관료제 내에 민주적 가치를 반영시키려는 의도에서 발달하였다.
② 크란츠(Kranz)는 대표관료제의 개념을 비례대표로까지 확대하여 관료제 내의 출신 집단별 구성 비율이 총인구 구성 비율과 일치해야 할 뿐만 아니라 나아가 관료제 내의 모든 직무 분야와 계급의 구성 비율까지도 총인구 비율에 상응하게 분포되어 있어야 한다고 주장한다.
③ 대표관료제의 장점은 사회의 인구 구성적 특징을 반영하는 소극적 측면의 확보를 통해서 관료들이 출신 집단의 이익을 위해 적극적으로 행동하는 적극적인 측면을 자동적으로 확보하는 데 있다.
④ 대표관료제는 할당제를 강요하는 결과를 초래해 현대 인사행정의 기본 원칙인 실적주의를 훼손하고 행정능률을 저해할 수 있다는 비판을 받는다.
⑤ 우리나라의 양성평등채용목표제나 지역인재추천채용제는 관료제의 대표성을 제고하기 위해 도입된 제도로 볼 수 있다.

73 **다음 중 정부운영에서 예산이 가지는 특성에 대한 설명으로 옳지 않은 것은?**

① 예산 과정을 통해 정부정책의 산출을 평가하고 측정할 수 있다.
② 예산은 정부정책 중 보수적인 영역에 속한다.
③ 예산이 결정되는 과정에는 다양한 주체들의 상호작용이 끊임없이 발생한다.
④ 희소한 공공재원의 배분에서 기회비용이 우선 고려된다.
⑤ 정보를 제공하는 양식에 따라 예산제도는 품목별 예산 – 프로그램 예산 – 기획 예산 – 성과주의 예산 – 영기준 예산 등의 순으로 발전해 왔다.

74 **다음 중 규제에 대한 설명으로 옳지 않은 것은?**

① 규제의 역설은 기업의 상품정보공개가 의무화될수록 소비자의 실질적 정보량은 줄어든다고 본다.
② 관리규제란 정부가 특정한 사회문제 해결에 대한 목표 달성 수준을 정하고 피규제자에게 이를 달성할 것을 요구하는 것이다.
③ 포획이론은 정부가 규제의 편익자에게 포획됨으로써 일반시민이 아닌 특정집단의 사익을 옹호하는 것을 지적한다.
④ 지대추구이론은 정부규제가 지대를 만들어내고 이해관계자집단으로 하여금 그 지대를 추구하도록 한다는 점을 설명한다.
⑤ 윌슨(J. Wilson)에 따르면 규제로부터 감지되는 비용과 편익의 분포에 따라 각기 다른 정치 경제적 상황이 발생된다.

75 **다음 중 정부 각 기관에 배정될 예산의 지출한도액은 중앙예산기관과 행정수반이 결정하고 각 기관의 장에게는 그러한 지출한도액의 범위 내에서 자율적으로 목표달성 방법을 결정하는 자율권을 부여하는 예산관리모형은 무엇인가?**

① 총액배분 자율편성예산제도
② 목표관리 예산제도
③ 성과주의 예산제도
④ 결과기준 예산제도
⑤ 기획예산제도

76 다음 중 근무성적평정에 대한 설명으로 옳지 않은 것은?

① 정부의 근무성적평정방법은 다원화되어 있으며, 상황에 따라 신축적인 운영이 가능하다.

② 원칙적으로 5급 이상 공무원을 대상으로 하며 평가대상 공무원과 평가자가 체결한 성과계약에 따른 성과목표 달성도 등을 평가한다.

③ 행태기준척도법은 평정의 임의성과 주관성을 배제하기 위하여 도표식평정척도법에 중요사건기록법을 가미한 방식이다.

④ 다면평가는 더 공정하고 객관적인 평정이 가능하게 하며, 평정결과에 대한 당사자들의 승복을 받아내기 쉽다.

⑤ 어느 하나의 평정요소에 대한 평정자의 판단이 다른 평정요소의 평정에 영향을 미치는 현상을 연쇄적 착오라 한다.

77 다음 중 행정학의 접근방법에 대한 설명으로 옳은 것은?

① 법률적・제도론적 접근방법은 공식적 제도나 법률에 기반을 두고 있기 때문에 제도 이면에 존재하는 행정의 동태적 측면을 체계적으로 파악할 수 있다.

② 행태론적 접근방법은 후진국의 행정현상을 설명하는 데 크게 기여했으며, 행정의 보편적 이론보다는 중범위이론의 구축에 자극을 주어 행정학의 과학화에 기여했다.

③ 신공공관리론은 기업경영의 원리와 기법을 그대로 정부에 이식하려고 한다는 비판을 받는다.

④ 합리적 선택 신제도주의는 방법론적 전체주의(Holism)에, 사회학적 신제도주의는 방법론적 개체주의(Individualism)에 기반을 두고 있다.

⑤ 신공공서비스론은 정부와 민간부문의 협력적 활동을 강조하며, 민영화와 민간위탁을 주장하였다.

78 다음 중 시장실패 또는 정부실패를 야기하는 원인과 그에 대한 정부의 대응으로 옳은 것은?

① 공공재 – 정부보조 삭감

② 정보의 비대칭성 – 정부규제

③ 자연독점 – 규제완화

④ 관료의 사적 목표의 설정 – 공적유도

⑤ 정부개입에 의한 파생적 외부효과 – 공적공급

79 **다음 중 예산분류 방식의 특징에 대한 설명으로 옳은 것은?**

① 기능별 분류는 시민을 위한 분류라고도 하며 행정수반의 사업계획 수립에 도움이 되지 않는다.
② 조직별 분류는 부처 예산의 전모를 파악할 수 있어 지출의 목적이나 예산의 성과 파악이 용이하다.
③ 품목별 분류는 사업의 지출 성과와 결과에 대한 측정이 어렵다.
④ 경제 성질별 분류는 국민소득, 자본형성 등에 관한 정부활동의 효과를 파악하는 데 한계가 있다.
⑤ 품목별 분류는 예산집행기관의 재량을 확대하는 데 유용하다.

80 **다음 〈보기〉의 통계적 결론의 타당성 확보에 있어서 발생할 수 있는 오류를 바르게 구분한 것은?**

> **보기**
> ㄱ. 정책이나 프로그램의 효과가 실제로 발생하였음에도 불구하고 통계적으로 효과가 나타나지 않은 것으로 결론을 내리는 경우
> ㄴ. 정책의 대상이 되는 문제 자체에 대한 정의를 잘못 내리는 경우
> ㄷ. 정책이나 프로그램의 효과가 실제로 발생하지 않았음에도 불구하고 통계적으로 효과가 나타난 것으로 결론을 내리는 경우

	제1종 오류	제2종 오류	제3종 오류
①	ㄱ	ㄴ	ㄷ
②	ㄱ	ㄷ	ㄴ
③	ㄴ	ㄱ	ㄷ
④	ㄴ	ㄷ	ㄱ
⑤	ㄷ	ㄱ	ㄴ

| 02 | 사무직(경영학)

41 **다음 중 투자가격결정모형(CAPM)의 가정으로 옳지 않은 것은?**

① 투자자들은 기대효용을 극대화하고자 하는 위험회피자이다.
② 투자자들의 투자기간은 단일기간이다.
③ 투자자들은 투자대상의 미래수익률 확률분포에 대하여 동질적으로 예측한다.
④ 세금과 거래비용이 존재한다.
⑤ 무위험자산이 존재하며, 모든 투자자는 무위험이자율로 제한 없이 차입과 대출이 가능하다.

42 **다음 중 자본시장선(CML)과 증권시장선(SML)에 대한 설명으로 옳은 것은?**

① 자본시장선을 이용하여 타인자본 비용을 산출할 수 있다.
② 자본시장선을 이용하여 비효율적 포트폴리오의 균형가격을 산출할 수 있다.
③ 자본시장선은 위험자산만을 고려할 경우의 효율적 투자기회선이다.
④ 증권시장선은 포트폴리오 기대수익률과 포트폴리오 표준편차간의 선형관계를 나타낸다.
⑤ 증권시장선 위에 존재하는 주식은 주가가 과소평가된 주식이다.

43 **다음 중 마코위츠(Markowitz)가 제시한 포트폴리오 이론의 가정으로 옳은 것은?**

① 투자자들은 기대수익 극대화를 추구한다.
② 거래비용과 세금을 고려한다.
③ 투자자들은 포트폴리오 구성 시 무위험자산을 고려한다.
④ 완전자본시장이 고려된다.
⑤ 투자자들은 투자대상의 미래수익률 확률분포에 대하여 같은 예측을 한다.

44 다음 〈보기〉 중 조직설계에 대한 설명으로 옳은 것을 모두 고르면?

보기

가. 환경의 불확실성이 높을수록 조직 내 부서의 분화 정도는 높아진다.
나. 많은 수의 제품을 생산하는 기업은 사업부 조직(Divisional Structure)이 적절하다.
다. 기업의 조직구조는 전략에 영향을 미친다.
라. 대량생산 기술을 사용하는 기업은 효율성을 중시하는 유기적 조직으로 설계하는 것이 적절하다.
마. 조직내 부서 간 상호의존성이 증가할수록 수평적 의사소통의 필요성은 증가한다.

① 가, 나, 마
② 가, 다, 라
③ 가, 다, 마
④ 나, 다, 라
⑤ 나, 라, 마

45 다음 중 인간관계론의 내용에 대한 설명으로 옳은 것은?

① 과학적 관리법과 유사한 이론이다.
② 인간 없는 조직이란 비판을 들었다.
③ 심리요인과 사회요인은 생산성에 영향을 주지 않는다.
④ 비공식집단을 인식했으나 그 중요성을 낮게 평가했다.
⑤ 메이요(E. Mayo)와 뢰슬리스버거(F. Roethlisberger)를 중심으로 호손실험을 거쳐 정리되었다.

46 다음 중 OJT(On the Job Training)에 해당하는 것은?

① 세미나
② 사례연구
③ 도제식 훈련
④ 시뮬레이션
⑤ 역할연기법

PART 4

47 다음 중 전문가시스템(ES)의 구성요소에 해당되지 않는 것은?

① 지식베이스
② 추론기제
③ 계획기관
④ 설명하부시스템
⑤ 사용자인터페이스

48 다음 중 허시와 블랜차드(P. Hersey & K. H. Blanchard)의 상황적 리더십 이론에 대한 설명으로 옳은 것은?

① 부하의 성과에 따른 리더의 보상에 초점을 맞춘다.
② 리더는 부하의 성숙도에 맞는 리더십을 행사함으로써 리더십 유효성을 높일 수 있다.
③ 리더가 부하를 섬기고 봉사함으로써 조직을 이끈다.
④ 리더십 유형은 지시형, 설득형, 거래형, 희생형의 4가지로 구분된다.
⑤ 리더십에 영향을 줄 수 있는 상황적 요소는 과업구조, 리더의 지위권력 등이다.

49 다음 중 오하이오 주립대학의 리더십 유형구분은?

① 구조주도형 리더 – 배려형 리더
② 직무 중심적 리더 – 종업원 중심적 리더
③ 독재적 리더 – 민주적 리더
④ 이상형 리더 – 과업지향형 리더
⑤ 무관심형 리더 – 인간관계형 리더

50 **다음의 특징을 가진 생산운영관리시스템의 명칭은?**

• 칸반(Kanban) 시스템	• 린(Lean) 시스템
• 무재고 생산 지향	• 생산의 평준화

① JIT
② MRP
③ MRP Ⅱ
④ CIM
⑤ FM

PART 4

51 **다음 중 인사고과에 대한 설명으로 옳지 않은 것은?**

① 종업원의 능력과 업적을 평가하여 그가 보유하고 있는 현재적 및 잠재적 유용성을 조직적으로 파악하는 방법이다.
② 인사고과의 수용성은 종업원이 인사고과 결과가 정당하다고 느끼는 정도이다.
③ 인사고과의 타당성은 고과내용이 고과목적을 얼마나 잘 반영하고 있느냐에 관한 것이다.
④ 현혹효과(Halo Effect)는 피고과자의 어느 한 면을 기준으로 다른 것까지 함께 평가하는 경향을 말한다.
⑤ 대비오차(Contrast Errors)는 피고과자의 능력을 실제보다 높게 평가하는 경향을 말한다.

52 **다음 중 총자산회전율의 산식은?**

① (매출액) ÷ (매출채권)
② (매출액) ÷ (총자산)
③ (순이익) ÷ (자기자본)
④ (총자산) ÷ (매출액)
⑤ (자기자본) ÷ (순이익)

53 다음 중 투자안의 순현가를 0으로 만드는 수익률(할인율)은?

① 초과수익률
② 실질수익률
③ 경상수익률
④ 내부수익률
⑤ 만기수익률

54 다음 중 원/달러 환율이 상승 추세이면 이익을 보는 경우는?

① 달러 콜옵션 매입
② 달러 풋옵션 매입
③ 달러 콜옵션 매각
④ 달러 풋옵션 매각
⑤ 달러 선물환 매도 계약

55 다음 글에서 설명하는 마케팅을 무엇이라고 하는가?

> 과거를 회고하는 것으로 마케팅을 한다는 의미로서, 과거의 향수를 불러일으킬 수 있는 아이템을 현대인 기준으로 기호화하고 필요에 맞게 재해석하여 마케팅에 활용한다는 의미이다. 해당 마케팅은 포근함과 안정감을 통해서 공감과 호응을 얻어내는 방법으로 볼 수 있다.

① 앰부시마케팅
② 넛지마케팅
③ 레트로마케팅
④ 바이럴마케팅
⑤ 그린마케팅

56 **다음 중 일정시점의 기업의 재무상태를 나타내는 재무제표는 무엇인가?**

① 재무상태표
② 포괄손익계산서
③ 자본변동표
④ 현금흐름표
⑤ 자금순환표

57 **다음 〈보기〉 중 적대적 인수합병(M&A) 시도에 대한 방어수단을 모두 고르면?**

보기

ㄱ. 그린메일
ㄴ. 황금낙하산
ㄷ. 곰의 포옹
ㄹ. 팩맨
ㅁ. 독약조항

① ㄱ, ㄴ, ㄷ
② ㄱ, ㄷ, ㅁ
③ ㄴ, ㄹ, ㅁ
④ ㄱ, ㄴ, ㄷ, ㅁ
⑤ ㄴ, ㄷ, ㄹ, ㅁ

58 **다음 중 3C 분석에 대한 설명으로 옳지 않은 것은?**

① 3C는 Company, Cooperation, Competitor로 구성되어 있다.
② 3C는 자사, 고객, 경쟁사로 기준을 나누어 현 상황을 파악하는 분석방법이다.
③ 3C는 기업들이 마케팅이나 서비스를 진행할 때 가장 먼저 실행하는 분석 중 하나이다.
④ 3C의 Company 영역은 외부요인이 아닌 내부 자원에 관한 역량 파악이다.
⑤ 3C는 SWOT 분석과 PEST 분석에 밀접한 관련이 있다.

59 다음은 마이클포터(Michael E. Porter)의 산업구조분석모델(5F; Five Force Model)이다. 빈칸 (A)에 들어갈 용어로 옳은 것은?

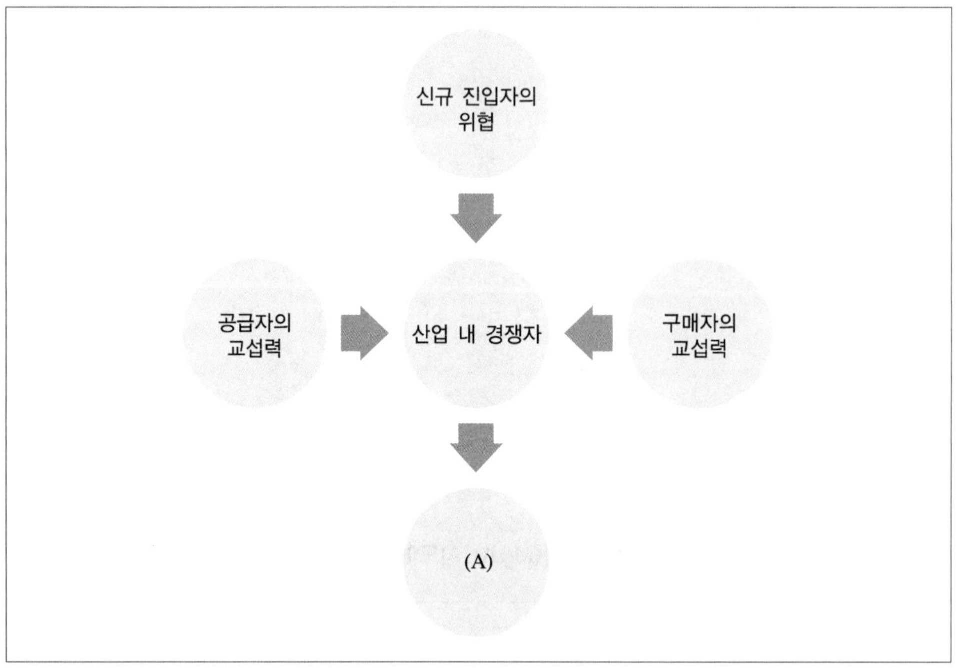

① 정부의 규제 완화
② 고객 충성도
③ 공급 업체 규모
④ 가격의 탄력성
⑤ 대체재의 위협

60 **다음 중 수요예측기법(Demand Forecasting Technique)에 대한 설명으로 옳은 것은?**

① 지수평활법은 평활상수가 클수록 최근 자료에 더 높은 가중치를 부여한다.
② 시계열 분석법으로는 이동평균법과 회귀분석법이 있다.
③ 수요예측과정에서 발생하는 예측오차들의 합이 영(Zero)에 수렴하는 것은 옳지 않다.
④ 이동평균법은 이동평균의 계산에 사용되는 과거자료의 개수가 많을수록 수요예측의 정확도가 높아진다.
⑤ 회귀분석법은 실제치와 예측치의 오차를 자승한 값의 총계가 최대가 되도록 회귀계수를 추정한다.

61 **다음은 S공사의 상반기 매출액 실적치이다. 지수 평활 계수 α가 0.1일 때, 단순 지수평활법으로 6월 매출액 예측치를 바르게 구한 것은?(단, 1월의 예측치는 220만 원이며, 모든 예측치는 소수점 둘째 자리에서 반올림한다)**

(단위 : 만 원)

1월	2월	3월	4월	5월
240	250	230	220	210

① 222.4만 원
② 223.3만 원
③ 224.7만 원
④ 224.8만 원
⑤ 225.3만 원

PART 4

62 **경영 전략의 수준에 따라 전략을 구분할 때, 다음 중 해당 전략과 그에 해당하는 예시가 옳지 않은 것은?**

	전략 수준	예시
①	기업 전략(Corporate Strategy)	성장 전략
②	기업 전략(Corporate Strategy)	방어 전략
③	기능별 전략(Functional Strategy)	차별화 전략
④	사업 전략(Business Strategy)	집중화 전략
⑤	사업 전략(Business Strategy)	원가우위 전략

63 **다음 〈조건〉을 참고하여 S국가의 부가가치 노동생산성을 바르게 구한 것은?(단, 단위는 시간당이며, USD를 기준으로 한다)**

조건

- S국가의 2023년도 1분기 GDP는 USD 기준 약 3,200억 원이다(분기 공시이며, 연산 환산값 4이다).
- S국가의 2023년도 1분기 노동인구수는 5천만 명이다.
- S국가의 2023년도 1분기 평균노동시간은 40시간이다.

① 100달러
② 120달러
③ 130달러
④ 140달러
⑤ 160달러

64 **다음 중 마일즈 & 스노우 전략(Miles & Snow Strategy)에서 방어형에 대한 설명으로 옳은 것은?**

① 기존 제품을 활용하여 기존 시장을 공략하는 전략이다.
② Fast Follower 전략으로 리스크가 낮다는 장점이 있다.
③ 시장상황에 맞추어 반응하는 아무런 전략을 취하지 않는 무전략 상태이다.
④ 새로운 기술에 관심도가 높으며 열린 마인드 그리고 혁신적 마인드가 중요하다.
⑤ 새로운 시도에 적극적이며 업계의 기술·제품·시장 트렌드를 선도하는 업체들이 주로 사용하는 전략이다.

65 다음은 커크패트릭(Kirkpatrick)의 4단계 평가모형이다. 빈칸에 들어갈 단계별 평가로 바르게 연결된 것은?

〈커크패트릭의 4단계 평가모형〉

평가단계		4 Levels	정보가치	중점대상	사용빈도	분석 난이도
1단계	(　　)	Reaction	적음 ↕ 많음	참여자 ↕ 관리자	높음 ↕ 낮음	쉬움 ↕ 어려움
2단계	(　　)	Learning				
3단계	(　　)	Behavior				
4단계	(　　)	Results				

	1단계	2단계	3단계	4단계
①	반응도 평가	적용도 평가	기여도 평가	성취도 평가
②	성취도 평가	기여도 평가	적용도 평가	반응도 평가
③	기여도 평가	적용도 평가	성취도 평가	반응도 평가
④	반응도 평가	성취도 평가	적용도 평가	기여도 평가
⑤	적용도 평가	반응도 평가	기여도 평가	성취도 평가

PART 4

66 다음 중 마케팅의 푸시(Push) 전략에 대한 설명으로 옳지 않은 것은?

① 채널 파트너에게 마케팅 노력의 방향을 포함하는 전략이다.
② 고객에게 제품이나 브랜드에 대해 알릴 수 있다.
③ 영업 인력이나 중간상 판촉 등을 활용하여 수행한다.
④ 최종 소비자에게 마케팅 노력을 홍보하는 전략이다.
⑤ 브랜드 충성도가 낮은 경우에 적합한 전략이다.

67 다음 중 테일러(Taylor)의 과학적 관리법(Scientific Management)에 대한 설명으로 옳지 않은 것은?

① 이론의 핵심 목표는 경제적 효율성, 특히 노동생산성 증진에 있다.
② 테일러리즘(Taylorism)이라고도 불리며, 20세기 초부터 주목받은 과업수행의 분석과 혼합에 대한 관리 이론이다.
③ 이론의 목적은 모든 관계자에게 과학적인 경영 활동의 조직적 협력에 의한 생산성을 높여 높은 임금을 실현할 수 있다는 인식을 갖게 하는 데 있다.
④ 과학적 관리와 공평한 이익 배분을 통해 생산성과 효율성을 향상하는 것이 기업과 노동자 모두가 성장할 수 있는 길이라는 테일러의 사상은 현대 경영학의 기초가 되었다.
⑤ 테일러의 과학적 관리법은 전문적인 지식과 역량이 요구되는 일에 적합하며, 노동자들의 자율성과 창의성을 고려하며 생산성을 높인다는 장점이 있다.

68 인사평가제도는 평가목적을 어디에 두느냐에 따라 상대평가와 절대평가로 구분된다. 다음 중 상대평가에 해당하는 기법은?

① 평정척도법
② 체크리스트법
③ 중요사건기술법
④ 연공형 승진제도
⑤ 강제할당법

69 **다음 기사 속 해당 기업이 제시하는 전략으로 옳은 것은?**

> 라면산업은 신제품을 꾸준히 출시하고 있다. 이는 소비자의 눈길을 잡기 위해서, 그리고 정통 라면에 대적할 만한 새로운 제품을 만들어 내기 위해서이다. 각 라면브랜드에서는 까르보불닭, 양념치킨라면, 미역국라면 등 소비자의 호기심을 불러일으킬 수 있는 이색 라면을 지속적으로 출시하고 있다. 당연 성공했다고 말할 수 있는 제품은 가장 많은 소비자의 마음을 사로잡은 불닭시리즈이다. 이는 다른 라면과 차별화하여, 볶음면 그리고 극강의 매운맛으로 매운맛을 좋아하는 마니아 층을 타깃팅으로 잡은 것이다. 그 후로도 기존에 불닭 소스(컨셉)를 기준으로 까르보, 짜장, 핵불닭 등을 지속적으로 신제품으로 출시하고 있으며, 유튜브 채널 '영국남자'를 통해 전 세계적으로 불닭볶음면의 존재를 알리게 되어 중국, 태국 등으로 해외수출에 박차를 가하고 있다고 한다.

① 대의명분 마케팅(Cause Related Marketing)
② 카테고리 확장(Category Extension)
③ 구전 마케팅(Word of Mouth Marketing)
④ 귀족 마케팅(Noblesse Marketing)
⑤ 라인 확장(Line Extension)

70 **다음 중 피쉬바인(Fishbein)의 다속성태도모형에 대한 설명으로 옳지 않은 것은?**

① 속성에 대한 신념이란 소비자가 제품 속성에 대하여 가지고 있는 정보와 의견 등을 의미한다.
② 다속성태도모형은 소비자의 태도와 행동을 동일시한다.
③ 다속성태도모형은 신념의 강도와 제품속성에 대한 평가로 표현된다.
④ 다속성태도모형은 구매대안 평가방식 중 비보완적방식에 해당한다.
⑤ 속성에 대한 평가란 각 속성이 소비자들의 욕구 충족에 얼마나 기여하는가를 나타내는 것으로, 전체 태도 형성에 있어서 속성의 중요도(가중치)의 역할을 한다.

71 S제약회사가 신약개발 R&D에 투자하려고 하는데, 담당 임원은 200만 달러를 특정 연구에 투자할 지 말지를 결정해야 한다. 상황이 다음과 같을 때, 귀하가 의사결정자라면 어떻게 할 것인가?(단, 기대수익으로 가장 적절한 것을 결정한다)

〈상황〉

이 연구개발프로젝트의 성공 여부는 확실하지 않으며, 의사의 결정자는 특허를 받는 기회를 70%로 보고 있다. 만일 특허를 받는다면 이 회사는 2,500만 달러의 기술료를 받아 다른 회사에 넘기거나, 1,000만 달러를 더 투자해 개발품을 직접 판매할 수 있다. 만일 직접 판매할 경우 수요가 몰릴 확률은 25%, 수요가 중간인 경우는 55%, 수요가 낮을 경우는 20%이다. 수요가 높으면 5,500만 달러를 판매 수입으로 벌 것으로 보이며, 수요가 중간인 경우는 3,300만 달러, 수요가 없는 경우에도 1,500만 달러를 벌 것으로 예상된다.

① 개발을 그만둔다.
② 개발한 다음 기술료를 받고, 특허를 외부에 판다.
③ 개발한 다음 직접 판매한다.
④ 개발이 된다 하더라도 특허를 받지 않는다.
⑤ 시장의 변화를 좀 더 지켜보고 결정한다.

72 다음 상황을 참고하여 브룸(Vroom)의 기대이론에 따른 A대리의 동기유발력의 값을 구하면?(단, 유인성은 ±10점으로 구성된다)

〈상황〉

S주식회사는 분기마다 인재개발 프로그램을 실시하고 있다. A대리는 프로그램 참여를 고민하고 있는 상태이다. A대리가 생각하기에 자신이 프로그램에 참여하면 성과를 거둘 수 있을 것이라는 주관적 확률이 70%, 그렇지 않을 확률은 30%, 만약 훈련성과가 좋을 경우 승진에 대한 가능성은 80%, 그 반대의 가능성은 20%라고 생각한다. 그리고 A대리는 승진에 대해 극히 좋게 평가하며 10점을 부여하였다.

- 기대치(E) : 인재개발 프로그램에 참여하여 성과를 거둘 수 있는가?
- 수단성(I) : 훈련성과가 좋으면 승진할 수 있을 것인가?
- 유인성(V) : 승진에 대한 선호도는 어느 정도인가?

① 1.0
② 2.3
③ 3.4
④ 4.8
⑤ 5.6

73 다음 〈보기〉에서 맥그리거(McGregor)의 XY 이론 중 X이론적 인간관과 동기부여 전략에 해당하는 것을 모두 고르면?

보기

ㄱ. 천성적 나태
ㄴ. 변화지향적
ㄷ. 자율적 활동
ㄹ. 민주적 관리
ㅁ. 어리석은 존재
ㅂ. 타율적 관리
ㅅ. 변화에 저항적
ㅇ. 높은 책임감

① ㄱ, ㄴ, ㄷ, ㄹ
② ㄱ, ㄴ, ㄹ, ㅁ
③ ㄱ, ㅁ, ㅂ, ㅅ
④ ㄴ, ㄷ, ㄹ, ㅇ
⑤ ㄴ, ㅁ, ㅂ, ㅅ

PART 4

74 S회사는 철물과 관련한 사업을 하는 중소기업이다. 이 회사는 수요가 어느 정도 안정된 소모품을 다양한 거래처에 납품하고 있으며, 내부적으로는 부서별 효율성을 추구하고 있다. 이러한 회사의 조직구조로 적합한 유형은?

① 기능별 조직
② 사업부제 조직
③ 프로젝트 조직
④ 매트릭스 조직
⑤ 다국적 조직

75 다음 중 작업성과의 고저에 따라 임금을 적용하는 단순 복률 성과급 방식과 달리 예정된 성과를 올리지 못하여도 미숙련 근로자들에게 최저 생활을 보장하는 방식은?

① 테일러식 복률성과급
② 맨체스터 플랜
③ 메릭크식 복률성과급
④ 할증성과급
⑤ 표준시간급

76 다음 중 가격책정 방법에 대한 설명으로 옳은 것을 〈보기〉에서 모두 고르면?

보기

㉠ 준거가격이란 구매자가 어떤 상품에 대해 지불할 용의가 있는 최고가격을 의미한다.
㉡ 명성가격이란 가격－품질 연상관계를 이용한 가격책정 방법이다.
㉢ 단수가격이란 판매 가격을 단수로 표시하여 가격이 저렴한 인상을 소비자에게 심어주어 판매를 증대시키는 방법이다.
㉣ 최저수용가격이란 심리적으로 적당하다고 생각하는 가격 수준을 의미한다.

① ㉠, ㉡
② ㉠, ㉢
③ ㉡, ㉢
④ ㉡, ㉣
⑤ ㉢, ㉣

77 다음 〈보기〉 중 비유동부채에 해당하는 것은 모두 몇 개인가?

보기

ㄱ. 매입채무
ㄴ. 예수금
ㄷ. 미지급금
ㄹ. 장기차입금
ㅁ. 임대보증금
ㅂ. 선수수익
ㅅ. 단기차입금
ㅇ. 선수금
ㅈ. 장기미지급금
ㅊ. 유동성장기부채

① 1개
② 3개
③ 5개
④ 7개
⑤ 9개

78 **다음 중 토빈의 Q – 비율에 대한 설명으로 옳지 않은 것은?(단, 다른 조건이 일정하다고 가정한다)**

① 특정 기업이 주식 시장에서 어떤 평가를 받고 있는지 판단할 때 종종 토빈의 Q – 비율을 활용한다.
② 한 기업의 Q – 비율이 1보다 높을 경우 투자를 증가하는 것이 바람직하다.
③ 한 기업의 Q – 비율이 1보다 낮을 경우 투자를 감소하는 것이 바람직하다.
④ 이자율이 상승하면 Q – 비율은 하락한다.
⑤ 토빈의 Q – 비율은 실물자본의 대체비용을 주식시장에서 평가된 기업의 시장가치로 나눠서 구한다.

PART 4

79 **다음 중 대리비용 이론에 대한 설명으로 옳지 않은 것은?**

① 위임자와 대리인 간의 정보비대칭 상황을 전제한다.
② 대리비용의 발생원천에 따라 자기자본 대리비용과 부채 대리비용으로 구분된다.
③ 자기자본 대리비용은 외부주주의 지분율이 높을수록 커진다.
④ 부채 대리비용은 부채비율이 낮을수록 커진다.
⑤ 대리비용이 최소화되는 지점에서 최적 자본구조가 결정된다.

80 **S주식회사의 2023년도 총매출액과 이에 대한 총변동원가는 각각 ₩200,000과 ₩150,000이다. S주식회사의 손익분기점 매출액이 ₩120,000일 때, 총고정원가는 얼마인가?**

① ₩15,000
② ₩20,000
③ ₩25,000
④ ₩30,000
⑤ ₩35,000

| 03 | 사무직(법학)

41 **다음 중 법률행위의 부관에 대한 설명으로 옳은 것은?(단, 다툼이 있으면 판례에 의한다)**

① 기성조건이 해제조건이면 조건 없는 법률행위로 한다.

② 불능조건이 정지조건이면 조건 없는 법률행위로 한다.

③ 불법조건이 붙어 있는 법률행위는 불법조건만 무효이며, 법률행위 자체는 무효로 되지 않는다.

④ 기한의 효력은 기한 도래시부터 생기며 당사자가 특약을 하더라도 소급효가 없다.

⑤ 어느 법률행위에 어떤 조건이 붙어 있었는지 여부는 법률행위 해석의 문제로서 당사자가 주장하지 않더라도 법원이 직권으로 판단한다.

42 **다음 중 현행 헌법상의 신체의 자유에 대한 설명으로 옳은 것은?**

① 법률과 적법한 절차에 의하지 아니하고는 강제노역을 당하지 아니한다.

② 누구든지 체포·구금을 받을 때에는 그 적부의 심사를 법원에 청구할 수 없다.

③ 체포, 구속, 수색, 압수, 심문에는 검사의 신청에 의하여 법관이 발부한 영장이 제시되어야 한다.

④ 법관에 대한 영장신청은 검사 또는 사법경찰관이 한다.

⑤ 특별한 경우, 형사상 자기에게 불리한 진술을 강요받을 수 있다.

43 **다음 중 사회규범의 기능으로 옳지 않은 것은?**

① 개인과 개인의 협조 도모

② 각 개인의 생의 목표를 설정

③ 개인의 자의적인 행동을 규제

④ 공동체와 공동체구성원과의 관계를 규율

⑤ 정치·경제·종교·교육 등을 포함한 여러 제도들을 심층적으로 이해하는 데 협조

44 **다음 중 헌법 제37조 제2항인 기본권의 제한에 대한 설명으로 옳지 않은 것은?**

① 국회의 형식적 법률에 의해서만 제한할 수 있다.
② 처분적 법률에 의한 제한은 원칙적으로 금지된다.
③ 국가의 안전보장과 질서유지를 위해서만 제한할 수 있다.
④ 기본권의 본질적 내용은 침해할 수 없다.
⑤ 노동기본권의 제한에 대한 법적 근거를 밝히고 있다.

45 **불명확한 사실에 대하여 공익 또는 기타 법정책상의 이유로 사실의 진실성 여부와는 관계없이 확정된 사실로 의제하여 일정한 법률효과를 부여하고 반증을 허용하지 않는 것은?**

① 간주
② 추정
③ 준용
④ 입증
⑤ 원용

PART 4

46 **다음 중 헌법을 결단주의에 입각하여 국가의 근본상황에 대하여 헌법제정권자가 내린 근본적 결단이라고 한 사람은?**

① 오펜하이머(Oppenheimer)
② 칼 슈미트(C. Schmitt)
③ 안슈츠(Anschut)
④ 시에예스(Sieyes)
⑤ 바르톨루스(Bartolus)

47 **다음 중 군주 단독의 의사에 의하여 제정되는 헌법으로 옳은 것은?**

① 국약헌법
② 민정헌법
③ 흠정헌법
④ 명목적 헌법
⑤ 연성헌법

48 **다음 중 헌법재판에 대한 설명으로 옳은 것은?**

① 헌법은 헌법재판소장의 임기를 5년으로 규정한다.
② 헌법재판의 전심절차로서 행정심판을 거쳐야 한다.
③ 헌법재판소는 지방자치단체 상호 간의 권한쟁의심판을 관장한다.
④ 탄핵 인용결정을 할 때에는 재판관 5인 이상의 찬성이 있어야 한다.
⑤ 헌법재판소 재판관은 연임할 수 없다.

49 **다음 중 회사의 권리능력에 대한 설명으로 옳지 않은 것은?**

① 회사는 유증(遺贈)을 받을 수 있다.
② 회사는 상표권을 취득할 수 있다.
③ 회사는 다른 회사의 무한책임사원이 될 수 있다.
④ 회사는 명예권과 같은 인격권의 주체가 될 수 있다.
⑤ 회사는 합병을 할 수 있다.

50 **다음 중 회사의 해산사유에 해당하지 않는 것은?**

① 사장단의 동의 또는 결의
② 존립기간의 만료
③ 정관으로 정한 사유의 발생
④ 법원의 해산명령 · 해산판결
⑤ 회사의 합병 · 파산

51 다음 중 무권대리행위의 추인에 대한 설명으로 옳지 않은 것은?(단, 다툼이 있으면 판례에 의한다)

① 본인이 무권대리인에게 추인한 경우, 상대방은 추인이 있었음을 주장할 수 있다.
② 무권대리행위의 일부에 대한 추인은 상대방의 동의를 얻지 못하는 한 무효이다.
③ 추인은 무권대리행위로 인한 권리 또는 법률관계의 승계인에게도 할 수 있다.
④ 추인은 제3자의 권리를 해하지 않는 한, 다른 의사표시가 없으면 계약 시에 소급하여 그 효력이 생긴다.
⑤ 무권대리행위가 범죄가 되는 경우에 본인이 그 사실을 알고도 장기간 형사고소를 하지 않은 것만으로 묵시적 추인이 된다.

PART 4

52 다음 중 지명채권의 양도에 대한 설명으로 옳은 것은?(단, 다툼이 있으면 판례에 의한다)

① 채권양도의 대항요건인 채무자의 승낙에는 조건을 붙일 수 있다.
② 채권양도에 대한 채무자의 승낙은 양도인에게 하여야 하며, 양수인에게 한 경우에는 효력이 없다.
③ 근로자가 그 임금채권을 양도한 경우, 양수인은 사용자에 대하여 임금의 지급을 청구할 수 있다.
④ 채무자는 채권양도를 승낙한 후에도 양도인에 대한 채권을 새로 취득한 경우에 이를 가지고 양수인에 대하여 상계할 수 있다.
⑤ 채권양도행위가 사해행위에 해당하지 않는 경우에도 양도통지가 별도로 채권자취소권 행사의 대상이 된다.

53 다음 중 우리나라 헌법에 대한 설명으로 옳지 않은 것은?

① 대통령의 계엄선포권을 규정하고 있다.
② 국무총리의 긴급재정경제처분권을 규정하고 있다.
③ 국가의 형태로서 민주공화국을 채택하고 있다.
④ 국제평화주의를 규정하고 있다.
⑤ 실질적 의미의 헌법은 국가의 통치조직·작용의 기본원칙에 관한 규범을 총칭한다.

54 다음 중 임대차에 대한 설명으로 옳은 것은?(단, 다툼이 있으면 판례에 의한다)

① 토지임차인이 지상물만을 타인에게 양도하더라도 임대차가 종료하면 그 임차인이 매수청구권을 행사할 수 있다.

② 건물임차인이 임대인의 동의 없이 건물의 소부분을 전대한 경우, 임대인은 임대차계약을 해지할 수 있다.

③ 임차인의 채무불이행으로 임대차계약이 해지된 경우, 임차인은 부속물매수청구권을 행사할 수 있다.

④ 임대인은 보증금반환채권에 대한 전부명령이 송달된 후에 발생한 연체차임을 보증금에서 공제할 수 없다.

⑤ 건물소유를 위한 토지임대차의 경우, 임차인의 차임연체액이 2기의 차임액에 이른 때에는 임대인은 계약을 해지할 수 있다.

55 다음 중 민법에 대한 설명으로 옳지 않은 것은?

① 민법은 실체법이다.

② 민법은 재산·신분에 관한 법이다.

③ 민법은 민간 상호 간에 관한 법이다.

④ 민법은 특별사법이다.

⑤ 민법은 재산관계와 가족관계를 규율하는 법이다.

56 다음 중 미성년자가 단독으로 유효하게 할 수 없는 행위는?

① 부담 없는 증여를 받는 것

② 채무의 변제를 받는 것

③ 근로계약과 임금청구

④ 허락된 재산의 처분행위

⑤ 허락된 영업에 관한 행위

57 **다음 중 민법상의 제한능력자로 옳지 않은 것은?**

① 상습도박자
② 19세 미만인 자
③ 의사능력이 없는 자
④ 정신병자로서 성년후견이 개시된 자
⑤ 장애 및 노령으로 한정후견이 개시된 자

58 **다음 중 법체계에 대한 설명으로 옳지 않은 것은?**

① 일반적으로 승인된 국제법규는 국내법과 같은 효력을 가진다.
② 대통령의 긴급명령은 법률과 같은 효력을 가진다.
③ 민법이 사법이므로 민사소송법도 사법에 속한다.
④ 민법과 상법은 실체법이다.
⑤ 형사소송법은 절차법이다.

59 **甲은 자신의 토지에 X건물을 신축하기로 하는 계약을 수급인 乙과 체결하면서 甲명의로 건축허가를 받아 소유권보존등기를 하기로 하는 등 완공된 X건물의 소유권을 甲에게 귀속시키기로 합의하였다. 乙은 X건물을 신축하여 완공하였지만 공사대금을 받지 못하고 있다. 다음 중 이에 대한 설명으로 옳은 것은?(단, 다툼이 있으면 판례에 의한다)**

① X건물의 소유권은 乙에게 원시적으로 귀속된다.
② X건물에 대한 乙의 하자담보책임은 무과실책임이다.
③ 乙의 甲에 대한 공사대금채권의 소멸시효는 10년이다.
④ 乙은 甲에 대한 공사대금채권을 담보하기 위하여 X건물을 목적으로 한 저당권 설정을 청구할 수 없다.
⑤ X건물의 하자로 인하여 계약의 목적을 달성할 수 없는 경우, 甲은 특별한 사정이 없는 한 계약을 해제할 수 있다.

60 **다음 중 불법행위에 대한 설명으로 옳은 것은?(단, 다툼이 있으면 판례에 의한다)**

① 민법 제758조의 공작물의 소유자책임은 과실책임이다.
② 불법행위에서 고의 또는 과실의 증명책임은 원칙적으로 가해자가 부담한다.
③ 여럿이 공동의 불법행위로 타인에게 손해를 가한 때에는 분할하여 그 손해를 배상할 책임이 있다.
④ 중과실의 불법행위자는 피해자에 대한 채권을 가지고 피해자의 손해배상채권을 상계할 수 있다.
⑤ 명예훼손의 경우, 법원은 피해자의 청구가 없더라도 직권으로 명예회복에 적합한 처분을 명할 수 있다.

61 **다음 중 반사회질서 또는 불공정한 법률행위에 대한 설명으로 옳은 것은?(단, 다툼이 있으면 판례에 의한다)**

① 소송사건에 증인으로서 증언에 대한 대가를 약정했다면 그 자체로 반사회질서행위로 무효이다.
② 민사사건에 관한 변호사의 성공보수약정은 선량한 풍속 기타 사회질서에 위배되어 무효이다.
③ 급부 간 현저한 불균형이 있더라도 폭리자가 피해 당사자 측의 사정을 알면서 이를 이용하려는 의사가 없다면 불공정한 법률행위가 아니다.
④ 경매 목적물이 시가에 비해 현저하게 낮은 가격으로 매각된 경우 불공정한 법률행위로 무효가 될 수 있다.
⑤ 반사회질서 법률행위에 해당되는 매매계약을 원인으로 한 소유권이전등기명의자의 물권적 청구권 행사에 대하여 상대방은 법률행위의 무효를 주장할 수 없다.

62 **다음 중 민법상 법인에 대한 설명으로 옳지 않은 것은?(단, 다툼이 있으면 판례에 의한다)**

① 정관에 다른 규정이 없는 경우, 법인은 정당한 이유 없이도 이사를 언제든지 해임할 수 있다.
② 대표권이 없는 이사는 법인의 대표기관이 아니기 때문에 그의 행위로 인하여 법인의 불법행위가 성립하지 않는다.
③ 법인의 대표이사가 그 대표권의 범위 내에서 한 행위는 자기의 이익을 도모할 목적으로 그 권한을 남용한 것이라 할지라도, 특별한 사정이 없는 한 법인의 행위로서 유효하다.
④ 비법인사단의 대표자가 직무에 관하여 타인에게 손해를 가한 경우, 그 비법인사단은 그 손해를 배상하여야 한다.
⑤ 후임 이사가 유효하게 선임되었다고 하더라도 그 선임의 효력을 둘러싼 다툼이 있다면, 그 다툼이 해결되기 전까지는 구(舊) 이사만이 직무수행권한을 가진다.

63 다음 중 법인에 대한 설명으로 옳지 않은 것은?

① 사원총회는 법인사무 전반에 관하여 결의권을 가진다.
② 법인의 이사가 수인인 경우에 사무집행은 정관의 규정에 따른다.
③ 재단법인은 법률, 정관, 목적, 성질, 그 외에 주무관청의 감독, 허가조건 등에 의하여 권리능력이 제한된다.
④ 사단법인의 정관의 필요적 기재사항으로는 목적, 명칭, 사무소 소재지, 자산에 관한 규정, 이사의 임면, 사원의 자격, 존립시기나 해산사유를 정할 때의 그 시기 또는 사유 등이 있다.
⑤ 법인의 해산이유로는 존립기간의 만료, 정관에 정한 해산사유의 발생, 목적인 사업의 성취나 불능 등을 볼 수 있다.

PART 4

64 甲은 乙로부터 금전을 빌렸고, 丙은 甲의 채무를 위해 보증인이 되었다. 다음 중 이에 대한 설명으로 옳은 것은?(단, 다툼이 있으면 판례에 의한다)

① 甲의 乙에 대한 채무가 시효로 소멸되더라도 丙의 보증채무는 원칙적으로 소멸하지 않는다.
② 丙의 보증계약은 구두계약에 의하여도 그 효력이 발생한다.
③ 丙은 甲이 가지는 항변으로 乙에게 대항할 수 있으나, 甲이 이를 포기하였다면 丙은 그 항변으로 乙에게 대항할 수 없다.
④ 丙이 모르는 사이에 주채무의 목적이나 형태가 변경되어 주채무의 실질적 동일성이 상실된 경우에도 丙의 보증채무는 소멸되지 않는다.
⑤ 甲의 의사에 반하여 보증인이 된 丙이 자기의 출재로 甲의 채무를 소멸하게 한 때에는 甲은 丙에게 현존이익의 한도에서 배상하여야 한다.

65 다음 중 우리 민법이 의사표시의 효력발생시기에 대하여 채택하고 있는 원칙적인 입장은?

① 발신주의(發信主義)
② 도달주의(到達主義)
③ 요지주의(了知主義)
④ 공시주의(公示主義)
⑤ 속지주의(屬地主義)

66 **다음 중 법률효과가 처음부터 발생하지 않는 것은 어느 것인가?**

① 착오
② 취소
③ 무효
④ 사기
⑤ 강박

67 **다음 중 신의칙과 거리가 먼 것은?**

① 사적자치의 원칙
② 권리남용금지의 원칙
③ 실효의 원리
④ 금반언의 원칙(외형주의)
⑤ 사정변경의 원칙

68 **권리와 의무는 서로 대응하는 것이 보통이나, 권리만 있고 그에 대응하는 의무가 없는 경우도 있다. 이와 같은 권리에는 무엇이 있는가?**

① 친권
② 특허권
③ 채권
④ 취소권
⑤ 재산권

69 **다음 중 민법상 물건에 대한 설명으로 옳지 않은 것은?**

① 건물 임대료는 천연과실이다.
② 관리할 수 있는 자연력은 동산이다.
③ 건물은 토지로부터 독립한 부동산으로 다루어질 수 있다.
④ 토지 및 그 정착물은 부동산이다.
⑤ 물건의 사용대가로 받는 금전 기타의 물건은 법정과실이다.

70 행정행위에 취소사유가 있다고 하더라도 당연무효가 아닌 한 권한 있는 기관에 의해 취소되기 전에는 유효한 것으로 통용되는 것은 행정행위의 어떠한 효력 때문인가?

① 강제력
② 공정력
③ 불가변력
④ 형식적 확정력
⑤ 불가쟁력

71 다음 중 행정심판에 의해 구제받지 못한 자가 위법한 행정행위에 대하여 최종적으로 법원에 구제를 청구하는 절차는?

① 헌법소원
② 손해배상청구
③ 손실보상청구
④ 행정소송
⑤ 경정청구

PART 4

72 다음 중 국가공무원법에 명시된 공무원의 복무의무로 옳지 않은 것은?

① 범죄 고발의 의무
② 친절·공정의 의무
③ 비밀엄수의 의무
④ 정치운동의 금지
⑤ 복종의 의무

73 다음 중 행정청이 건물의 철거 등 대체적 작위의무의 이행과 관련하여 의무자가 행할 작위를 스스로 행하거나 또는 제3자로 하여금 이를 행하게 하고 그 비용을 의무자로부터 징수하는 행정상의 강제집행수단은?

① 행정대집행
② 행정벌
③ 직접강제
④ 행정상 즉시강제
⑤ 행정조사

74 **다음 중 행정기관에 대한 설명으로 옳은 것은?**

① 행정청의 자문기관은 합의제이며, 그 구성원은 공무원으로 한정된다.
② 의결기관은 의사기관에 대하여 그 의결 또는 의사결정을 집행하는 기관이다.
③ 국무조정실, 각 부의 차관보·실장·국장 등은 행정조직의 보조기관이다.
④ 행정청은 행정주체의 의사를 결정하여 외부에 표시하는 권한을 가진 기관이다.
⑤ 보좌기관은 행정조직의 내부기관으로서 행정청의 권한 행사를 보조하는 것을 임무로 하는 행정기관이다.

75 **다음 중 행정행위에 대한 설명으로 옳지 않은 것은?**

① 내용이 명확하고 실현가능하여야 한다.
② 법률상 절차와 형식을 갖출 필요는 없다.
③ 법률의 규정에 위배되지 않아야 한다.
④ 정당한 권한을 가진 자의 행위이어야 한다.
⑤ 법률에 근거를 두어야 한다.

76 **다음 중 조례에 대한 설명으로 옳지 않은 것은?(단, 다툼이 있으면 판례에 의한다)**

① 조례가 법률 등 상위법령에 위배되면 비록 그 조례를 무효라고 선언한 대법원의 판결이 선고되지 않았더라도 그 조례에 근거한 행정처분은 당연무효가 된다.
② 시(市)세의 과세 또는 면제에 관한 조례가 납세의무자에게 불리하게 개정된 경우에 있어서 개정 조례 부칙에서 종전의 규정을 개정 조례 시행 후에도 계속 적용한다는 경과규정을 두지 아니한 이상, 다른 특별한 사정이 없는 한 법률불소급의 원칙상 개정 전후의 조례 중에서 납세의무가 성립한 당시에 시행되는 조례를 적용하여야 할 것이다.
③ 시·도의회에 의하여 재의결된 사항이 법령에 위반된다고 판단되면 주무부장관은 시·도지사에게 대법원에 제소를 지시하거나 직접 제소할 수 있다. 다만 재의결된 사항이 둘 이상의 부처와 관련되거나 주무부장관이 불분명하면 행정안전부장관이 제소를 지시하거나 직접 제소할 수 있다.
④ 법률이 주민의 권리의무에 관한 사항에 관하여 구체적으로 범위를 정하지 않은 채 조례로 정하도록 포괄적으로 위임한 경우에도 지방자치단체는 법령에 위반되지 않는 범위 내에서 주민의 권리의무에 관한 사항을 조례로 제정할 수 있다.
⑤ 조례안 재의결 내용 전부가 아니라 일부가 법령에 위반되어 위법한 경우에도 대법원은 재의결 전부의 효력을 부인하여야 한다.

77 다음 중 재산권에 대한 설명으로 옳지 않은 것은?(단, 다툼이 있으면 판례에 의한다)

① 보유기간이 1년 이상 2년 미만인 자산이 공용 수용으로 양도된 경우에도 중과세하는 구 소득세법 조항은 재산권을 침해하지 않는다.

② 법인이 과밀억제권역 내에 본점의 사업용 부동산으로 건축물을 신축하여 이를 취득하는 경우 취득세를 중과세하는 구 지방세법 조항은, 인구유입이나 경제력집중의 유발 효과가 없는 신축 또는 증축으로 인한 부동산의 취득의 경우에도 모두 취득세 중과세 대상에 포함시키는 것이므로 재산권을 침해한다.

③ 계약의 이행으로 받은 금전을 계약 해제에 따른 원상회복으로서 반환하는 경우 그 받은 날로부터 이자를 지급하도록 한 민법 조항은, 계약 해제의 경위 · 계약 당사자의 귀책사유 등 제반 사정을 계약 해제로 인한 손해배상의 범위를 정할 때 고려하게 되므로, 원상회복의 무자의 재산권을 침해하지 않는다.

④ 가축전염병의 확산을 막기 위한 방역조치로서 도축장 사용정지 · 제한명령은 공익목적을 위하여 이미 형성된 구체적 재산권을 박탈하거나 제한하는 헌법 제23조 제3항의 수용 · 사용 또는 제한에 해당하는 것이 아니라, 도축장 소유자들이 수인하여야 할 사회적 제약으로서 헌법 제23조 제1항의 재산권의 내용과 한계에 해당한다.

⑤ 친일반민족행위자 재산의 국가귀속에 관한 특별법(이하 '친일재산귀속법'이라 한다)에 따라 그 소유권이 국가에 귀속되는 '친일재산'의 범위를 '친일반민족행위자가 국권침탈이 시작된 러 · 일 전쟁 개전시부터 1945년 8월 15일까지 일본제국주의에 협력한 대가로 취득하거나 이를 상속받은 재산 또는 친일재산임을 알면서 유증 증여를 받은 재산'으로 규정하고 있는 친일재산귀속법 조항은 재산권을 침해하지 않는다.

78 다음 중 취소소송의 판결의 효력에 대한 설명으로 옳지 않은 것은?

① 거부처분의 취소판결이 확정되었더라도 그 거부처분 후에 법령이 개정 · 시행되었다면 처분청은 그 개정된 법령 및 허가기준을 새로운 사유로 들어 다시 이전 신청에 대하여 거부처분을 할 수 있다.

② 거부처분의 취소판결이 확정된 경우 그 판결의 당사자인 처분청은 그 소송의 사실심 변론 종결 이후 발생한 사유를 들어 다시 이전의 신청에 대하여 거부처분을 할 수 있다.

③ 취소판결의 기속력은 그 사건의 당사자인 행정청과 그 밖의 관계행정청에게 확정판결의 취지에 따라 행동하여야 할 의무를 지우는 것으로 이는 인용판결에 한하여 인정된다.

④ 취소판결의 기판력은 판결의 대상이 된 처분에 한하여 미치고 새로운 처분에 대해서는 미치지 아니한다.

⑤ 취소판결의 기판력은 소송의 대상이 된 처분의 위법성존부에 관한 판단 그 자체에만 미치기 때문에 기각판결의 원고는 당해 소송에서 주장하지 아니한 다른 위법사유를 들어 다시 처분의 효력을 다툴 수 있다.

79 **다음 중 공공의 영조물의 설치 · 관리의 하자로 인한 국가배상법상 배상책임에 대한 설명으로 옳지 않은 것은?(단, 다툼이 있으면 판례에 의한다)**

① 영조물의 설치 · 관리의 하자란 '영조물이 그 용도에 따라 통상 갖추어야 할 안정성을 갖추지 못한 상태에 있음'을 말한다.

② 영조물의 설치 · 관리상의 하자로 인한 배상책임은 무과실책임이고, 국가는 영조물의 설치 · 관리상의 하자로 인하여 타인에게 손해를 가한 경우에 그 손해방지에 필요한 주의를 해태하지 아니하였다 하여 면책을 주장할 수 없다.

③ 객관적으로 보아 시간적 · 장소적으로 영조물의 기능상 결함으로 인한 손해발생의 예견가능성과 회피가능성이 없는 경우에는 영조물의 설치관리상의 하자를 인정할 수 없다.

④ 영조물의 설치 · 관리의 하자에는 영조물이 공공의 목적에 이용됨에 있어 그 이용상태 및 정도가 일정한 한도를 초과하여 제3자에게 사회 통념상 참을 수 없는 피해를 입히는 경우도 포함된다.

⑤ 광역시와 국가 모두가 도로의 점유자 및 관리자, 비용부담자로서의 책임을 중첩적으로 지는 경우 국가만이 국가배상법에 따라 궁극적으로 손해를 배상할 책임이 있는 자가 된다.

80 **다음 중 관할행정청 甲이 乙의 경비업 허가신청에 대해 거부처분을 한 경우, 이에 불복하는 乙이 제기할 수 있는 행정심판은 무엇인가?**

① 당사자심판
② 부작위위법확인심판
③ 거부처분부당확인심판
④ 의무이행심판
⑤ 특허심판

| 04 | 사무직(경제학)

41 시장에서 어떤 상품의 가격이 상승하면서 동시에 거래량이 증가하였다. 다음 중 이러한 변화를 가져올 수 있는 요인은?(단, 이 재화는 정상재이다)

① 이 상품의 생산과 관련된 기술의 진보
② 이 상품과 보완관계에 있는 상품의 가격 하락
③ 이 상품과 대체관계에 있는 상품의 가격 하락
④ 이 상품을 주로 구매하는 소비자들의 소득 감소
⑤ 이 상품의 생산에 투입되는 노동자들의 임금 하락

42 두 개의 지역 A와 B로 나누어진 S시는 도심공원을 건설할 계획이다. 두 지역에 거주하는 지역주민의 공원에 대한 수요곡선과 공원 건설의 한계비용곡선이 다음과 같을 때, 사회적으로 최적인(Socially Optimal) 도심공원의 면적은?(단, P_A는 A지역 주민이 지불하고자 하는 가격, P_B는 B지역 주민이 지불하고자 하는 가격, Q는 공원면적, MC는 한계비용이다)

- A지역 주민의 수요곡선 : $P_A=10-Q$
- B지역 주민의 수요곡선 : $P_B=10-\frac{1}{2}Q$
- 한계비용곡선 : $MC=5$

① 4
② 5
③ 6
④ 10
⑤ 15

43 밀턴 프리드만은 '공짜 점심은 없다(There is no such thing as a free lunch).'라는 말을 즐겨 했다고 한다. 다음 중 이 말을 설명할 수 있는 경제 원리는?

① 규모의 경제
② 긍정적 외부성
③ 기회비용
④ 수요공급의 원리
⑤ 한계효용 체감의 법칙

44 **다음 중 한국은행의 기준금리 인상이 경제에 미치는 영향으로 옳지 않은 것은?**

① 경기가 과열되거나 인플레이션 압력이 높을 때 금리 인상을 단행한다.
② 투자, 소비 활동이 상대적으로 줄어들면서 물가가 하락한다.
③ 장기시장금리보다 단기시장금리가 먼저 상승한다.
④ 예금금리, 대출금리 모두 상승한다.
⑤ 수출증가 및 수입감소 현상이 나타난다.

45 **원자재가격 상승으로 물가수준이 상승하여 중앙은행이 기준금리를 인상하기로 결정하였다. 다음 〈보기〉 중 원자재가격 상승과 기준금리 인상의 경제적 효과를 단기 총수요 – 총공급 모형을 이용하여 분석한 내용으로 옳은 것을 모두 고르면?**

보기

가. 총수요곡선은 왼쪽으로 이동한다.
나. 총공급곡선은 왼쪽으로 이동한다.
다. 실질 GDP는 크게 감소한다.
라. 물가는 크게 감소한다.

① 가, 나
② 나, 다
③ 가, 나, 다
④ 나, 다, 라
⑤ 가, 나, 다, 라

46 **다음 중 실업 및 우리나라의 실업조사에 대한 설명으로 옳은 것은?**

① 경제가 완전고용 상태일 때 실업률은 0이다.
② 경기적 실업이나 구조적 실업은 자발적 실업이다.
③ 실업률은 실업자 수를 생산가능인구로 나누고 100을 곱한 수치이다.
④ 지난 4주간 구직활동을 하지 않았더라도 취업의사가 있는 한 경제활동인구로 분류된다.
⑤ 실업률 조사 대상 주간에 수입을 목적으로 1시간 이상 일한 경우 취업자로 분류된다.

47 다음 중 리카도 대등정리(Ricardian Equivalence Theorem)에 대한 설명으로 옳은 것은?

① 국채 발행이 증가하면 이자율이 하락한다.
② 소비이론 중 절대소득가설에 기초를 두고 있다.
③ 국채 발행을 통해 재원이 조달된 조세삭감은 소비에 영향을 미치지 않는다.
④ 소비자들이 유동성제약에 직면해 있는 경우 이 이론의 설명력이 더 커진다.
⑤ 경기침체 시에는 조세 대신 국채 발행을 통한 확대재정정책이 더 효과적이다.

PART 4

48 다음 〈보기〉 중 도덕적 해이(Moral Hazard)를 해결하는 방안에 해당하는 것을 모두 고르면?

보기
가. 스톡옵션(Stock Option)
나. 은행담보대출
다. 자격증 취득
라. 전자제품 다년간 무상수리
마. 사고 건수에 따른 보험료 할증

① 가, 나
② 가, 라
③ 다, 마
④ 가, 나, 마
⑤ 나, 라, 마

49 **다음은 비합리적 소비에 대한 설명이다. 빈칸 ㉠과 ㉡에 들어갈 효과를 바르게 연결한 것은?**

> • ___㉠___ 효과는 유행에 따라 상품을 구입하는 소비현상으로 특정 상품에 대한 어떤 사람의 수요가 다른 사람들의 수요에 의해 영향을 받는다.
> • ___㉡___ 효과는 다른 보통사람과 자신을 차별하고 싶은 욕망으로 나타나는데, 가격이 아닌 다른 사람의 소비에 직접 영향을 받는다.

	㉠	㉡
①	외부불경제	베블런(Veblen)
②	외부불경제	밴드왜건(Bandwagon)
③	베블런(Veblen)	외부불경제
④	밴드왜건(Bandwagon)	외부불경제
⑤	밴드왜건(Bandwagon)	베블런(Veblen)

50 **다음 중 거시경제의 총수요와 총공급에 대한 설명으로 옳은 것은?**

① 명목임금 경직성하에서 물가수준이 하락하면 기업이윤이 줄어들어서 기업들의 재화와 서비스 공급이 감소하므로 단기총공급곡선은 왼쪽으로 이동한다.

② 폐쇄경제에서 확장적 재정정책의 구축효과는 변동환율제도에서 동일한 정책의 구축효과보다 더 크게 나타날 수 있다.

③ 케인스(Keynes)의 유동성선호이론에 의하면 경제가 유동성함정에 빠지는 경우 추가적 화폐공급이 투자적 화폐 수요로 모두 흡수된다.

④ 장기균형 상태에 있던 경제에 원유가격이 일시적으로 상승하면 장기적으로 물가는 상승하고 국민소득은 감소한다.

⑤ 단기 경기변동에서 소비와 투자가 모두 경기순응적이며, 소비의 변동성은 투자의 변동성보다 크다.

51 **다음 빈칸에 들어갈 용어를 순서대로 바르게 나열한 것은?**

> 기업들에 대한 투자세액공제가 확대되면, 대부자금에 대한 수요가 _____한다. 이렇게 되면 실질이자율이 _____하고 저축이 늘어난다. 그 결과, 대부자금의 균형거래량은 _____한다(단, 실질이자율에 대하여 대부자금 수요곡선은 우하향하고, 대부자금 공급곡선은 우상향한다).

① 증가, 상승, 증가
② 증가, 하락, 증가
③ 증가, 상승, 감소
④ 감소, 하락, 증가
⑤ 감소, 하락, 감소

PART 4

52 **다음 중 정부지출 증가의 효과가 가장 크게 나타나게 되는 상황은 언제인가?**

① 한계저축성향이 낮은 경우
② 한계소비성향이 낮은 경우
③ 정부지출의 증가로 물가가 상승한 경우
④ 정부지출의 증가로 이자율이 상승한 경우
⑤ 정부지출의 증가로 인해 구축효과가 나타난 경우

53 **다음 〈보기〉 중 정부실패(Government Failure)의 원인이 되는 것을 모두 고르면?**

> 보기
>
> 가. 이익집단의 개입
> 나. 정책당국의 제한된 정보
> 다. 정책당국의 인지시차 존재
> 라. 민간부문의 통제 불가능성
> 마. 정책 실행 시차의 부재

① 가, 나, 라
② 나, 다, 마
③ 가, 나, 다, 라
④ 가, 나, 라, 마
⑤ 가, 나, 다, 라, 마

54 다음 〈보기〉 중 GDP가 증가하는 경우는 모두 몇 개인가?

보기

ㄱ. 대한민국 공무원 연봉이 전반적으로 인상되었다.
ㄴ. 중국인 관광객들 사이에서 한국의 명동에서 쇼핑하는 것이 유행하고 있다.
ㄷ. 대한민국 수도권 신도시에 거주하는 A씨의 주택가격이 전년도 대비 20% 상승하였다.
ㄹ. 한국에서 생산된 중간재가 미국에 수출되었다.

① 1개
② 2개
③ 3개
④ 4개
⑤ 없음

55 다음 중 칼도어(N.Kaldor)의 정형화된 사실(Stylized Facts)에 대한 내용으로 옳지 않은 것은?

① 자본수익률은 지속적으로 증가한다.
② 1인당 산출량(Y/L)이 지속적으로 증가한다.
③ 산출량-자본비율(Y/K)은 대체로 일정한 지속성(Steady)을 보인다.
④ 총소득에서 자본에 대한 분배와 노동에 대한 분배 간의 비율은 일정하다.
⑤ 생산성 증가율은 국가 간의 상당한 차이가 있다.

56 다음 〈보기〉는 우리나라의 경기종합지수를 나타낸 것이다. 각각의 지수를 바르게 구분한 것은?

보기

㉠ 비농림어업취업자수
㉡ 재고순환지표
㉢ 건설수주액
㉣ 코스피
㉤ 광공업생산지수
㉥ 소매판매액지수
㉦ 취업자수

	선행종합지수	동행종합지수	후행종합지수
①	㉠, ㉡	㉢, ㉣, ㉤	㉥, ㉦
②	㉥, ㉦	㉠, ㉡, ㉢	㉣, ㉤
③	㉢, ㉣, ㉤	㉥, ㉦	㉠, ㉡
④	㉡, ㉢, ㉣	㉠, ㉤, ㉥	㉦
⑤	㉢, ㉣, ㉤	㉥, ㉦	㉠, ㉡

PART 4

57 다음 〈보기〉 중 외부효과에 대한 설명으로 옳은 것을 모두 고르면?

보기

ㄱ. 외부효과가 존재할 경우 시장은 자원을 비효율적으로 배분한다.
ㄴ. 부정적 외부효과가 존재할 경우 사회적비용은 사적비용보다 작다.
ㄷ. 부정적 외부효과를 시정하기 위해 고안된 세금을 피구세(Pigouvian Tax)라고 한다.
ㄹ. 긍정적 외부효과가 존재할 경우 시장생산량은 사회적으로 바람직한 생산량보다 많다.

① ㄱ, ㄴ
② ㄱ, ㄷ
③ ㄴ, ㄹ
④ ㄷ, ㄹ
⑤ ㄱ, ㄷ, ㄹ

58 **다음 중 공공재와 관련된 시장실패에 대한 설명으로 옳지 않은 것은?**

① 순수공공재는 소비의 비배제성과 비경합성을 동시에 가지고 있다.
② 소비의 비배제성으로 인한 무임승차의 문제가 발생한다.
③ 긍정적 외부성이 존재하는 공공재의 생산을 민간에 맡길 때, 사회적 최적수준에 비해 과소생산된다.
④ 공공재의 경우에는 개인의 한계편익곡선을 수평으로 합하여 사회적 한계편익곡선을 도출한다.
⑤ 공공재의 최적생산을 위해서는 경제주체들의 공공재 편익을 사실대로 파악하여야 한다.

59 **다음 중 노동수요의 임금탄력성에 대한 설명으로 옳지 않은 것은?**

① 노동수요의 임금탄력성은 단기보다 장기에서 더 크다.
② 노동수요의 임금탄력성은 총생산비 중 노동비용이 차지하는 비중에 의해 영향을 받는다.
③ 노동을 대체할 수 있는 다른 생산요소로의 대체가능성이 클수록 동일한 임금상승에 대하여 고용감소는 적어진다.
④ 노동수요는 노동을 생산요소로 사용하는 최종생산물 수요의 가격탄력성에 영향을 받는다.
⑤ 노동수요의 임금탄력성은 노동수요량의 변화율을 임금변화율로 나눈 것이다.

60 **다음 중 노동시장에 대한 설명으로 옳지 않은 것은?**

① 교육과 현장훈련을 받는 행위를 인적투자라고 한다.
② 선별가설(Screen Hypothesis)은 교육이 노동수익을 높이는 원인이라는 인적자본이론을 비판한다.
③ 상응가치(Comparable Worth)원칙은 똑같은 일에 종사하는 사람에게는 똑같은 임금이 지급되어야 한다는 원칙이다.
④ 이중노동시장이론에 의하면, 내부노동시장은 하나의 기업 내에서 이루어지는 노동시장을 말한다.
⑤ 이중노동시장이론에서 저임금 및 열악한 근로조건의 특징을 가지고 있는 노동시장을 2차 노동시장(Secondary Labor Market)이라고 한다.

61 **다음 중 수요의 탄력성에 대한 설명으로 옳은 것은?**

① 재화가 기펜재라면 수요의 소득탄력성은 양(+)의 값을 갖는다.
② 두 재화가 서로 대체재의 관계에 있다면 수요의 교차탄력성은 음(−)의 값을 갖는다.
③ 우하향하는 직선의 수요곡선상에 위치한 두 점에서 수요의 가격탄력성은 동일하다.
④ 수요의 가격탄력성이 '1'이면 가격변화에 따른 판매총액은 증가한다.
⑤ 수요곡선이 수직선일 때 모든 점에서 수요의 가격탄력성은 '0'이다.

62 **다음 〈보기〉 중 화폐발행이득(Seigniorage)에 대한 설명으로 옳은 것을 모두 고르면?**

보기

ㄱ. 정부가 화폐공급량 증가를 통해 얻게 되는 추가적 재정수입을 가리킨다.
ㄴ. 화폐라는 세원에 대해 부과하는 조세와 같다는 뜻에서 인플레이션 조세라 부른다.
ㄷ. 화폐공급량 증가로 인해 생긴 인플레이션이 민간이 보유하는 화폐자산의 실질가치를 떨어뜨리는 데서 나온다.

① ㄱ
② ㄴ
③ ㄱ, ㄷ
④ ㄴ, ㄷ
⑤ ㄱ, ㄴ, ㄷ

63 **다음 중 경기변동에 대한 설명으로 옳지 않은 것은?**

① 투자는 소비에 비해 GDP 대비 변동성이 크므로 경기변동의 주요 원인이 된다.
② 기간 간 고른 소비가 어려운 저소득계층이 늘어나면, 이전에 비해 경기변동이 심해진다.
③ 실물적 경기변동은 경기변동을 자연실업률 자체가 변화하여 일어난다고 생각한다.
④ 총공급 – 총수요 모형에서 총수요의 변동이 경기변동의 요인이라고 본다면 물가는 경기와 반대로 움직인다.
⑤ 실질임금과 고용량은 단기적으로 양의 상관관계를 가지나 장기적으로는 서로 관계가 없다.

64 **다음 〈보기〉 중 디플레이션(Deflation)에 대한 설명으로 옳은 것을 모두 고르면?**

보기

가. 명목금리가 마이너스(−)로 떨어져 투자수요와 생산 감소를 유발할 수 있다.
나. 명목임금의 하방경직성이 있는 경우 실질임금의 하락을 초래한다.
다. 기업 명목부채의 실질상환 부담을 증가시킨다.
라. 기업의 채무불이행 증가로 금융기관 부실화가 초래될 수 있다.

① 가, 나
② 가, 다
③ 나, 다
④ 나, 라
⑤ 다, 라

65 **다음 중 보상적 임금격차에 대한 설명으로 옳지 않은 것은?**

① 근무조건이 좋지 않은 곳으로 전출되면 임금이 상승한다.
② 물가가 높은 곳에서 근무하면 임금이 상승한다.
③ 비금전적 측면에서 매력적인 일자리는 임금이 상대적으로 낮다.
④ 성별 임금격차도 일종의 보상적 임금격차이다.
⑤ 더 비싼 훈련이 요구되는 직종의 임금이 상대적으로 높다.

66 **경제변수는 크게 일정 기간에 측정되는 Flow(유량) 변수와 일정 시점에서 측정되는 Stock(저량) 변수로 구분된다. 다음 중 Flow 변수에 해당하지 않는 것은?**

① 소비
② 투자
③ 통화량
④ 국민소득
⑤ 국제수지

67 **경제지표를 산출할 때 시점 간 상대적 위치에 따라 실제 경제 상황보다 위축되거나 부풀려지는 현상을 가리키는 이 효과는?**

① 피셔 효과(Fisher Effect)
② 기저 효과(Based Effect)
③ 베블런 효과(Veblen Effect)
④ 부메랑 효과(Boomerang Effect)
⑤ 승수 효과(Multiplier Effect)

68 **다음의 여러 가지 경제지표 중 경기에 선행하는 지표로 보기 어려운 것은?**

① 내수출하지수
② 구인구직비율
③ 건설수주액
④ 수출입물가지수
⑤ 재고순환지표

PART 4

69 **다음 글의 상황을 의미하는 경제 용어로 옳은 것은?**

일본의 장기불황과 미국의 금융위기 사례에서와 같이 금리를 충분히 낮추는 확장적 통화정책을 실시해도 가계와 기업이 시중에 돈을 풀어놓지 않는 상황을 말한다. 특히 일본의 경우 1990년대 제로 금리를 고수했음에도 불구하고 소위 '잃어버린 10년'이라고 불리는 장기 불황을 겪었다. 불황 탈출을 위해 확장적 통화정책을 실시했지만 경제성장률은 계속 낮았다. 이후 경기 비관론이 팽배해지고 디플레이션이 심화되면서 모든 경제 주체가 투자보다는 현금을 보유하려는 유동성 선호경향이 강해졌다.

① 유동성 함정(Liquidity Trap)
② 공개시장조작
③ 용의자의 딜레마
④ 동태적 비일관성
⑤ 구축 효과(Crowding-out Effect)

70 다음 중 어떤 산업이 자연독점화되는 이유로 옳은 것은?

① 고정비용의 크기가 작은 경우
② 최소효율규모의 수준이 매우 큰 경우
③ 다른 산업에 비해 규모의 경제가 작게 나타나는 경우
④ 생산량이 증가함에 따라 평균비용이 계속 늘어나는 경우
⑤ 기업 수가 증가할수록 산업의 평균 생산비용이 감소하는 경우

71 X재와 Y재에 대한 효용함수가 $U=min(X, Y)$인 소비자가 있다. 소득이 100이고 Y재의 가격(P_Y)이 10일 때, 이 소비자가 효용극대화를 추구한다면 X재의 수요함수는?(단, P_X는 X재의 가격이다)

① $X=\frac{10+100}{P_X}$
② $X=\frac{100}{P_X+10}$
③ $X=\frac{100}{P_X}$
④ $X=\frac{50}{P_X+10}$
⑤ $X=\frac{10}{P_X}$

72 다음 사례를 볼 때, 각 기업의 총수익 변화로 옳은 것은?(단, 다른 조건을 일정하다)

- 사례1 : 수요의 가격탄력성이 0.5인 X재를 생산하고 있는 A기업은 최근 X재의 가격을 1,000원에서 2,000원으로 인상하였다.
- 사례2 : 수요의 가격탄력성이 2인 Y재를 생산하고 있는 B기업은 최근 Y재의 가격을 3,000원에서 5,500원으로 인상하였다.

	A기업	B기업
①	증가	감소
②	증가	일정
③	일정	일정
④	감소	증가
⑤	감소	감소

73 S국의 이동통신 시장이 하나의 기업만이 존재하는 완전독점시장일 경우, 이 기업의 총비용함수와 시장수요가 다음과 같을 때, 이 기업이 이부가격(Two－part Tariff) 설정을 통해 이윤을 극대화하고자 한다면, 고정요금(가입비)은 얼마인가?

- $TC=40+4Q$(총비용함수)
- $P=20-Q$(시장수요)

① 16
② 32
③ 48
④ 64
⑤ 128

74 다음 중 환율이론에 대한 설명으로 옳지 않은 것은?

① 구매력평가설은 환율이 양국통화의 구매력에 의하여 결정된다는 이론이다.
② 구매력평가설이 성립되기 위해서는 일물일가의 법칙이 전제되어야 한다.
③ 구매력평가설에 따르면 양국의 물가상승률 차이만큼 환율변화가 이루어진다.
④ 이자율평가설은 양국 간의 명목이자율 차이와 환율의 기대변동률과의 관계를 설명하는 이론이다.
⑤ 이자율평가설이 성립하기 위해서는 국가 간 자본이동이 제한되어야 하며, 거래비용과 조세가 존재하지 않아야 한다.

PART 4

75 다음 〈보기〉 중 케인스의 유동성 선호설에 대한 설명으로 옳은 것을 모두 고르면?

보기

㉠ 케인스의 유동성 선호설에 따르면 자산은 화폐와 채권 두 가지만 존재한다.
㉡ 케인스에 따르면 화폐공급곡선이 수평인 구간을 유동성함정이라고 한다.
㉢ 유동성함정구간에서는 화폐수요의 이자율탄력성은 무한대(∞)이다.
㉣ 케인스의 유동성 선호설에 따른 투기적 동기의 화폐수요(hr)는 화폐수요함수$\left(\frac{M^d}{P}\right)$와 비례관계에 있다.

① ㉠, ㉡
② ㉠, ㉢
③ ㉡, ㉢
④ ㉡, ㉣
⑤ ㉢, ㉣

76 **다음 중 고정환율제도에 대한 설명으로 옳지 않은 것은?(단, 자본의 이동은 완전히 자유롭다)**

① 환율이 안정적이므로 국제무역과 투자가 활발히 일어나는 장점이 있다.
② 고정환율제도하에서 확대금융정책을 실시할 경우, 최종적으로 이자율은 변하지 않는다.
③ 고정환율제도하에서 확대금융정책의 경우 중앙은행의 외환매입으로 통화량이 증가한다.
④ 고정환율제도하에서 확대재정정책를 실시할 경우 통화량이 증가하여, 국민소득이 증가한다.
⑤ 정부가 환율을 일정수준으로 정하여 지속적인 외환시장 개입을 통해 정해진 환율을 유지하는 제도이다.

77 **다음은 S국의 중앙은행이 준수하는 테일러 법칙(Taylor's Rule)이다. 실제 인플레이션율은 4%이고 실제 GDP와 잠재 GDP의 차이가 1%일 때, K국의 통화정책에 대한 설명으로 옳지 않은 것은?**

$$r=0.03+\frac{1}{4}(\pi-0.02)-\frac{1}{4}\times\frac{Y^*-Y}{Y^*}$$

※ r은 중앙은행의 목표 이자율, π는 실제 인플레이션율, Y^*는 잠재 GDP, Y는 실제 GDP이다.

① 목표 이자율은 균형 이자율보다 낮다.
② 목표 인플레이션율은 2%이다.
③ 균형 이자율은 3%이다.
④ 다른 조건이 일정할 때, 인플레이션 갭 1%p 증가에 대해 목표 이자율은 0.25%p 증가한다.
⑤ 다른 조건이 일정할 때, GDP 갭 1%p 증가에 대해 목표 이자율은 0.25%p 감소한다.

78 **다음 중 실업에 대한 주장으로 옳은 것은?**

① 정부는 경기적 실업을 줄이기 위하여 기업의 설비투자를 억제시켜야 한다.
② 취업자가 존재하는 상황에서 구직포기자의 증가는 실업률을 감소시킨다.
③ 전업주부가 직장을 가지면 경제활동참가율과 실업률은 모두 낮아진다.
④ 실업급여의 확대는 탐색적 실업을 감소시킨다.
⑤ 정부는 구조적 실업을 줄이기 위하여 취업정보의 제공을 축소해야 한다.

79 다음 〈보기〉 중 인플레이션에 대한 설명으로 옳지 않은 것을 모두 고르면?

> **보기**
> 가. 인플레이션이 예상되지 못한 경우, 채무자에게서 채권자에게로 부가 재분배된다.
> 나. 인플레이션이 예상된 경우, 메뉴비용이 발생하지 않는다.
> 다. 인플레이션이 발생하면 현금 보유의 기회비용이 증가한다.
> 라. 인플레이션이 발생하면 수출이 감소하고 경상수지가 악화된다.

① 가, 나
② 가, 다
③ 나, 다
④ 나, 라
⑤ 다, 라

80 다음 그래프를 참고하여 빈칸 A ~ C에 들어갈 말로 옳은 것은?

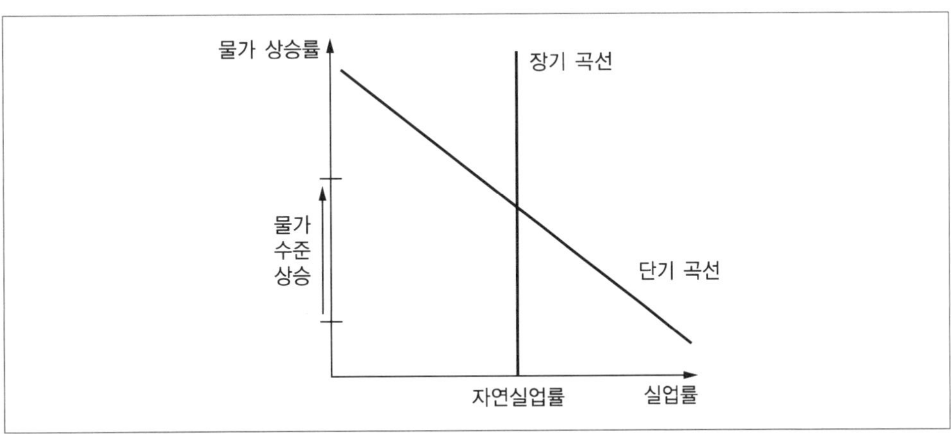

> 실업과 인플레이션 사이에는 __A__ 상충 관계가 존재하지 않는다. 그래서 해당 그래프는 __B__ 수준에서 수직선이 된다. 실업과 인플레이션 사이의 상충 관계는 __C__에만 존재해 총수요가 증가하면 실업률이 하락한다.

	A	B	C
①	단기적으로	물가상승률	장기
②	단기적으로	자연실업률	장기
③	단기적으로	통화증가율	장기
④	장기적으로	자연실업률	단기
⑤	장기적으로	물가상승률	단기

| 05 | 기술직(기계일반)

41 허용인장강도 600MPa의 연강봉에 50kN의 축방향 인장하중이 작용할 때 안전율이 7이라면, 강봉의 최소 지름은?

① 2.7cm
② 3.4cm
③ 5.7cm
④ 7.3cm
⑤ 9.4cm

42 다음 중 탄성계수(E), 전탄탄성계수(G), 푸아송 비(ν)의 관계로 옳은 것은?

① $G=\dfrac{E}{(1+2\mu)}$
② $G=\dfrac{3E}{2(1+\mu)}$
③ $G=\dfrac{2E}{(1+\mu)}$
④ $G=\dfrac{E}{2(1+\mu)}$
⑤ $G=\dfrac{2(1+\mu)}{E}$

43 다음 중 무차원수가 아닌 것은?

① 레이놀즈수
② 푸아송비
③ 탄성계수
④ 비중
⑤ 항력계수

44 수면에 떠 있는 선체의 저항 측정시험과 풍동실험을 통해 자동차 공기저항 측정시험을 하고자 한다. 이때, 모형과 원형 사이에 서로 역학적 상사를 이루려면 두 시험에서 공통적으로 고려해야 하는 무차원수는?

① 마하수(Ma)
② 레이놀즈수(Re)
③ 오일러수(Eu)
④ 프루드수(Fr)
⑤ 웨버수(We)

45 강의 담금질 열처리에서 냉각속도가 가장 느린 경우에 나타나는 조직은?

① 소르바이트
② 잔류 오스테나이트
③ 트루스타이트
④ 마텐자이트
⑤ 베이나이트

46 나무토막의 절반이 물에 잠긴 채 떠 있다. 이 나무토막에 작용하는 부력과 중력에 대한 설명으로 옳은 것은?

① 알 수 없다.
② 부력과 중력의 크기가 같다.
③ 부력에 비해 중력의 크기가 더 크다.
④ 중력에 비해 부력의 크기가 더 크다.
⑤ 물의 온도에 따라 어떤 것이 더 큰지 다르다.

PART 4

47 단면적이 $0.36m^2$이고 한쪽 벽이 고정되지 않은 실린더를 가열하여 벽이 40cm 이동하였다. 내부 압력이 50kPa으로 일정하고 내부에너지의 변화량이 13.5kJ일 때, 실린더가 얻은 열량은?

① 13.5kJ
② 16.1kJ
③ 18.5kJ
④ 20.7kJ
⑤ 22.3kJ

48 구동풀리의 직경이 250mm, 종동풀리의 직경이 600mm이고 구동풀리와 종동풀리의 축간 거리가 1,000mm일 때, 벨트로 두 풀리를 평행걸기로 연결한다면 벨트의 길이는?(단, $\pi=3$이다)

① 약 2,555.6mm
② 약 2,705.6mm
③ 약 3,305.6mm
④ 약 3,455.7mm
⑤ 약 3,687.6mm

49 어떤 기체의 정압비열이 1.075kJ/kg·K이다. 이 기체의 정적비열은?(단, 기체상수는 0.287kJ/kg·K이다)

① 0.9315kJ/kg·K
② 0.788kJ/kg·K
③ 0.6445kJ/kg·K
④ 0.501kJ/kg·K
⑤ 0.3575kJ/kg·K

50 다음 중 점성계수가 μ인 유체가 지름이 D인 원형 직관 안에서 Q의 유량으로 흐르고 있다. 길이 L을 지나는 동안 발생한 압력 손실의 크기는?

① $\frac{32\mu QL}{\pi D^4}$
② $\frac{48\mu QL}{\pi D^4}$
③ $\frac{64\mu QL}{\pi D^4}$
④ $\frac{128\mu QL}{\pi D^4}$
⑤ $\frac{256\mu QL}{\pi D^4}$

51 다음 중 정상유동이 일어나는 경우는 무엇인가?

① 유체의 위치에 따른 속력의 변화가 0일 때
② 유체의 시간에 따른 속력의 변화가가 일정할 때
③ 유체의 유동상태가 시간에 따라 점차적으로 변화할 때
④ 유체의 모든 순간에 유동상태가 이웃하는 점들과 같을 때
⑤ 유체의 유동상태가 모든 점에서 시간에 따라 변화하지 않을 때

52 다음 중 동력의 단위가 아닌 것은?

① J/s
② HP
③ kcal
④ W
⑤ kg · m^2/s^3

53 다음 중 표준대기압이 아닌 것은?

① 14.7psi
② 760mmHg
③ 1.033mAq
④ 1.013bar
⑤ 1,013hPa

54 다음 중 동점성계수에 대한 설명으로 옳은 것을 〈보기〉에서 모두 고르면?

보기

ㄱ. 유체의 압력을 밀도로 나눈 값이다.
ㄴ. 유체의 점성계수를 밀도로 나눈 값이다.
ㄷ. 단위는 Poise(P)이다.
ㄹ. 단위는 Stoke(St)이다.
ㅁ. 단위로는 cm/s^2를 사용한다.

① ㄱ, ㄷ
② ㄱ, ㅁ
③ ㄴ, ㄷ
④ ㄴ, ㄹ
⑤ ㄴ, ㅁ

55 압력 50kPa, 온도 25°C인 일정량의 이상기체가 있다. 부피를 일정하게 유지하면서 압력이 처음의 1.5배가 되었을 때, 기체의 온도는 몇 °C가 되는가?

① 약 37.51°C
② 약 78.18°C
③ 약 122.33°C
④ 약 174.08°C
⑤ 약 207.52°C

56 다음 중 공작물의 회전운동에 의하여 절삭이 이루어지는 공작기계는?

① 선반
② 슬로터
③ 프레스
④ 플레이너
⑤ 드릴링 머신

57 다음 중 절삭 시 발생하는 칩에 대한 설명으로 옳은 것을 〈보기〉에서 모두 고르면?

보기

ㄱ. 칩이 공구의 날 끝에 붙어 원활하게 흘러가지 못하면 균열형 칩이 생성된다.
ㄴ. 메짐성이 큰 재료를 저속으로 절삭하면 열단형 칩이 생성된다.
ㄷ. 공구의 진행 방향 위쪽으로 압축되면서 불연속적인 미끄럼이 생기면 전단형 칩이 생성된다.
ㄹ. 연성재료에서 절삭조건이 맞고 절삭저항 변동이 작으면 유동형 칩이 생성된다.

① ㄱ, ㄴ
② ㄱ, ㄹ
③ ㄴ, ㄷ
④ ㄴ, ㄹ
⑤ ㄷ, ㄹ

58 바깥지름이 5cm이고 안지름이 3cm인 원의 극관성모멘트(I_P)는?

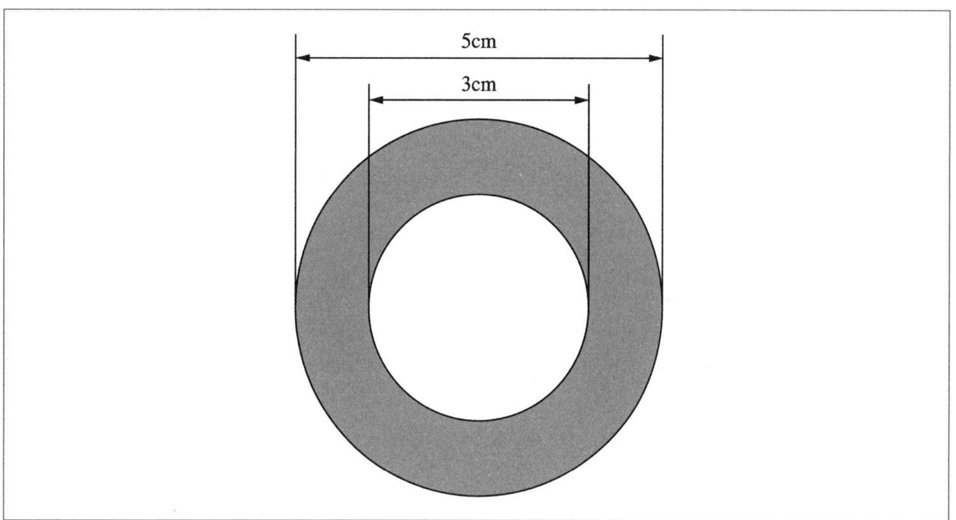

① 약 45.2cm^4
② 약 53.4cm^4
③ 약 61.3cm^4
④ 약 69.7cm^4
⑤ 약 75.4cm^4

PART 4

59 전단 탄성계수가 80GPa인 강봉에 전단응력이 1kPa이 발생했다면 이 부재에 발생한 전단변형률 γ은?

① 12.5×10^{-3}
② 12.5×10^{-6}
③ 12.5×10^{-9}
④ 12.5×10^{-12}
⑤ 12.5×10^{-15}

60 다음 중 사각형의 단면계수를 구하는 식으로 옳은 것은?

① $Z=\dfrac{bh^2}{3}$

② $Z=\dfrac{bh^3}{30}$

③ $Z=\dfrac{\pi d^3}{32}$

④ $Z=\dfrac{bh^2}{6}$

⑤ $Z=\dfrac{bh^3}{36}$

61 다음 중 축의 위험속도에 대한 설명으로 옳은 것은?

① 축의 고유진동수이다.

② 축의 최대인장강도이다.

④ 축에 작용하는 최대굽힘모멘트이다.

④ 축에 작용하는 최대비틀림모멘트이다.

⑤ 축베어링이 견딜 수 있는 최고회전속도이다.

62 다음 중 레이놀즈수에 대한 설명으로 옳지 않은 것은?

① 관성력과 점성력의 비를 나타낸다.

② 층류와 난류를 구별하여 주는 척도가 된다.

③ 유동단면의 형상이 변하면 임계 레이놀즈수도 변한다.

④ 레이놀즈수가 작은 경우에는 점성력이 크게 영향을 미친다.

⑤ 층류에서 난류로 변하는 레이놀즈수를 하임계 레이놀즈수라고 한다.

63 직경이 50cm인 어떤 관에 동점성계수가 $5\text{cm}^2/\text{s}$인 기름이 층류로 흐를 때, 기름의 유속은?(단, 관마찰계수는 0.04이다)

① 1.2m/s

② 1.4m/s

③ 1.6m/s

④ 1.8m/s

⑤ 2m/s

64 어떤 관의 직경이 0.5m이고 관의 길이가 10m에 유체가 10m/s의 속도로 흐르고 있다. Darcy-Weisbach식에 의한 마찰손실이 4.5m일 때, 이 유체의 레이놀즈수는?(단, 유체의 흐름상태는 층류이다)

① 약 1,165
② 약 1,286
③ 약 1,451
④ 약 1,512
⑤ 약 1,763

65 탱크에 저장되어 있는 물을 직경이 5cm인 원형 관을 통해 빼내려고 한다. 관속 흐름의 형태가 층류일 때, 유속은?(단, 층류와 난류의 경계가 되는 Reynolds수는 2,000이고 $\nu=1.3101\times10^{-2}$ cm^2이다)

① 약 3.6m/s
② 약 4.8m/s
③ 약 5.2m/s
④ 약 6.6m/s
⑤ 약 7.4m/s

66 지름이 30mm이고 길이가 100cm인 연강봉에 인장하중이 50kN이 작용할 때, 탄성에너지의 크기는?(단, 연강봉의 탄성계수는 303.8GPa이다)

① 약 1.59J
② 약 2.91J
③ 약 5.82J
④ 약 8.73J
⑤ 약 11.64J

67 **다음 중 안전율을 가장 크게 고려해야 하는 하중은?**

① 정하중
② 교번하중
③ 반복하중
④ 충격하중
⑤ 모두 같음

68 **어떤 밸브의 기호가 다음과 같을 때, 이 밸브를 포트 수, 위치 수, 방향 수로 바르게 나타낸 것은?**

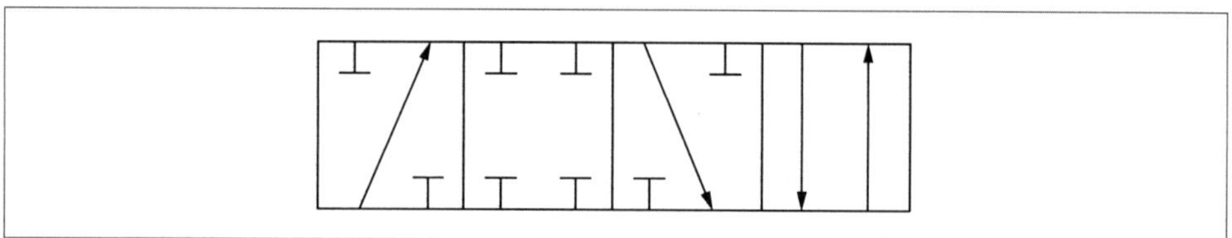

① 4포트 2위치 4방향 밸브
② 4포트 4위치 4방향 밸브
③ 4포트 8위치 4방향 밸브
④ 8포트 1위치 4방향 밸브
⑤ 8포트 3위치 4방향 밸브

69 **다음 중 공압 시스템에 대한 설명으로 옳지 않은 것은?**

① 유압 시스템에 비해 먼지나 습기에 민감하다.
② 유압 시스템에 비해 온도에 영향을 적게 받는다.
③ 유압 시스템에 비해 압축성이 크므로 응답속도가 늦다.
④ 유압 시스템에 비해 점성이 작으므로 압력 강하가 적다.
⑤ 유압 시스템에 비해 마찰이 적으므로 급유를 할 필요가 없다.

70 **다음 중 조밀육방격자들로만 이루어진 금속은?**

① W, Ni, Mo, Cr
② Mg, Ce, Ti, Co
③ V, Li, Ce, Zn
④ Mg, Ti, Zn, Cr
⑤ Zn, Ag, Ni, Y

71 **다음 소성가공 중 가공법과 설명이 옳은 것은?**

① 노칭(Notching)은 전단가공의 한 종류이다.
② 냉간가공은 재결정온도 이상의 온도에서 가공한다.
③ 가공경화는 소성가공 중 재료가 약해지는 현상이다.
④ 열간가공은 금속을 가열해 단단하게 해서 가공하는 방법이다.
⑤ 압연 시 압하율이 크면 롤 간격에서의 접촉호가 길어지므로 최고압력이 감소한다.

72 **탄성한도, 허용응력 및 사용응력 사이의 관계로 옳은 것은?**

① 탄성한도 > 허용응력 ≥ 사용응력
② 탄성한도 > 사용응력 ≥ 허용응력
③ 허용응력 ≥ 사용응력 > 탄성한도
④ 사용응력 ≥ 허용응력 > 탄성한도
⑤ 사용응력 ≥ 허용응력 > 탄성한도

73 **밑변이 20cm이고 높이가 30cm인 삼각형 단면이 있다. 이 삼각형의 밑변과 평행하고 도심을 지나는 축에 대한 단면 2차 모멘트의 크기는?**

① 5,000cm^4
② 15,000cm^4
③ 25,000cm^4
④ 35,000cm^4
⑤ 45,000cm^4

74 **다음 중 냉간가공에 대한 특징으로 옳지 않은 것은?**

① 가공면이 아름답다.

② 제품의 치수를 정확하게 가공할 수 있다.

③ 가공방향에 따른 강도 변화가 거의 없다.

④ 재결정온도 이하에서 가공하는 소성가공이다.

⑤ 재결정온도 이상으로 어닐링하여 변형응력을 제거하는 과정을 거쳐야 한다.

75 **다음과 같은 벤추리관에 비중이 γ_{oil}인 기름이 흐를 때, 2지점에서의 속력(v_2)을 D_1, D_2, h, γ_{oil}, γ_m으로 옳게 표현한 것은?**

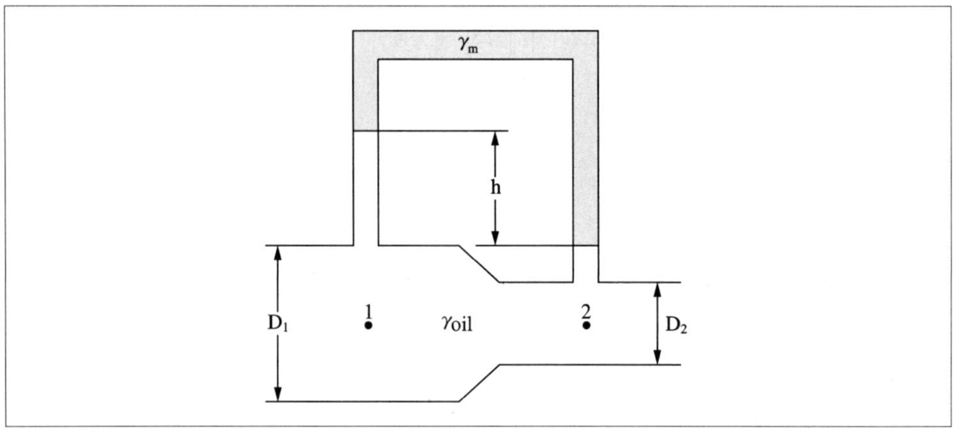

① $\sqrt{\dfrac{gh(\dfrac{\gamma_m}{\gamma_{oil}}-1)}{1-(\dfrac{D_2}{D_1})^4}}$

② $\sqrt{\dfrac{2gh(\dfrac{\gamma_m}{\gamma_{oil}}-1)}{1-(\dfrac{D_2}{D_1})^4}}$

③ $\sqrt{\dfrac{gh(\dfrac{\gamma_m}{\gamma_{oil}}-1)}{1-(\dfrac{D_2}{D_1})^2}}$

④ $\sqrt{\dfrac{2gh(\dfrac{\gamma_m}{\gamma_{oil}}-1)}{1-(\dfrac{D_2}{D_1})^2}}$

⑤ $2\sqrt{\dfrac{gh(\dfrac{\gamma_m}{\gamma_{oil}}-1)}{1-(\dfrac{D_2}{D_1})^2}}$

76 다음 중 증기압축식 냉동기에서 냉매가 움직이는 경로를 순서대로 바르게 나열한 것은?

① 압축기 → 증발기 → 응축기 → 팽창밸브 → 압축기
② 압축기 → 증발기 → 팽창밸브 → 응축기 → 압축기
③ 압축기 → 응축기 → 증발기 → 팽창밸브 → 압축기
④ 압축기 → 응축기 → 팽창밸브 → 증발기 → 압축기
⑤ 압축기 → 팽창밸브 → 증발기 → 응축기 → 압축기

77 다음 중 합금강에 첨가하는 원소와 얻을 수 있는 효과를 바르게 연결한 것은?

① W – 경도를 낮추어 가공성 강화
② Ni – 내식성이 증가되고 크리프 저항을 증가
③ Mn – 청열 메짐을 방지하고 내마모성을 증가
④ Cr – 전자기적 성질을 개선하고 내마멸성을 증가
⑤ Mo – 담금질 깊이를 깊게 하고 크리프 저항을 증가

78 다음 중 Y합금의 주요 성분을 바르게 나열한 것은?

① Al – Cu – Ni
② Al – Cu – Cr
③ Co – Cr – W – Ni
④ Al– Cu – Mg – Ni
⑤ Al – Cu – Mg – Mn

79 **알루미늄에 많이 적용되며 다양한 색상의 유기염료를 사용하여 소재표면에 안정되고 오래가는 착색피막을 형성하는 표면처리방법으로 옳은 것은?**

① 침탄법
② 화학증착법
③ 양극산화법
④ 크로마이징
⑤ 고주파경화법

80 **실린더 내부 유체가 외부로부터 68kJ/kg의 일을 받아 외부로 36kJ/kg의 열을 방출하였다. 이때, 유체의 내부에너지의 변화로 옳은 것은?**

① 내부에너지는 32kJ/kg 증가하였다.
② 내부에너지는 32kJ/kg 감소하였다.
③ 내부에너지는 36kJ/kg 증가하였다.
④ 내부에너지는 104kJ/kg 감소하였다.
⑤ 내부에너지는 104kJ/kg 증가하였다.

| 06 | 기술직(전기일반)

41 어떤 커패시터에 가하는 전압을 2배로 늘릴 때 커패시터 용량의 변화는?(단, 전하량은 변하지 않는다)

① 4배 감소한다.
② 2배 감소한다.
③ 변하지 않는다.
④ 2배 증가한다.
⑤ 4배 증가한다

42 면적이 100cm^2 이고 간극이 1mm인 평행판 콘덴서 사이에 비유전율이 4인 유전체를 채우고 10kV의 전압을 가할 때, 극판에 저장되는 전하량은?

① 1.87×10^{-6}C
② 3.54×10^{-6}C
③ 5.23×10^{-6}C
④ 1.05×10^{-4}C
⑤ 2.23×10^{-4}C

43 자기저항이 2×10^{7}AT/Wb인 철심이 있는 환상 솔레노이드에 5×10^{-5}Wb의 자속이 통과할 때, 철심의 기자력은?

① 1,000AT
② 1,200AT
③ 1,400AT
④ 1,600AT
⑤ 1,700AT

44 어떤 전위 함수가 $V(x,\ y,\ z)=5x+6y^2$로 주어질 때, 점(2, −1, 3)에서 전계의 세기는?

① 10V/m
② 12V/m
③ 13V/m
④ 15V/m
⑤ 16V/m

45 다음과 같은 회로에서 $a-b$ 사이에 걸리는 전압의 크기는?

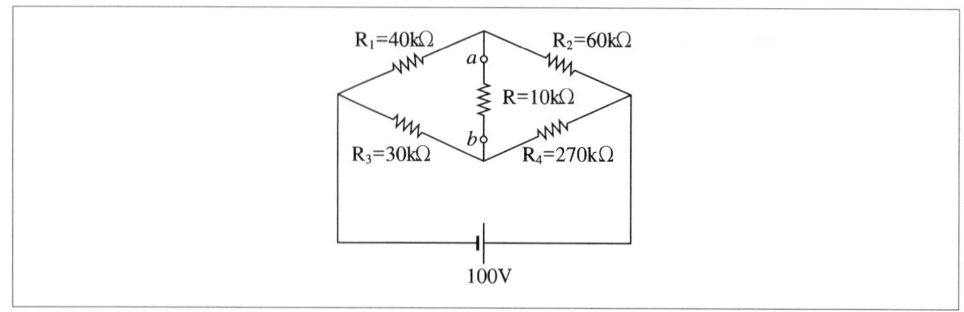

① 0V　　② 15V
③ 30V　　④ 45V
⑤ 60V

46 다음 중 저항 R의 크기에 대한 설명으로 옳은 것을 〈보기〉에서 모두 고르면?

보기

ㄱ. 저항은 고유저항에 비례한다.
ㄴ. 저항은 단면적의 넓이에 비례한다.
ㄷ. 저항은 길이에 비례한다.
ㄹ. 저항의 길이가 n배, 단면적의 넓이가 n배 증가하면 저항의 크기는 n^2배 증가한다.

① ㄱ, ㄷ　　② ㄴ, ㄷ
③ ㄱ, ㄷ, ㄹ　　④ ㄴ, ㄷ, ㄹ
⑤ ㄱ, ㄴ, ㄷ, ㄹ

47 다음 중 발전기의 안정도를 향상시킬 수 있는 방안으로 옳지 않은 것은?

① 제동권선을 설치한다.
② 속응여자방식을 채택한다.
③ 조속기의 감도를 예민하게 한다.
④ 단락비를 크게 하여 동기리액턴스의 크기를 감소시킨다.
⑤ 전압변동률을 작게 하여 동기리액턴스의 크기를 감소시킨다.

48 다음 중 과도응답시간 특성에 대한 설명으로 옳지 않은 것은?

① 감쇠비(ζ)가 0인 경우 시스템은 즉시 정지한다.
② 과도응답의 감쇠속도는 시정수의 크기에 영향을 받는다.
③ 0<[감쇠비(ζ)]<1일 때, 진폭이 점차 감소하는 진동을 보인다.
④ 지연시간은 출력값이 처음으로 정상 출력값의 50%에 도달하기까지 걸리는 시간이다.
⑤ 상승시간은 출력값이 정상 출력값의 10%에서 90% 값에 도달하기까지 걸리는 시간이다.

PART 4

49 소모 전력이 150kW인 어떤 공장의 부하역률이 60%일 때, 역률을 90%로 개선하기 위해 필요한 전력용 콘덴서의 용량은?

① 약 67.1kVA
② 약 86.7kVA
③ 약 103.9kVA
④ 약 112.1kVA
⑤ 약 127.3kVA

50 다음 중 동기발전기를 병렬로 운전할 수 있는 조건으로 옳지 않은 것은?

① 기전력의 크기가 같을 것
② 기전력의 위상이 같을 것
③ 기전력의 주파수가 같을 것
④ 발전기의 초당 회전수가 같을 것
⑤ 기련력의 상회전 방향이 같을 것

51 무손실 선로의 분포 정수 회로에서 감쇠정수(α)와 위상정수(β)의 값은?

	α	β
①	0	$\omega\sqrt{LC}$
②	0	$\dfrac{1}{\sqrt{LC}}$
③	$\sqrt{RG}$	$\omega\sqrt{LC}$
④	$\sqrt{LG}$	$\dfrac{1}{\sqrt{LC}}$
⑤	$G\sqrt{RL}$	$\sqrt{\dfrac{L}{C}}$

52 다음 리플프리(Ripple-Free) 직류를 설명한 글에서 빈칸에 들어갈 수로 옳은 것은?

> 리플프리 직류란 직류 성분에 대하여 ____%를 넘지 않는 실효값을 갖는 직류 전압을 말한다. 공칭 전압 120V 리플프리 직류 전원 시스템에서 최고 첨두치 전압은 140V를 넘지 않으며, 리플프리 직류 전원 60V에서 최고 첨두치 전압은 70V를 넘지 않는다.

① 1
② 2
③ 5
④ 10
⑤ 37

53 30극, 360rpm의 3상 동기 발전기가 있다. 전 슬롯수 240, 2층권 각 코일의 권수 6, 전기자 권선은 성형으로, 단자 전압 6,600V인 경우 1극의 자속은 얼마인가?(단, 권선 계수는 0.85라 한다)

① 약 0.035Wb
② 약 0.375Wb
③ 약 0.066Wb
④ 약 0.762Wb
⑤ 약 0.085Wb

54 **인덕턴스가 100mH인 코일에 전류가 0.5초 사이에 10A에서 20A로 변할 때, 이 코일에 유도되는 평균기전력과 자속의 변화량은?(단, 코일은 1회 감겨 있다)**

	평균기전력[V]	자속의 변화량[Wb]
①	1	0.5
②	1	1
③	2	0.5
④	2	1
⑤	3	2

55 **다음 회로에서 두 점 a, b의 전위차는?**

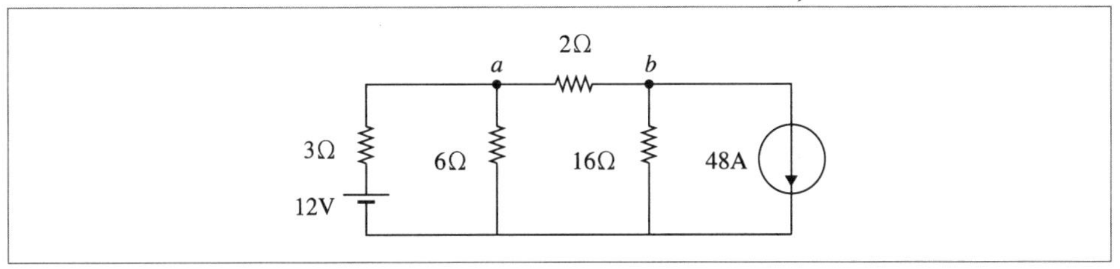

① 33.2V
② 46.2V
③ 68.8V
④ 77.6V
⑤ 80.8V

56 **다음 중 3상 동기 발전기의 상간 접속을 Y결선으로 하는 이유로 옳지 않은 것은?**

① 중성점을 이용할 수 있다.
② 선간전압이 상전압의 $\sqrt{3}$ 배가 된다.
③ 선간전압에 제3고조파가 나타나지 않는다.
④ 같은 선간전압의 결선에 비하여 절연이 어렵다.
⑤ 지락이나 단락 발생시 보호계전기가 즉각 동작될 수 있도록 접지할 수 있기 때문이다.

57 N회 감긴 환상코일의 단면적이 $S\text{m}^2$이고 평균길이가 $l\text{m}$일 때, 이 코일의 권수는 3배로 증가시키고 인덕턴스를 일정하게 유지하기 위한 조건으로 옳은 것은?

① 단면적을 1/9배로 좁힌다.
② 비투자율을 1/3배로 조정한다.
③ 비투자율을 3배로 조정한다.
④ 전류의 세기를 9배로 늘린다.
⑤ 길이를 3배로 늘린다.

58 다음 중 실효값 7A, 주파수 f Hz, 위상 60°인 전류의 순시값 i를 수식으로 옳게 표현한 것은?

① $7\sqrt{2}\sin(2\pi ft+\frac{\pi}{6})$
② $7\sin(2\pi ft+\frac{\pi}{6})$
③ $7\sqrt{2}\sin(2\pi ft-\frac{\pi}{3})$
④ $7\sqrt{2}\sin(2\pi ft+\frac{\pi}{3})$
⑤ $7\sin(2\pi ft+\frac{\pi}{3})$

59 다음 중 공통 중성선 다중 접지 3상 4선식 배전선로에서 고압측(1차측) 중성선과 저압측(2차측)중성선을 전기적으로 연결하는 목적으로 옳은 것은?

① 저압측의 단락사고를 검출하기 위해
② 저압측의 접지사고를 검출하기 위해
③ 주상변압기의 중성선측 부싱을 생략하기 위해
④ 고압측의 단락사고시 고장전류를 검출하기 위해
⑤ 고저압 혼촉시 수용가에 침입하는 상승전압을 억제하기 위해

60 다음 〈보기〉에서 비유전율에 대한 설명으로 옳은 것은 모두 몇 개인가?

> **보기**
> ㄱ. 모든 유전체의 비유전율은 1보다 크다.
> ㄴ. 비유전율의 단위는 [C/m]이다.
> ㄷ. 어떤 물질의 비유전율은 진공 중의 유전율에 대한 물질의 유전율의 비이다.
> ㄹ. 비유전율은 절연물의 종류에 따라 다르다.
> ㅁ. 산화티탄 자기의 비유전율이 유리의 비유전율보다 크다.
> ㅂ. 진공 중의 비유전율은 0이다.
> ㅅ. 진공 중의 유전율은 $\frac{1}{36\pi}\times 10^{9}$[F/m]로 나타낼 수 있다.

① 없음
② 1개
③ 2개
④ 3개
⑤ 4개

PART 4

61 다음 중 가공지선의 설치 목적으로 옳은 것을 〈보기〉에서 모두 고르면?

> **보기**
> ㄱ. 직격뢰로부터의 차폐
> ㄴ. 선로정수의 평형
> ㄷ. 유도뢰로부터의 차폐
> ㄹ. 통신선유도장애 경감

① ㄴ, ㄹ
② ㄱ, ㄴ, ㄹ
③ ㄱ, ㄷ, ㄹ
④ ㄴ, ㄷ, ㄹ
⑤ ㄱ, ㄴ, ㄷ, ㄹ

62 다음 중 도전율 σ, 투자율 μ인 도체에 주파수가 f인 교류전류가 흐를 때, 표피효과에 대한 설명으로 옳은 것은?

① σ가 클수록, μ, f가 작을수록 표피효과는 커진다.
② μ가 클수록, σ, f가 작을수록 표피효과는 커진다.
③ μ, f가 클수록 σ가 작을수록 표피효과는 커진다.
④ σ, μ, f가 작을수록 표피효과는 커진다.
⑤ σ, μ, f가 클수록 표피효과는 커진다.

63 다음 중 동기발전기 전기자 반작용에 대한 설명으로 옳은 것은?

① 유기 기전력과 전기자 전류가 동상인 경우 직축 반작용을 한다.
② 뒤진역률일 경우, 즉 전류가 전압보다 90° 뒤질 때는, 증자작용을 한다.
③ 전기자 전류에 의해 발생한 자기장이 계자 자속에 영향을 주는 현상이다.
④ 계자전류에 의한 자속이 전기자전류에 의한 자속에 영향을 주는 현상이다.
⑤ 앞선역률일 경우, 즉 전류가 전압보다 90° 앞설 때는, 교차 자화 작용을 한다.

64 저항이 5Ω 인 $R-L$ 직렬회로에 실효값 200V인 정현파 전원을 연결하였다. 이 때 실효값 10A의 전류가 흐른다면 회로의 역률은?

① 0.25
② 0.4
③ 0.5
④ 0.75
⑤ 0.8

65 어떤 회로에 전압 100V를 인가하였다. 이때 유효전력이 300W이고 무효전력이 400Var라면 회로에 흐르는 전류는?

① 2A
② 3A
③ 4A
④ 5A
⑤ 6A

66 자기장의 코일이 있다. 이것의 권수 $N=2,000$, 저항 $R=12\Omega$으로 전류 $I=10$A를 통했을 때의 자속이 $\Phi=6\times10^{-2}$Wb이다. 이 회로의 시상수는?

① 0.01초
② 0.1s초
③ 1초
④ 10초
⑤ 60초

67 다음 회로의 역률과 유효전력을 바르게 짝지은 것은?

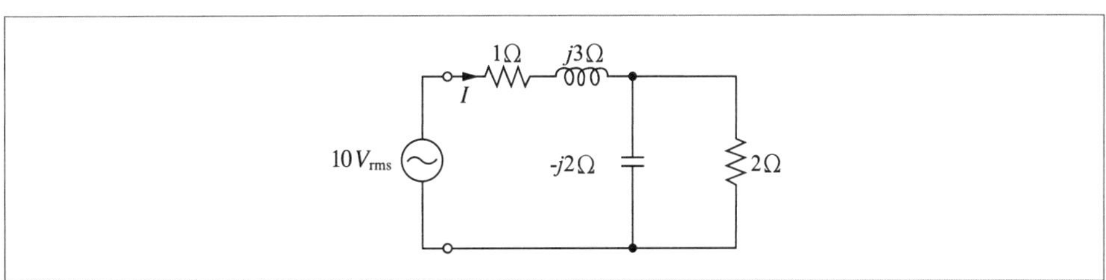

	역률	유효전력[W]
①	0.5	25
②	0.5	50
③	$\frac{\sqrt{2}}{2}$	25
④	$\frac{\sqrt{2}}{2}$	50
⑤	1	25

PART 4

68 다음 중 저항 R, 인덕터 L, 커패시터 C 등의 회로 소자들을 직렬회로로 연결했을 경우에 나타나는 특성에 대한 설명으로 옳은 것을 〈보기〉에서 모두 고르면?

보기

ㄱ. 인덕터 L 만으로 연결된 회로에서 유도 리액턴스 $X_L = \omega L\,\Omega$이고, 전류는 전압보다 위상이 90° 앞선다.

ㄴ. 저항 (R)과 인덕터 (L)를 직렬로 연결했을 때의 합성임피던스는 $|Z| = \sqrt{R^2+(wL)^2}\,\Omega$이다.

ㄷ. 저항 (R)과 커패시터 (C)를 직렬로 연결했을 때의 합성임피던스는 $|Z| = \sqrt{R^2+(wC)^2}\,\Omega$이다.

ㄹ. 저항 (R), 인덕터 (L), 커패시터 (C)를 직렬로 연결했을 때의 양호도는 $Q=\frac{1}{R}\sqrt{\frac{L}{C}}$으로 정의한다.

① ㄱ, ㄴ
② ㄴ, ㄹ
③ ㄱ, ㄷ, ㄹ
④ ㄴ, ㄷ, ㄹ
⑤ ㄱ, ㄴ, ㄷ, ㄹ

69 다음 중 RLC 병렬회로의 동작에 대한 설명으로 옳은 것을 〈보기〉에서 모두 고르면?

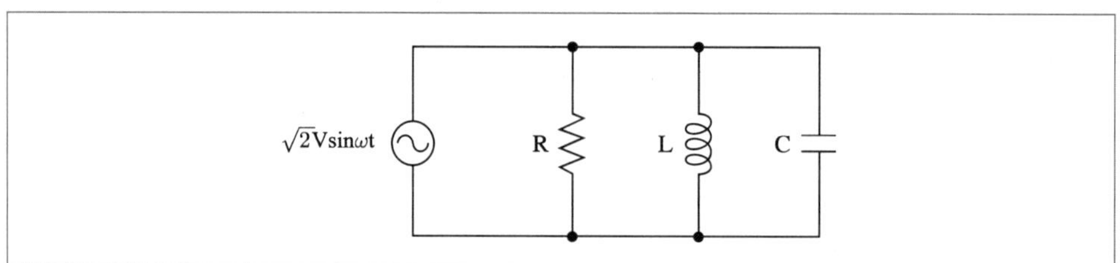

보기

ㄱ. 각 소자 R, L, C의 양단에 걸리는 전압은 전원전압과 같다.

ㄴ. 회로의 어드미턴스 $Y=\frac{1}{R}+j\left(\omega L-\frac{1}{\omega C}\right)$이다.

ㄷ. ω를 변화시켜 공진일 때 전원에서 흘러나오는 모든 전류는 R에만 흐른다.

ㄹ. L에 흐르는 전류와 C에 흐르는 전류는 동상(In Phase)이다.

ㅁ. 모든 에너지는 저항 R에서만 소비된다.

① ㄱ, ㅁ
② ㄱ, ㄴ, ㄹ
③ ㄱ, ㄷ, ㅁ
④ ㄴ, ㄷ, ㄹ
⑤ ㄴ, ㄹ, ㅁ

70 다음 회로에 대한 전송 파라미터 행렬이 다음 식으로 주어질 때, 파라미터 A와 D는?

$$\begin{bmatrix} V_1 \\ I_1 \end{bmatrix} = \begin{bmatrix} A & B \\ C & D \end{bmatrix} \begin{bmatrix} V_2 \\ -I_2 \end{bmatrix}$$

	A	D
①	3	2
②	3	3
③	4	3
④	4	4
⑤	6	2

PART 4

71 다음 중 직류 및 교류 송전에 대한 설명으로 옳지 않은 것은?

① 교류 송전은 유도장해가 발생한다.
② 직류 송전은 비동기 연계가 가능하다.
③ 직류 송전은 코로나손 및 전력손실이 작다.
④ 교규 송전은 차단 및 전압의 승압과 강압이 쉽다.
⑤ 직류 송전은 차단기 설치 및 전압의 변성이 쉽다.

72 다음 송전선로의 코로나 손실을 나타내는 Peek의 계산식에서 E_0가 의미하는 것은?

$$P = \frac{241}{\delta}(f+25)\sqrt{\frac{d}{2D}}(E-E_0)^2 \times 10^{-5}$$

① 송전단 전압
② 수전단 전압
③ 코로나 임계전압
④ 기준충격 절연강도 전압
⑤ 전선에 걸리는 대지전압

73 다음은 교류 정현파의 최댓값과 다른 값들과의 상관관계를 나타낸 것이다. 실효값(A)과 파고율(B)은?

파형	최댓값	실횻값	파형률	파고율
교류 정현파	V_m	(A)	$\frac{\pi}{2\sqrt{2}}$	(B)

	(A)	(B)
①	$\frac{V_m}{\sqrt{2}}$	$\frac{1}{\sqrt{2}}$
②	$\frac{V_m}{\sqrt{2}}$	$\sqrt{2}$
③	$\sqrt{2}\,V_m$	$\frac{1}{\sqrt{2}}$
④	$\sqrt{2}\,V_m$	$\sqrt{2}$
⑤	$2\sqrt{2}\,V_m$	$\frac{1}{\sqrt{2}}$

74 RLC 병렬회로에서 저항 10Ω, 인덕턴스 100H, 정전용량 $10^4\mu\text{F}$일 때, 공진 현상이 발생하였다. 이때, 공진 주파수는?

① $\frac{1}{2\pi}\times10^{-3}\text{Hz}$

② $\frac{1}{2\pi}\text{Hz}$

③ $\frac{1}{\pi}\text{Hz}$

④ $\frac{10}{\pi}\text{Hz}$

⑤ πHz

75 3상 변압기의 임피던스가 Z이고, 선간 전압이 V, 정격 용량이 P일 때 $\%Z$의 값은?

① $\frac{PZ}{V}$

② $\frac{10PZ}{V}$

③ $\frac{PZ}{10V^2}$

④ $\frac{PZ}{100V^2}$

⑤ $\frac{PZ}{1,000V^2}$

76 다음 중 권선형 유도 전동기와 농형 유도 전동기를 비교하여 설명한 내용으로 옳은 것은?

① 권현형 유도 전동기는 농형 유도 전동기보다 저렴하다.

② 권선형 유도 전동기는 농형 유도 전동기보다 용량이 크다.

③ 권선형 유도 전동기는 농형 유도 전동기보다 구동토크가 크다.

④ 권선형 유도 전동기는 농형 유도 전동기보다 기동 전류가 크다.

⑤ 권선형 유도 전동기는 농형 유도 전동기보다 구조가 복잡하다.

PART 4

77 다음 중 고압회로의 큰 전류를 적은 전류로 변성하여 사용하는 전류 변성기는?

① PT ② CT

③ OVR ④ OCR

⑤ DSR

78 다음 증 정상특성과 응답속응성을 동시에 개선할 수 있는 제어동작은?

① 비례동작(P동작) ② 적분동작(I동작)

③ 비례미분동작(PD동작) ④ 비례적분동작(PI동작)

⑤ 비례적분미분동작(PID동작)

79 **다음 중 배전방식에 대한 설명으로 옳지 않은 것은?**

① 망상식 방식은 건설비가 비싸다.
② 망상식 방식은 무정전 공급이 가능하다.
③ 환상식 방식은 전류 통로에 대한 융통성이 있다.
④ 뱅킹 방식은 전압 강하 및 전력 손실을 경감한다.
⑤ 수지식 방식은 전압 변동이 크고 정전 범위가 좁다.

80 **다음 중 정전계 내 도체가 있을 때, 이에 대한 설명으로 옳지 않은 것은?**

① 도체표면은 등전위면이다.
② 도체내부의 정전계 세기는 영이다.
③ 등전위면의 간격이 좁을수록 정전계 세기가 크게 된다.
④ 도체표면상에서 정전계 세기는 모든 점에서 표면의 접선방향으로 향한다.
⑤ 도체에 작용하는 전기력선은 서로 교차하지 않으며, 양에서 음으로 향한다.

| 07 | 기술직(전자일반)

41 진공 상태에서 어떤 대전체의 전속이 Q[C]였다. 이 대전체를 비유전율이 5인 유전체 속에 넣었을 경우의 전속은 얼마인가?

① Q[C]
② $\frac{Q}{5}$[C]
③ $\frac{Q}{2}$[C]
④ $5Q$[C]
⑤ $5\varepsilon_0 Q$[C]

42 다음 중 진공 중에서 전자파의 전파속도가 광속도와 일치하게 하기 위한 조건으로 옳은 것은?(단, μ_r은 비투자율이며, ε_r은 비유전율이다)

① $\mu_r=0$, $\varepsilon_r=0$
② $\mu_r=0$, $\varepsilon_r=1$
③ $\mu_r=1$, $\varepsilon_r=0$
④ $\mu_r=1$, $\varepsilon_r=1$
⑤ $\mu_r=\frac{1}{2}$, $\varepsilon_r=\frac{1}{4}$

43 30V/m인 전계 내의 60V인 점에서 1C의 전하를 전계 방향으로 90cm 이동시켰을 때 그 점에서의 전위는 몇 V인가?

① 87V
② 69V
③ 51V
④ 33V
⑤ 15V

44 진공 상태에서 한 변의 길이가 a[m]인 정사각형의 단일코일에 I[A]의 전류가 흐를 경우에 정사각형의 중심에서 자계의 세기는 얼마인가?

① $\frac{\sqrt{2}}{\pi a}$AT/m
② $\frac{I}{\sqrt{2a}}$AT/m
③ $\frac{4I}{a}$AT/m
④ $\frac{I}{2\pi a}$AT/m
⑤ $\frac{2\sqrt{2}I}{\pi a}$AT/m

PART 4

45 정전용량이 $20\mu F$인 콘덴서에 $3\times10^{-3}C$의 전하가 축적되었을 경우에 콘덴서에 가해진 전압은 얼마인가?

① 150V
② 200V
③ 225V
④ 250V
⑤ 300V

46 8A의 전류가 흐르는 코일과 쇄교하는 자속수가 4Wb이다. 이 전류회로에 축적된 자기 에너지는 몇 J인가?

① 8J
② 12J
③ 16J
④ 24J
⑤ 32J

47 다음 중 정상전류계에서 옴의 법칙에 대한 미분형은?(단, i=전류밀도, k=도전율, E=전계의 세기, ρ=고유저항)

① $i=k\rho[A/m^2]$
② $i=\rho E[A/m^2]$
③ $i=-kE[A/m^2]$
④ $i=kE[A/m^2]$
⑤ $i=\frac{E}{k}[A/m^2]$

48 투자율 μ, 길이 l, 단면적 S인 자성체의 자기회로에 권선을 N회 감고 I의 전류를 통하게 할 경우에 자속은 얼마인가?

① $\frac{\mu NI}{Sl}$Wb
② $\frac{\mu SI}{Nl}$Wb
③ $\frac{\mu SNI}{l}$Wb
④ $\frac{\mu SNI}{2l}$Wb
⑤ $\frac{NIl}{\mu S}$Wb

49 $Z_L = 4Z_0$인 선로의 전압 정재파비 S와 반사계수 ρ는 얼마인가?(단, Z_L는 부하 임피던스, Z_0는 선로의 특성 임피던스이다)

	S	ρ		S	ρ
①	4	0.75	②	3	0.6
③	4	0.6	④	0	0.4
⑤	3	0.75			

50 다음 그림의 저역필터회로의 차단 주파수에서 이득 $\frac{V_2}{V_1}$은 얼마인가?

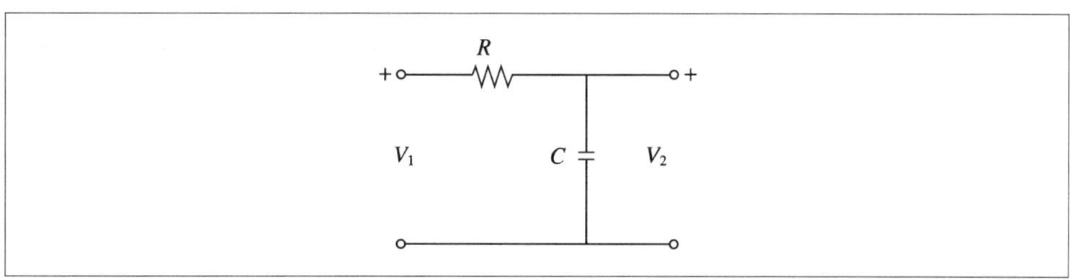

① 1.5
② 1
③ $\frac{\sqrt{2}}{1.5}$
④ $\frac{1}{\sqrt{2}}$
⑤ $\frac{1}{2}$

51 R－C 직렬회로에 직류전압 15V를 인가하고 $t=0$에서 스위치를 켰을 때 커패시터(C) 양단에 걸리는 전압 $V_c(t)$는 몇 V인가?(단, $V_c(0)=0$, $C=2\text{F}$, $R=0.5\Omega$ 이다)

① $15e^{-t}$V
② $-15e^{-t}$V
③ $1-e^{-t}$V
④ $15(1-e^{t})$V
⑤ $15(1-e^{-t})$V

52 다음 그림의 회로를 임피던스 파라미터로 나타낸다면 그 가운데 Z_{21}의 값은 얼마인가?

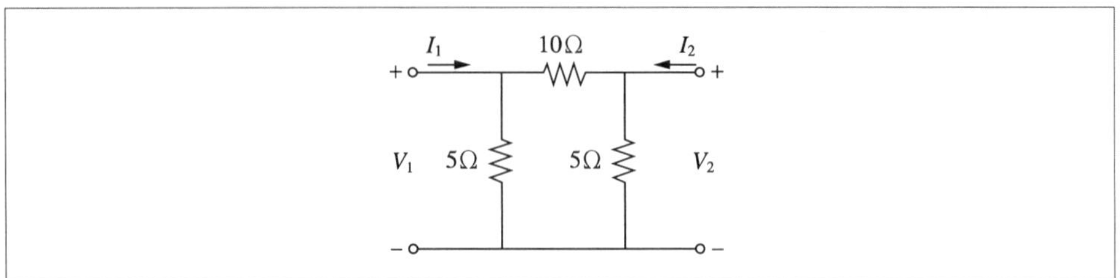

① $\frac{5}{4}$
② $\frac{5}{2}$
③ $\frac{15}{4}$
④ $\frac{3}{5}$
⑤ $\frac{12}{5}$

53 다음 중 1dB을 Neper단위로 환산하면 얼마인가?

① 약 8.686Nep/dB
② 약 7.076Nep/dB
③ 약 2.402Nep/dB
④ 약 0.521Nep/dB
⑤ 약 0.115Nep/dB

54 부하의 유효전력이 60kW이고 역률이 60%일 경우에 무효전력은 얼마인가?

① 80kVar
② 70kVar
③ 60kVar
④ 50kVar
⑤ 40kVar

55 다음 그림과 같은 공진곡선에서 선택도 Q_o는 얼마인가?

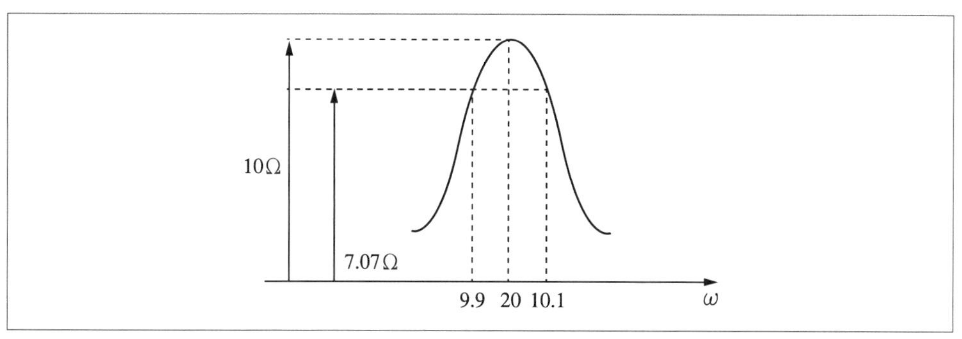

① 25
② 30
③ 50
④ 100
⑤ 125

56 다음 RL 직렬회로에서 $R=5\Omega$, $L=2$H이며, $t=0$에서 스위치(S)를 닫아 직류전압 110V를 회로의 양단에 가한 후 $\frac{L}{R}$초일 때의 전류는 얼마인가?

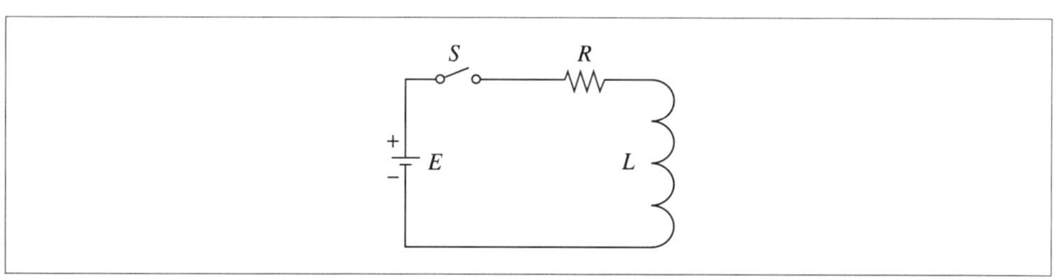

① 약 63.2A
② 약 36.8A
③ 약 13.9A
④ 약 6.95A
⑤ 약 0.63A

57 **다음 중 A급 증폭과 B급 증폭에 대한 설명으로 옳지 않은 것은?**

① A급 증폭은 입력과 출력이 비례하고, 파형의 변형이 적다.

② A급 증폭은 B급 증폭과 C급 증폭에 비해 전력의 효율이 크다.

③ B급 증폭은 입력이 없을 때는 컬렉터 전류가 흐르지 않는다.

④ B급 증폭은 입력이 있으면 그 반주기 기간만 컬렉터 전류가 흐르도록 동작한다.

⑤ B급 증폭은 일그러짐이 많으므로 저주파 증폭의 경우는 푸시풀 증폭기로 사용한다.

58 **다음 중 불순물 반도체에서 부성(負性) 저항 특성이 나타나는 현상을 응용한 PN 접합 다이오드는?**

① 제너 다이오드
② 발광 다이오드
③ 포토 다이오드
④ 쇼트키 다이오드
⑤ 터널 다이오드

59 **다음 원소 중 P형 반도체를 만드는 불순물이 아닌 것은?**

① 인듐(In)
② 알루미늄(Al)
③ 갈륨(Ga)
④ 안티몬(Sb)
⑤ 붕소(B)

60 **다음 중 바리스터(Varistor)에 대한 설명으로 옳은 것은?**

① 인가전압이 증가해도 전류의 크기는 변함없다.

② 인가전압이 높아지면 절연파괴가 일어난다.

③ 인가전압에 따라 정전용량이 달라져서 충격전류를 흡수한다.

④ 인가전압이 높을수록 저항이 감소하여 과잉전류를 흡수한다.

⑤ 인가전압이 높을수록 저항이 커져서 전류의 크기를 제한할 수 있다.

61 다음 중 실리콘 제어 정류기(SCR)에 대한 설명으로 옳지 않은 것은?

① PNPN접합의 반도체 소자이다.
② 사이리스터(Thyristor)라고도 명칭한다.
③ 단방향성 소자이다.
④ 무접점 On / Off 스위치로 작동하는 반도체 소자이다.
⑤ 게이트는 N형 반도체에 연결한다.

62 다음 중 초전도 현상에 대한 설명으로 옳은 것은?

① 물질의 격자 진동에 의해 파괴된다.
② 저항이 커짐에 따라 전류가 흐르지 않는다.
③ 임계 온도 이하로 냉각되면 저항이 0이 된다.
④ 전자의 이동도가 전계 강도의 평방근에 비례한다.
⑤ 임계 자기장은 온도 상승과 비례한다.

PART 4

63 실내온도에서 진성반도체(Ge)의 페르미 에너지(E_f)가 근사적으로 금지대역의 중앙에 위치한다고 가정할 때, 전자가 전도대의 바닥상태에 있을 확률은?(단, 실온에서 Ge의 $E_g = 0.67$eV이다)

① 0.3×10^{-4}
② 0.5×10^{-4}
③ 1.3×10^{-6}
④ 2.3×10^{-6}
⑤ 2.9×10^{-6}

64 어떤 금속의 표면전위장벽(E_B)가 17.69eV이고, 페르미 에너지(E_f)가 6.45eV일 때, 이 금속의 일함수(E_w)는?

① 5.27eV
② 8.12eV
③ 11.24eV
④ 20.42eV
⑤ 24.14eV

65 다음 중 광도전 효과를 이용한 도전체가 아닌 것은?

① 태양전지
② 화재경보기
③ 광다이오드
④ Cds도전셀
⑤ 자동점멸장치

66 다음의 논리식과 다음 중 같은 식은?

$$Z = ABC + A\overline{B}C + AB\overline{C} + A\overline{BC} + \overline{ABC}$$

① $Z = AB + C$
② $Z = \overline{ABC} + A$
③ $Z = A + \overline{BC}$
④ $Z = A + BC$
⑤ $Z = ABC$

67 일반적으로 명령 중에 오퍼랜드(Operand)가 들어 있는 장소를 표시하기 위해서 어드레스를 지정하지만, 이 어드레스 대신에 데이터 그 자체를 지정하는 것은?

① 직접번지
② 간접번지
③ 절대번지
④ 상대번지
⑤ 참조번지

68 다음 중 스택(Stack)이 반드시 필요한 명령문 형식은?

① 0 – 주소 형식
② 1 – 주소 형식
③ 2 – 주소 형식
④ 3 – 주소 형식
⑤ 4 – 주소 형식

69 다음 글에서 설명하는 코드로 옳은 것은?

> 1963년 미국표준협회(ANSI, American National Standards Institute)에 의해 결정되어 미국의 표준 부호가 되었다. ANSI가 ISO(국제표준화기구) 위원회에 제안하였고, 이 체계에 준거해 ISO의 국제 부호체계가 제정되어 있다. 미니컴퓨터나 개인용 컴퓨터(PC) 등 소형 컴퓨터를 중심으로 보급되어 현재 국제적으로 널리 사용되고 있다. 컴퓨터의 내부에서 문자를 표현하는 표준적인 코드체계로서, 7비트로 구성되어 있으며 자료의 처리나 통신장치에서 표준 코드로 널리 쓰인다.

① BCD 코드
② EBCDIC 코드
③ ASCII 코드
④ 유니코드
⑤ 확장 유닉스 코드

70 부호화된 2의 보수에서 8비트로 표현할 수 있는 수의 표현 범위는?

① −128 ~ 128
② −127 ~ 128
③ −128 ~ 127
④ −127 ~ 127
⑤ −126 ~ 127

PART 4

71 다음 중 객체지향 프로그래밍 언어가 아닌 것은?

① C++
② C#
③ JAVA
④ FORTRAN
⑤ PYTHON

72 다음 글에서 설명하는 것은?

> 컴퓨터에서의 제어 장치의 일부로, 컴퓨터가 다음에 실행할 명령의 로케이션이 기억되어 있는 레지스터이다. 현재의 명령이 실행될 때마다 그 레지스터의 내용에 1이 자동적으로 덧셈되고, 다음에 꺼낼 명령의 로케이션을 지시하도록 되어 있다.

① 프로그램 카운터(Program Counter)
② 명령 해독기(Instruction Decoder)
③ 제어 장치(Control Unit)
④ 인코더(Encoder)
⑤ 멀티플렉서(Multiplexer)

73 **다음 중 누산기(Accumulator)에 대한 설명으로 옳은 것은?**

① 연산을 한 결과를 일시적으로 저장해 두는 장치이다.
② 2개 이상의 수를 입력으로 하여 이들의 합을 출력으로 하는 장치이다.
③ 출력 함수가 입력 함수의 변화율에 비례하는 장치이다.
④ 복수 개의 입력 단자와 복수 개의 출력 단자를 갖는 장치이다.
⑤ 입력 데이터로 표현되는 수의 보수를 출력 데이터로서 표현하는 장치이다.

74 **자료를 추출하고 그에 의거한 보고서를 작성하는 데 사용하는 가장 적절한 프로그래밍 언어는?**

① C언어
② Java
③ Perl
④ HTML
⑤ PHP

75 **다음 중 기억장치에 대한 설명으로 옳지 않은 것은?**

① 주기억장치는 프로그램 영역과 입력자료를 기억하는 영역, 출력자료를 기억하는 영역, 작업영역으로 구성된다.
② 주기억장치로는 기억장소로 전원이 끊어져도 기억된 내용이 보존되는 롬(ROM)과 전원이 꺼지면 모든 내용이 지워지는 휘발성 메모리 타입의 램(RAM)이 있다.
③ 보조기억장치는 주기억장치보다 속도가 빠르지만, 많은 자료를 영구적으로 보관할 수 없다.
④ 보조기억장치에는 자기테이프, 자기 디스크, 자기드럼, 플로피 디스크 등이 있다.
⑤ 주기억장치의 기억매체는 과거의 경우 자기코어를 사용하였으나, 현재는 대부분 반도체 기억장치를 사용하고 있다.

76 다음 그림과 같은 삼각파의 파고율은 얼마인가?

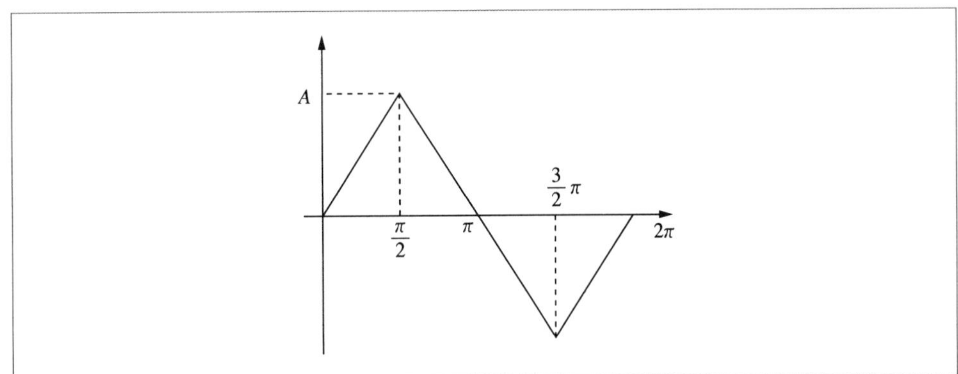

① 0.5
② 1
③ $\sqrt{2}$
④ $\sqrt{3}$
⑤ $\frac{2}{\sqrt{3}}$

PART 4

77 다음 회로에서 단자 a와 b에 나타나는 전압은 얼마인가?

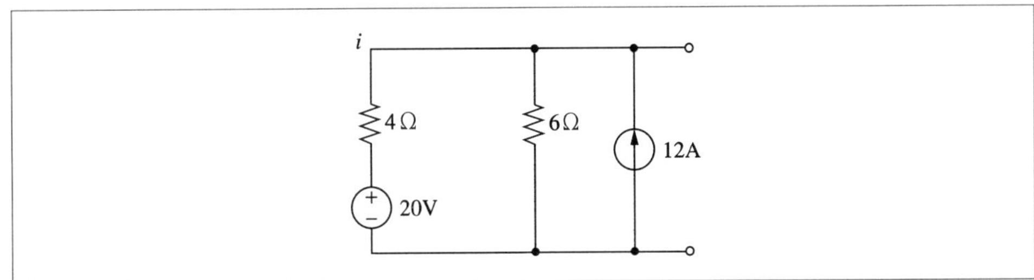

① 40.8V
② 34.2V
③ 27.4V
④ 10.6V
⑤ 8.7V

78 $e(t)=220\sqrt{2}\,sin140\pi t$[V]인 정현파 전압의 실효치와 주파수는 얼마인가?

	실효치(V)	주파수(Hz)		실효치(V)	주파수(Hz)
①	$220\sqrt{2}$	140	②	$220\sqrt{2}$	70
③	220	70	④	220	140
⑤	110	70			

79 다음 회로의 합성 임피던스 $Z[\Omega]$는 얼마인가?

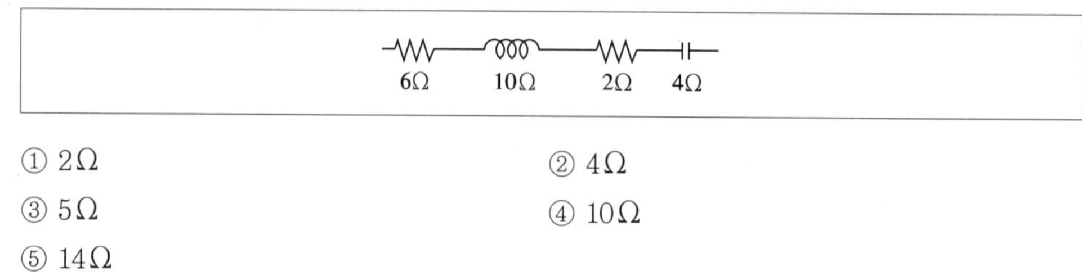

① 2Ω
② 4Ω
③ 5Ω
④ 10Ω
⑤ 14Ω

80 $L_1=40$H, $L_2=10$H인 전자 결합회로에서 결합계수 $K=0.7$일 경우에 상호 인덕턴스 M는 몇 H인가?

① 7.5H
② 14H
③ 22H
④ 28H
⑤ 56H

PART 5

채용 가이드

CHAPTER 01 블라인드 채용 소개

CHAPTER 02 서류전형 가이드

CHAPTER 03 인성검사 소개 및 모의테스트

CHAPTER 04 면접전형 가이드

CHAPTER 05 서울교통공사 면접 기출질문

01 블라인드 채용 소개

1. 블라인드 채용이란?

채용 과정에서 편견이 개입되어 불합리한 차별을 야기할 수 있는 출신지, 가족관계, 학력, 외모 등의 편견요인은 제외하고, 직무능력만을 평가하여 인재를 채용하는 방식입니다.

2. 블라인드 채용의 필요성

- 채용의 공정성에 대한 사회적 요구
  - 누구에게나 직무능력만으로 경쟁할 수 있는 균등한 고용기회를 제공해야 하나, 아직도 채용의 공정성에 대한 불신이 존재
  - 채용상 차별금지에 대한 법적 요건이 권고적 성격에서 처벌을 동반한 의무적 성격으로 강화되는 추세
  - 시민의식과 지원자의 권리의식 성숙으로 차별에 대한 법적 대응 가능성 증가
- 우수인재 채용을 통한 기업의 경쟁력 강화 필요
  - 직무능력과 무관한 학벌, 외모 위주의 선발로 우수인재 선발기회 상실 및 기업경쟁력 약화
  - 채용 과정에서 차별 없이 직무능력중심으로 선발한 우수인재 확보 필요
- 공정한 채용을 통한 사회적 비용 감소 필요
  - 편견에 의한 차별적 채용은 우수인재 선발을 저해하고 외모・학벌 지상주의 등의 심화로 불필요한 사회적 비용 증가
  - 채용에서의 공정성을 높여 사회의 신뢰수준 제고

3. 블라인드 채용의 특징

편견요인을 요구하지 않는 대신 직무능력을 평가합니다.

※ 직무능력중심 채용이란?
기업의 역량기반 채용, NCS기반 능력중심 채용과 같이 직무수행에 필요한 능력과 역량을 평가하여 선발하는 채용방식을 통칭합니다.

4. 블라인드 채용의 평가요소

직무수행에 필요한 지식, 기술, 태도 등을 과학적인 선발기법을 통해 평가합니다.

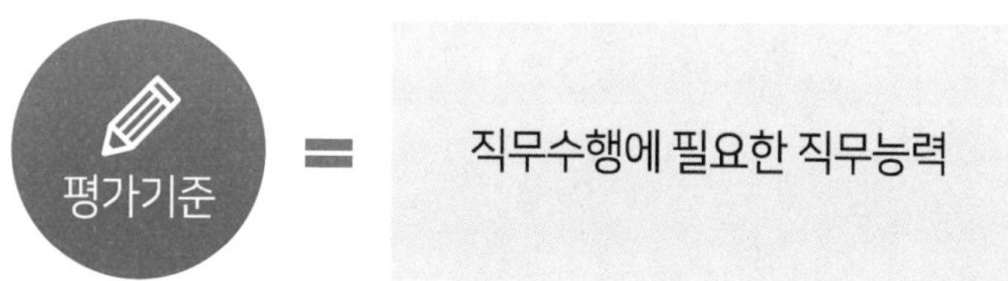

※ 과학적 선발기법이란?
직무분석을 통해 도출된 평가요소를 서류, 필기, 면접 등을 통해 체계적으로 평가하는 방법으로 입사지원서, 자기소개서, 직무수행능력평가, 구조화 면접 등이 해당됩니다.

5. 블라인드 채용 주요 도입 내용

- 입사지원서에 인적사항 요구 금지
  - 인적사항에는 출신지역, 가족관계, 결혼여부, 재산, 취미 및 특기, 종교, 생년월일(연령), 성별, 신장 및 체중, 사진, 전공, 학교명, 학점, 외국어 점수, 추천인 등이 해당
  - 채용 직무를 수행하는 데 있어 반드시 필요하다고 인정될 경우는 제외
    예 특수경비직 채용 시 : 시력, 건강한 신체 요구
    연구직 채용 시 : 논문, 학위 요구 등
- 블라인드 면접 실시
  - 면접관에게 응시자의 출신지역, 가족관계, 학교명 등 인적사항 정보 제공 금지
  - 면접관은 응시자의 인적사항에 대한 질문 금지

PART 5

6. 블라인드 채용 도입의 효과성

- 구성원의 다양성과 창의성이 높아져 기업 경쟁력 강화
  - 편견을 없애고 직무능력 중심으로 선발하므로 다양한 직원 구성 가능
  - 다양한 생각과 의견을 통하여 기업의 창의성이 높아져 기업경쟁력 강화
- 직무에 적합한 인재선발을 통한 이직률 감소 및 만족도 제고
  - 사전에 지원자들에게 구체적이고 상세한 직무요건을 제시함으로써 허수 지원이 낮아지고, 직무에 적합한 지원자 모집 가능
  - 직무에 적합한 인재가 선발되어 직무이해도가 높아져 업무효율 증대 및 만족도 제고
- 채용의 공정성과 기업이미지 제고
  - 블라인드 채용은 사회적 편견을 줄인 선발 방법으로 기업에 대한 사회적 인식 제고
  - 채용과정에서 불합리한 차별을 받지 않고 실력에 의해 공정하게 평가를 받을 것이라는 믿음을 제공하고, 지원자들은 평등한 기회와 공정한 선발과정 경험

CHAPTER

02 서류전형 가이드

01 채용공고문

1. 채용공고문의 변화

기존 채용공고문	변화된 채용공고문
• 취업준비생에게 불충분하고 불친절한 측면 존재 • 모집분야에 대한 명확한 직무관련 정보 및 평가기준 부재 • 해당분야에 지원하기 위한 취업준비생의 무분별한 스펙 쌓기 현상 발생	• NCS 직무분석에 기반한 채용공고를 토대로 채용전형 진행 • 지원자가 입사 후 수행하게 될 업무에 대한 자세한 정보 공지 • 직무수행내용, 직무수행 시 필요한 능력, 관련된 자격, 직업기초능력 제시 • 지원자가 해당 직무에 필요한 스펙만을 준비할 수 있도록 안내
• 모집부문 및 응시자격 • 지원서 접수 • 전형절차 • 채용조건 및 처우 • 기타사항	• 채용절차 • 채용유형별 선발분야 및 예정인원 • 전형방법 • 선발분야별 직무기술서 • 우대사항

2. 지원 유의사항 및 지원요건 확인

채용 직무에 따른 세부사항을 공고문에 명시하여 지원자에게 적격한 지원 기회를 부여함과 동시에 채용과정에서의 공정성과 신뢰성을 확보합니다.

구성	내용	확인사항
모집분야 및 규모	고용형태(인턴 계약직 등), 모집분야, 인원, 근무 지역 등	채용직무가 여러 개일 경우 본인이 해당되는 직무의 채용규모 확인
응시자격	기본 자격사항, 지원조건	지원을 위한 최소자격요건을 확인하여 불필요한 지원을 예방
우대조건	법정·특별·자격증 가점	본인의 가점 여부를 검토하여 가점 획득을 위한 사항을 사실대로 기재
근무조건 및 보수	고용형태 및 고용기간, 보수, 근무지	본인이 생각하는 기대수준에 부합하는지 확인하여 불필요한 지원을 예방
시험방법	서류·필기·면접전형 등의 활용방안	전형방법 및 세부 평가기법 등을 확인하여 지원전략 준비
전형일정	접수기간, 각 전형 단계별 심사 및 합격자 발표일 등	본인의 지원 스케줄을 검토하여 차질이 없도록 준비
제출서류	입사지원서(경력·경험기술서 등), 각종 증명서 및 자격증 사본 등	지원요건 부합 여부 및 자격 증빙서류 사전에 준비
유의사항	임용취소 등의 규정	임용취소 관련 법적 또는 기관 내부 규정을 검토하여 해당여부 확인

02 직무기술서

직무기술서란 직무수행의 내용과 필요한 능력, 관련 자격, 직업기초능력 등을 상세히 기재한 것으로 입사 후 수행하게 될 업무에 대한 정보가 수록되어 있는 자료입니다.

1. 채용분야

설명

NCS 직무분류 체계에 따라 직무에 대한 「대분류 – 중분류 – 소분류 – 세분류」 체계를 확인할 수 있습니다. 채용 직무에 대한 모든 직무기술서를 첨부하게 되며 실제 수행 업무를 기준으로 세부적인 분류정보를 제공합니다.

채용분야	분류체계			
사무행정	대분류	중분류	소분류	세분류
분류코드	02. 경영·회계·사무	03. 재무·회계	01. 재무	01. 예산
				02. 자금
			02. 회계	01. 회계감사
				02. 세무

2. 능력단위

설명

직무분류 체계의 세분류 하위능력단위 중 실질적으로 수행할 업무의 능력만 구체적으로 파악할 수 있습니다.

능력단위	(예산)	03. 연간종합예산수립 05. 확정예산 운영	04. 추정재무제표 작성 06. 예산실적 관리
	(자금)	04. 자금운용	
	(회계감사)	02. 자금관리 05. 회계정보시스템 운용 07. 회계감사	04. 결산관리 06. 재무분석
	(세무)	02. 결산관리 07. 법인세 신고	05. 부가가치세 신고

3. 직무수행내용

설명

세분류 영역의 기본정의를 통해 직무수행내용을 확인할 수 있습니다. 입사 후 수행할 직무내용을 구체적으로 확인할 수 있으며, 이를 통해 입사서류 작성부터 면접까지 직무에 대한 명확한 이해를 바탕으로 자신의 희망직무인지 아닌지, 해당 직무가 자신이 알고 있던 직무가 맞는지 확인할 수 있습니다.

직무수행내용	(예산) 일정기간 예상되는 수익과 비용을 편성, 집행하며 통제하는 일
	(자금) 자금의 계획 수립, 조달, 운용을 하고 발생 가능한 위험 관리 및 성과평가
	(회계감사) 기업 및 조직 내·외부에 있는 의사결정자들이 효율적인 의사결정을 할 수 있도록 유용한 정보를 제공, 제공된 회계정보의 적정성을 파악하는 일
	(세무) 세무는 기업의 활동을 위하여 주어진 세법범위 내에서 조세부담을 최소화시키는 조세전략을 포함하고 정확한 과세소득과 과세표준 및 세액을 산출하여 과세당국에 신고·납부하는 일

4. 직무기술서 예시

태도	(예산) 정확성, 분석적 태도, 논리적 태도, 타 부서와의 협조적 태도, 설득력
	(자금) 분석적 사고력
	(회계 감사) 합리적 태도, 전략적 사고, 정확성, 적극적 협업 태도, 법률준수 태도, 분석적 태도, 신속성, 책임감, 정확한 판단력
	(세무) 규정 준수 의지, 수리적 정확성, 주의 깊은 태도
우대 자격증	공인회계사, 세무사, 컴퓨터활용능력, 변호사, 워드프로세서, 전산회계운용사, 사회조사분석사, 재경관리사, 회계관리 등
직업기초능력	의사소통능력, 문제해결능력, 자원관리능력, 대인관계능력, 정보능력, 조직이해능력

5. 직무기술서 내용별 확인사항

항목	확인사항
모집부문	해당 채용에서 선발하는 부문(분야)명 확인 예 사무행정, 전산, 전기
분류체계	지원하려는 분야의 세부직무군 확인
주요기능 및 역할	지원하려는 기업의 전사적인 기능과 역할, 산업군 확인
능력단위	지원분야의 직무수행에 관련되는 세부업무사항 확인
직무수행내용	지원분야의 직무군에 대한 상세사항 확인
전형방법	지원하려는 기업의 신입사원 선발전형 절차 확인
일반요건	교육사항을 제외한 지원 요건 확인(자격요건, 특수한 경우 연령)
교육요건	교육사항에 대한 지원요건 확인(대졸 / 초대졸 / 고졸 / 전공 요건)
필요지식	지원분야의 업무수행을 위해 요구되는 지식 관련 세부항목 확인
필요기술	지원분야의 업무수행을 위해 요구되는 기술 관련 세부항목 확인
직무수행태도	지원분야의 업무수행을 위해 요구되는 태도 관련 세부항목 확인
직업기초능력	지원분야 또는 지원기업의 조직원으로서 근무하기 위해 필요한 일반적인 능력사항 확인

03 입사지원서

1. 입사지원서의 변화

기존지원서		능력중심 채용 입사지원서	
직무와 관련 없는 학점, 개인신상, 어학점수, 자격, 수상경력 등을 나열하도록 구성	VS	해당 직무수행에 꼭 필요한 정보들을 제시할 수 있도록 구성	
직무기술서		인적사항	성명, 연락처, 지원분야 등 작성 (평가 미반영)
직무수행내용		교육사항	직무지식과 관련된 학교교육 및 직업교육 작성
요구지식 / 기술	→	자격사항	직무관련 국가공인 또는 민간자격 작성
관련 자격증 사전직무경험		경력 및 경험사항	조직에 소속되어 일정한 임금을 받거나(경력) 임금 없이(경험) 직무와 관련된 활동 내용 작성

2. 교육사항

- 지원분야 직무와 관련된 학교 교육이나 직업교육 혹은 기타교육 등 직무에 대한 지원자의 학습 여부를 평가하기 위한 항목입니다.
- 지원하고자 하는 직무의 학교 전공교육 이외에 직업교육, 기타교육 등을 기입할 수 있기 때문에 전공 제한 없이 직업교육과 기타교육을 이수하여 지원이 가능하도록 기회를 제공합니다.
  (기타교육 : 학교 이외의 기관에서 개인이 이수한 교육과정 중 지원직무와 관련이 있다고 생각되는 교육내용)

구분	교육과정(과목)명	교육내용	과업(능력단위)

PART 5

3. 자격사항

- 채용공고 및 직무기술서에 제시되어 있는 자격 현황을 토대로 지원자가 해당 직무를 수행하는 데 필요한 능력을 가지고 있는지를 평가하기 위한 항목입니다.
- 채용공고 및 직무기술서에 기재된 직무관련 필수 또는 우대자격 항목을 확인하여 본인이 보유하고 있는 자격사항을 기재합니다.

자격유형	자격증명	발급기관	취득일자	자격증번호

4. 경력 및 경험사항

- 직무와 관련된 경력이나 경험 여부를 표현하도록 하여 직무와 관련한 능력을 갖추었는지를 평가하기 위한 항목입니다.
- 해당 기업에서 직무를 수행함에 있어 필요한 사항만을 기록하게 되어 있기 때문에 직무와 무관한 스펙을 갖추지 않아도 됩니다.
- 경력 : 금전적 보수를 받고 일정기간 동안 일했던 경우
- 경험 : 금전적 보수를 받지 않고 수행한 활동

※ 기업에 따라 경력 / 경험 관련 증빙자료 요구 가능

구분	조직명	직위 / 역할	활동기간(년 / 월)	주요과업 / 활동내용

Tip

입사지원서 작성 방법

○ 경력 및 경험사항 작성

- 직무기술서에 제시된 지식, 기술, 태도와 지원자의 교육사항, 경력(경험)사항, 자격사항과 연계하여 개인의 직무역량에 대해 스스로 판단 가능

○ 인적사항 최소화

- 개인의 인적사항, 학교명, 가족관계 등을 노출하지 않도록 유의

부적절한 입사지원서 작성 사례

- 학교 이메일을 기입하여 학교명 노출
- 거주지 주소에 학교 기숙사 주소를 기입하여 학교명 노출
- 자기소개서에 부모님이 재직 중인 기업명, 직위, 직업을 기입하여 가족관계 노출
- 자기소개서에 석·박사 과정에 대한 이야기를 언급하여 학력 노출
- 동아리 활동에 대한 내용을 학교명과 더불어 언급하여 학교명 노출

04 자기소개서

1. 자기소개서의 변화

- 기존의 자기소개서는 지원자의 일대기나 관심 분야, 성격의 장·단점 등 개괄적인 사항을 묻는 질문으로 구성되어 지원자가 자신의 직무능력을 제대로 표출하지 못합니다.
- 능력중심 채용의 자기소개서는 직무기술서에 제시된 직업기초능력(또는 직무수행능력)에 대한 지원자의 과거 경험을 기술하게 함으로써 평가 타당도의 확보가 가능합니다.

1. 우리 회사와 해당 지원 직무분야에 지원한 동기에 대해 기술해 주세요.

2. 자신이 경험한 다양한 사회활동에 대해 기술해 주세요.

3. 지원 직무에 대한 전문성을 키우기 위해 받은 교육과 경험 및 경력사항에 대해 기술해 주세요.

4. 인사업무 또는 팀 과제 수행 중 발생한 갈등을 원만하게 해결해 본 경험이 있습니까? 당시 상황에 대한 설명과 갈등의 대상이 되었던 상대방을 설득한 과정 및 방법을 기술해 주세요.

5. 과거에 있었던 일 중 가장 어려웠었던(힘들었었던) 상황을 고르고, 어떤 방법으로 그 상황을 해결했는지를 기술해 주세요.

Tip

자기소개서 작성 방법

① 자기소개서 문항이 묻고 있는 평가 역량 추측하기

예시

- 팀 활동을 하면서 갈등 상황 시 상대방의 니즈나 의도를 명확히 파악하고 해결하여 목표 달성에 기여했던 경험에 대해서 작성해 주시기 바랍니다.
- 다른 사람이 생각해내지 못했던 문제점을 찾고 이를 해결한 경험에 대해 작성해 주시기 바랍니다.

② 해당 역량을 보여줄 수 있는 소재 찾기(시간×역량 매트릭스)

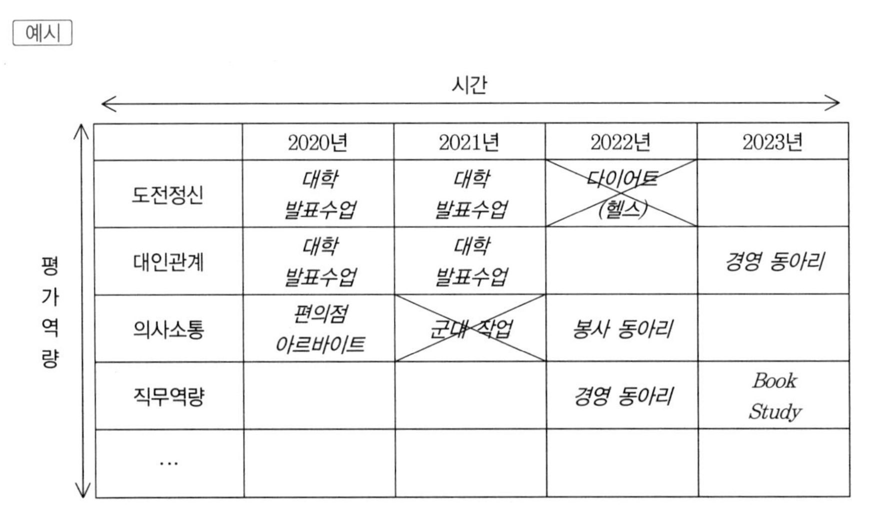

예시

시간

평가역량

	2020년	2021년	2022년	2023년
도전정신	*대학 발표수업*	*대학 발표수업*	~~*다이어트(헬스)*~~	
대인관계	*대학 발표수업*	*대학 발표수업*		*경영 동아리*
의사소통	*편의점 아르바이트*	~~*군대 작업*~~	*봉사 동아리*	
직무역량			*경영 동아리*	*Book Study*
…				

③ 자기소개서 작성 Skill 익히기

- 두괄식으로 작성하기
- 구체적 사례를 사용하기
- ‘나’를 중심으로 작성하기
- 직무역량 강조하기
- 경험 사례의 차별성 강조하기

CHAPTER

03 인성검사 소개 및 모의테스트

01 인성검사 유형

인성검사는 지원자의 성격특성을 객관적으로 파악하고 그것이 각 기업에서 필요로 하는 인재상과 가치에 부합하는가를 평가하기 위한 검사입니다. 인성검사는 KPDI(한국인재개발진흥원), K-SAD(한국사회적성개발원), KIRBS(한국행동과학연구소), SHR(에스에이치알) 등의 전문기관을 통해 각 기업의 특성에 맞는 검사를 선택하여 실시합니다. 대표적인 인성검사의 유형에는 크게 다음과 같은 세 가지가 있으며, 채용 대행업체에 따라 달라집니다.

1. KPDI 검사

조직적응성과 직무적합성을 알아보기 위한 검사로 인성검사, 인성역량검사, 인적성검사, 직종별 인적성검사 등의 다양한 검사 도구를 구현합니다. KPDI는 성격을 파악하고 정신건강 상태 등을 측정하고, 직무검사는 해당 직무를 수행하기 위해 기본적으로 갖추어야 할 인지적 능력을 측정합니다. 역량검사는 특정 직무 역할을 효과적으로 수행하는 데 직접적으로 관련 있는 개인의 행동, 지식, 스킬, 가치관 등을 측정합니다.

2. KAD(Korea Aptitude Development) 검사

K-SAD(한국사회적성개발원)에서 실시하는 적성검사 프로그램입니다. 개인의 성향, 지적 능력, 기호, 관심, 흥미도를 종합적으로 분석하여 적성에 맞는 업무가 무엇인가 파악하고, 직무수행에 있어서 요구되는 기초능력과 실무능력을 분석합니다.

3. SHR 직무적성검사

직무수행에 필요한 종합적인 사고 능력을 다양한 적성검사(Paper and Pencil Test)로 평가합니다. SHR의 모든 직무능력검사는 표준화 검사입니다. 표준화 검사는 표본집단의 점수를 기초로 규준이 만들어진 검사이므로 개인의 점수를 규준에 맞추어 해석・비교하는 것이 가능합니다. S(Standardized Tests), H(Hundreds of Version), R(Reliable Norm Data)을 특징으로 하며, 직군・직급별 특성과 선발 수준에 맞추어 검사를 적용할 수 있습니다.

02 인성검사와 면접

인성검사는 특히 면접질문과 관련성이 높습니다. 면접관은 지원자의 인성검사 결과를 토대로 질문을 하기 때문입니다. 일관적이고 이상적인 답변을 하는 것이 가장 좋지만, 실제 시험은 매우 복잡하여 전문가라 해도 일정 성격을 유지하면서 답변을 하는 것이 힘듭니다. 또한, 인성검사에는 라이 스케일(Lie Scale) 설문이 전체 설문 속에 교묘하게 섞여 들어가 있으므로 겉치레적인 답을 하게 되면 회답태도의 허위성이 그대로 드러나게 됩니다. 예를 들어 '거짓말을 한 적이 한 번도 없다.'에 '예'로 답하고, '때로는 거짓말을 하기도 한다.'에 '예'라고 답하여 라이 스케일의 득점이 올라가게 되면 모든 회답의 신빙성이 사라지고 '자신을 돋보이게 하려는 사람'이라는 평가를 받을 수 있으므로 주의해야 합니다. 따라서 모의테스트를 통해 인성검사의 유형과 실제 시험 시 어떻게 문제를 풀어야 하는지 연습해 보고 체크한 부분 중 자신의 단점과 연결되는 부분은 면접에서 질문이 들어왔을 때 어떻게 대처해야 하는지 생각해 보는 것이 좋습니다.

03 유의사항

1. 기업의 인재상을 파악하라!

인성검사를 통해 개인의 성격 특성을 파악하고 그것이 기업의 인재상과 가치에 부합하는지를 평가하는 시험이기 때문에 해당 기업의 인재상을 먼저 파악하고 시험에 임하는 것이 좋습니다. 모의테스트에서 인재상에 맞는 가상의 인물을 설정하고 문제에 답해 보는 것도 많은 도움이 됩니다.

2. 일관성 있는 대답을 하라!

짧은 시간 안에 다양한 질문에 답을 해야 하는데, 그 안에는 중복되는 질문이 여러 번 나옵니다. 이때 앞서 자신이 체크했던 대답을 잘 기억해뒀다가 일관성 있는 답을 하는 것이 중요합니다.

3. 모든 문항에 대답하라!

많은 문제를 짧은 시간 안에 풀려다 보니 다 못 푸는 경우도 종종 생깁니다. 하지만 대답을 누락하거나 끝까지 다 못했을 경우 좋지 않은 결과를 가져올 수도 있으니 최대한 주어진 시간 안에 모든 문항에 답할 수 있도록 해야 합니다.

04 KPDI 모의테스트

※ 모의테스트는 질문 및 답변 유형 연습을 위한 것으로 실제 시험과 다를 수 있습니다.
※ 인성검사는 정답이 따로 없는 유형의 검사이므로 결과지를 제공하지 않습니다.

번호	내용	예	아니요
001	나는 솔직한 편이다.	☐	☐
002	나는 리드하는 것을 좋아한다.	☐	☐
003	법을 어겨서 말썽이 된 적이 한 번도 없다.	☐	☐
004	거짓말을 한 번도 한 적이 없다.	☐	☐
005	나는 눈치가 빠르다.	☐	☐
006	나는 일을 주도하기보다는 뒤에서 지원하는 것을 선호한다.	☐	☐
007	앞일은 알 수 없기 때문에 계획은 필요하지 않다.	☐	☐
008	거짓말도 때로는 방편이라고 생각한다.	☐	☐
009	사람이 많은 술자리를 좋아한다.	☐	☐
010	걱정이 지나치게 많다.	☐	☐
011	일을 시작하기 전 재고하는 경향이 있다.	☐	☐
012	불의를 참지 못한다.	☐	☐
013	처음 만나는 사람과도 이야기를 잘 한다.	☐	☐
014	때로는 변화가 두렵다.	☐	☐
015	나는 모든 사람에게 친절하다.	☐	☐
016	힘든 일이 있을 때 술은 위로가 되지 않는다.	☐	☐
017	결정을 빨리 내리지 못해 손해를 본 경험이 있다.	☐	☐
018	기회를 잡을 준비가 되어 있다.	☐	☐
019	때로는 내가 정말 쓸모없는 사람이라고 느낀다.	☐	☐
020	누군가 나를 챙겨주는 것이 좋다.	☐	☐
021	자주 가슴이 답답하다.	☐	☐
022	나는 내가 자랑스럽다.	☐	☐
023	경험이 중요하다고 생각한다.	☐	☐
024	전자기기를 분해하고 다시 조립하는 것을 좋아한다.	☐	☐

025	감시받고 있다는 느낌이 든다.	☐	☐
026	난처한 상황에 놓이면 그 순간을 피하고 싶다.	☐	☐
027	세상엔 믿을 사람이 없다.	☐	☐
028	잘못을 빨리 인정하는 편이다.	☐	☐
029	지도를 보고 길을 잘 찾아간다.	☐	☐
030	귓속말을 하는 사람을 보면 날 비난하고 있는 것 같다.	☐	☐
031	막무가내라는 말을 들을 때가 있다.	☐	☐
032	장래의 일을 생각하면 불안하다.	☐	☐
033	결과보다 과정이 중요하다고 생각한다.	☐	☐
034	운동은 그다지 할 필요가 없다고 생각한다.	☐	☐
035	새로운 일을 시작할 때 좀처럼 한 발을 떼지 못한다.	☐	☐
036	기분 상하는 일이 있더라도 참는 편이다.	☐	☐
037	업무능력은 성과로 평가받아야 한다고 생각한다.	☐	☐
038	머리가 맑지 못하고 무거운 느낌이 든다.	☐	☐
039	가끔 이상한 소리가 들린다.	☐	☐
040	타인이 내게 자주 고민상담을 하는 편이다.	☐	☐

05 SHR 모의테스트

※ 모의테스트는 질문 및 답변 유형 연습을 위한 것으로 실제 시험과 다를 수 있습니다.
※ 인성검사는 정답이 따로 없는 유형의 검사이므로 결과지를 제공하지 않습니다.

※ 이 성격검사의 각 문항에는 서로 다른 행동을 나타내는 네 개의 문장이 제시되어 있습니다. 이 문장들을 비교하여, 자신의 평소 행동과 가장 가까운 문장을 'ㄱ' 열에 표기하고, 가장 먼 문장을 'ㅁ' 열에 표기하십시오.

01 나는 ________________

A. 실용적인 해결책을 찾는다.
B. 다른 사람을 돕는 것을 좋아한다.
C. 세부 사항을 잘 챙긴다.
D. 상대의 주장에서 허점을 잘 찾는다.

ㄱ	ㅁ
☐	☐
☐	☐
☐	☐
☐	☐

02 나는 ________________

A. 매사에 적극적으로 임한다.
B. 즉흥적인 편이다.
C. 관찰력이 있다.
D. 임기응변에 강하다.

ㄱ	ㅁ
☐	☐
☐	☐
☐	☐
☐	☐

03 나는 ________________

A. 무서운 영화를 잘 본다.
B. 조용한 곳이 좋다.
C. 가끔 울고 싶다.
D. 집중력이 좋다.

ㄱ	ㅁ
☐	☐
☐	☐
☐	☐
☐	☐

04 나는 ________________

A. 기계를 조립하는 것을 좋아한다.
B. 집단에서 리드하는 역할을 맡는다.
C. 호기심이 많다.
D. 음악을 듣는 것을 좋아한다.

ㄱ	ㅁ
☐	☐
☐	☐
☐	☐
☐	☐

05 나는 ______________________

A. 타인을 늘 배려한다.
B. 감수성이 예민하다.
C. 즐겨하는 운동이 있다.
D. 일을 시작하기 전에 계획을 세운다.

ㄱ	ㅁ
☐	☐
☐	☐
☐	☐
☐	☐

06 나는 ______________________

A. 타인에게 설명하는 것을 좋아한다.
B. 여행을 좋아한다.
C. 정적인 것이 좋다.
D. 남을 돕는 것에 보람을 느낀다.

ㄱ	ㅁ
☐	☐
☐	☐
☐	☐
☐	☐

07 나는 ______________________

A. 기계를 능숙하게 다룬다.
B. 밤에 잠이 잘 오지 않는다.
C. 한 번 간 길을 잘 기억한다.
D. 불의를 보면 참을 수 없다.

ㄱ	ㅁ
☐	☐
☐	☐
☐	☐
☐	☐

08 나는 ______________________

A. 종일 말을 하지 않을 때가 있다.
B. 사람이 많은 곳을 좋아한다.
C. 술을 좋아한다.
D. 휴양지에서 편하게 쉬고 싶다.

ㄱ	ㅁ
☐	☐
☐	☐
☐	☐
☐	☐

09 나는 ____________________

	ㄱ	ㅁ
A. 뉴스보다는 드라마를 좋아한다.	☐	☐
B. 길을 잘 찾는다.	☐	☐
C. 주말엔 집에서 쉬는 것이 좋다.	☐	☐
D. 아침에 일어나는 것이 힘들다.	☐	☐

10 나는 ____________________

	ㄱ	ㅁ
A. 이성적이다.	☐	☐
B. 할 일을 종종 미룬다.	☐	☐
C. 어른을 대하는 게 힘들다.	☐	☐
D. 불을 보면 매혹을 느낀다.	☐	☐

11 나는 ____________________

	ㄱ	ㅁ
A. 상상력이 풍부하다.	☐	☐
B. 예의 바르다는 소리를 자주 듣는다.	☐	☐
C. 사람들 앞에 서면 긴장한다.	☐	☐
D. 친구를 자주 만난다.	☐	☐

12 나는 ____________________

	ㄱ	ㅁ
A. 나만의 스트레스 해소 방법이 있다.	☐	☐
B. 친구가 많다.	☐	☐
C. 책을 자주 읽는다.	☐	☐
D. 활동적이다.	☐	☐

04 면접전형 가이드

01 면접유형 파악

1. 면접전형의 변화

기존 면접전형에서는 일상적이고 단편적인 대화나 지원자의 첫인상 및 면접관의 주관적인 판단 등에 의해서 입사 결정 여부를 판단하는 경우가 많았습니다. 이러한 면접전형은 면접 내용의 일관성이 결여되거나 직무 관련 타당성이 부족하였고, 면접에 대한 신뢰도에 영향을 주었습니다.

기존 면접(전통적 면접)		능력중심 채용 면접(구조화 면접)
• 일상적이고 단편적인 대화 • 인상, 외모 등 외부 요소의 영향 • 주관적인 판단에 의존한 총점 부여 ⇩ • 면접 내용의 일관성 결여 • 직무관련 타당성 부족 • 주관적인 채점으로 신뢰도 저하	VS	• 일관성 – 직무관련 역량에 초점을 둔 구체적 질문 목록 – 지원자별 동일 질문 적용 • 구조화 – 면접 진행 및 평가 절차를 일정한 체계에 의해 구성 • 표준화 – 평가 타당도 제고를 위한 평가 Matrix 구성 – 척도에 따라 항목별 채점, 개인 간 비교 • 신뢰성 – 면접진행 매뉴얼에 따라 면접위원 교육 및 실습

2. 능력중심 채용의 면접 유형

① 경험 면접
- 목적 : 선발하고자 하는 직무 능력이 필요한 과거 경험을 질문합니다.
- 평가요소 : 직업기초능력과 인성 및 태도적 요소를 평가합니다.

② 상황 면접
- 목적 : 특정 상황을 제시하고 지원자의 행동을 관찰함으로써 실제 상황의 행동을 예상합니다.
- 평가요소 : 직업기초능력과 인성 및 태도적 요소를 평가합니다.

③ 발표 면접
- 목적 : 특정 주제와 관련된 지원자의 발표와 질의응답을 통해 지원자 역량을 평가합니다.
- 평가요소 : 직무수행능력과 인지적 역량(문제해결능력)을 평가합니다.

④ 토론 면접
- 목적 : 토의과제에 대한 의견수렴 과정에서 지원자의 역량과 상호작용능력을 평가합니다.
- 평가요소 : 직무수행능력과 팀워크를 평가합니다.

02 면접유형별 준비 방법

1. 경험 면접

① 경험 면접의 특징

- 주로 직업기초능력에 관련된 지원자의 과거 경험을 심층 질문하여 검증하는 면접입니다.
- 직무능력과 관련된 과거 경험을 평가하기 위해 심층 질문을 하며, 이 질문은 지원자의 답변에 대하여 '꼬리에 꼬리를 무는 형식'으로 진행됩니다.

> - 능력요소, 정의, 심사 기준
>   - 평가하고자 하는 능력요소, 정의, 심사기준을 확인하여 면접위원이 해당 능력요소 관련 질문을 제시합니다.
> - Opening Question
>   - 능력요소에 관련된 과거 경험을 유도하기 위한 시작 질문을 합니다.
> - Follow-up Question
>   - 지원자의 경험 수준을 구체적으로 검증하기 위한 질문입니다.
>   - 경험 수준 검증을 위한 상황(Situation), 임무(Task), 역할 및 노력(Action), 결과(Result) 등으로 질문을 구분합니다.

경험 면접의 형태

〈일대다 면접〉 〈다대다 면접〉

② 경험 면접의 구조

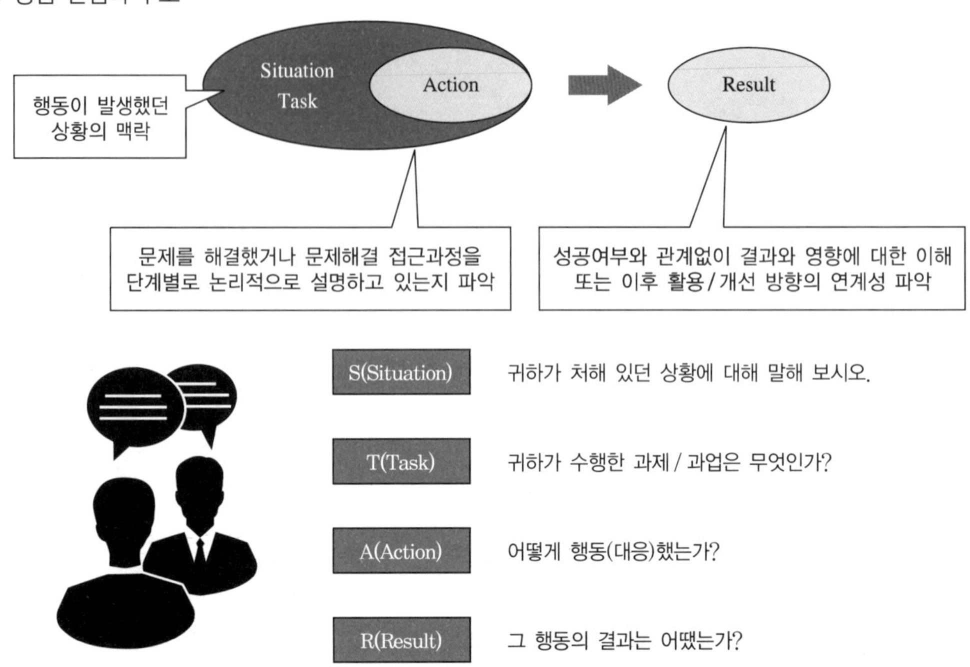

Situation
Task
Action
Result
행동이 발생했던 상황의 맥락
문제를 해결했거나 문제해결 접근과정을 단계별로 논리적으로 설명하고 있는지 파악
성공여부와 관계없이 결과와 영향에 대한 이해 또는 이후 활용/개선 방향의 연계성 파악
S(Situation) 귀하가 처해 있던 상황에 대해 말해 보시오.
T(Task) 귀하가 수행한 과제/과업은 무엇인가?
A(Action) 어떻게 행동(대응)했는가?
R(Result) 그 행동의 결과는 어땠는가?

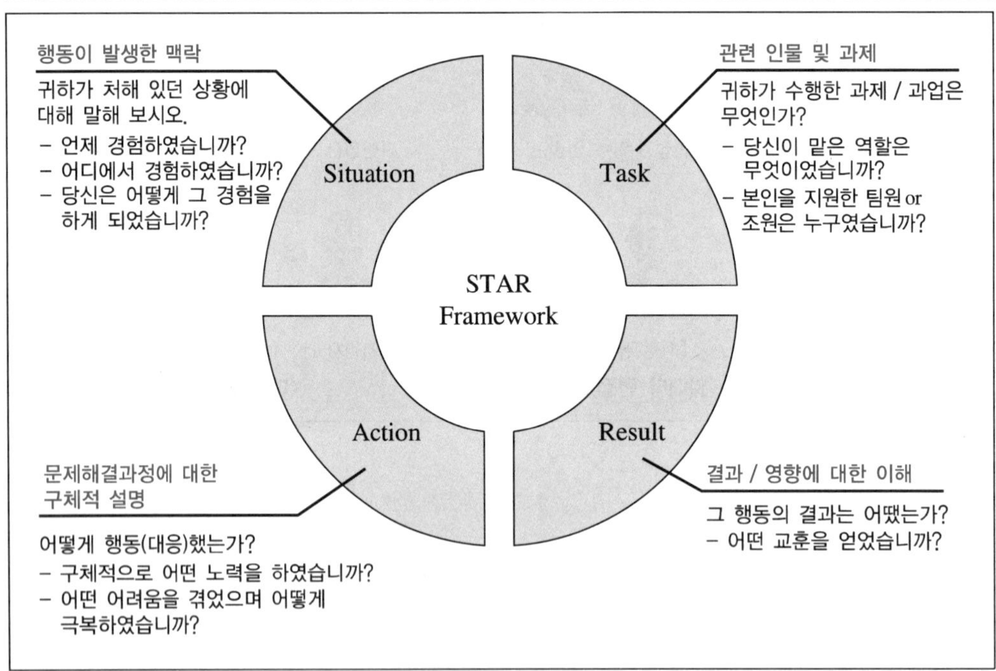

( )에 관한 과거 경험에 대하여 말해 보시오.
행동이 발생한 맥락
귀하가 처해 있던 상황에 대해 말해 보시오.
- 언제 경험하였습니까?
- 어디에서 경험하였습니까?
- 당신은 어떻게 그 경험을 하게 되었습니까?
관련 인물 및 과제
귀하가 수행한 과제 / 과업은 무엇인가?
- 당신이 맡은 역할은 무엇이었습니까?
- 본인을 지원한 팀원 or 조원은 누구였습니까?
Situation
Task
STAR Framework
Action
Result
문제해결과정에 대한 구체적 설명
어떻게 행동(대응)했는가?
- 구체적으로 어떤 노력을 하였습니까?
- 어떤 어려움을 겪었으며 어떻게 극복하였습니까?
결과 / 영향에 대한 이해
그 행동의 결과는 어땠는가?
- 어떤 교훈을 얻었습니까?

③ 경험 면접 질문 예시(직업윤리)

시작 질문	
1	남들이 신경 쓰지 않는 부분까지 고려하여 절차대로 업무(연구)를 수행하여 성과를 낸 경험을 구체적으로 말해 보시오.
2	조직의 원칙과 절차를 철저히 준수하며 업무(연구)를 수행한 것 중 성과를 향상시킨 경험에 대해 구체적으로 말해 보시오.
3	세부적인 절차와 규칙에 주의를 기울여 실수 없이 업무(연구)를 마무리한 경험을 구체적으로 말해 보시오.
4	조직의 규칙이나 원칙을 고려하여 성실하게 일했던 경험을 구체적으로 말해 보시오.
5	타인의 실수를 바로잡고 원칙과 절차대로 수행하여 성공적으로 업무를 마무리하였던 경험에 대해 말해 보시오.

후속 질문		
상황(Situation)	상황	구체적으로 언제, 어디에서 경험한 일인가?
		어떤 상황이었는가?
	조직	어떤 조직에 속해 있었는가?
		그 조직의 특성은 무엇이었는가?
		몇 명으로 구성된 조직이었는가?
	기간	해당 조직에서 얼마나 일했는가?
		해당 업무는 몇 개월 동안 지속되었는가?
	조직규칙	조직의 원칙이나 규칙은 무엇이었는가?
임무(Task)	과제	과제의 목표는 무엇이었는가?
		과제에 적용되는 조직의 원칙은 무엇이었는가?
		그 규칙을 지켜야 하는 이유는 무엇이었는가?
	역할	당신이 조직에서 맡은 역할은 무엇이었는가?
		과제에서 맡은 역할은 무엇이었는가?
	문제의식	규칙을 지키지 않을 경우 생기는 문제점 / 불편함은 무엇인가?
		해당 규칙이 왜 중요하다고 생각하였는가?
역할 및 노력(Action)	행동	업무 과정의 어떤 장면에서 규칙을 철저히 준수하였는가?
		어떻게 규정을 적용시켜 업무를 수행하였는가?
		규정은 준수하는 데 어려움은 없었는가?
	노력	그 규칙을 지키기 위해 스스로 어떤 노력을 기울였는가?
		본인의 생각이나 태도에 어떤 변화가 있었는가?
		다른 사람들은 어떤 노력을 기울였는가?
	동료관계	동료들은 규칙을 철저히 준수하고 있었는가?
		팀원들은 해당 규칙에 대해 어떻게 반응하였는가?
		규칙에 대한 태도를 개선하기 위해 어떤 노력을 하였는가?
		팀원들의 태도는 당신에게 어떤 자극을 주었는가?
	업무추진	주어진 업무를 추진하는 데 규칙이 방해되진 않았는가?
		업무수행 과정에서 규정을 어떻게 적용하였는가?
		업무 시 규정을 준수해야 한다고 생각한 이유는 무엇인가?

결과 (Result)	평가	규칙을 어느 정도나 준수하였는가?
		그렇게 준수할 수 있었던 이유는 무엇이었는가?
		업무의 성과는 어느 정도였는가?
		성과에 만족하였는가?
		비슷한 상황이 온다면 어떻게 할 것인가?
	피드백	주변 사람들로부터 어떤 평가를 받았는가?
		그러한 평가에 만족하는가?
		다른 사람에게 본인의 행동이 영향을 주었다고 생각하는가?
	교훈	업무수행 과정에서 중요한 점은 무엇이라고 생각하는가?
		이 경험을 통해 느낀 바는 무엇인가?

2. 상황 면접

① 상황 면접의 특징

직무 관련 상황을 가정하여 제시하고 이에 대한 대응능력을 직무관련성 측면에서 평가하는 면접입니다.

- 상황 면접 과제의 구성은 크게 2가지로 구분
  - 상황 제시(Description) / 문제 제시(Question or Problem)
- 현장의 실제 업무 상황을 반영하여 과제를 제시하므로 직무분석이나 직무전문가 워크숍 등을 거쳐 현장성을 높임
- 문제는 상황에 대한 기본적인 이해능력(이론적 지식)과 함께 실질적 대응이나 변수 고려능력(실천적 능력) 등을 고르게 질문해야 함

상황 면접의 형태

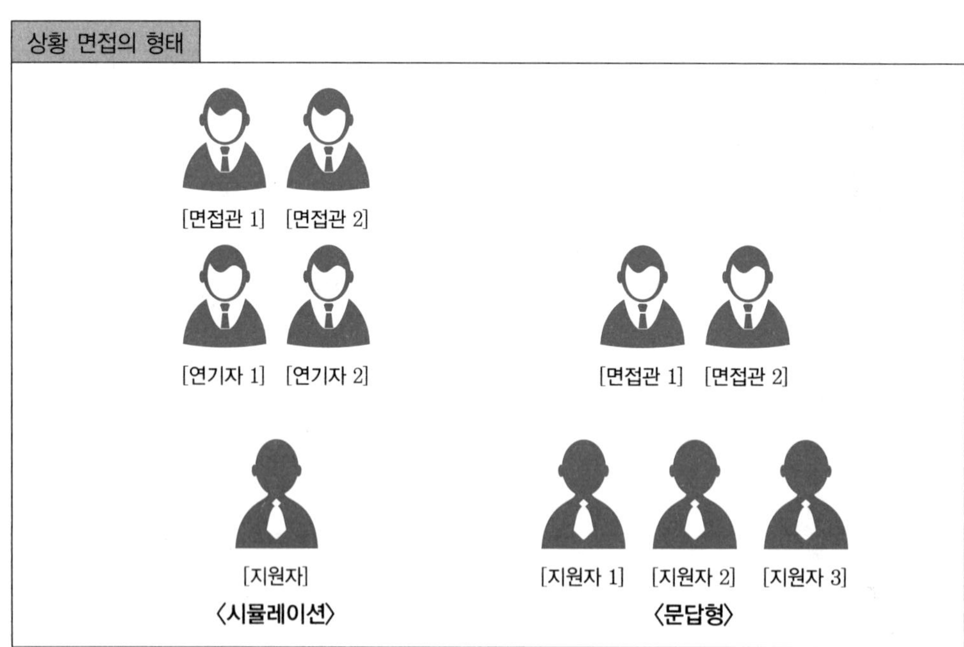

② 상황 면접 예시

상황 제시	인천공항 여객터미널 내에는 다양한 용도의 시설(사무실, 통신실, 식당, 전산실, 창고 면세점 등)이 설치되어 있습니다.	실제 업무 상황에 기반함
	금년에 소방배관의 누수가 잦아 메인 배관을 교체하는 공사를 추진하고 있으며, 당신은 이번 공사의 담당자입니다.	배경 정보
	주간에는 공항 운영이 이루어져 주로 야간에만 배관 교체 공사를 수행하던 중, 시공하는 기능공의 실수로 배관 연결 부위를 잘못 건드려 고압배관의 소화수가 누출되는 사고가 발생하였으며, 이로 인해 인근 시설물에 누수에 의한 피해가 발생하였습니다.	구체적인 문제 상황
문제 제시	일반적인 소방배관의 배관연결(이음)방식과 배관의 이탈(누수)이 발생하는 원인에 대해 설명해 보시오.	문제 상황 해결을 위한 기본 지식 문항
	담당자로서 본 사고를 현장에서 긴급히 처리하는 프로세스를 제시하고, 보수완료 후 사후적 조치가 필요한 부분 및 재발방지 방안에 대해 설명해 보시오.	문제 상황 해결을 위한 추가 대응 문항

3. 발표 면접

① 발표 면접의 특징

- 직무관련 주제에 대한 지원자의 생각을 정리하여 의견을 제시하고, 발표 및 질의응답을 통해 지원자의 직무능력을 평가하는 면접입니다.
- 발표 주제는 직무와 관련된 자료로 제공되며, 일정 시간 후 지원자가 보유한 지식 및 방안에 대한 발표 및 후속 질문을 통해 직무적합성을 평가합니다.

> • 주요 평가요소
>   – 설득적 말하기 / 발표능력 / 문제해결능력 / 직무관련 전문성
> • 이미 언론을 통해 공론화된 시사 이슈보다는 해당 직무분야에 관련된 주제가 발표면접의 과제로 선정되는 경우가 최근 들어 늘어나고 있음
> • 짧은 시간 동안 주어진 과제를 빠른 속도로 분석하여 발표문을 작성하고 제한된 시간 안에 면접관에게 효과적인 발표를 진행하는 것이 핵심

발표 면접의 형태

[면접관 1] [면접관 2]

[지원자]

〈개별 과제 발표〉

[면접관 1] [면접관 2]

[지원자 1] [지원자 2] [지원자 3]

〈팀 과제 발표〉

※ 면접관에게 시각적 효과를 사용하여 메시지를 전달하는 쌍방향 커뮤니케이션 방식

※ 심층면접을 보완하기 위한 방안으로 최근 많은 기업에서 적극 도입하는 추세

PART 5

② 발표 면접 예시

1. 지시문

당신은 현재 A사에서 직원들의 성과평가를 담당하고 있는 팀원이다. 인사팀은 지난주부터 사내 조직문화관련 인터뷰를 하던 도중 성과평가제도에 관련된 개선 니즈가 제일 많다는 것을 알게 되었다. 이에 팀장님은 인터뷰 결과를 종합하려 성과평가제도 개선 아이디어를 A4용지에 정리하여 신속 보고할 것을 지시하셨다. 당신에게 남은 시간은 1시간이다. 자료를 준비하는 대로 당신은 팀원들이 모인 회의실에서 5분 간 발표할 것이며, 이후 질의응답을 진행할 것이다.

2. 배경자료

〈성과평가제도 개선에 대한 인터뷰〉

최근 A사는 회사 사세의 급성장으로 인해 작년보다 매출이 두 배 성장하였고, 직원 수 또한 두 배로 증가하였다. 회사의 성장은 임금, 복지에 대한 상승 등 긍정적인 영향을 주었으나 업무의 불균형 및 성과보상의 불평등 문제가 발생하였다. 또한 수시로 입사하는 신입직원과 경력직원, 퇴사하는 직원들까지 인원들의 잦은 변동으로 인해 평가해야 할 대상이 변경되어 현재의 성과평가제도로는 공정한 평가가 어려운 상황이다.

[생산부서 김상호]
우리 팀은 지난 1년 동안 생산량이 급증했기 때문에 수십 명의 신규인력이 급하게 채용되었습니다. 이 때문에 저희 팀장님은 신규 입사자들의 이름조차 기억 못할 때가 많이 있습니다. 성과평가를 제대로 하고 있는지 의문이 듭니다.

[마케팅 부서 김흥민]
개인의 성과평가의 취지는 충분히 이해합니다. 그러나 현재 평가는 실적기반이나 정성적인 평가가 많이 포함되어 있어 객관성과 공정성에는 의문이 드는 것이 사실입니다. 이러한 상황에서 평가제도를 재수립하지 않고, 인센티브에 계속 반영한다면, 평가제도에 대한 반감이 커질 것이 분명합니다.

[교육부서 홍경민]
현재 교육부서는 인사팀과 밀접하게 일하고 있습니다. 그럼에도 인사팀에서 실시하는 성과평가제도에 대한 이해가 부족한 것 같습니다.

[기획부서 김경호 차장]
저는 저의 평가자 중 하나가 연구부서의 팀장님인데, 일 년에 몇 번 같이 일하지 않는데 어떻게 저를 평가할 수 있을까요? 특히 연구팀은 저희가 예산을 배정하는데, 저에게는 좋지만….

4. 토론 면접

① 토론 면접의 특징

- 다수의 지원자가 조를 편성해 과제에 대한 토론(토의)을 통해 결론을 도출해가는 면접입니다.
- 의사소통능력, 팀워크, 종합인성 등의 평가에 용이합니다.

> • 주요 평가요소
>   – 설득적 말하기, 경청능력, 팀워크, 종합인성
>
> • 의견 대립이 명확한 주제 또는 채용분야의 직무 관련 주요 현안을 주제로 과제 구성
>
> • 제한된 시간 내 토론을 진행해야 하므로 적극적으로 자신 있게 토론에 임하고 본인의 의견을 개진할 수 있어야 함

토론 면접의 형태

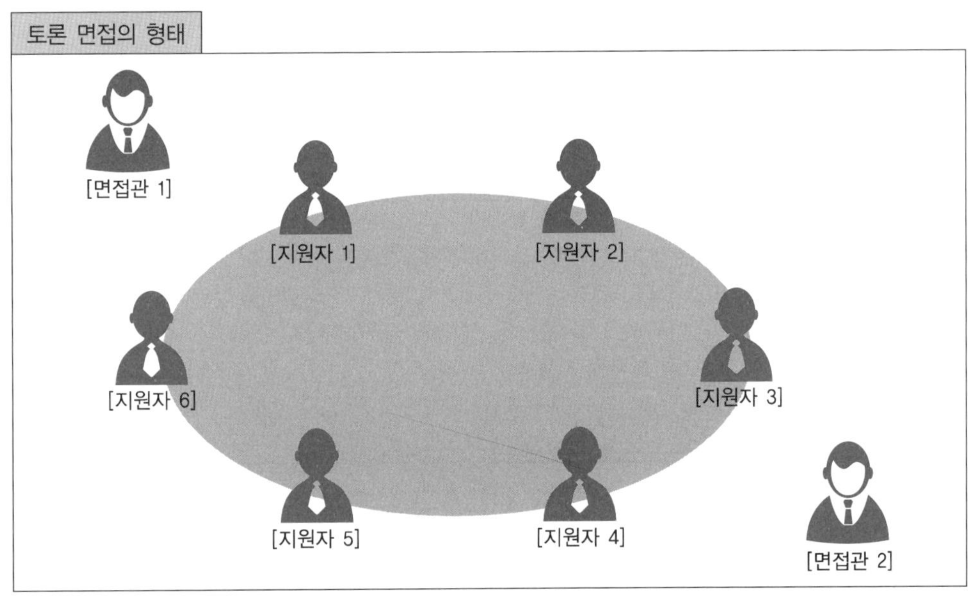

PART 5

② 토론 면접 예시

고객 불만 고충처리
1. 들어가며
최근 우리 상품에 대한 고객 불만의 증가로 고객고충처리 TF가 만들어졌고 당신은 여기에 지원해 배치받았다. 당신의 업무는 불만을 가진 고객을 만나서 애로사항을 듣고 처리해 주는 일이다. 주된 업무로는 고객의 니즈를 파악해 방향성을 제시해 주고 그 해결책을 마련하는 일이다. 하지만 경우에 따라서 고객의 주관적인 의견으로 인해 제대로 된 방향으로 의사결정을 하지 못할 때가 있다. 이럴 경우 설득이나 논쟁을 해서라도 의견을 관철시키는 것이 좋을지 아니면 고객의 의견대로 진행하는 것이 좋을지 결정해야 할 때가 있다. 만약 당신이라면 이러한 상황에서 어떤 결정을 내릴 것인지 여부를 자유롭게 토론해 보시오.
2. 1분 자유 발언 시 준비사항
• 당신은 의견을 자유롭게 개진할 수 있으며 이에 따른 불이익은 없습니다. • 토론의 방향성을 이해하고, 내용의 장점과 단점이 무엇인지 문제를 명확히 말해야 합니다. • 합리적인 근거에 기초하여 개선방안을 명확히 제시해야 합니다. • 제시한 방안을 실행 시 예상되는 긍정적·부정적 영향요인도 동시에 고려할 필요가 있습니다.
3. 토론 시 유의사항
• 토론 주제문과 제공해드린 메모지, 볼펜만 가지고 토론장에 입장할 수 있습니다. • 사회자의 지정 또는 발표자가 손을 들어 발언권을 획득할 수 있으며, 사회자의 통제에 따릅니다. • 토론회가 시작되면, 팀의 의견과 논거를 정리하여 1분간의 자유발언을 할 수 있습니다. 순서는 사회자가 지정합니다. 이후에는 자유롭게 상대방에게 질문하거나 답변을 하실 수 있습니다. • 핸드폰, 서적 등 외부 매체는 사용하실 수 없습니다. • 논제에 벗어나는 발언이나 지나치게 공격적인 발언을 할 경우, 위에서 제시한 유의사항을 지키지 않을 경우 불이익을 받을 수 있습니다.

03 면접 Role Play

1. 면접 Role Play 편성

- 교육생끼리 조를 편성하여 면접관과 지원자 역할을 교대로 진행합니다.
- 지원자 입장과 면접관 입장을 모두 경험해 보면서 면접에 대한 적응력을 높일 수 있습니다.

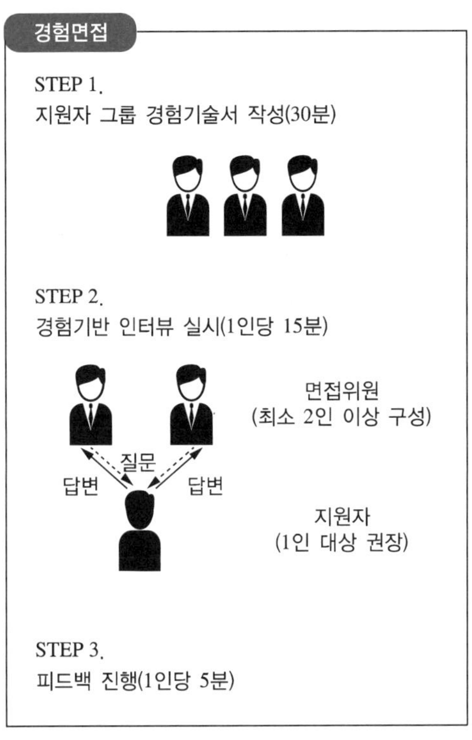

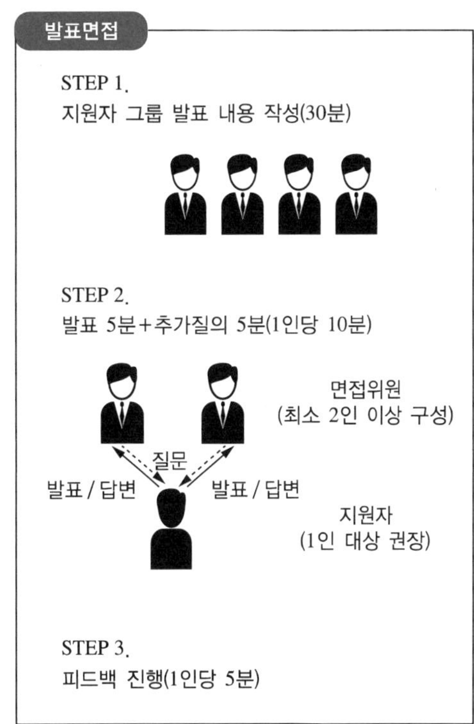

Tip

면접 준비하기

1. 면접 유형 확인 필수
   - 기업마다 면접 유형이 상이하기 때문에 해당 기업의 면접 유형을 확인하는 것이 좋음
   - 일반적으로 실무진 면접, 임원면접 2차례에 거쳐 면접을 실시하는 기업이 많고 실무진 면접과 임원 면접에서 평가요소가 다르기 때문에 유형에 맞는 준비방법이 필요
2. 후속 질문에 대한 사전 점검
   - 블라인드 채용 면접에서는 주요 질문과 함께 후속 질문을 통해 지원자의 직무능력을 판단 → STAR 기법을 통한 후속 질문에 미리 대비하는 것이 필요

PART 5

CHAPTER

05 서울교통공사 면접 기출질문

서울교통공사에서는 면접에서 직원으로서의 정신자세, 전문지식과 응용능력, 의사발표의 정확성과 논리성, 예의·품행 및 성실성, 창의력·의지력 및 기타 발전 가능성을 평가한다.

1. 직원으로서의 정신자세

서울교통공사에서 요구하는 인재상에 부합하는 인재라는 점을 강조할 필요가 있다. 우선 직원으로서의 성실함과 적극성은 당연히 어필해야 하며, 앞으로 어떠한 업무들을 어떻게 진행할지에 대한 관심과 이해를 충분히 보여 줘야 한다.

2. 전문지식과 응용능력

면접 중 직무와 관련된 전문지식에 대한 질문이 있을 수 있다. 본인이 알고 있는 지식을 서울교통공사 내 직무와 연결시켜 간단명료하게 설명할 수 있어야 한다.

3. 의사발표의 정확성과 논리성

면접 경험이 적은 사람은 상대적으로 자신이 말하고자 하는 바를 조리 있게 설명하는 것이 어렵다. 단기간에 실력을 높이기 힘들기 때문에 사전에 예상되는 면접 질문 목록을 만들고 그에 맞는 답변을 조리 있게 작성하여 많은 연습을 할 필요가 있다.

4. 예의·품행 및 성실성

면접은 자신을 평가하는 사람과의 첫 만남이다. 면접장에 들어와서 대기하는 순간부터 면접을 종료하고 퇴실할 때까지 긴장을 늦춰서는 안 된다. 특히 면접장에 입장했을 때는 단정한 옷차림새와 반듯한 인사로 면접관들에게 좋은 인상을 남기도록 해야 한다.

5. 창의력·의지력 및 기타 발전 가능성

서울교통공사는 기존의 틀에 박힌 관념에 사로잡히지 않고 서울 지하철 이용승객의 이용편의 증진을 위한 새로운 아이디어를 창출해 낼 수 있는 창의력 있는 인재를 선발하고자 한다. 또한 이를 실현시킬 수 있는 의지력과 발전성을 요구한다.

6. 2023년 면접 기출질문

- 자신의 소통 역량을 어필할 수 있는 경험이 있다면 말해 보시오.
- 본인의 강점과 업무상 필요한 자질을 연관 지어 이야기해 보시오.
- 대학 시절 전공 외에 노력하여 성취한 것이 있다면 말해 보시오.
- 경쟁하던 상대방을 배려한 경험이 있다면 말해 보시오.
- 책에서 배우지 않았던 지식을 활용했던 경험이 있다면 말해 보시오.
- 타인과의 소통에 실패했던 경험이 있는지, 이를 통해 느낀 점은 무엇인지 말해 보시오.
- 본인의 직업관을 솔직하게 말해 보시오.
- 정보를 수집하는 본인만의 기준이 있다면 말해 보시오.
- 긍정적인 에너지를 발휘했던 경험이 있다면 말해 보시오.
- 서울교통공사와 관련하여 최근 접한 이슈가 있는지, 그에 대한 본인의 생각은 어떠한지 말해 보시오.
- 팀 프로젝트 과정 중에 문제를 겪었던 경험이 있는지, 그런 경험이 있다면 문제를 어떻게 효과적으로 해결했는지 말해 보시오.
- 본인은 주위 사람들로부터 어떤 평가를 받는 사람인지 말해 보시오.
- 본인이 맡은 바보다 더 많은 일을 해 본 경험이 있는지 말해 보시오.
- 평소 생활에서 안전을 지키기 위해 노력했던 습관이 있다면 말해 보시오.
- 기대했던 목표보다 더 높은 성과를 거둔 경험이 있다면 말해 보시오.
- 공공데이터의 활용 방안에 대해 말해 보시오.
- 상대방을 설득하는 본인만의 방법에 대해 말해 보시오.
- 지하철 객차 내에서 느낀 불편한 점이 있는지 말해 보시오.
- 본인의 스트레스 해소 방안에 대해 말해 보시오.
- 서울교통공사에 입사하기 위해 참고했던 자료 중 세 가지를 골라 말해 보시오.
- 본인의 악성민원 응대 방법에 대해 말해 보시오.
- 기획안을 작성하고자 할 때 어떤 자료를 어떻게 참고할 것인지 말해 보시오.

7. 과년도 면접 기출질문

- 공직자에게 가장 중요한 신념이 무엇이라고 생각하는지 말해 보시오.
- 봉사활동 경험이 있는지 말해 보시오.
- 갈등해결 경험이 있는지, 있다면 어떠한 갈등해결 전략을 어떻게 활용하였는지 말해 보시오.
- 직무에 대한 본인의 강점은 무엇인지 말해 보시오.
- 자기계발 경험에 대하여 간략하게 말해 보시오.
- 리더십을 발휘한 경험이 있는지 말해 보시오.
- 목표를 이루기 위하여 꾸준히 노력한 경험이 있는지 말해 보시오.
- 서울교통공사에 입사하기 위해 특별히 노력한 부분이 있는지 말해 보시오.
- 서울교통공사에서 시행 중인 4차 산업혁명 관련 사업을 아는 대로 말해 보시오.
- 지하철 관련 사건·사고에 대해서 아는 대로 말해 보시오.
- 공기업 직원으로서 가장 중요한 덕목이 무엇인지 말해 보시오.
- 갈등 상황에서 Win-Win 전략을 사용한 적이 있는지 말해 보시오.
- 다른 회사와 비교할 때 서울교통공사만의 장단점에 대해 말해 보시오.
- 역무원으로서 가져야 할 자세와 그에 대한 경험에 대해 말해 보시오.
- 역무원 업무에서 4차 산업혁명 기술을 이용할 수 있는 방안에 대해 말해 보시오.
- 부정승차를 대처할 수 있는 방안에 대해 말해 보시오.
- 컴플레인에 대처할 수 있는 방안에 대해 말해 보시오.
- 지하철 혼잡도를 낮추고 승객 스트레스를 줄이기 위한 방안에 대해 말해 보시오.
- 지하철 공간 활용 방안에 대해 말해 보시오.
- 일회용 교통권 회수율 상승 방안에 대해 말해 보시오.
- 특정 분야의 전문가가 되기 위해 노력했던 경험이 있는지, 이를 서울교통공사에서 어떻게 발휘할 것인지 말해 보시오.
- 지금의 자신을 가장 명확하게 표현할 수 있는 과거의 경험이 있다면 말해 보시오.
- 교대 근무에 대한 생각을 말해 보시오.
- 접지저항의 종별 크기에 대하여 말해 보시오.
- 본인의 친화력을 보여 주는 경험이 있다면 말해 보시오.
- 영어로 자기소개를 할 수 있다면 간략하게 해 보시오.
- 평상시 서울교통공사에 바라는 개선점이 있었다면 말해 보시오.
- 우리나라 지하철을 이용하며 느낀 장단점에 대하여 말해 보시오.
- 소속 집단을 위하여 사소하게라도 희생한 경험이 있다면 말해 보시오.

- 분기기에 대해 말해 보시오.
- 이론교점과 실제교점에 대해 말해 보시오.
- 크로싱부에 대해 말해 보시오.
- 궤도틀림에 대해 말해 보시오.
- 궤도 보수에 사용되는 장비에 대해 말해 보시오(MTT, STT 등).
- 온도 변화 신축관이란 무엇인지, 피뢰기와 피뢰침, 조합논리회로와 순차논리회로에 대한 개념과 비교하여 말해 보시오.
- 노인 무임승차 해결방안에 대해 말해 보시오.
- 혼잡한 시간대에 열차를 증차하면 그에 따르는 추가비용은 어떻게 감당할 것인지에 대한 방안을 빅데이터를 활용해서 말해 보시오.
- 대중교통 이용을 통해 건강문제를 해결할 수 있는 방안에 대해 말해 보시오.
- 지하철 성범죄 예방방법에 대해 말해 보시오.
- 신호체계 혼재로 인한 안전사고 해결방안에 대해 말해 보시오.
- 4차 산업의 빅데이터를 활용하여 지하철 출퇴근 시간의 붐비는 현상을 개선할 방안에 대해 말해 보시오.
- 지하철 안내판 개선방법에 대해 말해 보시오.
- 지하철 불법 광고 근절 방안에 대해 말해 보시오.
- 교통체계 시스템 개선 방안에 대해 말해 보시오.
- 국민들이 사기업보다 공기업 비리에 더 분노하는 이유는 무엇이라고 생각하는지 말해 보시오.
- 사람과 대화할 때 가장 중요한 것이 무엇이라고 생각하는지 말해 보시오.
- 본인을 색으로 표현하면 무슨 색이고 왜 그 색인지 이유에 대해 말해 보시오.
- 창의적으로 무언가를 주도했던 경험을 말해 보시오.

S D E D U

합 격 의
공 식
시대에듀

“오늘 당신의 노력은 아름다운 꽃의 물이 될 것입니다.”

그러나, 이 꽃을 볼 때 사람들은 이 꽃의 아름다움과 향기만을 사랑하고 칭찬하였지, 이 꽃을 그렇게 아름답게 어여쁘게 만들어 주는 병 속의 물은 조금도 생각지 않는 것이 보통입니다.

만일 이 꽃병 속에 들어 있는 물을 죄다 쏟아 버리고 빈 병에다 이 꽃을 꽂아 보십시오.

아무리 아름답고 어여쁜 꽃이기로서니 단 한 송이의 꽃을 피울 수 있으며, 단 한 번이라도 꽃 향기를 날릴 수 있겠습니까?

우리는 여기서 아무리 본바탕이 좋고 아름다운 꽃이라도 보이지 않는 물의 숨은 힘이 없으면 도저히 그 빛과 향기를 자랑할 수 없는 것을 알았습니다.

– 방정환의 「우리 뒤에 숨은 힘」 중 –

남에게 이기는 방법의 하나는 예의범절로 이기는 것이다.

- 조쉬 빌링스 -

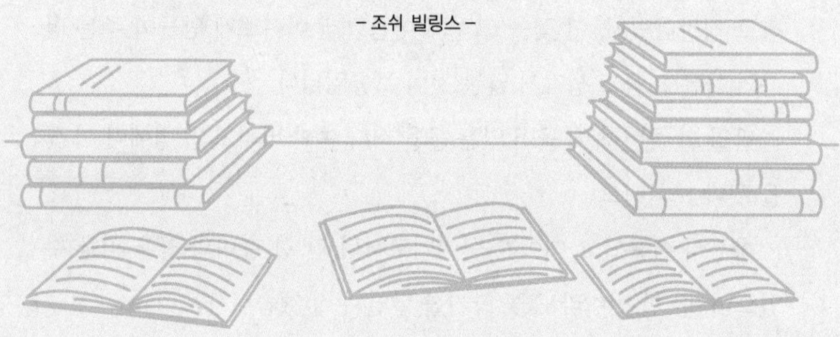

PART 1

서울교통공사 3개년 기출복원문제

CHAPTER 01 2023년 기출복원문제

CHAPTER 02 2022년 기출복원문제

CHAPTER 03 2021년 기출복원문제

CHAPTER

01 2023년 기출복원문제

01 직업기초능력평가

01	02	03	04	05	06	07	08	09	10	11	12	13	14	15	16	17	18	19	20
④	④	⑤	①	③	③	①	②	①	③	⑤	④	④	⑤	④	②	⑤	③	②	⑤
21	22	23	24	25	26	27	28	29	30	31	32	33	34	35	36	37			
①	②	②	④	③	④	③	⑤	②	②	③	③	④	③	④	③	③			

01

정답 ④

제시된 목차와 보기의 논문 내용을 연결하면 다음과 같다. 먼저 (가) 문단은 도로와 철도 수송시스템의 구성과 수송시스템의 환경영향을 저감시키는 방법에 대해 언급하고 있으므로 목차의 '2. 수송시스템'의 (1)과 (2)에 해당하는 내용이고, (나) 문단은 우리나라의 온실가스 배출량에 대한 통계치를 제시하며 왜 이 연구를 진행하게 되었는지에 대한 배경을 다루고 있으므로 목차의 '1. 서론'에 해당하는 내용임을 알 수 있다. 다음으로 (다) 문단은 본 연구를 각 단계로 나누어 분석해 본 결과 Modal Shift를 통해 효과가 확인되었다는 내용이므로 목차의 '4. 사례연구'에 해당하는 내용이고, (라) 문단은 도로와 철도의 온실가스배출이 어느 과정에서 어떠한 수치를 보이는지에 대한 구체적인 수치자료이므로 목차의 '2. 수송시스템'의 (3)에 해당하는 내용이다. 마지막으로 (마) 문단은 Modal Shift가 무엇이며 이를 활성화하기 위해 어떻게 해야 하는지에 대해 언급하고 있으므로 목차의 '3. Modal Shift(전환교통)'에 해당하는 내용이다. 따라서 보기의 (가)~(마) 문단을 논리적 순서대로 바르게 나열한 것은 (나) – (가) – (라) – (마) – (다)이다.

02

정답 ④

세 번째 문단을 통해 정부가 철도 중심 교통체계 구축을 위해 노력하고 있음을 알 수는 있으나, 구체적으로 시행된 조치는 언급되지 않았다.

오답분석

① 첫 번째 문단을 통해 전 세계적으로 탄소중립이 주목받자 이에 대한 방안으로 등장한 것이 철도 수송임을 알 수 있다.
② 첫 번째 문단과 두 번째 문단을 통해 철도 수송의 확대가 온실가스 배출량의 획기적인 감축을 가져올 것임을 알 수 있다.
③ 네 번째 문단을 통해 '중앙선 안동~영천 간 궤도' 설계 시 탄소 감축 방안으로 저탄소 자재인 유리섬유 보강근이 철근 대신 사용되었음을 알 수 있다.
⑤ 네 번째 문단을 통해 S철도공단은 철도 중심 교통체계 구축을 위해 건설 단계에서부터 친환경·저탄소 자재를 적용하였고, 또 탄소 감축을 위해 2025년부터는 모든 철도건축물을 일정한 등급 이상으로 설계하기로 결정하였음을 알 수 있다.

03

정답 ⑤

다섯 번째 문단의 '도시권역 간 이동시간을 단축해 출퇴근 교통체증을 해소할 수 있고'라는 내용을 통해 도심항공교통의 상용화를 통해 도심지상교통이 이전보다 원활해질 것임을 예측할 수 있다.

오답분석

① 첫 번째 문단과 두 번째 문단의 내용을 통해 알 수 있듯이, 도심항공교통 UAM은 비행기와 달리 '저고도 상공'에서 사람이나 물품 등을 운송하는 교통수단, 또는 이와 관련된 모든 사업을 통틀어 말하는 용어로 모든 항공교통수단 시스템을 지칭한다고 보기는 어렵다.
② 도심항공교통은 지상교통수단의 이용이 불가능해진 것이 아니라, 인구 증가와 인구 과밀화 등 여러 요인으로 인해 지상교통수단만으로는 한계에 다다라 이에 대한 해결책으로 등장한 기술이다.
③ 두 번째 문단의 내용을 통해 알 수 있듯이 도심항공교통은 수직이착륙 기술을 가지고 있어 활주로의 필요성이 없는 것은 맞지만, 세 번째 문단의 '핵심 인프라 중 하나인 플라잉카 공항 에어원 건설 중에 있다.'라는 내용을 통해 해당 교통수단을 위한 별도의 공항이 필요함을 짐작할 수 있다.
④ 제시문에서 공기업과 사기업, 그리고 각 시가 도심항공교통의 상용화를 목표로 박차를 가하고 있음은 알 수 있으나, 그들이 역할을 분담하여 공동의 목표를 향한다는 내용은 찾을 수 없다.

PART 1

04

정답 ①

제시문을 살펴보면, 먼저 첫 번째 문단에서는 이산화탄소로 메탄올을 만드는 곳이 있다며 관심을 유도하고, 두 번째 문단에서 메탄올을 어떻게 만드는지 어디에서 사용하는지 구체적으로 설명함으로써 탄소 재활용의 긍정적인 측면을 부각하고 있다. 하지만 세 번째 문단에서는 앞선 내용과 달리 이렇게 만들어진 메탄올의 부정적인 측면을 설명하고, 네 번째 문단에서는 이와 같은 이유로 탄소 재활용에 대한 결론이 나지 않았다며 글이 마무리되고 있다. 따라서 제시문의 주제로 가장 적절한 것은 탄소 재활용의 장점과 이면을 모두 포함하는 내용은 ①이다.

오답분석

② 두 번째 문단에 한정된 내용이므로 제시문 전체를 다루는 주제로 보기에는 적절하지 않다.
③ 지열발전소의 부산물을 통해 메탄올이 만들어진 것은 맞지만, 새롭게 탄생된 연료로 보기는 어려우며, 글의 전체를 다루는 주제로 보기에도 적절하지 않다.
④·⑤ 제시문의 첫 번째 문단과 두 번째 문단에서는 버려진 이산화탄소 및 부산물의 재활용을 통해 '메탄올'을 제조함으로써 미래 원료를 해결할 수 있을 것처럼 보이지만, 이어지는 세 번째 문단과 네 번째 문단에서는 이렇게 만들어진 '메탄올'이 과연 미래 원료로 적합한지 의문점이 제기되고 있다. 따라서 제시문의 주제로 보기에는 적절하지 않다.

05

정답 ③

'우회수송'은 사고 등의 이유로 직통이 아닌 다른 경로로 우회하여 수송한다는 뜻이기 때문에 '우측 선로로의 변경'은 순화로 적절하지 않다.

오답분석

① '열차시격'에서 '시격'이란 '사이에 뜬 시간'이라는 뜻의 한자어로 열차와 열차 사이의 간격, 즉 '배차간격'으로 순화할 수 있다.
② '전차선'이란 철로를 의미하고, '단전'은 전기의 공급이 중단됨을 말한다. 따라서 바르게 순화되었다.
④ '핸드레일'(Handrail)은 난간을 뜻하는 영어 단어로 우리말로는 '안전손잡이'로 순화할 수 있다.
⑤ '키스 앤 라이드'(Kiss and Ride)는 헤어질 때 키스를 하는 영미권 문화에서 비롯된 이름으로 환승정차구역을 지칭한다.

06

정답 ③

(교통카드 기준 운임)×44×0.85를 계산한 후 십의 자리에서 반올림하여도 되지만 종별 교통카드 기준 운임 비용이 100원 차이이므로 1단계의 교통카드의 14회 운임 비용을 계산한 후 1,400원씩 더하여 모든 종별 이용구간 14회 초과 시 차감 비용을 구한 후에 종별 정기권 잔액과 합해야 정기권 금액이 나올 것이다.

종별	정기권 운임(원)	전 종과의 정기권 금액 차이(원)	교통카드 기준 운임(원)	14회 초과 시 차감 금액(원)	정기권 잔액(원)
1단계	20,300+34,700=55,000	–	1,450	1,450×14=20,300	34,700
2단계	21,700+36,300=58,000	3,000	1,550	20,300+1,400=21,700	36,300
3단계	23,100+38,600=61,700	3,700	1,650	21,700+1,400=23,100	38,600
4단계	24,500+41,000=65,500	3,800	1,750	23,100+1,400=24,500	41,000
5단계	25,900+43,300=69,200	3,700	1,850	24,500+1,400=25,900	43,300
6단계	27,300+45,600=72,900	3,700	1,950	25,900+1,400=27,300	45,600
7단계	28,700+48,000=76,700	3,800	2,050	27,300+1,400=28,700	48,000
8단계	30,100+50,300=80,400	3,700	2,150	28,700+1,400=30,100	50,300
9단계	31,500+52,700=84,200	3,800	2,250	30,100+1,400=31,500	52,700
10단계	32,900+55,000=87,900	3,700	2,350	31,500+1,400=32,900	55,000
11단계	34,300+57,300=91,600	3,700	2,450	32,900+1,400=34,300	57,300
12단계	35,700+59,700=95,400	3,800	2,550	34,300+1,400=35,700	59,700
13단계	37,100+62,000=99,100	3,700	2,650	35,700+1,400=37,100	62,000
14단계	38,500+64,400=102,900	3,800	2,750	37,100+1,400=38,500	64,400
15단계	39,900+66,700=106,600	3,700	2,850	38,500+1,400=39,900	66,700
16단계	41,300+69,000=110,300	3,700	2,950	39,900+1,400=41,300	69,000
17단계	42,700+71,400=114,100	3,800	3,050	41,300+1,400=42,700	71,400
18단계	117,800	3,700	3,150	–	117,800

따라서 전 단계와의 정기권 운임 비용 차이가 3,800원인 경우는 4단계, 7단계, 9단계, 12단계, 14단계, 17단계이므로 총 6가지이다.

07

정답 ①

평일에만 출근했으며 4월에 연차를 사용하지 않은 강대리가 출근하는 날은 총 20일이다. 편도 이용 거리가 25km이므로 강대리는 4월에 25×2×20=1,000km을 이용하였고 3단계는 30km를 초과할 때마다 1회 차감하므로 차감 횟수는 $\frac{1,000}{30}$ ≒33.33, 즉 33회이다. 따라서 3단계 정기권 운임은 61,700원이고 교통카드 기준 운임은 1,650원이므로 4월 말 정기권 잔액은 61,700−(1,650×33)=7,250원이다.

08

정답 ②

S군의 편도 이용 거리는 25km이므로 한 달 동안의 S군의 이용 거리는 45×2×25=2,250km이다. 또한 정기권 운임에 대한 교통카드 기준 운임의 비는 운임 차감 횟수이므로 이 값에 종별 차감기준을 곱하면 종별 1회 충전 시 이용 가능 거리이다.

종별	이용 가능 거리(km)	종별	이용 가능 거리(km)
1단계	37×20=740	10단계	37×74=2,738
2단계	37×25=925	11단계	37×82=3,034
3단계	37×30=1,110	12단계	37×90=3,330
4단계	37×35=1,295	13단계	37×98=3,626
5단계	37×40=1,480	14단계	37×106=3,922
6단계	37×45=1,665	15단계	37×114=4,218
7단계	37×50=1,850	16단계	37×122=4,514
8단계	37×58=2,146	17단계	37×130=4,810
9단계	37×66=2,442	18단계	–

따라서 이용 가능 거리가 2,250km 이상인 종별 중 정기권 운임이 가장 저렴한 것은 9단계이다.

09

정답 ①

제시된 수열은 17씩 증가하는 수열이다. 따라서 빈칸에 들어갈 수는 135+17=152이다.

10

정답 ③

제시된 수열은 +3, +6, +9, … 씩 증가하는 수열이다. 따라서 빈칸에 들어갈 수는 32+15=47이다.

11

정답 ⑤

제시된 수열은 계차가 3씩 증가하는 수열이다. 제시된 수열의 일반항이 a_n일 때, 계차는 $b_n=a_{n+1}-a_n=3n-1$이므로

$\sum_{n=1}^{19} b_n = a_{20}-a_1$이다.

$$\sum_{n=1}^{19}(3n-1)=\frac{3\times19\times(19+1)}{2}-19=a_{20}-5$$

570−19+5=556

따라서 제시된 수열의 20번째 항의 값은 556이다.

12

정답 ④

A~C철도사의 차량 1량당 승차인원 수는 다음과 같다.

- 2020년
  - A철도사 : $\frac{775,386}{2,751}$ ≒281.86천 명
  - B철도사 : $\frac{26,350}{103}$ ≒255.83천 명
  - C철도사 : $\frac{35,650}{185}$ ≒192.7천 명
- 2021년
  - A철도사 : $\frac{768,776}{2,731}$ ≒281.5천 명
  - B철도사 : $\frac{24,736}{111}$ ≒222.85천 명
  - C철도사 : $\frac{33,130}{185}$ ≒179.08천 명
- 2022년
  - A철도사 : $\frac{755,376}{2,710}$ ≒278.74천 명
  - B철도사 : $\frac{23,686}{113}$ ≒209.61천 명
  - C철도사 : $\frac{34,179}{185}$ ≒184.75천 명

따라서 3년간 차량 1량당 평균 승차인원 수는 C철도사가 가장 적다.

오답분석

① 2020~2022년의 C철도사의 차량 수는 185량으로 변동이 없다.
② 2020~2022년의 승차인원의 비율은 모두 A철도사가 가장 높다.

③ A～C철도사의 2020년의 전체 연간 승차인원 수는 775,386+26,350+35,650=837,386천 명, 2021년의 전체 연간 승차인원 수는 768,776+24,736+33,130=826,642천 명, 2022년의 전체 연간 승차인원 수는 755,376+23,686+34,179=813,241천 명으로 매년 감소하였다.
⑤ 2020～2022년의 C철도사의 차량 1량당 연간 승차인원 수는 각각 192.7천 명, 179.08천 명, 184.75천 명이므로 모두 200천 명 미만이다.

13

정답 ④

일곱 번째 조건에 따라 지영이는 대외협력부에서 근무하고, 다섯 번째 조건의 대우에 따라 유진이는 감사팀에서 근무한다. 그러므로 재호는 마케팅부에서 근무하며, 여섯 번째 조건에 따라 혜인이는 회계부에서 근무를 할 수 없다. 세 번째 조건에 의해 성우가 비서실에서 근무하게 되면, 희성이는 회계부에서 근무하고, 혜인이는 기획팀에서 근무하게 되며, 세 번째 조건의 대우에 따라 희성이가 기획팀에서 근무하면, 성우는 회계부에서 근무하고, 혜인이는 비서실에서 근무하게 된다. 이를 정리하면 다음과 같다.

감사팀	대외협력부	마케팅부	비서실	기획팀	회계부
유진	지영	재호	성우 혜인	혜인 희성	희성 성우

따라서 반드시 참인 명제는 '혜인이는 회계팀에서 근무하지 않는다.'이다.

오답분석

① 재호는 마케팅부에서 근무한다.
② 희성이는 회계부에서 근무할 수도 있다.
③ 성우는 비서실에서 근무할 수도 있다.
⑤ 유진이는 감사팀에서 근무한다.

14

정답 ⑤

6월 달력에서 제시된 부서 주요업무를 제외하고 남은 날에 휴가를 신청할 수 있다.

일요일	월요일	화요일	수요일	목요일	금요일	토요일
				1	2	3
4	5	6	7	8	9	10
11	12	13	14	15	16	17
18	19	20	21	22	23	24
25	26	27	28	29	30	

공휴일 및 주말에는 휴가를 사용하지 않으므로 이에 해당하는 날을 제외한다. 회의를 진행하는 매주 수요일과 금요일, 회식을 진행하는 두 번째 주, 네 번째 주 월요일을 제외한다. 또한, 내부품질검증 TF에 참여하는 6월 22～26일과 본부에서 주관하는 세미나에 참석하는 6월 13～16일을 제외한다. 따라서 A씨는 부서 주요업무를 제외하고 남은 6월 1, 5, 8, 19, 20, 27, 29일 중 하루에 휴가를 신청할 수 있다.

오답분석

① 6월 2일은 회의 및 본부장님 대상 주간보고 일정이 있어 휴가를 신청할 수 없다.
② 6월 12일은 회식 일정이 있어 휴가를 신청할 수 없다.
③ 6월 15일은 본부에서 주관하는 세미나에 참석해야 하므로 휴가를 신청할 수 없다.
④ 6월 22일은 내부품질검증 TF에 참여해야 하므로 휴가를 신청할 수 없다.

15

정답 ④

후광효과는 대상에 대해 긍정적 또는 부정적인 측면으로 인해 그와 무관한 영역에 대해서도 같은 시각으로 평가하는 논리적 오류이다.

오답분석

① 근접효과는 평가표상 위치에 근접하거나 평가시점과 근접한 평가요소로 인해 평가 결과가 유사하게 나타나는 논리적 오류이다.
② 초두효과는 먼저 인지한 정보가 이후 접하는 정보보다 더 큰 영향력을 끼치는 현상이다.
③ 최신효과는 최근에 인지한 정보가 그보다 이전에 접한 정보보다 더 큰 영향력을 끼치는 현상이다.
⑤ 현저성 효과는 가장 눈에 들어오고 특징적인 정보에서 받은 인상만으로 대상을 판단하는 논리적 오류이다.

16

정답 ②

S사 신입사원 선발조건에 따라 지원자에게 점수를 부여하면 다음과 같다.

(단위 : 점)

지원자	학위점수	어학시험점수	면접점수	총 인턴근무 기간	총점
A	18	20	30	18	86
B	25	17	24	18	84
C	18	17	24	18	77
D	30	14	18	12	74

따라서 최고득점자는 A이고, 최저득점자는 D이다.

17

정답 ⑤

인천에서 출발하는 시각과 경유지 및 모스크바까지의 이동시간 및 환승 대기시간과 현지 도착 시각을 이용하여 각 도시와의 시차를 구하면 다음과 같다.

• 베이징

인천 시각 기준 베이징 도착 시각	인천과 베이징의 시차	베이징 시각 기준 모스크바 도착 시각	베이징과 모스크바의 시차
0시 30분+2시간 =2시 30분	2시 30분 −1시 30분 =1시간	1시 30분 +19시간+9시간 =익일 5시 30분	익일 5시 30분 −익일 0시 30분 =5시간
소요시간	2시간+19시간+9시간=30시간		
인천 기준 모스크바 도착 시각	0시 30분 +30시간 =익일 6시 30분	인천과 모스크바의 시차	익일 6시 30분 −익일 0시 30분 =6시간

• 상하이

인천 시각 기준 상하이 도착 시각	인천과 상하이의 시차	상하이 시각 기준 모스크바 도착 시각	상하이와 모스크바의 시차
23시 30분+2시간 =익일 1시 30분	익일 1시 30분 −익일 0시 30분 =1시간	익일 0시 30분 +15시간 +10시간 30분 =익익일 2시	익익일 2시 −익일 21시 =5시간
소요시간	2시간+15시간+10시간 30분=27시간 30분		
인천 기준 모스크바 도착 시각	23시 30분 +27시간 30분 =익익일 3시	인천과 모스크바의 시차	익익일 3시 −익일 21시 =6시간

• 아부다비

<table>
<tr><th>인천 시각 기준
아부다비 도착 시각</th><th>인천과 아부다비의
시차</th><th>아부다비 시각 기준
모스크바 도착 시각</th><th>아부다비와 모스크바의
시차</th></tr>
<tr><td>6시+10시간
=16시</td><td>16시−11시
=5시간</td><td>11시
+2시간 30분
+6시간
=19시 30분</td><td>19시 30분
−18시 30분
=1시간</td></tr>
<tr><td>소요시간</td><td colspan="3">10시간+2시간 30분+6시간=18시간 30분</td></tr>
<tr><td>인천 기준
모스크바 도착 시각</td><td>6시
+18시간 30분
=익일 0시 30분</td><td>인천과 모스크바의
시차</td><td>익일 0시 30분
−18시 30분
=6시간</td></tr>
</table>

• 도하

<table>
<tr><th>인천 시각 기준
도하 도착 시각</th><th>인천과 도하의
시차</th><th>도하 시각 기준
모스크바 도착 시각</th><th>도하와 모스크바의
시차</th></tr>
<tr><td>1시 30분+10시간
=11시 30분</td><td>11시 30분
−5시 30분
=6시간</td><td>5시 30분
+3시간
+5시간 30분
=14시</td><td>14시−14시
=0시간</td></tr>
<tr><td>소요시간</td><td colspan="3">10시간+3시간+5시간 30분=18시간 30분</td></tr>
<tr><td>인천 기준
모스크바 도착 시각</td><td>1시 30분
+18시간 30분
=20시</td><td>인천과 모스크바의
시차</td><td>20시−14시
=6시간</td></tr>
</table>

한편, 도하와 모스크바의 시차는 없으므로 각 도시의 모스크바와의 시차는 각 도시의 도하와의 시차와 같다.

또한, 인천과 아부다비와의 시차는 5시간이고, 인천과 상하이와의 시차는 1시간이므로 아부다비는 상하이보다 5시간−1시간=4시간 늦다.

18

정답 ③

2월 18일까지 모든 업체가 제작을 완료해야 하므로 18일까지 각 업체의 근무시간 및 제작 개수는 다음과 같다.

업체	1인 1개 제작 시간(시간)	2월 18일까지 근무 시간(시간)	2월 18일까지 1인 제작 수(개)	제작 직원 수(명)	2월 18일까지 총 제작 수(개)	개당 가격(만 원)
A	4	120	30	7	210	50
B	5	120	24	10	240	50
C	4	120	30	3	90	40
D	2	96	48	5	240	40
E	6	96	16	6	96	30

개당 가격이 가장 저렴한 업체에 최대한 많은 양을 의뢰한다. 따라서 가격이 가장 저렴한 E업체에는 2월 18일까지 E업체가 제작 가능한 전자교탁의 총개수인 96개의 제작을 의뢰할 수 있고, C업체와 함께 가격이 두 번째로 저렴하면서 C업체보다 1인 1개 제작시간이 더 짧은 D업체에 남은 236개의 제작을 의뢰할 수 있다. 그리고 이때 필요한 비용이 최소가 되므로 E업체에 제작을 의뢰한 전자교탁의 수는 96개이다.

19

정답 ②

2월 9일까지 모든 업체가 제작을 완료하므로 9일까지 각 업체의 근무시간 및 제작 개수는 다음과 같다.

업체	1인 1개 제작 시간(시간)	2월 9일까지 근무 시간(시간)	2월 9일까지 1인 제작 수(개)	제작 직원 수(명)	2월 9일까지 총 제작 수(개)	개당 가격(만 원)
A	4	56	14	7	98	50
B	5	56	11	10	110	50
C	4	56	14	3	42	40
D	2	48	24	5	120	40
E	6	48	8	6	48	30

개당 가격이 가장 저렴한 업체에 최대한 많이 의뢰한다. 먼저 개당 가격이 가장 저렴한 E업체에 전자교탁 48개의 제작을 의뢰하고 그다음으로 저렴한 C업체와 D업체에 각각 42개, 120개의 제작을 의뢰한다. 남은 전자교탁은 340−(48+42+120)=130개이고, 남은 두 업체의 개당 가격은 50만 원이다. 따라서 필요한 비용은 130×50만+(42+120)×40만+48×30만=14,420만 원=1억 4,420만 원이다.

20

정답 ⑤

• F팀의 평일 대관 요일이 화요일일 때

<table>
<tr><th>구분</th><th>월</th><th>화</th><th>수</th><th>목</th><th>금</th><th>토</th></tr>
<tr><td>9:00 ~ 10:30</td><td></td><td rowspan="2">F팀</td><td>A팀</td><td rowspan="2">D팀</td><td rowspan="2">A팀</td><td>A팀</td></tr>
<tr><td>10:30 ~ 12:00</td><td>B팀</td><td>B팀</td><td>B팀</td></tr>
<tr><td>12:00 ~ 13:00</td><td colspan="6"></td></tr>
<tr><td>13:00 ~ 14:30</td><td colspan="2" rowspan="2">E팀</td><td rowspan="3">C팀</td><td rowspan="4">D팀</td><td>–</td><td rowspan="4"></td></tr>
<tr><td>14:30 ~ 16:00</td><td>–</td></tr>
<tr><td>16:00 ~ 17:30</td><td>–</td><td>–</td><td>–</td></tr>
<tr><td>17:30 ~ 19:00</td><td>(B팀, C팀, F팀)</td><td>(B팀, C팀, F팀)</td><td>(B팀, C팀, F팀)</td><td></td></tr>
</table>

• F팀의 평일 대관 요일이 목요일일 때

<table>
<tr><th>구분</th><th>월</th><th>화</th><th>수</th><th>목</th><th>금</th><th>토</th></tr>
<tr><td>9:00 ~ 10:30</td><td></td><td rowspan="2">D팀</td><td>A팀</td><td rowspan="2">F팀</td><td rowspan="2">A팀</td><td>A팀</td></tr>
<tr><td>10:30 ~ 12:00</td><td>B팀</td><td>B팀</td><td>B팀</td></tr>
<tr><td>12:00 ~ 13:00</td><td colspan="6"></td></tr>
<tr><td>13:00 ~ 14:30</td><td>–</td><td rowspan="4">D팀</td><td rowspan="3">C팀</td><td colspan="2" rowspan="2">E팀</td><td rowspan="4"></td></tr>
<tr><td>14:30 ~ 16:00</td><td>–</td></tr>
<tr><td>16:00 ~ 17:30</td><td>–</td><td>–</td><td>–</td></tr>
<tr><td>17:30 ~ 19:00</td><td>(B팀, C팀, F팀)</td><td>(B팀, C팀, F팀)</td><td>(B팀, C팀, F팀)</td><td></td></tr>
</table>

두 경우 모두 A~F팀의 대관료는 같으며 그 비용은 다음과 같다.

• A팀 대관료 : 15,000×3+(15,000+5,000)=65,000원
• B팀 대관료 : 15,000×2+(15,000+5,000)×2=70,000원
• C팀 대관료 : 15,000×3+(15,000+5,000)=65,000원
• D팀 대관료 : 15,000×5+(15,000+5,000)=95,000원
• E팀 대관료 : 15,000×4=60,000원
• F팀 대관료 : 15,000×2+(15,000+5,000)=50,000원

따라서 대관료가 가장 많은 팀은 D팀이고, 대관료가 가장 적은 팀은 F팀이다.

21

정답 ①

자기관리 계획의 수립 절차별 주요 활동은 다음과 같다.

단계		주요 활동
1단계	비전 및 목적 정립	• 자신에게 가장 중요한 것 파악 • 가치관, 원칙, 삶의 목적 정립 • 삶의 의미 파악
2단계	과제 발견	• 현재 주어진 역할 및 능력 파악 • 역할에 따른 활동목표 설정 • 우선순위 결정
3단계	일정 수립	• 하루, 주간, 월간 계획 수립
4단계	수행	• 수행과 관련된 요소 분석 • 수행방법 찾기
5단계	피드백	• 수행결과 분석 • 피드백

따라서 ㉠ 우선순위 결정은 비전 및 목적 정립 단계에서 수행하는 활동이므로 적절하지 않다.

22

정답 ②

A사원은 자기개발 계획을 수립함에 있어 자신의 흥미, 장점, 가치, 라이프스타일을 충분히 이해하지 못하고 있다. 따라서 A사원의 자기개발 계획 수립이 어려운 이유로 가장 적절한 것은 자기정보의 부족이다.

자기개발 계획 수립이 어려운 이유

- 자기정보의 부족 : 자신의 흥미, 장점, 가치, 라이프스타일을 충분히 이해하지 못함
- 내부 작업정보 부족 : 회사 내의 경력기회 및 직무 가능성에 대해 충분히 알지 못함
- 외부 작업정보 부족 : 다른 직업이나 회사 밖의 기회에 대해 충분히 알지 못함
- 의사결정시 자신감의 부족 : 자기개발과 관련된 결정을 내릴 때 자신감 부족
- 일상생활의 요구사항 : 개인의 자기개발 목표와 일상생활(가정 등) 간 갈등
- 주변상황의 제약 : 재정적 문제, 연령, 시간 등의 제약

23

정답 ②

S사원은 충분히 업무를 수행할 능력이 있으나 A과장으로부터 문책을 당한 경험으로 인해 과제를 완수하고 목표를 달성할 수 있는 능력 차원에서의 자아존중감이 부족한 상태이다.

오답분석

① 자기관리 : 자신을 이해하고, 목표를 성취하기 위해 자신의 행동 및 업무수행을 관리하고 조정하는 것이다.
③ 경력개발 : 자신과 자신의 환경 상황을 인식하고 분석하여 합당한 경력 관련 목표를 설정하는 과정이다.
④ 강인성 : 개인이 세상을 대하는 기본적 태도로서 헌신, 통제 및 도전적 성향을 가지는 것이다.
⑤ 낙관주의 : 아직 현실화되지 않은 앞으로의 일을 좋은 방향으로 생각하는 태도이다.

자아존중감

개인의 가치에 대한 주관적인 평가와 판단을 통해 자기결정에 도달하는 과정이며, 스스로에 대한 긍정적 또는 부정적 평가를 통해 가치를 결정짓는 것이다.

- 가치 차원 : 다른 사람들이 자신을 가치 있게 여기며 좋아한다고 생각하는 정도이다.
- 능력 차원 : 과제를 완수하고 목표를 달성할 수 있다는 신념이다.
- 통제감 차원 : 자신이 세상에서 경험하는 일들과 거기에 영향을 미칠 수 있다고 느끼는 정도이다.

24

정답 ④

분배적 협상과 통합적 협상

구분	분배적 협상	통합적 협상
협상전략	강압적 경쟁전략	협력적 문제해결전략
목표성격	개인 자신의 목표	상호 공동의 목표
과정지향	배타적 경쟁 지향	통합적 협력 지향
승패방식	Win – Lose 방식	Win – Win 방식
결과지향	결과(이득) 지향	인간관계(사람) 지향
이득증식	고정된 파이 분배	파이 자체의 증대
가치창출	기존 가치의 분배	새로운 가치의 창출
정보공유	은밀한 정보	공개적 정보공유
토론성격	입장 토론	실질적 이해관계 토론
이득지향	욕구충족을 위한 자신의 이득	공동이득을 위한 가치 있는 이득의 교환

25

정답 ③

인간관계의 성격적 특성은 크게 대인동기, 대인신념, 대인기술로 구분되며, 대인관계는 각기 다른 성격적 특성을 가진 개인의 상호작용으로 이루어진다.

㉠ 대인동기 : 인간관계를 지향하게 하고 사회적 행동을 유발하는 동기로 내용에 따라 생리적 동기, 심리적 동기로 나뉘며 발생원인에 따라 선천적 동기(유전), 후천적 동기(학습)로 나뉜다.

㉡ 대인신념 : 개인이 인간과 인간관계에 대해 가지고 있는 지적인 이해나 믿음으로 대인관계에 대한 지속적이고 안정적인 사고내용이다. 따라서 대인관계 상황에서 개인의 행동을 결정하는 주요한 요인이 된다.

㉢ 대인기술 : 인간관계를 성공적으로 이끌어 갈 수 있는 사교적 능력으로 성장과정에서 후천적 경험을 통해 의식적 / 무의식적으로 배워 습득하는 언어적 / 비언어적 행동능력이다.

26

정답 ④

현대 사회가 점차 다원화됨에 따라 다양한 가치관의 이해관계자가 존재하게 되었으며 이에 기업들은 경제활동을 위해 소수의 이해관계자만을 상대하던 과거와 달리 환경적, 기술적, 사회적, 정치적 요구 등 다양한 이해관계자들의 요구에 대응하게 되었다. 따라서 사회의 획일화가 아닌 사회의 다원화로 인해 기업의 사회적 책임이 등장하였다고 보는 것이 옳다.

오답분석

① 초국가적인 글로벌기업이 탄생하는 등 기업의 영향력이 확대됨에 따라 기업의 사회적 책임에 대한 필요성이 확산되었다.
② 기후변화 등 환경문제와 지속가능성에 대한 사회적 관심이 증대됨에 따라 기업의 사회적 책임이 확산되었다.
③ 인터넷, SNS 등 정보 공유가 빨라지고, 기업 정보에 대한 접근성이 확대됨에 따라 기업의 투명성을 요구하는 사람들이 많아졌다.
⑤ 다국적기업의 영향력 확대에 따라 국제기구 및 비정부기구(NGO)에서 기업의 책임을 요구하는 다양한 규범 및 기준이 제정되었다.

27

정답 ③

도덕적 해이의 특징

- 직무를 충실히 수행하지 않는 행위에 한정되며, 법률 위반과는 차이가 있어 적발과 입증이 어려운 측면이 있다.
- 도덕적 일탈행위와도 차이가 있어 사적 영역에서 도덕적 의무를 다하지 않는 행위는 제외된다.
- 조직의 큰 틀에 어긋나는 의도적 · 적극적인 자신의 이익실현 행위가 포함된다.
- 사익을 추구하지 않더라도 효율적 운영을 위해 최선을 다하지 않는 방만한 경영 행태가 포함된다.
- 위험이 따르지만 실적이 기대되는 신규업무에 관심을 갖지 않는 소극적 행위의 특징이 있다.
- 결정을 내리고 책임지기보다는 상급기관에 결정을 미루고 기계적으로 따라하는 행동방식을 취한다.

28

정답 ⑤

직장 내 성희롱의 성립 요건 중 '지위를 이용하거나 업무와의 관련성이 있을 것'이 있지만, 직장 내부라는 장소에서만 일어나야 한다고 한정하는 것은 아니다. 출장이나 회식 등 직장 외부에서 발생해도 성립하며, 사적인 만남이라도 업무를 빙자하여 상대를 불러내는 등 업무와 관련성이 있다고 판단될 경우 직장 내 성희롱에 해당한다.

오답분석

① 성희롱이란 업무와 관련하여 성적 언어나 행동 등으로 굴욕감을 느끼게 하거나, 성적 언동 등을 조건으로 고용 상 불이익을 주는 행위를 뜻한다.
② 성희롱은 주관적인 기준에 의해 성립하고, 해당하는 경계가 모호하므로 단순한 성희롱적 언행은 형사처벌의 대상이 아니다. 그러나 성희롱 발언으로 인해 모욕죄나 명예훼손 등으로 형사처벌을 받을 수 있으며, 행위를 통한 성희롱의 경우 추행 등 범죄를 구성하면 역시 형사처벌을 받게 된다.
③ 성희롱의 법률적인 기준은 가해자의 의도가 아닌 피해자가 성적 수치심이나 굴욕감을 느꼈는지를 판단 기준으로 삼는다.
④ 여성뿐만 아니라 남성까지 직장 내 성희롱의 피해자가 될 수 있으며, 반대로 남성과 여성 모두 가해자가 될 수도 있다.

29

정답 ②

서번트 리더십은 구성원의 신뢰를 바탕으로 조직성과를 달성하게 하는 리더십이다. 서번트 리더십을 지닌 리더는 섬기는 자세로 구성원의 성장과 발전을 돕고, 조직 목표 달성에 구성원이 스스로 기여하도록 도와준다. 따라서 서번트 리더십에서 리더는 구성원의 성과를 최종 결과물보다 목표를 이루는 과정에서의 노력의 정도를 평가한다.

오답분석

① 전통적 리더십에서는 조직 구성원들 간의 경쟁을 적극적으로 이용하여 성과를 증진시키려 하지만, 서번트 리더십에서는 구성원 간 과도한 경쟁을 경계한다.
③ 전통적 리더십에서는 인재(조직 구성원)를 조직에서 필요한 여러 종류의 자원 중 하나로 보지만, 서번트 리더십에서는 인재를 가장 중요한 자원으로 인식하고 인재의 성장 및 발전을 최우선시 한다.
④ 전통적 리더십은 상명하복의 원칙에 따라 업무를 수직적인 관계하에 효율적인 방식으로 처리하지만, 서번트 리더십에서는 리더와 구성원 간의 충분한 커뮤니케이션과 발전을 통해 처리한다. 따라서 전통적 리더십에 비해 성과 발휘까지 비교적 오랜 시간이 걸린다.
⑤ 권위는 자신의 개인적 영향력을 통해 타인이 자신의 의도대로 기꺼이 행동하도록 하는 기술을 뜻한다. 서번트 리더십은 리더의 봉사나 희생으로 구성원이 스스로 리더에 대한 존경심을 가지게 한다.

30

정답 ②

- 소프트웨어적 요소
  - 스타일(Style) : 조직구성원을 이끌어 나가는 관리자의 경영방식
  - 구성원(Staff) : 조직 내 인적 자원의 능력, 전문성, 동기 등
  - 스킬(Skills) : 조직구성원이 가지고 있는 핵심 역량
  - 공유가치(Shared Values) : 조직의 이념, 비전 등 조직구성원이 함께 공유하는 가치관
- 하드웨어적 요소
  - 전략(Strategy) : 시장에서의 경쟁우위를 위해 회사가 개발한 계획
  - 구조(Structure) : 조직별 역할, 권한, 책임을 명시한 조직도
  - 시스템(Systems) : 조직의 관리체계, 운영절차, 제도 등 전략을 실행하기 위한 프로세스

31

정답 ③

power 함수는 거듭제곱에 대한 함수로 power(a,b)$=a^b$이다. 따라서 주어진 프로그램은 6^4를 계산하여 출력하는 프로그램이므로 출력되는 값은 $6^4=1,296$이다. 6^4를 출력하려면 printf("%d^%d", a, b)를 입력해야 한다.

32

정답 ③

$n \neq 0$일 때 $k = n(n-1)(n-2) \cdots 2 \cdot 1 = n!$이고 $0! = 1$이다. 따라서 주어진 순서도의 출력값은 $n!$과 같다.

33

정답 ④

퀵 정렬 알고리즘은 가장 큰 수를 오른쪽으로 차례대로 배열하며 자리를 바꾼다. ④는 2번째로 작은 수를 왼쪽 2번째 자리와 바꾸었으므로 퀵 정렬 알고리즘의 과정으로 옳지 않다.

34

정답 ③

주어진 프로그램은 임의의 배열을 선택 정렬 알고리즘을 통해 오름차순으로 정렬하는 프로그램이다. 이 프로그램에서 오름차순 정렬을 내림차순 정렬로 변경하려면 9번째 행의 'if(min〉arr[j])'를 'if(min〈arr[j])'로 수정해야 한다.

35

정답 ④

㉠ 드론(Drone) : 무인항공기(UAV; Unmanned Aerial Vehicle)로도 불리는 드론은 조종사가 탑승하지 않고 무선 원격 조종하는 비행체이다. 모형항공기와 비교되곤 하는데 드론과 모형항공기의 가장 큰 차이는 자동비행장치의 탑재 유무이다. 자동비행이 가능하면 드론의 일종으로 보고, 자동비행이 불가능하여 수동 조작이 필요하면 모형항공기의 일종으로 본다.

㉡ 사물인터넷(IoT; Internet of Things) : 사물인터넷은 물체에 인터넷 등의 네트워크를 적용하여 물체와 사용자와의 커뮤니케이션은 물론 연결된 기기 간의 상호작용을 통해 자동으로 기기를 제어하는 기술이다.

㉢ 빅데이터(Big data) : 빅데이터는 기존 데이터 처리 능력으로는 감당이 안 되는 매우 크고 복잡한 비정형 데이터이다. 흔히 빅데이터의 3대 중요 요소로 크기(Volume), 속도(Velocity), 다양성(Variety)을 꼽으며 빅데이터를 통한 가치 창출이 중요해지면서 정확성(Veracity), 가치(Value)까지 포함하여 빅데이터의 주요 5대 중요 요소로 꼽는 사람들도 있다. 이 빅데이터는 시장 선호도 조사 등 다양한 산업 분야에서 목적에 따라 적절하게 빅데이터를 처리하여 결론을 도출해야 한다.

36

정답 ③

산업안전보건법 제4조 제1항 제6호에 따르면 산업 안전 및 보건에 관한 기술의 연구·개발 및 시설의 설치·운영은 정부의 책무이다.

사업주와 경영책임자등의 안전 및 보건 확보의무(중대재해 처벌 등에 관한 법률 제4조 제1항)
사업주 또는 경영책임자등은 사업주나 법인 또는 기관이 실질적으로 지배·운영·관리하는 사업 또는 사업장에서 종사자의 안전·보건상 유해 또는 위험을 방지하기 위하여 그 사업 또는 사업장의 특성 및 규모 등을 고려하여 다음 각 호에 따른 조치를 하여야 한다.

1. 재해예방에 필요한 인력 및 예산 등 안전보건관리체계의 구축 및 그 이행에 관한 조치
2. 재해 발생 시 재발방지 대책의 수립 및 그 이행에 관한 조치
3. 중앙행정기관·지방자치단체가 관계 법령에 따라 개선, 시정 등을 명한 사항의 이행에 관한 조치
4. 안전·보건 관계 법령에 따른 의무이행에 필요한 관리상의 조치

37

정답 ③

ㄱ. 투명데크를 본래 의도한 설계와 다르게 확장하여 건축하였으므로 제조상의 결함에 속한다.

ㄴ. 터널 방음벽을 설계 당시에 화재에 취약한 PMMA가 아니라 강화유리 등으로 설계하였다면 피해나 위험을 피할 수 있었을 것이므로, 이는 설계상의 결함에 속한다.

ㄷ. 방조설비 설계 시 자연적 여건을 올바르게 측량하여 규정에 맞게 설계하였다면 발생하지 않았을 사고이므로, 이는 설계상의 결함에 속한다.

ㄹ. 해당 주사약이 밀폐 포장을 해야 함에도 불구하고, 생산 시에 본래 의도와 다르게 밀봉되지 않아 발생한 사고이므로 제조상의 결함에 속한다.

따라서 제조상의 결함은 ㄱ, ㄹ이고, 설계상의 결함은 ㄴ, ㄷ이다.

02 직무수행능력평가

| 01 | 행정학

01	02	03	04	05	06	07			
⑤	③	③	④	②	①	③			

01

정답 ⑤

오답분석

ㄷ. 사회명목론에서 사회는 개개인들의 단순합으로 보지만, 사회는 개인으로 환원될 수 없다는 주장은 사회는 개인의 합 이상의 존재라는 시각을 가진 사회실재론의 주장에 더 가깝다.

ㄹ. 사회명목론은 사회 자체의 개념이 아닌 개인에 더 큰 의의를 부여하므로 개인의 자유의지를 설명할 수 있다.

02

정답 ③

브룸의 기대이론에 따르면, 개인의 동기부여는 노력이 얼마나 성과를 발생시킬지를 의미하는 '기대', 성과가 얼마나 보상으로 이어질지를 의미하는 '수단성', 보상의 유의미성을 의미하는 '유의성'의 곱에 따라 결정된다.

03

정답 ③

워라밸의 의미인 '일과 개인생활의 균형'은 곧 개인생활이 조직생활만큼 중시되어 균형을 이루는 상태라고 볼 수 있다. 따라서 워라밸의 개념과 가장 가까운 경력의 닻의 유형은 삶의 균형 추구형이다. 삶의 균형 추구형에서 중요한 것은 경력 자체보다 개인생활과 조직생활의 균형이다.

오답분석

① 전문성 추구형 : 자신이 보유한 전문적 역량이나 기술을 충분히 활용할 수 있으며, 그 기술을 조직과 동료들로부터 인정받기를 원하는 유형이다.

② 총괄관리 추구형 : 지도자로 성장할 수 있는 기회와 조직의 최고 경영자가 되는 것에 관심을 둔 유형으로, 이를 위해 조직 성장에 기여하고자 한다.

④ 안전 / 안정 추구형 : 정년이 보장되고 규칙적인 작업환경과 미래의 일이 예측가능한 안정적인 직무를 원하는 유형으로, 일이나 직위보다 안정된 조직에 속해 있다는 것에 가치를 둔다.

⑤ 사업가적 창의성 추구형 : 자신이 창조한 조직이나 생산물, 기획을 중심으로 과감하게 사업을 시작하거나 그 일에 깊이 헌신하는 유형으로, 새로운 프로젝트와 사업을 통한 경제적 성공이 가장 큰 관심 대상이다.

04

정답 ④

안전에 대한 욕구는 자연재해, 사고 등으로부터 안전하고자 하는 욕구를 의미한다. 따라서 화재에 대비한 보험은 안전의 욕구를 충족시키기 위한 장치로 해석할 수 있다.

오답분석

① 매슬로의 욕구이론에서 어느 한 행위는 각 욕구의 단계와 중복되지 않는 것을 전제로 하고 있다. 따라서 종족 번식의 본능은 생리적 욕구에만 해당한다.

② 자아실현의 욕구는 자신의 삶에 대한 만족도 및 발전에 대해 느끼는 만족감을 의미한다. 타인에게 인정받고 존중받고자 하는 욕구는 매슬로의 욕구이론에서 존경의 욕구에 해당한다.

③ 매슬로의 욕구이론에서 인간의 욕구는 생리적 욕구, 안전의 욕구, 애정의 욕구, 존경의 욕구, 자아실현의 욕구의 5가지 단계로 구분하였다.

⑤ 매슬로의 욕구이론에 따르면 상위욕구를 충족하려면 하위욕구가 충족되어야 한다.

05

정답 ②

포이즌 필은 기존 주주들의 경영권 방어를 위해 적대적 M&A나 경영권 침해 시도가 있다고 간주되는 경우, 기존 주주들이 지분을 매입하여 경영권을 방어하기 수월하도록 시가보다 낮은 가격에 지분 매입이 가능한 권리를 부여하는 제도이다.

오답분석

① 차입매수 : 자금이 부족한 매수기업이 매수대상의 자산 및 수익을 담보로 금융기관으로 자금을 차입해 이루어지는 매수합병이다.
③ 언더라이팅 : 개인 또는 기업의 소득, 자산, 부채, 신용 등을 바탕으로 발생 가능한 위험이나 손실의 정도를 검토하는 과정이다.
④ 차등의결권 : 1주 1의결권 원칙의 예외를 인정하여 일반적으로 대주주에게 보통주보다 많은 의결권을 지급한다.
⑤ 황금주 제도 : 주로 유럽국가에서 공기업이 민영화 후에도 경영권, 합병 등의 의사결정에 지속적으로 영향을 주기 위한 장치이다.

PART 1

06

정답 ①

오답분석

ㄴ. 제한된 합리성을 따르는 경우 반드시 최선의 대안을 선택할 수는 없지만, 만족할 만한 대안을 선택할 수 있다고 주장한다.
ㄷ. 제한된 합리성을 토대로 한 정책결정은 만족모형이다.
ㄹ. 제한된 합리성에 따르면 모든 대안을 검토하는 것은 비효율적이므로 대안의 일부만 보고 판단한다고 주장한다.

07

정답 ③

정당은 정권획득을 목적으로 결성된 특수 조직이며 이익집단, NGO와 마찬가지로 정책과정에 큰 영향력을 행사하지만 비공식적 참여자에 해당한다.

| 02 | 경영학

01	02	03	04	05	06	07	08	09	10	11									
③	⑤	③	⑤	①	②	①	②	④	①	①									

01

정답 ③

• EPS(주당순이익)=(당기순이익)÷(유통주식 수) → 300억 원÷1,000만 주=3,000원
• PER(주가수익비율)=(주가)÷(주당순이익) → 24,000원÷3,000원=8배

따라서 적정주가는 24,000원이다.

02

정답 ⑤

공매도를 통한 기대수익은 자산 가격(100%) 미만으로 제한되나, 기대손실은 무한대로 커질 수 있다.

오답분석

① 공매도의 가능여부는 효율적 시장가설의 핵심전제 중 하나이다.
② 시장에 매도의견이 적극 반영되어 활발한 거래를 일으킬 수 있다.
③ 공매도는 주식을 빌려서 매도하고 나중에 갚는 것이기 때문에 주가상승 시 채무불이행 리스크가 존재한다.
④ 자산 가격이 하락할 것으로 예상되는 경우, 공매도를 통해 수익을 기대할 수 있다.

03

정답 ③

그린메일은 특정기업의 주식을 대량으로 매입한 뒤 경영진에게 적대적 M&A를 포기하는 대가로 매입한 주식을 시가보다 훨씬 높은 값에 되사도록 요구하는 행위로, 적대적 M&A 시도에 대한 사후 방어 전략에 해당한다.

오답분석

① 포이즌 필 : 현재 주가 대비 현저히 낮은 가격에 신주를 발행하는 것을 허용하여 매수자가 적대적 M&A를 시도할 때 엄청난 비용이 들도록 하는 전략이다.
② 포이즌 풋 : 채권자가 미리 약정한 가격에 채권을 상환할 것을 청구할 수 있는 권리를 부여하여 적대적 M&A를 시도하는 매수자가 인수 직후 부채 상환 부담을 갖게 하는 전략이다.
④ 황금낙하산 : 기업임원이 적대적 M&A로 인해 퇴사하는 경우 거액의 퇴직위로금을 지급받도록 하는 전략이다.
⑤ 황금주 : 단 1주만으로도 주주총회 결의사항에 대해 거부권을 행사할 수 있는 권리를 가진 주식을 발행하는 전략이다.

04

정답 ⑤

콩글로머리트는 사업내용이 전혀 다른 기업을 최대한 많이 흡수 또는 합병해서 지배하는 결합 형태로, 대기업의 문어발식 기업 확장에 가장 많이 사용되는 결합방식이다.

05

정답 ①

선수금은 대차대조표상 유동부채에 해당하고, 현금, 유가증권, 현금성자산, 미수금 등은 대차대조표상 유동자산에 해당한다.

06

정답 ②

메모리 반도체의 경우, D－RAM 등과 같은 표준화된 품목으로 구성되며 설계부터 생산까지 일괄적으로 이루어짐에 따라 규모의 경제를 통한 소품종 대량생산 체계를 갖추고 있다.

오답분석

① 차량용 충전기는 수요가 많지 않으나 이용자, 차량 등에 따라 형태나 방식이 제각각이므로 다품종 소량생산이 적합하다.
③ 생활용품은 수요가 매우 많고, 선호에 맞는 다양한 종류를 모두 필요로 하므로 다품종 대량생산이 적합하다.
④・⑤ 지하철 광고물, 발전기 부품 등은 수요도 많지 않고 사용하는 장소 등도 제한적이므로 소품종 소량생산이 적합하다.

07

정답 ①

시장 세분화 단계에서는 시장을 기준에 따라 세분화하고 각 세분시장의 고객 프로필을 개발하여 차별화된 마케팅을 실행한다.

오답분석

②・③ 시장 매력도 평가 단계와 표적시장 선정 단계에서는 각 세분시장의 매력도를 평가하여 표적시장을 선정한다.
④ 포지셔닝 단계에서는 각각의 시장에 대응하는 포지셔닝을 개발하고 전달한다.
⑤ 재포지셔닝 단계에서는 자사와 경쟁사의 경쟁위치를 분석하여 포지셔닝을 조정한다.

08

정답 ②

블룸의 기대이론에 대한 설명으로 기대감, 수단성, 유의성을 통해 구성원의 직무에 대한 동기 부여를 결정한다고 주장하였다.

오답분석

① 허즈버그의 2요인이론에 대한 설명이다.
③ 매슬로의 욕구 5단계이론에 대한 설명이다.
④ 맥그리거의 XY이론에 대한 설명이다.
⑤ 로크의 목표설정이론에 대한 설명이다.

09

정답 ④

벤치마킹을 통해 얻은 신뢰도 높은 자료는 비밀로 유지하여 해당 정보가 외부로 새어 나가지 않도록 주의하여야 한다(비밀보장의 원칙).

오답분석

① 벤치마킹을 하려는 대상이 가지고 있는 해결방안과 현재 가지고 있는 문제점이 서로 교환될 수 있는 정보이어야 한다.
② 벤치마킹을 할 때 불법적인 것으로 인식될 수 있는 행위는 지양해야 한다.
③ 항상 벤치마킹을 하려는 대상의 담당자와 직접 접촉하여 정보수집 등의 절차를 진행해야 한다.
⑤ 벤치마킹을 시작하기 전에 접근방법을 계획하고 개선해야 하는 영역을 설정한다.

PART 1

10

정답 ①

우선순위는 투자 또는 예산지원의 우선순위를 결정하기 위한 수익성 요인으로 기업내부에 대한 기능별 분석에 필요하지 않은 정보이다.

기능별 분석
가장 간단하게 기업내부를 분석할 수 있는 방법으로 생산 및 기술개발 기능, 인적자원 및 조직관리 기능, 마케팅 기능, 재무/회계 기능으로 나눌 수 있다.

11

정답 ①

배추의 평당 시장가격이 6,000원에서 5,500원으로 하락하여 총 500만 원의 손실이 발생하였지만, 배추가격 하락으로 평당 계약금이 1,500원에서 800원으로 줄었으므로 700만 원의 이익이 발생하게 된다. 따라서 이익과 손실의 합은 200만 원이다.

| 03 | 경제학

01	02	03	04						
⑤	②	①	②						

01

정답 ⑤

가격탄력성이 1보다 크면 탄력적이라고 할 수 있다. 즉, 1을 초과해야 한다.

오답분석

①·② 수요의 가격탄력성은 가격의 변화에 따른 수요의 변화를 의미하며, 분모는 상품 가격의 변화량을 상품가격으로 나눈 값이고, 분자는 수요량의 변화량을 수요량으로 나눈 값이다.
③ 해당 상품 가격 변동에 따른 수요의 변화는 대체재가 많을수록 더 크게 반응하게 된다.

02

정답 ②

GDP 디플레이터는 명목 GDP를 실질 GDP로 나눈 뒤 100을 곱하여 계산하는 지수로, 물가상승 수준을 예측할 수 있는 대표적인 물가지수이며 국내에서 생산된 모든 재화와 서비스 가격을 반영한다.

03

정답 ①

한계소비성향은 소비의 증가분을 소득의 증가분으로 나눈 값으로, 소득이 1,000만 원 늘었을 때 현재 소비자들의 한계소비성향이 0.7이기 때문에 소비는 700만 원이 늘었다고 할 수 있다. 즉, 소비의 변화 폭은 700만 원이 된다.

04

정답 ②

엥겔지수는 가계 소비지출에서 차지하는 식비의 비율을 의미하며, 가계 소비지출은 소비함수[(독립적인 소비지출)+{(한계소비성향)×(가처분소득)}]로 계산할 수 있다. 각각의 숫자를 대입하면 100만 원+(0.6×300만 원)=280만 원이 소비지출이 되고, 이 중 식비가 70만 원이므로, 엥겔지수는 70만 원÷280만 원=0.25이다.

| 04 | 기계

01	02	03	04	05					
①	③	④	②	②					

01

정답 ①

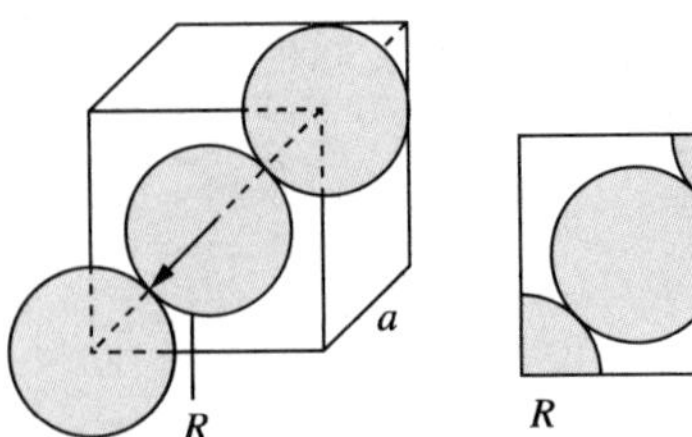

원자의 충진율은 단위격자의 부피에 대해 원자가 차지하는 부피이다. 단위격자에 있는 원자의 부피의 합은 반구 6개에 구 $\frac{1}{8}$ 조각 8개의 합과 같으므로 $\left(\frac{1}{2}\times6+\frac{1}{8}\times8\right)\times\frac{4}{3}\pi R^3=4\times\frac{4}{3}\pi R^3$이다. 따라서 원자의 충진율은 $\dfrac{4\times\frac{4\pi}{3}R^3}{a^3}$이다.

면심입방격자에서 원자의 중심은 단위격자의 각 꼭짓점과 면에 있고, 면에서 원자들이 접한다. 따라서 $\sqrt{2}\,a=4R$ 관계가 성립한다.

02

정답 ③

냉간가공 시 가공방향에 따라 강도가 달라질 수 있다.

냉간가공과 열간가공의 특징

냉간가공	열간가공
• 재결정온도 이하에서의 소성가공이다. • 제품의 치수를 정확하게 가공할 수 있다. • 기계적 성질을 개선시킬 수 있다. • 가공면이 아름답다. • 강도 및 경도가 증가하고 연신율이 감소한다. • 가공방향에 따라 강도가 달라진다.	• 재결정온도 이상에서의 소성가공이다. • 적은 동력으로 큰 변형이 가능하다. • 재질을 균일하게 만든다. • 가공도가 크므로 거친 가공에 적합하다. • 산화 등의 이유로 정밀가공을 할 수 없다. • 기공 등이 압착될 수 있다.

03

정답 ④

ㄱ. 일 단위로 육지 위 공기와 바다 위 공기의 밀도 차이로 인해 대류가 발생한다.

ㄴ. 연 단위 이상으로 물의 밀도 차이로 인해 대류가 발생한다.

ㄷ. 분 단위로 뜨거운 수증기가 위로 올라간다.

시간 단위가 작을수록 규모도 작으므로 대류 현상 규모가 가장 작은 것부터 순서대로 바르게 나열하면 ㄷ－ㄱ－ㄴ이다.

04

정답 ②

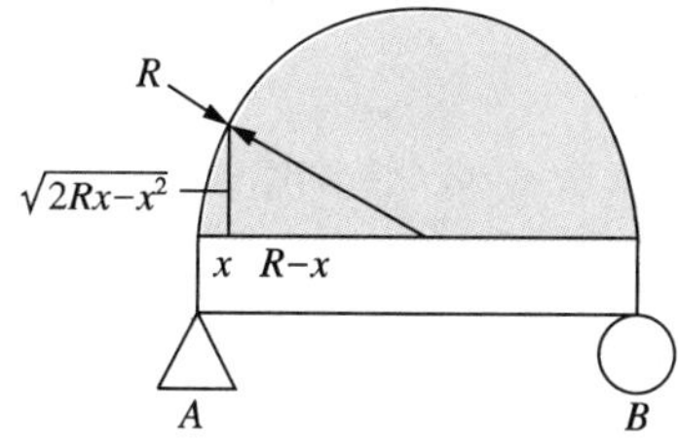

보 전체에 작용하는 하중은 $W = w_0 \times \mathrm{A} = w_0 \dfrac{\pi R^2}{2}$ 이다.

$R_A + R_B = w_0 \dfrac{\pi R^2}{2}$ 이고 $R_A = R_B$ 이므로 $R_A = R_B = w_0 \dfrac{\pi R^2}{4}$ 이다.

A로부터 x만큼 떨어진 지점에서의 미소하중은 $w_0 \sqrt{2Rx - x^2}\, dx$ 이므로 A로부터 x만큼 떨어진 지점에서의 전단력은 $V = -\int_0^x w\,dx + V_0 = -\int_0^x w_0 \sqrt{2Rx - x^2}\, dx + V_0$ 이고 $x=0$일 때, $V = V_0 = R_A = w_0 \dfrac{\pi R^2}{4}$ 이다.

따라서 R만큼 떨어진 지점에서의 전단력은 $-\int_0^R w_0 \sqrt{2Rx - x^2}\, dx + V_0 = -w_0 \dfrac{\pi R^2}{4} + w_0 \dfrac{\pi R^2}{4} = 0$ 이고

$\dfrac{R}{2}$ 만큼 떨어진 지점에서의 전단력은 $-\int_0^{\frac{R}{2}} w_0 \sqrt{2Rx - x^2}\, dx + V_0 = -w_0 \left(\dfrac{\pi R^2}{6} + \dfrac{\sqrt{3}}{8} R^2 + \dfrac{\pi R^2}{4} \right) = w_0 R^2 \left(\dfrac{\pi}{12} + \dfrac{\sqrt{3}}{8} \right)$ 이다.

05

정답 ②

[스프링 상수(k)] $= \dfrac{P}{\delta} = \dfrac{Gd^4}{8nD^3}$ 이다(G : 횡탄성계수, d : 소선 지름, n : 권선 수, D : 스프링 평균 지름). 따라서 스프링 상수는 횡탄성계수와 비례관계이다.

한편, 푸아송 비(ν)와 종탄성계수(E), 횡탄성계수(G)의 관계는 $G = \dfrac{E}{2(1+\nu)}$ 이므로 푸아송 비는 스프링 상수와 비례관계가 아니다.

| 05 | 전기

01	02	03	04	05	06	07	08	09	10	11									
②	④	③	①	①	②	④	②	④	⑤	①									

01

정답 ②

리액터는 직렬로 연결한다.

리액터 기동

리액터 기동법을 사용하는 이유는 모터 기동 시 기동 전류를 낮춤으로써 배전선상 전압강하를 낮추어 다른 설비들의 이상동작 및 고장을 방지하고 자기의 열적 부담도 감소시키기 위함이다.

기동전류는 기동전압에 비례하여 감소하지만 기동토크는 토크의 제곱에 비례하여 감소하므로 기동전압이 감소하면 기동전류에 비해 기동토크가 현저히 감소한다. 그러므로 리액터 기동은 대용량 모터를 기동하기에는 기동토크의 부족으로 부적합하다.

02

정답 ④

단락권선은 전압강하를 감소시킨다.

단상유도전압조정기

단상유도전압조정기는 1차권선인 분로권선 2차권선인 직렬권선이 분리되어 회전자 위상각으로 전압의 크기를 조정한다. 단상유도전압조정기의 경우 교번자계가 발생하며, 단상이기 때문에 입력 및 출력 전압 위상이 동위상이다. 또한 단락권선이 필요하여 분로권선과 직각으로 설치하는데, 이렇게 되면 직렬권선의 누설 리액턴스를 감소시킬 수 있어 전압강하가 감소할 수 있다.

03

정답 ③

단권변압기를 Y결선, △결선, V결선 등으로 연결하면 3상에서도 사용할 수 있다.

단권변압기의 장점과 단점

장점	단점
• 여자전류가 적다. • 가격이 저렴하고 소형이다. • 효율이 높다. • 전압변동률이 낮다.	• 1, 2차 회로가 완전히 절연되지 않는다. • 단락전류가 크다. • 열적, 기계적 강도가 커야 한다. • 1, 2차회로가 직접계통이어야 한다. • 충격전압이 직렬권선에 가해지므로 이를 견딜 수 있는 절연설계가 필요하다.

04

정답 ①

단락비가 큰 기기는 동기 임피던스가 작다.

단락비가 큰 기기의 특징

- $\%Z$가 작다.
- 동기 임피던스가 작다.
- 안정도가 좋다.
- 전압변동률이 낮다.
- 전압강하가 작다.
- 전기자반작용이 작다.
- 공극이 크다.
- 기계가 크다.
- 손실이 증가한다.

05

정답 ①

원자로 제어재의 구비조건

- 중성자 흡수율이 커야 한다.
- 열과 방사능에 대하여 안정적이어야 한다.
- 냉각재에 대하여 내식성이 있어야 한다.
- 방사선 조사 및 방사능 열에 강해야 한다.
- 기계적 강도가 커야 한다.

06

정답 ②

단중파권의 병렬회로의 수는 항상 2개이며, 단중중권의 병렬회로의 수는 극수(p)와 같다.

07

정답 ④

슬립이 증가해도 최대토크는 항상 일정하다.

비례추이

비례추이는 권선형 유도전동기의 회전자에 외부에서 저항을 접속 후 2차 저항을 변화시킴으로써, 토크는 유지하면서 저항에 비례하여 슬립이 이동한다는 특성을 가지고 있다.

비례추이에서 최대토크는 항상 일정하고 슬립은 2차 저항에 비례하며 저항이 클수록 기동토크는 증가하고 기동전류는 감소한다.

또한 권선형 유도전동기에서만 사용할 수 있으며, 비례추이가 가능한 것은 1, 2차 전류, 역률, 토크, 동기 와트 등이 있고, 비례추이가 불가능한 것은 효율, 동손, 2차 출력 등이 있다.

08

정답 ②

SF_6(육불화유황)가스는 1기압에서 끓는점이 −60℃이고 비중이 공기의 약 5배, 비열이 공기의 0.7배 정도의 기체 절연 재료로서 무색, 무취, 불연, 무독성 기체이다. 공기에 비해 절연강도가 우수하지만, 설비 시 가스가 누출될 수 있으므로 유의하여야 한다.

SF_6 가스의 특징
- 열전달성이 공기보다 약 1.6배 뛰어나다.
- 화학적으로 불활성기체이므로 매우 안정적이다.
- 열적 안정성이 뛰어나 용매가 없는 상태에서 약 500℃까지 분해되지 않는다.
- 무색, 무취, 무해, 불연성 가스이다.
- 소호 능력이 뛰어나다.
- 아크가 안정적이다.
- 절연회복이 빠르다.

09

정답 ④

GIS는 완전히 조립된 상태로 현지에 수송할 수 있으므로 설치작업이 간단하고, 종래 철구형에 비해 설치기간 또한 50%가 단축되므로 설치비용 또한 절감된다.

GIS(Gas Insulated Switchgear)
차단기, 단로기 등의 개폐설비와 변성기, 피뢰기, 주회로 모선 등을 금속제 탱크 내에 일괄적으로 수납하여 충전부는 고체 절연물로 지지하고 있으며 탱크 내부에는 SF_6가스를 절연매체로 하여 충전, 밀봉한 개폐설비 시스템을 말한다.
완전밀폐로 조작 중 소음이 적고 라디오 전파를 줄일 수 있으며 표준화된 조립방식으로 대량생산이 가능하다.
또한 염해 등의 외부 환경에 의한 사고가 거의 없고 인축에 의한 감전사고 또한 거의 없다.

10

정답 ⑤

직렬 콘덴서의 특징
- 선로의 전압강하를 줄인다.
- 수전단 전압변동을 줄인다.
- 정태안정도가 증가시켜 최대 송전전력을 증가시킨다.
- 부하역률이 불량한 선로일수록 효과가 좋다.
- 부하역률의 영향을 받으므로 역률 변동이 큰 선로에 부적합하다.
- 변압기 자기포화와 관련된 철공진, 선로개폐기 단락 고장 시 과전압이 발생한다.
- 철공진, 선로개폐기 단락 고장 시 유도기와 동기기의 자기여자 및 난조 등의 이상현상을 일으킬 수 있다.

11

정답 ①

Y－Y결선의 장점과 단점

장점	단점
• 1, 2차 측 모두 중성점 접지가 가능하여 이상전압을 감소시킬 수 있다. • 중성점 접지가 가능하므로 단절연 방식을 채택할 수 있어 경제적이다. • 선간전압이 상전압의 $\sqrt{3}$ 배이므로 고전압 권선에 적합하다. • 변압비, 권선 임피던스가 서로 달라도 순환전류가 발생하지 않는다.	• 제3고조파 여자전류 통로가 없으므로 유도전압 파형은 제3고조파를 포함한 왜형파가 되어 권선 절연에 부담을 준다. • 변압기 2차 측 중성접이 접지되어 있으면 제3고조파 충전전류가 흘러 통신선에 유도장해를 준다. • 중성점을 비접지한 경우 중성점 불안정으로 단상부하를 공급할 수 없다.

CHAPTER

02 2022년 기출복원문제

01 직업기초능력평가

01	02	03	04	05	06	07	08	09	10	11	12	13	14	15	16	17	18	19	20
②	②	①	④	④	④	④	①	④	②	④	③	①	②	⑤	③	③	③	⑤	④
21	22	23	24	25															
⑤	③	④	②	⑤															

01

정답 ②

제시문의 논지는 서울교통공사에서 임산부 배려문화 조성을 위해 캠페인을 펼쳤음을 알리는 것으로, 제시문에서는 캠페인의 다채로운 내용들이 소개되었다. 이를 아우르는 제목으로는 ② 서울교통공사, 임산부 배려 캠페인 진행이 가장 적절하다.

02

정답 ②

두 번째 문단에 따르면, 미세먼지 차단지수가 표준화되어 있지 않고, 나라와 회사별로 다른 지수를 제시하고 있다.

오답분석

① 첫 번째 문단에 따르면, 초미세먼지 농도가 짙은 지역의 거주하는 사람 중 고령인 사람일수록 피부에 문제가 생길 확률이 증가했다.
③·④ 세 번째 문단에 따르면, 미세먼지가 가장 많이 침투하는 부위는 피부가 얇거나 자주 갈라지는 눈 근처, 코 옆, 입술 등이다. 또한 메이크업을 즐겨하는 사람들은 색조 제품의 특성상 노폐물이 더 잘 붙을 수밖에 없으므로 주의해야 한다.
⑤ 네 번째 문단에 따르면, 미세먼지는 체내의 면역체계를 약하게 만들어서 비염, 편도선염, 폐질환, 피부염 등의 원인이 된다.

03

정답 ①

빈칸의 앞 문장에서는 '문학이 보여 주는 세상은 실제의 세상 그 자체가 아니며'라고 하였고, 빈칸의 뒤 문장에서는 '문학 작품 안에 있는 세상이나 실제로 존재하는 세상이나 그 본질에 있어서는 다를 바가 없다.'고 하였다. 따라서 앞의 내용과 뒤의 내용이 상반됨을 나타내는 접속어인 '그러나'가 가장 적절하다.

04

정답 ④

여섯 번째 문단의 '1년 이상 장기 보관을 원하는 이용객은 매월 직접 결제하지 않아도 구독이 자동 연장돼 편리하게 이용할 수 있다.'는 내용을 통해 확인할 수 있다.

오답분석

① 세 번째 문단에 따르면, 또타스토리지 서비스가 확장되면서 추가된 신규 모델은 0.15평형으로, 1인 가구 등 작은 짐 정도만 보관할 필요가 있는 이용층을 대상으로 합리적인 가격에 제공하는 맞춤 상품이다.
② 다섯 번째 문단의 마지막 문장에 따르면 보관은 1개월부터 가능하며 6개월 이상 이용 시 추가 할인이 제공된다.
③ 다섯 번째 문단에 따르면, 또타스토리지 이용은 서울 지하철 운영시간인 평일(05:00 ~ 25:00), 주말 및 공휴일(05:00 ~ 24:00)에 가능하다.
⑤ 여섯 번째 문단에 따르면, 서울교통공사가 이벤트 차원에서 정기구독 이용자들에게 제공하는 첫 달 추가 이용 기간은 7일이다.

05

정답 ④

'5. 선정자 발표'에 따르면 선정자에게 개별적으로 전화연락을 하지 않으므로 홈페이지에서 확인해야 한다.

오답분석

① '3. 신청대상'에 따르면 신청대상은 초등학생, 청소년, 일반인이므로 유치원생은 해당되지 않는다.
② '4. 체험인원 및 선정방법'에 따르면 체험인원은 30명이므로 적절하다.
③ '6. 체험프로그램 구성'에 따르면 체험시간은 13시에서 16시 40분까지이므로 적절하다.
⑤ '6. 체험프로그램 구성' 중 15시 08분에서 16시 40분에 체험하는 프로그램을 보면 후부운전실 방송 체험이 있다.

06

정답 ④

제시문의 세 번째 문단에서 전기자동차 산업이 확충되고 있음을 언급하면서 구리가 전기자동차의 배터리를 만드는 데 핵심 금속임을 설명하고 있기 때문에 핵심 내용으로는 '전기자동차 산업 확충에 따른 산업금속 수요의 증가'가 가장 적절하다.

오답분석

①·⑤ 제시문에서 언급하고 있는 내용이기는 하나 핵심 내용으로 보기는 어렵다.
② 제시문에서 '그린 열풍'을 언급하고 있으나, 그 현상의 발생 원인은 제시되어 있지 않다.
③ 제시문에서 산업금속 공급난이 우려된다고 언급하고 있으나 그로 인한 문제는 제시되어 있지 않다.

07

정답 ④

C계장은 목적지까지 3시간 내로 이동하여야 한다. 택시를 타고 가면 대전역까지는 15분, 열차대기 15분, KTX – 새마을호의 이동시간 2시간, 열차 환승 10분, 목포역에서 목포의 미팅장소까지는 택시를 타고 20분이 소요된다. 따라서 총 3시간이 걸리므로 ④는 소요시간 면에서 적절한 경로이다. 비용은 택시 6,000원, KTX 20,000원, 새마을호 14,000원, 택시 9,000원으로 총 49,000원이다. 따라서 출장지원 교통비 한도인 50,000원 이내이므로 ④는 비용 면에서 또한 적절한 경로이다.

오답분석

①·② 이동시간이 3시간이 넘어가므로 소요시간 면에서 적절하지 않다.
③·⑤ 이동시간은 3시간 이내이지만, 출장지원 교통비 한도를 넘기 때문에 비용 면에서 적절하지 않다.

08

정답 ①

우선 대전본부, 울산본부, 부산본부에 방문하기 위한 경우의 수는 여러 가지가 있지만, 시간 외 근무수당을 가장 적게 들게 하기 위해서는 열차 이용시간을 최소화하는 것이 중요하다. 따라서 '서울 – 대전 – 울산 – 부산 – 서울' 또는 '서울 – 부산 – 울산 – 대전 – 서울'의 경우를 먼저 고려해야 한다.

• 경우 1

서울 – 대전 – 울산 – 부산 – 서울

시간	일정	시간	일정	시간	일정
09:00 ~ 09:15	회사 → 서울역	12:20 ~ 13:40	대전역 → 울산역	16:20	부산본부 도착
09:20 ~ 10:20	서울역 → 대전역	13:50	울산본부 도착	16:30 ~ 18:00	**회의**
10:30	대전본부 도착	14:00 ~ 15:30	**회의**	18:10	부산역 도착
10:30 ~ 12:00	**회의**	15:40	울산역 도착	18:20 ~ 21:10	부산역 → 서울역
12:10	대전역 도착	15:40 ~ 16:10	울산역 → 부산역	–	–

• 경우 2
서울 – 부산 – 울산 – 대전 – 서울

시간	일정	시간	일정	시간	일정
09:00 ~ 09:15	회사 → 서울역	14:20 ~ 14:50	부산역 → 울산역	18:10	대전본부 도착
09:20 ~ 12:10	서울역 → 부산역	15:00	울산본부 도착	**18:30 ~ 20:00**	**회의**
12:20	부산본부 도착	**15:00 ~ 16:30**	**회의**	20:10	대전역 도착
12:30 ~ 14:00	**회의**	16:40	울산역 도착	20:20 ~ 21:20	대전역 → 서울역
14:10	부산역 도착	16:40 ~ 18:00	울산역 → 대전역	–	–

지역별 회의는 정규 근무시간 내에 이뤄져야 하므로 경우 2는 가능하지 않다. 따라서 경우 1에 의해 09:00에 출발하여 21:10에 서울역에 도착해야 한다. 정규 근무시간 외 초과 근무한 시간은 (21:10)−(18:00)=3시간 10분으로, 총 3시간에 대한 시간 외 근무수당은 [(A대리 수당)+(B사원 수당)]×3=(20,000+15,000)×3=105,000원이다.

09

정답 ④

08번 문제에서 도출한 회의일정을 공유하였다고 했으므로, 회의시간을 지키되 나머지 시간을 고려하여 거래처에 방문하여야 한다. 조건에 따르면 시간 외 근무수당은 앞에서 도출한 금액을 고정한다고 하였으므로, 해당 금액 선에서 최대한 근무할 수 있는 시간이 21:30까지임을 유의하여야 한다. 역이나 지역본부에서 거래처로 가는 시간은 10분씩 걸리고 그 반대의 경우도 동일하다. 또한 지역별로 1곳 이상은 반드시 방문하여야 한다. 모든 조건을 고려하여 시간표를 다시 정리하면 다음과 같다.

시간	일정	시간	일정	시간	일정
09:00 ~ 09:15	회사 → 서울역	13:50	울산 거래처 방문(2)	**16:30 ~ 18:00**	**회의**
09:20 ~ 10:20	서울역 → 대전역	14:00	울산본부 도착	18:10	부산 거래처 방문(4)
10:30	대전본부 도착	**14:00 ~ 15:30**	**회의**	18:20	부산 거래처 방문(5)
10:30 ~ 12:00	**회의**	15:40	울산역 도착	18:30	부산역 도착
12:10	대전 거래처 방문(1)	15:40 ~ 16:10	울산역 → 부산역	18:40 ~ 21:30	부산역 → 서울역
12:20	대전역 도착	16:20	부산 거래처 방문(3)	–	–
12:20 ~ 13:40	대전역 → 울산역	16:30	부산본부 도착	–	–

따라서 A대리는 대전 1곳, 울산 1곳, 부산 3곳으로 총 5곳을 방문할 수 있다.

10

정답 ②

먼저 M사원의 시간당 통상임금을 구하면, 4,493,500원÷209시간=21,500원이다.
주중 초과근무수당이 인정되는 날짜와 시간을 확인하면, 11일 2시간, 12일 2시간, 19일 2시간, 23일 3시간(3시간까지만 인정하므로)이다. 따라서 주중 초과근무수당은 21,500원×1.5×(2시간+2시간+2시간+3시간)=290,250원이다.
다음으로 주말과 공휴일의 초과근무수당을 확인하면, 5일과 27일에 각각 8시간을 채워서(점심시간 1시간 제외) 일당으로 초과근무수당을 받을 수 있다.
따라서 주말과 공휴일의 초과근무수당은 (21,500×8)×1.5×2=516,000원이다.
이를 합한 M사원의 지난달 초과근무수당은 290,250+516,000=806,250원이다.

11

정답 ④

역선택은 시장에서 거래를 할 때 주체 간 정보 비대칭으로 인해 부족한 정보를 가지고 있는 쪽이 불리한 선택을 하게 되어 경제적 비효율이 발생하는 상황을 말한다. 따라서 역선택의 사례에 해당하는 것은 ㉡·㉢이다.

오답분석

㉠·㉣ 도덕적 해이와 관련된 사례이다.

도덕적 해이

감추어진 행동이 문제가 되는 상황에서 정보를 가진 측이 정보를 가지지 못한 측의 이익에 반하는 행동을 취하는 경향을 말한다. 역선택이 거래 이전에 발생하는 문제라면, 도덕적 해이는 거래가 발생한 후 정보를 더 많이 가지고 있는 사람이 바람직하지 않은 행위를 하는 것을 말한다.

12

정답 ③

㉠·㉣은 윤리적인 문제에 대하여 제대로 인식하지 못한 채 취해야 할 행동을 취하지 않는 도덕적 타성에 속하고, ㉡·㉢은 자신의 행위가 나쁜 결과를 가져올 수 있다는 것을 모르는 도덕적 태만에 속한다.

비윤리적 행위의 유형

- 도덕적 타성 : 직면한 윤리적 문제에 대하여 무감각하거나 행동하지 않는 것을 말한다.
- 도덕적 태만 : 비윤리적인 결과를 피하기 위하여 일반적으로 필요한 주의나 관심을 기울이지 않는 것을 말한다.
- 거짓말 : 상대를 속이려는 의도로 표현되는 메시지를 말한다.

13

정답 ①

더글러스가 자사의 기술적 불가능에도 불구하고 가능하다고 거짓으로 답장을 보냈다면, 책임의식과 전문가의식에 어긋난 행동이 된다.

직업윤리 덕목

- 소명의식 : 나에게 주어진 일이라 생각하며, 반드시 해야 한다고 생각하는 태도를 말한다.
- 천직의식 : 태어나면서 나에게 주어진 재능이라고 생각하는 태도를 말한다.
- 직분의식 : 자아실현을 통해 사회와 기업이 성장할 수 있다는 자부심을 말한다.
- 책임의식 : 책무를 충실히 수행하고 책임을 다하는 태도를 말한다.
- 전문가의식 : 자신의 일이 누구나 할 수 있는 것이 아니라 해당 분야의 지식과 교육을 바탕으로 성실히 수행해야만 가능한 것이라고 믿고 수행하는 태도를 말한다.
- 봉사의식 : 내가 한 일이 소비자에게 행복함을 준다고 믿고 수행하는 태도를 말한다.

14

정답 ②

더글러스는 소음방지 장치를 약속할 수 없다고 하면서 이스턴 항공사와 계약을 하지 못할 경우 발생할 수 있는 매출로 인한 단기적 이익 및 주변의 부러움을 포기하였지만, 직업윤리를 선택함으로써 명예로움과 양심을 얻을 수 있다.

15

정답 ⑤

근면에는 스스로 자진해서 행동하는 근면과 외부로부터 강요당한 근면이 있다. ⑤는 외부(상사의 지시)로부터 강요당한 근면으로 다른 사례들과 성격이 다르다.

16

정답 ③

고객 불만처리 프로세스 중 '해결 약속' 단계에서는 고객이 불만을 느낀 상황에 대해 관심과 공감을 보이며, 문제의 빠른 해결을 약속해야 한다.

고객 불만처리 프로세스 8단계
1. 경청 단계
2. 감사와 공감 표시 단계
3. 사과 단계
4. 해결 약속 단계
5. 정보 파악 단계
6. 신속 처리 단계
7. 처리 확인과 사과 단계
8. 피드백 단계

PART 1

17

정답 ③

K대리의 성과평가 등급을 통해 개인 성과평가 점수에 가중치를 적용하여 점수로 나타내면 다음과 같다.

실적	난이도평가	중요도평가	신속성	합계
30×1=30점	20×0.8=16점	30×0.4=12점	20×0.8=16점	74점

따라서 K대리는 80만 원의 성과급을 받게 된다.

18

정답 ③

지사별 최단거리에 위치한 곳은 '대전 – 김천(90km)', '김천 – 부산(120km)', '부산 – 진주(100km)'이다. 따라서 K대리가 방문할 지사를 순서대로 나열하면 '김천 – 부산 – 진주'이다.

19

정답 ⑤

물품 A 2박스와 물품 B 1박스를 한 세트로 보면 다음과 같이 쌓을 수 있다.

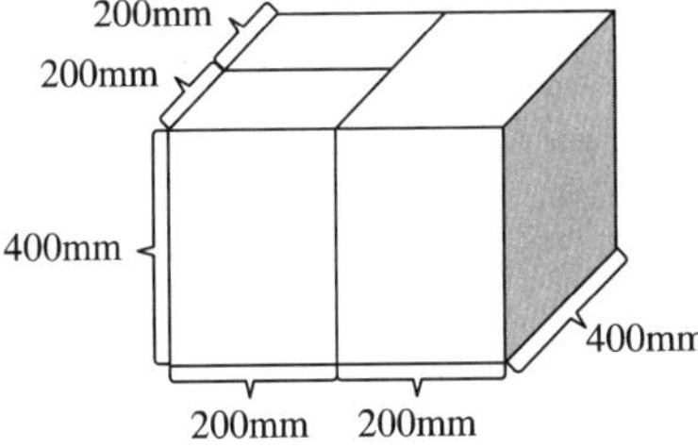

최종적으로 물품 한 세트의 규격은 (L) 400mm×(W) 400mm×(H) 400mm로 볼 수 있다.

해당 규격으로 20ft 컨테이너에 넣을 때의 세트의 개수는 다음과 같다.

- 6,000mm÷400mm =15세트
- 2,400mm÷400mm=6세트
- 2,400mm÷400mm=6세트

따라서 모두 15×6×6=540세트를 넣을 수 있고, 3박스가 결합되어야 하므로 총 540×3=1,620박스를 실을 수 있다.

20

정답 ④

연령계층별 경제활동 참가율을 구하면 다음과 같다.

- 15 ~ 19세 : $\frac{265}{2,944}\times 100 ≒ 9.0\%$
- 20 ~ 29세 : $\frac{4,066}{6,435}\times 100 ≒ 63.2\%$
- 30 ~ 39세 : $\frac{5,831}{7,519}\times 100 ≒ 77.6\%$
- 40 ~ 49세 : $\frac{6,749}{8,351}\times 100 ≒ 80.8\%$

• 50 ~ 59세 : $\frac{6,238}{8,220}\times100 ≒ 75.9\%$ • 60세 이상 : $\frac{3,885}{10,093}\times100 ≒ 38.5\%$

경제활동 참가율이 가장 높은 연령대는 40 ~ 49세이고, 가장 낮은 연령대는 15 ~ 19세이다.
따라서 두 연령대의 차이는 80.8−9.0=71.8%p이다.

21

정답 ⑤

총무부서 직원은 총 250×0.16=40명이다. 2021년과 2022년의 독감 예방접종 여부가 총무부서에 대한 자료라면, 총무부서 직원 중 2021년과 2022년의 예방접종자 수의 비율 차는 56−38=18%p이다. 따라서 40×0.18≒7.2이므로 7명 증가하였다.

오답분석

① 2021년의 독감 예방접종자 수는 250×0.38=95명, 2022년의 독감 예방접종자 수는 250×0.56=140명이므로, 2021년에는 예방접종을 하지 않았지만, 2022년에는 예방접종을 한 직원은 총 140−95=45명이다.

② 2021년의 예방접종자 수는 95명이고, 2022년의 예방접종자 수는 140명이다. 따라서 $\frac{140-95}{95}\times100 ≒ 47\%$p 이상 증가했다.

③ 2021년에 예방접종을 하지 않은 직원들을 대상으로 2022년의 독감 예방접종 여부를 조사한 자료라고 한다면, 2021년과 2022년 모두 예방접종을 하지 않은 직원은 총 250×0.62×0.44≒68명이다.

④ 2022년에 제조부서를 제외한 직원은 250×(1−0.44)=140명이고, 2022년 예방접종을 한 직원은 250×0.56=140명이다. 따라서 제조부서 중 예방접종을 한 직원은 없다.

22

정답 ③

2021년에 예방접종을 한 직원은 250×0.38=95명이고, 부서별 예방접종을 한 직원은 250×(0.08+0.06+0.14)=70명이다. 즉, 제조부서 직원 중 예방접종을 한 직원은 95−70=25명이다. 제조부서 직원은 총 250×0.44=110명이므로 제조부서 직원 중 2021년에 예방접종을 한 직원의 비율은 $\frac{25}{110}\times100 ≒ 22\%$이다.

23

정답 ④

K씨는 창업을 하기로 결심하고 퇴사 후 현재는 새로운 경력을 가지기 위해 관련 서적을 구매하거나 박람회에 참여하는 등 창업에 대한 정보를 탐색하고 있다. 이는 경력개발 단계 중 자신에게 적합한 직업이 무엇인지를 탐색하고 이를 선택한 후, 여기에 필요한 능력을 키우는 과정인 직업 선택 단계로 사람에 따라 일생 동안 여러 번 일어날 수도 있다.

경력개발 단계

1. 직업 선택 단계 : 자신에게 적합한 직업이 무엇인지를 탐색하고, 이를 선택하는 단계를 말한다.
2. 조직 입사 단계 : 선택한 직업에 따라 조직생활을 시작하는 단계를 말한다.
3. 경력 초기 단계 : 자신이 맡은 업무의 내용을 파악하고, 새로 들어간 조직의 규칙이나 규범, 분위기를 알고 적응해 나가는 단계를 말한다.
4. 경력 중기 단계 : 자신이 그동안 성취한 것을 평가하고, 생산성을 그대로 유지하는 단계를 말한다.
5. 경력 말기 단계 : 조직의 생산적인 기여자로 남고 자신의 가치를 지속적으로 유지하기 위하여 노력하는 동시에 퇴직을 고려하는 단계를 말한다.

24

정답 ②

조직을 관리하는 대표는 리더(Leader)와 관리자(Manager)로 나눌 수 있다. '무엇을 할까'를 생각하면서 적극적으로 움직이는 사람은 리더이고, 처해 있는 상황에 대처하기 위해 '어떻게 할까'를 생각하는 사람은 관리자이다. 따라서 적절하지 않은 것은 ②이다.

25

정답 ⑤

업무 차원은 임파워먼트의 장애요인에 해당하지 않는다.

임파워먼트의 장애요인

- 개인 차원 : 주어진 일을 해내는 역량의 결여, 대응성, 동기 결여, 결의 부족, 책임감 부족, 성숙 수준의 전반적인 의존성, 빈곤의 정신 등
- 대인 차원 : 다른 사람과의 성실성 결여, 약속 불이행, 성과를 제한하는 조직의 규범(Norm), 갈등처리 능력의 결여, 승패의 태도 등
- 관리 차원 : 효과적 리더십 발휘능력 결여, 경험 부족, 정책 및 기획의 실행능력 결여, 통제적 리더십 스타일, 비전의 효과적 전달능력 결여 등
- 조직 차원 : 공감대 형성이 없는 구조와 시스템, 제한된 정책과 절차 등

PART 1

02 직무수행능력평가

| 01 | 기계

01	02	03	04	05	06				
③	①	②	⑤	②	⑤				

01

정답 ③

볼 베어링(Ball Bearing)은 전동체로 구체 모양의 볼을 사용하는 구름 베어링(Rolling Bearing)의 일종으로, 슬리브 베어링(Sleeve Bearing) 다음으로 흔히 볼 수 있는 베어링이다. 가격이 저렴해 대량생산에 용이하며 크기와 내구도가 적당해 시중에서 쉽게 구할 수 있다. 기본 구성요소는 외륜, 내륜, 볼, 케이지(혹은 리테이너)이며, 케이지의 재질은 스틸 케이지와 나일론 케이지가 있다.

02

정답 ①

인바는 철(Fe)에 35%의 니켈(Ni), 0.1 ~ 0.3%의 코발트(Co), 0.4%의 망간(Mn)이 합금된 불변강의 일종으로, 상온 부근에서 열팽창계수가 매우 작아서 길이 변화가 거의 없기 때문에 줄자나 측정용 표준자, 바이메탈용 재료로 사용한다.

오답분석

② 인코넬 : 내열성과 내식성이 우수한 니켈 합금의 일종이다.
③ 두랄루민 : 가공용 알루미늄 합금으로 알루미늄(Al)+구리(Cu)+마그네슘(Mg)+망간(Mn)으로 이루어진 재료이다. 고강도로서 항공기나 자동차용 재료로 사용된다.
④ 하이드로날륨 : 내식성과 용접성이 우수한 알루미늄 합금으로 알루미늄(Al)에 10%의 마그네슘(Mg)을 첨가하여 내식성을 크게 향상시킨 재료로, 철도 차량이나 여객선의 갑판 구조물용으로 사용된다.
⑤ 퍼멀로이 : 니켈과 철의 이원합금(Ni – Fe계 합금)으로 고투자율(High Permeability)을 나타낸다. 자기장 차폐 효과가 탁월하며 절곡, 절단 등 함체 가공이 용이하다.

03

정답 ②

그라쇼프 수는 열전달 이론에서 사용되는 무차원 파라미터로 자유대류 내에서 유체에 작용하는 점성력에 대한 부력의 비로 정의되며, 다음과 같이 표현된다.

$$G_r = \frac{(\text{부력})}{(\text{점성력})} = (g/T_0)(L^3 \triangle T/\nu^2)$$

이때, g는 중력가속도, T_0는 기준 상태에서의 온도, L은 길이규모, $\triangle T$는 유체 온도와 T_0 사이의 차, ν는 동점성계수이다.

오답분석

① 레일리 수(Ra; Rayleigh Number) : 유체 사이의 열전달 과정에서 자유대류와 관련된 무차원 수로서, 부력과 열 이류의 곱 그리고 점성력과 열 전도의 곱 사이의 비로 정의된다.
③ 넛셀 수(Nu; Nusselt Number) : 어떤 유체 층을 통과하는 대류에 의해 일어나는 열전달의 크기와 동일한 유체 층을 통과하는 전도에 의해 일어나는 열전달의 크기의 비로 정의된다.
④ 레이놀즈 수(Re; Reynolds Number) : 점성력에 대한 관성력의 비로, 점성력이 커서 유체가 매우 느리게 운동하는 경우의 레이놀즈 수는 작으며, 레이놀즈 수가 작으면 유체흐름은 층류가 된다. 반면 유체가 빠르게 움직이거나 점성력이 작은 경우의 레이놀즈 수는 크며, 난류가 발생한다.
⑤ 프란틀 수(Pr; Prandtl Number) : 열 확산도에 대한 운동량 확산도의 비 또는 열 이류와 점성력의 곱과 열 확산과 관성력의 곱 사이의 무차원 수이다.

04

정답 ⑤

피복제는 아크열에 의해 분해되는 가스를 많이 발생시키며, 이 가스는 용융금속과 아크를 대기로부터 보호한다.
㉠~㉤ 모두 피복제의 역할에 해당한다.

05

정답 ②

엔트로피는 가역 단열일 때 일정하다. 교축과정은 비가역 단열과정이므로, 엔트로피는 항상 증가한다. 따라서 ㉣은 옳지 않다.

06

정답 ⑤

넛셀 수는 열전달 계수로, 다음과 같이 표현된다.

$$Nu = \frac{hL}{\kappa}$$

이때, κ는 유체의 열전도도, h는 대류열전달계수, L은 특성 길이이다.
$Nu=1$이면 유체 층을 통과하는 대류와 전도가 같다는 것이고, 넛셀 수가 크면 클수록 대류가 더 활발하다는 의미이다.

| 02 | 전기

01	02	03	04	05	06				
②	②	①	①	③	④				

01

정답 ②

변압기유는 절연내력과 냉각효과가 커야 하고, 절연유는 고온에서 화학적 반응을 일으키면 안 된다. 또한 침식, 침전물이 생기지 않고, 응고점은 낮고, 발화점이 높아야 하며, 산화되지 않아야 한다.

02

정답 ②

• 전류 $i(t) = \frac{E}{R}\left(e^{-\frac{1}{RC}t}\right)$

• 시정수 $\tau = RC \rightarrow R = \frac{\tau}{C}$

여기에 $\tau=1$, $C=1\times10^{-6}$을 대입하면 다음과 같다.

$$R=\frac{1}{1\times10^{-6}}=1\times10^{6}\,\Omega=1\text{M}\Omega$$

03

정답 ①

- 누설 임피던스 $Z_{21}=\frac{V_s'}{I_{1s}}=\frac{300}{7.27}=41.26\,\Omega$

  $I_{1s}=\frac{I_{2s}}{a}=\frac{200\times120}{3,300}=7.27\text{A}$

- 임피던스 전압 $V_s=I_{1n}Z_{21}=3.03\times41.26=125\text{V}$

  $I_{1n}=\frac{P}{V_1}=\frac{10\times10^{3}}{3,300}=3.03\text{A}$

따라서 (백분율 임피던스 강하)$=\frac{V_s}{V_{1n}}\times100=\frac{125}{3,300}\times100\fallingdotseq3.8\%$이다.

04

정답 ①

$P=VI$에서 $I=\frac{P}{V}=40\text{A}$

$V=IR$에서 $R=\frac{V}{I}=\frac{100}{40}=2.5\Omega$

$E=V+I_aR_a=100+(40\times2.5)=106\text{V}$

$E'=E\times\frac{1,200}{1,500}=84.8\text{V}$

$P=VI$에서 $I=\frac{P}{V}=40\text{A}$

$V=IR$에서 $R=\frac{V}{I}=\frac{100}{40}=2.5\Omega$

$E=V+I_aR_a=106\text{V}$

$E'=E\times\frac{1,200}{1,500}=84.8\text{V}$

따라서 부하 전류 $I_a'=\frac{E'}{R_a+R}=32\text{A}$이며,

단자 전압 $V'=E'-I_a'R_a=84.8-32\times0.15=80\text{V}$이다.

05

정답 ③

- 역률개선 전 무효전력 $Q_1=P_a\times\sin\theta_1=100\times0.8=80\text{kVar}$
- 역률개선 후 무효전력 $Q_2=P_a\times\sin\theta_2=100\times\sqrt{1-0.9^2}=43.59\text{kVar}$

따라서 소요되는 전력용 콘덴서의 용량은 다음과 같다.

$Q=Q_1-Q_2=80-43.59=36.41\text{kVA}$

06

정답 ④

전선은 허용전류(최대안전전류) 및 도전율이 크고, 기계적 강도 및 인장강도가 커야 한다. 반면 고유저항, 전압강하 및 전력손실은 작아야 한다.

CHAPTER

03 2021년 기출복원문제

01 직업기초능력평가

01	02	03	04	05	06	07	08	09	10	11	12	13							
④	④	③	②	③	①	④	③	①	④	④	③	③							

01

정답 ④

S대리 가족은 어른 2명과 어린이 2명이므로, 선택지에 해당하는 교통수단 이용순서에 따라 조건에 부합하는 요금을 계산하면 다음 표와 같다.

구분	교통수단	비용		
		어른	어린이	총비용
①	지하철 → 지하철 → 기차	(1,850원+1,250원+4,800원)×2명 =15,800원	(1,850원×0.4)+(1,250원×0.4) +(4,800원×0.5×2명)=6,040원	21,840원
②	버스 → 지하철 → 기차	(2,500원+1,250원+4,800원)×2명 =17,100원	(2,500원×0.2)+(1,250원×0.4) +(4,800원×0.5×2명)=5,800원	22,900원
③	지하철 → 버스 → 기차	(1,850원+1,200원+4,800원)×2명 =15,700원	(1,850원×0.4)+(1,200원×0.2) +(4,800원×0.5×2명)=5,780원	21,480원
④	기차 → 버스 → 지하철	(2,700원+1,200원+2,150원)×2명 =12,100원	(2,700원×0.5×2명)+(1,200원×0.2) +(2,150원×0.4)=3,800원	15,900원
⑤	기차 → 지하철 → 버스	(2,700원+1,250원+3,000원)×2명 =13,900원	(2,700원×0.5×2명)+(1,250원×0.4) +(3,000원×0.2)=3,800원	17,700원

따라서 수원역에서 가평역까지 소요시간에 상관없이 기차를 한 번 이용하여 최소비용으로 가는 방법은 '기차 → 버스 → 지하철'이며, 총비용은 15,900원임을 알 수 있다.

02

정답 ④

선택지에 해당하는 교통수단 순서에 따른 소요시간 및 총비용은 다음과 같다.

구분	교통수단	소요시간	총비용
①	지하철 → 지하철 → 기차	63분+18분+38분=119분	21,840원
②	버스 → 지하철 → 기차	76분+18분+38분=132분	22,900원
③	지하철 → 버스 → 기차	63분+40분+38분=141분	21,480원
④	기차 → 버스 → 지하철	32분+18분+77분=127분	16,260원
⑤	기차 → 지하철 → 버스	32분+18분+164분=214분	17,700원

따라서 소요시간이 140분 이내인 교통수단은 ①·②·④이며, 그중 최소비용은 ④이므로 '기차 → 버스 → 지하철' 순서로 이용한다.

03

정답 ③

A ~ C길을 이용할 때 드는 비용[(통행료)+(총주유비)]은 다음과 같다.

- A길 : 4,500원+124원/km×98.28km≒16,690원
- B길 : 4,400원+124원/km×97.08km≒16,440원
- C길 : 6,600원+124원/km×102.35km≒19,290원

따라서 최대비용이 드는 C길과 최소비용이 드는 B길의 금액 차이는 19,290−16,440=2,850원이다.

04

정답 ②

정거장 개수와 환승 횟수가 최소인 경로를 찾아야 한다.

①

경로	E상사 → C전기모터	C전기모터 → A전선	A전선 → B방재	B방재 → D화학	합계
정거장(개)	10	1	3	6	20
환승(회)	1	0	0	1	2

②

경로	E상사 → D화학	D화학 → B방재	B방재 → A전선	A전선 → C전기모터	합계
정거장(개)	7	6	3	1	17
환승(회)	1	1	0	0	2

③

경로	E상사 → B방재	B방재 → A전선	A전선 → C전기모터	C전기모터 → D화학	합계
정거장(개)	7	3	1	10	21
환승(회)	0	0	0	2	2

④

경로	E상사 → A전선	A전선 → C전기모터	C전기모터 → B방재	B방재 → D화학	합계
정거장(개)	10	1	4	6	21
환승(회)	0	0	1	1	2

⑤

경로	E상사 → D화학	D화학 → C전기모터	C전기모터 → B방재	B방재 → A전선	합계
정거장(개)	7	10	4	3	24
환승(회)	1	2	1	0	4

따라서 가장 효율적으로 이동할 수 있는 순서는 ②이다.

05

정답 ③

- 건대입구역(E상사) – 천호역(D화학) : 7×3분+6분=27분
- 천호역(D화학) – 삼성역(B방재) : 6×3분+6분=24분
- 삼성역(B방재) – 강남역(A전선) : 3×3분=9분
- 강남역(A전선) – 양재역(C전기모터) : 1×3분=3분

따라서 최소 이동시간은 27+24+9+2=62분이다.

06

정답 ①

㉠ 업무적인 만남에서 가장 일반적인 인사법인 악수에 있어 우리나라는 가벼운 목례를 함께 하지만, 서양의 경우 목례 없이 허리를 세우고 하는 것이 예의이다. 따라서 상대방의 국적에 따라 악수의 방법도 다르게 하여야 한다.

㉡ 인사법 중 하나인 악수는 윗사람이 아랫사람에게 청하는 것이 예의이므로 적절하지 않은 내용이다.

오답분석

㉢ 직장 내에서 행하는 서로 간의 모든 행동은 서로 간의 관계에 영향을 줄 뿐 아니라, 나아가 업무 성과에 까지 영향을 미칠 수 있는 요소이므로 적절한 내용이다.

㉣ 통신 기술의 발달로 인해 이메일 및 SNS 등과 같은 매체들이 많이 활용되고 있다. 하지만 통신 매체에서는 상대방의 표정이나 음성과 같은 비언어적인 요소가 빠져 있기 때문에, 같은 글일지라도 읽는 사람에 따라 다양하게 해석될 수 있다. 따라서 통신상에서는 오해가 발생하지 않도록 주의하여야 한다.

07

정답 ④

제시된 사례에서 S씨는 자신의 흥미·적성 등을 제대로 파악하지 못한 채 다른 사람을 따라 목표를 세웠고, 이를 제대로 달성하지 못하였다. 이처럼 자신의 흥미·적성 등을 제대로 파악하지 못하면 많은 노력을 하여도 성과로 연결되기가 쉽지 않다.

08

정답 ③

㉠ 우리가 성찰이라는 과정을 행하는 이유는 자신의 부족한 부분을 찾아 이를 보완하고 개선하기 위함이며, 부족한 부분과 관련된 업무를 하지 않기 위한 것은 아니다.

㉣ 창의적인 사람은 따로 존재하지 않으며, 창의적인 생각은 반복적인 성찰의 과정을 통해 만들어지는 것이다. 따라서 사람마다 가지고 태어난 창의성의 정도에 차이가 있다는 말은 옳지 않다.

오답분석

㉡ 성찰이라는 과정을 통해 우리는 현재 나의 부족한 부분을 채울 수 있으므로, 미래에 발생할 수 있는 실수를 줄일 수 있다. 또한 이와 같은 꾸준한 성찰의 과정을 통해 우리 자신 역시 성장할 수 있는 기회를 제공받게 된다.

㉢ 성찰을 통해 우리는 자신의 부족한 부분에 대해 개선할 수 있어 동일한 실수의 재발을 방지할 수 있다. 나아가 이러한 과정들은 타인에게 자신에 대한 신뢰감을 형성시켜 주는 밑거름이 될 것이다.

09

정답 ①

업무수행 성과를 향상시키기 위해서는 해야 할 일을 미루지 말고 지금 바로 해야 한다. 또한 그 순서는 긴급도보다 중요도에 따라 결정하는 것이 바람직하다.

오답분석

② 전문가 의견에 따르면, 유사한 성격의 업무를 함께 처리할 경우, 이에 소요되는 시간이 감소한다고 한다. 따라서 유사한 성격의 업무를 함께 처리하는 것은 업무수행 성과를 향상시키는 전략에 해당한다.

③ 자신이 소속된 공동체의 규율은 그 분야의 전문가들에 의해 정해진 것이기 때문에, 소속된 자는 반드시 해당 규율을 지키면서, 그 범위 내에서 자신의 업무수행 방식을 탐색하여야 한다.

④ 기존부터 행해진 다른 사람의 업무수행 방식을 따르기보다 다양한 방식으로 업무를 수행할 경우, 이전에는 생각지도 못한 효율적인 업무처리 방식을 발견할 수 있으므로 이를 통해 업무수행 성과 역시 향상시킬 수 있다.

⑤ 자신보다 뛰어난 업무처리 능력을 가진 사람을 역할 모델로 선정할 경우, 자신의 부족한 부분을 그의 업무처리 방식을 보고 배울 수 있어, 자신의 업무수행 성과를 향상시킬 수 있게 된다.

10

정답 ④

경력개발 단계는 직업 선택, 조직 입사, 경력 초기, 경력 중기, 경력 말기로 나눌 수 있으며, 또 각 경력 단계는 준비 단계, 실행 단계, 완료 단계로 나눌 수 있다. 이 중 경력 중기의 질문은 실행단계에서 할 수 있는 질문으로, 다른 선택지 질문들의 시기인 완료 단계와 그 시기가 다르다. 경력 중기의 완료 단계에서 할 수 있는 질문으로 적절한 것은 "당신이 업무에 숙달한 이후 계획했던 것들에 대한 성취도는 어떻게 되는가?"와 같은 것들이다.

11

정답 ④

반복적인 업무로 지친 팀원들에게 새로운 업무의 기회를 부여하는 것은 팀원들에게 동기를 부여할 수 있는 효과적인 방법이다. 팀원들은 매일 해 왔던 업무와 전혀 다른 일을 처리하면서 새로운 도전이 주는 자극과 스릴감을 가지게 될 것이며, 나아가 자신의 능력을 인정받았다는 뿌듯함과 성취감을 느낄 수 있다.

오답분석

① 자신의 책임을 전가하는 팀원들에게 필요한 방법이므로 A팀장의 상황에 대한 조언으로는 거리가 멀다.
② 코칭은 문제를 함께 살피고 지원하며, 지도 및 격려하는 활동을 말하므로 A팀장의 상황에 대한 조언으로는 거리가 멀다.
③ 지속적인 교육은 팀원들에게 성장의 기회를 제공하는 방법이므로 A팀장의 상황에 대한 조언으로는 거리가 멀다.
⑤ 칭찬과 격려는 팀원들에게 동기를 부여하는 긍정적 강화법으로 볼 수 있으므로 A팀장의 상황에 대한 조언으로는 거리가 멀다.

12

정답 ③

제시된 설명은 실무형 멤버십 유형에 대한 내용이다.

멤버십 유형

구분	소외형	순응형	실무형	수동형
자아상	• 자립적인 사람 • 일부러 반대 의견 제시 • 조직의 양심	• 기쁜 마음으로 과업 수행 • 팀플레이를 함 • 리더나 조직을 믿고 헌신함	• 조직의 운영방침에 민감 • 사건을 균형 잡힌 시각으로 봄 • 규정과 규칙에 따라 행동함	• 판단, 사고를 리더에 의존 • 지시가 있어야 행동함
동료 / 리더의 시각	• 냉소적 • 부정적 • 고집이 셈	• 아이디어가 없음 • 인기 없는 일은 하지 않음 • 조직을 위해 자신과 가족의 요구를 양보함	• 개인의 이익을 극대화하기 위한 흥정에 능함 • 적당한 열의와 평범한 수완으로 업무 수행	• 하는 일이 없음 • 제 몫을 하지 못함 • 업무 수행에는 감독이 반드시 필요
조직에 대한 자신의 느낌	• 자신을 인정해 주지 않음 • 적절한 보상이 없음 • 불공정하고 문제가 있음	• 기존 질서를 따르는 것이 중요 • 리더의 의견을 거스르는 것은 어려운 일임 • 획일적인 태도 행동에 익숙함	• 규정 준수를 강조 • 명령과 계획의 빈번한 변경 • 리더와 부하 간의 비인간적 풍토	• 조직이 나의 아이디어를 원치 않음 • 노력과 공헌을 해도 아무 소용이 없음 • 리더는 항상 자기 마음대로 함

13

정답 ③

고객이 항의를 할 경우, 이를 해결하기 위해 꼭 필요한 정보를 수집하여야 하며, 이를 통해 최선의 방법을 모색한다. 단, 최선의 방법을 찾기 어려운 경우라면, 항의를 한 고객에게 직접 해결방법을 구하도록 한다.

오답분석

① 고객이 항의를 할 경우, 해당 고객에 대한 선입견을 버리고 고객의 항의 내역을 끝까지 경청하여야 한다.
② 고객이 항의를 할 경우, 해당 고객의 항의에 대해 자신이 공감하고 있음을 표현한다. 또 고객이 자신의 시간을 할애하여 자사의 문제를 해결할 기회를 제공한 것에 감사함을 표현한다.
④ 고객항의에 대한 처리내역을 상급자가 아닌 항의를 한 해당 고객에게 알려, 자사의 해결방식에 대해 고객의 만족 여부를 확인한다.
⑤ 고객의 항의와 관련된 내역을 해당 고객과 자사 홈페이지가 아닌 회사와 전 직원에게 공개해, 추후 동일한 문제가 재발되지 않도록 주의시킨다.

| 01 | 기계

01	02	03	04	05	06	07	08		
②	①	②	②	②	③	②	②		

01

정답 ②

• [기체상수(R)]$=\frac{8,314}{m}$[J/kg・K]

이때, m은 분자량이다.

따라서 분자량이 30인 에탄의 기체상수는 $\frac{8,314}{m}=\frac{8,314}{30}$≒277J/kg・K=0.277kJ/kg・K이다.

02

정답 ①

오일러 수는 자연로그의 밑수로 상수이며, 그 값은 2.7이다.

오답분석

② (레이놀즈 수)$=\frac{\text{(관성력)}}{\text{(점성력)}}$

③ (프루드 수)$=\frac{\text{(관성력)}}{\text{(중력)}}$

④ (웨버 수)$=\frac{\text{(관성력)}}{\text{(표면장력)}}$

⑤ (리처드슨 수)$=\frac{\text{(중력에너지 변화량)}}{\text{(운동에너지 변화량)}}$

무차원 수
관측 단위와 독립된 값을 가진 수로 차원 분석에서 얻을 수 있다. 그 종류는 로스비 수, 레이놀즈 수, 리처드슨 수, 슈미트 수, 프루드 수, 페클렛 수, 스탠턴 수, 그라쇼프 수, 레일리 수 등이 있다.

03

정답 ②

구상 흑연 주철은 황 성분이 적은 선철을 용해로 및 전기로에서 용해한 후 주형에 주입 전 마그네슘, 세륨, 칼슘 등을 첨가시켜 흑연을 구상화하여 보통 주철보다 강력한 성질을 가진 주철이다.

오답분석

① 합금 주철 : 보통주철에 니켈, 구리 등을 첨가하여 특수강 성질을 갖게 한 주철이다.
③ 칠드 주철 : 표면의 경도를 높게 만들기 위해 금형에 접해서 주철용탕을 응고하고, 급랭하여 제조한 주철이다.
④ 가단 주철 : 주조성이 좋은 주철을 용해하여 열처리를 함으로써 견인성을 높인 주철이다.
⑤ 백주철 : 회주철을 급랭시킨 주철로 파단면이 백색을 띠며, 흑연의 함유량이 매우 적고, 다른 주철보다 시멘타이트의 함유량이 많아서 단단하지만 취성이 있는 주철이다.

04

정답 ②

전위 기어(Profile Shifted Gear)는 래크공구의 기준 피치선(이 두께와 홈의 길이가 같은 곳)이 기어의 기준 피치원에 접하지 않는 기어이다. 전위량은 래크공구의 기준 피치선과 기어의 기준 피치원과의 거리를 말하는데, 전위 기어는 표준 기어에 비해 최소 잇수를 적게 할 수 있다.

전위 기어(Profile Shifted Gear)의 사용목적

- 언더컷 방지
- 물림률 증가
- 이의 강도 증가
- 표준 기어에 비해 최소 잇수 감소
- 두 기어 간 중심거리의 자유로운 변화

※ 물림률(Contact Ratio) : 동시에 물릴 수 있는 이의 수로, 물림길이를 법선피치로 나눈 값을 말한다.

05

정답 ②

자유표면(수면)이 존재할 경우 프루드 수나 레이놀즈 수가 같아야 역학적 상사성이 존재하지만, 자동차 풍동시험의 경우 수면이 존재하지 않는 유체의 흐름이므로 자유표면이 없으면 레이놀즈 수가 모형과 원형의 값이 같아야 한다. 따라서 선체와 자동차 풍동시험은 역학적 상사를 이루기 위해 공통적으로 레이놀즈 수가 같은지의 여부를 고려해야 한다.

오답분석

① 마하 수 : 유체의 유동속도와 음속의 비를 나타내는 용어로서 무차원 수이다.
③ 오일러 수 : 유체의 압력 변화와 밀도와 유체의 속도 간 관계를 나타낸 무차원 수이다.
④ 프루드 수 : 유체 유동을 관성과 중력의 비로 나타내는 무차원 수로, 유동의 역학적 상사성을 판단하기 위해 사용한다. 자유표면 유동 해석에 중요한 영향을 미친다.
⑤ 웨버 수 : 계면장력의 영향을 나타내는 무차원 수이다.

06

정답 ③

헬리컬 기어는 바퀴 주위에 비틀린 이가 절삭되어 있는 원통 기어로, 톱니 줄기가 비스듬히 경사져 있어 헬리컬이라고 한다. 헬리컬 기어는 평 기어보다 큰 힘을 전달할 수 있어 회전이 원활하고 조용하지만, 기어 제작이 어렵다는 단점이 있다. 주로 감속 장치나 동력의 전달 등에 사용된다. 방향이 서로 다른 헬리컬 기어를 조합하여 산(山) 모양의 톱니로 만든 것을 2중 헬리컬 기어라고 하며, 이 중 가운데 홈이 없이 좌・우 기어의 톱니가 중앙에서 만나는 것을 헤링본 기어(Herringbone Gear)라고 한다.

07

정답 ②

가운데가 빈 중공축이 정하중으로 굽힘모멘트(σ_a)만 받는 경우는 다음과 같다.

$M=\sigma_a \times Z$

$M=\sigma_a \times \dfrac{\pi d_2^3(1-x^4)}{32}$

이 식을 바깥지름(d_2)으로 정리하면 다음과 같다.

$\dfrac{32M}{\pi(1-x^4)\sigma_a}=d_2^3$

$\sqrt[3]{\dfrac{32M}{\pi(1-x^4)\sigma_a}}=d_2$

따라서 정답은 ②이다.

PART 1

단면계수(Z)

중실축 단면계수	중공축 단면계수
$\frac{\pi d_2^3}{32}$	$\frac{\pi d_2^3(1-x^4)}{32}$ x(내외경비)$=\frac{d_1}{d_2}$

08

정답 ②

경도 시험은 재료의 표면경도를 측정하기 위한 시험으로, 강구나 다이아몬드와 같은 압입자에 일정한 하중을 가한 후 시험편에 나타난 자국을 측정하여 경도값을 구한다.

| 03 | 전기

01	02	03	04	05	06	07	08		
③	③	④	②	②	①	③	①		

01

정답 ③

RLC 직렬회로

임피던스 $Z=R+j(X_L-X_C)[\Omega]$

$X_L=j\omega L=j(5{,}000\times32\times10^{-3})=j160$

$X_C=\frac{1}{j\omega C}=\frac{1}{j(5{,}000\times5\times10^{-6})}=\frac{40}{j}=j40$

$Z=90+j(160-40)=90+j120\Omega$

$\therefore$ (리액턴스)$=120\Omega$

02

정답 ③

- 자화 전류 $I=\sqrt{I_0^2-I_1^2}$

이때, I_1는 철손 전류이다.

$I_1=\frac{P}{V}=\frac{110}{2{,}200}=0.05\text{A}$

$\therefore\ I=\sqrt{0.088^2-0.05^2}=0.072\text{A}$

03

정답 ④

부흐홀츠 계전기는 변압기의 주 탱크와 콘서베이터를 연결하는 배관에 설치하여 변압기 내부에서 발생하는 일정량 이상의 가스량과 기준 속도 이상의 유속에 의해 작동되는 계기이다.

04

정답 ②

전속밀도 $D=\frac{Q}{S}=\frac{Q}{4\pi r^2}=\varepsilon \mathrm{E}[\mathrm{C/m^2}]$이므로 전기장 $E=\frac{D}{\epsilon}[\mathrm{V/m}]$를 이용하여 전기장 세기를 구할 수 있다.

먼저 ε는 물체의 유전율로 $\varepsilon=\varepsilon_0\varepsilon_s$, 즉 진공유전율($\varepsilon_0$)과 비유전율($\varepsilon_s$)의 곱이다.

진공유전율의 값은 8.85×10^{-12}이므로 물체의 유전율 $\varepsilon=\varepsilon_0\varepsilon_s=8.85\times10^{-12}\times2.5=22.125\times10^{-12}[\mathrm{C^2/N\cdot m^2}]$이다.

따라서 전기장의 세기는 $E=\frac{D}{\epsilon}=\frac{2\times10^{-6}\mathrm{C/m^2}}{22.125\times10^{-12}\mathrm{C^2/N\cdot m^2}}\fallingdotseq 9\times10^4\mathrm{V/m}$이다.

05

정답 ②

콘덴서 직렬 연결 상태

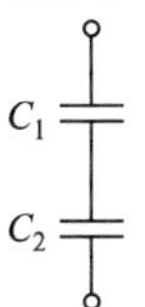

정전용량 $Q=CV$에서 $C_1=\frac{Q}{V_1}$, $C_2=\frac{Q}{V_2}$

$\frac{C_1}{C_2}=\frac{\frac{Q}{V_1}}{\frac{Q}{V_2}}$, $V_1=V_2$이므로 $\frac{C_1}{C_2}=\frac{V_2}{V_1}=1$이다.

06

정답 ①

레일 전위의 접촉전압 감소 방법(KEC 461.3)

교류 전기철도 급전시스템은 다음 방법을 고려하여 접촉전압을 감소시켜야 한다.

- 접지극 추가 사용
- 전자기적 커플링을 고려한 귀선로의 강화
- 보행 표면의 절연
- 등전위 본딩
- 전압제한소자 적용
- 단락전류를 중단시키는 데 필요한 트래핑 시간의 감소

07

정답 ③

저 · 고압 가공전선 등의 병행설치(KEC 222.9/332.8) · 특고압 가공전선과 저 · 고압 가공전선의 병행설치(333.17)

<table>
<tr><th>구분</th><th>고압</th><th>35kV 이하</th><th>60kV 이하</th><th>60kV 초과</th></tr>
<tr><td>저압 · 고압
(케이블)</td><td>0.5m 이상
(0.3m)</td><td>1.2m 이상
(0.5m)</td><td>2m 이상
(1m)</td><td>2m(1m)+$N\times 0.12$m</td></tr>
<tr><td>기타</td><td colspan="4">• 35kV 이하
– 상부에 고압측을 시설하며 별도의 완금에 시설할 것
• 35kV 초과 100kV 미만의 특고압
– $N=\dfrac{60\text{kV 초과}}{10\text{kV}}$ (반드시 절상하여 계산)
– 인장강도 21.67kN 이상인 금속선, 단면적 50mm^2 이상의 경동연선</td></tr>
</table>

08

정답 ①

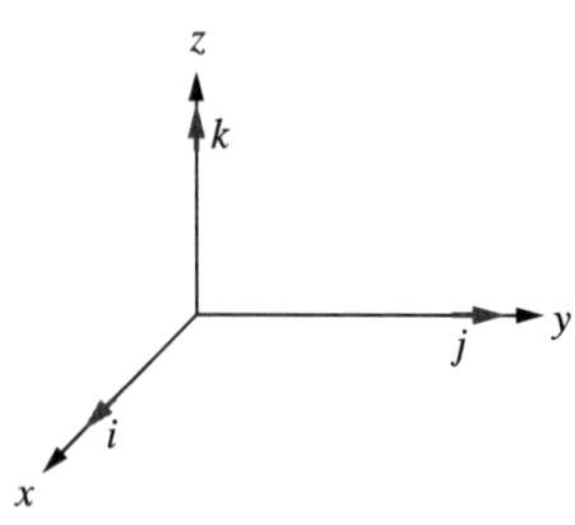

$$E=-\nabla V=-\left(\frac{\partial}{\partial x}i+\frac{\partial}{\partial y}j+\frac{\partial}{\partial z}k\right)(3x+2y^2)$$

$$=-\left(\frac{\partial(3x+2y^2)}{\partial x}i+\frac{\partial(3x+2y^2)}{\partial y}j+\frac{\partial(3x+2y^2)}{\partial z}k\right)$$

$=-(3i+4yj+0)$, $(x=2,\ y=-1,\ z=3)$ 대입

$=-(3i+(4\times -1)j)$

$=-3i+4j$

$\therefore\ |E|=\sqrt{(3)^2+(4)^2}=\ 5\text{V/m}$

PART 2

직업기초능력평가

CHAPTER 01 의사소통능력
CHAPTER 02 수리능력
CHAPTER 03 문제해결능력
CHAPTER 04 자원관리능력
CHAPTER 05 정보능력
CHAPTER 06 기술능력
CHAPTER 07 조직이해능력
CHAPTER 08 자기개발능력
CHAPTER 09 대인관계능력
CHAPTER 10 직업윤리

CHAPTER

01 의사소통능력

대표기출유형 01 기출응용문제

01

정답 ①

제시문의 두 번째 문단에 따르면 선물환거래는 금리차익을 얻는 것과 투기적 목적 등을 가지고 있다.

오답분석

②·④ 선물환거래에 대한 내용이다.
③·⑤ 옵션에 대한 내용이다.

02

정답 ⑤

제시문의 첫 번째 문단에 따르면 평균 비용이 한계 비용보다 큰 경우, 공공요금을 평균 비용 수준에서 결정하면 수요량이 줄면서 거래량이 따라 줄고, 결과적으로 생산량도 감소한다. 이는 사회 전체의 관점에서 볼 때 자원이 효율적으로 배분되지 못하는 상황이다.

오답분석

①·④ 첫 번째 문단을 통해 확인할 수 있다.
② 마지막 문단을 통해 확인할 수 있다.
③ 두 번째 문단을 통해 확인할 수 있다.

03

정답 ①

일반 시민들이 SNS를 통해 문제를 제기하면서 전통적 언론에서 뒤늦게 그 문제에 대해 보도하는 현상이 생기게 된 것이다.

오답분석

㉠·㉢ 현대의 전통적 언론도 의제설정기능을 수행할 수는 있지만, 과거 언론에 비해 의제설정기능의 역할이 약화되었다.
㉣ SNS로 인해 역의제설정 현상이 강해지고 있다.

대표기출유형 02 기출응용문제

01

정답 ②

제시문에서는 OECD 회원국 가운데 꼴찌를 차지한 한국인의 부족한 수면 시간에 대해 언급하며, 이로 인해 수면장애 환자가 늘어나고 있음을 설명하고 있다. 또한 불면증, 수면무호흡증, 렘수면 행동장애 등 다양한 수면장애를 설명하며, 이러한 수면장애들이 심혈관계질환, 치매, 우울증 등의 원인이 될 수 있다는 점을 통해 심각성을 이야기한다. 마지막으로 이러한 수면장애를 방치해서는 안 되며, 전문적인 치료가 필요하다고 제시하고 있다. 따라서 제시문을 바탕으로 '한국인의 수면 시간'과 관련된 글을 쓴다고 할 때, 주제로 적절하지 않은 것은 수면 마취제와 관련된 내용인 ②이다.

02

정답 ⑤

제시문에서는 현대 사회의 소비 패턴이 '보이지 않는 손' 아래의 합리적 소비에서 벗어나 과시 소비가 중심이 되었으며, 그 이면에는 소비를 통해 자신의 물질적 부를 표현함으로써 신분을 과시하려는 욕구가 있다고 설명하고 있다. 따라서 제시문의 제목으로 가장 적절한 것은 ⑤이다.

03

정답 ④

제시문은 통계 수치의 의미를 정확하게 이해하고 도구와 방법을 올바르게 사용해야 하며, 특히 아웃라이어의 경우를 생각해야 한다고 주장하고 있다.

오답분석

①·② 집단을 대표하는 수치로서의 '평균' 자체가 숫자 놀음과 같이 부적당하다고는 언급하지 않았다.
③ 아웃라이어가 있는 경우에는 평균보다는 최빈값이나 중앙값이 대푯값으로 더 적당하다.
⑤ 내용이 적절하지 않은 것은 아니지만, 통계의 유용성은 글의 도입부에 잠깐 인용되었을 뿐, 글의 중심 내용으로 볼 수 없다.

PART 2

대표기출유형 03 기출응용문제

01

정답 ②

제시문은 가격을 결정하는 요인과 이를 통해 일반적으로 할 수 있는 예상을 언급하고, 현실적인 여러 요인으로 인해 나타날 수 있는 '거품 현상'이 무엇인지를 설명하는 글이다. 따라서 (가) 수요와 공급에 의해 결정되는 가격 → (마) 상품의 가격에 대한 일반적인 예상 → (다) 현실적인 가격 결정 요인 → (나) 이로 인해 예상치 못하게 나타나는 '거품 현상' → (라) '거품 현상'에 대한 구체적인 설명의 순서로 나열해야 한다.

02

정답 ⑤

제시문은 무협 소설에서 나타나는 '협(俠)'의 정의와 특징에 대하여 설명하는 글이다. 따라서 (라) 무협 소설에서 나타나는 협의 개념 → (다) 협으로 인정받기 위한 조건 중 하나인 신의 → (가) 협으로 인정받기 위한 추가적인 조건 → (나) 앞선 사례를 통해 나타나는 협의 원칙과 정의의 순서로 나열해야 한다.

대표기출유형 04 기출응용문제

01

정답 ③

레일리 산란의 세기는 보랏빛이 가장 강하지만 우리 눈은 보랏빛보다 파란빛을 더 잘 감지하기 때문에 하늘이 파랗게 보이는 것이다.

오답분석

①·② 첫 번째 문단을 통해 추론할 수 있다.
④ 빛의 진동수는 파장과 반비례하고, 레일리 산란의 세기는 파장의 네제곱에 반비례한다. 즉, 빛의 진동수가 2배가 되면 파장은 1/2배가 되고, 레일리 산란의 세기는 $2^4=16$배가 된다.
⑤ 마지막 문단을 통해 추론할 수 있다.

02

정답 ⑤

㉠의 변혁은 4차 산업혁명으로 인한 변화이다. 다양한 연령대의 아동들을 혼합반으로 구성하는 것은 4차 산업혁명과 관련이 없을 뿐만 아니라 4차 산업혁명을 통해 교육 분야에서 개인 맞춤형 서비스를 제공할 수 있을 것이라는 예측과도 거리가 멀다.

오답분석

① 고도화된 언어 인지와 자동번역 기술의 발달로 나타나는 사례에 해당한다.
② 경계 감시, 위험임무 수행에 무인 시스템과 로봇·드론 기술이 도입된 사례에 해당한다.
③ 분석력, 예측력이 높은 인공지능이 의료 분야에서 활용되는 사례에 해당한다.
④ 인공지능 기술로 교통 빅데이터를 분석·예측하여 교통정보를 공유하는 사례에 해당한다.

03

정답 ③

제시문의 흐름상 하향식 방법에 대한 설명에 이어 상향식 방법에 대한 설명이 나와야 하므로, 이어질 내용으로 가장 적절한 것은 ③이다.

04

정답 ①

합리주의적인 언어 습득의 이론에서 어린이가 언어를 습득하는 것은 거의 전적으로 타고난 특수한 언어 학습 능력과 일반 언어 구조에 대한 추상적인 선험적 지식에 의해서 이루어지는 것이다. 반면 경험주의 이론은 경험적인 훈련(후천적)이 핵심이다.

대표기출유형 05 기출응용문제

01

정답 ④

먹고 난 뒤의 그릇을 씻어 정리하는 일을 뜻하는 어휘는 '설거지'이다.

오답분석

① ~로서 : 지위나 신분 또는 자격을 나타내는 격조사
② 왠지 : 왜 그런지 모르게. 또는 뚜렷한 이유도 없이
③ 드러나다 : 가려 있거나 보이지 않던 것이 보이게 됨
⑤ 밑동 : 긴 물건의 맨 아랫동아리

02

정답 ②

'찌개 따위를 끓이거나 설렁탕 따위를 담을 때 쓰는 그릇'을 뜻하는 어휘는 '뚝배기'이다.

오답분석

① '손가락 따위로 어떤 방향이나 대상을 집어서 보이거나 말하거나 알리다.'의 의미를 가진 어휘는 '가리키다'이다.
③ '사람들의 관심이나 주의가 집중되는 사물의 중심 부분'의 의미를 가진 어휘는 '초점'이다.
④ '액체 따위를 끓여서 진하게 만들다, 약재 따위에 물을 부어 우러나도록 끓이다.'의 의미를 가진 어휘는 '달이다'이다(다려 → 달여).
⑤ '길게 뻗어 나가면서 다른 물건을 감기도 하고 땅바닥에 퍼지기도 하는 식물의 줄기'의 의미를 가진 어휘는 '넝쿨', '덩굴'이다.

03

정답 ③

㉠ 연임 : 원래 정해진 임기를 다 마친 뒤에 다시 계속하여 그 직위에 머무름
㉡ 부과 : 세금이나 부담금 따위를 매기어 부담하게 함
㉢ 임차 : 돈을 내고 남의 물건을 빌려 씀

오답분석

- 역임 : 여러 직위를 두루 거쳐 지냄
- 부여 : 사람에게 권리 · 명예 · 임무 따위를 지니도록 해 주거나 사물이나 일에 가치 · 의의 따위를 붙임
- 임대 : 돈을 받고 자기의 물건을 남에게 빌려줌

CHAPTER

02 수리능력

대표기출유형 01 기출응용문제

01

정답 ③

합격자 수를 x명이라고 하면, 불합격자 수는 $(100-x)$명이다.

전체 응시자의 점수의 합은 $64\times100=6,400$점이고, 이는 합격자 점수와 불합격자 점수의 합과 같다.

$80x+60(100-x)=6,400$

$\rightarrow 20x=400$

$\therefore x=20$

따라서 합격률은 $\frac{20}{100}\times100=20\%$이다.

02

정답 ④

할인받기 전 민석이가 지불할 금액은 $(25,000\times2)+(8,000\times3)=74,000$원이다.

통신사 할인과 깜짝 할인을 적용한 후의 금액은 $[(25,000\times2\times0.85)+(8,000\times3\times0.75)]\times0.9=54,450$원이다.

따라서 할인된 총금액은 $74,000-54,450=19,550$원이다.

03

정답 ②

천희의 수학시험 점수를 x점이라고 하면, 네 사람의 수학시험 점수 평균이 105점이므로

$\frac{101+105+108+x}{4}=105$

$\rightarrow x+314=420$

$\therefore x=106$

따라서 천희의 수학시험 점수는 106점이다.

04

정답 ⑤

작년 A제품의 생산량을 x개, B제품의 생산량을 y개라고 하자.

$x+y=1,000 \cdots$ ㉠

$\frac{10}{100}\times x-\frac{10}{100}\times y=\frac{4}{100}\times1,000 \rightarrow x-y=400 \cdots$ ㉡

㉠과 ㉡을 연립하면 $x=700$, $y=300$이다.

따라서 올해에 생산된 A제품의 수는 $700\times1.1=770$개이다.

05

정답 ③

K랜드 이용 횟수를 x회라고 하자. 이를 토대로 K랜드 이용 금액을 구하면 다음과 같다.

• 비회원 이용 금액 : $20,000\times x$원

• 회원 이용 금액 : $50,000+20,000\times\left(1-\frac{20}{100}\right)\times x$원

회원 가입한 것이 이익이 되려면 비회원 이용 금액이 회원 이용 금액보다 더 비싸야 한다. 그러므로 다음 식이 성립한다.

$20,000\times x>50,000+20,000\times\left(1-\frac{20}{100}\right)\times x$

→ $20,000x>50,000+16,000x$

→ $4,000x>50,000$

∴ $x>12.5$

따라서 K랜드를 최소 13번 이용해야 회원 가입한 것이 이익임을 알 수 있다.

06

정답 ④

산책로의 길이를 xm라 하면, 40분 동안의 민주와 세희의 이동거리는 다음과 같다.

(민주의 이동거리)$=40\times40=1,600$m

(세희의 이동거리)$=45\times40=1,800$m

40분 후에 두 번째로 마주친 것이므로 다음 식이 성립한다.

$1,600+1,800=2x$

→ $2x=3,400$

∴ $x=1,700$

따라서 산책로의 길이는 1,700m이다.

07

정답 ④

제시된 그림의 운동장 둘레는 왼쪽과 오른쪽 반원을 합친 지름이 50m인 원의 원주[(지름)×(원주율)]와 위, 아래 직선거리 90m를 더하면 된다. 따라서 학생이 운동장 한 바퀴를 달린 거리는 $(50\times3)+(90\times2)=330$m이다.

08

정답 ①

할인되지 않은 KTX 표의 가격을 x원이라 하자.

표를 40% 할인된 가격으로 구매하였으므로 구매 가격은 $(1-0.4)x=0.6x$원이다.

환불 규정에 따르면 하루 전에 표를 취소하는 경우 70%의 금액을 돌려받을 수 있으므로 이를 식으로 정리하면 다음과 같다.

$0.6x\times0.7=16,800$

→ $0.42x=16,800$

∴ $x=40,000$

따라서 할인되지 않은 KTX 표의 가격은 40,000원이다.

대표기출유형 02 기출응용문제

01

정답 ③

분자와 분모에 교대로 3씩 곱하는 수열이다.

따라서 빈칸에 들어갈 수는 $\frac{18\times3}{45}=\frac{54}{45}$ 이다.

02

정답 ④

앞의 항에 $2^0\times10$, $2^1\times10$, $2^2\times10$, $2^3\times10$, $2^4\times10$, $2^5\times10$, …을 더한다.
따라서 빈칸에 들어갈 수는 $632+2^6\times10=632+640=1,272$이다.

03

정답 ②

각 항을 3개씩 묶고 각각 A B C라고 하면 다음과 같다.
$\underline{A\ B\ C} \rightarrow B=(A+C)\div3$

따라서 빈칸에 들어갈 수는 $(12-1)\div3=\frac{11}{3}$ 이다.

04

정답 ①

홀수 항은 3씩 나누는 수열이고, 짝수 항은 9씩 더하는 수열이다.
따라서 빈칸에 들어갈 수는 $-9\div3=-3$이다.

05

정답 ④

앞의 항에 0.2, 0.25, 0.3, 0.35, …을 더한다.
따라서 빈칸에 들어갈 수는 $1.8+0.4=2.2$이다.

06

정답 ①

홀수 항은 $\times2+0.2$, $\times2+0.4$, $\times2+0.6$, …인 수열이고, 짝수 항은 $\times3-0.1$인 수열이다.
따라서 빈칸에 들어갈 수는 $12.2\times3-0.1=36.5$이다.

07

정답 ①

앞의 두 항을 더하면 다음 항이 되는 수열이다.
따라서 빈칸에 들어갈 수는 $35-15=20$이다.

08

정답 ③

앞의 항에 6, 7, 8, …을 더하는 수열이다.
따라서 빈칸에 들어갈 수는 $34+10=44$이다.

09

정답 ②

-5, $\times(-2)$가 반복된다.

따라서 빈칸에 들어갈 수는 $14-5=9$이다.

대표기출유형 03 기출응용문제

01

정답 ③

참여율이 4번째로 높은 해는 2020년이다.

$(\text{전년 대비 참여율의 증가율})=\dfrac{(\text{해당연도 참여율})-(\text{전년도 참여율})}{(\text{전년도 참여율})}\times100$이므로

2020년의 전년 대비 참여율의 증가율은 $\dfrac{6.9-5.7}{5.7}\times100 \fallingdotseq 21\%$이다.

02

정답 ①

800g 소포의 개수를 x개, 2.4kg 소포의 개수를 y개라 하면 다음 식이 성립한다.

$800\times x+2{,}400\times y \le 16{,}000 \rightarrow x+3y \le 20 \cdots$ ㉠

B회사는 동일지역, C회사는 타지역이므로

$4{,}000\times x+6{,}000\times y=60{,}000 \rightarrow 2x+3y=30 \rightarrow 3y=30-2x \cdots$ ㉡

㉡을 ㉠에 대입하면

$x+30-2x \le 20 \rightarrow x \ge 10 \cdots$ ㉢

이때 ㉡, ㉢을 동시에 만족하는 값은 $x=12$, $y=2$이다.

따라서 A회사는 800g 소포는 12개, 2.4kg 소포는 2개를 보냈음을 알 수 있다.

대표기출유형 04 기출응용문제

01

정답 ④

합격자 중 남성의 비율은 $\dfrac{1{,}699}{1{,}699+624}\times100=\dfrac{1{,}699}{2{,}323}\times100 \fallingdotseq 73.1\%$이므로 80% 미만이다.

오답분석

① 총입사지원자의 합격률은 $\dfrac{1{,}699+624}{10{,}891+3{,}984}\times100=\dfrac{2{,}323}{14{,}875}\times100 \fallingdotseq 15.6\%$이므로 15% 이상이다.

② 여성 입사지원자 대비 여성 합격자의 비중은 $\dfrac{624}{3{,}984}\times100 \fallingdotseq 15.7\%$이므로 20% 미만이다.

③ 총입사지원자 중에서 여성의 비중은 $\dfrac{3{,}984}{14{,}875}\times100 \fallingdotseq 26.8\%$이므로 30% 미만이다.

⑤ 남성 입사지원자의 합격률은 $\dfrac{1{,}699}{10{,}891}\times100 \fallingdotseq 15.6\%$이고, 여성 입사지원자의 합격률은 $\dfrac{624}{3{,}984}\times100 \fallingdotseq 15.7\%$이므로 옳다.

02

정답 ②

오존전량의 증감 추이는 '감소 – 감소 – 감소 – 증가 – 증가 – 감소'이므로 옳지 않은 설명이다.

오답분석

① 이산화탄소의 농도는 계속해서 증가하고 있는 것을 확인할 수 있다.

③ 2023년 오존전량은 2017년 대비 335−331=4DU 증가했다.

④ 2023년 이산화탄소의 농도는 2018년 대비 395.7−388.7=7ppm 증가했다.

⑤ 전년 대비 2023년 오존전량의 감소율은 $\frac{343-335}{343}\times 100 \fallingdotseq 2.33\%$이므로 2.5% 미만이다.

03

정답 ①

ㄱ. 자체 재원조달금액 중 국내투자에 사용되는 금액이 차지하는 비중은 $\frac{2,682}{4,025}\times 100 \fallingdotseq 66.6\%$이므로 옳다.

ㄴ. 주어진 자료를 보면 해외재원은 국내투자와 해외투자로 양분되나 국내투자분에 해당하는 내용이 없으므로 옳다.

오답분석

ㄷ. 국내재원 중 정부조달금액이 차지하는 비중은 $\frac{2,288}{6,669}\times 100 \fallingdotseq 34.3\%$이므로 40% 미만이다.

ㄹ. 국내재원 중 해외투자금액 대비 국내투자금액의 비율은 $\frac{5,096}{1,573}\times 100 \fallingdotseq 323.9\%$이므로 3배 이상이다.

03 문제해결능력

대표기출유형 01 기출응용문제

01

정답 ④

여섯 번째 조건대로라면 의사의 왼쪽 자리에 앉은 사람이 검은색 원피스를 입었으므로 여자이고, 의사가 남자인 경우와 여자인 경우로 나누어 생각한다.

• 의사가 여자인 경우

검은색 원피스를 입은 여자가 교사가 아닌 경우와 교사인 경우로 나누어 생각한다.

i) 검은색 원피스를 입은 여자가 교사가 아닌 경우

의사가 밤색 티셔츠를 입고, 반대편에 앉은 남자가 교사가 되며, 그 옆의 남자가 변호사이고 흰색 니트를 입는다. 그러면 검은색 원피스를 입은 여자가 자영업자가 되어야 하는데, 다섯 번째 조건에 따르면 자영업자는 남자이므로 주어진 조건에 어긋난다.

ii) 검은색 원피스를 입은 여자가 교사인 경우

건너편에 앉은 남자는 밤색 티셔츠를 입었고 자영업자이며, 그 옆의 남자는 변호사이고 흰색 니트를 입는다. 이 경우 의사인 여자는 남성용인 파란색 재킷을 입어야 하므로 주어진 조건에 어긋난다.

• 의사가 남자인 경우

마찬가지로 검은색 원피스를 입은 여자가 교사가 아닌 경우와 교사인 경우로 나누어 생각한다.

i) 검은색 원피스를 입은 여자가 교사가 아닌 경우

검은색 원피스를 입은 여자가 아닌 또 다른 여자가 교사이고, 그 옆에 앉은 남자는 자영업자이다. 이 경우, 검은색 원피스를 입은 여자가 변호사가 되는데, 네 번째 조건에 따르면 변호사는 흰색 니트를 입어야 하므로 주어진 조건에 어긋난다.

ii) 검은색 원피스를 입은 여자가 교사인 경우

검은색 원피스를 입은 여자의 맞은편에 앉은 남자는 자영업자이고 밤색 니트를 입으며, 그 옆에 앉은 여자는 변호사이고 흰색 니트를 입는다. 따라서 의사인 남자는 파란색 재킷을 입고, 모든 조건이 충족된다.

02

정답 ②

11주 차까지 쓰레기 배출이 가능한 요일을 표로 정리하면 다음과 같다.

구분	일요일	월요일	화요일	수요일	목요일	금요일	토요일
1주 차	A		B		C		D
2주 차		E		A		B	
3주 차	C		D		E		A
⋮	⋮	⋮	⋮	⋮	⋮	⋮	⋮
8주 차		A		B		C	
9주 차	D		E		A		B
10주 차		C		D		E	
11주 차	A		B		C		D

따라서 11주 차 일요일에 A동이 다시 쓰레기를 배출할 수 있다.

오답분석

① 2주 차만 보더라도 옳은 설명임을 알 수 있다.
③ A동이 쓰레기 배출 가능한 요일을 순서대로 나열하면 '일－수－토－화－금－월－목－일'이므로, 모든 요일에 쓰레기를 배출할 수 있다.
④ 처음 2주 차까지 살펴보면, 2주에 걸쳐 모두 7번의 쓰레기 배출이 이루어지므로 A, B 두 동은 2주 동안 쓰레기를 2회 배출한다.
⑤ B동이 수요일에 쓰레기를 처음 버리는 주는 8주 차이다.

03

정답 ②

다음의 논리 순서를 따라 주어진 조건을 정리하면 쉽게 접근할 수 있다.

- 세 번째 조건 : 한국은 월요일에 대전에서 연습을 한다.
- 다섯 번째 조건 : 미국은 월요일과 화요일에 수원에서 연습을 한다.
- 여섯 번째 조건 : 미국은 목요일에 인천에서 연습을 한다.
- 일곱 번째 조건 : 금요일에 중국과 미국은 각각 서울과 대전에서 연습을 한다.
- 여덟 번째 조건 : 한국은 월요일에 대전에서 연습하므로, 화요일과 수요일에 이틀 연속으로 인천에서 연습을 한다.

이때, 미국은 자연스럽게 수요일에 서울에서 연습함을 유추할 수 있고, 한국은 금요일에 인천에서 연습을 할 수 없으므로, 목요일에는 서울에서, 금요일에는 수원에서 연습함을 알 수 있다. 그리고 만약 중국이 수요일과 목요일에 이틀 연속으로 수원에서 연습을 하게 되면 일본은 수원에서 연습을 못하게 되므로, 중국은 월요일과 목요일에 각각 인천과 수원에서 연습하고, 화요일과 수요일에 대전에서 이틀 연속으로 연습해야 함을 유추할 수 있다. 나머지는 일본이 모두 연습하면 된다. 이 사실을 종합하여 주어진 조건을 표로 정리하면 다음과 같다.

구분	월요일	화요일	수요일	목요일	금요일
서울	일본	일본	미국	한국	중국
수원	미국	미국	일본	중국	한국
인천	중국	한국	한국	미국	일본
대전	한국	중국	중국	일본	미국

따라서 수요일에 대전에서는 중국이 연습을 한다.

오답분석

①·③·④·⑤ 조건을 정리한 표에서 쉽게 확인할 수 있다.

04

정답 ③

다음 논리 순서에 따라 주어진 조건을 정리하면 쉽게 접근할 수 있다.

- 여섯 번째, 여덟 번째 조건 : G는 첫 번째 자리에 앉는다.
- 일곱 번째 조건 : C는 세 번째 자리에 앉는다.
- 네 번째, 다섯 번째 조건 : 만약 A와 B가 네 번째, 여섯 번째 또는 다섯 번째, 일곱 번째 자리에 앉으면, D와 F는 나란히 앉을 수 없다. 따라서 A와 B는 두 번째, 네 번째 자리에 앉는다. 이때, 남은 자리는 다섯, 여섯, 일곱 번째 자리이므로, D와 F는 다섯, 여섯 번째 또는 여섯, 일곱 번째 자리에 앉게 되고, 나머지 한 자리에 E가 앉는다.

이 사실을 종합하여 주어진 조건을 표로 정리하면 다음과 같다.

구분	첫 번째	두 번째	세 번째	네 번째	다섯 번째	여섯 번째	일곱 번째
경우 1	G	A	C	B	D	F	E
경우 2	G	A	C	B	F	D	E
경우 3	G	A	C	B	E	D	F
경우 4	G	A	C	B	E	F	D
경우 5	G	B	C	A	D	F	E
경우 6	G	B	C	A	F	D	E
경우 7	G	B	C	A	E	D	F
경우 8	G	B	C	A	E	F	D

따라서 어떠한 경우에도 C의 옆자리에는 항상 A와 B가 앉는다.

오답분석

① 조건에서 D와 F는 나란히 앉는다고 하였다.
②·④ 경우 4, 8인 때에만 성립한다.
⑤ B는 어떠한 경우에나 두 번째 또는 네 번째에 앉는다.

05

정답 ④

주어진 조건을 정리하면 다음과 같은 순서로 위치한다.
초밥가게 – × – 카페 – × – 편의점 – 약국 – 옷가게 – 신발가게 – × – ×

오답분석

① 카페와 옷가게 사이에 3개의 건물이 있다.
② 초밥가게와 약국 사이에 4개의 건물이 있다.
③ 편의점은 5번째 건물에 있다.
⑤ 옷가게는 7번째 건물에 있다.

06

정답 ⑤

다섯 번째 조건에 의해 나타날 수 있는 경우는 다음과 같다.

구분	1순위	2순위	3순위
경우 1	A	B	C
경우 2	B	A	C
경우 3	A	C	B
경우 4	B	C	A

• 두 번째 조건 : 경우 1+경우 3=11
• 세 번째 조건 : 경우 1+경우 2+경우 4=14
• 네 번째 조건 : 경우 4=6

따라서 C에 3순위를 부여한 사람의 수는 경우 1과 경우 2를 더한 값을 구하면 되므로, 14−6=8명이다.

대표기출유형 02 기출응용문제

01

정답 ④

간선노선과 보조간선노선을 구분하여 노선번호를 부여하면 다음과 같다.

• 간선노선
  – 동서를 연결하는 경우 : (가), (나)에 해당하며, 남에서 북으로 가면서 숫자가 증가하고 끝자리에는 0을 부여하므로 (가)는 20, (나)는 10이다.
  – 남북을 연결하는 경우 : (다), (라)에 해당하며, 서에서 동으로 가면서 숫자가 증가하고 끝자리에는 5를 부여하므로 (다)는 15, (라)는 25이다.
• 보조간선노선
  – (마) : 남북을 연결하는 모양에 가까우므로 (마)의 첫자리는 남쪽 시작점의 간선노선인 (다)의 첫자리와 같은 1이 되어야 하고, 끝자리는 5를 제외한 홀수를 부여해야 하므로 가능한 노선번호는 11, 13, 17, 19이다.
  – (바) : 동서를 연결하는 모양에 가까우므로 (바)의 첫자리는 바로 아래쪽에 있는 간선노선인 (나)의 첫자리와 같은 1이 되어야 하고, 끝자리는 0을 제외한 짝수를 부여해야 하므로 가능한 노선번호는 12, 14, 16, 18이다.

따라서 가능한 조합은 ④이다.

02

정답 ④

알파벳 순서에 따라 숫자로 변환하면 다음과 같다.

A	B	C	D	E	F	G	H	I	J	K	L	M
1	2	3	4	5	6	7	8	9	10	11	12	13
N	O	P	Q	R	S	T	U	V	W	X	Y	Z
14	15	16	17	18	19	20	21	22	23	24	25	26

'INTELLECTUAL'의 품번을 규칙에 따라 정리하면 다음과 같다.

- 1단계 : 9(I), 14(N), 20(T), 5(E), 12(L), 12(L), 5(E), 3(C), 20(T), 21(U), 1(A), 12(L)
- 2단계 : $9+14+20+5+12+12+5+3+20+21+1+12=134$
- 3단계 : $|(14+20+12+12+3+20+12)-(9+5+5+21+1)|=|93-41|=52$
- 4단계 : $(134+52)\div4+134=46.5+134=180.5$
- 5단계 : 180.5를 소수점 첫째 자리에서 버림하면 180이다.

따라서 제품의 품번은 '180'이다.

03

정답 ⑤

규칙에 따라 사용할 수 있는 숫자는 1, 5, 6을 제외한 나머지 2, 3, 4, 7, 8, 9로 총 6개이다. (한 자리 수)×(두 자리 수)=156이 되는 수를 알기 위해서는 156의 소인수를 구해보면 된다. 156의 소인수는 3, 2^2, 13으로 여기서 156이 되는 수의 곱 중에 조건을 만족하는 것은 2×78과 4×39이다. 따라서 선택지 중에 A팀 또는 B팀에 들어갈 수 있는 암호배열은 '39'이다.

04

정답 ④

파일 이름에 주어진 규칙을 적용하여 암호를 구하면 다음과 같다.

1. 비밀번호 중 첫 번째 자리에는 파일 이름의 첫 문자가 한글일 경우 @, 영어일 경우 #, 숫자일 경우 *로 특수문자를 입력한다.
   - 2022매운전골Cset3인기준recipe8 → *
2. 두 번째 자리에는 파일 이름의 총 자리 개수를 입력한다.
   - 2022매운전골Cset3인기준recipe8 → *23
3. 세 번째 자리부터는 파일 이름 내에 숫자를 순서대로 입력한다. 숫자가 없을 경우 0을 두 번 입력한다.
   - 2022매운전골Cset3인기준recipe8 → *23202238
4. 그 다음 자리에는 파일 이름 중 한글이 있을 경우 초성만 순서대로 입력한다. 없다면 입력하지 않는다.
   - 2022매운전골Cset3인기준recipe8 → *23202238ㅁㅇㅈㄱㅇㄱㅈ
5. 그 다음 자리에는 파일 이름 중 영어가 있다면 뒤에 덧붙여 순서대로 입력하되, a, e, i, o, u만 'a=1, e=2, i=3, o=4, u=5'로 변형하여 입력한다(대문자·소문자 구분 없이 모두 소문자로 입력한다).
   - 2022매운전골Cset3인기준recipe8 → *23202238ㅁㅇㅈㄱㅇㄱㅈcs2tr2c3p2

따라서 주어진 파일 이름의 암호는 '*23202238ㅁㅇㅈㄱㅇㄱㅈcs2tr2c3p2'이다.

대표기출유형 03 기출응용문제

01

정답 ①

갑돌이가 인출하지 않고 현금을 들고 갔더라도 600달러 이상이면 신고를 해야 한다.

오답분석

② 600달러 이상인 경우에 세관신고가 필요하다.
③ 5월이면 변경된 제도가 적용된 후이므로 600달러 이상 신용카드 결제를 했다면 관세청에 실시간으로 통보된다.
④ 신용카드 사용내역이 실시간으로 제출되는 시점은 4월부터이므로 3월에 5,000달러 이상 카드로 결제한 내역은 4월에 국세청에 보고된다.
⑤ 5,000달러 이상을 가족 여러 명의 개인 카드로 사용할 경우 각각의 금액이 적어지므로 관세청에 내역이 들어가지 않을 수도 있다.

02

정답 ①

오답분석

② 서랍장의 가로 길이와 붙박이 수납장 문을 여는 데 필요한 간격과 폭을 더한 길이는 각각 1,100mm, 1,200mm(=550+650)이고, 사무실 문을 여닫는 데 필요한 1,000mm의 공간을 포함하면 총길이는 3,300mm이다. 따라서 사무실의 가로 길이인 3,000mm를 초과하므로 불가능한 배치이다.
③ 서랍장과 캐비닛의 가로 길이는 각각 1,100mm, 1,000mm이고, 사무실 문을 여닫는 데 필요한 1,000mm의 공간을 포함하면 총길이는 3,100mm이다. 따라서 사무실의 가로 길이인 3,000mm를 초과하므로 불가능한 배치이다.
④ 회의 탁자의 세로 길이와 서랍장의 가로 길이는 각각 2,110mm, 1,100mm이고, 붙박이 수납장 문을 여는 데 필요한 간격과 폭을 더한 길이인 1,200mm(=550+650)를 포함하면 총길이는 4,410mm이다. 따라서 사무실의 세로 길이인 3,400mm를 초과하므로 불가능한 배치이다.
⑤ 회의 탁자의 가로 길이와 서랍장의 가로 길이는 각각 1,500mm, 1,100mm이고, 사무실 문을 여닫는 데 필요한 1,000mm의 공간을 포함하면 총길이는 3,600mm이다. 따라서 사무실의 세로 길이인 3,400mm를 초과하므로 불가능한 배치이다.

03

정답 ①

하수처리시설별 평가 결과를 표로 나타내면 다음과 같다.

구분	생물화학적 산소요구량	화학적 산소요구량	부유물질	질소 총량	인 총량	평가
A처리시설	4(정상)	10(정상)	15(주의)	10(정상)	0.1(정상)	우수
B처리시설	9(주의)	25(주의)	25(심각)	22(주의)	0.5(주의)	보통
C처리시설	18(심각)	33(심각)	15(주의)	41(심각)	1.2(심각)	개선필요

따라서 A처리시설은 우수를, B처리시설은 보통을, C처리시설은 개선필요를 평가받았다.

04

정답 ④

제시문에서 '심각' 지표를 가장 우선으로 개선하라고 하였으므로, '심각' 지표를 받은 부유물질을 가장 먼저 개선해야 한다.

오답분석

① 생물화학적 산소요구량은 4가 아닌 9이므로 '주의' 지표이다.
② 부유물질이 '심각' 지표이므로, 가장 먼저 개선해야 한다.
③ 질소 총량과 인 총량을 개선하여도 '주의' 지표가 2개, '심각' 지표가 1개이므로, 평가결과는 '보통'이다.
⑤ '정상' 지표가 하나도 없기 때문에 4개 지표를 '정상' 지표로 개선해야 '우수' 단계가 될 수 있다.

CHAPTER

04 자원관리능력

대표기출유형 01 기출응용문제

01

정답 ④

팀원의 모든 스케줄이 비어 있는 시간대인 16:00 ~ 17:00가 가장 적절하다.

02

정답 ④

선택지에서 요일은 두 요일씩 짝지어져 있으므로 8시간의 윤리교육을 같은 요일에 이수하기 위해서는 해당 요일의 오전 일정이 4일간 비워져 있어야 한다. 월요일에는 14일 최과장 연차로 가능한 날이 3일뿐이고, 화요일에는 8일 오전 워크숍, 29일 오전 성대리 외근으로 가능한 날이 3일뿐이라 수강할 수 없다. 또한 목요일도 3일 오전 본사 회장 방문으로 가능한 날이 3일뿐이다. 수요일에는 30일 오전 임원진 간담회가 있지만, 이 날을 제외하고도 4일 동안 윤리교육 수강이 가능하며, 금요일에는 25일에 김대리 반차가 있지만 오후이므로 4일 동안 윤리교육 수강이 가능하다. 따라서 윤리교육이 가능한 요일은 수요일과 금요일이다.

03

정답 ①

• 인천에서 아디스아바바까지 소요 시간

(인천 → 광저우)	3시간 50분
(광저우 경유시간)	+4시간 55분
(광저우 → 아디스아바바)	+11시간 10분
	=19시간 55분

• 아디스아바바에 도착한 현지 날짜 및 시각

한국 시각	3월 5일 오전 8시 40분
소요 시간	+19시간 55분
시차	−6시간
	=3월 5일 오후 10시 35분

04

정답 ④

• 인천에서 말라보까지 소요 시간

(인천 → 광저우)	3시간 50분
(광저우 경유 시간)	+4시간 55분
(지연출발)	+2시간
(광저우 → 아디스아바바)	+11시간 10분
(아디스아바바 경유 시간)	+6시간 10분
(아디스아바바 → 말라보)	+5시간 55분
	=34시간

• 말라보에 도착한 현지 날짜 및 시각

한국 시각	3월 5일 오전 8시 40분
소요 시간	+34시간
시차	−8시간
	=3월 6일 오전 10시 40분

대표기출유형 02 기출응용문제

01

정답 ⑤

• A팀장은 1박으로만 숙소를 예약하므로 S닷컴을 통해 예약할 경우 할인적용을 받지 못한다.
• M투어를 통해 예약하는 경우 3박 이용 시 다음 달에 30% 할인 쿠폰 1매가 제공되므로 9월에 30% 할인 쿠폰을 1개 사용할 수 있으며, A팀장은 총숙박비용을 최소화하고자 하므로 9월 또는 10월에 30% 할인 쿠폰을 사용할 것이다.
• H트립을 이용하는 경우 6월부터 8월 사이 1박 이상 숙박 이용내역이 있을 시 10% 할인받을 수 있으므로 총 5번의 숙박 중 7월과 8월에 10% 할인을 받을 수 있다.
• T호텔스의 경우 멤버십 가입 여부에 따라 숙박비용을 비교해야 한다.

위의 조건을 고려하여 예약 사이트별 숙박비용을 계산하면 다음과 같다.

예약 사이트	총숙박비용
M투어	(120,500×4)+(120,500×0.7×1)=566,350원
H트립	(111,000×3)+(111,000×0.9×2)=532,800원
S닷컴	105,500×5=527,500원
T호텔스	• 멤버십 미가입 : 105,000×5=525,000원 • 멤버십 가입 : (105,000×0.9×5)+20,000=492,500원

따라서 총숙박비용이 가장 저렴한 예약 사이트는 T호텔스이며, 비용은 492,500원이다.

02

정답 ⑤

• A씨 부부의 왕복 비용 : (59,800×2)×2=239,200원
• 만 6세 아들의 왕복 비용 : (59,800×0.5)×2=59,800원
• 만 3세 딸의 왕복 비용 : 59,800×0.25=14,950원

따라서 A씨 가족이 지불한 총교통비는 239,200+59,800+14,950=313,950원이다.

03

정답 ③

정규시간 외에 초과근무가 있는 날의 시간외근무시간을 구하면 다음과 같다.

근무일	초과근무시간			1시간 공제
	출근	야근	합계	
1 ~ 15일	–	–	–	770분
18일(월)	–	70분	70분	10분
20일(수)	60분	20분	80분	20분
21일(목)	30분	70분	100분	40분
25일(월)	60분	90분	150분	90분
26일(화)	30분	160분	190분	130분
27일(수)	30분	100분	130분	70분
합계	–	–	–	1,130분

따라서 1,130분은 18시간 50분이고, 1시간 미만은 절사하므로 7,000원×18시간=126,000원이다.

04

정답 ④

먼저 조건과 급여명세서가 바르게 표시되어 있는지 확인해 보면, 국민연금과 고용보험은 조건의 금액과 일치한다. 4대 보험 중 건강보험과 장기요양을 계산하면 건강보험은 기본급의 6.24%로 회사와 50%씩 부담한다고 하여 2,000,000×0.0624×0.5=62,400원이지만 급여명세서에는 67,400−62,400=5,000원이 더 공제되었으므로 다음 달에 5,000원을 돌려받게 된다. 또한 장기요양은 건강보험료의 7.0% 중 50%로 2,000,000×0.0624×0.07×0.5=4,368원이며, 약 4,360원이므로 맞게 지급되었다.
네 번째 조건에서 야근수당은 기본급의 2%로 2,000,000×0.02=40,000원이며, 이틀 동안 야근하여 8만 원을 받고, 상여금은 5%로 2,000,000×0.05=100,000원을 받아야 하지만 급여명세서에는 5만 원으로 명시되어 있다.
A대리가 다음 달에 받게 될 소급액은 덜 받은 상여금과 더 공제된 건강보험료로 50,000+5,000=55,000원이다.
소급액을 반영한 다음 달 급여명세서는 다음과 같다.

(단위 : 원)

성명 : A	직위 : 대리	지급일 : 2024-6-25	
지급항목	지급액	공제항목	공제액
기본급	2,000,000	소득세	17,000
상여금	–	주민세	1,950
기타	–	고용보험	13,000
식대	100,000	국민연금	90,000
교통비	–	장기요양	4,360
복지후생	–	건강보험	62,400
소급액	55,000	연말정산	–
		공제합계	188,710
지급총액	2,155,000	차감수령액	1,966,290

따라서 A대리가 받게 될 다음 달 수령액은 1,966,290원이다.

대표기출유형 03 기출응용문제

01

정답 ⑤

가격, 조명도, A/S 등의 요건이 주어진 조건에 모두 부합한다.

오답분석

① 예산이 150만 원이므로 예산을 초과하여 적절하지 않다.
② 신속한 A/S가 조건이므로 해외 A/S만 가능하여 적절하지 않다.
③ 조명도가 5,000lx 미만이므로 적절하지 않다.
④ 가격과 조명도도 적절하고 특이사항도 문제없지만 가격이 저렴한 제품을 우선으로 한다고 하였으므로 E가 적절하다.

02

정답 ④

제작하려는 홍보자료는 20×10=200부이며, 200×30=6,000페이지이다. 이를 활용하여 업체당 인쇄 비용을 구하면 다음과 같다.

구분	페이지 인쇄 비용	유광표지 비용	제본 비용	할인을 적용한 총비용
A	6,000×50=30만 원	200×500=10만 원	200×1,500=30만 원	30+10+30=70만 원
B	6,000×70=42만 원	200×300=6만 원	200×1,300=26만 원	42+6+26=74만 원
C	6,000×70=42만 원	200×500=10만 원	200×1,000=20만 원	42+10+20=72만 원 → 200부 중 100부 5% 할인 → (할인 안 한 100부 비용) +(할인한 100부 비용) =36+(36×0.95) =70만 2천 원
D	6,000×60=36만 원	200×300=6만 원	200×1,000=20만 원	36+6+20=62만 원
E	6,000×100=60만 원	200×200=4만 원	200×1,000=20만 원	60+4+20=84만 원 → 총비용 20% 할인 84×0.8=67만 2천 원

따라서 가장 저렴한 비용으로 인쇄할 수 있는 업체는 D인쇄소이다.

03

정답 ①

세상에 존재하는 모든 물체는 물적자원에 포함된다.

04

정답 ④

물품 보관 시에는 물품의 특성에 따라 보관 장소를 달리하여야 한다. 제시문처럼 종이와 유리, 플라스틱 같이 재질이 다를 경우에는 서로 부딪힘으로써 발생하는 각종 파손의 우려를 대비해 재질별로 보관하는 장소를 달리하여야 한다. 또한 상대적으로 무게와 부피가 클수록 아래로, 작을수록 위로 보관해야 파손을 줄일 수 있으며, 사용빈도 또한 높은 것은 출입구에 가까운 쪽으로 낮은 것은 출입구에서 먼 쪽으로 보관함으로써 활용빈도가 높은 물품을 반복적으로 가져다 쓸 때의 사고를 줄일 수 있다. 따라서 물품 보관 장소를 선정할 때 고려해야 할 요소로 적절하지 않은 것은 '모양'이다.

05

정답 ①

두 번째 조건에서 총구매 금액이 30만 원 이상이면 총금액에서 5% 할인을 해주므로 한 벌당 가격이 300,000÷50=6,000원 이상인 품목은 할인 적용이 들어간다. 업체별 품목 금액을 보면 모든 품목이 6,000원 이상이므로 5% 할인 적용 대상이다. 따라서 모든 품목이 할인 조건이 적용되어 정가로 비교가 가능하다.

마지막 조건에서 차순위 품목이 1순위 품목보다 총금액이 20% 이상 저렴한 경우 차순위를 선택하므로 한 벌당 가격으로 계산하면 1순위인 카라 티셔츠의 20% 할인된 가격은 8,000×0.8=6,400원이다. 정가가 6,400원 이하인 품목은 A업체의 티셔츠이므로 팀장은 1순위 카라 티셔츠보다 2순위인 A업체의 티셔츠를 구입할 것이다.

대표기출유형 04 기출응용문제

01

정답 ④

B동의 변학도는 매주 월, 화 오전 8시부터 오후 3시까지 하는 카페 아르바이트 때문에 화~금 오전 9시 30분부터 오후 12시까지 진행되는 '그래픽 편집 달인 되기' 교육을 수강할 수 없다.

02

정답 ②

- C사원은 혁신성, 친화력, 책임감이 '상-상-중'으로 영업팀의 핵심역량가치에 부합하며, 창의성과 윤리성은 '하'이지만 영업팀에서 중요하게 생각하지 않는 역량이기에 영업팀으로의 부서배치가 적절하다.
- E사원은 혁신성, 책임감, 윤리성이 '중-상-하'로 지원팀의 핵심역량가치에 부합하므로 지원팀으로의 부서배치가 적절하다.

03

정답 ④

영리기반 공유경제 플랫폼은 효율적이지만, 노동자의 고용안정성을 취약하게 하고 소수에게 이익이 독점되는 문제가 있다.

04

정답 ①

㉠은 능력주의, ㉡은 적재적소주의, ㉢은 적재적소주의, ㉣은 능력주의이다. 개인에게 능력을 발휘할 수 있는 기회와 장소를 부여하고, 그 성과를 바르게 평가한 뒤 평가된 능력과 실적에 대해 그에 상응하는 보상을 주는 능력주의 원칙은 적재적소주의 원칙의 상위개념이라고 할 수 있다. 즉, 적재적소주의는 능력주의의 하위개념에 해당한다.

CHAPTER

05 정보능력

대표기출유형 01 기출응용문제

01

정답 ①

정보관리의 3원칙

- 목적성 : 사용목표가 명확해야 한다.
- 용이성 : 쉽게 작업할 수 있어야 한다.
- 유용성 : 즉시 사용할 수 있어야 한다.

02

정답 ⑤

제시문에서 '응용프로그램과 데이터베이스를 독립시킴으로써 데이터를 변경시키더라도 응용프로그램은 변경되지 않는다.'라고 하였다. 따라서 데이터의 논리적 의존성이 아니라, 데이터의 논리적 독립성이 적절하다.

오답분석

① '다량의 데이터는 사용자의 질의에 대한 신속한 응답 처리를 가능하게 한다.'라는 내용은 실시간 접근성에 해당한다.
② '삽입, 삭제, 수정, 갱신 등을 통하여 항상 최신의 데이터를 유동적으로 유지할 수 있으며'라는 내용을 통해 데이터베이스는 그 내용을 변화시키면서 계속적인 진화를 하고 있음을 알 수 있다.
③ '여러 명의 사용자가 동시에 공유가 가능하고'라는 부분에서 동시 공유가 가능함을 알 수 있다.
④ '각 데이터를 참조할 때는 사용자가 요구하는 내용에 따라 참조가 가능함'이라는 문장을 통해 내용에 의한 참조인 것을 알 수 있다.

03

정답 ③

고객의 신상정보의 경우 유출하거나 삭제하는 것 등의 행동을 해서는 안 되며, 거래처에서 빌린 컴퓨터에서 나왔기 때문에 거래처 담당자에게 되돌려주는 것이 가장 적절하다.

대표기출유형 02 기출응용문제

01

정답 ③

SUM 함수는 인수들의 합을 구할 때 사용한다.

- [B12] : 「=SUM(B2:B11)」
- [C12] : 「=SUM(C2:C11)」

오답분석

① REPT : 텍스트를 지정한 횟수만큼 반복한다.
② CHOOSE : 인수 목록 중에서 하나를 고른다.
④ AVERAGE : 인수들의 평균을 구한다.
⑤ DSUM : 지정한 조건에 맞는 데이터베이스에서 필드 값들의 합을 구한다.

02

정답 ⑤

매출액 중 최댓값을 구해야 하므로 MAX 함수를 사용한다. 매출 현황은 [B2] 셀에서 [B11] 셀까지이므로 입력해야 할 함수식은 「=MAX(B2:B11)」이다.

오답분석

①·③ MIN 함수는 최솟값을 구하는 함수이다.
②·④ 함수의 참조 범위가 잘못되었다.

03

정답 ②

- [D11] 셀에 입력된 COUNTA 함수는 범위에서 비어있지 않은 셀의 개수를 구하는 함수이다. [B3:D9] 범위에서 비어있지 않은 셀의 개수는 숫자 '1' 10개와 '재제출 요망'으로 입력된 텍스트 2개로, 「=COUNTA(B3:D9)」의 결괏값은 12이다.
- [D12] 셀에 입력된 COUNT 함수는 범위에서 숫자가 포함된 셀의 개수를 구하는 함수이다. [B3:D9] 범위에서 숫자가 포함된 셀의 개수는 숫자 '1' 10개로, 「=COUNT(B3:D9)」의 결괏값은 10이다.
- [D13] 셀에 입력된 COUNTBLANK 함수는 범위에서 비어있는 셀의 개수를 구하는 함수이다. [B3:D9] 범위에서 비어있는 셀의 개수는 9개로, 「=COUNTBLANK(B3:D9)」의 결괏값은 9이다.

04

정답 ⑤

- COUNTIF : 지정한 범위 내에서 조건에 맞는 셀의 개수를 구한다.
- 함수식 : =COUNTIF(D3:D10,">=2023-07-01")

오답분석

① COUNT : 범위에서 숫자가 포함된 셀의 개수를 구한다.
② COUNTA : 범위가 비어있지 않은 셀의 개수를 구한다.
③ SUMIF : 주어진 조건에 의해 지정된 셀들의 합을 구한다.
④ MATCH : 배열에서 지정된 순서상의 지정된 값에 일치하는 항목의 상대 위치 값을 찾는다.

05

정답 ③

오답분석

①·② AND 함수는 인수의 모든 조건이 참(TRUE)일 경우에 성별을 구분하여 표시할 수 있으므로 적절하지 않다.
④ 함수식에서 "남자"와 "여자"가 바뀌었다.
⑤ 함수식에서 "2"와 "3"이 아니라, "1"과 "3"이 들어가야 한다.

대표기출유형 03 기출응용문제

01

정답 ②

증감 연산자(++, --)는 피연산자를 1씩 증가시키거나 감소시킨다. 수식에서 증감 연산자가 피연산자의 후의에 사용되었을 때는 값을 먼저 리턴하고 증감시킨다.
temp=i++;은 temp에 i를 먼저 대입하고 난 뒤 i 값을 증가시키기 때문에 temp는 10, i는 11이 된다. temp=i--; 역시 temp에 먼저 i 값을 대입한 후 감소시키기 때문에 temp는 11, i는 10이 된다.

02

정답 ③

char *arr[]={"AAA","BBB","CCC"}의 각각 문자열에 접근하기 위해서는 *(arr)=AAA, *(arr+1)=BBB, *(arr+2)=CCC 형태로 접근하여 문자열을 출력할 수 있다. 따라서 *(arr+1)을 출력하게 되면 BBB가 된다.

CHAPTER

06 기술능력

대표기출유형 01 기출응용문제

01

정답 ①

시스템적인 관점에서 인식하는 능력은 기술적 능력에 대한 것으로, 기술경영자의 역할보다는 기술관리자의 역할에 해당하는 내용이다.

02

정답 ①

기술 시스템은 '발명·개발·혁신의 단계 → ㉠ 기술 이전의 단계 → ㉡ 기술 경쟁의 단계 → 기술 공고화 단계'를 거쳐 발전한다. 또한, 기술 시스템의 발전 단계에는 단계별로 핵심적인 역할을 하는 사람들이 있다. 기술 경쟁의 단계에서는 ㉢ 기업가들의 역할이 더 중요해지고, 기술 공고화 단계에서는 이를 활성·유지·보수 등을 하기 위한 ㉣ 자문 엔지니어와 금융전문가 등의 역할이 중요해진다.

03

정답 ②

벤치마킹은 경쟁력을 제고하기 위한 방법의 일환으로 타사에서 배워오는 혁신 기법이다. 그러나 복제나 모방과는 다른 개념이다. 벤치마킹은 단순히 경쟁 기업이나 선도 기업의 제품을 복제하는 수준이 아니라 장·단점을 분석해 자사의 제품을 한층 더 업그레이드해 시장 경쟁력을 높이고자 하는 개념이다.

오답분석

① 벤치마크 : 기준이 되는 점, 측정기준으로 비교평가 대상으로 볼 수 있다.
③ 표절 : 다른 사람의 저작물의 일부 또는 전부를 몰래 따다 쓰는 행위를 의미한다.
④ 모방 : 다른 것을 본떠서 흉내 내는 행위를 말한다.
⑤ 차용 : 돈이나 물건 따위를 빌려서 쓰는 행위를 말한다.

04

정답 ②

②는 간접적 벤치마킹의 단점이다. 간접적 벤치마킹은 인터넷, 문서자료 등 간접적인 형태로 조사·분석하게 됨으로써 대상의 본질보다는 겉으로 드러나 보이는 현상에 가까운 결과를 얻을 수 있는 단점을 가진다.

05

정답 ②

기술선택을 위한 절차

- 외부환경 분석 : 수요 변화 및 경쟁자 변화, 기술 변화 등 분석
- 중장기 사업목표 설정 : 기업의 장기비전, 중장기 매출목표 및 이익목표 설정
- 내부역량 분석 : 기술능력, 생산능력, 마케팅/영업능력, 재무능력 등 분석
- 사업전략 수립 : 사업 영역 결정, 경쟁 우위 확보 방안 수립
- 요구기술 분석 : 제품 설계/디자인 기술, 제품 생산 공정, 원재료/부품 제조기술 분석
- 기술전략 수립 : 기술획득 방법 결정

대표기출유형 02 기출응용문제

01

정답 ③

사용 전 알아두기 네 번째에 제습기의 물통이 가득 찰 경우 작동이 멈춘다고 하였으므로 서비스센터에 연락해야 한다.

오답분석

① 실내 온도가 18℃ 미만일 때 냉각기에 결빙이 시작되어 제습량이 줄어들 수 있다.
② 컴프레서 작동으로 실내 온도가 올라갈 수 있다.
④ 여섯 번째 사항에서 10분 꺼두었다가 다시 켜서 작동하면 정상이라고 하였다.
⑤ 희망 습도에 도달하면 운전이 멈추고, 습도가 높아지면 다시 자동 운전으로 작동한다.

02

정답 ①

보증서가 없으면 영수증이 대신하는 것이 아니라, 제조일로부터 3개월이 지난 날이 보증기간 시작일이 된다.

오답분석

② 보증기간 안내에 따르면 제품 보증기간은 제조사 또는 제품 판매자가 소비자에게 정상적인 상태에서 자연 발생한 품질 성능 기능 하자에 대하여 무료 수리해 주겠다고 약속한 기간이므로 옳은 내용이다.
③·④ 2022년 이전 제품은 2년이고, 나머지는 보증기간이 1년이다.
⑤ 제습기 부품 보증기간에 따르면 2021년 1월 이후 생산된 인버터 컴프레서의 보증기간은 10년이다.

03

정답 ③

두께 100～160micron 사이의 코팅지를 사용할 수 있으므로 120micron 코팅지는 사용할 수 있다.

오답분석

① 스위치를 'ON'으로 놓고 3～5분 정도 예열을 해야 하며, 예열표시등이 파란불에서 빨간불로 바뀌고 코팅을 할 수 있다.
② 코팅지는 봉합된 부분부터 코팅 투입구에 넣어야 한다.
④ 코팅지는 코팅기를 통과하며 기기 뒷면 코팅 배출구에서 나오고, 임의로 코팅지를 잡아당기면 안 된다.
⑤ 사용 완료 후 1～2시간 정도 열을 충분히 식힌 후에 이동 및 보관해야 한다.

04

정답 ⑤

코팅지가 기기에 걸렸을 경우 앞면의 스위치를 'OFF'로 돌려 전원을 차단시킨 다음 기기 뒷면에 있는 'REMOVE' 스위치를 화살표 방향으로 밀면서 코팅 서류를 조심스럽게 당겨 뽑아야 한다.

05

정답 ⑤

접착액이 다량으로 붙어 있는 경우는 기기에 코팅 필름이 들어가지 않을 때의 원인에 해당한다.

CHAPTER

07 조직이해능력

대표기출유형 01 기출응용문제

01

정답 ④

㉠ 집중화 전략
㉡ 원가우위 전략
㉢ 차별화 전략

02

정답 ⑤

근로자대표가 기업의 의사결정구조에 사용자와 대등한 지분을 가지고 참여하는 공동의사결정제도와 근로자와 사용자가 상호 협조하여 근로자의 복지증진과 기업의 건전한 발전을 목적으로 구성하는 노사협의회제도는 경영참가의 사례로 볼 수 있다. 자본참가의 경우 근로자가 경영방침에 따라 회사의 주식을 취득하는 종업원지주제도, 노동제공을 출자의 한 형식으로 간주하여 주식을 제공하는 노동주제도 등을 사례로 볼 수 있다.

대표기출유형 02 기출응용문제

01

정답 ③

오답분석

- B : 사장 직속으로 4개의 본부가 있다는 설명은 옳지만, 인사업무만을 전담하고 있는 본부는 없으므로 옳지 않다.
- C : 감사실이 분리되어 있다는 설명은 옳지만, 사장 직속이 아니므로 옳지 않다.

02

정답 ②

②는 업무의 내용이 유사하고 관련성이 있는 업무들을 결합해서 구분한 것으로, 기능식 조직구조의 형태로 볼 수 있다. 기능식 구조의 형태는 재무부, 영업부, 생산부, 구매부 등의 형태로 구분된다.

03

정답 ④

일반적인 조직에서 인사부는 조직기구의 개편 및 조정, 업무분장 및 조정, 직원수급계획 및 관리, 직무 및 정원의 조정 종합, 노사관리, 평가관리, 상벌관리, 인사발령, 교육체계 수립 및 관리, 임금제도, 복리후생제도 및 지원업무, 복무관리, 퇴직관리 등의 업무를 수행한다.

오답분석

① 총무부의 업무이다.
② 기획부의 업무이다.
③ 회계부의 업무이다.
⑤ 영업부의 업무이다.

04

정답 ④

부서 명칭만 듣고도 대략 어떤 업무를 담당하는지 알고 있어야 한다. 인사팀의 주요 업무는 근태관리 · 채용관리 · 인사관리 등이 있다. 인사기록카드 작성은 인사팀의 업무인 인사관리에 해당하는 부분이므로, 인사팀에 제출하는 것이 옳다. 한편, 총무팀은 회사의 재무와 관련된 전반적 업무를 총괄한다. 회사의 부서 구성을 보았을 때, 비품 구매는 총무팀의 소관 업무로 보는 것이 적절하다.

PART 2

대표기출유형 03 기출응용문제

01

정답 ⑤

김사원이 처리해야 할 일을 순서대로 나열하면 다음과 같다.
최팀장 책상의 서류 읽어 보기(박과장 방문 전) → 박과장 응대하기(오전) → 최팀장에게 서류 갖다 주기(점심시간) → 회사로 온 연락 최팀장에게 알려 주기(오후) → 이팀장에게 전화달라고 전하기(퇴근 전)

02

정답 ③

ㄱ. 최수영 상무이사가 결재한 것은 대결이다. 대결은 결재권자가 출장, 휴가, 기타 사유로 상당기간 부재중일 때 긴급한 문서를 처리하고자 할 경우 결재권자의 차하위 직위의 결재를 받아 시행하는 것을 말한다.
ㄴ. 대결 시에는 기안문의 결재란 중 대결한 자의 란에 '대결'을 표시하고 서명 또는 날인한다.
ㄹ. 전결 사항은 전결권자에게 책임과 권한이 위임되었으므로 중요한 사항이라면 원결재자에게 보고하는 데 그친다.

담당	과장	부장	상무이사	전무이사
아무개	최경옥	김석호	대결 최수영	전결

오답분석

ㄷ. 대결의 경우 원결재자가 문서의 시행 이후 결재하며, 이를 후결이라 한다.

CHAPTER

08 자기개발능력

대표기출유형 01 기출응용문제

01

정답 ④

자기개발의 첫 단계인 자신의 흥미·적성·특성 등을 파악하는 자아인식을 통해서 직업생활에서 회사가 아닌 자신의 요구를 파악하고 자신의 능력 및 기술을 이해할 수 있다.

02

정답 ①

자기개발은 한 분야에서 오랫동안 업무를 수행하도록 돕는 것이 아니라 끊임없이 변화하는 환경에 적응하도록 돕는다.

03

정답 ③

자기개발 계획을 세울 때는 장기, 단기목표를 모두 세워야 한다. 장기목표는 5 ~ 20년 뒤의 목표를 의미하고, 단기목표는 1 ~ 3년 정도의 목표를 의미한다. 장기목표는 자신의 욕구, 가치, 흥미, 적성 및 기대를 고려하여 수립하며 자신의 직장에서의 일과 관련하여 직무의 특성, 타인과의 관계 등을 고려하여 작성한다. 단기목표는 장기목표를 이룩하기 위한 기본단계로 필요한 직무경험, 능력, 자격증 등을 고려하여 세운다.

대표기출유형 02 기출응용문제

01

정답 ①

㉠은 '경력개발 전략수립' 단계로, 전 단계에서 경력목표를 설정하면 이를 달성하기 위해 활동계획을 수립하는 단계이다.

오답분석

② 대학원, 교육프로그램 등의 활동에 참여하는 것은 자신의 현재 직무수행능력을 향상시킴과 동시에 미래의 직무를 위해서도 경력개발이 가능하다.
③ 상사나 직장 선후배 등 경력목표와 관련이 되는 인적 네트워크를 구축하여 정보나 지원을 받을 수 있다.
④ 직장에서는 개인이 외부에서 얻는 것보다 더 풍부한 인적·물적자원, 기술력 등을 얻을 수 있다.
⑤ 성공적인 직무의 수행은 승진의 기회를 확대하는 것은 물론, 미래의 고용 가능성을 높일 수 있다.

02

정답 ⑤

자신이 그동안 성취한 것을 평가하고, 생산성을 그대로 유지하는 단계는 경력 중기에 해당하는 것이므로 경력초기 단계의 사원 D의 과제로 ⑤는 적절하지 않다.

CHAPTER

09 대인관계능력

대표기출유형 01 기출응용문제

01

정답 ②

팀워크와 응집력의 차이는 팀 성과의 유무이다. 응집력은 사람들로 하여금 집단에 머물도록 만들고, 그 집단의 멤버로서 계속 남아 있기를 원하게 만드는 힘이다. 팀워크는 단순히 사람들이 모여 있는 것이 아닌 목표 달성의 의지를 가지고 성과를 내는 것을 뜻한다.

PART 2

02

정답 ③

A사의 사례는 팀워크의 중요성과 주의할 점을 보여주고, S병원의 사례는 공통된 비전으로 인한 팀워크의 성공을 보여준다. 두 사례 모두 팀워크에 대한 내용이지만, 개인 간의 차이를 중시해야 한다는 것은 언급되지 않았다.

대표기출유형 02 기출응용문제

01

정답 ②

정보 독점은 '지식이 권력의 힘'이라고 믿는 독재자 리더의 특징으로 볼 수 있다.

변혁적 리더의 특징

- 카리스마 : 변혁적 리더는 조직에 명확한 비전을 제시하고, 집단 구성원들에게 그 비전을 쉽게 전달할 수 있다.
- 자기 확신 : 변혁적 리더는 뛰어난 사업수완과 어떠한 의사결정이 조직에 긍정적으로 영향을 미치는지 예견할 수 있는 능력을 지니고 있다.
- 존경심과 충성심 유도 : 변혁적 리더는 구성원 개개인에게 시간을 할애하여 그들 스스로가 중요한 존재임을 깨닫게 하고, 존경심과 충성심을 불어넣는다.
- 풍부한 칭찬 : 변혁적 리더는 구성원이나 팀이 직무를 완벽히 수행했을 때 칭찬을 아끼지 않는다.
- 감화(感化) : 변혁적 리더는 사범이 되어 구성원들이 도저히 해낼 수 없다고 생각하는 일들을 구성원들로 하여금 할 수 있도록 자극을 주고 도움을 주는 일을 수행한다.

02

정답 ⑤

수동형 사원은 자신의 능력과 노력을 조직으로부터 인정받지 못해 자신감이 떨어지는 모습을 보인다. 따라서 자신의 업무에 대해 자신감을 키워주는 것이 적절하다.

오답분석

① 적절한 보상이 없다고 느끼는 소외형 사원에게 팀에 대한 협조의 조건으로 보상을 제시하는 것은 적절하지 않다.
② 리더는 팀원을 배제시키지 않고 팀 목표를 위해 팀원들이 자발적으로 업무에 참여하도록 노력해야 한다.
③ 순응형 사원에 대해서는 그들의 잠재력 개발을 통해 팀 발전을 위한 창의적인 모습을 갖도록 해야 한다.
④ 실무형 사원에 대해서는 징계를 통해 규정 준수를 억지로 강조하는 모습보다는 의사소통을 통해 규정을 이해시키는 것이 적절하다.

대표기출유형 03 기출응용문제

01

정답 ②

3단계는 상대방의 입장을 파악하는 단계이다. 자기 생각을 말한 뒤 A씨의 견해를 물으며 상대방의 입장을 파악하려는 ②가 3단계에 해당하는 대화로 가장 적절하다.

02

정답 ④

'윈 – 윈(Win – Win) 관리법'은 갈등을 피하거나 타협하는 것이 아닌 모두에게 유리할 수 있도록 문제를 근본적으로 해결하는 방법이다. 귀하와 A사원이 공통적으로 가지는 근본적인 문제는 금요일에 일찍 퇴근할 수 없다는 것이므로, 금요일 업무시간 전에 청소를 할 수 있다면 귀하와 A사원 모두에게 유리할 수 있는 갈등 해결방법이 된다.

오답분석

① '나도 지고 너도 지는 방법'인 회피형에 대한 방법이다.
② '나는 지고 너는 이기는 방법'인 수용형에 대한 방법이다.
③ '서로가 타협적으로 주고받는 방법'인 타협형에 대한 방법이다.
⑤ '나는 이기고 너는 지는 방법'인 경쟁형(지배형)에 대한 방법이다.

대표기출유형 04 기출응용문제

01

정답 ②

고객이 잘못 이해하고 있다고 하더라도 고객의 말에 반박하지 말고, 먼저 공감해야 한다. 즉, 고객이 그렇게 말할 수 있음을 이해하는 것이 중요하다.

02

정답 ②

빨리빨리 유형을 상대할 경우 여러 가지 일을 신속하게 처리하는 모습을 보이면 응대하기 쉽다.

CHAPTER

10 직업윤리

PART 2

대표기출유형 01 기출응용문제

01

 ②

②는 절차 공정성에 대한 설명이다. 절차 공정성은 개인의 의사결정 형성에 적용되는 과정의 타당성에 대한 것으로, 목적이 달성되는 데 사용한 수단에 관한 공정성이며, 의사결정자들이 논쟁 또는 협상의 결과에 도달하기 위해 사용한 정책, 절차, 기준에 관한 공정성이다.

분배 공정성

최종적인 결과에 대한 지각이 공정했는가를 나타내며 교환의 주목적인 대상물, 즉 핵심적인 서비스에 대한 지각이 공정했는가를 결정하는 것이다.

02

 ③

B사원의 업무방식은 그의 성격으로 인해 나타나는 것이며, B사원의 잘못이 아님을 알 수 있다. 따라서 S대리는 업무방식에 대해 서로 다른 부분을 인정하는 상호 인정에 대한 역량이 필요하다고 볼 수 있다.

03

 ④

(가)의 입장을 반영하면 국가 청렴도가 낮은 문제를 해결하기 위해서는 청렴을 강조한 전통 윤리를 지킬 필요가 있다. 이에 개인을 넘어서 공동체, 나아가 국가의 공사(公事)를 우선하는 봉공 정신, 청빈한 생활 태도를 유지하면서 국가의 일에 충심을 다하려는 청백리 정신을 실천하는 자세가 필요하다.

대표기출유형 02 기출응용문제

01

정답 ④

제시문은 민주 시민으로서 기본적으로 지켜야 하는 의무와 생활 자세인 '준법 정신'에 대한 일화이다. 사회가 유지되기 위해서는 준법 정신이 필요한 것처럼 직장생활에서도 조직의 운영을 위해 준법 정신이 필요하다.

오답분석

① 봉사(서비스)에 대한 설명이다.
② 근면에 대한 설명이다.
③ 책임에 대한 설명이다.
⑤ 정직과 신용에 대한 설명이다.

02

정답 ⑤

일을 하다가 예상하지 못한 상황이 일어났을 때 그 이유에 대해 고민해보는 것은 필요하다. 다시 같은 상황을 겪지 않도록 대처해야 하기 때문이다. 그러나 그 이유에 대해서만 계속 매달리는 것은 시간과 에너지를 낭비하는 일이다. 최대한 객관적으로 이유를 분석한 뒤 결과를 수용하고 신속하게 대책을 세우는 것이 바람직하다.

03

정답 ①

우수한 직업인의 자세에는 해당할 수 있으나, 직업윤리에서 제시하는 직업인의 기본자세에는 해당하지 않는다.

오답분석

② 나의 일을 필요로 하는 사람에게 봉사한다는 마음가짐이 필요하며, 직무를 수행하는 과정에서 다른 사람과 긴밀히 협력하는 협동 정신이 요구된다.
③ 직업이란 신이 나에게 주신 거룩한 일이며, 일을 통하여 자신의 존재를 실현하고 사회적 역할을 담당하는 것이니 자기의 직업을 사랑하며, 긍지와 자부심을 갖고 성실하게 임하는 마음가짐이 있어야 한다.
④ 법규를 준수하고 직무상 요구되는 윤리기준을 준수해야 하며, 공정하고 투명하게 업무를 처리해야 한다.
⑤ 협력체제에서 각자의 책임을 충실히 수행할 때 전체 시스템의 원만한 가동이 가능하며, 다른 사람에게 피해를 주지 않는다. 이러한 책임을 완벽하게 수행하기 위하여 자신이 맡은 분야에서 전문적인 능력과 역량을 갖추고, 지속적인 자기계발을 해야 한다.

PART 3

직무수행능력평가

CHAPTER 01 사무직(행정학)

CHAPTER 02 사무직(경영학)

CHAPTER 03 사무직(법학)

CHAPTER 04 사무직(경제학)

CHAPTER 05 기술직(기계일반)

CHAPTER 06 기술직(전기일반)

CHAPTER 07 기술직(전자일반)

CHAPTER

01 사무직(행정학) 적중예상문제

01	02	03	04	05	06	07	08	09	10	11	12	13	14	15	16	17	18	19	20
④	①	②	④	④	⑤	④	③	④	⑤	①	③	②	④	③	②	①	⑤	②	①

01

정답 ④

위탁집행형 준정부기관은 준정부기관 중 기금관리형 준정부기관이 아닌 준정부기관으로 도로교통공단, 건강보험심사평가원, 국민건강보험공단 등이 있다.

오답분석

① 정부기업은 형태상 일반부처와 동일한 형태를 띠는 공기업이다.
② 지방공기업의 경우 지방공기업법의 적용을 받는다.
③ 직원 정원이 300명, 총수입액 200억, 자산규모 30억 이상이면서 총수입 중 자체수입액이 50% 미만인 공공기관을 준정부기관으로 정한다.
⑤ 일반적으로 공기업은 정부조직에 비해 인사 및 조직운영에 많은 자율권이 부여된다.

02

정답 ①

책임운영기관은 대통령령으로 설치한다.

책임운영기관의 설치 및 해제(책임운영기관의 설치 및 해제 운영에 관한 법률 제4조)
① 책임운영기관은 그 사무가 다음 각호의 기준 중 어느 하나에 맞는 경우에 대통령령으로 설치한다.
1. 기관의 주된 사무가 사업적·집행적 성질의 행정서비스를 제공하는 업무로서 성과 측정기준을 개발하여 성과를 측정할 수 있는 사무
2. 기관 운영에 필요한 재정수입의 전부 또는 일부를 자체 확보할 수 있는 사무

03

정답 ②

규제피라미드는 규제가 규제를 낳은 결과 피규제자의 규제 부담이 점점 증가하는 현상이다.

오답분석

①·③·④·⑤ 모두 규제의 역설에 대한 설명이다.

04

정답 ④

역사학적 신제도주의는 각국에서 채택된 정책의 상이성과 효과를 역사적으로 형성된 제도에서 찾으려는 접근방법을 말한다.

오답분석

① 행태론은 인간을 사물과 같은 존재로 인식하기 때문에 인간의 자유와 존엄을 강조하기 보다는 인간을 수단적 존재로 인식한다.
② 자연현상과 사회현상을 동일시하여 자연과학적인 논리실증주의를 강조한 것은 행태론적 연구의 특성이다.
③ 행태주의를 비판하며 나타난 후기 행태주의의 입장이다.
⑤ 행태주의는 객관적인 사실에 입각한 일반법칙적인 연구에만 몰두한 나머지 보수적인 이론이며, 제도변화와 개혁을 지향하지 않는다.

행태론과 신제도론의 비교

비교	행태론	신제도론
차이점	방법론적 개체주의, 미시주의	거시와 미시의 연계
	제도의 종속변수성 (제도는 개인행태의 단순한 집합)	제도의 독립변수성 (제도와 같은 집합적 선호가 개인의 선택에 영향을 줌)
	정태적	동태적(제도의 사회적 맥락과 영속성 강조)

05

정답 ④

주민소환투표권자 총수의 3분의 1 이상의 투표와 유효투표 총수 과반수의 찬성으로 확정된다.

오답분석

① 시・도지사의 주민소환투표의 청구 서명인 수는 해당 지방자치단체 주민소환청구권자 총수의 100분의 10 이상이다.
② 주민이 직선한 공직자가 주민소환투표 대상이다.
③ 주민소환투표권자는 주민소환투표인명부작성기준일 현재 해당 지방자치단체의 장과 지방의회의원에 대한 선거권을 가지고 있는 자로 한다.
⑤ 주민소환이 확정된 때에는 주민소환투표대상자는 그 결과가 공표된 시점부터 그 직을 상실한다.

PART 3

주민소환투표의 청구요건

- 특별시장・광역시장・도지사 : 해당 지방자치단체의 주민소환투표권자 총수의 100분의 10 이상
- 시장・군수・자치구의 구청장 : 해당 지방자치단체의 주민소환투표권자 총수의 100분의 15 이상
- 지역구 시・도의회의원 및 지역구 자치구・시・군의회의원 : 해당 지방의회의원의 선거구 안의 주민소환투표권자 총수의 100분의 20 이상

06

정답 ⑤

등급에 대한 설명에 해당한다. 등급은 직무의 종류는 다르지만 직무의 곤란도 및 책임도나 자격요건이 유사하여 동일한 보수를 줄 수 있는 모든 직위의 집단을 의미한다.

직위분류제의 구성요소

구분	내용	예시
직위	한 사람의 근무를 필요로 하는 직무와 책임의 양	기상통보관, 예보관
직급	직무의 종류와 곤란성・책임도가 유사한 직위의 군(동일 직급에 속하는 직위에 대해서는 임용자격・시험・보수 등에 있어서 동일한 취급)	행정 7급
등급	직무의 종류는 다르지만 직무의 곤란도・책임도가 유사하여 동일한 보수를 줄 수 있는 직위의 군	9급 서기보
직군	직무의 성질이 유사한 직렬의 군	행정직군, 기술직군
직렬	직무의 종류가 유사하고 그 책임과 곤란성의 정도가 서로 다른 직급의 군	행정직군 내 행정직렬, 세무직렬
직류	같은 직렬 내에서 담당분야가 같은 직무의 군	행정직렬 내 일반행정 직류, 법무행정직류

07

정답 ④

관료제는 업무의 수행은 안정적이고 세밀하게 이루어져야 하며 규칙과 표준화된 운영절차에 따라 이루어지도록 되어 있다. 따라서 이념형으로서의 관료는 직무를 수행하는 데 감정을 갖지 않는 비정의성(Impersonality)이며 형식 합리성의 정신에 따라 수행해야 한다.

08

정답 ③

③은 크리밍효과에 관한 설명이다. 크리밍효과는 정책효과가 나타날 가능성이 높은 집단을 의도적으로 실험집단으로 선정함으로써 정책의 영향력이 실제보다 과대평가된다. 호손효과는 실험집단 구성원이 실험의 대상이라는 사실로 인해 평소와 달리 특별한 심리적 또는 감각적 행동을 보이는 현상으로, 외적타당도를 저해하는 대표적 요인이다. 실험조작의 반응효과라고도 하며, 1927년 호손 실험으로 발견되었다.

09

정답 ④

제도화된 부패란 부패가 관행화되어버린 상태로서, 부패가 실질적 규범이 되면서 조직 내의 공식적 규범은 준수하지 않는 상태가 만연한 경우이다. 이러한 조직에서는 지켜지지 않는 비현실적 반부패 행동규범의 대외적 발표를 하게 되며, 부패에 저항하는 자에 대한 보복이 뒤따르게 된다.

10

정답 ⑤

합리모형에서 말하는 합리성은 경제적 합리성을 말한다. 정치적 합리성은 점증모형에서 중시하는 합리성이다.

합리모형과 점증모형

구분	합리모형	점증모형
합리성 최적화 정도	• 경제적 합리성(자원배분의 효율성) • 전체적 · 포괄적 분석	• 정치적 합리성(타협 · 조정과 합의) • 부분적 최적화
목표와 수단	• 목표 – 수단 분석을 함 • 목표는 고정됨(목표와 수단은 별개) • 수단은 목표에 합치	• 목표 – 수단 분석을 하지 않음 • 목표는 고정되지 않음 • 목표는 수단에 합치
정책결정	• 근본적 · 기본적 결정 • 비분할적 · 포괄적결정 • 하향적 결정 • 단발적 결정(문제의 재정의가 없음)	• 지엽적 · 세부적 결정 • 분할적 · 한정적 결정 • 상향적 결정 • 연속적 결정(문제의 재정의 빈번)
정책특성	비가분적 정책에 적합	가분적 정책에 적합
접근방식과 정책 변화	• 연역적 접근 • 쇄신적 · 근본적 변화 • 매몰비용은 미고려	• 귀납적 접근 • 점진적 · 한계적 변화 • 매몰비용 고려
적용국가	상대적으로 개도국에 적용 용이	다원화된 선진국에 주로 적용
배경이론 및 참여	• 엘리트론 • 참여 불인정(소수에 의한 결정)	• 다원주의 • 참여 인정(다양한 이해관계자 참여)

11

정답 ①

조세법률주의는 국세와 지방세 구분 없이 적용된다. 지방세의 종목과 세율은 국세와 마찬가지로 법률로 정한다.

12

정답 ③

신제도주의는 행위 주체의 의도적이고 전략적인 행동이 제도에 영향을 미칠 수 있다는 점을 인정하고, 제도의 안정성보다는 제도설계와 변화 차원에 관심을 보이고 있다.

오답분석

① 행태론적 접근방법은 이론의 과학성 추구를 위해 가치의 문제를 배제하려는 가치중립성을 특징으로 한다.
④ 논변적 접근방법은 행정현상과 같은 가치측면의 규범성을 연구할 때는 결정에 대한 주장의 정당성을 갖추는 것이 중요하다고 보고 행정에서 진정한 가치는 자신들의 주장에 대한 논리성을 점검하고 상호 타협과 합의를 도출하는 민주적 절차에 있다고 본다.

13

정답 ②

ㄱ. 베버의 관료제론은 규칙과 규제가 조직에 계속성을 제공하여 조직을 예측 가능성 있는 조직, 안정적인 조직으로 유지시킨다고 보았다.
ㄴ. 행정관리론은 모든 조직에 적용시킬 수 있는 효율적 조직관리의 원리들을 연구하였다.
ㄷ. 호손실험으로 인간관계에서의 비공식적 요인이 업무의 생산성에 큰 영향을 끼친다는 것이 확인되었다.

오답분석

ㄹ. 조직군 생태이론은 조직과 환경의 관계에서 조직군이 환경에 의해 수동적으로 결정된다는 환경결정론적 입장을 취한다.

거시조직 이론의 유형

구분	결정론	임의론
조직군	• 조직군 생태론 • 조직경제학(주인 – 대리인이론, 거래비용 경제학) • 제도화이론	공동체 생태론
개별조직	구조적 상황론	• 전략적 선택론 • 자원의존이론

PART 3

14

정답 ④

고객이 아닌 시민에 대한 봉사는 신공공서비스론의 원칙이다. 신공공관리론은 경쟁을 바탕으로 한 고객 서비스의 질 향상을 지향한다.

오답분석

①·②·③·⑤ 모두 신공공관리론의 특징이다.

15

정답 ③

정책대안의 탐색은 정책문제를 정의하는 단계가 아니라 정책목표설정 다음에 이루어진다.

정책문제의 정의
- 관련 요소 파악
- 가치 간 관계의 파악
- 인과관계의 파악
- 역사적 맥락 파악

16

정답 ②

정책문제 자체를 잘못 인지한 상태에서 계속 해결책을 모색하여 정책문제가 해결되지 못하고 남아있는 상태는 3종 오류라고 한다. 1종 오류는 옳은 가설을 틀리다고 판단하고 기각하는 오류이고, 2종 오류는 틀린 가설을 옳다고 판단하여 채택하는 오류를 말한다.

17

정답 ①

정책의 수혜집단이 강하게 조직되어 있는 집단이라면 정책집행은 용이해진다.

오답분석

② 집행의 명확성과 일관성이 보장되어야 한다.
③ 규제정책의 집행과정에서 실제로 불이익을 받는 자가 생겨나게 되는데 이때 정책을 시행하는 과정에서 격렬한 갈등이 발생할 수 있다.
④ 나카무라와 스몰우드는 집행자와 결정자의 역할에 따라 정책집행을 유형별로 분류하였다.
⑤ 정책의 집행에는 대중의 지지, 매스컴의 반응, 정책결정기관의 입장, 정치·경제·사회·문화적 흐름 등 많은 환경적 요인들이 영향을 끼친다.

18

정답 ⑤

오답분석

① 매트릭스 조직은 기능구조와 사업구조를 절충한 형태로 두 조직의 화학적 결합을 시도한 구조이다. 팀제와 유사한 조직에는 수평조직이 있다.
② 정보화가 진전되면 팀제 등 수평구조가 등장하고 조직이 탈관료제화 함에 따라 통솔범위가 넓어졌다고 판단하는 입장이 지배적이다.
③ 기계적 조직구조는 직무범위가 좁다.
④ 유기적인 조직은 환경의 변화에 유려하게 적응할 수 있도록 설계된 조직이다. 안정적인 환경에서 더 높은 성과를 내는 조직은 기계적 조직이다.

19

정답 ②

경직된 분위기의 계층제적 사회에서는 부하와 동료의 평정을 받는 다면평가제가 조직원들의 강한 불쾌감을 불러올 수 있고, 이로 인해 조직 내 갈등상황이 불거질 수 있다.

20

정답 ①

오답분석

ㄷ. 예산결산특별위원회는 상설특별위원회이기 때문에 따로 활동기한을 정하지 않는다.
ㄹ. 예산결산특별위원회는 소관 상임위원회가 삭감한 세출예산의 금액을 증액하거나 새 비목을 설치하려는 경우에는 소관 상임위원회의 동의를 얻어야 한다.

02 사무직(경영학) 적중예상문제

01	02	03	04	05	06	07	08	09	10	11	12	13	14	15	16	17	18	19	20
⑤	⑤	②	⑤	①	②	④	①	④	②	③	①	⑤	①	⑤	①	①	③	③	②

01

정답 ⑤

학습과 성장 관점에서는 기존의 재무 고객 프로세스 측면의 관점과 연관하여 조직의 현재 역량을 파악하고, 필요한 역량을 끌어올리는 데 집중하여야 한다.

02

정답 ⑤

마이클 포터(M. Porter)의 산업경쟁에 영향을 미치는 5개의 요인

- 진입장벽
- 산업 내 경쟁업체들의 경쟁
- 제품의 대체가능성
- 구매자의 교섭력
- 공급자의 교섭력

03

정답 ②

오답분석

① 관계마케팅 : 거래의 당사자인 고객과 기업간 관계를 형성하고 유지·강화하며 동시에 장기적인 상호작용을 통해 상호간 이익을 극대화할 수 있는 다양한 마케팅활동이다.
③ 표적시장 선정 : 시장세분화를 통해 포지셔닝을 하기 전에 포지셔닝을 할 대상을 결정하는 단계이다.
④ 일대일 마케팅 : 기업과 개별 고객간 직접적인 의사소통을 통한 마케팅이다.
⑤ 시장세분화 : 수요층별로 시장을 분할화 또는 단편화하여 각 층에 대해 집중적으로 마케팅 전략을 펴는 활동이다.

04

정답 ⑤

오답분석

① 데이터베이스관리시스템 : 데이터의 중복성을 최소화하면서 조직에서의 다양한 정보요구를 충족시킬 수 있도록 상호 관련된 데이터를 모아놓은 데이터의 통합된 집합체이다.
② 전문가시스템 : 특정 전문분야에서 전문가의 축적된 경험과 전문지식을 시스템화하여 의사결정을 지원하거나 자동화하는 정보시스템이다.
③ 전사적 자원관리시스템 : 구매, 생산, 판매, 회계, 인사 등 기업의 모든 인적·물적 자원을 효율적으로 관리하여 기업의 경쟁력을 강화시켜주는 통합정보시스템이다.
④ 의사결정지원시스템 : 경영관리자의 의사결정을 도와주는 시스템이다.

05

정답 ①

동기부여의 내용이론

- 매슬로의 욕구단계설 : 매슬로의 주장은 인간의 다양하고도 복잡한 욕구가 사람의 행동을 이끄는 주된 원동력이라는 것이다.
- 알더퍼의 ERG 이론 : 알더퍼는 인간욕구의 단계성을 인정하는 것은 매슬로와 같지만 존재욕구, 관계욕구, 성장욕구를 구분함으로써 하위단계에서 상위단계로의 진행과 상위단계 욕구가 만족되지 않을 경우 하위단계 욕구가 더 커진다는 이론을 제시했다.
- 허즈버그의 2요인 이론 : 허즈버그는 개인에게 만족감을 주는 요인과 불만족을 주는 요인이 전혀 다를 수 있다는 이론을 제시했다. 그에 따르면 동기요인(성취감, 상사로부터의 인정, 성장과 발전 등)은 직무동기를 유발하고 만족도를 증진시키나, 위생요인(회사의 정책, 관리규정, 임금, 관리행위, 작업조건 등)은 직무불만족을 유발한다.
- 맥클랜드의 성취동기이론 : 맥클랜드는 개인의 성격을 크게 세 가지 욕구(성취욕구, 소속욕구, 권력욕구)의 구성체로 간주하고, 그 중 성취욕구가 높은 사람이 강한 수준의 동기를 갖고 직무를 수행한다는 이론을 제시했다.

06

 ②

시계열분석은 과거의 수요를 분석하여 시간에 따른 수요의 패턴을 파악하고 이의 연장선상에서 미래의 수요를 예측하는 방법으로 정량적 예측기법이다.

오답분석

① 델파이법 : 설계된 절차의 앞부분에서 어떤 일치된 의견으로부터 얻어지는 정보와 의견의 피드백을 중간에 삽입하여 연속적으로 질문 적용하는 기법을 말한다.
③ 전문가패널법 : 전문가들이 의견을 자유롭게 교환하여 일치된 예측결과를 얻는 기법을 말한다.
④ 자료유추법 : 유사한 기존제품의 과거자료를 기초로 하여 예측하는 방법을 말한다.
⑤ 패널동의법 : 개인보다는 집단의 의견이 더 나은 예측을 한다는 가정으로 경영자, 판매원, 소비자 등으로 패널을 구성하여 예측치를 구하는 방법을 말한다.

07

정답 ④

직무기술서는 직무수행과 관련된 과업 및 직무행동을 직무요건을 중심으로 기술한 양식이다.

구분	직무기술서	직무명세서
개념	직무수행과 관련된 과업 및 직무 행동을 직무요건을 중심으로 기술한 양식	특정 직무를 수행하기 위해 요구되는 지식, 기능, 육체적 정신적 능력 등 인적요건을 중심으로 기술한 양식
포함 내용	• 직무 명칭, 직무코드, 소속 직군, 직렬 • 직급(직무등급), 직무의 책임과 권한 • 직무를 이루고 있는 구체적 과업의 종류 및 내용 등	• 요구되는 교육 수준 • 요구되는 지식, 기능, 기술, 경험 • 요구되는 정신적, 육체적 능력 • 인정 및 적성, 가치, 태도 등
작성 요건	명확성, 단순성, 완전성, 일관성	

08

정답 ①

포트폴리오의 분산은 각 구성자산과 포트폴리오간의 공분산을 각 자산의 투자비율로 가중평균하여 계산한다.

자본예산기법

자본예산이란 투자효과가 장기적으로 나타나는 투자의 총괄적인 계획으로서 투자대상에 대한 각종 현금흐름을 예측하고 투자안의 경제성분석을 통해 최적 투자결정을 내리는 것을 말한다.

자본예산의 기법에는 회수기간법, 회계적이익률법, 수익성지수법, 순현가법, 내부수익률법 등이 주로 활용된다.

- 회수기간법 : 투자시점에서 발생한 비용을 회수하는데 걸리는 기간을 기준으로 투자안을 선택하는 자본예산기법이다.
  - 상호독립적 투자안 : 회수기간<목표회수기간 → 채택
  - 상호배타적 투자안 : 회수기간이 가장 짧은 투자안 채택
- 회계적이익률법 : 투자를 원인으로 나타나는 장부상의 연평균 순이익을 연평균 투자액으로 나누어 회계적 이익률을 계산하고 이를 이용하여 투자안을 평가하는 방법이다.
  - 상호독립적 투자안 : 투자안의 ARR>목표ARR → 채택
  - 상호배타적 투자안 : ARR이 가장 큰 투자안 채택
- 순현가법 : 투자로 인하여 발생할 미래의 모든 현금흐름을 적절한 할인율로 할인한 현가로 나타내어서 투자결정에 이용하는 방법이다.
  - 상호독립적 투자안 : NPV>0 → 채택
  - 상호배타적 투자안 : NPV가 가장 큰 투자안 채택
- 내부수익률법 : 미래현금유입의 현가와 현금유출의 현가를 같게 만드는 할인율인 내부수익률을 기준으로 투자안을 평가하는 방법이다.
  - 상호독립적 투자안 : IRR>자본비용 → 채택
  - 상호배타적 투자안 : IRR이 가장 큰 투자안 채택

PART 3

09

정답 ④

기업가 정신이란 기업의 본질인 이윤 추구와 사회적 책임의 수행을 위해 기업가가 마땅히 갖추어야 할 자세나 정신을 말한다. 미국의 경제학자 슘페터는 기업 이윤의 원천을 기업가의 혁신, 즉 기업가 정신을 통한 기업 이윤 추구에 있다고 보았다. 따라서 기업가는 혁신, 창조적 파괴, 새로운 결합, 남다른 발상, 남다른 눈을 지니고 있어야 하며, 새로운 생산 기술과 창조적 파괴를 통하여 혁신을 일으킬 줄 아는 사람이어야 한다고 주장하였다. 아울러 혁신의 요소로 새로운 시장의 개척, 새로운 생산 방식의 도입, 새로운 제품의 개발, 새로운 원료 공급원의 개발 내지 확보, 새로운 산업 조직의 창출 등을 강조하였다.

10

정답 ②

오답분석

① 횡축은 상대적 시장점유율, 종축은 시장성장률이다.
③ 별 영역은 시장성장률이 높고, 상대적 시장점유율도 높다.
④ 자금젖소 영역은 시장점유율이 높아 자금투자보다 자금산출이 많다.
⑤ 개 영역은 시장성장률과 상대적 시장점유율이 낮은 쇠퇴기에 접어든 경우이다.

11

정답 ③

순현가법에서는 내용연수 동안의 모든 현금흐름을 통해 현가를 비교한다.

오답분석

① 순현가는 현금유입의 현가를 현금유출의 현가로 나눈 것이다.
② 순현가법은 개별투자안들간 상호관계를 고려할 수 없는 한계가 있다.
④ 최대한 큰 할인율이 아니라 적절한 할인율로 할인한다.
⑤ 투자의 결과 발생하는 현금유입이 투자안의 내부수익률로 재투자 될 수 있다고 가정하는 것은 내부수익률법이다.

12

정답 ①

임프로쉐어 플랜에 대한 설명이다.

오답분석

② 스캘론 플랜 : 생산의 판매가치에 대한 인건비 비율이 사전에 정한 표준 이하의 경우 종업원에게 보너스를 주는 제도이다.
③ 메리크식 복률성과급 : 표준생산량을 83% 이하, 83 ~ 100%, 그리고 100% 이상으로 나누어 상이한 임금률을 적용하는 방식이다.
④ 테일러식 차별성과급 : 근로자의 하루 표준 작업량을 시간연구 및 동작연구에 의해 과학적으로 설정하고 이를 기준으로 하여 고·저 두 종류의 임금률을 적용하는 제도이다.
⑤ 럭커 플랜 : 조직이 창출한 부가가치 생산액을 구성원 인건비를 기준으로 배분하는 제도이다.

13

정답 ⑤

글로벌경쟁이 심화될수록 해당 사업에 경쟁력이 낮아지며, 다각화 전략보다 집중화 현상이 심해진다.

- 다각화(Diversification) : 한 기업이 다른 여러 산업에 참여하는 것
  - 관련다각화 : 제품이나 판매지역 측면에서 관련된 산업에 집중
  - 비관련다각화 : 서로 연관되지 않은 사업에 참여하여 영위하는 전략(한국식 재벌기업형태)

14

정답 ①

델파이 기법은 예측하려는 현상에 대하여 관련 있는 전문가나 담당자들로 위원회를 구성하고 개별적 질의를 통해 의견을 수집하여 종합·분석·정리하고 의견이 일치될 때까지 개별적 질의 과정을 되풀이하는 예측기법이다.

15

정답 ⑤

마이클 포터는 원가우위전략과 차별화전략을 동시에 추구하는 것을 이도저도 아닌 어정쩡한 상황이라고 언급하였으며, 둘 중 한 가지를 선택하여 추구하는 것이 효과적이라고 주장했다.

16

정답 ①

ㄱ. 변혁적 리더십은 거래적 리더십에 대한 비판으로 현상 탈피, 변화 지향성, 내재적 보상의 강조, 장기적 관점이다.
ㄷ. 카리스마 리더십은 부하에게 높은 자신감을 보이며 매력적인 비전을 제시한다.

오답분석

ㄴ. 거래적 리더십은 전통적 리더십 이론으로 현상 유지, 안정 지향성, 즉각적이고 가시적인 보상체계, 단기적 관점이 특징이다.
ㄹ. 슈퍼리더는 부하들이 역량을 최대한 발휘하여 셀프 리더가 될 수 있도록 환경을 조성해 주고 동기부여를 할 줄 아는 리더이다.

17

정답 ①

신제품 수용자 유형

- 혁신자(Innovators) : 신제품 도입 초기에 제품을 수용하는 소비자. 모험적, 새로운 경험 추구
- 조기 수용자(Early Adopters) : 혁신자 다음으로 수용하는 소비자. 의견선도자 역할
- 조기 다수자(Early Majority) : 대부분의 일반 소비자. 신중한 편
- 후기 다수자(Late Majority) : 대부분의 일반 소비자. 신제품 수용에 의심 많음
- 최후 수용자(Laggards) : 변화를 싫어하고 전통을 중시함

18

정답 ③

오답분석

ㄴ. 개별주식의 기대 수익률이 증권시장선 위쪽에 위치하면 주가가 과소평가된 상태이다.
ㄷ. 자본시장의 기대수익과 위험간의 선형적인 관계를 나타낸다.

19

정답 ③

매트릭스 조직

조직의 구성원이 원래 속해 있던 종적계열과 함께 횡적계열이나 프로젝트 팀의 일원으로 속해 동시에 임무를 수행하는 조직형태로, 결국 한 구성원이 동시에 두 개의 팀에 속하게 된다. 특징은 계층원리와 명령일원화 원리의 불적용, 라인·스태프 구조의 불일치, 프로젝트 임무 완수 후 원래 속한 조직업무로의 복귀 등이 있다.

- 장점 : 지식공유가 일어나는 속도가 빠르므로 프로젝트를 통해 얻은 지식과 경험을 다른 프로젝트에 활용하기 쉽고, 프로젝트 또는 제품별 조직과 기능식 조직간에 상호 견제가 이루어지므로 관리의 일관성을 꾀할 수 있으며 인적자원 관리도 유연하게 할 수 있다. 또한 시장의 요구에 즉각적으로 대응할 수 있으며 경영진에게도 빠르게 정보를 전달할 수 있다.
- 단점 : 조직의 특성상 구성원은 자신의 위치에 대해 불안감을 가질 수 있고, 이것이 조직에 대한 몰입도나 충성심 저하의 원인이 될 수 있다. 관리비용의 증가 문제 역시 발생할 수 있다.

20

정답 ②

경영통제란 기업에서 결정한 목표 달성을 위해 업무의 실행이 제대로 이루어지고 있는지를 확인하여 시정하도록 하는 행위이다. 계획화, 조직화, 지휘화 기능에 이어 경영자가 마지막으로 수행하게 되는 기본적인 경영활동이며, 경영통제의 과정은 '표준의 설정 → 실제성과의 측정 → 편차의 수정' 순서이다.

CHAPTER

03 사무직(법학) 적중예상문제

01	02	03	04	05	06	07	08	09	10
⑤	③	①	④	⑤	③	①	①	①	②
11	12	13	14	15	16	17	18	19	20
④	①	⑤	②	④	④	④	④	②	②

01

정답 ⑤

영미법계 국가에서는 선례구속의 원칙에 따라 판례의 법원성이 인정된다.

02

정답 ③

오답분석

① 조례는 규칙의 상위규범이다.
② 국제법상의 기관들은 자체적으로 조약을 체결할 수 있다.
④ 재판의 근거로 사용된 조리(條理)와 법원으로서의 조례는 서로 무관하다.
⑤ 의원발의의 경우 재적의원 1/5이상 또는 10인 이상의 의원의 연서가 필요하다.

03

정답 ①

사실인 관습은 그 존재를 당사자가 주장·입증하여야 하나, 관습법은 당사자의 주장·입증을 기다림이 없이 법원이 직권으로 이를 판단할 수 있다(대판1983.6.14, 80다3231).

04

정답 ④

상사에 관하여는 상법에 규정이 없으면 상관습법에 의하고 상관습법이 없으면 민법의 규정에 의한다(상법 제1조)는 점을 주의하여야 한다. 또한 특별법우선의 원칙에 따라 민사특별법이 민법보다 우선시된다는 것을 알 수 있다. 따라서 상법의 적용순서는 '상법 → 상관습법 → 민사특별법 → 민법 → 민사관습법 → 조리'의 순이다.

05

정답 ⑤

오답분석

① 강행법과 임의법은 당사자 의사의 상관성 여부에 따라 구분한다.
② 고유법과 계수법은 연혁에 따라 구분한다.
③ 실체법과 절차법은 법의 규정 내용에 따라 구분한다.
④ 공법과 사법은 법이 규율하는 생활관계에 따라 구분하는 것으로, 대륙법계의 특징에 해당한다.

06

정답 ③

사법은 개인 상호간의 권리·의무관계를 규율하는 법으로 민법, 상법, 회사법, 어음법, 수표법 등이 있으며, 실체법은 권리·의무의 실체, 즉 권리나 의무의 발생·변경·소멸 등을 규율하는 법으로 헌법, 민법, 형법, 상법 등이 이에 해당한다. 부동산등기법은 절차법으로 공법에 해당한다는 보는 것이 다수의 견해이나 사법에 해당한다는 소수 견해도 있다. 따라서 ③은 사법에 해당하는지 여부와 관련하여 견해 대립이 있으나 부동산등기법은 절차법이므로 옳지 않다.

07

정답 ①

채권자취소권을 특정물에 대한 소유권이전등기청구권을 보전하기 위하여 행사하는 것은 허용되지 않으므로 부동산의 제1양수인(乙)은 자신의 소유권이전등기청구권 보전을 위하여 양도인(甲)과 제3자(丙) 사이에 이루어진 이중양도행위에 대하여 채권자취소권을 행사하지 못한다(대판 1999.4.27., 98다56690).

오답분석

② 乙은 甲에게 등기청구권의 이행불능을 이유로 계약을 해제하고 손해배상을 청구할 수 있다.
③ 반사회적 법률행위로 甲과 丙의 계약이 무효이게 되면 乙은 甲을 대위하여 丙에게 X건물에 대한 소유권이전등기의 말소를 청구할 수 있다.
④ 甲과 丙 사이의 매매계약이 반사회적 법률행위로 무효인 경우, 양자의 급여는 불법원인급여가 되므로 甲은 소유권에 기하여 丙에게 X건물의 반환을 청구할 수 없다.
⑤ 丙이 甲과 乙 사이의 매매사실을 알면서 甲의 배임행위에 적극 가담하여 甲과 계약을 체결한 경우, 그 계약은 민법 제103조 위반으로 무효이다.

08

정답 ①

사회법은 자본주의의 문제점(사회적 약자 보호)을 합리적으로 해결하기 위해 근래에 등장한 법으로, 점차 사법과 공법의 성격을 모두 가진 제3의 법영역으로 형성되었으며 법의 사회화·사법의 공법화 경향을 띤다.

09

정답 ①

법률은 특별한 규정이 없으면 공포한 날로부터 20일을 경과함으로써 효력이 발생한다.

법의 시행과 폐지

- 법의 효력은 시행일로부터 폐지일까지만 계속되는데 이를 시행기간(또는 시효기간)이라 한다.
- 관습법은 성립과 동시에 효력을 가지나 제정법은 시행에 앞서 국민에게 널리 알리기 위하여 공포를 해야 하는데, 공포일로부터 시행일까지의 기간을 주지기간이라 한다.
- 법률은 특별한 규정이 없으면 공포한 날로부터 20일을 경과함으로써 효력을 발생한다.

10

정답 ②

판례(대판 2008.7.10, 2008다12453)에 따르면 재단법인 정관에 기재한 기본재산은 재단법인의 실체이며 목적을 수행하기 위한 기본적인 수단으로서, 그러한 기본재산을 처분하는 것은 재단법인의 실체가 없어지는 것을 의미하므로 함부로 처분할 수 없고 정관의 변경 절차를 필요로 한다. 정관의 변경은 민법상 주무관청의 허가를 얻어야 효력이 있으므로 재단법인이 기본재산을 처분할 경우는 주무관청의 허가를 얻어야 한다.

오답분석

① 재단법인의 설립은 유언으로 가능하다(민법 제48조 제2항 참고).

③ 재단법인의 출연자는 착오를 이유로 출연의 의사표시를 취소할 수 있다(대판 1999.7.9, 98다9045).

④ 재단법인의 설립자가 그 명칭, 사무소 소재지 또는 이사임면의 방법을 정하지 아니하고 사망한 때에는 이해관계인 또는 검사의 청구에 의하여 법원이 이를 보충할 수 있다(민법 제44조). 목적에 대한 사항은 보충의 대상이 아니다.

⑤ 재단법인의 목적을 달성할 수 없는 경우, 이사는 주무관청의 허가를 얻어 그 목적을 변경할 수 있다(민법 제46조 참고).

11

정답 ④

우리나라 헌법은 1987년 10월 29일에 제9차로 개정되었다. 헌법 전문상의 제8차라고 밝히고 있는 것은 9차 개정의 현행 헌법을 공포하면서 그때까지 8차례에 걸쳐 개정되었던 것을 이제 9차로 개정하여 공포하는 취지를 밝힌 것이다.

12

정답 ①

근대 입헌주의 헌법은 국법과 왕법을 구별하는 근본법(국법) 사상에 근거를 두고 국가권력의 조직과 작용에 대한 사항을 정하고 동시에 국가권력의 행사를 제한하여 국민의 자유와 권리 보장을 이념으로 하고 있다.

13

정답 ⑤

헌법의 개정은 헌법의 동일성을 유지하면서 의식적으로 헌법전의 내용을 수정·삭제·추가하는 것을 말한다.

14

정답 ②

근로자가 노동조합을 결성하지 아니할 자유나 노동조합에 가입을 강제당하지 아니할 자유, 그리고 가입한 노동조합을 탈퇴할 자유는 근로자에게 보장된 단결권의 내용에 포섭되는 권리로서가 아니라 헌법 제10조의 행복추구권에서 파생되는 일반적 행동의 자유 또는 제21조 제1항의 결사의 자유에서 그 근거를 찾을 수 있다(헌재결2005.11.24., 2002헌바95).

오답분석

① 노동조합의 재정 집행과 운영에 있어서의 적법성, 민주성 등을 확보하기 위해서는 조합자치 또는 규약자치에만 의존할 수는 없고 행정관청의 감독이 보충적으로 요구되는 바, 이 사건 법률조항은 노동조합의 재정 집행과 운영의 적법성, 투명성, 공정성, 민주성 등을 보장하기 위한 것으로서 정당한 입법목적을 달성하기위한 적절한 수단이다(헌재결 2013.7.25, 2012헌바116).

③ 헌재결 2015.3.26, 2014헌가5

④ 사용종속관계하에서 근로를 제공하고 그 대가로 임금 등을 받아 생활하는 사람은 노동조합법상 근로자에 해당하고, 노동조합법상의 근로자성이 인정되는 한, 그러한 근로자가 외국인인지 여부나 취업자격의 유무에 따라 노동조합법상 근로자의 범위에 포함되지 아니한다고 볼 수는 없다(대판 2015.6.25, 2007두4995).

⑤ 노동조합 및 노동관계조정법상의 교섭창구단일화제도는 근로조건의 결정권이 있는 사업 또는 사업장 단위에서 복수 노동조합과 사용자 사이의 교섭절차를 일원화하여 효율적이고 안정적인 교섭체계를 구축하고, 소속 노동조합과 관계없이 조합원들의 근로조건을 통일하기 위한 것으로, 교섭대표노동조합이 되지 못한 소수 노동조합의 단체교섭권을 제한하고 있지만, 소수 노동조합도 교섭대표노동조합을 정하는 절차에 참여하게 하여 교섭대표노동조합

이 사용자와 대등한 입장에 설 수 있는 기반이 되도록 하고 있으며, 그러한 실질적 대등성의 토대 위에서 이뤄낸 결과를 함께 향유하는 주체가 될 수 있도록 하고 있으므로 노사대등의 원리 하에 적정한 근로조건의 구현이라는 단체교섭권의 실질적인 보장을 위한 불가피한 제도라고 볼 수 있다. … 따라서 위 '노동조합 및 노동관계조정법' 조항들이 과잉금지원칙을 위반하여 청구인들의 단체교섭권을 침해한다고 볼 수 없다(헌재결 2012.4.24. 2011헌마338).

15

정답 ④

대법원에 의하면 국·공립대학교원 임용지원자는 임용권자에게 임용 여부에 대한 응답을 신청할 법규상 또는 조리상 권리가 없으므로 국·공립대학교원 임용지원자가 임용권자로부터 임용거부를 당하였다면 이는 거부처분으로서 항고소송의 대상이 되지 않는다(대판 2003.10.23. 2002두12489).

오답분석

① 대판 1996.9.20. 95누8003
② 대법원에 의하면 개별공시지가결정은 내부행위나 중간처분이지만 그로써 실질적으로 국민의 권리가 제한되거나 의무가 부과되는 행위이므로 항고소송의 대상이 되는 처분이다(대판 1993.1.15. 92누12407).
③ 대법원에 의하면 상표원부에 상표권자인 법인에 대한 청산종결등기가 되었음을 이유로 상표권의 말소등록이 이루어졌다고 해도 이는 상표권이 소멸하였음을 확인하는 사실적·확인적 행위에 지나지 않고, 말소등록으로 비로소 상표권 소멸의 효력이 발생하는 것이 아니어서, 상표권의 말소등록은 국민의 권리의무에 직접적으로 영향을 미치는 행위라고 할 수 없다. 한편 상표권 설정등록이 말소된 경우에도 등록령 제27조에 따른 회복등록의 신청이 가능하고, 회복신청이 거부된 경우에는 거부처분에 대한 항고소송이 가능하다. 이러한 점들을 종합하면, 상표권자인 법인에 대한 청산종결등기가 되었음을 이유로 한 상표권의 말소등록행위는 항고소송의 대상이 될 수 없다(대판 2015.10.29. 2014두2362).
⑤ 대법원에 의하면 어업권면허에 선행하는 우선순위결정은 행정청이 우선권자로 결정된 자의 신청이 있으면 어업권면허처분을 하겠다는 것을 약속하는 행위로서 강학상 확약에 불과하고 행정처분은 아니다(대판 1995.1.20. 94누6529). 그러나 어업면허우선순위결정 대상탈락자 결정은 최종 법적 효과를 가져오기 때문에 행정처분이다.

16

정답 ④

우리나라 헌법은 ①·②·③·⑤ 이외에 자유민주주의, 권력분립주의, 기본권존중주의, 복지국가원리, 사회적 시장경제주의원리 등을 표방하고 있다.

17

정답 ④

청원권은 청구권적 기본권에 해당한다. 자유권적 기본권에는 인신의 자유권(생명권, 신체의 자유), 사생활의 자유권(거주·이전의 자유, 주거의 자유, 사생활의 비밀과 자유, 통신의 자유), 정신적 자유권(양심의 자유, 종교의 자유, 언론·출판의 자유, 집회·결사의 자유, 학문의 자유, 예술의 자유), 사회·경제적 자유권(직업선택의 자유, 재산권의 보장)이 있다.

18

정답 ④

자유민주적 기본질서는 모든 폭력적 지배와 자의적 지배 즉 반국가단체의 일인독재 내지 일당독재를 배제하고 다수의 의사에 의한 국민의 자치 자유·평등의 기본원칙에 의한 법치주의적 통치질서이고 구체적으로는 기본적 인권의 존중, 권력분립, 의회제도, 복수정당제도, 선거제도, 사유재산과 시장경제를 골간으로 한 경제질서 및 사법권의 독립 등이다. 따라서 법치주의에 위배되는 포괄위임입법주의는 민주적 기본질서의 원리와 거리가 멀다.

19

정답 ②

비례대표제는 각 정당에게 그 득표수에 비례하여 의석을 배분하는 대표제로 군소정당의 난립을 가져와 정국의 불안을 가져온다는 것이 일반적 견해이다.

20

정답 ②

중·대선거구제와 비례대표제는 군소정당이 난립하여 정국이 불안정을 가져온다는 단점이 있다. 그에 비해 소선거구제는 양대정당이 육성되어 정국이 안정된다는 장점이 있다.

CHAPTER

04 사무직(경제학) 적중예상문제

01	02	03	04	05	06	07	08	09	10
②	⑤	①	④	③	②	①	④	⑤	③
11	12	13	14	15	16	17	18	19	20
①	①	⑤	①	②	⑤	②	①	②	④

01

정답 ②

이자율 상승으로 요구불예금이 증가하면 시장에 있는 현금들이 예금 쪽으로 들어와서 민간 화폐보유성향이 낮아져 통화승수가 증가한다.

02

정답 ⑤

물가지수를 구할 때는 상품에 대해 각각의 가중치를 부여한 후 합계를 내어 계산한다.

03

정답 ①

오답분석

② 새 케인스 학파는 비용인상 인플레이션을 긍정하였다.
③ 예상한 것보다 높은 인플레이션이 발생했을 경우에는 그만큼 실질이자율이 하락하게 되어, 채무자가 이득을 보고 채권자가 손해를 보게 된다.
④ 예상치 못한 인플레이션이 발생했을 경우 실질임금이 하락하므로 노동자는 불리해지며, 고정된 임금을 지급하는 기업은 유리해진다.
⑤ 예상하지 못한 인플레이션 발생의 불확실성이 커지면 단기계약이 활성화되고 장기계약이 위축된다.

04

정답 ④

지니계수는 0과 1 사이이며 이 값이 작을수록 소득분배가 평등하다는 것을 의미한다. 지니계수는 로렌츠 곡선에서 도출된 것이므로 로렌츠 곡선이 교차하는 경우에는 단순히 지니계수 수치만으로 소득분배상태를 비교하는 것이 불가능하다. 또한, 동일한 지니계수일지라도 로렌츠 곡선의 형태가 달라질 수 있으며 경우에 따라서는 소득분배상태가 변함에 따라 로렌츠 곡선이 교차하는 경우가 나타날 수 있다.

05

정답 ③

오답분석

ㄷ. 채용비용이 존재할 때는 숙련 노동수요곡선보다 미숙련 노동수요곡선이 임금의 변화에 더 탄력적이다.

06

정답 ②

IS곡선 혹은 LM곡선이 우측으로 이동하면 AD곡선도 우측으로 이동한다.

구분	이동	요인
IS곡선	우측 이동요인	소비증가, 투자증가, 정부지출증가, 수출증가
	좌측 이동요인	조세증가, 수입증가, 저축증가
LM곡선	우측 이동요인	통화량증가
	좌측 이동요인	화폐수요증가, 물가상승, 실질통화량감소

ㄱ. 주택담보대출의 이자율 인하 → 투자증가 → IS곡선 우측 이동
ㄷ. 기업에 대한 투자세액공제 확대 → 투자증가 → IS곡선 우측 이동
ㅁ. 해외경기 호조로 순수출 증대 → 수출증가 → IS곡선 우측 이동

오답분석

ㄴ. 종합소득세율 인상 → 조세증가 → IS곡선 좌측 이동
ㄹ. 물가의 변화는 LM곡선의 이동요인이나 AD곡선의 이동요인은 아니다(AD곡선상에서의 이동요인임).

07

정답 ①

오답분석

② IS－LM곡선에 의해 실질이자율이 결정된다.
③ 유동성선호이론은 케인스의 화폐수요이론이다.
④ 실물시장과 화폐시장이 분리된다(화폐의 중립성).
⑤ 실물시장에서 대부자금공급곡선과 대부자금수요곡선에 의해 그 균형점에서 실질이자율이 결정된다(대부자금설).

08

정답 ④

케인스는 소득이 증가할수록 평균소비성향은 감소한다고 가정하였다. 소비와 가처분소득 사이의 관계를 1차함수로 표현한 것을 케인스의 소비함수라고 부른다. 이 소비함수는 케인스가 가정한 다음의 세 가지 속성을 보여준다.

- 한계소비성향은 0과 1 사이이므로 소득이 증대하면 소비가 증가하고 또한 저축도 증가한다.
- 소득이 증가함에 따라 평균소비성향이 하락한다.
- 케인스는 이자율이 특별한 역할을 하지 않는다고 보았다.

09

정답 ⑤

총수입 TR은 다음과 같이 나타낼 수 있다.

$TR=P\times Q=(100-2Q)\times Q=100Q-2Q^2$

이윤극대화의 조건은 한계수입과 한계비용이 같아야 하기 때문에 $MR=MC$가 된다.

한계 비용은 1단위당 60원이므로 $MC=60$이 된다.

$MR=\dfrac{\Delta TR}{\Delta Q}=100-4Q$이므로

$100-4Q=60$

$4Q=40$

$\therefore\ Q=10$

이 값을 시장 수요 곡선식인 $P=100-2Q$에 대입하면 $P=80$이다.

따라서 이 독점기업의 이윤극대화 가격은 80원이고, 생산량은 10개이다.

10

정답 ③

독점적 경쟁시장에서는 제품의 차별화가 클수록 수요의 가격탄력성은 낮아져서 서로 다른 가격의 수준을 이루게 된다.

11

정답 ①

차선이론이란 모든 파레토효율성 조건이 동시에 충족되지 못하는 상황에서 더 많은 효율성 조건이 충족된다고 해서 더 효율적인 자원배분이라는 보장이 없다는 이론이다. 차선이론에 따르면 점진적인 제도개혁을 통해서 일부의 효율성 조건을 추가로 충족시킨다고 해서 사회후생이 증가한다는 보장이 없다. 한편, 후생경제학에서 효율성은 파레토효율성을 통하여 평가하고, 공평성은 사회후생함수(사회무차별곡선)를 통해 평가한다. 후생경제학의 제1정리를 따르면 모든 경제주체가 합리적이고 시장실패 요인이 없으면 완전경쟁시장에서 자원배분은 파레토효율적이다.

12

정답 ①

오답분석

ㄷ·ㄹ. 최고가격은 시장의 균형가격보다 낮은 수준에서 설정되어야 하며, 최고가격제가 실시되면 사회적 후생 손실이 발생한다.

13

정답 ⑤

노동생산성은 단위시간 동안에 생산한 재화나 서비스의 양을 생산에 투입된 노동량으로 나눈 비율을 의미한다. 따라서 생산량이 가장 낮고 노동투입량은 제일 높은 E기업이 평균노동생산성이 가장 낮다.

14

정답 ①

일정수준 이상의 임금 상승으로 실질소득이 증가하여 여가는 늘리고 근로시간을 줄이려는 소득효과가 대체효과보다 커지면 노동공급은 감소한다. 임금이 상승함에 따라 여가의 기회비용이 증가하여 여가는 줄이고 근로시간을 늘리려는 대체효과가 소득효과보다 커지게 되면 노동공급이 증가하여 노동공급곡선은 정(+)의 기울기를 가지게 된다.

15

정답 ②

가. 생산물시장과 생산요소시장이 완전경쟁일 때는 $W=MP_L\times P=VMP_L$이 성립한다.

다. 10분위 분배율은 0과 2 사이의 값을 나타내며, 그 값이 클수록 소득분배가 균등하다. 한편, 지니계수는 0과 1 사이의 값을 나타내며, 그 값이 작을수록 소득분배가 균등하다.

오답분석

나. 요소의 대체탄력성이 1보다 작은 경우에는 임금이 1% 상승하더라도 노동고용량은 1% 미만으로 감소하므로 노동소득분배비율이 증가한다.

라. 간접세의 역진적 성격에 따라 간접세 비중이 높아지면 소득분배가 불균등해지기 때문에 지니계수가 높아진다.

16

정답 ⑤

기업의 이윤이 극대화되기 위해서는 한계생산물 가치와 임금의 값이 같을 때 기업의 이윤이 극대화가 된다. 따라서 식으로 표현하면 $VMP_L = MP_L \times P = w$ (VMP_L : 한계생산물가치, MP_L : 노동의 한계생산, P : 재화의 가격, w : 임금)이 된다.

$MP_L \times P = w$

$(27-5L) \times 20 = 10$

따라서 $L=5$이므로 재화의 가격이 20이고, 임금이 40일 때 기업 A가 생산하는 재화에 투입하는 노동의 양은 5이므로 기업 A의 노동수요량은 5가 된다.

17

정답 ②

굴절수요곡선

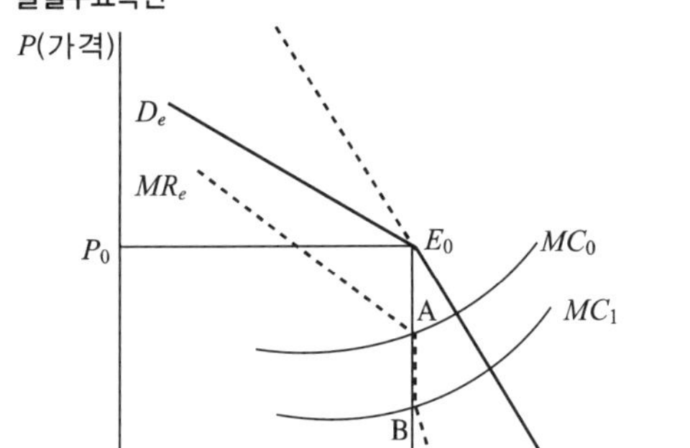

어떤 과점기업의 생산물 가격이 P_0라고 가정한다면 그보다 가격을 인상하여도 다른 기업은 가격을 유지할 것이며, 이 과점기업에 대한 수요곡선은 P_0점보다 위에서는 매우 탄력적이다. 그러나 이 기업이 가격을 내리면 다른 기업도 따라서 가격을 내릴 것이므로 P_0점보다 아래의 수요곡선은 비탄력적으로 될 것이다. 따라서 수요곡선은 P_0점에서 굴절하고, 굴절수요곡선($D_e - D_i$)에서 도출되는 한계수입곡선(MRe – MRi)은 불연속이 된다.

18

정답 ①

조세부담의 귀착

$$\frac{(\text{수요의 가격탄력성})}{(\text{공급의 가격탄력성})} = \frac{(\text{생산자 부담})}{(\text{소비자 부담})}$$

수요의 가격탄력성이 0이므로 생산자 부담은 0, 모두 소비자 부담이 된다.

19

정답 ②

오답분석

ㄴ. 평균비용곡선이 상승할 때 한계비용곡선은 평균비용곡선 위에 있다.

> **한계비용(MC)과 평균비용(AC)의 관계**
> - MC>AC : AC 증가
> - MC=AC : AC 극소
> - MC<AC : AC 감소

ㄹ. 총가변비용곡선을 총고정비용만큼 상방으로 이동시키면 총비용곡선이 도출되므로 총가변비용곡선의 기울기와 총비용곡선의 기울기는 같다.

20

정답 ④

2022년 GDP디플레이터

$$=\frac{\text{명목 } GDP_{2022}}{\text{실질 } GDP_{2022}} \times 100 = \frac{100}{\text{실질 } GDP_{2022}} \times 100 = 100$$

→ 2022년 실질 GDP=100

2023년 GDP디플레이터

$$=\frac{\text{명목 } GDP_{2023}}{\text{실질 } GDP_{2023}} \times 100 = \frac{150}{\text{실질 } GDP_{2023}} \times 100 = 120$$

→ 2023년 실질 GDP=125

따라서 2023년의 전년 대비 실질 GDP 증가율은 $\frac{125-100}{100} \times 100 = 25\%$이다.

PART 3

CHAPTER

05 기술직(기계일반) 적중예상문제

01	02	03	04	05	06	07	08	09	10
②	②	③	④	④	④	①	②	④	④
11	12	13	14	15	16	17	18	19	20
③	③	③	①	④	④	②	③	②	①

01

정답 ②

인장강도는 최초의 단면적을 기준으로 하기 때문에 최대공칭응력으로 나타낼 수 있다.

- 응력 : 재료나 구조물에 외력이 작용했을 때 그 외력에 대한 재료 내부의 저항력으로, 일반적으로 응력이라고 하면 공칭응력을 말한다.
- $(\text{공칭응력})=\frac{(\text{외력})}{(\text{최초의 단면적})}=\frac{F}{A}$

02

정답 ②

단순지지보가 균일 분포하중을 받고 있을 때 최대 전단력은 양끝단 지지부의 반력으로 볼 수 있으며, 양쪽의 반력은 같기 때문에 한쪽 부분의 반력을 구하면 다음과 같다.

$R_A=\frac{wl}{2}=\frac{10\times500}{2}=2,500\text{N}=2.5\text{kN}$

03

정답 ③

안전율(S)은 외부의 하중에 견딜 수 있는 정도를 수치로 나타낸 것을 말한다.

$S=\frac{[\text{극한강도}(\sigma_u)]}{[\text{허용응력}(\sigma_a)]}=\frac{[\text{인장강도}(\sigma_u)]}{[\text{허용응력}(\sigma_a)]}$

오답분석

① 안전율은 일반적으로 플러스(+)값을 취한다.
② 기준강도가 100MPa이고, 허용응력이 1,000MPa이면 안전율은 0.1이다.
④ 안전율이 1보다 작아지면 안전성은 떨어진다.
⑤ 일반적인 강재 안전율은 3 ~ 3.5 정도이고, 콘크리트 안전율은 3 ~ 4 정도이다.

04

정답 ④

재결정의 특징으로 가공도가 클수록, 가열시간이 길수록, 냉간가공도가 커질수록 재결정온도는 낮아지고, 강도가 약해지며 연성은 증가한다. 일반적으로 약 1시간 안에 95% 이상 재결정이 이루어지는 온도로 정의되며, 금속의 용융온도를 절대온도 T_m이라 할 때 재결정온도는 대략 $0.3\sim0.5T_m$ 범위에 있다.

05

정답 ④

전기전도율이 높은 순서대로 금속을 나열하면 'Ag(은)>Ni(니켈)>Fe(철)>Sn(주석)>Pb(납)'이므로 Ag(은)의 전기전도율이 가장 높다.

06

정답 ④

강(Steel)은 철과 탄소 기반의 합금으로, 탄소함유량이 증가함에 따라 성질이 달라진다. 탄소함유량이 증가하면 경도, 항복점, 인장강도는 증가하고, 충격치와 인성은 감소한다.

탄소함유량 증가에 따른 강(Steel)의 특성
- 경도 증가
- 취성 증가
- 항복점 증가
- 충격치 감소
- 인장강도 증가
- 인성 및 연신율 감소

07

정답 ①

스터드볼트는 양쪽 끝이 모두 수나사로 되어 있는 볼트로, 한쪽 끝은 암나사가 난 부분에 반영구적인 박음 작업을 하고, 반대쪽 끝은 너트를 끼워 고정시킨다.

오답분석

② 관통볼트 : 구멍에 볼트를 넣고 반대쪽에 너트로 조이는 일반적인 형태의 볼트이다.
③ 아이볼트 : 나사의 머리 부분을 고리 형태로 만들고 고리에 로프나 체인, 훅 등을 걸어 무거운 물건을 들어 올릴 때 사용하는 볼트이다

④ 나비볼트 : 볼트를 쉽게 조일 수 있도록 머리 부분을 날개 모양으로 만든 볼트이다.
⑤ 탭볼트 : 조이려고 하는 부분이 두꺼워서 관통 구멍을 뚫을 수 없거나 길다란 구멍을 뚫었다고 하더라도 구멍이 너무 길어서 관통볼트의 머리가 숨겨져서 조이기 곤란할 때 상대편에 직접 암나사를 깎아 너트 없이 조여서 체결하는 볼트이다.

08

정답 ②

- 결합용 기계요소 : 나사, 볼트, 너트, 키, 핀, 코터, 리벳 등
- 동력 전달용 기계요소 : 축, 커플링, 클러치, 베어링, 마찰차, 벨트, 체인, 스프로킷 휠, 로프, 기어, 캠 등
- 동력 제어용 기계요소 : 클러치, 브레이크, 스프링 등

09

정답 ④

점도가 높을수록 마찰계수도 높아지므로 밸브나 액추에이터의 응답성은 떨어진다.

10

정답 ④

$\sigma_1 : \sigma_2 = \frac{P_1}{A_1} : \frac{P_2}{A_2} \rightarrow \sigma_1 : \sigma_2 = \frac{P_1}{\frac{\pi d_1^2}{4}} : \frac{P_2}{\frac{\pi d_2^2}{4}}$

$\rightarrow \sigma_1 \times \frac{P_2}{\frac{\pi d_2^2}{4}} = \sigma_2 \times \frac{P_1}{\frac{\pi d_1^2}{4}}$

인장력(P)은 모두 같으므로 $\sigma_1 \frac{1}{d_2^2} = \sigma_2 \frac{1}{d_1^2}$이 된다.

$d_1 : d_2 = 1 : 2 \rightarrow d_2 = 2d_1$을 식에 대입하면

$\sigma_1 \frac{1}{d_2^2} = \sigma_2 \frac{1}{d_1^2} \rightarrow \sigma_1 \frac{1}{4d_1^2} = \sigma_2 \frac{1}{d_1^2} \rightarrow \frac{1}{4}\sigma_1 = \sigma_2$

따라서 $\sigma_1 : \sigma_2 = \sigma_1 : \frac{1}{4}\sigma_1 = 4 : 1$이다.

11

정답 ③

유체 경계층은 유체가 흐를 때 물체 표면과의 마찰로 인하여 표면에 생성되는 층으로, 점성 유동영역과 비점성 유동영역의 경계를 나타낸다.

12

정답 ③

카르노 사이클에서 손실일은 열효율과 비교하여 방출한 열량(Q_L)을 구하면 된다.

$\frac{Q_L}{Q_H} = \frac{T_L}{T_H} \rightarrow \frac{Q_L}{50} = \frac{300}{1,000} \rightarrow Q_L = 50 \times \frac{300}{1,000}$
$= 15\text{kJ}$

13

정답 ③

$(H_2 - H_1) = m(u_2 - u_1) + (P_2 V_2 - P_1 V_1)$
$= m\,du + (P_2 V_2 - P_1 V_1)$
$= 5 \times 63 + (236 \times 1.5 - 80 \times 4)$
$= 374\text{kJ}$

14

정답 ①

절탄기는 폐열을 회수하여 보일러의 연도에 흐르는 연소가스의 열을 이용하여 급수를 예열하는 장치로, 보일러의 효율을 향상시킨다.

15

정답 ④

발생열을 흡수하여 열전도율이 좋아야 한다.

윤활유의 구비조건
- 온도에 따른 점도 변화가 적을 것
- 적당한 점도가 있고 유막이 강할 것
- 인화점이 높을 것
- 변질되지 않으며 불순물이 잘 혼합되지 않을 것
- 발생열을 흡수하여 열전도율이 좋을 것
- 내열, 내압성이면서 가격이 저렴할 것
- 중성이며 베어링이나 메탈을 부식시키지 않을 것

16

정답 ④

Y합금(내열합금)은 Al – Cu 4% – Ni 2% – Mg 1.5% 성분으로 구성되어 있으며, 내연기관의 실린더 및 피스톤에 사용된다.

오답분석
① 실루민 : Al – Si계 합금으로 주조성은 좋으나 절삭성이 나쁘다.
② 하이드로날륨 : Al – Mg계 합금으로 내식성이 가장 우수하다.
③ 두랄루민 : Al – Cu – Mg – Mn계 합금으로 주로 항공기 재료로 사용된다.
⑤ 코비탈륨 : Y합금에 Ti, Cu 0.5%를 첨가한 내열합금이다.

17

정답 ②

크리프(Creep) 현상은 금속을 고온에서 오랜 시간 외력을 가하면 시간의 경과에 따라 서서히 변형이 증가하는 현상을 말한다.

오답분석

① 전성 : 얇은 판으로 넓게 펼 수 있는 성질이다.
③ 가단성 : 금속을 두드려 늘릴 수 있는 성질이다.
④ 연성 : 가느다란 선으로 늘어나는 성질이다.
⑤ 피로 : 재료의 파괴력보다 적은 힘으로 오랜 시간 반복 작용하면 파괴되는 현상이다.

18

정답 ③

앳킨슨 사이클은 2개의 단열과정과 1개의 정적과정, 1개의 정압과정으로 이루어진 가스터빈(외연기관) 이상 사이클이다.

오답분석

① 에릭슨 사이클(Ericsson Cycle) : 등온 압축, 등온 연소 및 등온 팽창을 시키는 가스 터빈 사이클로, 2개의 정압과정과 2개의 등온과정으로 이루어진다.
② 사바테 사이클(Sabathé Cycle) : 정압 사이클과 정적 사이클로 이루어진 고속 디젤기관의 기본 사이클로, 복합 사이클 또는 정적·정압 사이클이라고도 한다.
④ 브레이턴 사이클(Brayton Cycle) : 2개의 정압과정과 2개의 단열과정으로 구성된 가스터빈 기관의 이상적 사이클이다.
⑤ 카르노 사이클(Carnot Cycle) : 2개의 가역등온변화와 2개의 가역단열변화로 구성된 가장 이상적인 효율의 사이클이다.

19

정답 ②

오답분석

기화기와 점화 플러그는 가솔린과 LPG 연료 장치와 관련된 장치이다.

20

정답 ①

공기조화의 4대 요소

- 온도
- 기류
- 습도
- 청정도

CHAPTER

06 기술직(전기일반) 적중예상문제

01	02	03	04	05	06	07	08	09	10
②	②	④	③	④	①	③	③	②	④
11	12	13	14	15	16	17	18	19	20
②	②	③	①	①	②	②	③	①	③

01

정답 ②

콘덴서의 용량 : $C=\frac{Q}{V}=\frac{5\times10^{-3}C}{1,000V}=5\times10^{-6}F=5\mu F$

02

정답 ②

전기 저항은 전류가 흐르는 통로의 단면적에 반비례하고 도체의 길이에 비례한다.

$R=\rho\frac{l}{A}[\Omega]$[ρ : 고유 저항, A : 도체의 단면적$(=\pi r^2)$]

03

정답 ④

페라이트는 매우 높은 투자율을 가지므로 고주파수 응용 분야에 널리 사용된다.

04

정답 ③

컨덕턴스 $G=\frac{1}{R}$, $V=IR$이므로,

$V=I\times\frac{1}{G}$[V]

$\therefore\ V=6\times\frac{1}{0.5}=12V$

05

정답 ④

자체 인덕턴스에 축적되는 에너지 공식을 보면 $W=\frac{1}{2}LI^2$[J]로 자체 인덕턴스(L)에 비례하고, 전류(I)의 제곱에 비례한다.

06

정답 ①

저항 병렬 회로에서는 전압이 공통이므로 $I_{Rx}=\frac{20}{5}=4A$이다.

07

정답 ③

동기 조상기를 운전할 때 부족여자로 운전하면 동기속도가 되려는 동기 전동기의 특성으로 인해 증자작용이 필요한 리액터처럼 작용한다. 과여자로 운전하면 콘덴서로 작용한다.

08

정답 ③

전압계는 병렬로 연결한다. 전압계는 저항이 매우 커서 직렬로 연결하면 전기 회로 전체 저항이 매우 커져서 전류가 잘 흐르지 않기 때문이다. 반면에 전류계는 직렬로 연결한다. 전류계는 저항이 매우 작아서 병렬로 연결하면 전기 회로의 대부분의 전류가 저항이 작은 전류계로 흘러 정확한 전류 측정이 어렵기 때문이다.

09

정답 ②

ABB(공기차단기)는 $15\sim30kg_f/cm^2$의 압축공기를 이용하여 차단하는 원리이다.

차단기 종류

- GCB(가스차단기) : SF_6 가스를 이용하여 소호
- OCB(유입차단기) : 절연유를 이용하여 소호
- MBB(자기차단기) : 전자력에 의하여 소호
- VCB(진공차단기) : 진공상태에서 소호
- ABB(공기차단기) : 수십 기압의 압축공기에 의해 소호

10

정답 ④

전력 퓨즈(PF)는 단락전류, 과부하전류를 차단할 수 있으며, 주로 단락전류를 차단한다.

11

정답 ②

RLC 직렬회로의 임피던스 $Z=R+j(wL-\frac{1}{wC})$에서

$wL=\frac{1}{wC}$이면 RLC 직렬회로는 공진한다.

즉, 코일 L의 리액턴스 wL과 콘덴서 C의 리액턴스 $\frac{1}{wC}$의 값이 같은 것이 공진 조건이다.

$wL=\frac{1}{wC}$이면 $Z=R$이 되기 때문에 R 양단의 전압은 인가 전압과 같다.

12

정답 ②

단상 2선식에서의 전선량비는 1이고, 3상 3선식에서의 전선량비는 $\frac{3}{4}$이다.

따라서 단상 2선식에서의 전선량비에 대한 3상 3선식에서의 전선량의 비는 $\frac{\frac{3}{4}}{1}=0.75$이다.

전기방식의 비교

전기방식	전선량비
단상 2선식	1
단상 3선식	$\frac{3}{8}$
3상 3선식	$\frac{3}{4}$
3상 4선식	$\frac{1}{3}$

13

정답 ③

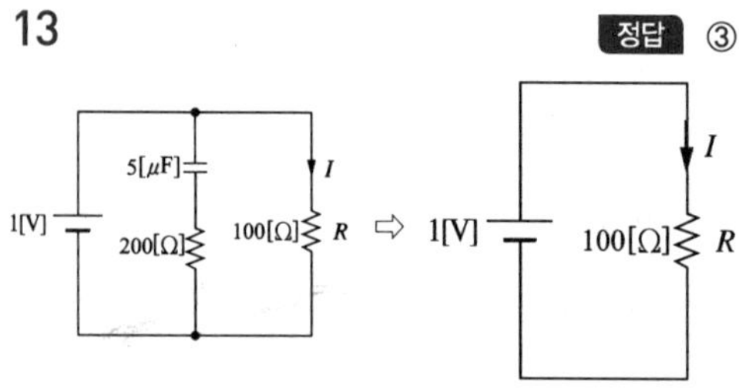

직류전원 인가 시 충분한 시간 흐른 후 C : 개방 상태

$\therefore$ 100Ω에 흐르는 전류 $I=\frac{V}{R}=\frac{1}{100}=0.01\text{A}$

14

정답 ①

리액턴스 전압은 불꽃 발생의 원인이 되는데, 리액턴스 전압을 감소시키기 위한 방법에는 정류주기 증가, 인덕턴스 감소, 보극설치가 있다. 또한 브러시 접촉 저항 확대를 위해 접촉 저항이 큰 탄소브러시를 사용하는 것이 불꽃 없는 정류를 얻는 데 유효한 방법이다.

15

정답 ①

$E_A-I_AR_A=E_B-I_BR_B$

두 발전기의 유기 기전력은 같으므로 $E_A=E_B$이다.

$I_AR_A=I_BR_B(I:135A \Rightarrow 135=I_A+I_B)$

$(135-I_B)\times0.1=I_B\times0.2$

$\therefore\ I_A=90\text{A},\ I_B=45\text{A}$

16

정답 ②

접지극의 시설 및 접지저항(KEC 142.2)

- 접지극은 매설하는 토양을 오염시키지 않아야 하며, 가능한 다습한 부분에 설치한다.
- 접지극은 지표면으로부터 지하 0.75m 이상으로 하되, 고압 이상의 전기설비와 변압기의 중성점 접지에 의하여 시설하는 접지극의 매설깊이는 지표면으로부터 0.75m 이상으로 한다.
- 접지도체를 철주 기타의 금속체를 따라서 시설하는 경우에는 접지극을 철주의 밑면으로부터 0.3m 이상의 깊이에 매설하는 경우 이외에는 접지극을 지중에서 그 금속체로부터 1m 이상 떼어 매설하여야 한다.

17

정답 ②

인하도선시스템(KEC 152.2) / 수뢰도체, 피뢰침과 인하도선의 재료, 형상과 최소 단면적(KS C IEC 62305-3)

- 복수의 인하도선을 병렬로 구성해야 한다. 다만, 건축물·구조물과 분리된 피뢰시스템인 경우 예외로 한다.
- 경로의 길이가 최소가 되도록 한다.
- 인하도선의 재료는 구리, 주석도금한 구리로 테이프형, 원형단선, 연선의 형상으로 최소 단면적 50mm^2 이상이어야 한다.

18

정답 ③

- 최대의 전압 변동률 $\epsilon=\sqrt{p^2+q^2}=\sqrt{1.8^2+2^2}=2.7\%$
- 역률 $\cos\phi=\frac{p}{\sqrt{p^2+q^2}}=\frac{1.8}{2.7}=0.67=67\%$

19

정답 ①

㉠ 1차 환산 전압 : $V_1 = \frac{N_1}{N_2} V_2 = a \times V_2 = 2 \times 100 =$ 200V

㉡ 1차 환산 임피던스 : $Z_1 = a^2 \times Z_2 = 4 \times 20 = 80\Omega$

20

정답 ③

$N = K$(기계정수)$\times \frac{E}{\Phi}$, $E = V - I_a R_a$

$\therefore N = K \times \frac{V - R_a I_a}{\Phi}$

따라서 식에서 N을 $\frac{1}{2}$로 하기 위해서 Φ는 2가 되어야 한다.

PART 3

CHAPTER

07 기술직(전자일반) 적중예상문제

01	02	03	04	05	06	07	08	09	10
⑤	①	②	④	④	②	③	③	①	①
11	12	13	14	15	16	17	18	19	20
④	②	④	③	③	①	②	①	①	⑤

01

정답 ⑤

- 무한평면 전하의 전계의 세기 : $E=\frac{\rho_s}{\varepsilon_o}[\mathrm{V/m}]$
- 무한평면도체의 전위

$$V=-\int_{\infty}^{r}E\,dr=-\int_{\infty}^{r}\frac{\rho_s}{\epsilon_o}\,dr$$

$$=\frac{\rho_s}{\varepsilon_o}(-r)_{\infty}^{r}=\frac{\rho_s}{\varepsilon_o}(-r+\infty)=\infty[\mathrm{V}]$$

- 무한장 선전하의 전계의 세기 : $E=\frac{\rho_L}{2\pi\varepsilon_o r}[\mathrm{V/m}]$
- 무한직선도체의 전위

$$V=-\int_{\infty}^{r}Edr=-\int_{\infty}^{r}\frac{\rho_L}{2\pi\epsilon_o r}\,dr=\frac{\rho_L}{2\pi\varepsilon_o}(-\ln r)_{\infty}^{r}$$

$$=\frac{\rho_L}{2\pi\varepsilon_o}(-\ln r+\ln\infty)=\frac{\rho_L}{2\pi\varepsilon_o}\ln\frac{\infty}{r}=\infty[\mathrm{V}]$$

02

정답 ①

외부자계와 자성체가 직각을 이룰 경우 감자율이 $N=1$이다.

자성체 자계

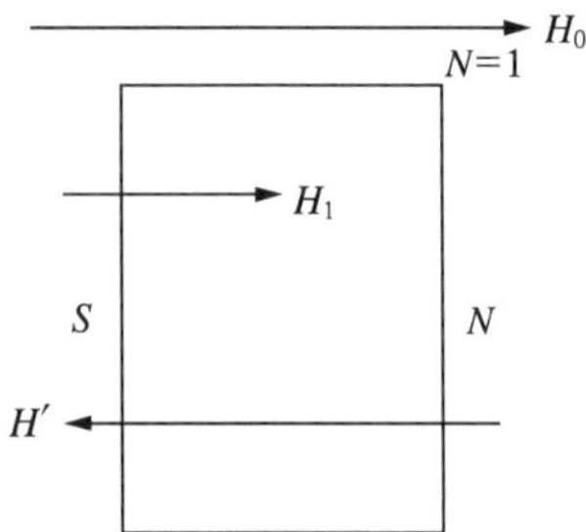

$$H_1=H_0-H'=H_0-N\frac{J}{\mu_0}=H_0-N\frac{\chi H_1}{\mu_0}$$

$$\rightarrow H_1\left(1+N\frac{\chi}{\mu_0}\right)=H_0$$

$$\rightarrow H_1=\frac{H_0}{1+N\frac{\chi}{\mu_0}}=\frac{H_0}{1+N\frac{\mu_0(\mu_r-1)}{\mu_0}}$$

$$=\frac{H_0}{1+N(\mu_r-1)}[\mathrm{AT/m}]$$

따라서 자화의 세기는 $J=\chi H$이고, 자화율 $\chi=\mu_0(\mu_r-1)$과 자성체 자계 $H_1=\frac{H_0}{1+N(\mu_r-1)}$를 대입하면,

$$J=\chi H_1=\frac{\mu_0(\mu_r-1)H_0}{1+N(\mu_r-1)}=\frac{H_0\mu_0(\mu_r-1)}{1+N(\mu_r-1)}[\mathrm{Wb/m^2}]$$

03

정답 ②

코일에 발생하는 자속은 전류와 코일을 감은 권수에 비례한다. 이때 권수(N)와 전류(I)의 곱을 기자력(F, 자속을 흐르게 하는 힘)이라 한다. 따라서 $F=NI$ 이다. 환상철심 코일의 기자력 $F=NI=R\phi[\mathrm{AT}]$이므로 권선수 $N=\frac{F}{I}=\frac{1,000}{10}=100$회이다.

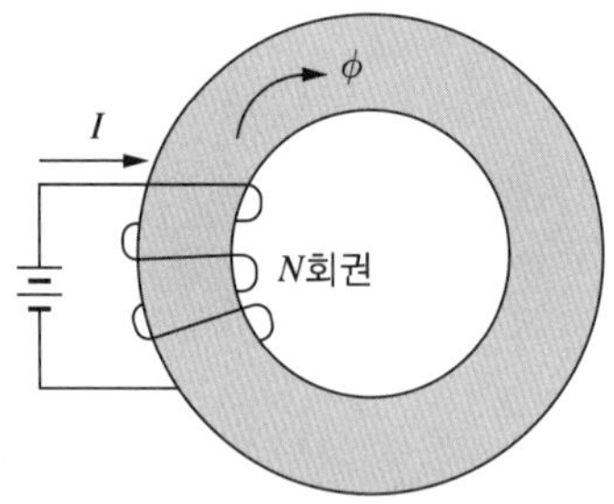

04

정답 ④

유전체는 부도체이므로 내부를 통해 흐르는 전도전류가 아니라 교류전압이 인가되었을 경우에 변위전류가 흐른다. 변위전류(i_d)는 전속밀도(D)의 시간적 변화에 의한 전류, 유전체 내에 존재하는 구속전자의 변위에 의해 나타나는 전류를 뜻한다.

05

정답 ④

전자계 고유임피던스 $Z_0 = \frac{E}{H} = \sqrt{\frac{\mu}{\varepsilon}} = \sqrt{\frac{\mu_o \mu_r}{\varepsilon_o \varepsilon_r}}$ 이며,

$\sqrt{\frac{\mu_o}{\epsilon_o}} \doteqdot 377$을 고유임피던스에 대입하면

$Z_0 = \sqrt{\frac{\mu_o \mu_r}{\varepsilon_o \varepsilon_r}} = \frac{377}{\sqrt{\varepsilon_r}} \doteqdot \frac{377}{\sqrt{80}} \doteqdot 42\Omega$ 이다.

06

정답 ②

• 처음의 정전용량 : $C_1 = \frac{Q}{V} = \frac{Q}{\frac{Q}{4\pi\varepsilon_o}\left(\frac{1}{a} - \frac{1}{b}\right)}$

$= \frac{4\pi\varepsilon_o ab}{b-a}[\mathrm{F}]$

(a : 안쪽 반지름, b : 바깥반지름, Q : 전하, ϵ_0 : 유전율)

• 반지름 5배씩 증가 후 정전용량

$C_2 = \frac{4\pi\epsilon_o \times 5a \times 5b}{5b - 5a} = \frac{4\pi\epsilon_o 25ab}{5(b-a)} = \frac{25}{5} \times \frac{4\pi\epsilon_o ab}{b-a}$

$= 5C_1[\mathrm{F}]$

따라서 안쪽과 바깥 반지름이 각각 5배로 증가시키면 처음 정전용량의 5배가 된다.

07

정답 ③

전자파 속도는 $v = \frac{\omega}{\beta} = \frac{\omega}{\omega\sqrt{LC}} = \frac{1}{\sqrt{\varepsilon_o \varepsilon_r \mu_o \mu_r}}$ 이며, 광속도 $c = \frac{1}{\sqrt{\epsilon_o \mu_o}}$ 이므로 $v = \frac{1}{\sqrt{\varepsilon_o \varepsilon_r \mu_o \mu_r}} = \frac{1}{\sqrt{\varepsilon_o \mu_o}} \times \frac{1}{\sqrt{\varepsilon_r}}$

$\doteqdot \frac{3\times 10^8}{\sqrt{80}} \doteqdot 3.35\times 10^7 \mathrm{m/s}$이다.

08

정답 ③

렌츠의 법칙의 기전력 $e = L\frac{di}{dt}[\mathrm{V}]$에서 자기인덕턴스 유도하면 $L = e\frac{dt}{di}$ 이다. 따라서 자기 인덕턴스 L의 단위는 공식을 바탕으로 $\mathrm{V \cdot sec/A} = \Omega \cdot \mathrm{sec} = \mathrm{H}$이다.

오답분석

① 전류(I)의 단위이다.
② 전압(V)의 단위이다.
④ 자기장(B)의 단위이다.
⑤ 자속(ϕ)의 단위이다.

09

정답 ①

• $\int dt = \frac{1}{j\omega} = \frac{1}{s}$, $\frac{d}{dt} = j\omega = s$

구동점 임피던스 $Z(s) = \frac{sL_1 \times \frac{1}{sC_1}}{sL_1 + \frac{1}{sC_1}} + \frac{sL_2 \times \frac{1}{sC_2}}{sL_2 + \frac{1}{sC_2}}$

$= \frac{sL_1}{s^2 L_1 C_1 + 1} + \frac{sL_2}{s^2 L_2 C_2 + 1}$ 이며, 공식에 회로에 나와있는 자체인덕턴스(L)와 캐패시터(C)를 대입하면

$Z(s) = \frac{sL_1}{s^2 L_1 C_1 + 1} + \frac{sL_2}{s^2 L_2 C_2 + 1} = \frac{2s}{4s^2+1} + \frac{2s}{4s^2+1}$

$= \frac{4s}{4s^2+1}\Omega$ 이 된다.

10

정답 ①

L형 4단자 회로망의 4단자 정수

$$\begin{vmatrix} A & B \\ C & D \end{vmatrix} = \begin{vmatrix} 1 & Z_1 \\ 0 & 1 \end{vmatrix} \begin{vmatrix} 1 & 0 \\ \frac{1}{Z_2} & 1 \end{vmatrix} = \begin{vmatrix} 1+\frac{Z_1}{Z_2} & Z_1 \\ \frac{1}{Z_2} & 1 \end{vmatrix}$$

• 영상 임피던스

$$Z_{01} = \sqrt{\frac{AB}{CD}} = \sqrt{\frac{\frac{Z_1+Z_2}{Z_2} \times Z_1}{\frac{1}{Z_2} \times 1}} = \sqrt{Z_1(Z_1+Z_2)}\ \Omega$$

• 영상 임피던스

$$Z_{02} = \sqrt{\frac{BD}{CA}} = \sqrt{\frac{Z_1 \times 1}{\frac{1}{Z_2} \times \frac{Z_1+Z_2}{Z_2}}} = \sqrt{\left(\frac{Z_1 Z_2}{Z_1+Z_2}\right) Z_2}\ \Omega$$

11

정답 ④

전류원이 개방되었을 때의 $I_1 = \frac{6}{5+10} = 0.4\mathrm{A}$이고, 전압원이 단락되었을 때의 $I_2 = \frac{5}{5+10} \times 3 = 1\mathrm{A}$이다.

따라서 전류 $I = I_1 + I_2 = 0.4 + 1 = 1.4\mathrm{A}$이며, 방향은 I의 화살표 방향과 같으므로 (+)이다.

PART 3

12

정답 ②

전력 $P=V\times I=I^2\times R=\frac{V^2}{R}$[W]이며($V$: 전압, I : 전류, R : 저항), 제시된 문제에서 소비전력 $P\fallingdotseq V^2=2{,}000$W이다. $V'=0.7V$[V]일 경우의 소비전력이며, $P'=(V')^2=(0.7V)^2=0.49V^2=0.49\times2{,}000=980$W이다.

13

정답 ④

'$N=b$점' 기준 독립적인 전류방정식(키르히호프의 제1법칙)은 1개, '$B=$폐회로'인 독립적인 전압방정식(키르히호프 제2법칙)은 2개이다.

14

정답 ③

정저항 회로는 두 단자의 임피던스가 주파수와 무관하게 일정한 저항과 같은 회로를 뜻한다. 이때 근사치는 $\frac{Z_1}{Y_2}=Z_1Z_2=R^2$으로 계산하며, 정밀치 계산은 허수부가 0일 때이다. $\frac{Z_1}{Y_2}=Z_1Z_2=j\omega L\times\frac{1}{j\omega C}=\frac{L}{C}=R^2$이므로 $C=\frac{L}{R^2}$이다. 따라서 $C=\frac{L}{R^2}=\frac{500\times10^{-3}}{1{,}000^2}=0.5\times10^{-6}=0.5\mu$F가 된다.

15

정답 ③

RL 직렬회로의 임피던스 $Z=\sqrt{R^2+(\omega L)^2}=\frac{V_m}{I_m}\,\Omega$이므로 $Z=\frac{160}{4}=40\,\Omega$이다. 또한, $\omega L=\sqrt{Z^2-R^2}$이므로 $\omega L=\sqrt{40^2-(10\sqrt{15})^2}=\sqrt{1{,}600-1{,}500}=\sqrt{100}=10\,\Omega$이다.

따라서 인덕턴스 $L=\frac{10}{\omega}=\frac{10}{10^4}=10^{-3}=1$mH이다.

16

정답 ①

카워형(사다리형) 방정식은

$$Z(s)=\frac{1}{Y(s)}=$$

$$Z_1+\cfrac{1}{Y_2+\cfrac{1}{Z_3+\cfrac{1}{Y_4+\cfrac{1}{Z_5+\cfrac{1}{Y_6+\cfrac{1}{Z_7}}}}}}\ \Omega\text{이다.}$$

리액턴스 함수 $Z(s)=\frac{3s}{s^2+9}$의 분자를 1로 만들기 위해 $3s$로 각 항을 나누면

$$Z(s)=\cfrac{1}{\cfrac{s^2}{3s}+\cfrac{9}{3s}}=\cfrac{1}{\cfrac{s}{3}+\cfrac{3}{s}}=Z_1+\cfrac{1}{\cfrac{s}{3}+\cfrac{1}{\cfrac{s}{3}}}\ \Omega\text{이고,}$$

2단자 회로망을 구하면 Z_1(직렬)$=0$이다.

Z_2(병렬)$=\frac{1}{Y_2}=\frac{1}{\frac{s}{3}}=\frac{1}{j\omega\frac{1}{3}}$이며 C_2(콘덴서)$=\frac{1}{3}$F이고,

Z_3(직렬)$=\frac{s}{3}=j\omega\frac{1}{3}$이며 L_3(인덕턴스)$=\frac{1}{3}$H이다. 따라서 리액턴스 함수에 부합하는 2단자 회로망은 ①이다.

17

정답 ②

Si(규소)는 4가인 원소이다. P형 반도체는 순수한 반도체에서 양공을 증가시키기 위해서 3가인 불순물[알루미늄(Al), 붕소(B), 갈륨(Ga), 인듐(In)]을 첨가한 것으로 전자수를 증가시킨 N형 반도체와 대조된다.

- N형 반도체 : 전하 운반자 역할을 하는 전자의 수가 양공의 수에 비해서 훨씬 많이 있는 반도체로 순수한 규소(Si)나 게르마늄(Ge)에 5가인 불순물(Bi, Sb, P, As 등)을 넣는다.

18

정답 ①

오답분석

② 절대 주소 지정 방식 : 기계어 명령에 원하는 기억 장소의 절대 주소를 포함시키는 것을 말한다.

③ 간접 주소 지정 방식 : 지정된 주소에 들어 있는 값을 꺼내어 그것을 다른 기억 장치 주소로 보고, 그 위치에 있는 실제 피연산자에 접근하는 방식이다.

④ 직접 주소 지정 방식 : 기억 장소를 주소부에 직접 지정할 수 있게 되어 있는 것으로, 이 방식은 주소부에서 지정한 기억 장소의 내용을 피연산자로 취급할 수 있다.

⑤ 색인 주소 지정 방식 : 명령의 실행 과정에서 피연산자의 주소를 명령어의 주소 부분과 색인 레지스터에 의해 결정하는 방법이다.

19

정답 ①

열잡음은 전도전자의 열교란운동에 의해 생기는 잡음이다.

오답분석

② 백색잡음 : 어떤 주파수 대역 내에서의 모든 주파수의 출력이 포함되어 있는 잡음이다.
③ 산탄잡음 : 전자의 특수한 현상 때문에 전류에 불규칙한 요동이 생겨 발생하는 잡음이다.
④ 분배잡음 : 여러 개의 극(極)을 갖는 소자 중의 전류가 각각의 극으로 나뉠 때 그 비율이 변동함으로써 생기는 잡음이다.
⑤ 충격잡음 : 비교적 계속 시간이 짧으며, 잡음 발생의 시간 간격이 계속 시간에 비해 긴 불규칙한 잡음이다.

20

정답 ⑤

증폭기는 입력신호의 에너지를 증가시켜 출력측에 큰 에너지의 변화로 출력하는 장치로 앰프라고도 부른다.

PART 3

그대의 자질은 아름답다.

– 세종대왕 –

PART 4

최종점검 모의고사

최종점검 모의고사

01 직업기초능력평가

01	02	03	04	05	06	07	08	09	10
①	③	③	③	②	④	①	④	③	④
11	12	13	14	15	16	17	18	19	20
③	①	④	④	②	③	②	③	①	④
21	22	23	24	25	26	27	28	29	30
④	④	③	④	②	⑤	⑤	④	①	③
31	32	33	34	35	36	37	38	39	40
④	②	④	④	④	④	③	⑤	②	⑤

01 문서 내용 이해 정답 ①

과거 3년간 철도안전투자의 예산 및 그 집행 실적, 해당 연도 철도안전투자의 예산, 향후 2년간 철도안전투자의 예산에 대하여 예산 규모를 공시해야 한다(제1조의2 제1항 · 제2호).

오답분석

② 제1조의2 제1항 제3호에서 확인할 수 있다.
③ 제1조의2 제2항에서 확인할 수 있다.
④ 제1조의2 제1항 제1호에서 확인할 수 있다.
⑤ 제1조의2 제3항에서 확인할 수 있다.

02 글의 제목 정답 ③

첫 번째 문단에서는 하천의 과도한 영양분이 플랑크톤을 증식시켜 물고기의 생존을 위협한다고 이야기하며, 두 번째 문단에서는 이러한 녹조 현상이 우리가 먹는 물의 안전까지도 위협한다고 이야기한다. 마지막 세 번째 문단에서는 생활 속 작은 실천을 통해 생태계와 인간의 안전을 위협하는 녹조를 예방해야 한다고 주장하고 있으므로 글의 제목으로는 ③이 가장 적절하다.

03 문단 나열 정답 ③

(나) 입시 준비를 잘하기 위해서는 체력이 관건이다 → (가) 좋은 체력을 위해서는 규칙적인 생활관리와 알맞은 영양공급이 필수적이며, 특히 청소년기에는 좋은 영양상태를 유지하는 것이 중요하다 → (다) 그러나 우리나라 학생들의 식습관을 살펴보면 충분한 영양섭취가 이루어지지 못하고 있다의 순서대로 나열하는 것이 가장 적절하다.

04 문서 수정 정답 ③

글의 맥락상 ⓒ에는 '뒤섞이어 있음'을 의미하는 '혼재(混在)'가 쓰이는 것이 적절하다.

- 잠재(潛在) : 겉으로 드러나지 않고 속에 잠겨 있거나 숨어 있음

05 수열 규칙 정답 ②

제시된 수열은 앞의 항의 값에 $\div 2+1$을 한 값이 뒤의 항인 수열이므로 $a_6=98\div 2+1=50$, $a_7=50\div 2+1=26$, $a_8=26\div 2+1=14$이다. 따라서 8번째 항의 값은 14이다.

06 응용 수리 정답 ④

첫날 경작한 논의 넓이를 1이라고 할 때, 마지막 날까지 경작한 논의 넓이는 다음과 같다.

1일	2일	3일	4일	5일	6일	7일	8일
1	2	4	8	16	32	64	128

전체 경작한 논의 넓이가 128이므로 논 전체의 $\frac{1}{4}$ 넓이는 32이다. 따라서 A씨는 경작을 시작한 지 6일째 되는 날 논 전체의 $\frac{1}{4}$을 완료하게 된다.

07 자료 계산 정답 ①

- 주말 입장료 : $11{,}000+15{,}000+20{,}000\times 2+20{,}000\times \frac{1}{2}=76{,}000$원

• 주중 입장료 : 10,000+13,000+18,000×2+18,000×$\frac{1}{2}$=68,000원

따라서 요금 차이는 76,000−68,000=8,000원이다.

08 자료 이해 정답 ④

ⓛ HCHO가 가장 높게 측정된 역은 청량리역이고 가장 낮게 측정된 역은 신설동역이다. 두 역의 평균은 $\frac{11.4+4.8}{2}$ = 8.1μg/m³로 1호선 평균인 8.4μg/m³보다 낮다.

ⓔ 청량리역은 HCHO, CO, NO_2, Rn 총 4가지 항목에서 1호선 평균보다 높게 측정되었다.

오답분석

ⓐ CO의 1호선 평균은 0.5ppm이며, 종로5가역과 신설동역은 0.4ppm이다. 따라서 옳다.

ⓒ 시청역은 PM−10이 102.0μg/m³으로 가장 높게 측정됐지만, TVOC는 44.4μg/m³로 가장 낮게 측정되었다. 따라서 옳다.

09 명제 추론 정답 ③

연경, 효진, 다솜, 지민, 지현의 증언을 차례대로 검토하면서 모순 여부를 찾아내면 쉽게 문제를 해결할 수 있다.

1) 먼저 연경이의 증언이 참이라면, 효진이의 증언도 참이다. 그런데 효진이의 증언이 참이라면 지현이의 증언은 거짓이 된다.
2) 지현이의 증언이 거짓이라면, '나와 연경이는 꽃을 꽂아두지 않았다.'는 말 역시 거짓이 되어 연경이와 지현이 중 적어도 한 명은 꽃을 꽂아두었다고 봐야 한다. 그런데 효진이의 증언은 지민이를 지적하고 있으므로 역시 모순이다. 결국 연경이와 효진이의 증언은 거짓이다.

그러므로 다솜, 지민, 지현이의 증언이 참이 되며, 이들이 언급하지 않은 다솜이가 꽃을 꽂아두었다.

10 자료 해석 정답 ④

행낭 배송 운행속도는 시속 60km로 일정하므로 A지점에서 G지점까지의 최단거리를 구한 뒤 소요시간을 구하면 된다. 우선 배송 요청에 따라 지점 간의 순서를 변경하거나 생략할 수 있으므로 거치는 지점을 최소화하여야 한다. 앞서 언급한 조건들을 고려하여 구한 최단거리는 다음과 같다.

A>B>D>G → 6km+2km+8km=16km → 16분

(∵ 60km/h=1km/min)

따라서 대출신청 서류가 A지점에 다시 도착할 최소시간은 16분(A>G)+30분(작성)+16분(G>A)=1시간 2분이다.

11 자료 해석 정답 ③

• 철수 : C, D, F는 포인트 적립이 안 되므로 해당 사항이 없다.
• 영희 : A에는 해당 사항이 없다.
• 민수 : A, B, C에는 해당 사항이 없다.
• 철호 : 환불 및 송금수수료, 배송료가 포함되었으므로 A, D, E, F에는 해당 사항이 없다.

12 규칙 적용 정답 ①

오전 심층면접은 9시 10분에 시작하므로 12시까지 170분의 시간이 있다. 이 시간에 한 명당 15분씩 면접을 볼 때 가능한 면접 인원은 170÷15≒11명이다. 오후 심층면접은 1시부터 바로 진행할 수 있으므로 종료 시간까지 240분의 시간이 있다. 이 시간에 한 명당 15분씩 면접을 볼 때 가능한 인원은 240÷15=16명이다. 즉, 심층면접을 할 수 있는 최대 인원수는 11+16=27명이다. 27번째 면접자의 기본면접이 끝나기까지 걸리는 시간은 10×27+60(점심 · 휴식 시간)=330분이다. 따라서 마지막 심층면접자의 기본면접 종료 시각은 오전 9시+330분=오후 2시 30분이다.

13 시간 계획 정답 ④

O에서 e를 경유하여 D까지 최단경로는 O → d → c → e → D로 최단거리는 14km이다.

오답분석

① b를 경유하는 O에서 D까지의 최단경로는 'O → d → c → b → D'로 최단거리는 12km이다.
② O에서 c까지의 최단거리는 'O → d → c'로 6km이다.
③ a를 경유하는 O에서 D까지의 최단경로는 'O → a → b → D'로 최단거리는 13km이다.
⑤ O에서 D까지의 최단거리는 'O → d → c → b → D'로 12km이다.

14 비용 계산 정답 ④

• (가)안 : 3 · 4분기 자재구매 비용은 7,000×40+10,000×40=680,000원이다. 3분기에 재고가 10개가 남으므로 재고관리비는 10×1,000=10,000원이다. 따라서 자재구매 · 관리 비용은 680,000+10,000=690,000원이다.
• (나)안 : 3 · 4분기 자재구매 비용은 7,000×60+10,000×20=620,000원이다. 3분기에 재고가 30개가 남으므로 재고관리비는 30×1,000=30,000원이다. 따라서 자재구매 · 관리 비용은 620,000+30,000=650,000원이다.

따라서 (가)안과 (나)안의 비용 차이는 690,000−650,000=40,000원이다.

15 품목 확정 정답 ②

스캐너 기능별 가용한 스캐너를 찾으면 다음과 같다.

- 양면 스캔 가능 여부 – Q・T・G스캐너
- 50매 이상 연속 스캔 가능 여부 – Q・G스캐너
- 예산 4,200,000원까지 가능 – Q・T・G스캐너
- 카드 크기부터 계약서 크기 스캔 지원 – G스캐너
- A/S 1년 이상 보장 – Q・T・G스캐너
- 기울기 자동 보정 여부 – Q・T・G스캐너

모두 부합하는 G스캐너가 가장 우선시되고, 그 다음은 Q스캐너, 그리고 T스캐너로 순위가 결정된다.

16 품목 확정 정답 ③

대회의실에 2인용 테이블이 4개 있었고 첫 번째 주문 후 2인용 테이블 4개가 더 생겨 총 8개지만 16명만 앉을 수 있기 때문에 테이블 하나를 추가로 주문해야 한다. 의자는 회의실에 9개, 창고에 2개, 주문한 1개를 더하면 총 12개로 5개를 더 주문해야 한다.

17 정보 이해 정답 ②

본인의 컴퓨터가 32bit 운영체제인지 64bit 운영체제인지 확인하려면 [시작] 단추 – [컴퓨터]의 바로 가기 메뉴 – [속성]으로 들어가서 확인하거나, [시작] 단추 – [제어판] – [시스템]을 통해 확인할 수 있다.

18 엑셀 함수 정답 ③

VLOOKUP 함수는 「=VLOOKUP(첫 번째 열에서 찾으려는 값, 찾을 값과 결과로 추출할 값들이 포함된 데이터 범위, 값이 입력된 열의 열 번호, 일치 기준)」으로 구성된다. 찾으려는 값은 [B2]가 되어야 하며, 추출할 값들이 포함된 데이터 범위는 [E2:F8]이고, 자동 채우기 핸들을 이용하여 사원들의 교육점수를 구해야 하므로 [$E$2:$F$8]와 같이 절대참조가 되어야 한다. 그리고 값이 입력된 열의 열 번호는 [E2:F8] 범위에서 2번째 열이 값이 입력된 열이므로 2가 되어야 하며, 정확히 일치해야 하는 값을 찾아야 하므로 FALSE 또는 0이 들어가야 한다.

19 프로그램 언어(코딩) 정답 ①

i에 0을 저장하고, i 값이 5보다 작을 때까지 i에 1을 더한다. j에는 0부터 i 값과 같거나 작을 때까지 j 값에 1을 더한 횟수만큼 *를 출력한다. *는 5개가 될 때까지 다음 줄에 출력되어 ①처럼 출력된다.

20 프로그램 언어(코딩) 정답 ④

50 나누기 5를 정수로 변환한 값인 10이 출력된다.

21 기술 이해 정답 ④

오답분석

① Off–JT에 대한 설명이다.
② 지도자는 지식을 전달하는 능력을 갖추어 신입사원에게 업무 정보 등을 전달할 수 있어야 한다.
③ 과거 목수, 대장장이 등의 견습공도 하나의 OJT 과정이다.
⑤ 경력이 있는 사람 밑에서 직무 교육이 이루어진다.

22 기술 적용 정답 ④

사용 설명서의 1. 충전의 네 번째 항목에 따르면 본 제품에는 배터리 보호를 위하여 과충전 보호회로가 내장되어 있어 적정 충전시간을 초과하여도 큰 손상이 없다고 하였으므로 고장의 원인으로 적절하지 않다.

23 기술 적용 정답 ③

파워브러쉬가 작동하지 않는 경우에 청소기 전원을 끄고 이물질 제거 후 전원을 켜면 파워브러쉬가 재작동하며, 평상시에도 파워브러쉬가 멈추었을 때는 전원 스위치를 껐다 켜면 재작동한다.

24 기술 적용 정답 ④

사용 중 갑자기 흡입력이 떨어지는 이유는 흡입구를 커다란 이물질이 막고 있거나, 먼지 필터가 막혀 있거나, 먼지통 내에 오물이 가득 차 있을 경우이다.

25 경영 전략 정답 ②

B대리는 상대방이 제시한 아이디어를 비판하고 있다. 따라서 브레인스토밍에 적절하지 않은 태도를 보였다.

브레인스토밍

- 다른 사람이 아이디어를 제시할 때에는 비판하지 않는다.
- 문제에 대한 제안은 자유롭게 이루어질 수 있다.
- 아이디어는 많이 나올수록 좋다.
- 모든 아이디어들이 제안되고 나면 이를 결합하고 해결책을 마련한다.

26 조직 구조 정답 ⑤

영리조직의 사례로는 이윤 추구를 목적으로 하는 다양한 사기업을 들 수 있으며, 비영리조직으로는 정부조직, 대학, 시민단체, 종교단체 등을 들 수 있다.

27 업무 종류 정답 ⑤

필리핀에서 한국인을 대상으로 범죄가 이루어지고 있다는 것은 심각하게 고민해야 할 사회문제이지만, 그렇다고 우리나라로 취업하기 위해 들어오려는 필리핀 사람들을 막는 것은 적절하지 않은 행동이다.

28 경영 전략 정답 ④

기업이 공익을 침해할 경우 우선 합리적인 절차에 따라 문제해결을 해야 하며, 기업 활동의 해악이 심각할 경우 근로자 자신이 피해를 볼지라도 신고할 윤리적 책임이 있다.

오답분석

ㄱ. 신고자의 동기가 사적인 욕구나 이익을 충족시켜서는 안 된다.

29 경영 관리 정답 ①

R대리와 S과장은 경력개발의 이유로 환경변화를 이야기하고 있다. 환경변화에 따른 개발 요인에는 지식정보의 빠른 변화, 인력난 심화, 삶의 질, 중견사원 이직 증가 등이 있다.

30 자기 관리 정답 ③

H씨의 자기개발을 방해하는 장애요인은 다른 욕구가 더 강해서이다. 이와 비슷한 사례는 회식과 과음으로 인해 자기개발을 못한 C씨이다.

자기개발을 방해하는 장애요인

- 다른 욕구가 더 강해서 : 욕구와 감정
- 제한적인 사고로 인하여
- 문화적 장애 : 외부적인 요인
- 자기개발 방법의 무지로 인하여

31 자기 관리 정답 ④

자기 브랜드 PR 방법

- 소셜 네트워크 활용 : 소셜 네트워크는 자신의 실무지식과 업무 경험, 성과물 등을 직접적으로 연결할 수 있으며, 형식의 제약 없이 자유롭게 자신을 표현할 수 있다. 또한 별도의 비용이나 전문적인 기술 없이 이용할 수 있어 편리하다는 장점이 있다.
- 인적 네트워크 활용 : 자신에 대한 긍정적인 말을 전하는 적극적인 지지자를 확보하기 위해 인간관계를 잘 관리하는 것도 한 방법이다.
- 자신만의 명함 생성 : 명함은 자신의 얼굴이자 강력한 마케팅의 도구가 될 수 있기 때문에 자신의 명함을 기억할 수 있도록 변화를 주어야 한다.
- 경력 포트폴리오 생성 : 자신의 전문적인 능력이 무엇인지, 자신이 그동안 어떻게 인간관계를 쌓아 왔고, 어떠한 자기개발 노력을 해왔는지를 다른 사람에게 명확하게 보여줄 수 있다.

32 자기 관리 정답 ②

업무수행 성과를 높이기 위한 행동전략

- 자기자본이익률(ROE)을 높인다 : 자기자본이익률이란 경영자가 기업에 투자된 주주의 자본을 사용해 어느 정도 이익을 올리고 있는가를 나타내는 지표이며, 이는 기업의 당기순이익을 자기 자본으로 나눠 구한다.
- 일을 미루지 않는다 : 일을 하나둘 미루고 급하게 처리하다 보면 어느새 다른 일도 지속적으로 밀리게 되고, 일을 처리하는 데 최선을 다하지 못하게 된다. 따라서 해야 할 일이 있다면 지금 바로 하는 습관을 들여야 한다.
- 업무를 묶어서 처리한다 : 직업인들이 하는 일은 비슷한 속성을 가진 경우가 많다. 또한 한 번 움직일 때 여러 가지 일을 한 번에 처리해서 다시 같은 곳을 반복해서 가지 않도록 경로를 단축시킨다.
- 다른 사람과 다른 방식으로 일한다 : 다른 사람이 일하는 방식과 다른 방식으로 생각하다 보면, 의외로 창의적인 방법을 발견할 수도 있으며 업무성과도 높일 수 있다.
- 회사와 팀의 업무 지침을 따른다 : 회사와 팀의 업무 지침은 변화하는 환경 속에서 그 일의 전문가들에 의해 확립된 것이므로 기본적으로 지켜야 할 것은 지켜야 한다.
- 역할 모델을 설정한다 : 직장에서 가장 일을 잘한다고 평가받는 사람을 찾아 주의 깊게 살펴보고 그 사람을 참고하도록 노력하면 업무성과를 높일 수 있다.

33 갈등 관리 정답 ④

서비스업에 종사하다 보면 난처한 요구를 하는 고객을 종종 만나기 마련이다. 특히 판매 가격이 정해져 있는 프랜차이즈 매장에서 가격을 조금만 깎아달라는 고객의 요구는 매우 난감하다. 하지만 이러한 고객의 요구를 모두 들어주다 보면 더욱 곤란한 상황이 발생할 수 있다. 그러므로 고객에게 가격을 깎아줄 수 없는 이유에 대해 친절하게 설명하면서 불쾌하지 않도록 고객을 설득할 필요가 있다.

34 팀워크 정답 ④

팀워크는 개인의 능력이 발휘되는 것도 중요하지만 팀원들 간의 협력이 더 중요하다. 팀원 개개인의 능력이 최대치일 때 팀워크가 가장 뛰어난 것은 아니다.

35 리더십 정답 ④

뚜껑의 법칙에서 뚜껑은 리더를 의미하며, 뚜껑의 크기로 표현되는 리더의 역량이 조직의 성과를 이끈다는 것을 의미한다. 리더의 역량이 작다면 부하직원이 아무리 뛰어나도 병목현상이 발생할 수 있는 것이다.

36 팀워크 정답 ④

효과적인 팀의 구성원들은 서로 직접적이고 솔직하게 대화한다. 이를 통해 팀원들은 상대방으로부터 조언을 구하고, 상대방의 말을 충분히 고려하며, 아이디어를 적극적으로 활용하게 된다.

오답분석

① 팀워크는 개인주의가 아닌 공동의 목적을 달성하기 위해 상호 관계성을 가지고 서로 협력하는 것이다.
② 어떤 팀에서든 의견의 불일치는 발생하며, 효과적인 팀워크는 이러한 갈등을 개방적으로 다루어 해결한다.
③ 팀워크에서는 강한 자신감을 통해 팀원들 간의 사기를 높일 필요가 있다.
⑤ 효과적인 팀은 절차, 방침 등을 명확하게 규정한 잘 짜여진 조직에서 시작된다. 따라서 팀워크를 위해서는 조직에 대한 이해가 무엇보다 필요하다.

37 윤리 정답 ③

사람들은 거절을 부담스러워한다. 상대가 불쾌해 하지 않을까 신경 쓰기 때문이다. 그러나 거절은 의사표현의 하나일 뿐이다. 거절할 만한 상황에서는 분명히 그 의사를 표현해야 한다. 거절의 의사결정은 빠를수록 좋은데, 그 이유는 오래 지체될수록 거절을 하기 힘들어질 뿐만 아니라 자신은 심사숙고했다고 생각하지만 거절의 대답을 들은 상대는 기다린 결과에 실망해서 더 불쾌해 하기 쉽기 때문이다.

38 근면 정답 ⑤

성실한 태도는 어떤 일에 목적을 정해 놓고 가치 있는 것들을 이루기 위해 정성을 다해 노력하는 모습을 의미한다. 이를 볼 때, ⑤는 성실한 태도의 사례로 적절하지 않다.

39 책임 의식 정답 ②

직장인 D씨는 자신이 벌인 일을 책임감 있게 마무리하지 못하여 주변 동료들에게 피해를 주고 있다. 따라서 D씨에게 해줄 수 있는 조언으로는 ②가 적절하다.

40 윤리 정답 ⑤

운전 중 스마트폰은 사용하지 않도록 한다.

오답분석

① 사무실에서 알림은 무음으로 설정하여 타인에게 폐를 끼치지 않도록 한다.
② 중요한 내용에 대해 상대방의 대답이나 반응을 확인해야 하는 경우는 음성 통화를 이용한다.
③ SNS 사용은 업무에 지장을 줄 수 있으므로 휴식시간에 이용하도록 한다.
④ 타인과 대화할 때 스마트폰 사용은 자제하고, 타인과의 대화에 집중해야 한다.

02 직무수행능력평가

| 01 | 사무직(행정학)

41	42	43	44	45	46	47	48	49	50	51	52	53	54	55	56	57	58	59	60
②	①	②	⑤	⑤	①	③	②	④	②	③	⑤	①	③	④	②	②	③	⑤	①
61	62	63	64	65	66	67	68	69	70	71	72	73	74	75	76	77	78	79	80
③	③	⑤	③	⑤	③	③	②	②	①	①	③	⑤	②	①	②	③	②	③	⑤

41

정답 ②

오답분석

ㄴ. 근무성적평가에 대한 설명이다. 근무성적평가는 5급 이하의 공무원들을 대상으로 한다.

ㄷ. 다면평정제도에 대한 설명이다. 다면평가제는 피평정자 본인, 상관, 부하, 동료, 고객 등 다양한 평정자의 참여가 이루어지는 집단평정방법이다. 이는 피평정자가 조직 내외의 모든 사람과 원활한 인간관계를 증진하게 하려는 데 목적을 둔다.

PART 4

42

정답 ①

ㄱ은 역량평가제, ㄴ은 직무성과관리제, ㄷ은 다면평가제, ㄹ은 근무성적평정제에 해당한다.

공무원 평정제도

- 역량평가제 : 고위공무원단에 진입하기 전 관리자(고위공무원)로서의 능력 및 자격을 사전에 검증하는 제도이다.
- 직무성과관리제 : 장·차관 등 기관장과 실·국장, 과장, 팀장 간에 성과목표와 지표 등에 대해 직근상하급자 간에 합의를 통해 Top－Down 방식으로 공식적인 성과계약을 체결하고 그 이행도를 평가하여 승진 등에 반영하는 제도이다.
- 다면평가제 : 피평정자 본인, 상관, 부하뿐만 아니라 피평정자의 능력과 직무수행을 관찰할 기회가 있는 동료, 프로젝트 팀 구성원, 고객 등이 다양하게 참여하는 집단평정방법이다.
- 근무성적평정제 : 5급 이하 공무원을 대상으로 실시되며, 근무실적·직무수행능력·직무수행태도 등을 평가항목으로 한다. 상벌·채용시험의 타당도 측정·교육훈련 수요 파악·근무능률 향상·적절한 인사배치 및 각종 인사행정의 기준으로 이용한다.

43

정답 ②

재의요구권은 자치단체장의 권한에 속하는 사항으로 단체장이 위법·부당한 지방의회의 의결사항에 재의를 요구하는 것이다. 지방자치단체장의 재의요구 사유는 다음과 같다.

- 조례안에 이의가 있는 경우
- 지방의회의 의결이 월권 또는 법령에 위반되거나 공익을 현저히 해한다고 인정된 때
- 지방의회의 의결에 예산상 집행할 수 없는 경비가 포함되어 있는 경우, 의무적 경비나 비상재해복구비를 삭감한 경우
- 지방의회의 의결이 법령에 위반되거나 공익을 현저히 해한다고 판단되어 주무부장관 또는 시·도지사가 재의요구를 지시한 경우

지방의회 의결사항(지방자치법 제47조)

1. 조례의 제정 · 개정 및 폐지
2. 예산의 심의 · 확정
3. 결산의 승인
4. 법령에 규정된 것을 제외한 사용료 · 분담금 · 지방세 또는 가입금의 부과와 징수
5. 기금의 설치 · 운용
6. 대통령령으로 정하는 중요 재산의 취득 · 처분
7. 대통령령으로 정하는 공공시설의 설치 · 처분
8. 법령과 조례에 규정된 것을 제외한 예산 외의 의무부담이나 권리의 포기
9. 청원의 수리와 처리
10. 외국 지방자치단체와의 교류협력에 관한 사항
11. 그 밖에 법령에 따라 그 권한에 속하는 사항

44

정답 ⑤

정직은 1개월 이상 3개월 이하의 기간으로 하고, 정직 처분을 받은 자는 그 기간 중 공무원의 신분은 보유하나 직무에 종사하지 못하며 보수는 전액을 감한다.

오답분석

① 직위해제는 신분을 박탈하는 처분은 아니고, 신분은 유지하되 직위만을 해제한다.
② 직권면직은 정원의 변경으로 직위의 폐지나 과원 등의 사유가 발생한 경우에 직권으로 신분을 박탈하는 면직처분을 말한다.
③ 해임은 공무원을 강제로 퇴직시키는 처분으로 3년 간 재임용이 불가하다. 연금법에는 크게 영향을 주지 않으나, 금품 및 향응수수, 공금의 횡령 · 유용으로 징계 해임된 경우에는 퇴직급여의 1/8 내지는 1/4을 감한다.
④ 파면은 공무원을 강제로 퇴직시키는 처분으로 5년간 재임용이 불가하며, 퇴직급여의 1/4 내지는 1/2의 지급을 제한한다.

징계의 종류

- 견책(譴責) : 전과(前過)에 대하여 훈계하고 회개하게 한다.
- 감봉 : 1개월 이상 3개월 이하의 기간 동안 보수의 3분의 1을 감한다.
- 정직 : 1개월 이상 3개월 이하의 기간으로 하고, 정직 처분을 받은 자는 그 기간 중 공무원의 신분은 보유하나 직무에 종사하지 못하며 보수는 전액을 감한다.
- 강등 : 1계급 아래로 직급을 내리고(고위공무원단에 속하는 공무원은 3급으로 임용하고, 연구관 및 지도관은 연구사 및 지도사로 한다) 공무원 신분은 보유하나 3개월간 직무에 종사하지 못하며 그 기간 중 보수는 전액을 감한다.
- 해임 : 공무원을 강제로 퇴직시키는 처분으로 3년간 재임용이 불가하다. 연금법에는 크게 영향을 주지 않으나, 금품 및 향응수수, 공금의 횡령 · 유용으로 징계 해임된 경우에는 퇴직급여의 1/8 내지는 1/4을 감한다.
- 파면 : 공무원을 강제로 퇴직시키는 처분으로 5년간 재임용이 불가하다. 퇴직급여의 1/4 내지는 1/2을 지급제한한다.

45

정답 ⑤

예산의 이체는 정부조직 등에 관한 법령의 제정 · 개정 또는 폐지로 인하여 그 직무와 권한에 변동이 있는 경우 관련되는 예산의 귀속을 변경하여 예산집행의 신축성을 부여하는 제도이다. 사업내용이나 규모 등에 변경을 가하지 않고 해당 예산의 귀속만 변경하는 것으로써, 어떤 과목의 예산부족을 다른 과목의 금액으로 보전하기 위하여 당초 예산의 내용을 변경시키는 예산의 이 · 전용과는 구분된다. 이체의 절차는 기획재정부장관이 중앙관서의 장의 요구에 따라 예산을 이체할 수 있도록 규정하고 있다. 정부조직법 개편 시 국회의 의결을 얻었기 때문에 이체 시 별도의 국회의 의결을 받을 필요는 없다.

오답분석

① 명시이월은 세출예산 중 경비의 성질상 연도내 지출을 끝내지 못할 것으로 예견되는 경우, 다음 연도로 이월할 수 있다는 취지를 명백히 하여 미리 국회의 의결을 거쳐 다음 연도에 이월하는 제도이다.

② 정부가 예비비로 사용한 금액의 총괄명세서를 다음 연도 5월 31일까지 국회에 제출하여 승인을 얻도록 한다(총액으로 사전에 의결을 받지만, 구체적인 사용 용도는 사후승인을 받는다. 이런 이유로 견해에 따라 사전의결의 원칙에 예외로 보는 견해도 있고, 예외가 아니라고 보는 견해도 있다).

③ 예산의 이용은 예산이 정한 장・관・항 간(입법과목)에 각각 상호 융통하는 것을 말한다. 예산 이용제도는 국가재정법 제45조에 따른 예산의 목적 외 사용금지 원칙의 예외로서, 예산집행에 신축성을 부여하여 예산집행주체가 집행과정에서 발생한 여건변화에 탄력적으로 대응할 수 있도록 미리 국회의 의결을 받은 경우에 한하여 허용되고 있다.

④ 계속비는 완성에 수년도를 요하는 공사나 제조 및 연구개발사업은 그 경비의 총액과 연부액(年賦額)을 정하여 미리 국회의 의결을 얻은 범위 안에서 수년도에 걸쳐서 지출할 수 있는 제도로, 수년간의 예산이 안정적으로 집행되어 재정투자의 효율성을 높일 수 있는 제도이다.

46

정답 ①

ㄱ. 인간관계론은 인간을 사회적・심리적 존재로 가정하기 때문에 사회적 규범이 생산성을 좌우한다고 본다.

ㄴ. 과학적 관리론은 과학적 분석을 통해 업무수행에 적용할 유일 최선의 방법을 발견할 수 있다고 전제한다.

오답분석

ㄷ. 체제론은 하위의 단순 체제는 복잡한 상위의 체제에 속한다고 이해함으로 계서적 관점을 지지한다.

ㄹ. 발전행정론은 정치・사회・경제를 균형적으로 발전시키기 보다는 행정체제가 다른 분야의 발전을 이끌어 나가는 불균형적인 접근법을 중시한다.

47

정답 ③

탈신공공관리론은 신공공관리의 역기능적 측면을 교정하고 통치 역량을 강화하여 정치행정 체제의 통제와 조정을 개선하기 위해 재집권화와 재규제를 주장한다.

신공공관리론과 탈신공공관리론의 비교

비교국면		신공공관리론	탈신공공관리론
정부기능	정부 – 시장 관계의 기본 철학	시장지향주의(규제 완화)	정부의 정치・행정력 역량 강화 • 재규제의 주장 • 정치적 통제 강조
	주요 행정 가치	능률성, 경제적 가치 강조	민주성・형평성 등 전통적 행정가치 동시 고려
	정부규모와 기능	정부규모와 기능 감축 (민간화・민영화・민간 위탁)	민간화・민영화의 신중한 접근
	공공서비스 제공 방식	시장 메커니즘의 활용	민간 – 공공부문의 파트너십 강조
조직구조	기본모형	탈관료제모형	관료제모형과 탈관료제 모형의 조화
	조직구조의 특징	비항구적・유기적 구조, 분권화	재집권화(분권과 집권의 조화)
	조직개편의 방향	소규모의 준자율적 조직으로 행정의 분절화(책임운영기관)	• 분절화 축소 • 총체적 정부 강조 • 집권화, 역량 및 조정의 증대

48

정답 ②

제시문의 ㉠에 들어갈 용어는 '재분배 정책'이다. 재분배 정책은 계층 간 갈등이 심하고 저항이 발생할 수 있으며, 국민적 공감대를 형성할 때 정책의 변화를 가져오게 된다.

오답분석

①・④ 분배정책에 대한 설명이다.

③ 구성정책에 대한 설명이다.

⑤ 규제정책에 대한 설명이다.

49

정답 ④

국무총리 소속으로 설치한 국민권익위원회는 행정부 내에 소속한 독립통제기관이며, 대통령이 임명하는 옴부즈만의 일종이다.

오답분석

② 스웨덴식 옴부즈만은 입법기관(의회)에서 임명하는 옴부즈만이었으나, 최근 국회의 제청에 의해 행정수반이 임명하는 옴부즈만도 등장하게 되었다.

50

정답 ②

정보기술아키텍처는 건축물의 설계도처럼 조직의 정보화 환경을 정확히 묘사한 밑그림으로 조직의 비전, 전략, 업무, 정보기술 간 관계에 대한 현재와 목표를 문서화한 것이다.

오답분석

① 블록체인 네트워크 : 가상화폐를 거래할 때 해킹을 막기 위한 기술망으로 출발한 개념이며, 블록에 데이터를 담아 체인형태로 연결, 수많은 컴퓨터에 동시에 이를 복제해 저장하는 분산형 데이터 저장 기술을 말한다.
③ 제3의 플랫폼 : 전통적인 ICT 산업인 제2플랫폼(서버, 스토리지)과 대비되는 모바일, 빅데이터, 클라우드, 소셜네트워크 등으로 구성된 새로운 플랫폼을 말한다.
④ 클라우드 – 클라이언트 아키텍처 : 인터넷에 자료를 저장해 두고, 사용자가 필요한 자료 등을 자신의 컴퓨터에 설치하지 않고도 인터넷 접속을 통해 언제나 이용할 수 있는 서비스를 말한다.
⑤ 스마트워크센터 : 공무용 원격 근무 시설로 여러 정보통신기기를 갖추고 있어 사무실로 출근하지 않아도 되는 유연근무시스템 중 하나를 말한다.

51

정답 ③

ㄱ. 신공공관리론은 기업경영의 논리와 기법을 정부에 도입·접목하려는 노력이다.
ㄷ. 신공공관리론은 거래비용이론, 공공선택론, 주인 – 대리인이론 등을 이론적 기반으로 한다.
ㅁ. 신공공관리론은 가격과 경쟁에 의한 행정서비스 공급으로 공공서비스의 생산성을 강조하기 때문에 형평의 저해 가능성이 있다.

오답분석

ㄴ. 신공공관리론은 법규나 규칙중심의 관리보다는 임무와 사명중심의 관리를 강조한다.
ㄹ. 중앙정부의 감독과 통제를 강화하는 것은 전통적인 관료제 정부의 특징이다. 신공공관리론은 분권을 강조한다.

52

정답 ⑤

품목별 예산제도는 지출대상 중심으로 분류를 사용하기 때문에 지출의 대상은 확인할 수 있으나, 지출의 주체나 목적은 확인할 수 없다.

53

정답 ①

행정지도는 상대방의 임의적 협력을 구하는 비강제적 행위로서, 법적 분쟁을 사전에 회피할 수 있다는 장점이 있다.

오답분석

② 행정주체가 행정객체를 유도하는 행위이므로 행정환경의 변화에 대해 탄력적으로 적용이 가능하다는 것이 행정지도의 장점이다.
③ 행정지도는 비권력적 행위로서 강제력을 갖지 않는다.
④ 강제력 없이 단순 유도하는 행위로서, 이와 관련해 행정주체는 감독권한을 갖지 못한다.
⑤ 행정지도는 비권력적 사실행위에 해당된다.

54

정답 ③

ㄱ. 파머는 유기적 행정을 위해 행정조직의 구조가 유연해져야 한다고 주장하였다.
ㄷ. 담론이론에서 행정은 시민들이 민주적으로 참여하고 토론하는 공간이 되어야 한다고 주장하였다.

오답분석

ㄴ. 파머는 타인을 자신과 동등한 주체로 인식하는 것을 바탕으로 개방적이고 반권위적 시민참여 행정을 강조하였다.

55

정답 ④

ㄴ. 국가재정법 제17조에는 "한 회계연도의 모든 수입을 세입으로 하고, 모든 지출은 세출로 한다."라는 내용이 명시되어 있다.
ㄷ. 지방재정법 제34조 제3항에 따르면 해당 경우는 적용 예외사항으로 규정되어 있다.

오답분석

ㄱ. 예산총계주의는 세입과 세출에 대해 누락 없이 예산에 계상해야 한다는 완전성에 대한 원칙이다.

56

정답 ②

(가) 1910년대 과학적 관리론 → (다) 1930년대 인간관계론 → (나) 1940년대 행정행태론 → (라) 1990년대 후반 신공공서비스론의 순서이다.

57

정답 ②

중앙정부가 지방자치단체별로 지방교부세를 교부할 때 사용하는 기준지표는 지방재정자립도가 아닌 재정력지수[=(기준재정수입액)÷(기준재정수요액)]이다. 중앙정부는 지방자치단체의 재정력지수가 1보다 클 경우 보통교부세를 교부하지 않는다.

58

정답 ③

개방형 인사관리는 인사권자에게 재량권을 주어 정치적 리더십을 강화하고 조직의 장악력을 높여준다.

개방형 인사관리의 장단점

구분	내용
장점	• 행정의 대응성 제고 • 조직의 신진대사 촉진 • 정치적 리더십 확립을 통한 개혁 추진 • 세력 형성 및 조직 장악력 강화 • 행정에 전문가주의적 요소 강화 • 권위주의적 행정문화 타파 • 우수인재의 유치 • 행정의 질적 수준 증대 • 공직침체 및 관료화의 방지 • 재직공무원의 자기개발 노력 촉진
단점	• 조직의 응집성 약화 • 직업공무원제와 충돌 • 정실임용의 가능성 • 구성원 간의 불신 • 공공성 저해 가능성 • 민·관 유착 가능성 • 승진기회 축소로 재직공무원의 사기 저하 • 빈번한 교체근무로 행정의 책임성 저하 • 복잡한 임용절차로 임용비용 증가

59

정답 ⑤

롤스(J. Rawls)는 정의의 제1원리(평등)가 제2원리(차등조정의 원리)에 우선하고, 제2원리 중에서는 기회균등의 원리가 차등의 원리에 우선되어야 한다고 보았다.

60

정답 ①

해외일정을 핑계로 책임과 결정을 미루는 행위 등의 해당 사례는 관료들이 위험회피적이고 변화저항적이며 책임회피적인 보신주의로 빠지는 행태를 말한다.

61

정답 ③

중첩성은 동일한 기능을 여러 기관들이 혼합적인 상태에서 협력적으로 수행하는 것을 의미한다. 동일한 기능을 여러 기관들이 독자적인 상태에서 수행하는 것은 중복성(반복성)이다.

62

정답 ③

각 중앙관서의 장은 성과금을 지급하거나 절약된 예산을 다른 사업에 사용하고자 하는 때에는 '예산성과금 심사위원회'의 심사를 거쳐야 한다(국가재정법 제49조 제2항).

63

정답 ⑤

오답분석

ㄱ. 관세청은 기획재정부 소속이다.
ㄷ. 특허청은 산업통상자원부 소속이다.
ㄹ. 산림청은 농림축산식품부 소속이다.

64

정답 ③

ㄴ · ㄷ. 강제배분법은 점수의 분포비율을 정해놓고 평가하는 상대평가방법으로 집중화, 엄격화, 관대화 오차를 방지하기 위해 도입되었다.

오답분석

ㄱ. 첫머리 효과(시간적 오류) : 최근의 실적이나 능력을 중심으로 평가하려는 오류이다.
ㄹ. 선입견에 의한 오류(고정관념에 기인한 오류) : 평정자의 편견이 평가에 영향을 미치는 오류이다.

65

정답 ⑤

지방공사란 자본금을 주식으로 분할하여 그 2분의 1 이상을 자치단체가 출자한 법인체를 말한다. 다만, 지방공기업법 제53조 제2항에 따르면 필요한 경우에는 자본금의 2분의 1을 넘지 아니하는 범위에서 지방자치단체 외의 자로 하여금 공사에 출자하게 할 수 있다.

출자(지방공기업법 제53조)

① 지방공사의 자본금은 그 전액을 지방자치단체가 현금 또는 현물로 출자한다.
② 제1항에도 불구하고 공사의 운영을 위하여 필요한 경우에는 자본금의 2분의 1을 넘지 아니하는 범위에서 지방자치단체 외의 자(외국인 및 외국법인을 포함한다)로 하여금 공사에 출자하게 할 수 있다. 증자의 경우에도 또한 같다.

66

정답 ③

정부의 결산 과정은 ⓜ 해당 행정기관의 출납 정리 · 보고 – ⓛ 중앙예산기관의 결산서 작성 · 보고 – ㉠ 감사원의 결산 확인 – ㉣ 국무회의 심의와 대통령의 승인 – ⓒ 국회의 결산심의 순서로 진행된다.

67

정답 ③

기획재정부 장관은 국무회의 심의를 거쳐 대통령 승인을 얻은 다음 연도의 예산안편성지침을 매년 3월 31일까지 각 중앙관서의 장에게 통보하여야 한다(국가재정법 제29조 제1항).

68

정답 ②

공공선택론은 유권자, 정치가, 그리고 관료를 포함하는 정치제도 내에서 자원배분과 소득분배에 대한 결정이 어떻게 이루어지는지를 분석하고, 그것을 기초로 하여 정치적 결정의 예측 및 평가를 목적으로 한다.

오답분석

① 과학적 관리론 : 최소의 비용으로 최대의 성과를 달성하고자 하는 민간기업의 경영합리화 운동으로서, 객관화된 표준과업을 설정하고 경제적 동기 부여를 통하여 절약과 능률을 달성하고자 하였던 고전적 관리연구이다.
③ 행태주의 : 면접이나, 설문조사 등을 통해 인간행태에 대한 규칙성과 유형성 · 체계성 등을 발견하여 이를 기준으로 종합적인 인간관리를 도모하려는 과학적 · 체계적인 연구를 말한다.
④ 발전행정론 : 환경을 의도적으로 개혁해 나가는 행정인의 창의적 · 쇄신적인 능력을 중요시한다. 또한 행정을 독립변수로 간주해 행정의 적극적 기능을 강조한 이론이다.
⑤ 현상학 : 사회적 행위의 해석에 있어서 이러한 현상 및 주관적 의미를 파악하여 이해하는 철학적 · 심리학적 접근법, 주관주의적 접근(의식적 지향성 중시)으로, 실증주의 · 행태주의 · 객관주의 · 합리주의를 비판하면서 등장하였다.

PART 4

69

정답 ②

부패가 일상적으로 만연화 되어 행동규범이 예외적인 것으로 전락한 상황은 제도화된 부패에 대한 설명이다.

부패의 종류

종류	내용
생계형 부패	하급관료들이 생계유지를 위하여 저지르는 부패이다.
권력형 부패	정치권력을 이용하여 막대한 이득을 추구하는 부패이다.
일탈형 부패	일시적인 부패로 구조화되지 않았고, 윤리적인 일탈에 의한 개인적인 부패이다.
백색 부패	사익을 추구하는 의도 없이 선의의 목적으로 행해지는 부패로서 사회적으로 용인될 수 있는 수준이다.
흑색 부패	사회적으로 용인될 수 있는 수준을 넘어서 구성원 모두가 인정하고 처벌을 원하는 부패로서 법률로 처벌한다.
회색 부패	처벌하는 것에 관해 사회적으로 논란이 있는 부패로서 법률보다는 윤리강령에 의해 규정된다.

70

정답 ①

합리모형에 대한 설명이다. 회사모형은 환경의 불확실성으로 인해 단기적인 대응을 통해 불확실성을 회피 · 통제한다.

회사모형의 특징

- 갈등의 준해결 : 받아들일만한 수준의 의사결정
- 표준운영절차(SOP) 중시
- 불확실성 회피 : 단기적 대응, 단기적 환류를 통한 불확실성 회피
- 휴리스틱적 학습(도구적 학습)

71

정답 ①

구조적 분화와 전문화는 집단 간 갈등을 조성한다. 이는 분화된 조직을 통합하거나, 인사교류를 통해 갈등을 해소할 수 있다.

72

정답 ③

소극적 대표성은 관료의 출신성분이 태도를 결정하는 것이며, 적극적 대표성은 태도가 행동을 결정하는 것을 말한다. 그러나 대표관료제는 소극적 대표성이 반드시 적극적 대표성으로 이어져 행동하지 않을 수도 있는 한계성이 제기되는데, ③에서는 자동적으로 확보한다고 하였으므로 옳지 않다.

73

정답 ⑤

예산제도는 품목별 예산(LIBS, 1920) → 성과주의 예산(PBS, 1950) → 기획 예산(PPBS, 1965) → 영기준 예산(ZBB, 1979) → 신성과주의 예산(프로그램 예산, 1990) 등의 순으로 발전해 왔다.

74

정답 ②

성과규제에 대한 설명이다. 관리규제는 수단과 성과가 아닌 과정을 규제하는 것이다.

규제의 유형

유형	내용
성과규제	정부가 사회 문제 해결을 위해서 피규제자에게 목표를 정해주고 이를 달성할 것을 요구하는 규제
수단규제	정부가 사전적으로 목표달성을 위한 기술 등의 수단을 규제
관리규제	수단이나 성과가 아닌 과정을 규제

75

정답 ①

총액배분 자율편성예산제도는 중앙예산기관이 국가재정운용계획에 따라 각 부처의 지출한도를 하향식으로 설정해주면 각 부처가 배정받은 지출한도 내에서 자율적으로 편성하는 예산제도이다.

76

정답 ②

근무성적평정은 모든 공무원이 대상이다. 다만 5급 이하의 공무원은 원칙적으로 근무성적평가제에 의한다. 4급 이상 공무원은 평가대상 공무원과 평가자가 체결한 성과계약에 따라 성과목표 달성도 등을 평가하는 성과계약 등 평가제로 근무성적평정을 실시한다.

77

정답 ③

신공공관리론은 행정과 경영을 동일하게 보는 관점으로 기업경영의 원리와 기법을 공공부문에 그대로 이식하려 한다는 비판이 있다.

오답분석

① 동태적 측면을 파악할 수 없다.
② 생태론에 대한 설명이다.
④ 합리적 선택 신제도주의가 방법론적 개체주의에, 사회학적 신제도주의는 방법론적 전체주의에 기반을 두고 있다.

78

정답 ②

정보의 비대칭성에 의한 시장실패는 보조금이나 정부규제로 대응한다.

오답분석

① 공공재로 인한 시장실패는 공적공급으로 대응한다.
③ 자연독점은 공적공급 또는 정부규제로 대응한다.
④ 관료의 사적 목표의 설정은 정부실패의 원인으로 민영화가 필요하다.
⑤ 파생적 외부효과 역시 정부실패의 원인으로서 정부보조금 삭감 또는 규제완화가 필요하다.

79

정답 ③

품목별 분류는 지출대상별 분류이기 때문에 사업의 성과와 결과에 대한 측정이 어렵다.

오답분석

① 기능별 분류는 시민을 위한 분류라고도 하며, 행정수반의 재정정책을 수립하는 데 도움을 준다.
② 조직별 분류는 부처 예산의 전모를 파악할 수 있지만 사업의 우선순위 파악이나 예산의 성과 파악이 어렵다.
④ 경제 성질별 분류는 국민소득, 자본형성 등에 관한 정부활동의 효과를 파악하는 데 유리하다.
⑤ 품목별 분류는 예산집행기관의 신축성을 저해한다.

80

정답 ⑤

ㄱ. 정책오류 중 제2종 오류이다. 정책효과가 있는데 없다고 판단하여 옳은 대안을 선택하지 않는 경우이다.
ㄴ. 정책오류 중 제3종 오류이다. 정책문제 자체를 잘못 인지하여 틀린 정의를 내린 경우이다.
ㄷ. 정책오류 중 제1종 오류이다. 정책효과가 없는데 있다고 판단하여 틀린 대안을 선택하는 경우이다.

정책오류의 유형

제1종 오류	제2종 오류	제3종 오류
올바른 귀무가설을 기각하는 것	잘못된 귀무가설을 인용하는 것	가설을 검증하거나 대안을 선택하는 과정에 있어서는 오류가 없었으나, 정책문제 자체를 잘못 인지하여 정책문제가 해결되지 못하는 것
잘못된 대립가설을 채택하는 것	올바른 대립가설을 기각하는 것	
잘못된 대안을 선택하는 것	올바른 대안을 선택하지 않는 것	
정책효과가 없는데 있다고 판단하는 것	정책효과가 있는데 없다고 판단하는 것	

| 02 | 사무직(경영학)

41	42	43	44	45	46	47	48	49	50
④	⑤	⑤	①	⑤	③	③	②	①	①
51	52	53	54	55	56	57	58	59	60
⑤	②	④	①	③	①	③	①	⑤	①
61	62	63	64	65	66	67	68	69	70
②	③	⑤	①	④	④	⑤	⑤	⑤	④
71	72	73	74	75	76	77	78	79	80
②	⑤	③	①	②	③	②	⑤	④	④

41

정답 ④

자본자산가격결정모형(CAPM)이란 자산의 균형가격이 어떻게 결정되어야 하는지를 설명하는 이론이다. 구체적으로 자본시장이 균형상태가 되면 위험과 기대수익률 사이에 어떤 관계가 성립하는지 설명한다. 마찰적 요인이 없는 완전자본시장을 가정하기 때문에 세금과 거래비용이 존재하지 않는다.

CAPM의 가정

- 모든 투자자는 위험회피형이며, 기대효용을 극대화할 수 있도록 투자한다.
- 모든 투자자는 평균 – 분산 기준에 따라 투자한다.
- 모든 투자자의 투자기간은 단일기간이다.
- 자신의 미래 수익률분포에 대하여 모든 투자자가 동질적으로 기대한다.
- 무위험자산이 존재하며, 모든 투자자는 무위험이자율로 제한 없이 차입, 대출이 가능하다.
- 세금, 거래비용과 같은 마찰적 요인이 없는 완전자본시장을 가정한다.

42

정답 ⑤

오답분석

① 자본시장선은 시장포트폴리오와 무위험자산에 대한 자산배분을 통하여 구성된 자본배분선을 말한다. 부채를 사용할 때 지급하는 대가인 타인자본 비용과는 관계가 없다.
② 자본배분선은 무위험자산이 있는 경우 효율적 투자자가 어떻게 투자를 하는지를 표시한 수익률 – 위험 간 관계선이다.
③ 자본시장선은 무위험자산을 고려한다.
④ 증권시장선은 비효율적인 포트폴리오 혹은 개별증권들에 대한 위험과 수익률간의 관계를 결정해 준다.

43

정답 ⑤

포트폴리오 이론

- 정의 : 포트폴리오 이론(MPT; Modern Portfolio Theory)은 해리 마코위츠에 의해 체계화된 이론으로, 자산을 분산투자하여 포트폴리오를 만들게 되면 분산투자 전보다 위험을 감소시킬 수 있다는 이론이다.
- 가정 : 투자자는 위험회피성향을 가지고 있으며, 기대효용 극대화를 추구한다.
  - 동질적 예측
  - 평균분산기준 : 기대수익은 기댓값의 평균으로 측정하며, 위험은 분산으로 측정한다.
  - 단일기간모형

44

정답 ①

오답분석

다. 기업의 조직구조가 전략에 영향을 미치는 것이 아니라 조직의 전략이 정해지면 그에 맞는 조직구조를 선택하므로, 조직의 전략이 조직구조에 영향을 미친다.
라. 대량생산 기술을 사용하는 조직은 기계적 조직구조에 가깝게 설계해야 한다. 기계적 조직구조는 효율성을 강조하며 고도의 전문화, 명확한 부서화, 좁은 감독의 범위, 높은 공식화, 하향식 의사소통의 특징을 갖는다. 반면 유기적 조직구조는 유연성을 강조하며 적응성이 높고 환경변화에 빠르게 적응하는 것을 강조한다.

45

정답 ⑤

인간관계론은 과학적 관리법의 비인간적 합리성과 기계적 도구관에 대한 반발로 인해 발생한 조직이론으로, 메이요(E. Mayo)와 뢰슬리스버거(F. Roethlisberger)가 중심이 된 호손실험이 출발점이 되었다. 조직 내의 인간적 요인을 조직의 주요 관심사로 여겼으며, 심리요인을 중시하고, 비공식 조직이 공식조직보다 생산성 향상에 더 중요한 역할을 한다고 생각했다.

46

정답 ③

OJT(On the Job Training)이란 직장 내 교육훈련으로 회사 내에서 업무를 진행하면서 직속 상사로부터 교육, 훈련을 받는 것을 뜻한다. 즉, 실무상의 교육이다. 다른 말로는 도제식 훈련이라고 할 수 있다.
장점은 종업원이 실제로 수행하게 될 직무와 직접 관련성이 높은 교육을 받게 되며, 작업현장에서 교육이 실시되므로 결과에 대한 피드백이 즉각 주어지고, 따라서 동기부여 효과가 크다는 것이다. 상대적으로 비용이 적게 들어 효율적이며 능력과 수준에 따른 맞춤형 교육이 가능하다. 단점은 전문교육자가 아니므로 교육훈련의 성과가 떨어질 수 있으며, 일과 교육의 병행으로 집중도가 낮아질 수 있다는 것이다.

47 정답 ③

전문가시스템(ES)의 구성요소

지식베이스, 추론기제, 데이터베이스, 설명하부시스템, 지식획득하부시스템, 사용자인터페이스

> **전문가시스템(ES)**
> 전문가가 지닌 전문지식과 경험, 노하우 등을 컴퓨터에 축적하여 전문가와 동일한 또는 그 이상의 문제 해결 능력을 가질 수 있도록 만들어진 시스템이라고 정의할 수 있다. 그리고 전문가의 지식을 컴퓨터에 축적하고 다루어 나가려고 한다면 어떠한 방법으로 하면 좋은가 등을 연구하는 것을 지식 공학이라고 하며, 대화 등의 방법을 통하여 전문가의 지식을 컴퓨터에 체계적으로 수록하고 관리 · 수정 · 보완함으로써 그 시스템의 효율성을 향상시켜 나가는 사람을 지식 기술자(Knowledge Engineer)라고 한다. 그리고 그 지식을 축적해 놓은 것을 지식 베이스(Knowledge Base)라고 하는데, 우리가 흔히 말하는 데이터 베이스에 해당되는 개념이다. 전문가시스템이란 먼저 대상이 되는 문제의 특성을 기술하고, 지식을 표현하는 기본 개념의 파악, 지식의 조직화를 위한 구조 결정 단계를 거쳐 구체화된 지식의 표현과 성능 평가를 하는 과정을 거쳐서 이루어진다. 전문가시스템은 의료 진단, 설비의 고장 진단, 주식 투자 판단, 생산 일정 계획 수립, 자동차 고장 진단, 효과적 직무 배치, 자재 구매 일정, 경영 계획 분야 등을 비롯한 인간의 지적 능력을 필요로 하는 분야에 적용되고 있다.

48 정답 ②

허시와 블랜차드(P. Hersey & K. H. Blanchard)의 상황적 리더십

- 기본가정
  허시와 블랜차드는 리더십의 효과가 구성원의 성숙도라는 상황요인에 의하여 달라질 수 있다는 상황적 리더십 모델을 제안하였다.
- 리더십 모델
  여기서 구성원의 성숙도란 구성원의 업무에 대한 능력과 의지를 뜻하는 것인데, 구체적으로는 달성 가능한 범위 내에서 높은 목표를 세울 수 있는 성취욕구, 자신의 일에 대해서 책임을 지려는 의지와 능력, 과업과 관련된 교육과 경험을 종합적으로 지칭하는 변수가 된다.
  - 지시형 리더십 : 업무의 구체적 지시, 밀착 감독
  - 판매형 리더십 : 의사결정에 대해 구성원이 그 내용을 이해, 납득할 수 있도록 기회 부여
  - 참여형 리더십 : 의사결정에서 정보와 아이디어를 공유
  - 위임형 리더십 : 결정과 실행책임을 구성원에게 위임

49 정답 ①

오하이오 주립대학의 연구에 따르면 리더십의 유형은 '구조적 리더십'과 '배려적 리더십'에 따라 형성된다. 구조적 리더십은 리더가 부하들의 역할을 명확히 정해 주고 직무수행의 절차를 정하거나 지시, 보고 등을 포함한 집단 내의 의사소통 경로를 조직화하는 행위를 말하며, 배려적 리더십은 리더가 부하들의 복지와 안녕, 지위, 공헌 등에 관심을 가져주는 행동을 말한다.

50 정답 ①

JIT(적시생산시스템)는 무재고 생산방식 또는 린(Lean) 시스템이라고도 하며, 인력과 생산설비 등 생산능력을 필요한 만큼만 유지하면서 생산효율을 극대화하는 생산방식을 의미한다. 이 생산방식을 창안한 도요타 자동차의 이름을 따서 도요타 생산방식이라고도 부른다. 필요한 것을 필요한 만큼 필요한 때에 만드는 생산방식으로, 무재고 생산을 지향하고 생산의 평준화를 끌어낸다. 서브시스템으로 칸반(Kanban) 시스템이 있다.

51 정답 ⑤

대비오차(Contrast Errors)는 대조효과라고도 하며, 고과자가 연속적으로 평가되는 두 피고과자 간의 평가점수 차이가 실제보다 더 큰 것으로 느끼게 되는 오류를 말한다. 면접 시 우수한 후보의 바로 뒷 순서에 면접을 보는 평범한 후보가 중간 이하의 평가점수를 받는 경우가 바로 그 예라고 할 수 있다.

52 정답 ②

총자산회전율(총자본회전율)은 매출액을 총자산으로 나눈 것으로, 이는 기업이 소유하고 있는 자산을 얼마나 효과적으로 이용하고 있는지를 측정하는 것이다.

53 정답 ④

내부수익률은 미래 현금유입의 현가와 현금유출의 현가를 같게 만드는 할인율로서 투자안의 순현재가치를 0으로 만든다.

오답분석

① 초과수익률 : 자본자산가격결정모형에서 개별자산 또는 포트폴리오의 수익률이 무위험이자율을 초과하는 부분이다.
② 실질수익률 : 인플레이션율이 고려되어 조정된 투자수익률이다.
③ 경상수익률 : 채권수익률의 일종으로 채권매입가격 대비 표면이자의 비율이다.
⑤ 만기수익률 : 보유기간이 만료가 되는 경우의 채권수익률을 말하며, 만기까지 보유했을 때 얻을 수 있는 총수익이라고도 할 수 있다.

54

정답 ①

원/달러 환율이 상승하여 달러 가치가 높아지면 달러를 일정한 가격에 살 수 있는 권리인 콜옵션을 매입한 경우 이익을 보게 된다.

55

정답 ③

오답분석

① 앰부시마케팅 : 게릴라 작전처럼 기습적으로 행해지며 교묘히 규제를 피해가는 마케팅 활동이다.
② 넛지마케팅 : 공공활동 등 상품을 소개하지 않는 다른 활동으로 주의를 끌거나 긍정적 이미지를 갖게하여 구매활동으로 이어지게 하는 마케팅 활동이다.
④ 바이럴마케팅 : 입소문 마케팅으로도 불리며, 이슈를 만들고 이를 각종 휴먼네트워크를 통해 확산시켜 구매활동으로 이어지게 하는 마케팅 활동이다.
⑤ 그린마케팅 : 기존의 상품판매전략이 단순한 고객의 욕구나 수요충족에만 초점을 맞추는 것과는 달리 공해 요인을 제거한 상품을 제조·판매해야 한다는 소비자보호운동에 입각, 인간 삶의 질을 높이려는 기업활동을 지향하는 말이다.

56

정답 ①

재무상태표는 특정 시점에서 기업의 재무상태(자산, 자본, 부채의 구성상태)를 표시하는 재무제표이다.

오답분석

② 포괄손익계산서 : 일정한 회계기간 동안의 영업성과를 집약적으로 표시한 자료이다.
③ 자본변동표 : 회계기간 동안 소유주지분(자본)의 변동을 구성항목별로 구분하여 보고하는 회계보고서이다.
④ 현금흐름표 : 기업의 영업활동과 재무활동 그리고 투자활동에 의하여 발생하는 현금흐름의 특징이나 변동원인에 대한 정보를 제공하는 회계보고서이다.
⑤ 자금순환표 : 국가경제 내의 금융활동이 경제주체 간 어떤 관계를 가지고 있는지, 발생한 소득이 소비와 투자에 얼마나 사용되고 남은 자금은 어떻게 사용되는지 등을 나타내는 표이다.

57

정답 ③

ㄴ. 황금낙하산 : 적대적 M&A로 당해 기존 임원이 해임되는 경우 거액의 보상금을 지급하도록 미리 규정해 M&A를 저지하는 전략을 말한다.
ㄹ. 팩맨 : 적대적 M&A를 시도하는 공격 기업을 거꾸로 공격하는 방어 전략이다.
ㅁ. 독약조항 : M&A 공격을 당했을 때 기존 주주들이 회사 주식을 저가에 매입할 수 있는 권리를 행사할 수 있도록 콜옵션을 부여해 공격 측의 지분 확보를 어렵게 하는 방어법이다.

58

정답 ①

3C는 Company, Customer, Competitor로 구성되어 있다. 자사, 고객, 경쟁사로 기준을 나누어 현 상황을 파악하는 분석방법으로 PEST 분석 후, PEST 분석 내용을 기반으로 3C의 상황 및 행동을 분석, 예측한다.

- Customer : 고객이 원하는 필요와 욕구를 파악하고, 시장 동향과 고객(표적 시장)을 파악한다.
- Company : 자사의 마케팅 전략, 강점, 약점, 경쟁우위, 기업 사명, 목표 등을 파악(SWOT 활용)한다.
- Competitor : 경쟁사의 미래 전략, 경쟁 우위, 경쟁 열위(자사와의 비교 시 장점, 약점)를 파악하고, 경쟁사의 기업 사명과 목표를 파악한다.

59

정답 ⑤

마이클 포터의 산업구조분석모델은 산업에 참여하는 주체를 기존기업, 잠재적 진입자, 대체제, 공급자, 구매자로 나누고 이들 간의 경쟁 우위에 따라 기업 등의 수익률이 결정되는 것으로 본다.

오답분석

① 정부의 규제 완화 : 정부의 규제 완화는 시장 진입장벽이 낮아지게 만들며 신규 진입자의 위협으로 볼 수 있다.
② 고객 충성도 : 고객의 충성도의 정도에 따라 진입자의 위협도가 달라진다.
③ 공급업체 규모 : 공급업체의 규모에 따라 공급자의 교섭력에 영향을 준다.
④ 가격의 탄력성 : 소비자들은 가격에 민감할 수도 둔감할 수도 있기에 구매자 교섭력에 영향을 준다.

60

정답 ①

지수평활법은 가장 최근 데이터에 가장 큰 가중치가 주어지고 시간이 지남에 따라 가중치가 기하학적으로 감소되는 가중치 이동 평균 예측 기법으로, 평활상수가 클수록 최근 자료에 더 높은 가중치를 부여한다.

오답분석

② 회귀분석법은 인과관계 분석법에 해당한다.
③ 수요예측과정에서 발생하는 예측오차들의 합은 영(Zero)에 수렴하는 것이 바람직하다.
④ 이동평균법에서 과거자료 개수를 증가시키면 예측치를 평활하는 효과는 크지만, 예측의 민감도는 떨어뜨려서 수요예측의 정확도는 오히려 낮아진다.
⑤ 회귀분석법은 실제치와 예측치의 오차를 자승한 값의 총계가 최소화되도록 회귀계수를 추정한다.

61

정답 ②

- 2월 예측치 : $220+0.1\times(240-220)=222$
- 3월 예측치 : $222+0.1\times(250-222)=224.8$

- 4월 예측치 : 224.8+0.1×(230−224.8)
=225.32≒225.3
- 5월 예측치 : 225.3+0.1×(220−225.3)
=224.77≒224.8
- 6월 예측치 : 224.8+0.1×(210−224.8)
=223.32≒223.3

따라서 6월 매출액 예측치는 223.3만 원이다.

> **단순 지수평활법 공식**
> $Ft=Ft=Ft-1+a[(At-1)-(Ft-1)]$
> $=a\times(At-1)+(1-a)\times(Ft-1)$
> [Ft=차기 예측치, $(Ft-1)$=당기 예측치, $(At-1)$ =당기 실적치]

62

정답 ③

- 기업 전략(Corporate Strategy) : 조직의 사명(Mission) 실현을 위한 전략으로, 기업의 기본적인 대외경쟁방법을 정의한 것
  예 안정 전략, 성장 전략, 방어 전략 등
- 사업 전략(Business Strategy) : 특정 산업이나 시장부문에서 기업이 제품이나 서비스의 경쟁력을 확보하고 개선하기 위한 전략
  예 원가우위 전략, 차별화 전략, 집중화 전략 등
- 기능별 전략 (Functional Strategy) : 기업의 주요 기능 영역인 생산 및 마케팅, 재무, 인사, 구매 등을 중심으로 상위 전략인 기업 전략 내지 사업 전략을 지원하고 보완하기 위해 수립되는 전략
  예 R&D 전략, 마케팅 전략, 생산 전략, 재무 전략, 구매 전략 등

63

정답 ⑤

부가가치 노동생산성은 국내에서 생산된 부가가치의 총합인 국내총생산(GDP)을 전체 고용자 수로 나눠 산출한다(단순화하면 노동자 한 명이 얼마를 버느냐를 확인하는 척도다). 이 때문에 노동자의 능력과 관계없이 해당 노동에 대한 대가가 낮게 책정돼 있다면 노동생산성은 떨어질 수밖에 없다.

- $(\text{노동생산성})=\dfrac{\text{GDP}}{(\text{노동인구수})\times(\text{평균노동시간})}$
- $(\text{S국가 노동생산성})=\dfrac{3,200}{40\times0.5}\rightarrow\dfrac{3,200}{20}=160$

따라서 S국가의 노동생산성은 시간당 160달러로, 고임금 노동자가 많은 국가로 볼 수 있다.

64

정답 ①

마일즈 & 스노우 전략(Miles&Snow Strategy)의 전략 4유형

1. 방어형(Defender)
   - 기존 제품으로 기존 시장 공략
   - 현상 유지 전략
   - 비용 및 효용성 확보가 관건
2. 혁신형(Prospector)
   - 신제품 또는 신시장 진출
   - M/S 확보, 매출액 증대 등 성장 전략
   - Market Insight 및 혁신적 마인드가 필요
3. 분석형(Analyzer)
   - 방어형과 혁신형의 중간
   - Fast Follower가 이에 해당
   - Market Insight가 관건
4. 반응형(Reactor)
   - 무반응, 무전략 상태
   - 시장 도태 상태

65

정답 ④

HRD에서 대표적으로 사용되는 평가모델인 커크패트릭의 4단계 평가모형이다.

1. 반응도 평가
   교육 후 만족도 평가이다. 인터뷰나 관찰을 통해서도 진행되지만, 보통 설문지로 진행된다.
2. 성취도 평가
   교육생이 교육내용을 잘 숙지하고 이해했는지, 학습목표의 달성여부를 평가한다.
3. 적용도 평가
   교육을 통해 배운 것들이 현업에서 얼마나 잘 적용되었는지 평가한다.
4. 기여도 평가
   현업에 대한 적용도까지 평가한 상태에서, 진행되었던 교육이 궁극적으로 기업과 조직에 어떤 공헌을 했는지를 평가한다.

66

정답 ④

최종 소비자에게 마케팅 노력을 홍보하는 전략은 풀(Pull) 전략에 해당한다.

구분	푸시 전략	풀 전략
의미	채널 파트너에게 마케팅 노력의 방향을 포함하는 전략	최종 소비자에게 마케팅 노력을 홍보하는 전략
목표	고객에게 제품이나 브랜드에 대해 알릴 수 있음	고객이 제품이나 브랜드를 찾도록 권장
용도	영업 인력, 중간상 판촉, 무역 진흥 등	광고, 소비자 판촉 및 기타 의사소통 수단
강조	자원 할당	민감도
적당	브랜드 충성도가 낮을 때	브랜드 충성도가 높을 때
리드 타임	길다	짧다

67

정답 ⑤

테일러(Taylor)의 과학적 관리법은 전문적인 지식과 역량이 요구되는 일에는 부적합하며, 노동자들의 자율성과 창의성은 무시한 채 효율성의 논리만을 강조했다는 비판을 받았다. 이러한 테일러의 과학적 관리법은 단순노동과 공정식 노동에 적합하다.

68

정답 ⑤

1. 상대평가 : 선별형 인사평가
   - 상대평가의 개념
     상대평가는 피평가자들 간에 비교를 통하여 피평가자를 평가하는 방법으로, 피평가자들의 선별에 초점을 두는 인사평가이다.
   - 평가기법 : 서열법, 쌍대비교법, 강제할당법 등
     - 서열법 : 피평가자의 능력·업적 등을 통틀어 그 가치에 따라 서열을 매기는 기법
     - 쌍대비교법 : 두 사람씩 쌍을 지어 비교하면서 서열을 정하는 기법
     - 강제할당법 : 사전에 범위와 수를 결정해 놓고 피평가자를 일정한 비율에 맞추어 강제로 할당하는 기법
2. 절대평가 : 육성형 인사평가
   - 절대평가의 개념
     절대평가는 피평가자의 실제 업무수행 사실에 기초한 평가방법으로, 피평가자의 육성에 초점을 둔 평가방법이다.
   - 평가기법
     평정척도법, 체크리스트법, 중요사건기술법 등
     - 평정척도법 : 피평가자의 성과, 적성, 잠재능력, 작업행동 등을 평가하기 위하여 평가요소들을 제시하고, 이에 따라 단계별 차등을 두어 평가하는 기법
     - 체크리스트법 : 직무상 행동들을 구체적으로 제시하고 평가자가 해당 서술문을 체크하는 기법
     - 중요사건기술법 : 피평가자의 직무와 관련된 효과적이거나 비효과적인 행동을 관찰하여 기록에 남긴 후 평가하는 기법

69

정답 ⑤

라인 확장은 기존 제품 카테고리에서 새로운 세분시장으로 진입할 때, 새롭게 개발된 제품에 모 브랜드를 적용하여 확장하는 것이다. 해당 기업은 불닭볶음면이라는 브랜드 라인을 적용하여 확장한 대표적인 사례이다.

오답분석

① 대의명분 마케팅(Cause Related Marketing) : 기업이나 상표(브랜드)를 자선이나 대의명분과 연관지어 이익을 도모한다는 전략적 위치설정의 도구이다.
② 카테고리 확장(Category Extension) : 모 브랜드의 제품군과 전혀 다른 범주의 제품군으로 진입할 때, 모 브랜드를 적용하여 확장하는 것이다. 라인 확장 전략과 함께 이분법으로 구분된다.
③ 구전 마케팅(Word of Mouth Marketing) : 구전 마케팅은 소비자 또는 그 관련인의 입에서 입으로 전달되는 제품, 서비스, 기업 이미지 등에 대한 마케팅을 말한다.
④ 귀족 마케팅(Noblesse Marketing) : VIP 고객을 대상으로 차별화된 서비스를 제공하는 것을 말한다.

70

정답 ④

소비자들은 자신이 탐색한 정보를 평가하여 최종적인 상표를 선택함에 있어 보완적 방식과 비보완적 방식에 따라 접근한다. 피쉬바인(Fishbein)의 다속성태도모형은 보완적 방식에 해당한다. 비보완적 방식에는 사전적 모형, 순차적 제거 모형, 결합적 모형, 분리적 모형 등이 있다.

오답분석

② 다속성태도모형은 소비자의 태도와 행동을 동일시함으로 인해 소비자 행동의 설명력이 낮은 한계점이 있다. 이를 보완한 이론이 피쉬바인(Fishbein)의 확장모델인 이성적 행동이론이다. 이성적 행동이론을 통해 구매행동에 대한 동기와 주관적 규범으로 소비자 행동을 설명한다.

71

정답 ②

- 연구개발에 착수해야 하는지의 결정
  연구개발 후 예상되는 기대수익은 $0.7 \times 2,500$만$=1,750$만 달러이므로 초기 연구개발비 200만 달러보다 훨씬 크므로 투자를 하는 것이 유리하다.
- 특허를 외부에 팔아야 할지의 결정
  1,000만 달러를 추가 투자해 얻을 수 있는 기대수익은 $(0.25 \times 5,500$만$)+(0.55 \times 3,300$만$)+(0.20 \times 1,500$만$)=3,490$만 달러이고, 추가 투자비용 1,000만 달러를 빼면 2,490만 달러를 얻을 수 있다. 이는 기술료를 받고 특허를 팔 경우에 얻을 수 있는 수익 2,500만 달러보다 적다(이미 투자한 연구개발비 200만 달러는 이 단계에서 매몰비용이므로 무시).

따라서 상품화하는 방안보다 기술료를 받고, 특허를 외부에 판매하는 것이 옳은 선택이다.

72

정답 ⑤

[동기유발력(MF)]$=\sum VIE$

상황별로 VIE의 값을 구하면 유인성(V)은 10점, 수단성(I)은 80%이며, 기대치(E)는 70%이다. 브룸의 기대이론에 따르면 동기유발력은 유인성과 기대치, 그리고 수단성을 서로 곱한 결과를 모두 합한 값이므로 동기유발력은 $VIE=10\times 0.8\times 0.7=5.6$이다.

73

정답 ③

맥그리거(Mcgregor)는 두 가지의 상반된 인간관 모형을 제시하고, 인간모형에 따라 조직관리 전략이 달라져야 한다고 주장하였다.

- X이론 : 소극적·부정적 인간관을 바탕으로 한 전략
  - 천성적 나태, 어리석은 존재, 타율적 관리, 변화에 저항적
- Y이론 : 적극적·긍정적 인간관을 특징으로 한 전략
  - 변화지향적, 자율적 활동, 민주적 관리, 높은 책임감

74

정답 ①

기능별 조직은 전체 조직을 기능별 분류에 따라 형성시키는 조직의 형태이다. 해당 회사는 수요가 비교적 안정된 소모품을 납품하는 업체이기 때문에 환경적으로도 안정되어 있으며, 부서별 효율성을 추구하므로 기능별 조직이 이 회사의 조직구조로 적합하다.

75

정답 ②

오답분석

① 테일러식 복률성과급 : 테일러가 고안한 것으로, 과학적으로 결정된 표준작업량을 기준으로 하여 고 – 저 두 종류의 임금률로 임금을 계산하는 방식이다.
③ 메릭크식 복률성과급 : 메릭크가 고안한 것으로, 테일러식 복률성과급의 결함을 보완하여 고 – 중 – 저 세 종류의 임금률로 초보자도 비교적 목표를 쉽게 달성할 수 있도록 자극하는 방법이다.
④ 할증성과급 : 최저한의 임금을 보장하면서 일정한 표준을 넘는 성과에 대해서 일정한 비율의 할증 임금을 지급하는 방법이다.
⑤ 표준시간급 : 비반복적이고 많은 기술을 요하는 과업에 이용할 수 있는 제도이다.

76

정답 ③

ⓛ 명성가격은 가격이 높으면 품질이 좋다고 판단하는 경향으로 인해 설정되는 가격이다.
ⓒ 단수가격은 가격을 단수(홀수)로 적어 소비자에게 싸다는 인식을 주는 가격이다(예 9,900원).

오답분석

㉠ 구매자가 어떤 상품에 대해 지불할 용의가 있는 최고가격은 유보가격이다.
㉣ 심리적으로 적당하다고 생각하는 가격 수준은 준거가격이라고 한다. 최저수용가격이란 소비자들이 품질에 대해 의심 없이 구매할 수 있는 가장 낮은 가격을 의미한다.

77

정답 ②

부채는 유동부채와 비유동부채로 구분되며, 그중 비유동부채는 장기차입금, 임대보증금, 퇴직급여충당부채, 장기미지급금 등이 있다.

78

정답 ⑤

토빈의 Q – 비율은 주식시장에서 평가된 기업의 시장가치(분자)를 기업의 실물자본의 대체비용(분모)으로 나눠서 도출할 수 있다.

오답분석

① 특정 기업이 주식 시장에서 받는 평가를 판단할 때 토빈의 Q – 비율을 활용한다.
② Q – 비율이 1보다 높은 것은 시장에서 평가되는 기업의 가치가 자본량을 늘리는 데 드는 비용보다 더 큼을 의미하므로 투자를 증가하는 것이 바람직하다.
③ Q – 비율이 1보다 낮은 것은 기업의 가치가 자본재의 대체비용에 미달함을 의미하므로 투자를 감소하는 것이 바람직하다.
④ 이자율이 상승하면 주가가 하락하여 Q – 비율 또한 하락한다. 이에 따라 투자를 감소시켜야 하는 것이 바람직하다.

PART 4

79

정답 ④

부채 대리비용은 채권자와 주주의 이해상충관계에서 발생하며, 부채비율이 높을수록 부채 대리비용은 커진다.

오답분석

① 위임자는 기업 운영을 위임한 투자자 등을 의미하고, 대리인은 권한을 위임받아 기업을 경영하는 경영자를 의미한다. 대리인은 위임자에 비해 기업 운영에 대한 정보를 더 많이 얻게 되어 정보비대칭 상황이 발생한다.
② 기업의 자금조달의 원천인 자기자본과 부채 각각에서 대리비용이 발생할 수 있다.
③ 자기자본 대리비용은 외부주주와 소유경영자(내부주주)의 이해상충관계에서 발생한다. 지분이 분산되어 있어서 외부주주의 지분율이 높을수록 자기자본 대리비용은 커진다.
⑤ 대리비용 이론에 따르면 최적 자본구조가 존재하는데, 이는 전체 대리비용의 합이 최소화되는 지점을 의미한다.

80

정답 ④

손익분기점 매출액이 주어진 경우 총고정원가를 구하는 문제에서는 손익분기점 매출액 공식을 활용하여 문제를 해결한다.

$$(\text{고정원가})=\frac{(\text{고정비})}{(\text{공헌이익률})}$$

- (공헌이익률) : $\frac{200,000-150,000}{200,000}=25\%$
- (고정원가) : $\frac{[\text{고정원가}(x)]}{25\%}=₩120,000(\text{매출액})$

∴ $[\text{고정원가}(x)]=₩30,000$

| 03 | 사무직(법학)

41	42	43	44	45	46	47	48	49	50
④	①	②	③	①	②	③	③	③	①
51	52	53	54	55	56	57	58	59	60
⑤	①	②	⑤	④	②	①	③	②	④
61	62	63	64	65	66	67	68	69	70
③	⑤	①	⑤	②	③	①	④	①	②
71	72	73	74	75	76	77	78	79	80
④	①	①	④	②	①	②	⑤	⑤	④

41

정답 ④

오답분석

① 조건이 법률행위의 당시 이미 성취한 것인 경우에는 그 조건이 정지조건이면 조건없는 법률행위로 하고 해제조건이면 그 법률행위는 무효로 한다(민법 제151조 제2항).
② 조건이 법률행위의 당시에 이미 성취할 수 없는 것인 경우에는 그 조건이 해제조건이면 조건없는 법률행위로 하고 정지조건이면 그 법률행위는 무효로 한다(동조 제3항).
③ 조건이 선량한 풍속 기타 사회질서에 위반한 것인 때에는 그 법률행위는 무효로 한다(동조 제1항).
⑤ 어떠한 법률행위가 조건의 성취시 법률행위의 효력이 발생하는 소위 정지조건부 법률행위에 해당한다는 사실은 그 법률행위로 인한 법률효과의 발생을 저지하는 사유로서 그 법률효과의 발생을 다투려는 자에게 주장, 입증책임이 있다고 할 것이다(대판 1993.9.28., 93다20832).

42

정답 ①

헌법 제12조 제1항에서 규정하고 있다.

오답분석

② 우리 헌법은 구속적부심사청구권을 인정하고 있다(헌법 제12조 제6항).
③ 심문은 영장주의 적용대상이 아니다(헌법 제12조 제3항).
④ 영장발부신청권자는 검사에 한한다(헌법 제12조 제3항).
⑤ 형사상 자기에게 불리한 진술을 강요당하지 않는다(헌법 제12조 제2항).

43

정답 ②

사회규범은 각 개인의 생의 목표를 설정하는 것이 아니라 사회구성원들이 지키도록 하는 당위규범이다.

당위규범과 자연법칙의 구별

당위규범	자연법칙
당위법칙(Sollen) : 마땅히 '~해야 한다'는 법칙	존재법칙(Sein) : 사실상 '~하다'는 법칙
규범법칙(規範法則) : 준칙이 되는 법칙(행위의 기준)	인과법칙(因果法則) : 원인이 있으면 결과가 나타남
목적법칙(目的法則) : 정의·선과 같은 목적의 실현을 추구	필연법칙(必然法則) : 우연이나 예외가 있을 수 없음
자유법칙(自由法則) : 적용되는 상황에 따라 예외가 존재	구속법칙(拘束法則) : 자유의지로 변경할 수 없음

44

정답 ③

기본권은 국가안전보장, 질서유지 또는 공공복리라고 하는 세 가지 목적을 위하여 필요한 경우에 한하여 그 제한이 가능하며 제한하는 경우에도 자유와 권리의 본질적인 내용은 침해할 수 없다(헌법 제37조 제2항).

45

정답 ①

간주는 법의 의제를 말한다. 사실 여하를 불문하고 일정한 상태를 법에 의하여 사실관계로 확정하는 것으로 법문상 "~(으)로 본다."라고 규정한 경우가 이에 해당한다. 또한 반증을 허용하지 않는다는 점이 특징이다.

46

정답 ②

칼 슈미트(C. Schmitt)는 헌법은 헌법제정권력의 행위에 의한 국가 정치생활의 종류와 형태에 관한 근본적 결단이라 하였다.

47

정답 ③

흠정헌법은 군주가 제정한다 하여 군주헌법이라고도 한다. 전제군주제를 취했던 나라에서 군주의 권력을 유보하고 국민에게 일정한 권리나 자유를 은혜적으로 인정하면서 제정한 헌법(입헌군주제로의 이행)을 말하는데, 일본의 명치헌법, 19세기 전반의 독일 각 연방헌법 등이 이에 해당한다.

오답분석

① 국약헌법 : 둘 이상의 국가 간의 합의의 결과로 국가연합을 구성하여 제정한 헌법이다(예 미합중국 헌법).
② 민정헌법 : 국민의 대표자로 구성된 제헌의회를 통하여 제정된 헌법이다(예 오늘날 자유민주주의 국가 대부분이 해당).
④ 명목적 헌법 : 헌법을 이상적으로 제정하였으나, 사회여건은 이에 불일치하는 헌법이다(예 남미 여러 나라의 헌법).
⑤ 연성헌법 : 법률과 같은 절차에 의하여 개정할 수 있는 헌법이다(예 영국 헌법).

48

정답 ③

헌법 제111조 제1항 제4호에 해당하는 내용이다.

오답분석

①·⑤ 헌법재판소 재판관의 임기는 6년으로 하며, 법률이 정하는 바에 의하여 연임할 수 있다(헌법 제112조 제1항).
② 헌법 중 제5장 법원에 관한 부분에서 '재판의 전심절차로서 행정심판을 할 수 있다(헌법 제107조 제3항).'라고 규정하고 있다.
④ 헌법재판소에서 법률의 위헌결정, 탄핵의 결정, 정당해산의 결정 또는 헌법소원에 관한 인용결정을 할 때에는 재판장 6인 이상의 찬성이 있어야 한다(헌법 제113조 제1항).

49

정답 ③

회사의 법인격은 법률이 부여한 것으로 그의 권리능력은 법률에 의하여 제한을 받는다. 즉, 상법은 '회사는 다른 회사의 무한책임 사원이 되지 못한다.'는 규정을 두어 정책적 제한을 하고 있다(상법 제173조).

50

정답 ①

사장단이 아닌 사원의 동의 또는 결의가 있어야 한다.

상법상 회사의 공통된 해산사유(상법 제227조, 제287조의 38, 제517조, 제609조 참조)

- 사원의 동의 또는 결의
- 존립기간의 만료
- 정관으로 정한 사유의 발생
- 회사의 합병·파산
- 법원의 해산명령·해산판결

51

정답 ⑤

무권대리행위에 대한 추인은 무권대리행위로 인한 효과를 자기에게 귀속시키려는 의사표시이니만큼 무권대리행위에 대한 추인이 있었다고 하려면 그러한 의사가 표시되었다고 볼 만한 사유가 있어야 하고, 무권대리행위가 범죄가 되는 경우에 대하여 그 사실을 알고도 장기간 형사고소를 하지 아니하였다 하더라도 그 사실만으로 묵시적인 추인이 있었다고 할 수는 없는바, 권한 없이 기명날인을 대행하는 방식에 의하여 약속어음을 위조한 경우에 피위조자가 이를 묵시적으로 추인하였다고 인정하려면 추인의 의사가 표시되었다고 볼 만한 사유가 있어야 한다(대판 1998.2.10., 97다31113).

52

정답 ①

오답분석

② 민법 제450조 소정의 채무자의 승낙은 채권양도의 사실을 채무자가 승인하는 뜻으로서 동조가 규정하는 채권양도의 대항요건을 구비하기 위하여서는 채무자가 양도의 사실을 양도인 또는 양수인에 대하여 승인함을 요한다(대판 1986.2.25., 85다카1529).
③ 근로자가 그 임금채권을 양도한 경우라 할지라도 그 임금의 지급에 관하여는 근로기준법 제36조 제1항에 정한 임금 직접지급의 원칙이 적용되어 사용자는 직접 근로자에게 임금을 지급하지 아니하면 안 되고, 그 결과 비록 적법 유효한 양수인이라도 스스로 사용자에 대하여 임금의 지급을 청구할 수 없으며, 그러한 법리는 근로자로부터 임금채권을 양도받았거나 그의 추심을 위임받은 자가 사용자의 집행 재산에 대하여 배당을 요구하는 경우에도 그대로 적용된다(대판 1996.3.22., 95다2630).
④ 채무자는 채권양도를 승낙한 후에 취득한 양도인에 대한 채권으로써 양수인에 대하여 상계로써 대항하지 못한다(대판 1984.9.11., 83다카2288).
⑤ 채권양도의 경우 권리이전의 효과는 원칙적으로 당사자 사이의 양도계약 체결과 동시에 발생하며 채무자에 대한 통지 등은 채무자를 보호하기 위한 대항요건일 뿐이므로, 채권양도행위가 사해행위에 해당하지 않는 경우에 양도통지가 따로 채권자취소권 행사의 대상이 될 수는 없다(대판 2012.8.30., 2011다32785, 32792).

53

정답 ②

긴급재정경제처분·명령권(헌법 제76조 제1항)은 중대한 재정·경제상의 위기에 있어서 국가안전보장 또는 공공의 안녕질서를 유지하기 위해 대통령이 행하는 재정·경제상의 처분이다.

오답분석

① 헌법 제77조 제1항에서 확인할 수 있다.
③ 헌법 제1조 제1항에서 확인할 수 있다.
④ 헌법 전문·헌법 제5조·제6조 등에서 국제평화주의를 선언하고 있다.
⑤ 실질적 의미의 헌법은 규범의 형식과 관계 없이 국가의 통치조직·작용의 기본원칙에 관한 규범을 총칭한다.

54

정답 ⑤

오답분석

① 지상물이 양도되었으므로 임차인은 매수청구권을 행사할 수 없다.
② 전3조의 규정은 건물의 임차인이 그 건물의 소부분을 타인에게 사용하게 하는 경우에 적용하지 아니한다(민법 제632조).

③ 임대차계약이 임차인의 채무불이행으로 인하여 해지된 경우에는 임차인은 민법 제646조에 의한 부속물매수청구권이 없다(대판 1990.1.23., 88다카7245, 88다카7252).

④ 임차보증금을 피전부채권으로 하여 전부명령이 있을 경우에도 제3채무자인 임대인은 임차인에게 대항할 수 있는 사유로서 전부채권자에게 대항할 수 있는 것이어서 건물임대차보증금의 반환채권에 대한 전부명령의 효력이 그 송달에 의하여 발생한다고 하여도 위 보증금반환채권은 임대인의 채권이 발생하는 것을 해제조건으로 하는 것이므로 임대인의 채권을 공제한 잔액에 관하여서만 전부명령이 유효하다(대판 1988.1.19., 87다카1315).

55

정답 ④

민법은 인간이 사회생활을 영위함에 있어 상호 간에 지켜야 할 법을 의미한다. 즉, 사법(私法) 중 일반적으로 적용되는 일반사법이다.

56

정답 ②

채무의 변제를 받는 것은 이로 인하여 권리를 상실하는 것이므로, 단순히 권리만 얻거나 의무만을 면하는 행위에 속하지 않는다. 따라서 미성년자 단독으로 유효하게 할 수 없고 법정대리인의 동의를 얻어서 해야 하는 행위에 속한다.

미성년자의 행위능력

- 원칙
  - 법정대리인의 동의를 요하고 이를 위반한 행위는 취소 가능
- 예외(단독으로 할 수 있는 행위)
  - 단순히 권리만을 얻거나 또는 의무만을 면하는 행위
  - 처분이 허락된 재산의 처분행위
  - 허락된 영업에 관한 미성년자의 행위
  - 혼인을 한 미성년자의 행위(성년의제)
  - 대리행위
  - 유언행위(만 17세에 달한 미성년자의 경우)
  - 법정대리인의 허락을 얻어 회사의 무한책임사원이 된 미성년자가 사원자격에 기해서 한 행위(상법 제7조)
  - 근로계약과 임금의 청구(근로기준법 제67조 · 제68조)

57

정답 ①

성년후견인과 피한정후견인의 요건으로 가장 중요한 것이 법원의 선고를 받아야 한다는 점이다. 상습도박이나 낭비벽으로 자기나 가족의 생활을 궁박하게 할 염려가 있는 자라 하더라도 법원의 피한정후견의 심판이 없다면 피한정후견인에 해당되지 않는다.

58

정답 ③

민사 · 형사소송법은 사법의 절차법에 속하지만, 국가재판권의 조직적 작용을 규정하는 공법에 해당한다.

59

정답 ②

오답분석

① 일반적으로 자기의 노력과 재료를 들여 건물을 건축한 사람이 그 건물의 소유권을 원시취득하는 것이지만, 도급계약에 있어서는 수급인이 자기의 노력과 재료를 들여 건물을 완성하더라도 도급인과 수급인 사이에 도급인 명의로 건축허가를 받아 소유권보존등기를 하기로 하는 등 완성된 건물의 소유권을 도급인에게 귀속시키기로 합의한 것으로 보일 경우에는 그 건물의 소유권은 도급인에게 원시적으로 귀속된다(대판 2003.12.18., 98다43601).

③ 공사에 관한 채권의 소멸시효는 3년이다.

④ 부동산공사의 수급인은 전조의 보수에 관한 채권을 담보하기 위하여 그 부동산을 목적으로 한 저당권의 설정을 청구할 수 있다(민법 제666조).

⑤ 도급인이 완성된 목적물의 하자로 인하여 계약의 목적을 달성할 수 없는 때에는 계약을 해제할 수 있다(민법 제668조 본문).

60

정답 ④

오답분석

① 민법 제158조 제1항은 일종의 무과실책임을 인정한 것이다(대판 1983.12.13., 82다카1038).

② 불법행위의 증명책임은 피해자가 부담한다.

③ 수인이 공동의 불법행위로 타인에게 손해를 가한 때에는 연대하여 그 손해를 배상할 책임이 있다(민법 제760조 제1항).

⑤ 타인의 명예를 훼손한 자에 대하여는 법원은 피해자의 청구에 의하여 손해배상에 갈음하거나 손해배상과 함께 명예회복에 적당한 처분을 명할 수 있다(민법 제764조).

61

정답 ③

오답분석

① 소송사건에서 일방 당사자를 위하여 증인으로 출석하여 증언하였거나 증언할 것을 조건으로 어떤 대가를 받을 것을 약정한 경우, 증인은 법률에 의하여 증언거부권이 인정되지 않은 한 진실을 진술할 의무가 있는 것이므로 그 대가의 내용이 통상적으로 용인될 수 있는 수준(예컨대 증인에게 일당과 여비가 지급되기는 하지만 증인이 법원에 출석함으로써 입게 되는 손해에는 미치지 못하는 경우 그러한 손해를 전보해 주는 정도)을 초과하는 경우에는 그와 같은 약정은 금전적 대가가 결부됨으로써 선량한 풍속 기타 사회질서에 반하는 법률행위가 되어 민법 제103조에 따라 효력이 없다고 할 것이다(대판 1999.4.13, 선고 98다52483).

② 종래 이루어진 보수약정의 경우에는 보수약정이 성공보수라는 명목으로 되어 있다는 이유만으로 민법 제103조에 의하여 무효라고 단정하기는 어렵다. 그러나 대법원이 이 판결을 통하여 형사사건에 관한 성공보수약정이 선량한 풍속 기타 사회질서에 위반되는 것으로 평가할 수 있음을 명확히 밝혔음에도 불구하고 향후에도 성공보수약정이 체결된다면 이는 민법 제103조에 의하여 무효로 보아야 한다(대판 2015.7.23, 선고 2015다200111).
④ 적법한 절차에 의하여 이루어진 경매에 있어서 경락가격이 경매부동산의 시가에 비하여 저렴하다는 사유는 경락허가결정에 대한 적법한 불복이유가 되지 못하는 것이고 경매에 있어서는 불공정한 법률행위 또는 채무자에게 불리한 약정에 관한 것으로서 효력이 없다는 민법 제104조, 제608조는 적용될 여지가 없다(대결 1980.3.21, 80마77).
⑤ 거래 상대방이 배임행위를 유인·교사하거나 배임행위의 전 과정에 관여하는 등 배임행위에 적극 가담하는 경우에는 실행행위자와 체결한 계약이 반사회적 법률행위에 해당하여 무효로 될 수 있고, 선량한 풍속 기타 사회질서에 위반한 사항을 내용으로 하는 법률행위의 무효는 이를 주장할 이익이 있는 자는 누구든지 무효를 주장할 수 있다. 따라서 반사회질서 법률행위를 원인으로 하여 부동산에 관한 소유권이전등기를 마쳤더라도 그 등기는 원인무효로서 말소될 운명에 있으므로 등기명의자가 소유권에 기한 물권적 청구권을 행사하는 경우에, 권리 행사의 상대방은 법률행위의 무효를 항변으로서 주장할 수 있다(대판 2016.3.24, 선고 2015다11281).

62

정답 ⑤

후임 이사가 유효히 선임되었는데도 그 선임의 효력을 둘러싼 다툼이 있다고 하여 그 다툼이 해결되기 전까지는 후임 이사에게는 직무수행권한이 없고 임기가 만료된 구 이사만이 직무수행권한을 가진다고 할 수는 없다(대판 2006.4.27., 2005도8875).

63

정답 ①

사원총회는 정관으로 이사 또는 기타 임원에게 위임한 사항 외의 법인사무 전반에 관하여 결의한다. 사단법인의 이사는 매년 1회 이상 통상총회를 소집하여야 하며, 임시총회는 총사원의 5분의 1 이상의 청구로 이사가 소집한다.

64

정답 ⑤

오답분석

① 보증 채무에 대한 소멸시효가 중단되는 등의 사유로 완성되지 아니하였다고 하더라도 주채무에 대한 소멸시효가 완성된 경우에는 시효완성 사실로써 주채무가 당연히 소멸되므로 보증채무의 부종성에 따라 보증채무 역시 당연히 소멸된다(대판 2012.7.12, 선고 2010다51192).
② 보증은 그 의사가 보증인의 기명날인 또는 서명이 있는 서면으로 표시되어야 효력이 발생한다. 다만, 보증의 의사가 전자적 형태로 표시된 경우에는 효력이 없다(민법 제428조의2 제1항).
③ 주채무자의 항변포기는 보증인에게 효력이 없다(민법 제433조 제2항).
④ 보증계약이 성립한 후에 보증인이 알지도 못하는 사이에 주채무의 목적이나 형태가 변경되었다면, 그 변경으로 인하여 주채무의 실질적 동일성이 상실된 경우에는 당초의 주채무는 경개로 인하여 소멸하였다고 보아야 할 것이므로 보증채무도 당연히 소멸하고, 그 변경으로 인하여 주채무의 실질적 동일성이 상실되지 아니하고 동시에 주채무의 부담 내용이 축소·감경된 경우에는 보증인은 그와 같이 축소·감경된 주채무의 내용에 따라 보증 책임을 질 것이지만, 그 변경으로 인하여 주채무의 실질적 동일성이 상실되지는 아니하고 주채무의 부담내용이 확장·가중된 경우에는 보증인은 그와 같이 확장·가중된 주채무의 내용에 따른 보증 책임은 지지 아니하고, 다만 변경되기 전의 주채무의 내용에 따른 보증 책임만을 진다(대판 2000.1.21, 선고 97다1013).

65

정답 ②

의사표시의 효력발생시기에 관하여 우리 민법은 도달주의를 원칙으로 하고(민법 제111조 제1항), 격지자 간의 계약의 승낙 등 특별한 경우에 한하여 발신주의를 예외적으로 취하고 있다.

66

정답 ③

무효란 그 행위가 성립하던 당초부터 당연히 법률효과가 발생하지 못하는 것이며 비진의 표시(심리유보), 통정허위표시, 강행법규에 반하는 법률행위 등이 그 예이다.

67

정답 ①

사적자치의 원칙은 신분과 재산에 관한 법률관계를 개인의 의사에 따라 자유롭게 규율하는 것이다. 즉, 계약의 내용 및 형식에 있어서 국가 또는 타인의 간섭을 배제하는 원칙을 말한다.

68

정답 ④

취소권, 추인권, 해제권과 같은 형성권에 있어서는 권리만 있고 그에 대응하는 의무는 존재하지 않는다.

69

정답 ①

집세나 이자 등은 원물을 타인에게 사용시킨 대가로 얻는 과실로 법정과실이다(민법 제101조 제2항).

오답분석

② 유체물 및 전기 기타 관리할 수 있는 자연력은 물건인데(민법 제98조), 부동산(토지 및 그 정착물) 이외의 물건은 동산이므로(민법 제99조 제2항) 관리할 수 있는 자연력은 동산이다.
③·④ 토지 및 그 정착물은 부동산이므로 건물은 토지로부터 독립한 부동산으로 다루어질 수 있다(민법 제99조 제1항).
⑤ 물건의 사용대가로 받는 금전 기타의 물건은 법정과실로 한다(민법 제101조 제2항).

70

정답 ②

비록 행정행위에 하자가 있는 경우라도 그 하자가 중대하고 명백하여 당연무효인 경우를 제외하고는 권한 있는 기관에 의해 취소되기까지 유효한 것으로 보는 것은 행정행위의 효력 중 공정력 때문이다.

행정행위의 효력

- 구성요건적 효력 : 유효한 행정행위가 존재하는 이상 모든 국가기관은 그 존재를 존중하고 스스로의 판단에 대한 기초로 삼아야 한다는 효력을 말한다.
- 공정력 : 비록 행정행위에 하자가 있는 경우에도 그 하자가 중대하고 명백하여 당연무효인 경우를 제외하고는, 권한 있는 기관에 의해 취소될 때까지는 일응 적법 또는 유효한 것으로 보아 누구든지(상대방은 물론 제3의 국가기관도) 그 효력을 부인하지 못하는 효력을 말한다.
- 구속력 : 행정행위가 그 내용에 따라 관계행정청, 상대방 및 관계인에 대하여 일정한 법적 효과를 발생하는 힘으로, 모든 행정행위에 당연히 인정되는 실체법적 효력을 말한다.
- 형식적 존속력
  - 불가쟁력(형식적 확정력) : 행정행위에 대한 쟁송제기기간이 경과하거나 쟁송수단을 다 거친 경우에는 상대방 또는 이해관계인은 더 이상 그 행정행위의 효력을 다툴 수 없게 되는 효력을 말한다.
  - 불가변력(실질적 확정력) : 일정한 경우 행정행위를 발한 행정청 자신도 행정행위의 하자 등을 이유로 직권으로 취소·변경·철회할 수 없는 제한을 받게 되는 효력을 말한다.
- 강제력
  - 제재력 : 행정법상 의무위반자에게 처벌을 가할 수 있는 힘을 말한다.
  - 자력집행력 : 행정법상 의무불이행자에게 의무의 이행을 강제할 수 있는 힘을 말한다.

71

정답 ④

행정쟁송제도 중 행정소송에 관한 설명이다. 행정심판은 행정관청의 구제를 청구하는 절차를 말한다.

72

정답 ①

오답분석

국가공무원법에 명시된 공무원의 복무는 ②·③·④·⑤ 외에 성실의무, 종교중립의 의무, 청렴의 의무 등이 있다(국가공무원법 제7장).

73

정답 ①

행정상 강제집행 수단 중 대체적 작위의무의 불이행에 대하여 행정청이 의무자가 행할 작위를 스스로 행하거나 제3자로 하여금 이를 행하게 하고 그 비용을 의무자로부터 징수하는 것은 행정대집행이다(행정대집행법 제2조).

74

정답 ④

오답분석

① 참여기관(의결기관)이 행정관청의 의사를 구속하는 의결을 하는 합의제 기관이다(경찰위원회, 소청심사위원회 등).
② 의결기관이 아닌 집행기관에 대한 설명이다.
③ 국무조정실, 각 부의 차관보·실장·국장 등은 행정조직의 보좌기관이다.
⑤ 행정조직의 내부기관으로서 행정청의 권한 행사를 보조하는 것을 임무로 하는 행정기관은 보조기관이다.

75

정답 ②

행정행위는 법률에 근거를 두어야 하고(법률유보), 법령에 반하지 않아야 한다(법률우위). 따라서 법률상의 절차와 형식을 갖추어야 한다.

76

정답 ①

일반적으로 조례가 법률 등 상위법령에 위배된다는 사정은 그 조례의 규정을 위법하여 무효라고 선언한 대법원의 판결이 선고되지 아니한 상태에서는 그 조례 규정의 위법 여부가 해석상 다툼의 여지가 없을 정도로 명백하였다고 인정되지 아니하는 이상 객관적으로 명백한 것이라 할 수 없으므로, 이러한 조례에 근거한 행정처분의 하자는 취소사유에 해당할 뿐 무효사유가 된다고 볼 수는 없다(대판 2009.10.29., 2007두26285).

오답분석

② 대판 1999.9.3., 98두15788

③ 주무부장관이나 시·도지사는 재의결된 사항이 법령에 위반된다고 판단됨에도 불구하고 해당 지방자치단체의 장이 소를 제기하지 아니하면 그 지방자치단체의 장에게 제소를 지시하거나 직접 제소 및 집행정지결정을 신청할 수 있다(지방자치법 192조 제5항). 제1항에 또는 제2항에 따른 지방의회의 의결이나 제3항에 따라 재의결된 사항이 둘 이상의 부처와 관련되거나 주무부장관이 불분명하면 행정안전부장관이 재의요구 또는 제소를 지시하거나 직접 제소 및 집행정지결정을 신청할 수 있다(지방자치법 제192조 제9항).

④ 대판 1991.8.27., 90누6613

⑤ 조례안 재의결의 내용전부가 아니라 그 일부만이 위법한 경우에도 대법원은 의결전부의 효력을 부인할 수밖에 없다. 왜냐하면 의결의 일부에 대한 효력배제는 결과적으로 전체적인 의결의 내용을 변경하는 것에 다름 아니어서 의결기관인 지방의회의 고유권한을 침해하는 것이 될 뿐 아니라, 그 일부만의 효력배제는 자칫 전체적인 의결내용을 지방의회의 당초의 의도와는 다른 내용으로 변질시킬 우려도 있기 때문이다(대판 1992.7.28., 92추31).

77

정답 ②

구 지방세법은 구법과 달리 인구유입과 경제력 집중의 효과가 뚜렷한 건물의 신축, 증축 그리고 부속토지의 취득만을 그 적용대상으로 한정하여 부당하게 중과세할 소지를 제거하였다. 최근 대법원 판결도 구체적인 사건에서 인구유입이나 경제력 집중 효과에 관한 판단을 전적으로 배제한 것으로는 보기 어렵다. 따라서 이 사건 법률조항은 거주·이전의 자유와 영업의 자유를 침해하지 아니한다(헌재결 2014.7.24. 2012헌바408).

오답분석

① 단기보유자산이 공용수용에 의하여 양도된 경우에도 높은 세율로 중과세하는 것은 부동산 투기를 억제하여 토지라는 한정된 자원을 효율적으로 이용하기 위한 것으로 입법목적의 정당성이 인정되고, … 단기보유자산의 양도에 대하여 일률적으로 중과세함으로써 실현되는 공익이 그로써 제한되는 사익보다 결코 작다고 할 수 없으므로 법익의 균형성도 준수하고 있어 심판대상조항은 청구인들의 재산권을 침해하지 아니한다(헌재결 2015.6.25. 2014헌바256).

③ 계약상 급부의 상환성과 등가성은 계약 당사자의 이익을 공평하게 조정하기 위하여 계약 해제에 따른 원상회복 관계에서도 유지되어야 하므로, 원상회복범위는 당사자의 구체적이고 주관적인 사정과 관계없이 규범적·객관적으로 정해져야 할 필요가 있다. 계약 해제의 경위·계약 당사자의 귀책사유 등 제반 사정은 계약 해제로 인한 손해배상의 범위를 정할 때 고려된다. 따라서 민법 제548조 제2항은 원상회복의무자의 재산권을 침해하지 않는다(헌재결 2017.5.25. 2015헌바421).

④ 도축장 사용정지·제한명령은 구제역과 같은 가축전염병의 발생과 확산을 막기 위한 것이고, 도축장 사용정지·제한명령이 내려지면 국가가 도축장 영업권을 강제로 취득하여 공익 목적으로 사용하는 것이 아니라 소유자들이 일정기간 동안 도축장을 사용하지 못하게 되는 효과가 발생할 뿐이다. 이와 같은 재산권에 대한 제약의 목적과 형태에 비추어 볼 때, 도축장 사용정지·제한명령은 공익목적을 위하여 이미 형성된 구체적 재산권을 박탈하거나 제한하는 헌법 제23조 제3항의 수용·사용 또는 제한에 해당하는 것이 아니라, 도축장 소유자들이 수인하여야 할 사회적 제약으로서 헌법 제23조 제1항의 재산권의 내용과 한계에 해당한다(헌재결 2015.10.21. 2012헌바367).

⑤ 친일재산조항은 정의를 구현하고 민족의 정기를 바로 세우며 일제에 저항한 3·1운동의 헌법이념을 구현하기 위하여, 친일반민족행위로 축재한 재산을 친일재산으로 규정하여 국가에 귀속시킬 수 있도록 하기 위한 것으로서, 입법목적의 정당성 및 수단의 적합성이 인정된다. … 과거사 청산의 정당성과 진정한 사회통합의 가치를 고려할 때 이 사건 친일재산조항의 공익적 중대성은 막중하고, 이 사건 친일재산조항으로 인한 친일반민족행위자 등의 재산권에 대한 제한의 정도가 위 조항에 의하여 보장되는 공익에 비하여 결코 중하다고 볼 수 없으므로, 위 조항이 법익의 균형성에 반한다고 볼 수 없다. 따라서 친일재산조항이 과잉금지원칙을 위반하여 재산권을 침해한다고 할 수 없다(2018.4.26., 2016헌바454).

78

정답 ⑤

기판력은 사실심 변론 종결 시(표준시)를 기준으로 하여 발생한다. 기판력은 표준시에 있어서의 권리관계의 존부판단에 대하여 생기므로, 전소 변론 종결 시 이전에 제출(주장)할 수 있었으나 변론 종결 시까지 제출하지 않은 공격방어방법은 후소에서 제출하지 못한다(주장했던 공격방어방법은 당연히 차단된다).

오답분석

① 행정처분의 적법 여부는 그 행정처분이 행하여 진 때의 법령과 사실을 기준으로 하여 판단하는 것이므로 거부처분 후에 법령이 개정·시행된 경우에는 개정된 법령 및 허가기준을 새로운 사유로 들어 다시 이전의 신청에 대한 거부처분을 할 수 있으며 그러한 처분도 행정소송법 제30조 제2항에 규정된 재처분에 해당된다(대판 1998.1.7., 97두22).

② 행정소송법 제30조 제2항의 규정에 의하면 행정청의 거부처분을 취소하는 판결이 확정된 경우에는 그 처분을 행한 행정청이 판결의 취지에 따라 이전의 신청에 대하여 재처분할 의무가 있으나, 이 때 확정판결의 당사자인 처분 행정청은 그 행정소송의 사실심 변론 종결 이후 발생한 새로운 사유를 내세워 다시 이전의 신청에 대한 거부처분을 할 수 있고 그러한 처분도 위 조항에 규정된 재처분에 해당된다(대판 1997.2.4., 96두70).

③ 처분 등을 취소하는 확정판결은 그 사건에 관하여 당사자인 행정청과 그 밖의 관계행정청을 기속한다(행정소송법 제30조 제1항). 기속력은 인용판결에 인정되며 기판력은 인용판결과 기각판결 모두에 인정된다.

④ 취소판결의 기판력은 소송물로 된 행정처분의 위법성 존부에 관한 판단 그 자체에만 미치는 것이므로 전소와 후소가 그 소송물을 달리하는 경우에는 전소 확정판결의 기판력이 후소에 미치지 아니한다(대판 1996.4.26., 95누5820).

④ 영조물이 그 용도에 따라 갖추어야 할 안전성을 갖추지 못한 상태, 즉 타인에게 위해를 끼칠 위험성이 있는 상태라 함은 당해 영조물을 구성하는 물적 시설 그 자체에 있는 물리적·외형적 흠결이나 불비로 인하여 그 이용자에게 위해를 끼칠 위험성이 있는 경우뿐만 아니라, 그 영조물이 공공의 목적에 이용됨에 있어 그 이용 상태 및 정도가 일정한 한도를 초과하여 제3자에게 사회통념상 수인할 것이 기대되는 한도를 넘는 피해를 입히는 경우까지 포함된다고 보아야 한다(대판 2005.1.27., 2003다49566).

79

정답 ⑤

원래 광역시가 점유·관리하던 일반국도 중 일부 구간의 포장공사를 국가가 대행하여 광역시에 도로의 관리를 이관하기 전에 교통사고가 발생한 경우, 광역시는 그 도로의 점유자 및 관리자, 도로법 제56조, 제55조, 도로법시행령 제30조에 의한 도로관리비용 등의 부담자로서의 책임이 있고, 국가는 그 도로의 점유자 및 관리자, 관리사무귀속자, 포장공사비용 부담자로서의 책임이 있다고 할 것이며, 이와 같이 광역시와 국가 모두가 도로의 점유자 및 관리자, 비용부담자로서의 책임을 중첩적으로 지는 경우에는, 광역시와 국가 모두가 국가배상법 제6조 제2항 소정의 궁극적으로 손해를 배상할 책임이 있는 자라고 할 것이고, 결국 광역시와 국가의 내부적인 부담 부분은, 그 도로의 인계·인수 경위, 사고의 발생 경위, 광역시와 국가의 그 도로에 관한 분담비용 등 제반 사정을 종합하여 결정함이 상당하다(대판 1998.7.10., 96다42819).

오답분석

①·③ 국가배상법 제5조 제1항 소정의 영조물의 설치 또는 관리의 하자라 함은 영조물이 그 용도에 따라 통상 갖추어야 할 안전성을 갖추지 못한 상태에 있음을 말하는 것으로서, 안전성의 구비 여부를 판단함에 있어서는 당해 영조물의 용도, 그 설치장소의 현황 및 이용 상황 등 제반 사정을 종합적으로 고려하여 설치 관리자가 그 영조물의 위험성에 비례하여 사회통념상 일반적으로 요구되는 정도의 방호조치의무를 다하였는지 여부를 그 기준으로 삼아야 할 것이며, 객관적으로 보아 시간적·장소적으로 영조물의 기능상 결함으로 인한 손해발생의 예견가능성과 회피가능성이 없는 경우, 즉 그 영조물의 결함이 영조물의 설치관리자의 관리행위가 미칠 수 없는 상황 아래에 있는 경우에는 영조물의 설치·관리상의 하자를 인정할 수 없다(대판 2007.9.21., 2005다65678).

② 국가배상법 제5조 소정의 영조물의 설치·관리상의 하자로 인한 책임은 무과실책임이고 나아가 민법 제758조 소정의 공작물의 점유자의 책임과는 달리 면책사유도 규정되어 있지 않으므로, 국가 또는 지방자치단체는 영조물의 설치·관리상의 하자로 인하여 타인에게 손해를 가한 경우에 그 손해의 방지에 필요한 주의를 해태하지 아니하였다 하여 면책을 주장할 수 없다(대판 1994.11.22., 94다32924).

80

정답 ④

乙은 의무이행심판 청구를 통하여 관할행정청의 거부처분에 대해 불복의사를 제기할 수 있다. 의무이행심판이란 당사자의 신청에 대한 행정청의 위법 또는 부당한 거부처분이나 부작위에 대하여 일정한 처분을 하도록 하는 행정심판을 말한다(행정심판법 제5조 제3호).

| 04 | 사무직(경제학)

41	42	43	44	45	46	47	48	49	50
②	④	③	⑤	③	⑤	③	④	⑤	③
51	52	53	54	55	56	57	58	59	60
①	①	③	③	①	④	②	④	③	③
61	62	63	64	65	66	67	68	69	70
⑤	⑤	④	⑤	④	③	②	①	①	②
71	72	73	74	75	76	77	78	79	80
②	①	⑤	⑤	②	③	①	②	①	④

41

정답 ②

어떤 상품이 정상재인 경우 이 재화의 수요가 증가하면 수요곡선 자체를 오른쪽으로 이동시켜 재화의 가격이 상승하면서 동시에 거래량이 증가한다. 소비자의 소득 증가, 대체재의 가격 상승, 보완재의 가격 하락, 미래 재화가격 상승 예상, 소비자의 선호 증가 등이 수요를 증가시키는 요인이 될 수 있다. 한편, 생산기술의 진보, 생산요소의 가격 하락, 생산자의 수 증가, 조세 감소 등은 공급의 증가요인으로 공급곡선을 오른쪽으로 이동시킨다.

42

정답 ④

공공재의 시장수요곡선은 각각의 수요곡선의 합이다. 그러므로 K시 공공재의 시장수요곡선 $P=(10-Q)+(10-0.5Q)=20-1.5Q$이고, 한계비용 $MC=5$이므로 $20-1.5Q=5$이다. 따라서 $Q=10$이다.

43

정답 ③

'공짜 점심은 없다.'라는 말은 무엇을 얻고자 하면 보통 그 대가로 무엇인가를 포기해야 한다는 뜻으로 해석할 수 있다. 즉, 어떠한 선택에는 반드시 포기하게 되는 다른 가치가 존재한다는 의미이다. 시간이나 자금의 사용은 다른 활동에의 시간 사용, 다른 서비스나 재화의 구매를 불가능하게 만들어 기회비용을 유발한다. 정부의 예산배정, 여러 투자상품 중 특정 상품의 선택, 경기활성화와 물가안정 사이의 상충관계 등이 기회비용의 사례가 될 수 있다.

44

정답 ⑤

원화가치 상승에 따라 수출감소 및 수입증대 현상이 나타난다.

오답분석

① 기준금리 인상은 경기 과열을 진정시킨다.
② 투자, 소비 활동이 줄어들면 경기둔화로 이어져 물가하락 효과를 기대할 수 있다.
③ 단기시장금리가 가장 먼저 움직이고, 점차 장기시장금리 상승으로 이어진다.
④ 예금금리, 대출금리 모두 단기시장금리의 영향을 받기 때문에 함께 상승한다.

45

정답 ③

원자재가격 상승으로 인한 기업 생산비의 증가는 총공급곡선을 왼쪽으로 이동시킨다. 한편, 기준금리 인상으로 이자율이 상승하면 투자와 소비가 위축되므로 총수요곡선도 왼쪽으로 이동한다. 이 경우 실질 GDP는 크게 감소하게 되는 반면, 물가는 증가하는지 감소하는지 알 수 없다.

46

정답 ⑤

오답분석

① 완전고용은 실업률이 0인 상태를 의미하지는 않는다. 일자리를 옮기는 과정에 있는 사람들이 실업자로 포함될 가능성이 있기 때문이다.
② 경기적 실업이나 구조적 실업은 비자발적 실업이다. 자발적 실업에는 마찰적 실업과 탐색적 실업이 있다.
③ 실업률은 실업자 수를 경제활동인구 수로 나누고 100을 곱한 수치이다.
④ 취업의사가 있더라도 지난 4주간 구직활동을 하지 않았다면 구직단념자로 보고, 이들은 비경제활동인구로 분류된다.

47

정답 ③

- 리카도 대등정리의 개념
  정부지출수준이 일정할 때, 정부지출의 재원조달 방법(조세 또는 채권)의 변화는 민간의 경제활동에 아무 영향도 주지 못한다는 것을 보여주는 이론이다.
- 리카도 대등정리의 가정
  - 저축과 차입이 자유롭고 저축이자율과 차입이자율이 동일해야 한다.
  - 경제활동인구 증가율이 0%이어야 한다.
  - 합리적이고 미래지향적인 소비자이어야 한다.
  - 정부지출수준이 일정해야 한다.

48

정답 ④

도덕적 해이현상은 일단 보험에 가입한 사람들이 최선을 다해 나쁜 결과를 미연에 방지하려는 노력을 하지 않는 경향을 의미한다. 반면 역선택이란 실제로 보험금을 탈 가능성이 많은 사람들(위험발생률이 보통 이상인 사람들)이 보험에 가입하게 된 현상을 의미한다.

오답분석

다·라. 역선택의 해결방안에 해당한다.

49

정답 ⑤

㉠ 밴드왜건 효과(편승 효과) : 유행에 따라 상품을 구입하는 소비현상으로 특정 상품에 대한 어떤 사람의 수요가 다른 사람들의 수요에 의해 영향을 받는다.

㉡ 베블런 효과 : 다른 보통사람과 자신을 차별하고 싶은 욕망으로 나타나는데, 가격이 아닌 다른 사람의 소비에 직접 영향을 받는다.

오답분석

- 외부불경제 효과 : 시장실패와 관련된 효과로, 자원이 비효율적으로 배분되는 것을 의미하는 것으로 자가용 운전자가 주변 사람들에게 배출가스 피해를 입히는 것도 하나의 예이다.

50

정답 ③

케인스(Keynes)의 유동성선호이론은 실질화폐공급과 실질화폐수요로 이루어진 화폐시장을 설명하는 이론으로 경제가 유동성함정에 빠지면 통화량의 증가 등이 물가에 영향을 미치지 못하고, 늘어난 통화량은 투자적 화폐 수요로 흡수된다.

오답분석

① 총공급곡선이 우상향 형태일 때 물가수준이 하락하면 총공급곡선 자체가 이동하는 것이 아니라 총공급곡선상에서 좌하방으로 이동한다.

② 확장적 재정정책을 실시하면 이자율이 상승하여 민간투자가 감소하는 구축효과가 발생하게 되는데, 변동환율제도 하에서는 확장적 재정정책을 실시하면 환율하락으로 인해 추가적으로 총수요가 감소하는 효과가 발생한다. 즉, 확장적 재정정책으로 이자율이 상승하면 자본유입이 이루어지므로 외환의 공급이 증가하여 환율이 하락한다. 이렇듯 평가절상이 이루어지면 순수출이 감소하므로 폐쇄경제에서보다 총수요가 더 큰 폭으로 감소한다.

④ 장기균형 상태에 있던 경제에 원유가격이 일시적으로 상승하면 단기에는 물가가 상승하고 국민소득이 감소하지만, 장기적으로는 원유가격이 하락하여 총공급곡선이 다시 오른쪽으로 이동하므로 물가와 국민소득은 변하지 않는다.

⑤ 단기 경기변동에서 소비와 투자가 모두 경기순응적이며, 소비의 변동성은 투자의 변동성보다 작다.

51

정답 ①

기업들에 대한 투자세액공제가 확대되면, 투자가 증가하므로 대부자금에 대한 수요가 증가($D_1 \rightarrow D_2$)한다. 이렇게 되면 실질이자율이 상승($i_1 \rightarrow i_2$)하고 저축이 늘어난다. 그 결과, 대부자금의 균형거래량은 증가($q_1 \rightarrow q_2$)한다.

52

정답 ①

정부지출의 효과가 크기 위해서는 승수효과가 커져야 한다. 승수효과란 확대 재정정책에 따른 소득의 증가로 인해 소비지출이 늘어나게 되어 총수요가 추가적으로 증가하는 현상을 말한다. 즉, 한계소비성향이 높을수록 승수효과는 커진다. 한계소비성향이 높다는 것은 한계저축성향이 낮다는 것과 동일한 의미이다.

53

정답 ③

오답분석

마. 정책 실행 시차가 부재한다면 정부정책이 더 효과적으로 시행된다.

54

정답 ③

GDP는 한 나라에서 일정 기간에 생산된 모든 최종 재화와 서비스의 시장가치다. GDP는 총생산, 총소득, 총지출의 세 측면에서 파악할 수 있는데 총지출의 경우 소비(C), 투자(I), 정부지출(G), 순수출(NX, 수출 – 수입)로 구성된다.

ㄱ. 정부지출의 증가로 인해 GDP가 증가한다.

ㄴ. 해외유입 관광객의 소비 증가로 인해 GDP가 증가한다.

ㄹ. 한국에서 생산된 중간재의 수출로 인한 순수출증가로 GDP가 증가한다.

오답분석

ㄷ. 주택가격의 상승은 GDP 증가에 직접적인 영향을 미치지 않는다.

55

정답 ①

칼도어(N.Kaldor)는 1958년 선진국을 대상으로 수행한 세계 경제성장과정의 연구를 통하여 다음과 같은 6가지 정형화된 사실(Stylized Facts)을 밝혔다.

- 1인당 산출량(Y/L)은 지속적으로 증가한다.
- 1인당 자본량(K/L)은 지속적으로 증가한다.
- 산출량 – 자본비율(Y/K)은 대체로 일정한 지속성(Steady)을 보인다.
- 자본수익율은 대체로 일정하다.
- 총소득에서 자본에 대한 분배와 노동에 대한 분배 간의 비율은 일정하다.
- 생산성 증가율은 국가 간 차이를 보인다.

56

정답 ④

제10차 경기종합지수

선행 종합 지수	• 재고순환지표 • 건설수주액(실질) • 코스피 • 경제심리지수	• 기계류내수출하지수 • 수출입물가비율 • 장단기금리차
동행 종합 지수	• 비농림어업취업자수 • 광공업생산지수 • 소매판매액지수 • 서비스업생산지수	• 내수출하지수 • 건설기성액(실질) • 수입액(실질)
후행 종합 지수	• 취업자수 • 생산자제품재고지수 • 소비자물가지수변화율(서비스)	• 소비재수입액(실질) • CP유통수익률

따라서 ㉡·㉢·㉣은 선행종합지수이고, ㉠·㉤·㉥은 동행종합지수이며, ㉦은 후행종합지수이다.

57

정답 ②

오답분석

ㄴ. 부정적 외부효과가 존재할 경우 사회적비용은 사적비용보다 크다.

ㄹ. 긍정적 외부효과가 존재할 경우 시장생산량은 사회적으로 바람직한 생산량보다 적다.

58

정답 ④

공공재의 경우에는 개인의 한계편익곡선을 수직으로 합하여 사회적 한계편익곡선을 도출한다. 이때 개인의 한계편익곡선을 수직으로 합하는 이유는 소비에 있어서의 비경합성 때문이다.

59

정답 ③

노동수요에 대한 탄력성은 상품생산에 투입되는 다른 생산요소와의 대체가능성에 의해 영향을 받는다. 임금이 상승할 때 노동 대신 다른 생산요소로의 대체가능성이 높을수록, 즉 요소간 대체가능성이 높을수록 노동수요에 대한 탄력성은 커지게 되므로 임금상승에 대하여 고용감소는 커진다.

60

정답 ③

동일한 사업 내의 동일 가치 노동에 대해서는 동일한 임금을 지급해야 한다는 것이 상응가치원칙이다. 똑같은 일이라고 해서 가치가 동일한 것은 아니기 때문에 옳지 않다.

61

정답 ⑤

오답분석

① 기펜재는 열등재에 속하는 것으로 수요의 소득탄력성은 음(−)의 값을 갖는다.

② 두 재화가 서로 대체재의 관계에 있다면 수요의 교차탄력성은 양(+)의 값을 갖는다.

③ 우하향하는 직선의 수요곡선상에 위치한 점에서 수요의 가격탄력성은 다르다. 가격하락 시 소비자총지출액이 증가하는 점에서는 수요의 가격탄력성이 1보다 크고, 소비자총지출액이 극대화가 되는 점에서는 수요의 가격탄력성이 1, 가격하락 시 소비자총지출액이 감소하는 점에서는 수요의 가격탄력성은 1보다 작다.

④ 수요의 가격탄력성이 1이면 판매자의 총 수입이 극대화되는 점이며, 가격변화에 따라 판매액이 증가하는 구간은 수요의 가격탄력성이 1보다 클 때이다.

62

정답 ⑤

화폐발행이득은 화폐발행의 특권에서 나오는 이득을 의미하는 것으로, ㄱ, ㄴ, ㄷ 모두 옳은 설명에 해당한다.

63

정답 ④

총수요의 변동으로 경기변동이 발생하면 경기와 물가는 같은 방향으로 움직이므로 경기 순응적이 된다.

64

정답 ⑤

다. 디플레이션이 발생하면 기업의 실질적인 부채부담이 증가한다.

오답분석

가. 피셔효과에 따르면 '명목이자율=실질이자율+예상인플레이션율'인 관계식이 성립하므로 예상인플레이션율이 명목이자율을 상회할 경우 실질이자율은 마이너스(−) 값이 될 수 있다. 하지만 명목이자율이 마이너스(−) 값을 가질 수는 없다.

나. 명목임금이 하방경직적일 때 디플레이션으로 인해 물가가 하락하면 실질임금은 상승하게 된다.

PART 4

65

정답 ④

보상적 임금격차는 노동강도의 차이, 작업환경의 차이, 교육・훈련비용의 차이 등에 따라 발생하는 임금격차를 말한다. 성별 임금격차는 보상적 임금격차가 아니라 차별의 일종이다.

66

정답 ③

소비 투자 국제수지 국민소득 같은 경우는 일정 기간에 통상적으로 분기별 혹은 연도별로 기간을 정하여 측정하는 Flow 변수에 해당한다. 하지만 통화량은 일정 시점에 어느 정도의 양이 통화되고 있는지를 알아보기 위한 것으로 Stock 변수에 해당하므로 정답은 통화량이 된다.

- 유량 변수 : 소비, 투자, 국민소득, 국제수지, 수출, 수입 등
- 저량 변수 : 통화량, 자본량, 외환보유량 등

67

정답 ②

기저 효과란 어떠한 결괏값을 산출하는 과정에서 기준이 되는 시점과 비교대상 시점의 상대적인 위치에 따라서 그 결괏값이 실제보다 왜곡되어 나타나게 되는 현상을 말한다. 경제지표를 평가하는 데 있어 기준시점과 비교시점의 상대적인 수치에 따라 그 결과에 큰 차이가 날 수 있음을 뜻한다.

68

정답 ①

경기지표

- 선생종합지수 : 제조업 재고순환지표, 소비자기대지수, 기계류내수출하지수, 건설수주액, 수출입물가비율, 구인구직비율, 코스피 지수, 장단기 금리 차이
- 동행종합지수 : 광공업생산지수, 건설기성액, 서비스업생산지수, 소매판매액지수, 내수출하지수, 수입액, 비농림어업 취업자 수
- 후행종합지수 : 생산자제품 재고지수, 소비자물가지수 변화율, 소비재수입액, 취업자 수, CP 유통수익률

69

정답 ①

케인스가 주장하였던 유동성 함정(Liquidity Trap)의 상황이다. 유동성 함정이란 시장에 현금이 흘러 넘쳐 구하기 쉬운데도 기업의 생산・투자와 가계의 소비가 늘지 않아 경기가 나아지지 않고, 마치 경제가 함정(Trap)에 빠진 것처럼 보이는 상황을 말한다. 즉, 유동성 함정의 경우에는 금리를 아무리 낮추어도 실물경제에 영향을 미치지 못하게 된다.

70

정답 ②

자연독점이란 규모가 가장 큰 단일 공급자를 통한 재화의 생산 및 공급이 최대 효율을 나타내는 경우 발생하는 경제 현상을 의미한다. 자연독점 현상은 최소효율규모의 수준 자체가 매우 크거나 생산량이 증가할수록 평균총비용이 감소하는 '규모의 경제'가 나타날 경우에 발생한다. 최소효율규모란 평균비용곡선상에서 평균비용이 가장 낮은 생산 수준을 나타낸다.

71

정답 ②

주어진 효용함수는 두 재화가 완전보완재일 때이다. 효용함수가 $U=min(X,\ Y)$이므로 효용을 극대화하려면 X재와 Y재를 항상 1 : 1로 소비해야 한다.

소득이 100이고 Y재의 가격이 10일 때, X재와 Y재의 양은 항상 같으므로 두 재화를 같은 양 X라고 설정하고 예산선식($M=P_X X+P_Y Y$)에 대입해 보면, $100=P_X \times X+10\times X$이다. 이를 정리하면, $X=\frac{100}{P_X+10}$임을 알 수 있다.

72

정답 ①

수요의 가격탄력성(ε)이란 가격이 변화할 때, 수요량의 변화 정도를 나타낸다.

가격탄력성(ε)의 크기	용어
$\varepsilon=0$	완전비탄력적
$0<\varepsilon<1$	비탄력적
$\varepsilon=1$	단위탄력적
$1<\varepsilon<\infty$	탄력적
$\varepsilon=\infty$	완전탄력적

사례1의 경우 비탄력적인 재화이다. 비탄력적인 재화의 경우 다른 조건이 일정할 때, 가격 상승 시 기업의 총수입은 증가한다.

사례2의 경우 탄력적인 재화이다. 탄력적인 재화의 경우 다른 조건이 일정할 때, 가격 상승 시 기업의 총수입은 감소한다.

가격탄력성의 크기	판매자의 총수입	
	가격 인상 시	가격 인하 시
$0<\varepsilon<1$	증가	감소
$\varepsilon=1$	불변	불변
$\varepsilon>1$	감소	증가

73

정답 ⑤

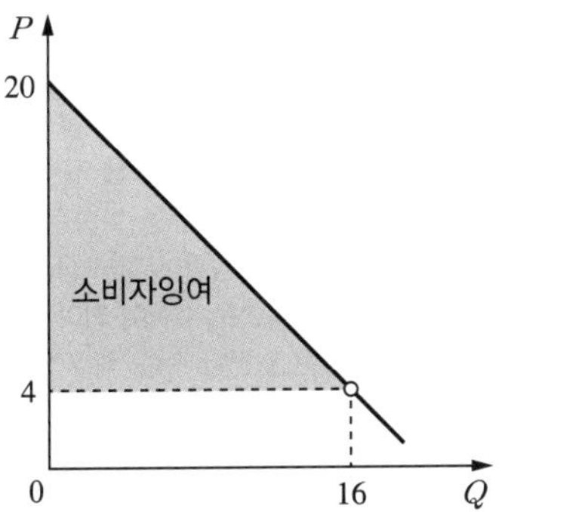

이부가격 설정을 통해 이윤을 극대화하고자 한다면 사용요금은 한계비용과 일치시키고, 소비자잉여에 해당하는 만큼 고정요금으로 설정한다. 따라서 총비용함수(TC)를 미분하면 한계비용(MC)은 4이므로, 사용요금(P)은 4가 된다. 이를 수요함수에 대입하면 $4=20-Q$, 소비자의 구입량(Q)은 16으로 계산된다. 따라서 고정요금으로 받을 수 있는 최대금액은 소비자잉여에 해당하는 삼각형 면적인 $(20-4)\times16\times\frac{1}{2}=128$이다.

74

정답 ⑤

이자율평가설이 성립하기 위해서는 국가 간 자본이동이 완전히 자유로워야 하며, 거래비용과 조세가 존재하지 않아야 한다.

75

정답 ②

㉠ 케인스의 유동성 선호설에 따르면 자산은 화폐와 채권 두 가지만 존재한다고 가정하며, 화폐공급이 증가하더라도 증가된 통화량이 모두 화폐수요로 흡수되는 구간을 유동성함정이라고 한다.

㉢ 유동성함정에서의 화폐수요곡선은 수평형태를 가지고, 화폐수요의 이자율탄력성이 무한대인 상태이다.

오답분석

㉡ 유동성함정은 화폐수요곡선이 수평인 구간이다.

㉣ 케인스의 유동성 선호설에 따른 투기적 동기의 화폐수요는 화폐수요함수와 반비례관계에 있다. $\left[\frac{M^d}{P}=kY\right.$(거래적 동기의 화폐수요)$-hr$(투기적 동기의 화폐수요)$\left.\right]$

76

정답 ③

고정환율제도는 정부가 환율을 일정수준으로 정하고, 지속적인 외환시장 개입을 통해 정해진 환율을 유지하는 제도이다. 이 제도하에서 확대금융정책의 경우 중앙은행의 외환매각으로 통화량이 감소한다.

77

정답 ①

(테일러 법칙)=(균형 이자율)+(인플레이션 갭)−(산출 갭)
[(인플레이션 갭)=(실제 인플레이션율)−(목표 인플레이션율)]

(목표 이자율)$=0.03+\frac{1}{4}\times$[실제 인플레이션율(4%)-0.02] $-\frac{1}{4}\times$[GDP 갭(1%)]$=0.03+\frac{1}{4}\times(0.04-0.02)-\frac{1}{4}\times0.01=0.0325$

따라서 목표 이자율(3.25%)은 균형 이자율(3%)보다 높다.

78

정답 ②

오답분석

① 경기적 실업은 경기가 침체함에 따라 발생하는 실업을 말하는 것으로, 기업의 설비투자와는 관련이 없다.

③ 전업주부가 직장을 가지는 경우 본래 비경제활동인구에서 경제활동인구가 되므로 경제활동참가율은 높아지게 된다. 실업률은 분모인 경제활동인구가 느는 것이므로 낮아지게 된다.

④ 실업급여가 확대되면 상대적으로 노동자들이 일자리를 탐색하는 데 여유가 생기므로 탐색적 실업을 증가시킬 수도 있다.

⑤ 구조적 실업은 경제구조의 변화에 따라 노동수요 구조가 변함에 따라 발생하는 실업을 말한다. 구조적 실업은 산업구조가 변화함에 따라 불가피한 면이 있으므로 노동자들에게 취업정보를 적극적으로 제공하고, 직업훈련을 받도록 함으로써 실업을 막을 수 있다.

79

정답 ①

가. 인플레이션이 예상되지 못한 경우, 부와 소득의 재분배가 일어난다. 인플레이션으로 인해 화폐 가치가 하락하면 고정된 금액을 받아야 하는 채권자는 불리해지고, 반대로 채무자는 유리해진다. 즉, 채권자에게서 채무자에게로 부가 재분배된다. 이러한 부의 재분배는 인플레이션이 완전히 예상된 경우에는 발생하지 않는다.

나. 메뉴비용이란, 인플레이션 상황에서 생산자가 제품의 가격을 수정하면서 발생하는 비용을 의미한다. 메뉴비용은 예상된 인플레이션과 예상되지 못한 인플레이션 두 경우 모두에서 발생한다.

오답분석

다. 인플레이션으로 인해 현금의 가치가 하락하고, 현금 외의 실물자산의 가치가 상대적으로 상승한다. 즉, 현금 보유의 기회비용이 증가한다.

라. 인플레이션이 발생하면 국내에서 생산되는 재화의 상대가격이 상승하므로, 이는 세계 시장에서의 가격경쟁력을 약화시킨다. 따라서 수출이 감소하고, 경상수지가 악화된다.

80

정답 ④

제시된 그래프는 필립스곡선이다. 영국의 경제학자 필립스는 실업률과 인플레이션율 사이에 단기적으로 마이너스 상관관계가 있음을 밝혀냈으며, 그것이 필립스곡선이다. 필립스곡선은 단기적으로 실업률이 낮을 땐 인플레이션이 높고, 실업률이 높은 해에는 인플레이션이 낮음을 보여준다. 하지만 장기적으로는 인플레이션율과 실업률 사이에 상충관계는 존재하지 않는다. 장기 필립스곡선은 수직이 되며 인플레이션이 아무리 높아져도 실업률은 일정한 수준, 즉 자연실업률 이하로 하락하지 않는다.

| 05 | 기술직(기계일반)

41	42	43	44	45	46	47	48	49	50	51	52	53	54	55	56	57	58	59	60
①	④	③	②	①	②	④	③	②	④	⑤	③	③	④	④	①	⑤	②	③	④
61	62	63	64	65	66	67	68	69	70	71	72	73	74	75	76	77	78	79	80
①	⑤	③	③	③	③	④	②	⑤	②	①	①	②	③	②	④	⑤	④	③	①

41

정답 ①

$$S=\frac{\sigma_{\max}}{\sigma_a} \rightarrow \sigma_a=\frac{\sigma_{\max}}{S}=\frac{600}{7}\fallingdotseq 85.71\text{MPa}$$

$$\sigma_a=\frac{P}{A}=\frac{P}{\frac{\pi d^2}{4}}$$

$$\therefore d=\sqrt{\frac{4P}{\pi\sigma_a}}=\sqrt{\frac{4\times 50\times 10^3}{\pi\times 85.71\times 10^6}}\fallingdotseq 0.027\text{m}=2.7\text{cm}$$

42

정답 ④

- 탄성계수 : $E=2G(1+\mu)$
- 전단탄성계수 : $G=\frac{E}{2(1+\mu)}$

43

정답 ③

탄성계수는 응력과 변형률의 관계로 MLT 차원계로 나타내면 $\text{ML}^{-1}\text{T}^{-2}$이다.

오답분석

① 유체에 작용하는 관성력과 점성력의 비이다.
② 재료에 인장력에 따른 가로변형률과 세로변형률 사이의 비율이다.
④ 어떤 물질의 밀도와 대기압, 4℃의 물의 밀도와의 비율이다.
⑤ 어떤 유체 환경에서의 물체에 작용하는 항력을 정량화하기 위한 무차원수이다.

44

정답 ②

자유표면(수면)이 존재할 경우 프루드수나 레이놀즈수가 같아야 역학적 상사성이 존재하지만, 자동차의 풍동시험의 경우 수면이 존재하지 않는 유체의 흐름이므로 자유표면이 없으면 레이놀즈수가 모형과 원형의 값이 같아야 한다. 따라서 선체와 자동차 풍동시험은 역학적 상사를 이루기 위해 공통적으로 레이놀즈수가 같은지 고려해야 한다.

오답분석

① 마하수 : 유체의 유동속도와 음속의 비를 나타내는 무차원수이다.
③ 오일러수 : 유체의 압력 변화와 밀도와 유체의 속도 간 관계를 나타내는 무차원수이다.
④ 프루드수 : 유체 유동을 관성과 중력의 비로 나타내는 무차원수로 유동의 역학적 상사성을 판단하기 위해 사용한다. 자유표면 유동 해석에 중요한 영향을 미친다.
⑤ 웨버수 : 유체의 관성력과 점성력의 비를 나타내는 무차원수이다.

PART 4

45

정답 ①

소르바이트 조직은 트루스타이트보다 냉각속도를 더 느리게 했을 때 얻어지는 조직으로 펄라이트보다 강인하고 단단하다.

46

정답 ②

나무토막이 일부 잠긴 채 떠 있다는 것은 나무토막에 작용하는 힘이 평형상태임을 나타낸다. 따라서 나무토막에 작용하는 부력과 중력의 크기는 같다.

47

정답 ④

기체가 받은 일의 양은 $W=P\triangle V=50\times(0.36\times0.4)=7.2$kJ이다.
내부 에너지의 변화량이 13.5kJ이고 등압변화를 하였으므로
$Q=W+\triangle U=7.2+13.5=20.7$kJ이다.
따라서 실린더는 열량을 20.7kJ 얻었다.

48

정답 ③

$$L=2\times1,000+\frac{3\times(250+600)}{2}+\frac{(600-250)^2}{4\times1,000}=3,305.625\text{mm}≒3,305.6\text{mm}$$

벨트의 평행걸기와 엇갈림걸기의 길이와 접촉각

구분	평행걸기		엇걸기	
개체 수	C, θ_1, D_1, D_2, θ_2		C, θ_1, D_1, D_2, θ_2	
길이	$L=2C+\frac{\pi(D_2+D_1)}{2}+\frac{(D_2-D_1)^2}{4C}$		$L=2C+\frac{\pi(D_2+D_1)}{2}+\frac{(D_2+D_1)^2}{4C}$	
접촉각	θ_1	$180°-\sin^{-1}\left(\frac{D_2-D_1}{2C}\right)$	θ_1	$180°+\sin^{-1}\left(\frac{D_2+D_1}{2C}\right)$
	θ_2	$180°+\sin^{-1}\left(\frac{D_2-D_1}{2C}\right)$	θ_2	$180°+\sin^{-1}\left(\frac{D_2+D_1}{2C}\right)$

49

정답 ②

$C_P=1.075$kJ/kg·K, $R=0.287$kJ/kg·K이므로 $C_V=C_P-R=1.075-0.287=0.788$kJ/kg·K이다.

50

정답 ④

하겐 – 푸아죄유 방정식

$\triangle P=\frac{128\mu QL}{\pi D^4}$ ($\triangle P$: 압력손실, μ : 점성계수, Q : 유량, L : 관의 길이, D : 관의 직경)

51

정답 ⑤

정상류는 유체 임의의 한 점에서 유체의 모든 특성이 시간이 경과하여도 변화하지 않는 흐름의 상태를 말한다.

$\frac{\partial V}{\partial t}=0,\ \frac{\partial p}{\partial t}=0,\ \frac{\partial T}{\partial t}=0,\ \frac{\partial \rho}{\partial t}=0$

52

정답 ③

kcal은 에너지(=일)에 대한 단위이다.

53

정답 ③

표준대기압은 1기압을 기준으로 하며 1기압=1.013hPa=1kg$_f$/cm^2=1.013bar=14.7psi=10.33mAq=760mmHg이다.

54

정답 ④

동점성계수(ν)는 유체가 유동할 때 밀도를 고려한 점성계수(μ)로 점성계수를 유체의 밀도(ρ)로 나눈 값이다.

단위로는 1stokes=1cm^2/s을 쓴다[1Stokes(St)=1cm^2/s=100cSt].

55

정답 ④

$\frac{P_1V_1}{T_1}=\frac{P_2V_2}{T_2}$에서 $P_2=1.5P_1$이고 $V_1=V_2=V$이므로 $\frac{P_1V}{25+273.15}=\frac{1.5P_1V}{T_2}$

$\therefore T_2=1.5\times(25+273.15)\fallingdotseq 447.23\text{K}=174.08℃$

56

정답 ①

선반은 공작물의 회전운동과 절삭공구의 직선운동에 의해 절삭가공을 하는 공작기계이다.

공작기계의 절삭가공 방법

종류	공구	공작물
선반	축 방향 및 축에 직각 (단면 방향) 이송	회전
밀링	회전	고정 후 이송
보링	직선 이송	회전
	회전 및 직선 이송	고정
드릴링 머신	회전하면서 상·하 이송	고정
셰이퍼, 슬로터	전·후 왕복운동	상하 및 좌우 이송
플레이너	공작물의 운동 방향과 직각 방향으로 이송	수평 왕복운동
연삭기 및 래핑	회전	회전, 또는 고정 후 이송
호닝	회전 후 상하운동	고정
호빙	회전 후 상하운동	고정 후 이송

PART 4

57

정답 ⑤

오답분석

ㄱ. 열단형 칩 : 칩이 날 끝에 달라붙어 경사면을 따라 원활히 흘러나 가지 못해 공구에 균열이 생기고 가공 표면이 뜯겨진 것처럼 보인다.

ㄴ. 균열형 칩 : 주철과 같이 취성(메짐)이 있는 재료를 저속으로 절삭할 때 발생하며 가공면에 깊은 홈을 만들기 때문에 재료의 표면이 매우 불량해진다.

58

정답 ②

$$I_P = \frac{\pi(d_2^{\ 4} - d_1^{\ 4})}{32} = \frac{\pi(5^4 - 3^4)}{32} \fallingdotseq 53.4\text{cm}^4$$

59

정답 ③

$\tau = \gamma \times G$(τ : 전단응력, G : 전단탄성계수, γ : 전단변형률)

$$\therefore \gamma = \frac{\tau}{G} = \frac{1 \times 10^3}{80 \times 10^9} = 12.5 \times 10^{-9}$$

60

정답 ④

단면의 형상에 따른 단면계수는 다음과 같다.

- 원형 중실축 : $Z = \frac{\pi d^3}{32}$
- 원형 중공축 : $Z = \frac{\pi d_2^{\ 3}}{32}(1 - x^4)$(단, $x = \frac{d_1}{d_2}$ 이며 $d_1 < d_2$ 이다)
- 삼각형 : $Z_c = \frac{bh^2}{24}$, $Z_t = \frac{bh^2}{12}$
- 사각형 : $Z = \frac{bh^2}{6}$

61

정답 ①

축의 위험회전속도(n_c) 를 구하기 위해서는 각속도(ω) 구하는 식을 응용해야 한다.

$$\omega = \frac{2\pi n}{60}$$

위 식에 ω 대신 위험각속도(ω_c), 회전수 n 대신 축의 위험 회전수(n_c)를 대입하면

$$[\text{위험각속도}(\omega_c)] = \frac{2\pi n_c}{60}$$

$$n_c = \frac{60\omega_c}{2\pi} = \frac{30}{\pi} w_c = \frac{30}{\pi}\sqrt{\frac{k}{m}}$$

한편, [고유진동수(f)]$= \frac{1}{2\pi}\sqrt{\frac{k}{m}}$ 이다.

따라서 n_c와 f 모두 $\sqrt{\frac{k}{m}}$ 와 연관이 있으므로 축의 위험속도(n_c)는 고유진동수(f)와 관련이 크다.

고유진동수(f)
단위시간당 진동하는 횟수이다. 구조물의 동적 특성을 표현하는 가장 대표적인 개념으로 단위는 [Hz]를 사용한다.
$f=\frac{1}{2\pi}\sqrt{\frac{k}{m}}$ (k : 강성, m : 질량)

62

정답 ⑤

레이놀즈수는 층류와 난류를 구분하는 척도로, 관성력과 점성력의 비이다[$Re=\frac{(\text{관성력})}{(\text{점성력})}$]. 레이놀즈수가 작은 경우에는 점성력이 관성력에 비해 크게 영향을 미친다. 층류에서 난류로 변하는 레이놀즈수를 상임계 레이놀즈수라 하고, 난류에서 층류로 변하는 레이놀즈수를 하임계 레이놀즈수라고 한다. 또한, 유동단면의 형상이 변하면 임계 레이놀즈수도 변화한다.

63

정답 ③

유체가 층류일 때, $f=\frac{64}{Re}$ 이므로 $Re=\frac{64}{0.04}=1,600$이다.

$Re=\frac{VD}{\nu}$ 이므로, $V=\frac{Re\times\nu}{D}=\frac{1,600\times5}{50}=160\text{cm/s}=1.6\text{m/s}$이다.

64

정답 ③

Darcy – Weisbach 식에 의해 $h_L=f\frac{l}{D}\frac{v^2}{2g}$ 이고 층류이므로 $f=\frac{64}{Re}$ 이다.

따라서 $Re=\frac{64lv^2}{2gh_LD}=\frac{64\times10\times10^2}{2\times9.8\times4.5\times0.5}\fallingdotseq1,451$이다.

65

정답 ③

$Re=\frac{VD}{\nu}$ 이므로 $V=\frac{\nu\times Re}{D}=\frac{1.3101\times10^{-2}\times2,000}{5}\fallingdotseq5.2\text{m/s}$

66

정답 ③

$\sigma=\frac{P}{A}=E\varepsilon=E\cdot\frac{\lambda}{l}\rightarrow\lambda=\frac{Pl}{AE}$

$\therefore U=\frac{1}{2}P\lambda=\frac{P^2l}{2AE}=\frac{(50\times10^3)^2\times1}{2\times\left(\frac{\pi\times0.03^2}{4}\right)\times(303.8\times10^9)}\fallingdotseq5.82\text{J}$

PART 4

67

정답 ④

하중에 따른 안전율의 크기

충격하중 > 교번하중 > 반복하중 > 정하중

하중의 종류
- 정하중 : 힘의 크기와 방향 및 작용점이 항상 일정하게 작용하는 하중으로 인장하중, 압축하중, 전단하중 등이 있다.
- 반복하중 : 힘의 방향과 크기 및 작용점이 항상 같으며, 일정한 주기를 갖고 반복하여 작용하는 하중이다.
- 충격하중 : 매우 짧은 시간에 큰 힘이 작용하는 하중이다.
- 교번하중 : 힘의 작용점은 항상 같으나, 힘의 방향 및 크기가 주기적으로 변하는 하중이다.
- 이동하중 : 힘의 작용점이 시간에 따라 변화하는 하중이다.
- 임의진동 : 힘의 크기와 방향, 주기 등이 불규칙적인 하중이다.

68

정답 ②

밸브의 포트 수는 접속구의 수, 위치 수는 전체 사각형의 개수, 방향 수는 전체 화살표의 개수이다.
따라서 접속구의 수는 4, 전체 사각형의 수는 4, 전체 화살표의 수는 4이므로 4포트 4위치 4방향 밸브이다.

69

정답 ⑤

공압 시스템은 공압기기의 녹을 방지하고 윤활성을 주기 위해 급유를 해야 한다.

70

정답 ②

- 체심입방격자(BCC) : 강도, 경도가 크고 용융점이 높은 반면 연성, 전성이 낮다.
  대표 원소 : V, Ta, W, Rb, K, Li, Mo, $\alpha-$Fe, $\delta-$Fe, Cs, Cr, Ba, Na
- 면심입방격자(FCC) : 강도, 경도가 작고 연성, 전성이 좋다.
  대표 원소 : Ag, Cu, Au, Al, Ni, Pb, Pt, Si, $\gamma-$Fe, Pd, Rh, Ge, Ca
- 조밀육방격자(HCP) : 연성, 전성이 낮고 취성이 있다.
  대표 원소 : Mg, Zn, Ce, Zr, Ti, Y, Ru, Co

71

정답 ①

노칭(Notching)은 판재의 옆면을 여러 가지 모양으로 잘라내는 가공법으로 프레스가공 중 전단가공에 속한다.

오답분석

② 냉간가공은 재결정온도 이하에서 가공한다.
③ 가공경화는 소성가공 중 재료가 강해지는 현상이다.
④ 열간가공은 금속을 가열하여 부드럽게 해서 가공하는 방법이다.
⑤ 압연 시 압하율이 크면 롤 간격에서의 접촉호가 길어지므로 최고압력은 증가한다.

72

정답 ①

강도의 크기

극한강도 > 항복응력 > 탄성한도 > 허용응력 ≥ 사용응력

73

정답 ②

제시된 축에 대한 삼각형의 단면 2차 모멘트는 $I=\frac{bh^3}{36}$ 이다(b : 밑변, h : 높이).

따라서 단면 2차 모멘트는 $I=\frac{bh^3}{36}=\frac{20\times30^3}{36}=15,000\text{cm}^4$ 이다.

74

정답 ③

냉간가공 시 가공방향에 따라 강도가 달라질 수 있다.

냉간가공과 열간가공의 특징

냉간가공	열간가공
• 재결정온도 이하에서의 소성가공이다. • 제품의 치수를 정확하게 가공할 수 있다. • 기계적 성질을 개선시킬 수 있다. • 가공면이 아름답다. • 강도 및 경도가 증가하고 연신율이 감소한다. • 가공방향에 따라 강도가 달라진다.	• 재결정온도 이상에서의 소성가공이다. • 적은 동력으로 큰 변형이 가능하다. • 재질을 균일하게 만든다. • 가공도가 크므로 거친 가공에 적합하다. • 산화 등의 이유로 정밀가공을 할 수 없다. • 기공 등이 압착될 수 있다.

PART 4

75

정답 ②

1지점에서의 유량과 2지점에서의 유량은 같으므로 $\frac{\pi D_1^2}{4}v_1=\frac{\pi {D_2}^2}{4}v_2 \rightarrow v_1=\left(\frac{D_2}{D_1}\right)^2 v_2$ 이다.

1지점과 2지점에 대해 베르누이 방정식을 적용하면

$$\frac{P_1}{\gamma_{oil}}+\frac{{v_1}^2}{2g}=\frac{P_2}{\gamma_{oil}}+\frac{{v_2}^2}{2g} \rightarrow \frac{P_1}{\gamma_{oil}}+\frac{{v_2}^2}{2g}\left(\frac{D_2}{D_1}\right)^4=\frac{P_2}{\gamma_{oil}}+\frac{{v_2}^2}{2g}$$

v_2에 대해 정리하면 $v_2=\sqrt{\frac{2g\frac{P_1-P_2}{\gamma_{oil}}}{1-(\frac{D_2}{D_1})^4}}$ 이다.

한편 , $P_1+\gamma_{oil}h=P_2+\gamma_m h$ 이므로 $P_1-P_2=(\gamma_m-\gamma_{oil})h$ 이다.

이를 대입하면 $v_2=\sqrt{\frac{2gh(\frac{\gamma_m}{\gamma_{oil}}-1)}{1-(\frac{D_2}{D_1})^4}}$ 이다.

76

정답 ④

냉동 사이클에서 냉매는 압축기 → 응축기 → 팽창밸브 → 증발기 → 압축기로 순환하는 경로를 갖는다.

냉동기의 4대 구성요소

- 압축기 : 냉매기체의 압력과 온도를 높여 고온, 고압으로 만들면서 냉매에 압력을 가해 순환시킨다.
- 응축기 : 복수기라고도 불리며 냉매기체를 액체로 상변화시키면서 고온, 고압의 액체를 만든다.
- 팽창밸브 : 교축과정 상태로 줄어든 입구를 지나면서 냉매액체가 무화되어 저온, 저압의 액체를 만든다.
- 증발기 : 냉매액체가 대기와 만나면서 증발되면서 기체가 된다.

77

정답 ⑤

오답분석

① 텅스텐(W)은 경도를 증가시킨다.
② 니켈(Ni)은 내식성 및 내산성을 증가시키지만, 크리프 내성까지 증가시키지는 않는다.
③ 망간(Mn)은 적열 메짐을 방지한다.
④ 크롬(Cr)은 전자기적 성질을 개선하지는 않는다.

78

정답 ④

Y합금은 Al에 Cu, Mg, Ni를 첨가한 합금이다.

주요 합금 구성요소

Y합금	Al+Cu+Mg+Ni
두랄루민	Al+Cu+Mg+Mn
스텔라이트	Co+Cr+W+Mi

79

정답 ③

오답분석

① 침탄법 : 순철에 0.2% 이하의 C(탄소)가 합금된 저탄소강을 목탄과 같은 침탄제 속에 완전히 파묻은 상태로 약 900~950℃로 가열하여 재료의 표면에 C를 침입시켜 고탄소강으로 만든 후 급랭시킴으로써 표면을 경화시키는 열처리법이다. 기어나 피스톤 핀을 표면경화할 때 주로 사용된다.
② 화학증착법 : CVD(Chemical Vapor Deposition)법으로 기체 상태의 혼합물을 가열된 기판의 표면 위에서 화학반응을 시킴으로써 그 생성물이 기판의 표면에 증착되도록 만드는 기술이다.
④ 크로마이징 : 크롬(Cr)을 1,000~1,400℃인 환경에서 침투 및 확산시키는 표면처리 방법이다.
⑤ 고주파경화법 : 고주파유도전류로 강(Steel)의 표면층을 급속 가열한 후 급랭시키는 방법으로 가열시간이 짧고 피가열물에 대한 영향을 최소로 억제하며 표면을 경화시키는 표면경화법이다.

80

정답 ①

$Q=\triangle U+W$에서 외부로부터 받은 일의 양이 36kJ/kg이고 방출한 열이 36kJ/kg이므로

$-36=\triangle U-68$

따라서 내부에너지의 변화량은 $\triangle U=-36-(-68)=32$kJ/kg이고 양수이므로 증가하였다.

| 06 | 기술직(전기일반)

41	42	43	44	45	46	47	48	49	50
②	②	①	③	③	①	③	①	⑤	④
51	52	53	54	55	56	57	58	59	60
①	④	①	④	④	④	①	④	⑤	⑤
61	62	63	64	65	66	67	68	69	70
③	⑤	③	①	④	③	③	②	③	②
71	72	73	74	75	76	77	78	79	80
⑤	③	②	②	③	④	②	⑤	⑤	④

41

정답 ②

$C=\frac{Q}{V}$에서 $V \rightarrow 2V$이므로 $C'=\frac{Q}{2V}=\frac{1}{2}C$

따라서 커패스터의 용량은 2배 감소한다.

42

정답 ②

$Q=CV=\epsilon\frac{S}{d}V=\epsilon_0\epsilon_s\frac{S}{d}V$

$\therefore\ Q=(8.85\times10^{-12})\times4\times\frac{100\times10^{-4}}{1\times10^{-3}}\times10\times10^{3}$

$=3.54\times10^{-6}\mathrm{C}$

43

정답 ①

$F=NI=R_m\Phi=(2\times10^{7})\times(5\times10^{-5})=10\times10^{2}\mathrm{AT}=1{,}000\mathrm{AT}$

44

정답 ③

$E=-\nabla V$

$=\left(\frac{\partial}{\partial x}\hat{i}+\frac{\partial}{\partial y}\hat{y}+\frac{\partial}{\partial z}\hat{z}\right)(5x+6y^2)$

$=\left[\frac{\partial}{\partial x}(5x+6y^2)\ \hat{i}+\frac{\partial}{\partial y}(5x+6y^2)\ \hat{y}+\frac{\partial}{\partial z}(5x+6y^2)\hat{z}\right]$

$=5\hat{i}+12\hat{y}$

$\therefore\ |E|=\sqrt{5^2+12^2}=13\mathrm{V/m}$

45

전원과 R_1-R_2, R_3-R_4는 서로 병렬로 연결되어 있으므로 R_1, R_2에 걸리는 전압과 R_3, R_4에 걸리는 전압의 크기는 100V로 같다.

- a에 걸리는 전압의 크기
  R_1, R_2에 걸리는 전압이 100V이고 $R_1:R_2=2:3$이므로 각 저항에 걸리는 전압의 비 또한 2:3이다. 따라서 a에 걸리는 전압의 크기는 40V이다.
- b에 걸리는 전압의 크기
  R_3, R_4에 걸리는 전압 또한 100V이고 $R_3:R_4=1:9$이므로 각 저항에 걸리는 전압의 비 또한 1:9이다. 따라서 b에 걸리는 전압의 크기는 10V이다.

따라서 $a-b$ 사이에 걸리는 전압의 크기는 $40-10=30$V이다.

46

정답 ①

오답분석

ㄴ. 저항은 단면적의 넓이와 반비례한다.

ㄹ. 길이가 n배 증가하고 단면적의 넓이가 n배 증가하면, $R'=\rho\frac{nl}{nS}=\rho\frac{l}{S}$이므로 저항의 크기는 변하지 않는다.

저항의 크기

$[전기저항(R)]=\rho\frac{l}{S}$

(ρ : 고유저항, l : 저항의 길이, S : 저항의 단면적의 넓이)

47

정답 ③

발전기는 조속기의 감도를 둔감하게 해야 안정도가 향상된다.

안전도 향상 대책

- 발전기
  - 조속기의 감도를 적당히 둔감하게 한다.
  - 제동권선을 설치한다(난조 방지).
  - 속응여자방식을 채용한다.
  - 단락비를 크게 한다.
  - 전압변동률을 작게 한다.
  - 동기리액턴스를 감소시킨다.
- 송전선
  - 리액턴스를 감소시킨다.
  - 복도체(다도체)를 사용한다.
  - 병행 2회선 방식을 채용한다.
  - 고속도 재폐로 방식을 채용한다.
  - 고속 차단기를 설치한다.

PART 4

48

정답 ①

감쇠비(ζ)가 0일 경우, 시스템은 무한히 진동하며 발산한다.

오답분석

② 시정수가 작을수록 시스템 응답속도가 빠르다.
③ $0<\zeta<1$이면 진폭은 점차 감소하는 진동 시스템이다.
④ 지연시간은 출력값이 처음으로 정상 출력값의 50%에 도달하기까지 걸리는 시간이다.
⑤ 상승시간은 출력값이 정상 출력값의 10%에서 처음으로 90% 값에 도달하기까지 걸리는 시간이다.

감쇠비

감쇠비(ζ)는 진동 시스템의 감쇠가 어느 정도인지 나타내는 상수이며, 그 값에 따라 진동의 형태가 달라진다.

- $\zeta=0$: 무한진동
- $0<\zeta<1$: 미급감쇠진동
- $\zeta=1$: 임계감쇠진동
- $\zeta>1$: 과도감쇠진동

49

정답 ⑤

$Q_c=P(\tan\theta_1-\tan\theta_2)=P\left(\frac{\sin\theta_1}{\cos\theta_1}-\frac{\sin\theta_2}{\cos\theta_2}\right)=150\times\left(\frac{\sqrt{1-0.6^2}}{0.6}-\frac{\sqrt{1-0.9^2}}{0.9}\right)\fallingdotseq 127.3\text{kVA}$

50

정답 ④

발전기의 초당 회전수가 다르더라도 동기발전기의 극수에 의해 주파수가 같아지면 병렬로 운전할 수 있다.

동기발전기 병렬운전 시 필요조건

- 유기기전력의 주파수가 같을 것
  [$f=\frac{p}{2}n$(f : 주파수, p : 극수, n : 초당 회전수)]
- 유기기전력의 크기가 같을 것
- 유기기전력의 위상이 같을 것
- 유기기전력의 파형이 같을 것
- 유기기전력의 상회전의 방향이 같을 것

51

정답 ①

[전파정수(γ)] $=\sqrt{ZY}=\sqrt{(R+j\omega L)\times(G+j\omega C)}\fallingdotseq\frac{1}{2}$

$(R\sqrt{\frac{C}{L}}+G\sqrt{\frac{L}{C}})+j\omega\sqrt{LC}$에서$=\alpha+j\beta$에서 무손실 선로이므로 $R=G=0$이다. 따라서 무손실 선로에서의 감쇠정수(α)는 0이고, 위상정수(β)는 $\omega\sqrt{LC}$이다.

52

정답 ④

리플프리(Ripple-Free) 전류는 전압 및 전류 변동이 거의 없는 전류이며 직류 성분에 대하여 10%를 넘지 않는다. 즉, 리플프리 직류 시스템에서는 120V 직류 전원일 때, 변동이 발생하여도 140V를 넘을 수 없고, 60V 직류 전원일 때 변동이 발생하여도 70V를 넘을 수 없다.

53

정답 ①

$E=\frac{6,600}{\sqrt{3}}\fallingdotseq 3,810.5\text{V}$

$f=\frac{pN_s}{120}=\frac{30\times480}{240}=60\text{Hz}$

$\omega=\frac{240\times6}{3}$ 480($\because$ 슬롯의 수 : 240, 각 코일의 권수 : 6, 3상 동기발전기)

$\therefore\ \Phi=\frac{E}{4.44\times Kf\omega}=\frac{3,810.5}{4.44\times0.85\times60\times480}\fallingdotseq 0.035\text{Wb}$

54

정답 ④

유도기전력의 크기는 $E=-L\frac{di}{dt}=-N\frac{d\phi}{dt}$으로 정의한다.

따라서 $E=-(100\times10^{-3})\times\frac{(20-10)}{0.5}=-2\text{V}$이다.

또한 자속의 변화량은 $-2=-N\frac{d\phi}{dt}$이므로 $d\phi=\frac{2}{N}\times dt=2\times0.5=1\text{Wb}$이다.

55

정답 ④

중첩의 정리에 의해서

1) 전류원을 개방하는 경우

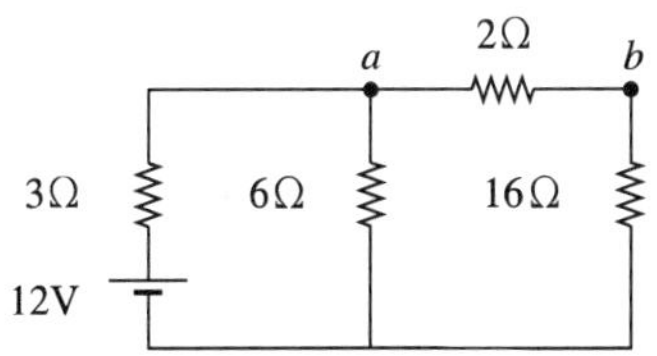

a, b에 흐르는 전류의 방향은 오른쪽이고 $\frac{12}{3+4.5} \times \frac{6}{6+18}$ $=0.4$A의 세기로 흐르므로, 0.8V의 전위차가 생긴다.

2) 전압원을 단락하는 경우

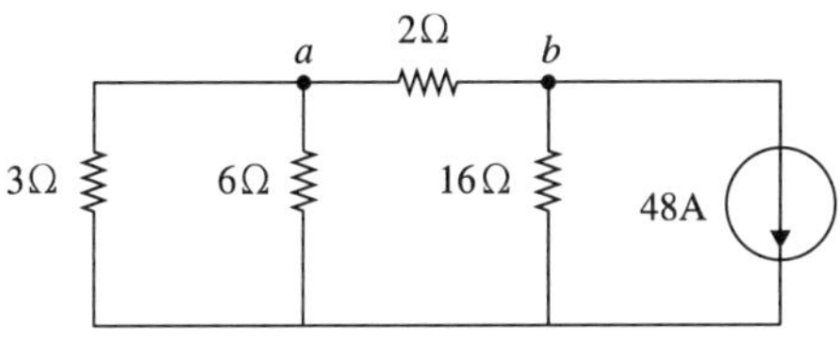

a, b에 흐르는 전류의 방향은 오른쪽이고 $48\times\frac{16}{16+4}=$ 38.4A의 세기로 흐르므로, 76.8V의 전위차가 생긴다. 따라서 a, b 두 점간의 전위차는 1)+2)=0.8+76.8=77.6V이다.

56

정답 ④

Y결선은 중성점 접지가 가능하고, 선간전압은 상전압의 $\sqrt{3}$ 배가 되며, 선간전압에 제3고조파가 발생하지 않고, 같은 선간전압의 결선에 비해 절연이 쉽다.

57

정답 ①

환상코일의 인덕턴스인 경우, $L=\frac{\mu SN^2}{l}$ 이고 $L'=\frac{\mu S(3N)^2}{l}$ $=\frac{9\mu SN^2}{l}=9L$이다.

따라서 $L'=L$이 되기 위해서는 비투자율을 1/9배로 조정하거나 단면적을 1/9배로 좁히거나 길이를 9배 늘리면 된다.

58

정답 ④

교류의 실효값이 7A이므로, 최대값은 $I_m=\sqrt{2}\,I_s=7\sqrt{2}$ 이다.

따라서 $i(t)=7\sqrt{2}\,sin(2\pi ft+60°)=7\sqrt{2}\,sin(2\pi ft+\frac{\pi}{3})$ 이다.

59

정답 ⑤

공통 중성선 다중 접지 3상 4선식 배전선로에서 고압측(1차측) 중성선과 저압측(2차측) 중성선을 전기적으로 연결하는 주된 목적은 고압 중성선과 저압 중성선이 서로 혼촉 시 수용가에 침입하는 상승전압을 억제하기 위함이다. 다중 접지 3상 4선식 배전 선로에서 고압측 중성선과 저압측 중성선끼리 연결되지 않은 채 고압 중성선과 저압 중성선이 서로 혼촉 시 고압 측 큰 전압이 저압 측을 통해서 수용가에 침입할 우려가 있다.

60

정답 ⑤

[유전율(ϵ)]$=\epsilon_0\epsilon_s$ 에서 ϵ_s는 비유전율이고, ϵ_0는 진공에서의 유전율이며 $\epsilon_0=8.855\times10^{-12}$F/m으로 정의한다.

ㄱ. 모든 유전체의 비유전율은 1보다 크다.

ㄷ. 어떤 물질의 비유전율은 진공 중의 유전율에 대한 물질의 유전율의 비이다.

ㄹ. 비유전율은 절연물의 종류에 따라 다르다.

ㅁ. 산화티탄 자기의 비유전율이 유리의 비유전율보다 크다 (산화티탄 : 115 ~ 5,000, 유리 : 5.4 ~ 9.9).

따라서 옳은 설명은 ㄱ, ㄷ, ㄹ, ㅁ으로 4개이다.

오답분석

ㄴ. 비유전율은 비율을 나타내는 무차원수이므로 단위는 없다.

ㅂ. 진공, 공기 중의 비유전율은 1이다.

ㅅ. 진공 중의 유전율은 $\frac{1}{36\pi}\times10^{-9}$F/m으로 나타낼 수 있다.

61

정답 ③

오답분석

선로정수의 평형은 연가의 사용목적이다.

가공지선의 설치 목적
- 직격뢰로부터의 차폐
- 유도뢰로부터의 차폐
- 통신선유도장애 경감

62

정답 ⑤

표피효과는 도체에 주파수가 큰 교류를 송전하면 내부에 전류가 표피로 집중하여 흐르는 현상으로 도전율(σ), 투자율(μ), 주파수(f)가 클수록 커진다.

PART 4

63

정답 ③

오답분석

① 유기 기전력과 전기자 전류가 동상인 경우 횡축 반작용을 한다.
② 뒤진역률일 경우, 즉 전류가 전압보다 90° 뒤질 때는, 감자작용을 한다.
④ 계자전류에 의한 자속이 전기자자속에 영향을 주는 현상이 아니라 전기자전류에 의한 자기장이 계자자속에 영향을 주는 현상이다.
⑤ 앞선역률일 경우, 즉 전류가 전압보다 90° 앞설 때는, 증자작용을 한다.

전기자 반작용

전기자 전류가 흘러 생긴 전기자 자속이 계자 자속에 영향을 주는 현상

- 역률 1일 때(전압과 전류가 동상인 전류, 저항부하) : 교차자화작용(횡축반작용)
- 뒤진역률(지상 전류, 유도성부하) : 감자작용(직축반작용)
- 앞선역률(진상 전류, 용량성부하) : 증자작용(직축반작용)

64

정답 ①

- 임피던스 $Z=\frac{V}{I}[\Omega]=\frac{200}{10}=20\Omega$
- 역률 $\cos\theta=\frac{R}{|Z|}=\frac{5}{20}=0.25$

65

정답 ④

- 피상전력 $P_a=\sqrt{(P)^2+(P_r)^2}$
  $=\sqrt{(300)^2+(400)^2}$
  $=500\text{VA}$
- 전류 $P_a=VI$에서 $I=\frac{P_a}{V}$이므로 $\frac{500}{100}=5\text{A}$

66

정답 ③

코일의 인덕턴스는 $L=N\frac{\Phi}{I}=\frac{2,000\times6\times10^{-2}}{10}=12\text{H}$이다.

따라서 시상수는 $\tau=\frac{L}{R}=\frac{12}{12}=1$초이다.

67

정답 ③

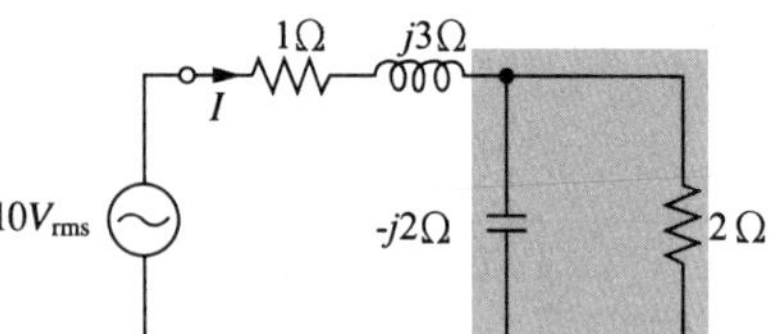

- 임피던스

$$Z=\left(\frac{(-j2)\times(2)}{(-j2)+(2)}\right)+(1+j3)$$
$$=\left(\frac{-j4}{2-j2}\right)+(1+j3)$$
$$=\frac{2+j6-j2+6-j4}{2-j2}$$
$$=\frac{8}{2-j2}\text{(분모, 분자공액)}$$
$$=\frac{8\cdot(2+j2)}{(2-j2)\cdot(2+j2)}$$
$$=2+j2[\Omega]$$
$$\therefore |Z|=\sqrt{(2)^2+(2)^2}=\sqrt{8}=2\sqrt{2}\,\Omega$$

- 역률

$$\cos\theta=\frac{\text{(임피던스의 실수부)}}{|Z|}=\frac{2}{2\sqrt{2}}=\frac{1}{\sqrt{2}}=\frac{\sqrt{2}}{2}$$

- 유효전력

$$P=I^2R=\left(\frac{V}{Z}\right)^2\times R$$
$$=\left(\frac{10}{2\sqrt{2}}\right)^2\times2$$
$$=25\text{W}$$

68

정답 ②

ㄴ. RL직렬회로의 임피던스는 $Z=R+j\omega L$이고 그 크기는 $|Z|=\sqrt{(R)^2+(\omega L)^2}$ 이다.

ㄹ. $[\text{양호도}(Q)]=\frac{1}{R}\sqrt{\frac{L}{C}}$

오답분석

ㄱ. 인덕터만으로 연결된 회로의 유도 리액턴스는 $X_L=\omega L$이다. RL회로는 전압이 전류보다 위상이 90° 앞선다.

ㄷ. RC직렬회로의 임피던스는 $Z=R-j\frac{1}{wC}$이고 그 크기는 $|Z|=\sqrt{(R)^2+\left(\frac{1}{\omega C}\right)^2}$ 이다.

69 **정답** ③

ㄱ. RLC병렬이므로 전압은 모두 같다.

ㄷ. 공진 시 전류는 저항 R에만 흐른다.

ㅁ. 공진 시 에너지는 저항 R에서만 소비된다.

오답분석

ㄴ. $[\text{어드미턴스}(Y)]=\frac{1}{R}+j\frac{1}{X_c}-j\frac{1}{X_L}[℧]$

$=\frac{1}{R}+j\left(\frac{1}{X_c}-\frac{1}{X_L}\right)$

$X_c=\frac{1}{\omega C}$, $X_L=\omega L$을 대입하여 정리하면

$$\frac{1}{R}+j\left(\frac{1}{\frac{1}{\omega C}}-\frac{1}{\omega L}\right)=\frac{1}{R}+j\left(\omega C-\frac{1}{\omega L}\right)[℧]$$

ㄹ. L과 C의 전류 위상차 : −90°와 +90°, 즉 180° 위상차가 발생한다.

L[H]	C[F]
O, $\dot{V}$(기준), $\frac{\pi}{2}$, $\dot{I}$ $v>I\left(\frac{\pi}{2}\right)$	$\dot{I}$, $\frac{\pi}{2}$, O, $\dot{V}$(기준) $v<I\left(\frac{\pi}{2}\right)$

70 **정답** ②

$$\begin{pmatrix} A & B \\ C & D \end{pmatrix}=\begin{pmatrix} 1+\frac{6}{3} & \frac{(6\times3)+(3\times6)+(6\times6)}{3} \\ \frac{1}{3} & 1+\frac{6}{3} \end{pmatrix}=\begin{pmatrix} 3 & 24 \\ \frac{1}{3} & 3 \end{pmatrix}$$

대칭 T형 회로

$$\begin{pmatrix} 1+\frac{Z_1}{Z_2} & \frac{Z_1Z_2+Z_2Z_3+Z_3Z_1}{Z_2} \\ \frac{1}{Z_2} & 1+\frac{Z_3}{Z_2} \end{pmatrix}$$

대칭 T형 회로에서는 $A=D$이다.

71 **정답** ⑤

직류 송전은 차단기 설치 및 전압의 변성이 어렵다.

72 **정답** ③

Peek의 식

$$P=\frac{241}{\delta}(f+25)\sqrt{\frac{d}{2D}}(E-E_0)^2\times10^{-5}$$

- δ : 상대공기밀도($\delta=\frac{0.368b}{273+t}$, b : 기압, t : 온도)
- D : 선간거리[cm]
- d : 전선의 지름[cm]
- f : 주파수[Hz]
- E : 전선에 걸리는 대지전압[kV]
- E_0 : 코로나 임계전압[kV]

73 **정답** ②

구분	파형	실횻값	평균값	파고율	파형률
정현파 (사인파)	V_m	$\frac{V_m}{\sqrt{2}}$	$\frac{2}{\pi}V_m$	$\sqrt{2}$	$\frac{\pi}{2\sqrt{2}}$
전파 (정류)		$\frac{V_m}{\sqrt{2}}$	$\frac{2}{\pi}V_m$	$\sqrt{2}$	$\frac{\pi}{2\sqrt{2}}$
반파 (정류)		$\frac{V_m}{2}$	$\frac{V_m}{\pi}$	2	$\frac{\pi}{2}$
구형파 (사각파)		V_m	V_m	1	1
반구 형파		$\frac{V_m}{\sqrt{2}}$	$\frac{V_m}{2}$	$\sqrt{2}$	$\sqrt{2}$
삼각파 (톱니파)		$\frac{V_m}{\sqrt{3}}$	$\frac{V_m}{2}$	$\sqrt{3}$	$\frac{2}{\sqrt{3}}$
제형파 (사다리꼴)		$\frac{\sqrt{5}}{3}V$	$\frac{2}{3}V_m$	$\frac{3}{\sqrt{5}}$	$\frac{\sqrt{3}}{2}$

74 **정답** ②

병렬회로 공진 주파수는 직렬회로의 공진 주파수와 동일하다.

$$\therefore f=\frac{1}{2\pi\sqrt{LC}}[\text{Hz}]=\frac{1}{2\pi\sqrt{100\times1\times10^4\times10^{-6}}}$$

$$=\frac{1}{2\pi}\text{Hz}$$

75

정답 ③

$$\%Z=\frac{I_n Z}{E_n}\times 100=\frac{PZ}{10V^2}$$

(I_n : 정격전류, Z : 내부임피던스, P : 변압기용량, E_n : 상전압, 유기기전력, V : 선간전압 또는 단자전압)

76

정답 ④

권선형 전동기와 유도 전동기

구분	권선형 유도 전동기	농형 유도 전동기
장점	• 기동전류가 작다. • 기동토크가 크다 • 용량이 크다.	• 구조가 간단하다. • 유지보수 및 수리가 간단하다. • 상대적으로 저렴하다.
단점	• 구조가 복잡하다.	• 기동전류가 크다. • 기동토크가 작다.

77

정답 ②

계기용변류기(CT)는 고압회로에 흐르는 큰 전류를 이에 비례하는 적은 전류로 변성하여 배전반의 측정계기나 보호 계전기의 전원으로 사용하는 전류 변성기이다.

오답분석

① 계기용변압기(PT) : 고압회로의 높은 전압을 이에 비례하는 낮은 전압으로 변성하는 변압기이다.
③ 과전압 계전기(OVR) : 전압이 일정 값 이상이 되었을 때 동작하는 계전기이다.
④ 지락 계전기(OCR) : 전류가 일정 값 이상으로 흐를 때 동작하는 계전기이다.
⑤ 단락방향 계전기(DSR) : 일정 방향으로 일정 값 이상의 단락 전류가 발생할 경우 동작하는 계전기이다.

78

정답 ⑤

자동제어계 동작 분류

- 비례동작(P동작)은 정상오차를 수반하며 잔류편차 발생시킨다.
- 적분동작(I동작)은 잔류편차(Offset) 제거하며 지상을 보상한다.
- 미분동작(D동작)은 오차가 커지는 것을 방지하며 진상을 보상한다.
- 비례적분동작(PI동작)은 잔류편차를 제거한다.
- 비례미분동작(PD동작)은 응답속응성을 개선한다.
- 비례적분미분동작(PID동작)은 잔류편차 제거, 응답의 오버슈트 감소, 응답속응성을 개선하며, 정상특성을 개선하는 최상의 최적제어로 안정한 제어가 되도록 한다.

79

정답 ⑤

수지식(가지식) 방식은 전압 변동이 크고 정전 범위가 넓다.

오답분석

①·② 망상식(네트워크) 방식은 무정전 공급이 가능하나, 네트워크 변압기나 네트워크 프로텍터 설치에 따른 설비비가 비싸다. 대형 빌딩가와 같은 고밀도 부하 밀집 지역에 적합한 방식이다.
③ 환상식(루프) 방식은 전류 통로에 대한 융통성이 있어 전압 강하 및 전력 손실이 수지식보다 적다.
④ 뱅킹 방식은 전압 강하 및 전력 손실, 플리커 현상 등을 감소시킨다.

80

정답 ④

등전위면과 전기력선은 항상 수직이다.

오답분석

① 도체표면은 등전위면이다.
② 도체표면에만 존재하고 도체내부에는 존재하지 않는다.
③ 전기력선은 등전위면 간격이 좁을수록 세기가 커진다.
⑤ 전기력선은 서로 교차하지 않고, 그 방향은 양(+)에서 음(−)으로 향한다.

전기력선의 성질

- 도체 표면에 존재한다(도체 내부에는 없다).
- 양전하(+)에서 음전하(−)로 향한다.
- 등전위면과 수직으로 발산한다.
- 전하가 없는 곳에는 전기력선이 없다(발생, 소멸이 없다).
- 전기력선 자신만으로 폐곡선을 이루지 않는다.
- 전위가 높은 곳에서 낮은 곳으로 이동한다.
- 전기력선은 서로 교차하지 않는다.
- 전기력선 접선방향은 그 점의 전계의 방향을 의미한다.
- 어떤 한 점의 전하량이 Q일 때, 그 점에서 $\frac{Q}{\varepsilon_0}$개의 전기력선이 나온다.
- 전기력선의 밀도는 전기장의 세기에 비례한다(전기력선의 세기는 등전위면 간격이 좁을수록 커진다).

| 07 | 기술직(전자일반)

41	42	43	44	45	46	47	48	49	50
①	④	④	⑤	①	③	④	③	③	④
51	52	53	54	55	56	57	58	59	60
⑤	①	⑤	①	④	③	②	⑤	④	④
61	62	63	64	65	66	67	68	69	70
⑤	③	④	③	①	③	①	①	③	③
71	72	73	74	75	76	77	78	79	80
④	①	①	③	③	④	①	③	④	②

41

정답 ①

유전체나 진공 중의 전속밀도(D)는 전하밀도(σ)와 같으므로 대전체의 전속은 같다. 전속은 매질에 관계없이 Q[C]로 일정하다.

42

정답 ④

$$v=\frac{\omega}{\beta}=\frac{\omega}{\omega\sqrt{LC}}=\frac{1}{\sqrt{LC}}=\frac{1}{\sqrt{\varepsilon\mu}}=\frac{1}{\sqrt{\varepsilon_o\varepsilon_r\mu_o\mu_r}}$$

$$=\frac{1}{\sqrt{\varepsilon_o\mu_o}}\fallingdotseq 3\times10^8=c(\text{광속도})[\text{m/s}]$$

따라서 $c=\frac{1}{\sqrt{\epsilon_o\mu_o}}$이므로 비투자율($\mu_r$)과 비유전율($\varepsilon_r$)이 모두 1이 되어야 한다.

43

정답 ④

E=30V/m의 평등전계 내에서 이동거리에 따른 전위차 $V_{AB}=30\times0.9=27$V이다. 전하는 전계 방향으로 이동되었으므로 이동한 후의 전위 V_B는 이동하기 전의 전위 V_A= 60V보다 27V 낮아진다. 따라서 $V_{AB}=V_A-V_B \rightarrow V_B=V_A-V_{AB}=60-27=33$V이다.

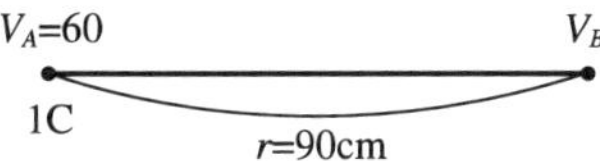

44

정답 ⑤

정사각형 한 변에서 중심($\frac{a}{2}$[m] 떨어진 점)에 미치는 자계의 세기(H_1)는 $H_1=\frac{I}{4\pi\frac{a}{2}}(\sin\beta_1+\sin\beta_2)$이고 여기서 $\beta_1=\beta_2=45°$이다.

따라서 $H_1=\frac{I}{4\pi\frac{a}{2}}(\sin45°+\sin45°)=\frac{I}{4\pi\frac{a}{2}}\times2\times\frac{1}{\sqrt{2}}$

$=\frac{I}{\sqrt{2}\pi a}$[AT/m]이다. 정사각형 단일 코일의 중심에서 자계의 세기는 4개의 변이 있으므로 $H=4H_1$이다.

따라서 $H=4\times\frac{I}{\sqrt{2}\pi a}=\frac{2\sqrt{2}I}{\pi a}$AT/m이다.

45

정답 ①

전하(Q) 공식 $Q=CV$에서 전압(V)에 대한 식으로 바꾸면 $V=\frac{Q}{C}$이다. 따라서 $V=\frac{3\times10^{-3}}{20\times10^{-6}}=150$V이다.

46

정답 ③

코일과 쇄교하는 자속수 $N\phi=LI$이고, 여기서 자기 인덕턴스 $L=\frac{N\phi}{I}$이므로 $L=\frac{4}{8}=0.5$H이다. 따라서 코일에 축적되는 자기 에너지 $W=\frac{1}{2}LI^2$이므로 $W=\frac{1}{2}\times0.5\times8^2=$ 16J이다.

47

정답 ④

$k=\frac{1}{\rho}$[℧/m], $E=\frac{V}{l}$[V/m], 전류밀도(i)는 $i=\frac{I}{S}=\frac{V}{RS}$이다. 전류밀도에 $R=\rho\frac{l}{S}$를 대입하면 $i=\frac{V}{RS}=\frac{V}{\rho\frac{l}{S}\times S}$

$\rightarrow i=\frac{V}{\rho l}$이 된다. 고유저항 ρ은 도전율 k의 역수로 $\rho=\frac{1}{k}$과 전계의 세기 $E=\frac{V}{l}$를 대입하면 $i=\frac{V}{l/k}=k\times\frac{V}{l}=kE[\text{A/m}^2]$이 된다.

48

정답 ③

기자력 $F=NI=R\phi=Hl$[AT]이다. 따라서 자속 $\phi=\frac{NI}{R}=\frac{\ni}{\frac{l}{\mu S}}=\frac{\mu SNI}{l}$[Wb]가 된다($R=\frac{l}{\mu S}$).

49

정답 ③

반사계수 $\rho=\frac{Z_L-Z_0}{Z_L+Z_0}$이므로 $\rho=\frac{4Z_0-Z_0}{4Z_0+Z_0}=\frac{3Z_0}{5Z_0}=\frac{3}{5}$ $=0.6$이다. 또한 정재파비 $S=\frac{1+|\rho|}{1-|\rho|}=\frac{1+0.6}{1-0.6}=\frac{1.6}{0.4}$ $=4$이다.

50

정답 ④

저역필터회로의 저항조건은 $R=\frac{1}{\omega C}$이므로 차단 주파수 $\omega=\frac{1}{RC}$[rad]에서 $CR=\frac{1}{\omega}$이 된다.

따라서 이득 $\frac{V_2}{V_1}=\frac{\frac{1}{SC}}{R+\frac{1}{SC}}=\frac{1}{SCR+1}$이며,

이득에 $S=jw$를 대입하면 $\frac{V_2}{V_1}=\frac{1}{1+j\omega\times\frac{1}{\omega}}=\frac{1}{|1+j|}$

$=\frac{1}{\sqrt{1^2+1^2}}=\frac{1}{\sqrt{2}}$이다.

51

정답 ⑤

R－C 직렬회로에 직류전압 15V를 인가하고 $t=0$에서 스위치를 켰을 때 커패시터 C에 충전된 전하 $q=CE(1-e^{-\frac{1}{CR}t})$ [C]이고, 커패시터 양단에 걸리는 전압 $V_c=\frac{q}{C}=\frac{CE}{C}(1-e^{-\frac{1}{CR}t})=E(1-e^{-\frac{1}{CR}t})$[V]이다. 따라서 커패시터 양단에 걸리는 전압 $V_c=15(1-e^{-\frac{t}{2\times0.5}})=15(1-e^{-t})$[V]이다.

52

정답 ①

π형 4단자 망에서 4단자 정수 $\begin{vmatrix}A & B\\ C & D\end{vmatrix}=\begin{vmatrix}1 & 0\\ \frac{1}{5} & 1\end{vmatrix}\begin{vmatrix}1 & 10\\ 0 & 1\end{vmatrix}\begin{vmatrix}1 & 0\\ \frac{1}{5} & 1\end{vmatrix}$

$=\begin{vmatrix}1 & 10\\ \frac{1}{5} & 3\end{vmatrix}\begin{vmatrix}1 & 0\\ \frac{1}{5} & 1\end{vmatrix}=\begin{vmatrix}1+\frac{10}{5} & 10\\ \frac{1}{5}+\frac{3}{5} & 3\end{vmatrix}=\begin{vmatrix}3 & 10\\ \frac{4}{5} & 3\end{vmatrix}$이 된다. 따라서

임피던스 파라미터는 역방향이므로 $Z_{21}=\frac{1}{C}=\frac{1}{\frac{4}{5}}=\frac{5}{4}$가 된다.

53

정답 ⑤

전류비(N)를 이용하여 Neper단위와 국제표준단위인 [dB] 단위의 식은 다음과 같다.

- Neper단위

  : $N=\ln\frac{I_1}{I_2}=\log_e\frac{I_1}{I_2}=\frac{1}{\log_e}\log\frac{I_1}{I_2}=2.3026\log\frac{I_1}{I_2}$

- [dB] 단위 : $N'=20\log\frac{I_1}{I_2}$

따라서 1dB을 Neper단위로 환산하면 다음과 같다.

$$\frac{N}{N'}=\frac{\ln_e\frac{I_1}{I_2}}{20\log_{10}\frac{I_1}{I_2}}=\frac{2.3026\log_{10}\frac{I_1}{I_2}}{20\log_{10}\frac{I_1}{I_2}}=\frac{2.3026}{20}$$

$\fallingdotseq 0.115$Nep/dB

54

정답 ①

피상전력 $P_a=\frac{P}{\cos\theta}=\frac{60}{0.6}=100$kVar이고, 역률 $\cos\theta=\frac{(\text{유효전력})}{(\text{피상전력})}=\frac{P}{P_a}=0.6$, 무효율 $\sin\theta=\frac{(\text{무효전력})}{(\text{피상전력})}=\frac{P_r}{P_a}=\sqrt{1-\cos^2\theta}=\sqrt{1-(0.6)^2}=0.8$이다. 따라서 무효전력 $P_r=P_a\sin\theta=100\times0.8=80$kVar이다.

55

정답 ④

공진곡선에서 선택도 $Q_o=\frac{(\text{공진주파수})}{(\text{대역폭})}=\frac{f_o}{B}=\frac{f_o}{f_H-f_L}$ 이다. 따라서 $Q_o=\frac{20}{10.1-9.9}=\frac{20}{0.2}=100$이 된다.

56

정답 ③

과도현상은 $t=0$인 시간을 기준으로 $t=0$에서 어떤 상태의 변화가 일어난 후에 정상적인 현상이 발생하기 전에 나타나는 전압, 전류 등의 여러 가지 과도기적 현상을 뜻한다. 이러한 과도현상은 시정수(시상수, i)가 클수록 오래 지속되며, 시정수는 특성근의 절댓값의 역수(e^{-1}이 되는 t의 값)이다.

R－L 직렬회로의 전류 $i(t)=\frac{E}{R}(1-e^{-\frac{R}{L}t})$[A]이며, 시정수 $\tau=\frac{L}{R}$[sec]이다.

따라서 $\frac{L}{R}$초 후의 전류 $i(t)=\frac{E}{R}(1-e^{-\frac{R}{L}\times\frac{L}{R}})=\frac{110}{5}(1-e^{-1})=22(1-\frac{1}{e})=22(1-\frac{1}{2.718})=22(1-0.368)$ $=22\times0.632=13.904$A가 된다.

57

정답 ②

A급 증폭은 동작점에 대응하는 평균 전압·전류가 B급 증폭과 C급 증폭에 비해 크기 때문에 전력의 효율은 낮다.

58

정답 ⑤

터널 다이오드는 불순물 농도를 증가시킨 반도체로서 PN 접합을 만들면 공핍층이 아주 얇게 되어 터널 효과가 발생하고, 갑자기 전류가 많이 흐르게 되며, 순방향 바이어스 상태에서 부성 저항 특성이 나타난다.

오답분석

① 제너 다이오드 : 제너 항복을 응용한 정전압 소자로, 정전압 다이오드와 전압 표준 다이오드의 두 종류가 있다.
② 발광 다이오드 : 전류를 빛으로 변환시키는 반도체 소자로, LED(Light Emitting Diode)라고도 한다.
③ 포토 다이오드 : 반도체 다이오드의 일종으로 광다이오드라고도 하며, 빛에너지를 전기에너지로 변환한다.
④ 쇼트키 다이오드 : 금속과 반도체의 접촉면에 생기는 장벽의 정류 작용을 이용한 다이오드이다.

59

정답 ④

안티몬(Sb)은 N형 반도체의 불순물이며 이외에 As(비소), P(인), Bi(비스무트)가 있다.

오답분석

P형 반도체에 들어가는 3가 원소는 인듐(In), 알루미늄(Al), 갈륨(Ga), 붕소(B)이다.

60

정답 ④

바리스터(Varistor)란 인가전압에 크기에 따라 저항이 민감하게 변하는 비선형 저항소자이다. 또한 바리스터는 전압이 높아지면 저항이 감소하여 과잉전류를 흡수하는 것으로 전압 제한 회로, 트랜지스터 보호, 과전압 방지에 사용한다.

61

정답 ⑤

실리콘 제어 정류소자(Silicon Controlled Rectifier)의 게이트는 P형 반도체에 단자를 연결하여 전류가 흐르도록 한다. SCR은 사이리스터(Thyristor)라고 일반적으로 불리며, 무접점 스위치로 작동하고, 소전력용부터 대전력용까지 각종 제어 정류소자로 쓰인다.

62

정답 ③

초전도 현상은 어떤 물질을 특정 임계 온도 이하로 냉각시켰을 때 저항이 0이 되고 내부 자기장을 밀쳐내는 현상이다. 초전도체의 임계 자기장은 온도가 높아질수록 낮아지고, 모든 초전도체는 외부 자기장이 없거나 외부 자기장의 세기가 특정한 값 미만일 때 낮은 전류에 대하여 전기저항이 0이 되는 현상을 보인다.

63

정답 ④

게르마늄(Ge)인 진성반도체가 전자가 전도대의 바닥상태일 때의 불순물 농도 $N_v=1$이다. 전자 확률 공식에 대입하여 구하면 다음과 같다(n_i는 자유전자, K는 볼츠만상수, T는 절대온도이다).

$$n_i = N_v e^{-\frac{E_g}{2KT}} = 1\times e^{-\frac{0.67\times1.602\times10^{-19}}{2\times1.38\times10^{-23}\times300}}$$
$$= e^{-\frac{1.07334\times10^{4}}{828}}$$
$$\fallingdotseq e^{-13} \fallingdotseq 2.3\times10^{-6}$$

64

정답 ③

금속 표면에서 전자를 튀어나오게 하는 필요한 일의 양을 일함수(E_w)라고 하며, 일함수는 표면전위 장벽에서 페르미 준위를 빼준 값으로 나타낸다. 따라서 이 금속의 일함수는 $E_w = E_B - E_f = 17.69 - 6.45 = 11.24\text{eV}$이다.

65

정답 ①

태양전지는 광기전력 효과를 이용한 광전지로 빛에너지를 전기로 변환시킨다.

오답분석

광도전 효과를 이용한 도전체는 광도전 셀(화재경보기, 자동점멸장치 등), 광다이오드, Cds도전셀이 있다.

66

정답 ③

부울 대수에 따라 제시된 논리식을 간소화하면

$$Z = ABC + A\overline{B}C + AB\overline{C} + A\overline{BC} + \overline{ABC}$$
$$= AB(C+\overline{C}) + A\overline{B}(C+\overline{C}) + \overline{ABC}$$
$$= AB + A\overline{B} + \overline{ABC}$$
$$= A(B+\overline{B}) + \overline{ABC}$$
$$= A + \overline{ABC}$$
$$= A + \overline{BC}$$

따라서 논리식 $Z = A + \overline{BC}$로 간소화된다.

PART 4

67

정답 ①

오답분석

② 간접번지 : 대상 데이터의 기억 장소를 직접 지정하지 않고, 이 어드레스를 저장하고 있는 기억 장소의 어드레스를 지정하는 것이다.
③ 절대번지 : 주 메모리에는 미리 번지가 고정적으로 매겨져 있는데, 이것을 절대번지라고 한다.
④ 상대번지 : 절대번지에 대해서 별도로 지정한 번지를 기준으로 하여 상대적으로 나타낸 번지를 말한다.
⑤ 참조번지 : 임시적 상태 번지를 최종적 절대 번지로 변환시키는 데 사용되는 번지이다.

68

정답 ①

N 주소 명령어 형식은 명령 내에 N개의 주소를 나타낼 수 있는 형식이다. 프로그램 내장형 컴퓨터의 경우 N은 3보다 작으며, 대부분 컴퓨터의 경우 N은 2 이하인데, 누산기를 1개 가지고 있는 컴퓨터에서는 N이 1, 스택을 사용하는 컴퓨터에서는 N이 0인 명령 형식을 사용한다. 따라서 스택(Stack)이 반드시 필요한 명령문 형식은 0－주소 형식이다.

스택(Stack)
컴퓨터에서 사용되는 기본 데이터 구조 중 하나이며, 추상 데이터형이다.

69

정답 ③

오답분석

① BCD 코드 : 숫자, 영문자, 특수 기호를 나타내기 위한 6비트로 이루어지는 코드. 오류 검사용의 1비트가 부가되어, 전체로서는 7비트로 구성된다.
② EBCDIC 코드 : 8비트의 조합에서 1자를 표현하는 부호 체계로, 이 8비트를 1바이트라 하며, 1바이트로 영문자(A～Z), 숫자(0～9), 특수기호 등 256종의 문자를 표현할 수 있다.
④ 유니코드 : 세계 모든 나라의 언어를 통일된 방법으로 표현할 수 있게 제안된 국제적인 코드 규약이다.
⑤ 확장 유닉스 코드 : 1985년 일본어 유닉스 시스템 자문위원회의 제안에 따라 AT&T가 정한 복수 바이트의 문자를 취급할 수 있는 문자 코드 방식이다.

70

정답 ③

n비트의 저장공간이 부호화된 2의 보수에서 표현할 수 있는 범위는 $-2^{n-1} \sim (2^{n-1}-1)$을 통해 계산할 수 있다. 따라서 8비트로 표현할 수 있는 수의 표현 범위는 $-2^{7} \sim (2^{7}-1)$ → $-128 \sim 127$이다.

71

정답 ④

객체지향프로그래밍은 객체라는 작은 단위로 모든 처리를 기술하는 프로그래밍 방법이다. 이러한 객체지향프로그래밍 언어로는 C++, C#, JAVA, PYTHON, RUBY, PERL, ASP 등을 볼 수 있다. FORTRAN은 프로그램을 작성할 때 실행순서를 지정하게 되는 프로그램 작성 언어인 절차지향프로그래밍 언어로, 절차지향프로그래밍 언어로는 C언어, PASCAL, COBOL, FORTRAN, ALGOL, PL/1 등이 있다.

72

정답 ①

오답분석

② 명령 해독기(Instruction Decoder) : 명령어 레지스터에 입력되는 신호의 조합(1과 0)에 의해 어떤 명령인가를 해독하는 회로이며, 중앙 처리 장치 내부의 중요 회로이다.
③ 제어 장치(Control Unit) : 데이터 처리 시스템에서 하나 이상의 주변장치를 제어하는 기능 단위로 기억장치에 축적되어 있는 일련의 프로그램 명령을 순차적으로 꺼내 이것을 분석·해독하여 각 장치에 필요한 지령 신호를 주고, 장치간의 정보 조작을 제어하는 구실을 한다.
④ 인코더(Encoder) : 디지털 전자회로에서 어떤 부호계열의 신호를 다른 부호계열의 신호로 바꾸는 변환기이다.
⑤ 멀티플렉서(Multiplexer) : 최선의 유효이용을 꾀하기 위하여 각 통신로(채널)의 필요 성분을 재배치하는 장치이며, 다중화장치라 총칭된다.

73

정답 ①

컴퓨터의 중앙처리장치에서 더하기, 빼기, 곱하기, 나누기 등의 연산을 한 결과 등을 일시적으로 저장해 두는 레지스터를 누산기라고 한다.

오답분석

② 가산기에 대한 설명이다.
③ 미분기에 대한 설명이다.
④ 부호기에 대한 설명이다.
⑤ 보수기에 대한 설명이다.

74

정답 ③

Perl(Practical Extraction and Report Language)은 텍스트를 스캐닝하고, 형식화된 보고서를 프린트한다. 또한 중첩된 데이터 구조와 객체 지향의 기능을 지원함으로써, 자료를 추출하고 그에 의거한 보고서를 작성하는 데 적합한 프로그래밍 언어로 볼 수 있다.

오답분석

① C언어 : 운영 체제나 언어 처리계 등의 시스템 기술에 적합한 프로그래밍 언어이다.

② Java : C/C++에 비해 간략하고 쉬우며 네트워크 기능의 구현이 용이하기 때문에, 인터넷 환경에서 가장 활발히 사용되는 프로그래밍 언어이다.

④ HTML : 인터넷 서비스의 하나인 월드 와이드 웹을 통해 볼 수 있는 문서를 만들 때 사용하는 웹 언어의 한 종류이다.

⑤ PHP : 하이퍼텍스트 생성 언어(HTML)에 포함되어 동작하는 스크립팅 언어이다.

75

정답 ③

주기억장치는 처리속도가 빠르기는 하지만, 대부분 전원이 끊어지면 저장된 자료가 소멸되고 가격이 비싸 다량의 자료를 영구적으로 보관할 수가 없다. 그러나 보조기억장치는 속도가 상대적으로 느리기는 하지만, 다량의 자료를 영구적으로 저장할 수 있는 특징이 있다.

76

정답 ④

전파 삼각파의 최댓값 전류는 I_m, 실효값 전류는 $\frac{I_m}{\sqrt{3}}$, 평균값 전류는 $\frac{I_m}{2}$ 이다. 또한 파고율은 실효값 대비 최댓값 비율로 $\frac{I_m}{\frac{I_m}{2}}=\sqrt{3}$ 이다.

77

정답 ①

내부 임피던스를 갖는 전압원들이 병렬로 접속된 때에는 그 병렬 접속점에서 나타나는 합성 전압은 개개의 전원이 단락된 경우의 전류 대수합을 개개의 전원의 내부 어드미턴스 대수합으로 나눈 것과 같다는 밀만의 정리를 이용한다. 정전압원이 단락되었을 때 a, b단자에 걸리는 전압 $V_1=I\times\frac{4\times6}{4+6}=12\times2.4=28.8$V이다. 또한 정전류원이 개방되었을 때 a, b단자에 걸리는 전압 $V_2=I\times R=\frac{20}{4+6}\times6=12$V이다. 따라서 정전압원이 단락되고 정전류원이 개방되었을 때 a, b단자에 나타나는 전압 $V_{ab}=V_1+V_2=28.8+12=40.8$V이다.

78

정답 ③

실효치는 $\frac{(최대값)}{\sqrt{2}}=\frac{220\sqrt{2}}{\sqrt{2}}=220$V이며, 전기각속도는 $\omega=2\pi f=140\pi$이므로 $f=70$Hz이다.

79

정답 ④

회로에서 유도 리액턴스는 $X_L=10\Omega$, 용량 리액턴스는 $X_C=4\Omega$이며, 직렬 연결 합성저항 $R=6+2=8\Omega$이다.

따라서 합성 임피던스 $Z=\sqrt{R^2+(X_L-X_C)^2}$ 이므로 해당되는 수치를 대입하면

$Z=\sqrt{R^2+(X_L-X_C)^2}=\sqrt{(6+2)^2+(10-4)^2}$

$=\sqrt{8^2+6^2}=\sqrt{100}=10\Omega$이다.

80

정답 ②

상호 인덕턴스 $M=K\sqrt{L_1L_2}$에 자체 인덕턴스와 결합계수를 대입하면 $M=K\sqrt{L_1L_2}=0.7\sqrt{40\times10}=0.7\sqrt{400}=14$H가 된다.

PART 4

행운이란 100%의 노력 뒤에 남는 것이다.

– 랭스턴 콜만 –

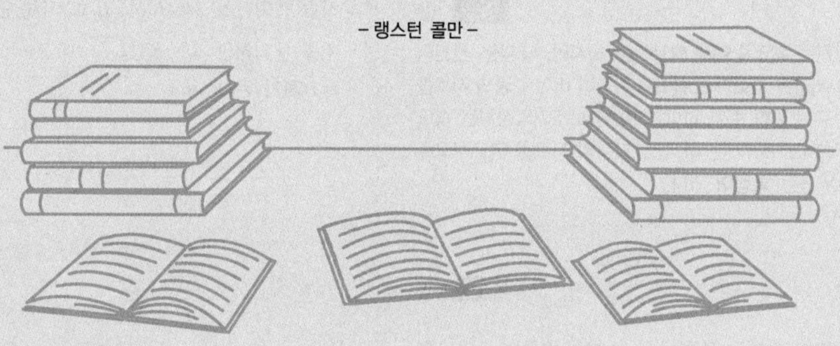

서울교통공사 필기시험 답안카드

성 명

지원 분야

문제지 형별기재란	
(　　　)형	Ⓐ Ⓑ

수 험 번 호						
⓪	⓪	⓪	⓪	⓪	⓪	⓪
①	①	①	①	①	①	①
②	②	②	②	②	②	②
③	③	③	③	③	③	③
④	④	④	④	④	④	④
⑤	⑤	⑤	⑤	⑤	⑤	⑤
⑥	⑥	⑥	⑥	⑥	⑥	⑥
⑦	⑦	⑦	⑦	⑦	⑦	⑦
⑧	⑧	⑧	⑧	⑧	⑧	⑧
⑨	⑨	⑨	⑨	⑨	⑨	⑨

감독위원 확인
(인)

번호	답	번호	답	번호	답	번호	답
1	① ② ③ ④ ⑤	21	① ② ③ ④ ⑤	41	① ② ③ ④ ⑤	61	① ② ③ ④ ⑤
2	① ② ③ ④ ⑤	22	① ② ③ ④ ⑤	42	① ② ③ ④ ⑤	62	① ② ③ ④ ⑤
3	① ② ③ ④ ⑤	23	① ② ③ ④ ⑤	43	① ② ③ ④ ⑤	63	① ② ③ ④ ⑤
4	① ② ③ ④ ⑤	24	① ② ③ ④ ⑤	44	① ② ③ ④ ⑤	64	① ② ③ ④ ⑤
5	① ② ③ ④ ⑤	25	① ② ③ ④ ⑤	45	① ② ③ ④ ⑤	65	① ② ③ ④ ⑤
6	① ② ③ ④ ⑤	26	① ② ③ ④ ⑤	46	① ② ③ ④ ⑤	66	① ② ③ ④ ⑤
7	① ② ③ ④ ⑤	27	① ② ③ ④ ⑤	47	① ② ③ ④ ⑤	67	① ② ③ ④ ⑤
8	① ② ③ ④ ⑤	28	① ② ③ ④ ⑤	48	① ② ③ ④ ⑤	68	① ② ③ ④ ⑤
9	① ② ③ ④ ⑤	29	① ② ③ ④ ⑤	49	① ② ③ ④ ⑤	69	① ② ③ ④ ⑤
10	① ② ③ ④ ⑤	30	① ② ③ ④ ⑤	50	① ② ③ ④ ⑤	70	① ② ③ ④ ⑤
11	① ② ③ ④ ⑤	31	① ② ③ ④ ⑤	51	① ② ③ ④ ⑤	71	① ② ③ ④ ⑤
12	① ② ③ ④ ⑤	32	① ② ③ ④ ⑤	52	① ② ③ ④ ⑤	72	① ② ③ ④ ⑤
13	① ② ③ ④ ⑤	33	① ② ③ ④ ⑤	53	① ② ③ ④ ⑤	73	① ② ③ ④ ⑤
14	① ② ③ ④ ⑤	34	① ② ③ ④ ⑤	54	① ② ③ ④ ⑤	74	① ② ③ ④ ⑤
15	① ② ③ ④ ⑤	35	① ② ③ ④ ⑤	55	① ② ③ ④ ⑤	75	① ② ③ ④ ⑤
16	① ② ③ ④ ⑤	36	① ② ③ ④ ⑤	56	① ② ③ ④ ⑤	76	① ② ③ ④ ⑤
17	① ② ③ ④ ⑤	37	① ② ③ ④ ⑤	57	① ② ③ ④ ⑤	77	① ② ③ ④ ⑤
18	① ② ③ ④ ⑤	38	① ② ③ ④ ⑤	58	① ② ③ ④ ⑤	78	① ② ③ ④ ⑤
19	① ② ③ ④ ⑤	39	① ② ③ ④ ⑤	59	① ② ③ ④ ⑤	79	① ② ③ ④ ⑤
20	① ② ③ ④ ⑤	40	① ② ③ ④ ⑤	60	① ② ③ ④ ⑤	80	① ② ③ ④ ⑤

※ 본 답안지는 마킹연습용 모의 답안지입니다.

〈절취선〉

서울교통공사 필기시험 답안카드

성 명

지원 분야

문제지 형별기재란	
(　　　)형	Ⓐ Ⓑ

수 험 번 호						
⓪	⓪	⓪	⓪	⓪	⓪	⓪
①	①	①	①	①	①	①
②	②	②	②	②	②	②
③	③	③	③	③	③	③
④	④	④	④	④	④	④
⑤	⑤	⑤	⑤	⑤	⑤	⑤
⑥	⑥	⑥	⑥	⑥	⑥	⑥
⑦	⑦	⑦	⑦	⑦	⑦	⑦
⑧	⑧	⑧	⑧	⑧	⑧	⑧
⑨	⑨	⑨	⑨	⑨	⑨	⑨

감독위원 확인
㊞ 인

1	① ② ③ ④ ⑤	21	① ② ③ ④ ⑤	41	① ② ③ ④ ⑤	61	① ② ③ ④ ⑤
2	① ② ③ ④ ⑤	22	① ② ③ ④ ⑤	42	① ② ③ ④ ⑤	62	① ② ③ ④ ⑤
3	① ② ③ ④ ⑤	23	① ② ③ ④ ⑤	43	① ② ③ ④ ⑤	63	① ② ③ ④ ⑤
4	① ② ③ ④ ⑤	24	① ② ③ ④ ⑤	44	① ② ③ ④ ⑤	64	① ② ③ ④ ⑤
5	① ② ③ ④ ⑤	25	① ② ③ ④ ⑤	45	① ② ③ ④ ⑤	65	① ② ③ ④ ⑤
6	① ② ③ ④ ⑤	26	① ② ③ ④ ⑤	46	① ② ③ ④ ⑤	66	① ② ③ ④ ⑤
7	① ② ③ ④ ⑤	27	① ② ③ ④ ⑤	47	① ② ③ ④ ⑤	67	① ② ③ ④ ⑤
8	① ② ③ ④ ⑤	28	① ② ③ ④ ⑤	48	① ② ③ ④ ⑤	68	① ② ③ ④ ⑤
9	① ② ③ ④ ⑤	29	① ② ③ ④ ⑤	49	① ② ③ ④ ⑤	69	① ② ③ ④ ⑤
10	① ② ③ ④ ⑤	30	① ② ③ ④ ⑤	50	① ② ③ ④ ⑤	70	① ② ③ ④ ⑤
11	① ② ③ ④ ⑤	31	① ② ③ ④ ⑤	51	① ② ③ ④ ⑤	71	① ② ③ ④ ⑤
12	① ② ③ ④ ⑤	32	① ② ③ ④ ⑤	52	① ② ③ ④ ⑤	72	① ② ③ ④ ⑤
13	① ② ③ ④ ⑤	33	① ② ③ ④ ⑤	53	① ② ③ ④ ⑤	73	① ② ③ ④ ⑤
14	① ② ③ ④ ⑤	34	① ② ③ ④ ⑤	54	① ② ③ ④ ⑤	74	① ② ③ ④ ⑤
15	① ② ③ ④ ⑤	35	① ② ③ ④ ⑤	55	① ② ③ ④ ⑤	75	① ② ③ ④ ⑤
16	① ② ③ ④ ⑤	36	① ② ③ ④ ⑤	56	① ② ③ ④ ⑤	76	① ② ③ ④ ⑤
17	① ② ③ ④ ⑤	37	① ② ③ ④ ⑤	57	① ② ③ ④ ⑤	77	① ② ③ ④ ⑤
18	① ② ③ ④ ⑤	38	① ② ③ ④ ⑤	58	① ② ③ ④ ⑤	78	① ② ③ ④ ⑤
19	① ② ③ ④ ⑤	39	① ② ③ ④ ⑤	59	① ② ③ ④ ⑤	79	① ② ③ ④ ⑤
20	① ② ③ ④ ⑤	40	① ② ③ ④ ⑤	60	① ② ③ ④ ⑤	80	① ② ③ ④ ⑤

※ 본 답안지는 마킹연습용 모의 답안지입니다.

서울교통공사 필기시험 답안카드

성 명

지원 분야

문제지 형별기재란	
(　　　)형	Ⓐ Ⓑ

수 험 번 호						
⓪	⓪	⓪	⓪	⓪	⓪	⓪
①	①	①	①	①	①	①
②	②	②	②	②	②	②
③	③	③	③	③	③	③
④	④	④	④	④	④	④
⑤	⑤	⑤	⑤	⑤	⑤	⑤
⑥	⑥	⑥	⑥	⑥	⑥	⑥
⑦	⑦	⑦	⑦	⑦	⑦	⑦
⑧	⑧	⑧	⑧	⑧	⑧	⑧
⑨	⑨	⑨	⑨	⑨	⑨	⑨

감독위원 확인
ⓘ인

1	①	②	③	④	⑤	21	①	②	③	④	⑤	41	①	②	③	④	⑤	61	①	②	③	④	⑤
2	①	②	③	④	⑤	22	①	②	③	④	⑤	42	①	②	③	④	⑤	62	①	②	③	④	⑤
3	①	②	③	④	⑤	23	①	②	③	④	⑤	43	①	②	③	④	⑤	63	①	②	③	④	⑤
4	①	②	③	④	⑤	24	①	②	③	④	⑤	44	①	②	③	④	⑤	64	①	②	③	④	⑤
5	①	②	③	④	⑤	25	①	②	③	④	⑤	45	①	②	③	④	⑤	65	①	②	③	④	⑤
6	①	②	③	④	⑤	26	①	②	③	④	⑤	46	①	②	③	④	⑤	66	①	②	③	④	⑤
7	①	②	③	④	⑤	27	①	②	③	④	⑤	47	①	②	③	④	⑤	67	①	②	③	④	⑤
8	①	②	③	④	⑤	28	①	②	③	④	⑤	48	①	②	③	④	⑤	68	①	②	③	④	⑤
9	①	②	③	④	⑤	29	①	②	③	④	⑤	49	①	②	③	④	⑤	69	①	②	③	④	⑤
10	①	②	③	④	⑤	30	①	②	③	④	⑤	50	①	②	③	④	⑤	70	①	②	③	④	⑤
11	①	②	③	④	⑤	31	①	②	③	④	⑤	51	①	②	③	④	⑤	71	①	②	③	④	⑤
12	①	②	③	④	⑤	32	①	②	③	④	⑤	52	①	②	③	④	⑤	72	①	②	③	④	⑤
13	①	②	③	④	⑤	33	①	②	③	④	⑤	53	①	②	③	④	⑤	73	①	②	③	④	⑤
14	①	②	③	④	⑤	34	①	②	③	④	⑤	54	①	②	③	④	⑤	74	①	②	③	④	⑤
15	①	②	③	④	⑤	35	①	②	③	④	⑤	55	①	②	③	④	⑤	75	①	②	③	④	⑤
16	①	②	③	④	⑤	36	①	②	③	④	⑤	56	①	②	③	④	⑤	76	①	②	③	④	⑤
17	①	②	③	④	⑤	37	①	②	③	④	⑤	57	①	②	③	④	⑤	77	①	②	③	④	⑤
18	①	②	③	④	⑤	38	①	②	③	④	⑤	58	①	②	③	④	⑤	78	①	②	③	④	⑤
19	①	②	③	④	⑤	39	①	②	③	④	⑤	59	①	②	③	④	⑤	79	①	②	③	④	⑤
20	①	②	③	④	⑤	40	①	②	③	④	⑤	60	①	②	③	④	⑤	80	①	②	③	④	⑤

※ 본 답안지는 마킹연습용 모의 답안지입니다.

〈절취선〉

성 명

지원 분야

문제지 형별기재란	
(　　　)형	Ⓐ Ⓑ

수 험 번 호						
⓪	⓪	⓪	⓪	⓪	⓪	⓪
①	①	①	①	①	①	①
②	②	②	②	②	②	②
③	③	③	③	③	③	③
④	④	④	④	④	④	④
⑤	⑤	⑤	⑤	⑤	⑤	⑤
⑥	⑥	⑥	⑥	⑥	⑥	⑥
⑦	⑦	⑦	⑦	⑦	⑦	⑦
⑧	⑧	⑧	⑧	⑧	⑧	⑧
⑨	⑨	⑨	⑨	⑨	⑨	⑨

감독위원 확인
㊞ 인

서울교통공사 필기시험 답안카드

1	① ② ③ ④ ⑤	21	① ② ③ ④ ⑤	41	① ② ③ ④ ⑤	61	① ② ③ ④ ⑤
2	① ② ③ ④ ⑤	22	① ② ③ ④ ⑤	42	① ② ③ ④ ⑤	62	① ② ③ ④ ⑤
3	① ② ③ ④ ⑤	23	① ② ③ ④ ⑤	43	① ② ③ ④ ⑤	63	① ② ③ ④ ⑤
4	① ② ③ ④ ⑤	24	① ② ③ ④ ⑤	44	① ② ③ ④ ⑤	64	① ② ③ ④ ⑤
5	① ② ③ ④ ⑤	25	① ② ③ ④ ⑤	45	① ② ③ ④ ⑤	65	① ② ③ ④ ⑤
6	① ② ③ ④ ⑤	26	① ② ③ ④ ⑤	46	① ② ③ ④ ⑤	66	① ② ③ ④ ⑤
7	① ② ③ ④ ⑤	27	① ② ③ ④ ⑤	47	① ② ③ ④ ⑤	67	① ② ③ ④ ⑤
8	① ② ③ ④ ⑤	28	① ② ③ ④ ⑤	48	① ② ③ ④ ⑤	68	① ② ③ ④ ⑤
9	① ② ③ ④ ⑤	29	① ② ③ ④ ⑤	49	① ② ③ ④ ⑤	69	① ② ③ ④ ⑤
10	① ② ③ ④ ⑤	30	① ② ③ ④ ⑤	50	① ② ③ ④ ⑤	70	① ② ③ ④ ⑤
11	① ② ③ ④ ⑤	31	① ② ③ ④ ⑤	51	① ② ③ ④ ⑤	71	① ② ③ ④ ⑤
12	① ② ③ ④ ⑤	32	① ② ③ ④ ⑤	52	① ② ③ ④ ⑤	72	① ② ③ ④ ⑤
13	① ② ③ ④ ⑤	33	① ② ③ ④ ⑤	53	① ② ③ ④ ⑤	73	① ② ③ ④ ⑤
14	① ② ③ ④ ⑤	34	① ② ③ ④ ⑤	54	① ② ③ ④ ⑤	74	① ② ③ ④ ⑤
15	① ② ③ ④ ⑤	35	① ② ③ ④ ⑤	55	① ② ③ ④ ⑤	75	① ② ③ ④ ⑤
16	① ② ③ ④ ⑤	36	① ② ③ ④ ⑤	56	① ② ③ ④ ⑤	76	① ② ③ ④ ⑤
17	① ② ③ ④ ⑤	37	① ② ③ ④ ⑤	57	① ② ③ ④ ⑤	77	① ② ③ ④ ⑤
18	① ② ③ ④ ⑤	38	① ② ③ ④ ⑤	58	① ② ③ ④ ⑤	78	① ② ③ ④ ⑤
19	① ② ③ ④ ⑤	39	① ② ③ ④ ⑤	59	① ② ③ ④ ⑤	79	① ② ③ ④ ⑤
20	① ② ③ ④ ⑤	40	① ② ③ ④ ⑤	60	① ② ③ ④ ⑤	80	① ② ③ ④ ⑤

※ 본 답안지는 마킹연습용 모의 답안지입니다.

2024 하반기 시대에듀 All-New 서울교통공사 3개년 기출 + NCS + 전공 + 모의고사 3회 + 무료서교공특강

개정9판1쇄 발행	2024년 08월 20일 (인쇄 2024년 06월 26일)
초 판 발 행	2017년 10월 30일 (인쇄 2017년 10월 13일)
발 행 인	박영일
책 임 편 집	이해욱
편 저	SDC(Sidae Data Center)
편 집 진 행	김재희 · 강승혜
표지디자인	박수영
편집디자인	최미림 · 장성복
발 행 처	(주)시대고시기획
출 판 등 록	제10-1521호
주 소	서울시 마포구 큰우물로 75 [도화동 538 성지 B/D] 9F
전 화	1600-3600
팩 스	02-701-8823
홈 페 이 지	www.sdedu.co.kr

I S B N	979-11-383-7345-6 (13320)
정 가	25,000원

서울 교통공사

3개년 기출+NCS+전공+모의고사 3회

최신 출제경향 전면 반영